Deutsche Weihnacht

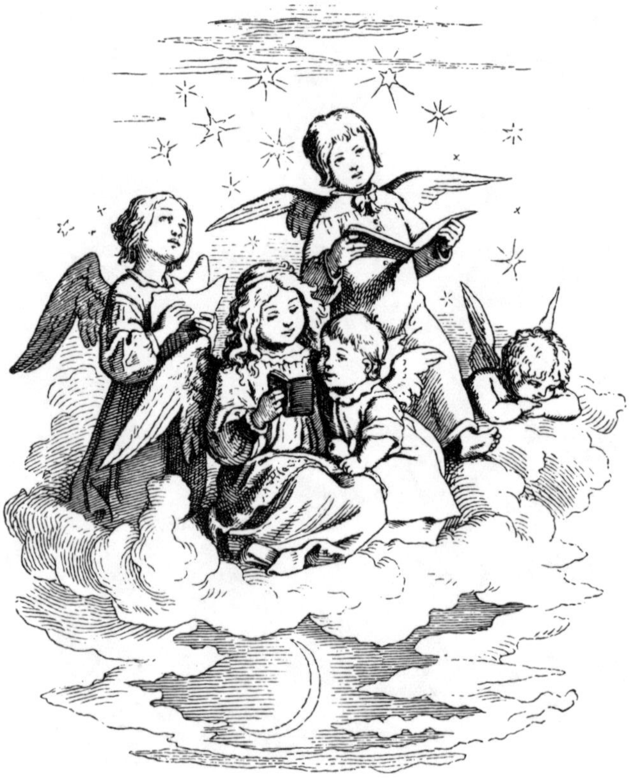

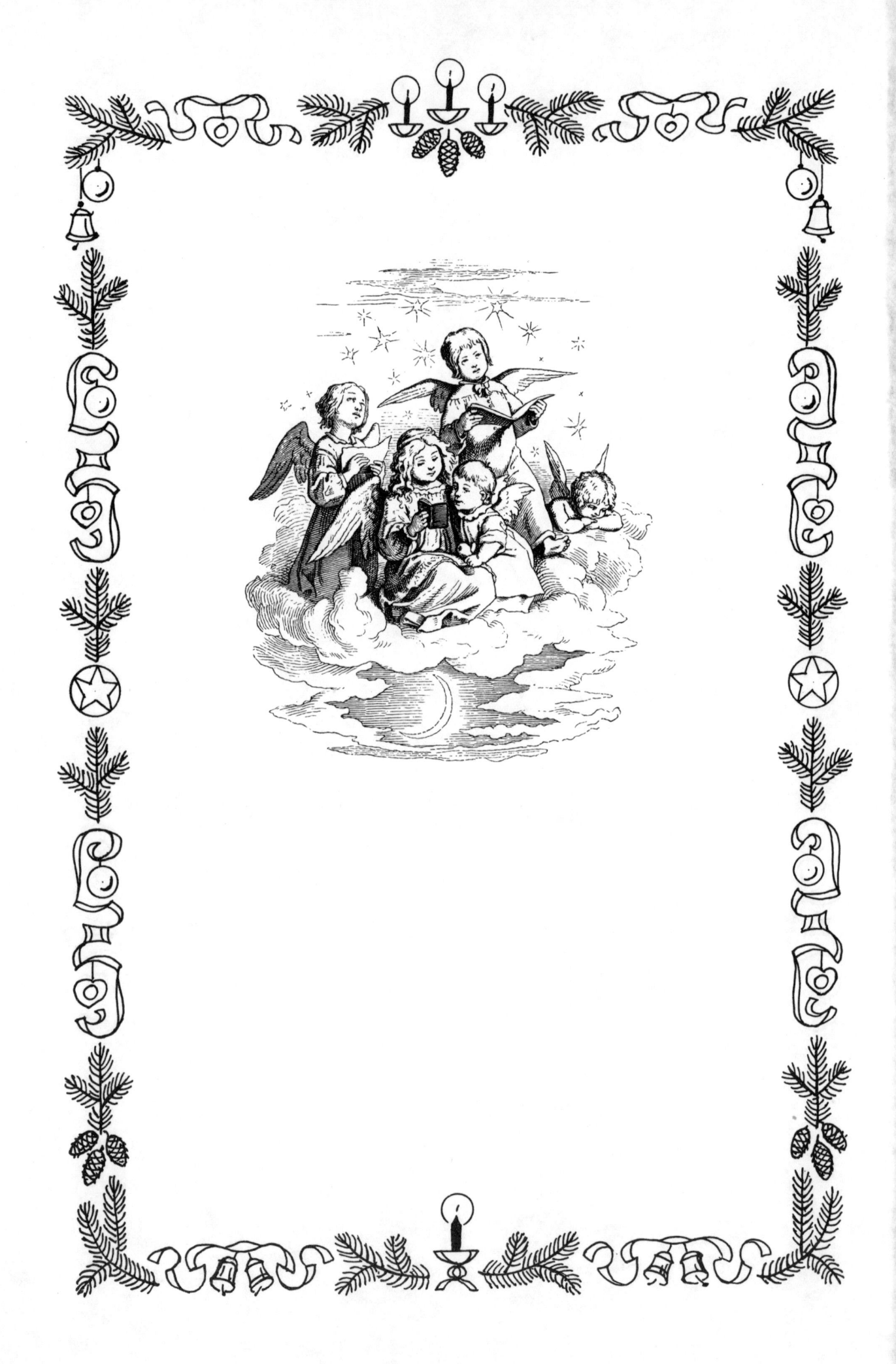

Deutsche Weihnacht

Geschichten, Lieder
und Gedichte
zur Advents-
und Weihnachtszeit

Gondrom

Ausgewählt und herausgegeben von Roland W. Pinson

© 1987 by Gondrom Verlag, Bindlach
Gestaltung des Einbandes: Gerhard Schramm, Bürgstadt am Main
Druck und Verarbeitung: Mainpresse Richterdruck, Würzburg
Printed in Germany
ISBN 3-8112-0556-0

Vorwort
Seite 7

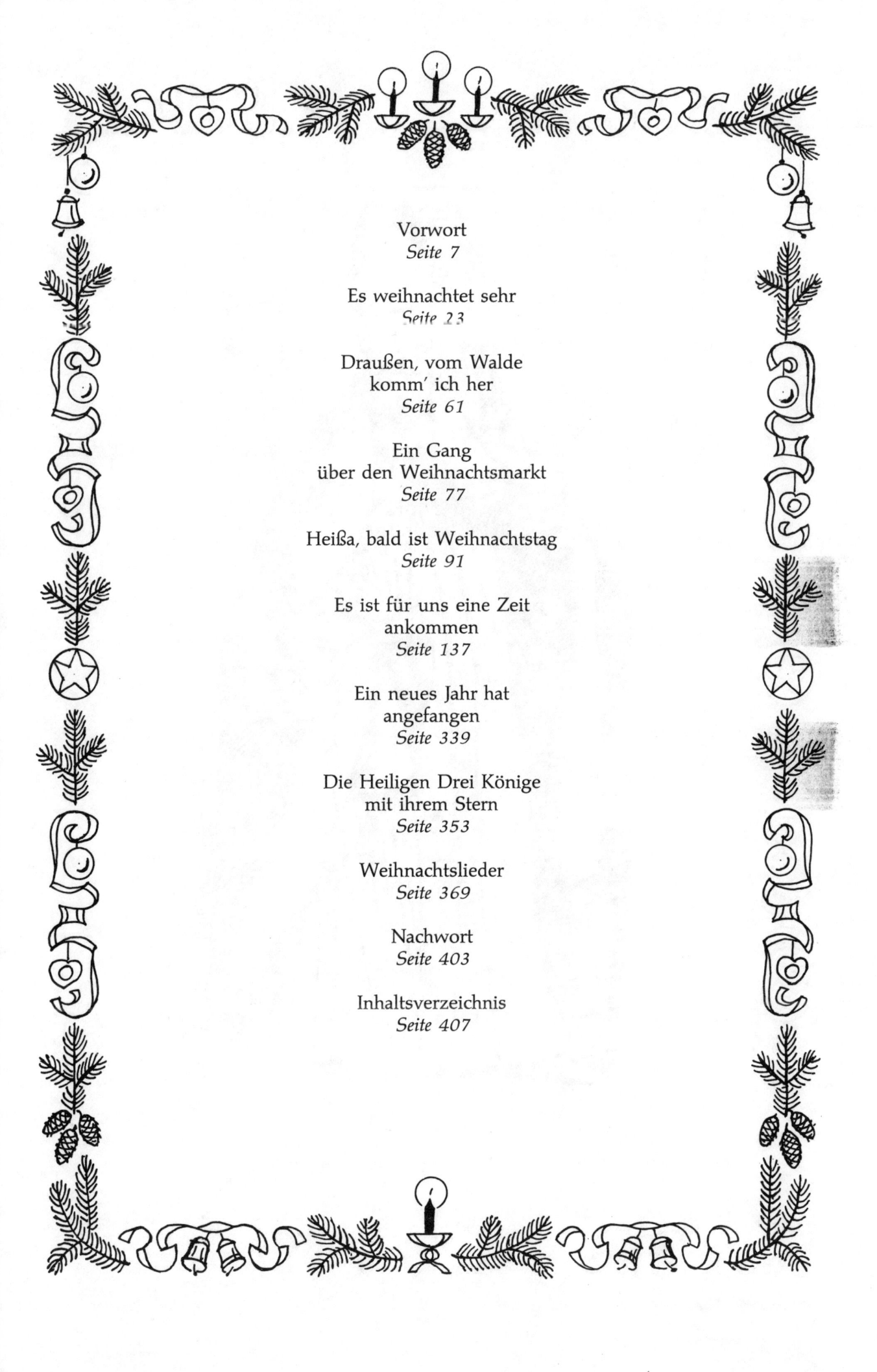

Es weihnachtet sehr
Seite 23

Draußen, vom Walde
komm' ich her
Seite 61

Ein Gang
über den Weihnachtsmarkt
Seite 77

Heißa, bald ist Weihnachtstag
Seite 91

Es ist für uns eine Zeit
ankommen
Seite 137

Ein neues Jahr hat
angefangen
Seite 339

Die Heiligen Drei Könige
mit ihrem Stern
Seite 353

Weihnachtslieder
Seite 369

Nachwort
Seite 403

Inhaltsverzeichnis
Seite 407

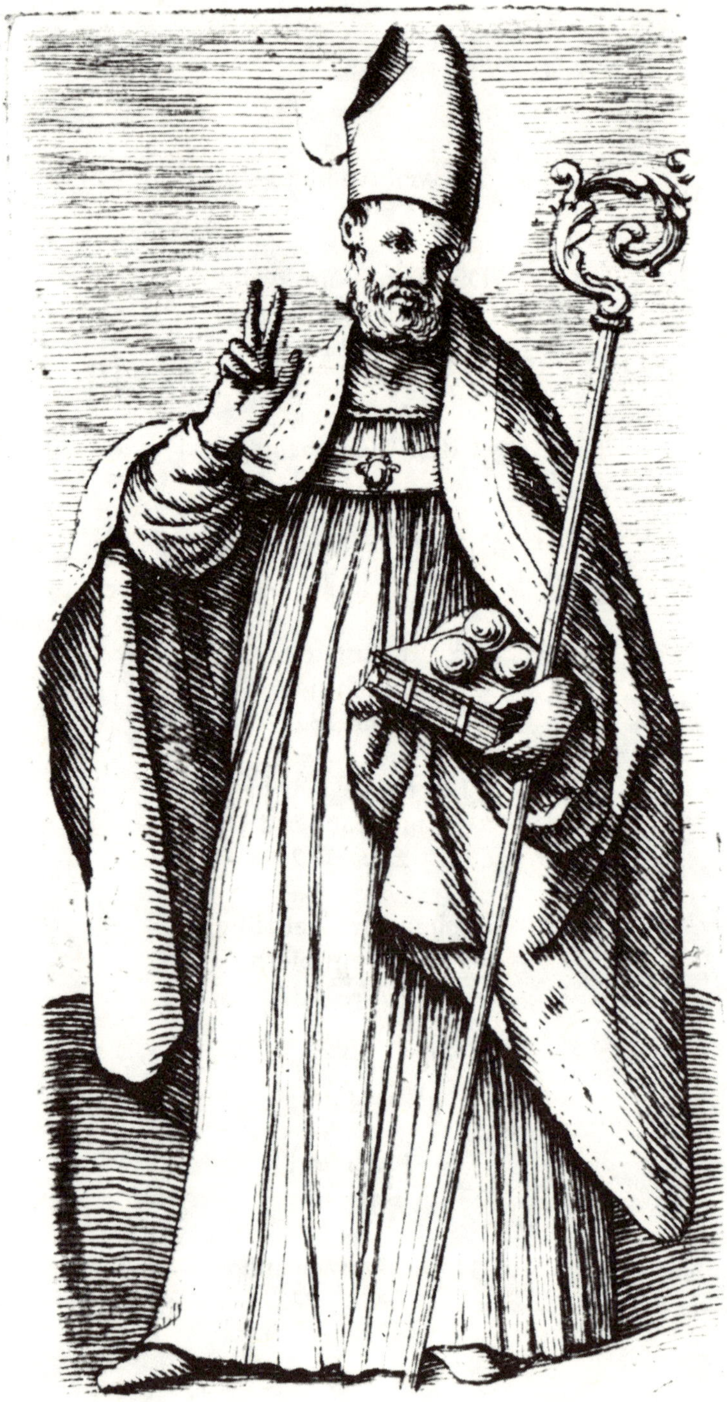

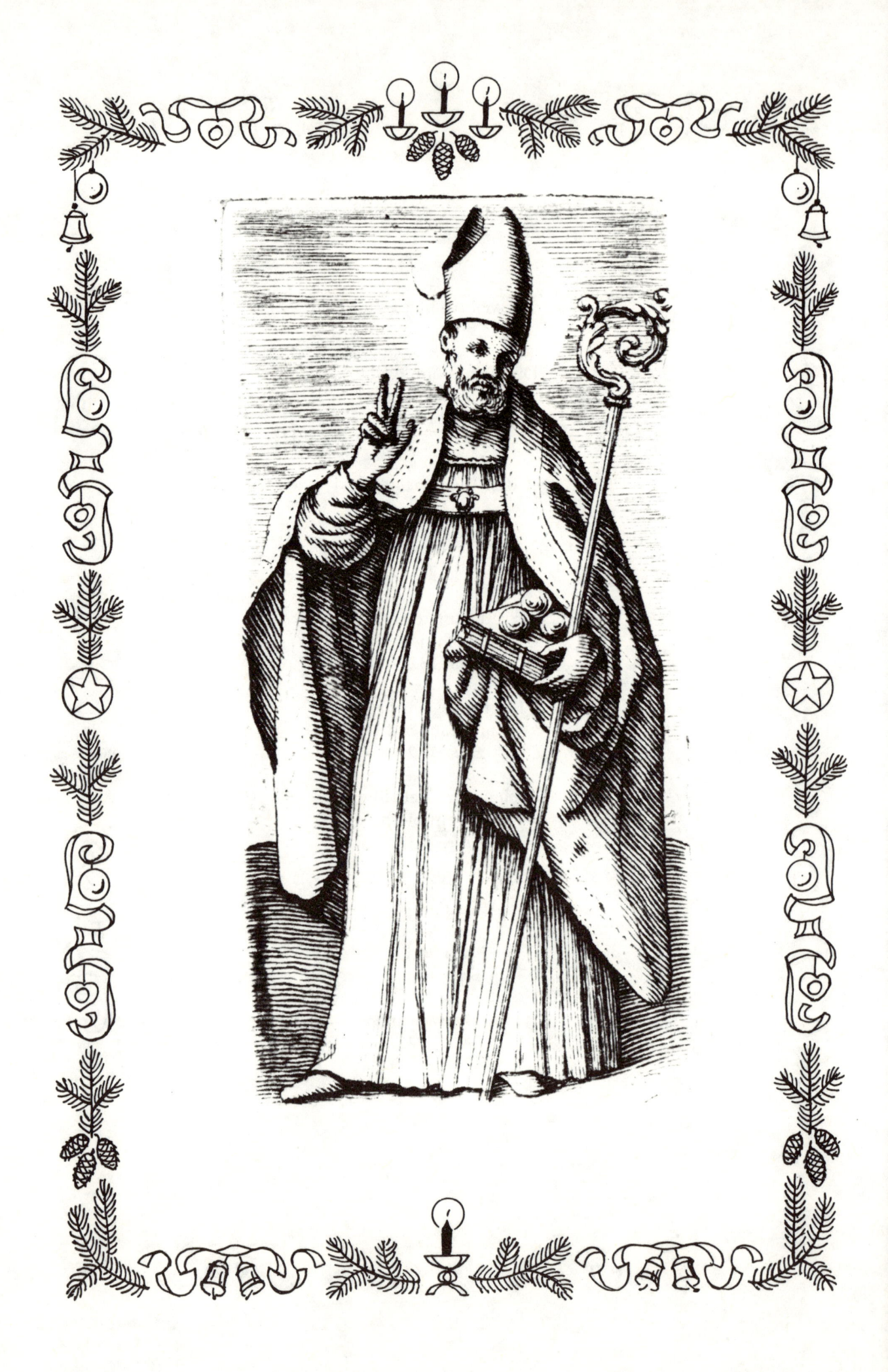

Vorwort

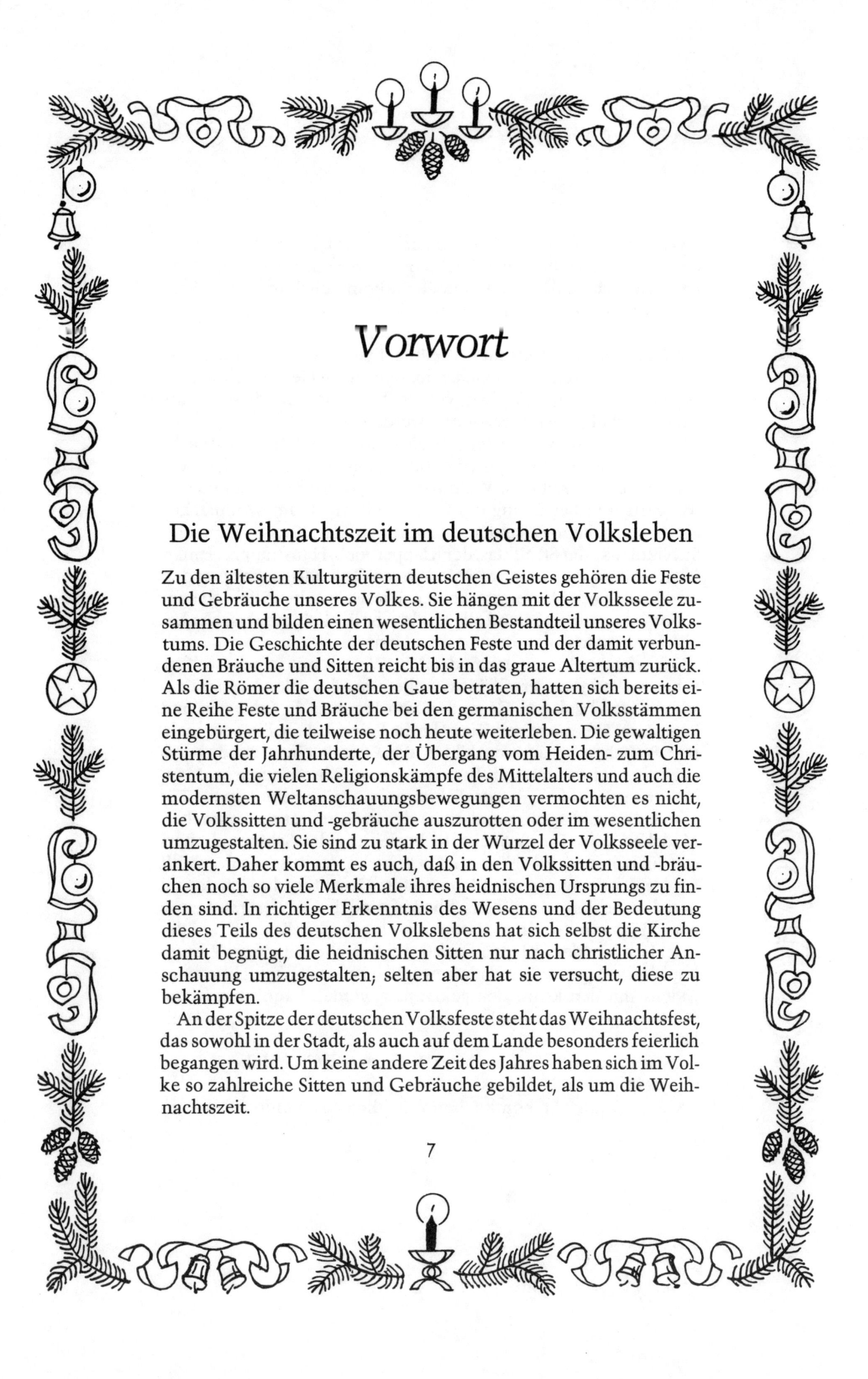

Die Weihnachtszeit im deutschen Volksleben

Zu den ältesten Kulturgütern deutschen Geistes gehören die Feste und Gebräuche unseres Volkes. Sie hängen mit der Volksseele zusammen und bilden einen wesentlichen Bestandteil unseres Volkstums. Die Geschichte der deutschen Feste und der damit verbundenen Bräuche und Sitten reicht bis in das graue Altertum zurück. Als die Römer die deutschen Gaue betraten, hatten sich bereits eine Reihe Feste und Bräuche bei den germanischen Volksstämmen eingebürgert, die teilweise noch heute weiterleben. Die gewaltigen Stürme der Jahrhunderte, der Übergang vom Heiden- zum Christentum, die vielen Religionskämpfe des Mittelalters und auch die modernsten Weltanschauungsbewegungen vermochten es nicht, die Volkssitten und -gebräuche auszurotten oder im wesentlichen umzugestalten. Sie sind zu stark in der Wurzel der Volksseele verankert. Daher kommt es auch, daß in den Volkssitten und -bräuchen noch so viele Merkmale ihres heidnischen Ursprungs zu finden sind. In richtiger Erkenntnis des Wesens und der Bedeutung dieses Teils des deutschen Volkslebens hat sich selbst die Kirche damit begnügt, die heidnischen Sitten nur nach christlicher Anschauung umzugestalten; selten aber hat sie versucht, diese zu bekämpfen.

An der Spitze der deutschen Volksfeste steht das Weihnachtsfest, das sowohl in der Stadt, als auch auf dem Lande besonders feierlich begangen wird. Um keine andere Zeit des Jahres haben sich im Volke so zahlreiche Sitten und Gebräuche gebildet, als um die Weihnachtszeit.

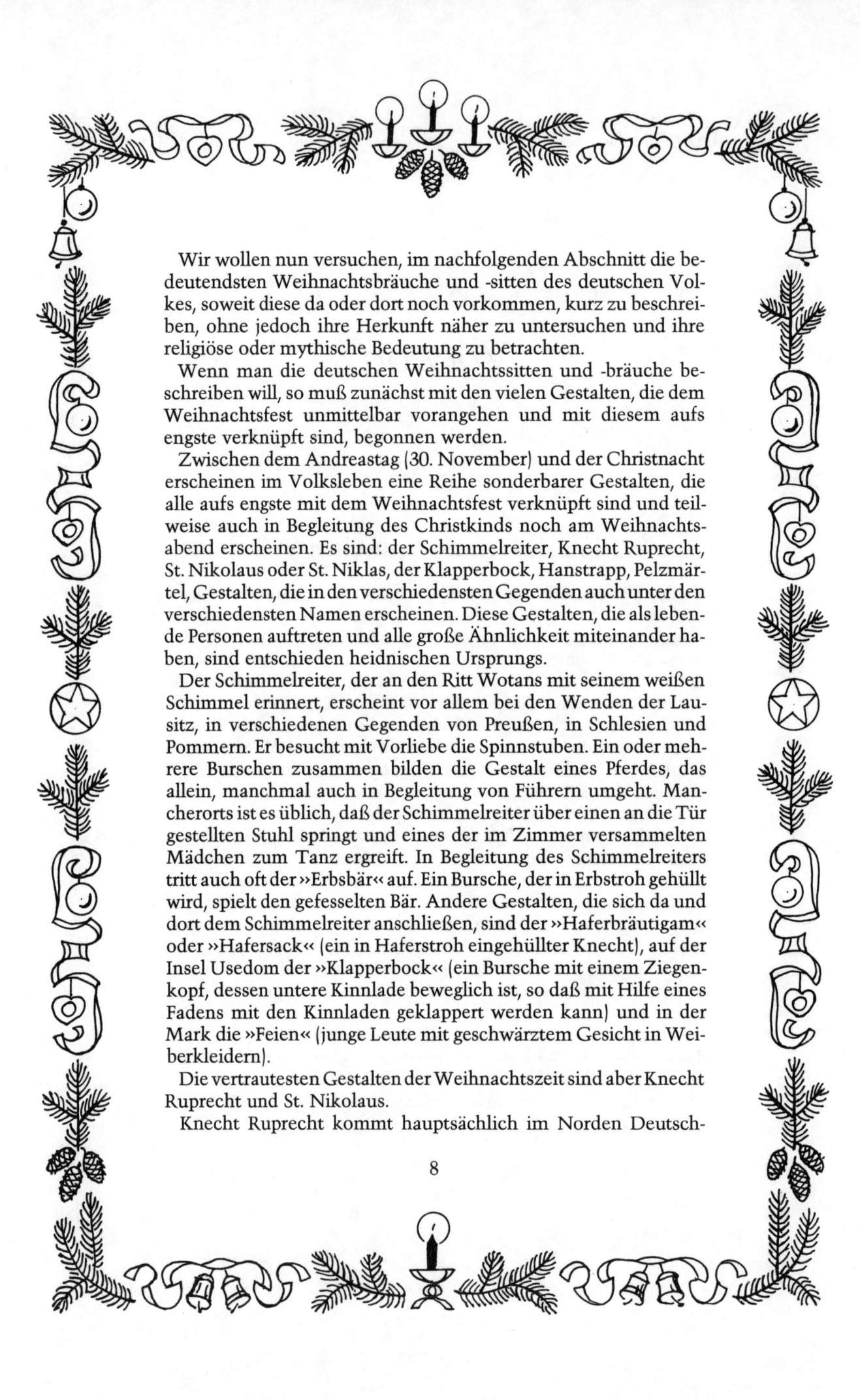

Wir wollen nun versuchen, im nachfolgenden Abschnitt die bedeutendsten Weihnachtsbräuche und -sitten des deutschen Volkes, soweit diese da oder dort noch vorkommen, kurz zu beschreiben, ohne jedoch ihre Herkunft näher zu untersuchen und ihre religiöse oder mythische Bedeutung zu betrachten.

Wenn man die deutschen Weihnachtssitten und -bräuche beschreiben will, so muß zunächst mit den vielen Gestalten, die dem Weihnachtsfest unmittelbar vorangehen und mit diesem aufs engste verknüpft sind, begonnen werden.

Zwischen dem Andreastag (30. November) und der Christnacht erscheinen im Volksleben eine Reihe sonderbarer Gestalten, die alle aufs engste mit dem Weihnachtsfest verknüpft sind und teilweise auch in Begleitung des Christkinds noch am Weihnachtsabend erscheinen. Es sind: der Schimmelreiter, Knecht Ruprecht, St. Nikolaus oder St. Niklas, der Klapperbock, Hanstrapp, Pelzmärtel, Gestalten, die in den verschiedensten Gegenden auch unter den verschiedensten Namen erscheinen. Diese Gestalten, die als lebende Personen auftreten und alle große Ähnlichkeit miteinander haben, sind entschieden heidnischen Ursprungs.

Der Schimmelreiter, der an den Ritt Wotans mit seinem weißen Schimmel erinnert, erscheint vor allem bei den Wenden der Lausitz, in verschiedenen Gegenden von Preußen, in Schlesien und Pommern. Er besucht mit Vorliebe die Spinnstuben. Ein oder mehrere Burschen zusammen bilden die Gestalt eines Pferdes, das allein, manchmal auch in Begleitung von Führern umgeht. Mancherorts ist es üblich, daß der Schimmelreiter über einen an die Tür gestellten Stuhl springt und eines der im Zimmer versammelten Mädchen zum Tanz ergreift. In Begleitung des Schimmelreiters tritt auch oft der »Erbsbär« auf. Ein Bursche, der in Erbstroh gehüllt wird, spielt den gefesselten Bär. Andere Gestalten, die sich da und dort dem Schimmelreiter anschließen, sind der »Haferbräutigam« oder »Hafersack« (ein in Haferstroh eingehüllter Knecht), auf der Insel Usedom der »Klapperbock« (ein Bursche mit einem Ziegenkopf, dessen untere Kinnlade beweglich ist, so daß mit Hilfe eines Fadens mit den Kinnladen geklappert werden kann) und in der Mark die »Feien« (junge Leute mit geschwärztem Gesicht in Weiberkleidern).

Die vertrautesten Gestalten der Weihnachtszeit sind aber Knecht Ruprecht und St. Nikolaus.

Knecht Ruprecht kommt hauptsächlich im Norden Deutschlands vor, während in Süddeutschland St. Nikolaus der Bekanntere ist. Beide Gestalten werden ähnlich dargestellt. Das Gesicht mit langem weißem Bart bedeckt, den Körper in einen umgewendeten Pelz dicht eingehüllt und auf dem Kopf die Pelzmütze, macht Knecht Ruprecht den Eindruck eines ehrwürdigen Greises. In der einen Hand hält er die Rute oder mancherorts auch einen langen Besen, mit dem er die bösen Kinder bestraft, während aus dem Sack oder Korb, den Ruprecht auf dem Rücken trägt, die guten Kinder beschenkt werden. Beim Eintritt in die Wohnungen erkundigt sich Knecht Ruprecht zunächst über das Verhalten der Kinder, läßt diese beten oder Sprüche hersagen und läßt danach Äpfel, Nüsse, Birnen und Backwerk aus seinem Sack rollen, das die Kinder behende zusammensuchen.

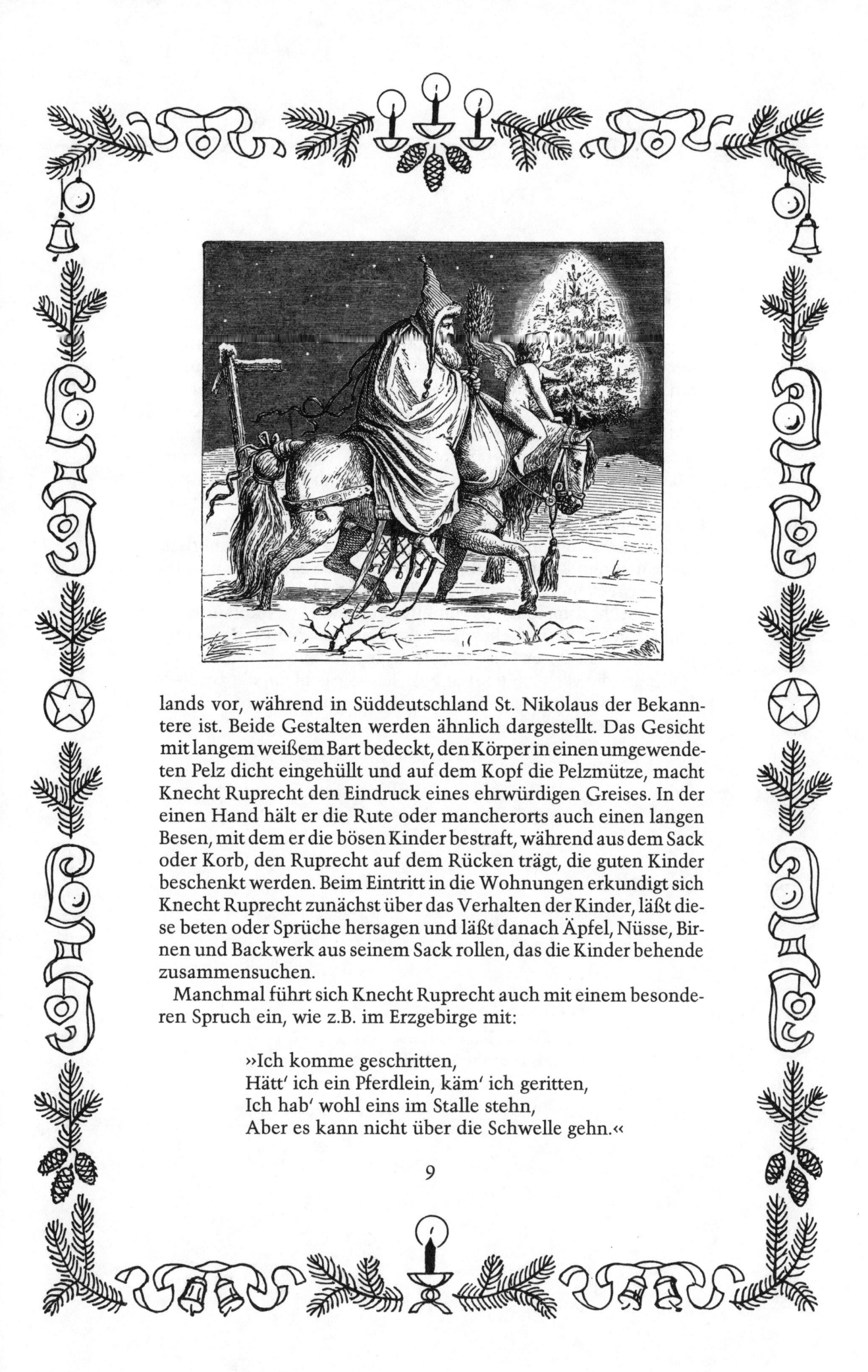

Manchmal führt sich Knecht Ruprecht auch mit einem besonderen Spruch ein, wie z.B. im Erzgebirge mit:

>»Ich komme geschritten,
>Hätt' ich ein Pferdlein, käm' ich geritten,
>Ich hab' wohl eins im Stalle stehn,
>Aber es kann nicht über die Schwelle gehn.«

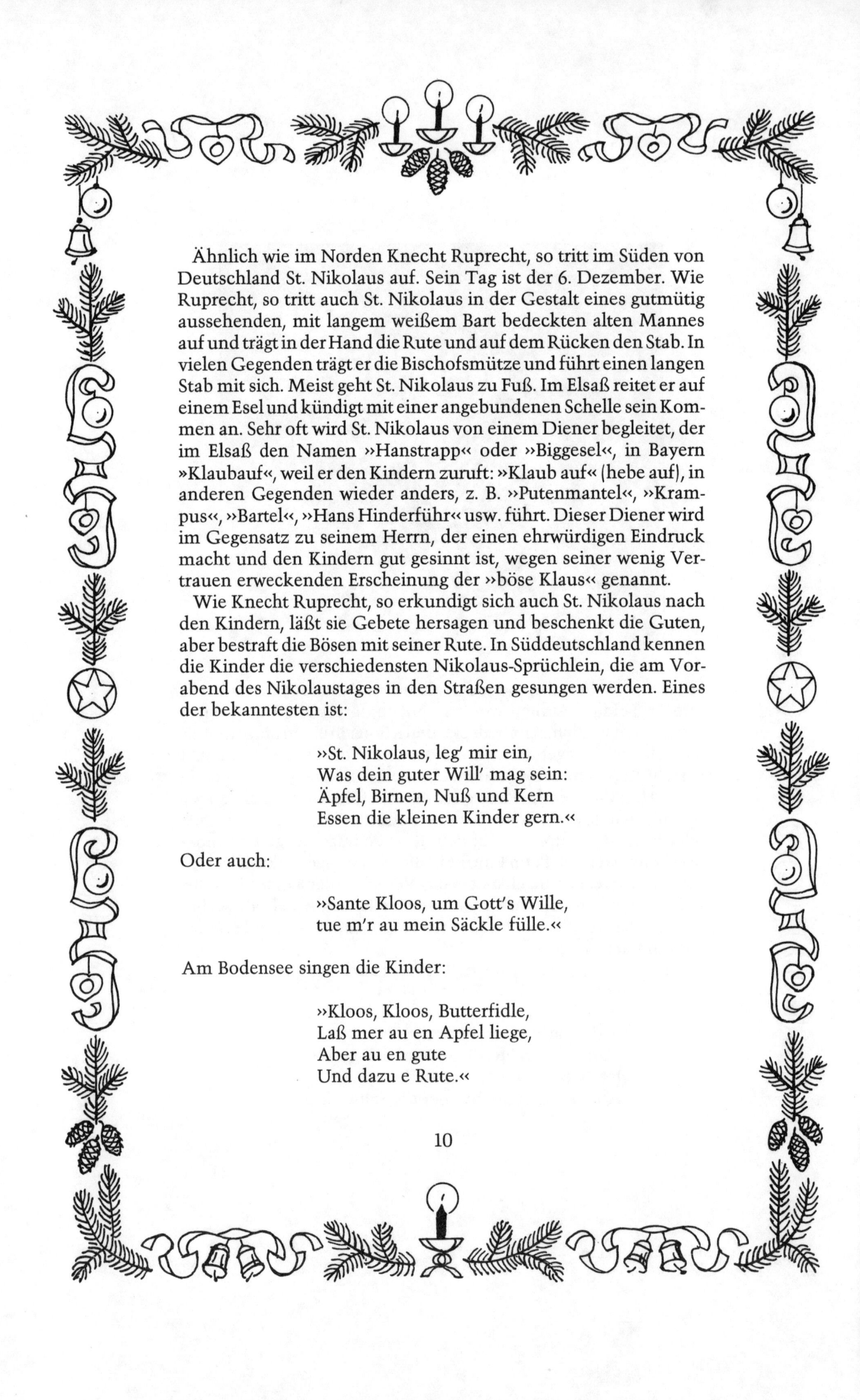

Ähnlich wie im Norden Knecht Ruprecht, so tritt im Süden von Deutschland St. Nikolaus auf. Sein Tag ist der 6. Dezember. Wie Ruprecht, so tritt auch St. Nikolaus in der Gestalt eines gutmütig aussehenden, mit langem weißem Bart bedeckten alten Mannes auf und trägt in der Hand die Rute und auf dem Rücken den Stab. In vielen Gegenden trägt er die Bischofsmütze und führt einen langen Stab mit sich. Meist geht St. Nikolaus zu Fuß. Im Elsaß reitet er auf einem Esel und kündigt mit einer angebundenen Schelle sein Kommen an. Sehr oft wird St. Nikolaus von einem Diener begleitet, der im Elsaß den Namen »Hanstrapp« oder »Biggesel«, in Bayern »Klaubauf«, weil er den Kindern zuruft: »Klaub auf« (hebe auf), in anderen Gegenden wieder anders, z. B. »Putenmantel«, »Krampus«, »Bartel«, »Hans Hinderführ« usw. führt. Dieser Diener wird im Gegensatz zu seinem Herrn, der einen ehrwürdigen Eindruck macht und den Kindern gut gesinnt ist, wegen seiner wenig Vertrauen erweckenden Erscheinung der »böse Klaus« genannt.

Wie Knecht Ruprecht, so erkundigt sich auch St. Nikolaus nach den Kindern, läßt sie Gebete hersagen und beschenkt die Guten, aber bestraft die Bösen mit seiner Rute. In Süddeutschland kennen die Kinder die verschiedensten Nikolaus-Sprüchlein, die am Vorabend des Nikolaustages in den Straßen gesungen werden. Eines der bekanntesten ist:

>»St. Nikolaus, leg' mir ein,
>Was dein guter Will' mag sein:
>Äpfel, Birnen, Nuß und Kern
>Essen die kleinen Kinder gern.«

Oder auch:

>»Sante Kloos, um Gott's Wille,
>tue m'r au mein Säckle fülle.«

Am Bodensee singen die Kinder:

>»Kloos, Kloos, Butterfidle,
>Laß mer au en Apfel liege,
>Aber au en gute
>Und dazu e Rute.«

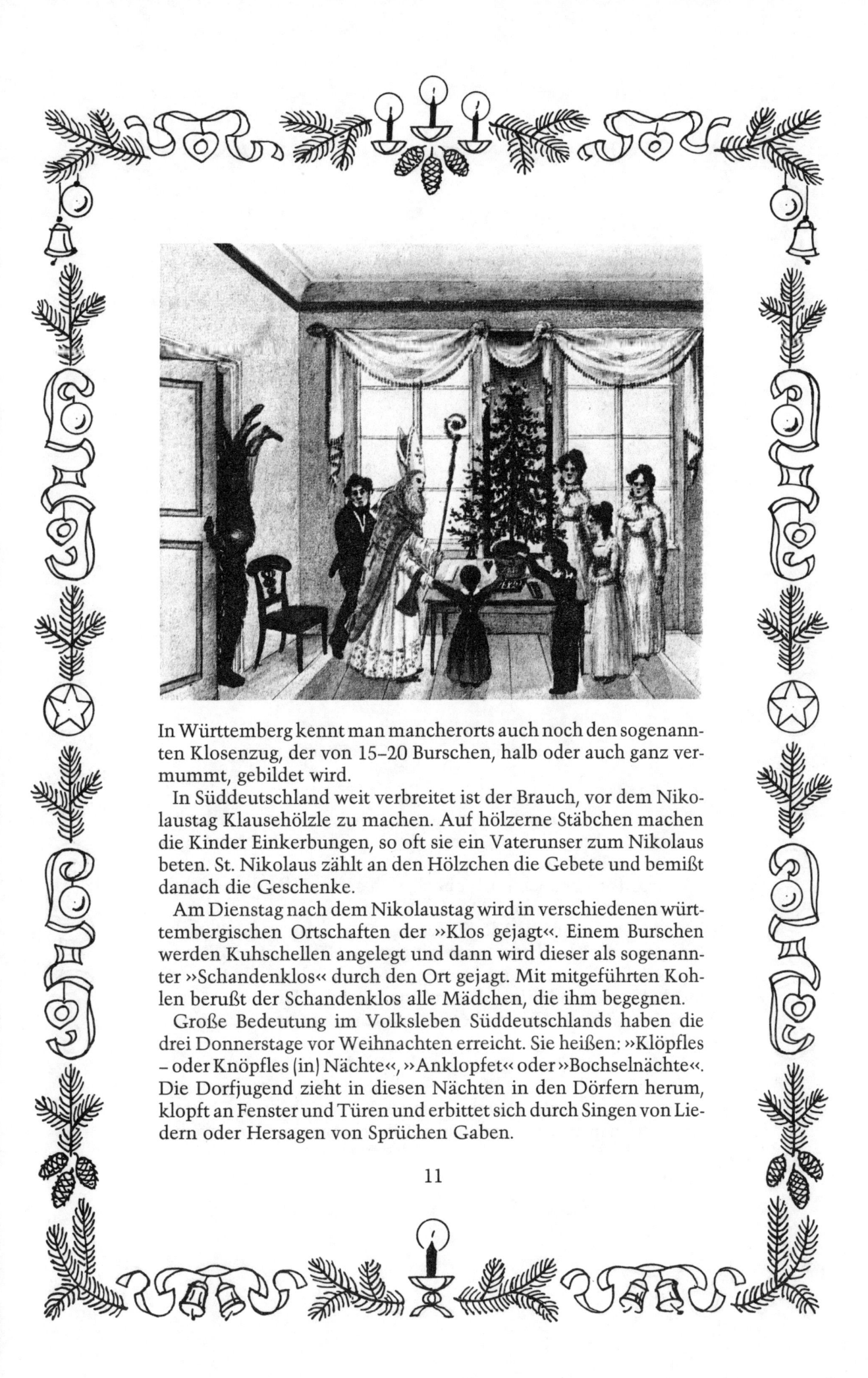

In Württemberg kennt man mancherorts auch noch den sogenannten Klosenzug, der von 15–20 Burschen, halb oder auch ganz vermummt, gebildet wird.

In Süddeutschland weit verbreitet ist der Brauch, vor dem Nikolaustag Klausehölzle zu machen. Auf hölzerne Stäbchen machen die Kinder Einkerbungen, so oft sie ein Vaterunser zum Nikolaus beten. St. Nikolaus zählt an den Hölzchen die Gebete und bemißt danach die Geschenke.

Am Dienstag nach dem Nikolaustag wird in verschiedenen württembergischen Ortschaften der »Klos gejagt«. Einem Burschen werden Kuhschellen angelegt und dann wird dieser als sogenannter »Schandenklos« durch den Ort gejagt. Mit mitgeführten Kohlen berußt der Schandenklos alle Mädchen, die ihm begegnen.

Große Bedeutung im Volksleben Süddeutschlands haben die drei Donnerstage vor Weihnachten erreicht. Sie heißen: »Klöpfles – oder Knöpfles (in) Nächte«, »Anklopfet« oder »Bochselnächte«. Die Dorfjugend zieht in diesen Nächten in den Dörfern herum, klopft an Fenster und Türen und erbittet sich durch Singen von Liedern oder Hersagen von Sprüchen Gaben.

Am bekanntesten sind die Sprüche:

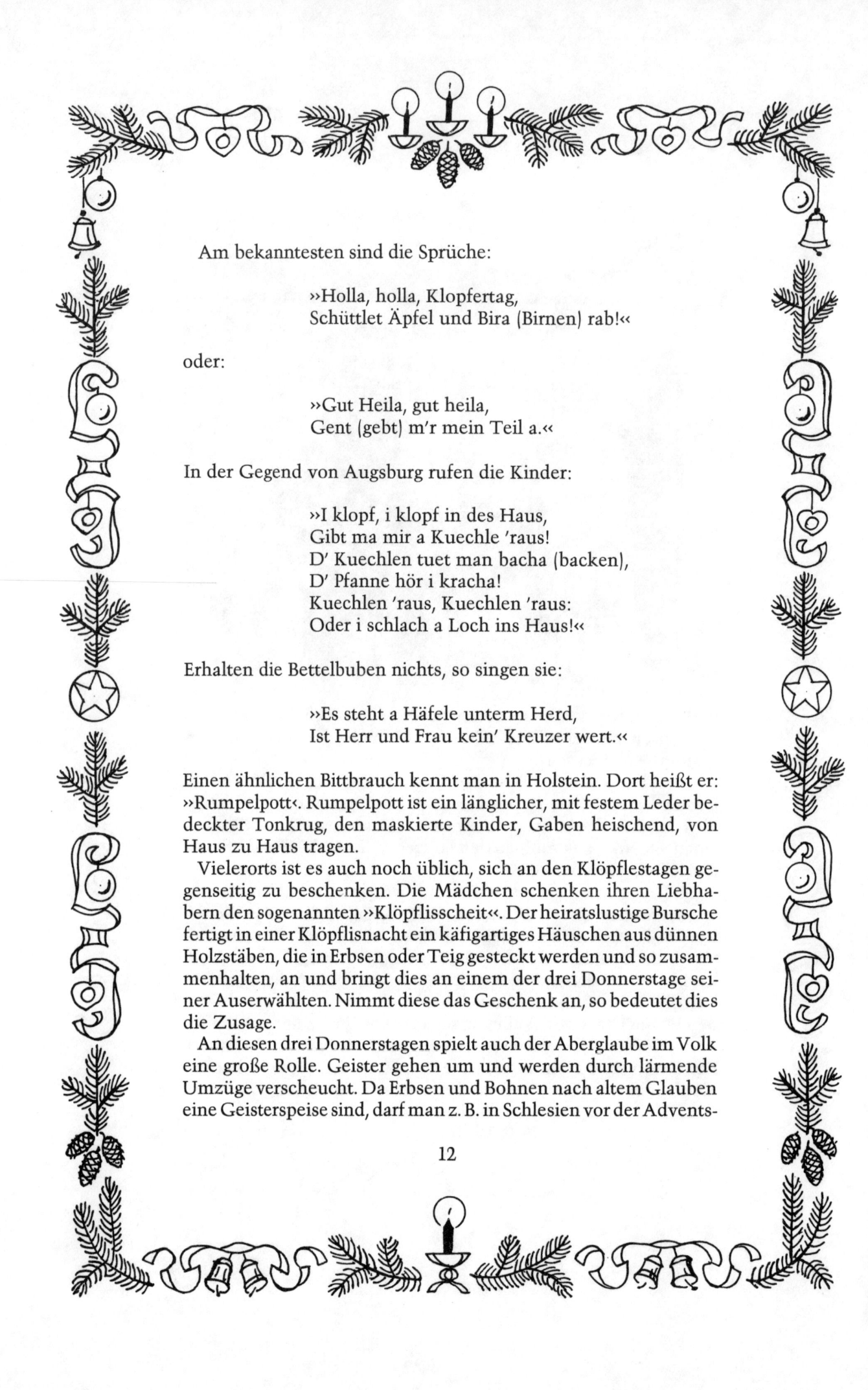

»Holla, holla, Klopfertag,
Schüttlet Äpfel und Bira (Birnen) rab!«

oder:

»Gut Heila, gut heila,
Gent (gebt) m'r mein Teil a.«

In der Gegend von Augsburg rufen die Kinder:

»I klopf, i klopf in des Haus,
Gibt ma mir a Kuechle 'raus!
D' Kuechlen tuet man bacha (backen),
D' Pfanne hör i kracha!
Kuechlen 'raus, Kuechlen 'raus:
Oder i schlach a Loch ins Haus!«

Erhalten die Bettelbuben nichts, so singen sie:

»Es steht a Häfele unterm Herd,
Ist Herr und Frau kein' Kreuzer wert.«

Einen ähnlichen Bittbrauch kennt man in Holstein. Dort heißt er: »Rumpelpott«. Rumpelpott ist ein länglicher, mit festem Leder bedeckter Tonkrug, den maskierte Kinder, Gaben heischend, von Haus zu Haus tragen.

Vielerorts ist es auch noch üblich, sich an den Klöpflestagen gegenseitig zu beschenken. Die Mädchen schenken ihren Liebhabern den sogenannten »Klöpflisscheit«. Der heiratslustige Bursche fertigt in einer Klöpflisnacht ein käfigartiges Häuschen aus dünnen Holzstäben, die in Erbsen oder Teig gesteckt werden und so zusammenhalten, an und bringt dies an einem der drei Donnerstage seiner Auserwählten. Nimmt diese das Geschenk an, so bedeutet dies die Zusage.

An diesen drei Donnerstagen spielt auch der Aberglaube im Volk eine große Rolle. Geister gehen um und werden durch lärmende Umzüge verscheucht. Da Erbsen und Bohnen nach altem Glauben eine Geisterspeise sind, darf man z. B. in Schlesien vor der Adventszeit keine Erbsen essen. Wer es trotzdem tut, bekommt Beulen und Geschwüre.

Diesen in verschiedenen Gegenden Deutschlands noch heute hochgehaltenen Volksfesten der Weihnachtszeit folgt das eigentliche Weihnachtsfest am 25. Dezember.

Nicht immer war der 25. Dezember der Weihnachtstag. Es gab Zeiten, wo man den 25. Dezember gar nicht, dafür aber den 6. Januar als den Geburtstag Christi feierte. Da die christliche Kirche in allerältesten Zeiten noch nichts von einer Feier der Geburt Christi wußte, andererseits es aber von vornherein naheliegen muß, daß ein so volkstümliches Fest mit all seinem Brauch eben wohl aus uralter griechischer, römischer und germanischer Volksreligion herstammen wird, ist anzunehmen, daß das Weihnachtsfest erst nach und nach ein christliches Fest geworden ist.

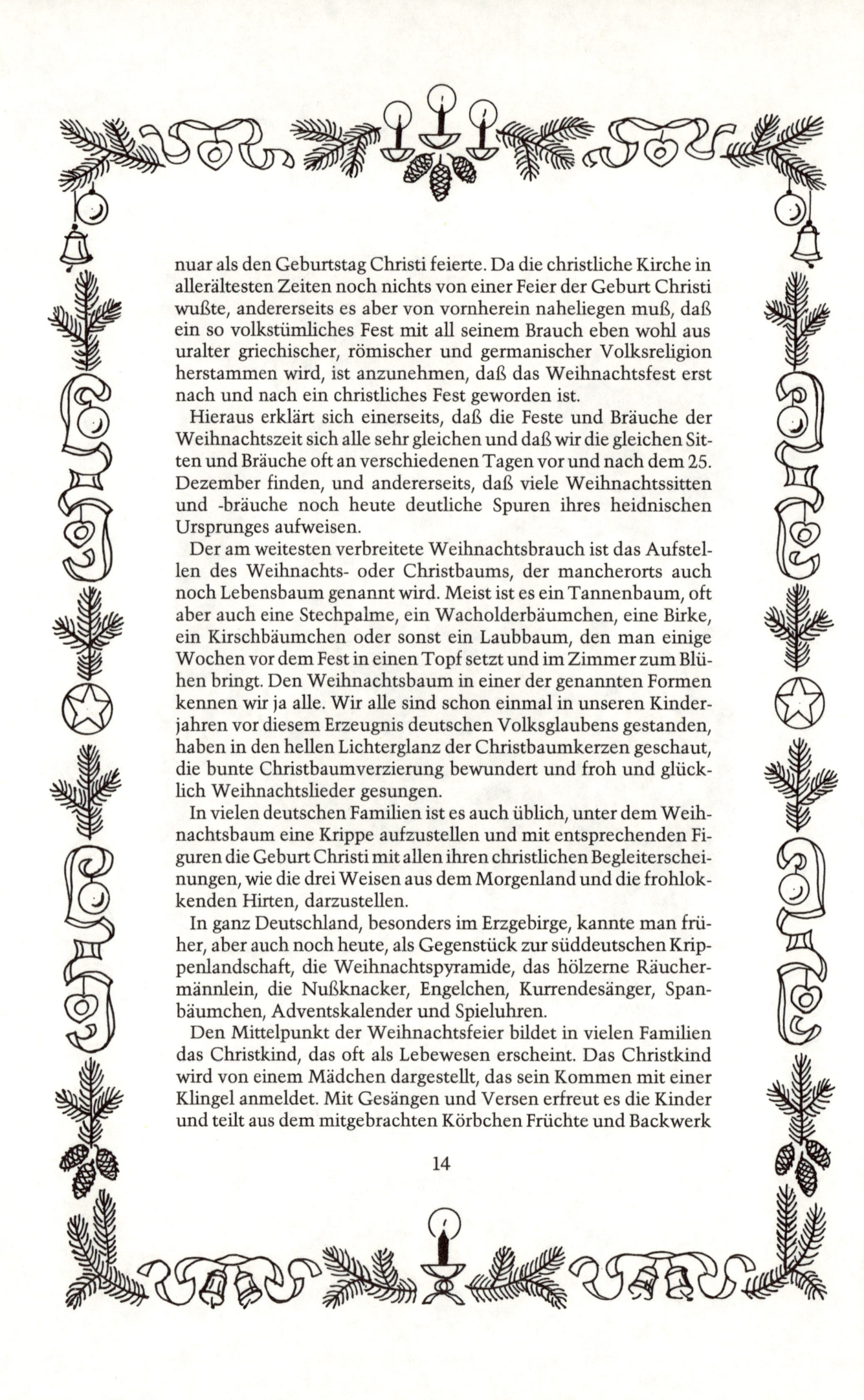

Hieraus erklärt sich einerseits, daß die Feste und Bräuche der Weihnachtszeit sich alle sehr gleichen und daß wir die gleichen Sitten und Bräuche oft an verschiedenen Tagen vor und nach dem 25. Dezember finden, und andererseits, daß viele Weihnachtssitten und -bräuche noch heute deutliche Spuren ihres heidnischen Ursprunges aufweisen.

Der am weitesten verbreitete Weihnachtsbrauch ist das Aufstellen des Weihnachts- oder Christbaums, der mancherorts auch noch Lebensbaum genannt wird. Meist ist es ein Tannenbaum, oft aber auch eine Stechpalme, ein Wacholderbäumchen, eine Birke, ein Kirschbäumchen oder sonst ein Laubbaum, den man einige Wochen vor dem Fest in einen Topf setzt und im Zimmer zum Blühen bringt. Den Weihnachtsbaum in einer der genannten Formen kennen wir ja alle. Wir alle sind schon einmal in unseren Kinderjahren vor diesem Erzeugnis deutschen Volksglaubens gestanden, haben in den hellen Lichterglanz der Christbaumkerzen geschaut, die bunte Christbaumverzierung bewundert und froh und glücklich Weihnachtslieder gesungen.

In vielen deutschen Familien ist es auch üblich, unter dem Weihnachtsbaum eine Krippe aufzustellen und mit entsprechenden Figuren die Geburt Christi mit allen ihren christlichen Begleiterscheinungen, wie die drei Weisen aus dem Morgenland und die frohlockenden Hirten, darzustellen.

In ganz Deutschland, besonders im Erzgebirge, kannte man früher, aber auch noch heute, als Gegenstück zur süddeutschen Krippenlandschaft, die Weihnachtspyramide, das hölzerne Räuchermännlein, die Nußknacker, Engelchen, Kurrendesänger, Spanbäumchen, Adventskalender und Spieluhren.

Den Mittelpunkt der Weihnachtsfeier bildet in vielen Familien das Christkind, das oft als Lebewesen erscheint. Das Christkind wird von einem Mädchen dargestellt, das sein Kommen mit einer Klingel anmeldet. Mit Gesängen und Versen erfreut es die Kinder und teilt aus dem mitgebrachten Körbchen Früchte und Backwerk

Erzgebirgische Weihnachtspyramide

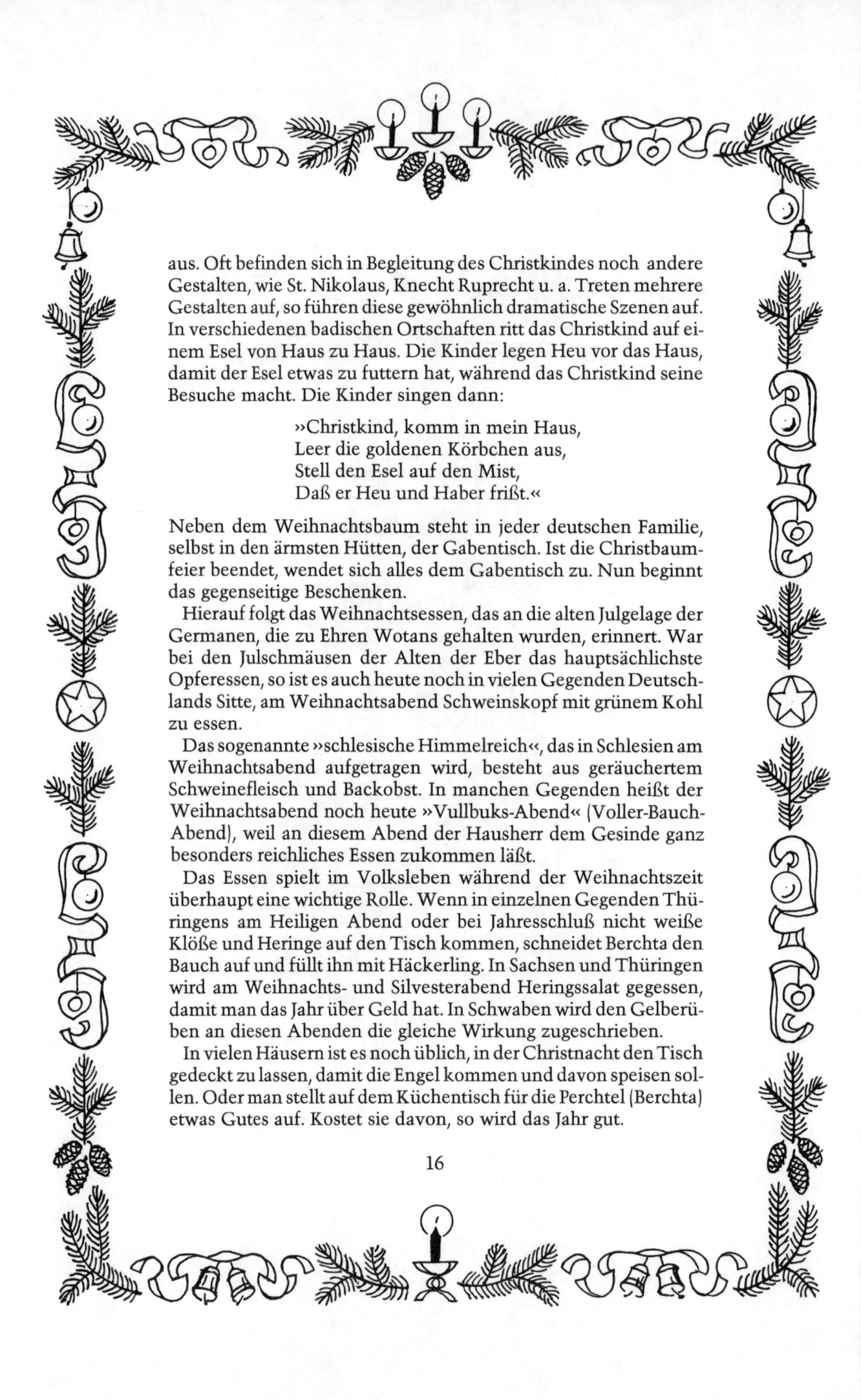

aus. Oft befinden sich in Begleitung des Christkindes noch andere Gestalten, wie St. Nikolaus, Knecht Ruprecht u. a. Treten mehrere Gestalten auf, so führen diese gewöhnlich dramatische Szenen auf. In verschiedenen badischen Ortschaften ritt das Christkind auf einem Esel von Haus zu Haus. Die Kinder legen Heu vor das Haus, damit der Esel etwas zu futtern hat, während das Christkind seine Besuche macht. Die Kinder singen dann:

> »Christkind, komm in mein Haus,
> Leer die goldenen Körbchen aus,
> Stell den Esel auf den Mist,
> Daß er Heu und Haber frißt.«

Neben dem Weihnachtsbaum steht in jeder deutschen Familie, selbst in den ärmsten Hütten, der Gabentisch. Ist die Christbaumfeier beendet, wendet sich alles dem Gabentisch zu. Nun beginnt das gegenseitige Beschenken.

Hierauf folgt das Weihnachtsessen, das an die alten Julgelage der Germanen, die zu Ehren Wotans gehalten wurden, erinnert. War bei den Julschmäusen der Alten der Eber das hauptsächlichste Opferessen, so ist es auch heute noch in vielen Gegenden Deutschlands Sitte, am Weihnachtsabend Schweinskopf mit grünem Kohl zu essen.

Das sogenannte »schlesische Himmelreich«, das in Schlesien am Weihnachtsabend aufgetragen wird, besteht aus geräuchertem Schweinefleisch und Backobst. In manchen Gegenden heißt der Weihnachtsabend noch heute »Vullbuks-Abend« (Voller-Bauch-Abend), weil an diesem Abend der Hausherr dem Gesinde ganz besonders reichliches Essen zukommen läßt.

Das Essen spielt im Volksleben während der Weihnachtszeit überhaupt eine wichtige Rolle. Wenn in einzelnen Gegenden Thüringens am Heiligen Abend oder bei Jahresschluß nicht weiße Klöße und Heringe auf den Tisch kommen, schneidet Berchta den Bauch auf und füllt ihn mit Häckerling. In Sachsen und Thüringen wird am Weihnachts- und Silvesterabend Heringssalat gegessen, damit man das Jahr über Geld hat. In Schwaben wird den Gelberüben an diesen Abenden die gleiche Wirkung zugeschrieben.

In vielen Häusern ist es noch üblich, in der Christnacht den Tisch gedeckt zu lassen, damit die Engel kommen und davon speisen sollen. Oder man stellt auf dem Küchentisch für die Perchtel (Berchta) etwas Gutes auf. Kostet sie davon, so wird das Jahr gut.

Auch das Vieh in den Ställen bekommt am Weihnachtsabend besseres und reichlicheres Futter. Damit es von Geistern unberührt bleibt, stellt man am Christabend vor dem Stall ein Licht auf. Auf dem Land werden manchmal selbst die hungernden Vöglein nicht vergessen. Der Bauer steckt an seinem Vorratshaus eine lange Stange aus, an welcher eine volle Getreidegarbe befestigt ist.

Zu den Weihnachtsspeisen gehört auch das Weihnachtsgebäck, das in Deutschland in den verschiedensten Arten und Formen bekannt ist. In Sachsen hat man den Christstollen, der in der Form das Christkind darstellt, in Schwaben die Springerle, ein festes Backwerk, das in Holzformen mit verschiedenen Bildern eingedruckt wird, in Württemberg und Baden das Hutzelbrot, in Bayern das Kletzenbrot usw.

In Bayern herrscht die Sitte, daß am Christabend die Mädchen ihre Liebhaber mit einem Kletzenherz beschenken.

Während dieser Mahlzeiten spielen auch die sogenanten »heiligen Zahlen« eine Rolle, indem es üblich ist, sieben- oder neunerlei Speisearten zu essen. Den Weihnachtsschmäusen wird auch sonst große Bedeutung zugemessen. Reiche und gut zusammengestellte Essen bringen neben körperlicher Gesundheit noch manchen andern Segen.

Wie bereits erwähnt, wird am Weihnachtsabend auch der Tiere gedacht und diesen reichlicheres Futter, in verschiedenen Gegenden Grünkohl, gereicht. Aber nicht nur Menschen und Tiere, sondern auch Bäume und Pflanzen sollen am Weihnachtsfest teilnehmen. In die Zweige der Bäume hängt man Kuchen und Obst, legt Geld in die Rinden, düngt sie oder schüttet die Überreste des Essens unter die Bäume. Vielfach ist es auch üblich, die Fruchtbäume am Weihnachtsabend mit Strohseilen zu umbinden, wodurch eine Erhöhung der Fruchtbarkeit erreicht werden soll.

Am Weihnachtsabend kann man auch seine Zukunft erforschen. Heiratslustige Mädchen kehren am Christabend die Stuben aus, tragen den Kehricht in den Hof und warten, auf diesem sitzend, den ersten Hahnenruf am Morgen ab. Aus der Richtung, aus welcher das Krähen kommt, soll dann auch der zukünftige Mann kommen. Oder die Mädchen gehen während der Nacht vor den Hühnerstall, klopfen dort und sagen:

»Gackert der Hahn, so krieg ich einen Mann,
Gackert die Henn', so krieg ich noch ken.«

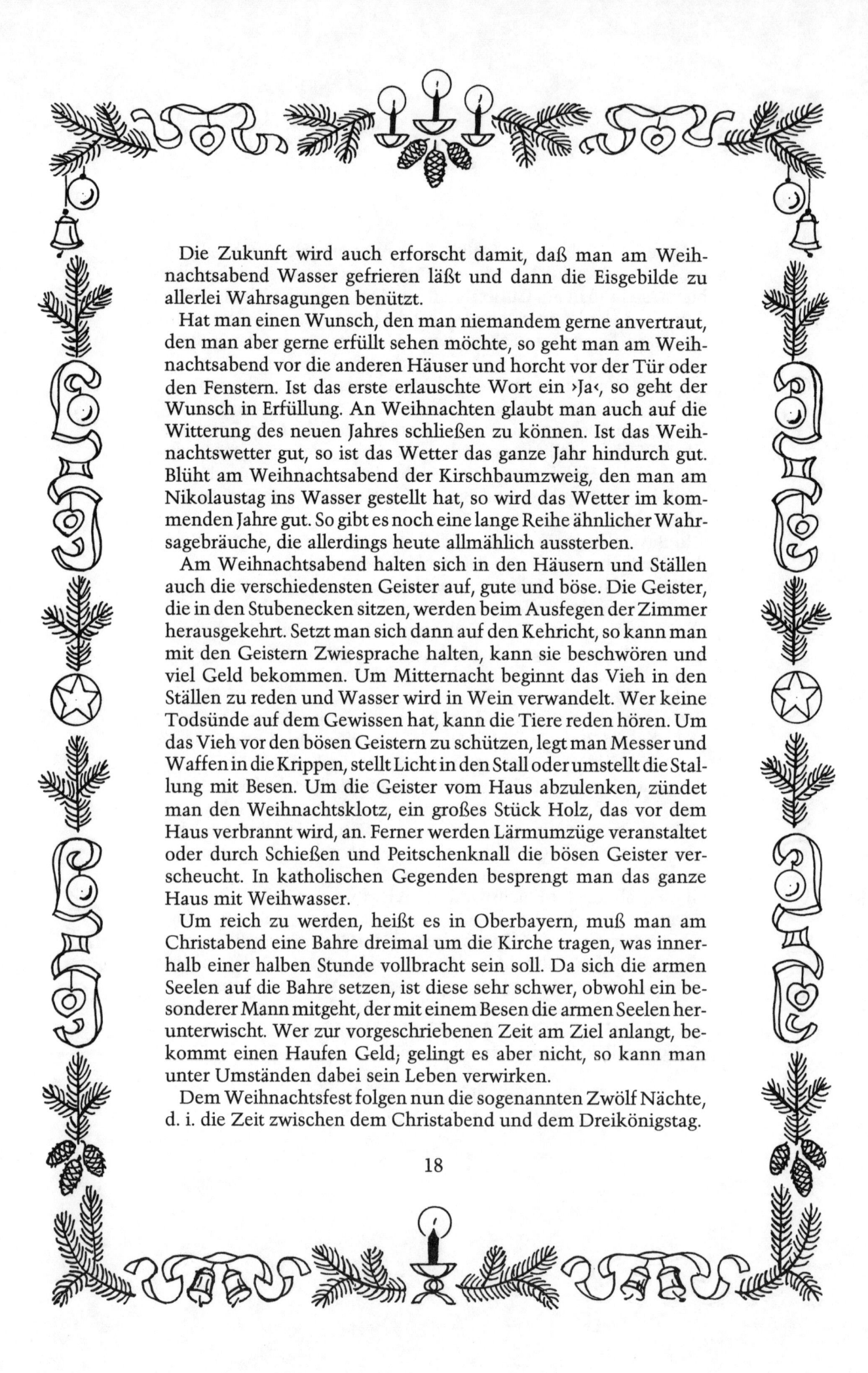

Die Zukunft wird auch erforscht damit, daß man am Weihnachtsabend Wasser gefrieren läßt und dann die Eisgebilde zu allerlei Wahrsagungen benützt.

Hat man einen Wunsch, den man niemandem gerne anvertraut, den man aber gerne erfüllt sehen möchte, so geht man am Weihnachtsabend vor die anderen Häuser und horcht vor der Tür oder den Fenstern. Ist das erste erlauschte Wort ein ›Ja‹, so geht der Wunsch in Erfüllung. An Weihnachten glaubt man auch auf die Witterung des neuen Jahres schließen zu können. Ist das Weihnachtswetter gut, so ist das Wetter das ganze Jahr hindurch gut. Blüht am Weihnachtsabend der Kirschbaumzweig, den man am Nikolaustag ins Wasser gestellt hat, so wird das Wetter im kommenden Jahre gut. So gibt es noch eine lange Reihe ähnlicher Wahrsagebräuche, die allerdings heute allmählich aussterben.

Am Weihnachtsabend halten sich in den Häusern und Ställen auch die verschiedensten Geister auf, gute und böse. Die Geister, die in den Stubenecken sitzen, werden beim Ausfegen der Zimmer herausgekehrt. Setzt man sich dann auf den Kehricht, so kann man mit den Geistern Zwiesprache halten, kann sie beschwören und viel Geld bekommen. Um Mitternacht beginnt das Vieh in den Ställen zu reden und Wasser wird in Wein verwandelt. Wer keine Todsünde auf dem Gewissen hat, kann die Tiere reden hören. Um das Vieh vor den bösen Geistern zu schützen, legt man Messer und Waffen in die Krippen, stellt Licht in den Stall oder umstellt die Stallung mit Besen. Um die Geister vom Haus abzulenken, zündet man den Weihnachtsklotz, ein großes Stück Holz, das vor dem Haus verbrannt wird, an. Ferner werden Lärmumzüge veranstaltet oder durch Schießen und Peitschenknall die bösen Geister verscheucht. In katholischen Gegenden besprengt man das ganze Haus mit Weihwasser.

Um reich zu werden, heißt es in Oberbayern, muß man am Christabend eine Bahre dreimal um die Kirche tragen, was innerhalb einer halben Stunde vollbracht sein soll. Da sich die armen Seelen auf die Bahre setzen, ist diese sehr schwer, obwohl ein besonderer Mann mitgeht, der mit einem Besen die armen Seelen herunterwischt. Wer zur vorgeschriebenen Zeit am Ziel anlangt, bekommt einen Haufen Geld; gelingt es aber nicht, so kann man unter Umständen dabei sein Leben verwirken.

Dem Weihnachtsfest folgen nun die sogenannten Zwölf Nächte, d. i. die Zeit zwischen dem Christabend und dem Dreikönigstag.

In dieser Zeit zwischen dem alten und neuen Jahre ist der Volksglaube besonders lebendig.

Die Zwölf Nächte galten bei den alten Germanen als die Zeit des Gerichtsfriedens. Alles soll sich der festlichen Freude hingeben, denn die Gottheit wacht über diese heilige Zeit. Diese Anschauung hat sich zum Teil bis in die heutigen Tage hinein erhalten. So sind noch in jetziger Zeit in verschiedenen Gegenden während dieser Zeit gewisse Arbeiten verboten, so z. B. das Spinnen. Mägde, welche in dieser Zeit spinnen, werden von der Berchta bestraft, ebenso die Mägde, deren Spinnrocken in diesen Tagen nicht abgesponnen sind. Faule Dirnen werden in den Zwölf Nächten ebenfalls bestraft. In der Untersteiermark heißt es, daß aus einem Haus, das zur Weihnachtszeit und in den Zwölf Nächten nicht sauber sei, die Kinder verschwinden.

An Stelle der heidnischen Göttin Berchta tritt hauptsächlich in katholischen Gegenden die Mutter Gottes. Knistert ein Tisch, so heißt es, die Mutter Gottes sei darüber hinweggegangen. Sooft ein Tisch während der Zwölf Nächte von der Stelle gerückt wird, so oft blitzt es im folgenden Jahr. Wer in dieser Zeit die Türen laut zuschlägt, hat zu gewärtigen, daß ihn im Sommer der Blitz trifft. Die Mutter Gottes schaut nach, ob überall Ordnung herrscht, und läßt dort, wo Unordnung ist, das Unglück einziehen.

Wegen ihrer Geisterhaftigkeit heißen die Zwölf Nächte in den bayerischen und salzburgischen Alpen »Rumpel- oder Rauchnächte«. Die Höfe und Häuser werden mit Weihrauch ausgeräuchert.

In Tirol ist es üblich, während der Zwölf Nächte den Kindern den Mann im Mond, der zur ewigen Arbeit verurteilt ist, weil er am Weihnachtsabend noch Tannenäste kleinhackte, zu zeigen.

An Silvester finden wir wieder verschiedene Bräuche und Sitten, die wir schon früher getroffen haben, so vor allem das Erforschen der Zukunft. Hierher gehört in erster Linie das Bleigießen, das zur Unterhaltung am Silvesterabend auch in den Städten üblich ist. Man gießt Blei in kaltes Wasser und versucht aus den sich im Wasser gebildeten Bleigestalten zu ersehen, was das Jahr bringt. Eine ebenfalls weitverbreitete Neujahrssitte ist auch das Wettervorhersagen durch den Zwiebelkalender. Man zerteilt die Zwiebel in 12 Teile, auf welche gleichmäßig viel Salz gestreut wird. Je nachdem, ob die Stücke naß werden oder trocken bleiben, gibt es nasse oder trockene Monate.

In der Silvester- und Neujahrsnacht spukt es wieder viel. Allerlei

Perchtenlaufen im Salzburger Land

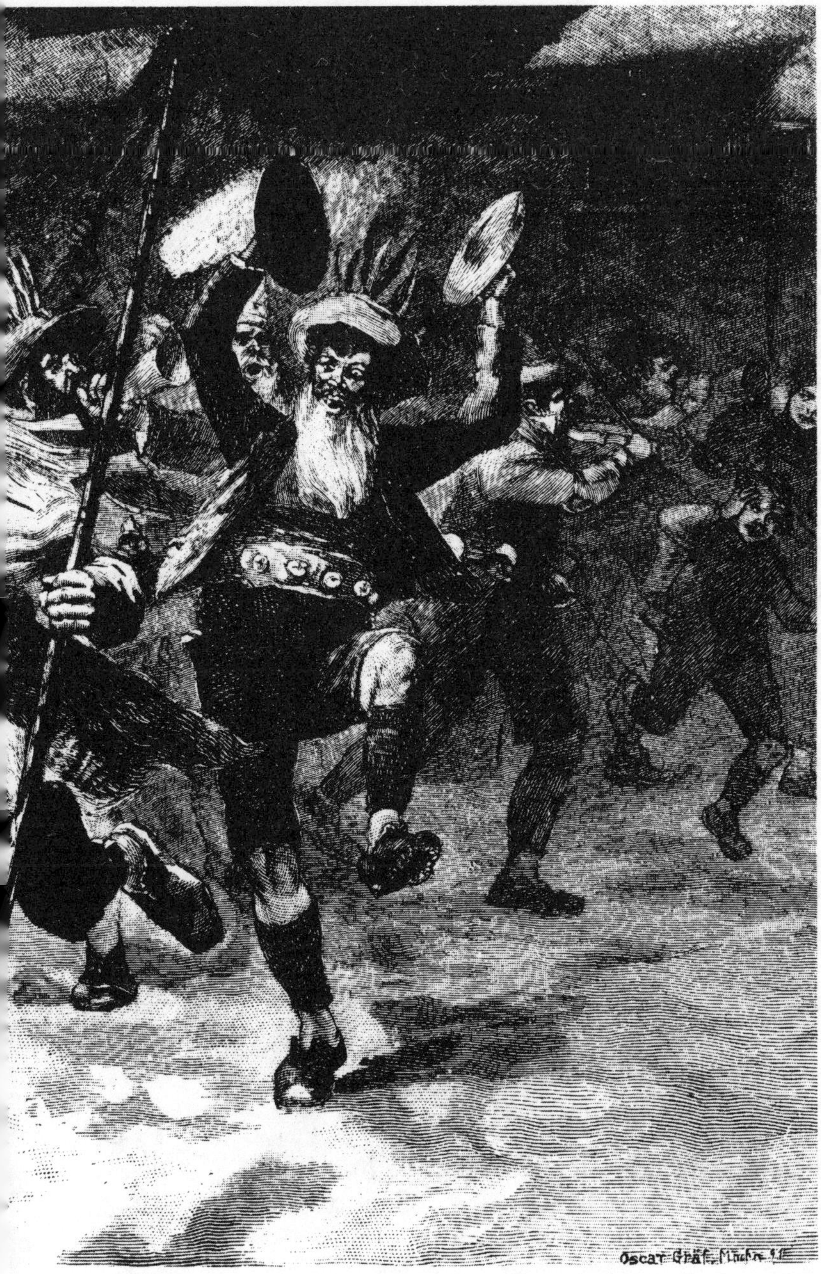

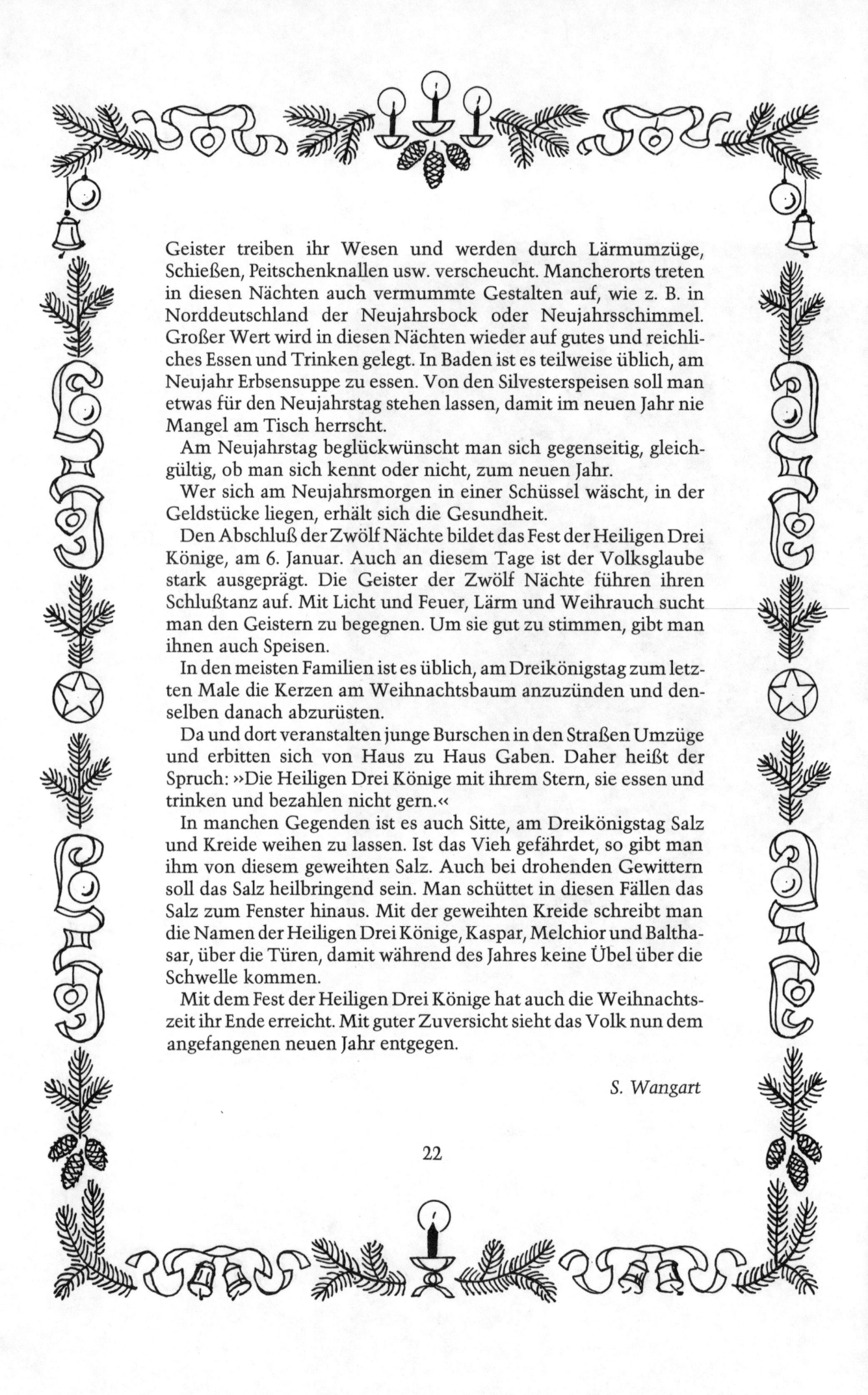

Geister treiben ihr Wesen und werden durch Lärmumzüge, Schießen, Peitschenknallen usw. verscheucht. Mancherorts treten in diesen Nächten auch vermummte Gestalten auf, wie z. B. in Norddeutschland der Neujahrsbock oder Neujahrsschimmel. Großer Wert wird in diesen Nächten wieder auf gutes und reichliches Essen und Trinken gelegt. In Baden ist es teilweise üblich, am Neujahr Erbsensuppe zu essen. Von den Silvesterspeisen soll man etwas für den Neujahrstag stehen lassen, damit im neuen Jahr nie Mangel am Tisch herrscht.

Am Neujahrstag beglückwünscht man sich gegenseitig, gleichgültig, ob man sich kennt oder nicht, zum neuen Jahr.

Wer sich am Neujahrsmorgen in einer Schüssel wäscht, in der Geldstücke liegen, erhält sich die Gesundheit.

Den Abschluß der Zwölf Nächte bildet das Fest der Heiligen Drei Könige, am 6. Januar. Auch an diesem Tage ist der Volksglaube stark ausgeprägt. Die Geister der Zwölf Nächte führen ihren Schlußtanz auf. Mit Licht und Feuer, Lärm und Weihrauch sucht man den Geistern zu begegnen. Um sie gut zu stimmen, gibt man ihnen auch Speisen.

In den meisten Familien ist es üblich, am Dreikönigstag zum letzten Male die Kerzen am Weihnachtsbaum anzuzünden und denselben danach abzurüsten.

Da und dort veranstalten junge Burschen in den Straßen Umzüge und erbitten sich von Haus zu Haus Gaben. Daher heißt der Spruch: »Die Heiligen Drei Könige mit ihrem Stern, sie essen und trinken und bezahlen nicht gern.«

In manchen Gegenden ist es auch Sitte, am Dreikönigstag Salz und Kreide weihen zu lassen. Ist das Vieh gefährdet, so gibt man ihm von diesem geweihten Salz. Auch bei drohenden Gewittern soll das Salz heilbringend sein. Man schüttet in diesen Fällen das Salz zum Fenster hinaus. Mit der geweihten Kreide schreibt man die Namen der Heiligen Drei Könige, Kaspar, Melchior und Balthasar, über die Türen, damit während des Jahres keine Übel über die Schwelle kommen.

Mit dem Fest der Heiligen Drei Könige hat auch die Weihnachtszeit ihr Ende erreicht. Mit guter Zuversicht sieht das Volk nun dem angefangenen neuen Jahr entgegen.

S. Wangart

Es weihnachtet sehr

Albrecht Dürer
»Die Verkündigung«

Der Engel Gabriel ward gesandt von Gott in ain stat in Galilea/die da haisst Nazareth/zu ainer Jungkfrawen/die wermaehlet war ainem Mann mit namen Joseph von dem hauß David/unnd der Jungkfrawen name war Maria: unnd der Engel kam zu ihr hinein/unnd sprach: Gegruesset seystu vol genaden/der Herr ist mit dir/du bist gebenedeit unter den weibern.

Unnd da sie das hoeret/erschrack sie in sainer red/unnd gedacht/was doch das fuer ain gruß wär. Unnd der Engel sprach zu ihr: Fürcht dich nit Maria/dann du hast genad funden bei Gotte. Sihe du wirst empfahen in dir unnd geberen ain sun/des namen wirst du haissen JESUS. Dieser wirdt groß/und ain sun des hoechsten genennt werden. Und Gott der Herr wirdt ihm geben den stul David seins vatters.

Unnd er wirdt ain Künig sein über das
Hauß Jakob ewigklich/unnd seins Kue-
nigreichs wirdt kain end sein.
Da sprach Maria zu dem Engel/wie wirdt
das geschehen/dieweil ich kain man erken.
Der Engel antwurt/unnd sprach zu jhr:
der hailige Gaist wirdt kummen ueber dich
die krafft des hoechsten wird dich umbschat-
ten/darumb auch das hailig/das auß dir
geboren/wirdt Gottes sun genennt werden. Unnd sihe/Elisabeth dein gefreundte
gehet auch mit ainem sun in ihrem alter/
unnd ist disser der sechste monat deren/so
da unfruchtbar genennt wirdt/dann bey
Gotte ist kain wort unmuegelich. Maria
aber sprach: Sihe ich bin ain Dienerin des
Herren/mir geschehe nach deinem wort.
Unnd der Engel schid von jhr abe.

Luk. 1, 26-39.

Aus dem Jahre 1558.

Herr Winter

Wie der gestrenge Herr Winter sein Regiment antritt, die Eisdecke bei stiller Nacht über den Strom spannt und mit emsigem Fleiße ebnet und glättet.

Wie Herr Winter am anderen Morgen bei dem Bauer einkehrt und für seine Arbeit ein warmes Morgensüpplein begehrt. »Was, den Winter auch noch füttern?« schreit der Bauer. »Hinaus, du kalter Gesell, aus meinem Hause, hier ist deines Bleibens nicht!«

Da trollt sich der Herr Winter gar traurig hinaus und breitet eifrig den weißen Schnee über Weg und Steg. Doch auch hier gibt's für ihn keine Rast, mit Schaufel und Besen zerstört der Straßenkehrer sein mühsames Werk und verjagt den silberbärtigen Alten.

»Geht's nicht auf dem Lande, so geht's in der Stadt«, meint da Herr Winter. Doch wehe ihm, schon im ersten Bürgerhaus, wo er einkehrt, bindet eine rasche Dirne den Greis an den warmen Ofen und peinigt ihn mit der Hitze, bis er, wütend vor Schmerz, seine Bande zerreißt und ins Freie stürmt.

Die Christnacht ist gekommen. Aus allen Fenstern erglänzt heller, festlicher Schein, und das Jubeln der fröhlichen Kinder schallt hinaus bis auf die schneebedeckten einsamen Straßen. Da trippelt ein Männlein gar eifrig einher und späht von Tür zu Tür, ob nicht jemand ihm öffne und den geschmückten Weihnachtsbaum annehme als willkommene Spende. – Vergeblich! – Keine Pforte geht auf, den einzulassen, der ja das Christfest unter seiner Herrschaft begehen läßt von groß und klein.

Da entschließt sich Herr Winter, auf den Ball zu gehen und bei dem Klang der rauschenden Musik und im raschen Tanze sein Leid zu vergessen. Doch schon an der Stiege des festlich geschmückten Hauses fliehen schaudernd die fröhlichen Gäste aus seiner Nähe, und mit groben Worten weist der bärtige Türhüter den eisigen Gast hinaus in die düstere Nacht.

So geht's dem Winter während seines ganzen Regimentes. Niemand gestattet ihm gastliche Einkehr. Wenn aber die Eisdecke bricht und die warmen Sonnenstrahlen den Schnee von Berg und Tal verbannen, da sucht der Alte das erste Schneeglöcklein; das legt er dem Frühling auf die schmucke Wiege und kehrt unter Sturm und Wetter in die eisige Heimat zurück, bis wieder seine Zeit gekommen.

Moritz von Schwind

Aus der Kinderstube

Aus der Kinderstub' ein Märchen.
Zu Weihnachten kam ein Pärchen
Zuckerwerk gesandt vom Bäschen
War's ein Jäger und ein Häschen,
War's ein Schäfer und ein Lämmchen
Neben einem Tannenstämmchen?
Nicht mehr weiß ich's, kurz: ein Männchen
Und ein Tierchen bei 'nem Tännchen.
Und die Mutter sprach dem Ernste,
Ihrem jüngsten, zu mit Ernste:
Dieses sollst du nur betrachten,
Aber nicht zu essen trachten.

Doch, ihn erst zu prüfen eben,
Ward ihm nur das Tier gegeben
Sie behielt den Mann zurücke,
Das gereichte dem zum Glücke.
Denn sein Tierchen nahm das Bübchen,
Sperrt' es in sein Spielzeugschiebchen,
Kam dann stündlich zu der Mutter:
Gib mir für mein Tierchen Futter!
Äpfel gab sie ihm und Semmeln,
Was nicht Hasen taugt noch Hämmeln,
Doch der Füttrer selber aß es,
Meinte stets, sein Tierchen fraß es.
Als nun lang der arme Schlucker
So geweidet seinen Zucker,
Und sein Auge dran geweidet,
War ihm diese Luft verleidet.
Er begann es zu belecken,
Und es mochte süß ihm schmecken,
Und mit einmal war das Köpfchen
Ab dem zuckernen Geschöpfchen.
Und wie's mit dem Haupt gelungen,
War das Ganze bald bezwungen.
Als er nun nicht mehr um Futter
Kam zu betteln bei der Mutter,
Merkte sie, daß was geschehen,
Sprach: Laß mich dein Tierchen sehen!
Und der Sünder stand betroffen.
Mutter sprach: Ich will nicht hoffen,
Daß du's habest aufgegessen?
»Mutter, nein! Doch aufgefressen.«
Wie? Gleich wilden Raubtierhorden?
»Ja, ich war der Wolf geworden;
Weil du von dem Wolf doch immer
Abends uns erzählt im Zimmer.«
Und du hast es ganz gegessen?
»Nur soviel der Wolf kann fressen,
Nur das Tierchen, nicht das Tännchen.
Aber gibt mir nun das Männchen,
Das will ich bewahren besser.«
Mutter sprach: Ein Menschenfresser

Willst du werden ungeheuer?
Und das Kind ward rot wie Feuer.
Doch sie sprach: Das wir's verbessern,
Weil ich doch von Menschenfressern
Abends auch dir vorgetragen,
Will ich's Männchen dir versagen,
Daß nicht etwa gar, mein Kindchen,
Du's verschlingest samt dem Flintchen.
Oder ob gesagt sie habe,
Statt der Flinte: mit dem Stabe;
Das kommt darauf an, ob Jäger
Es gewesen oder Schäfer.

Friedrich Rückert

Weihnachtsglocken

O Winterwaldnacht, stumm und hehr,
Mit deinen eisumglänzten Zweigen,
Lautlos und pfadlos, schneelastschwer,
Wie ist das groß, dein stolzes Schweigen!

Es blinkt der Vollmond klar und kalt;
In tausend funkelharten Ketten
Sind festgeschmiedet Berg und Wald,
Nichts kann von diesem Bann erretten.

Der Vogel fällt, das Wild bricht ein,
Der Quell erstarrt, die Fichten beben;
So ringt den großen Kampf ums Sein
Ein tausendfaches banges Leben.

Doch in den Dörfern traut und sacht,
Da läuten heut' zur Welt hienieden
Die Weihnachtsglocken durch die Nacht
Ihr Wunderlied – vom ew'gen Frieden.

Karl Stieler

Im Winter

Schlaf ein, mein süßes Kind,
Da draußen singt der Wind.
Er singt die ganze Welt in Ruh',
Deckt sie mit weißen Betten zu.
Und bläst er ihr auch ins Gesicht,
Sie rührt sich nicht und regt sich nicht.
Tut auch kein Händlein strecken
Aus ihren weichen Decken.

Schlaf ein, mein süßes Kind,
Da draußen geht der Wind.
Pocht an die Fenster und schaut hinein,
Und hört er wo ein Kind noch schrein,
Da schilt und brummt und summt er sehr,
Holt gleich sein Bett voll Schnee daher
Und deckt es auf die Wiegen.
Wenn 's Kind nicht still will liegen.

Schlaf ein, mein süßes Kind,
Da draußen weht der Wind.
Er rüttelt an dem Tannenbaum,
Da fliegt heraus ein schöner Traum,
Der fliegt durch Schnee und Nacht und Wind
Geschwind, geschwind zum lieben Kind
Und singt von lust'gen Dingen,
Die 's Christkind ihm wird bringen.

Schlaf ein, mein süßes Kind,
Da draußen bläst der Wind.
Doch ruft die Sonne: »Grüß euch Gott!«,
Bläst er dem Kind die Backen rot.
Und sagt der Frühling: »Guten Tag!«,
Bläst er die ganze Erde wach,
Und was fein still gelegen,
Das freut sich allerwegen,
Drum schlaf, mein süßes Kind,
Bläst draußen auch der Wind!

Robert Reinick

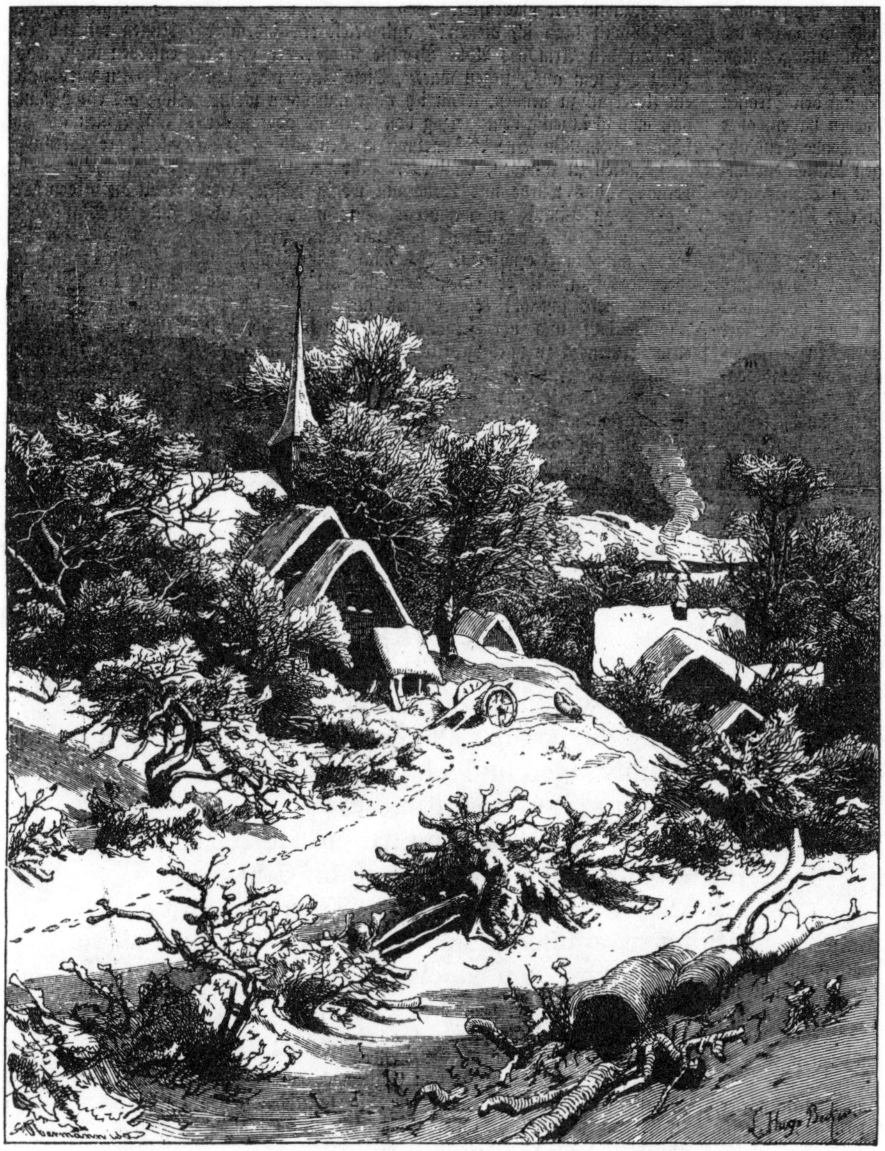

Eine Frage

Sag, hast du wohl bedacht, du liebe Seel',
Und weißt du, was das Weihnachtskindlein ist?
Ich will dir's sagen und ich freu mich drauf:
Es ist ein Engel aus dem Paradies
Mit sanften Augen und mit zartem Herzen.
Aus seinem reinen Himmel hat ihn Gott
Den Kindern hergeschickt zum Trost und Segen,
Er hütet sie am Bettchen Tag und Nacht,
Er deckt sie mit dem weichen Flügel zu.
Und weht er sie mit reinem Odem an,
Wird hell ihr Aug', ihr Bäckchen rund und rot.
Er trägt sie in Gefahr auf seinen Händen,
Läßt Blumen für sie wachsen auf der Flur,
Und kommt die Weihnacht dann in Schnee und Regen,
Dann hängt er einen schönen Frühling leise
Im Weihnachtsbaum in Stub' und Kammer auf
Und lächelt still und hat so große Freud,
Und Mutterliebe heißt sein schöner Name.

Johann Peter Hebel

Hansl heiß ich

»Hansl heiß ich,
Nüsse beiß ich,
Hab' ich aber mich beflissen,
Euch ein Dutzend aufgebissen,
Gebt mir zum Lohn
Ein paar davon!«

Franz Graf von Pocci

Fern im Osten

Fern im Osten wird es helle,
Graue Zeiten werden jung;
Aus der lichten Farbenquelle
Einen langen tiefen Trunk!
Alter Sehnsucht heilige Gewährung,
Süße Lieb' in göttlicher Verklärung.

Endlich kommt zur Erde nieder
Aller Himmel sel'ges Kind;
Schaffend im Gesang weht wieder
Um die Erde Lebenswind,
Weht zu neuen ewig lichten Flammen
Längst verstiebte Funken hier zusammen.

Überall entspringt aus Grüften
Neues Leben, neues Blut;
Ew'gen Frieden uns zu stiften
Taucht Er in die Lebensflut;
Steht mit vollen Händen in der Mitte,
Liebevoll gewärtig jeder Bitte.

Lasse seine milden Blicke
Tief in deine Seele gehn,
Und von seinem ew'gen Glücke

Sollst du dich ergriffen sehn.
Alle Herzen, Geister und die Sinnen
Werden einen neuen Tag beginnen.

Greife dreist nach seinen Händen,
Präge dir sein Antlitz ein,
Mußt dich immer nach Ihm wenden,
Blüte nach dem Sonnenschein;
Wirst du nur dein ganzes Herz Ihm zeigen,
Bleibt Er wie ein treues Weib dir eigen.

Unser ist sie nun geworden
Gottheit, die uns oft erschreckt,
Hat im Süden und im Norden
Himmelskeime rasch geweckt,
Und so laß im vollen Gottesgarten
Treu uns jede Knosp' und Blüte warten.

Novalis

Sagt ihr Töchter Zion mir

Sagt ihr Töchter Zion mir:
Habt ihr nicht gesehen
Meinen Liebsten gehen?
Geh ich da recht oder irr?
Sagt ihr Töchter Zion mir!
Von den Bergen will er kommen,
Hab's aus seinem Wort vernommen;
Ohne Ruh,
Ohne Ruh
Gehe ich den Bergen zu.

Vielleicht im Zypressenwald
Am Berg Zion warten
Will er mein im Garten,
Daß ich sollte kommen bald?
Vielleicht im Zypressenwald?
Will mich also nicht verweilen
Und ihm dort alsbald nacheilen!
Aber nein,
's kann nicht sein!
Hier befind' ich mich allein.

Etwa am Berg Libano
Unter Zederbäumen
Wird er schlafend träumen?
Werd' ich ihn doch finden? Wo?
Etwa am Berg Libano?
Will mich auch dahin begeben,
Um zu suchen dort mein Leben;
Doch aufs neu
Find anbei,
Daß ich hier betrogen sei.

Eine Stimm' mir redet zu,
Daß er noch verschlossen
Unter Liliensprossen
In Mariens Garten ruh:
Eine Stimm' mir redet zu,

Dort kann ich mein' Liebsten finden,
Und mich meiner Qual entwinden!
Liebster, ach wann
Kommst du dann,
Daß ich dich umfangen kann!

Volkslied aus dem Salzkammergut

Adventlied

Dein König kommt in nieder'n Hüllen,
Ihn trägt der lastbar'n Es'lin Füllen,
Empfang ihn froh, Jerusalem!
Trag ihm entgegen Friedenspalmen,
Bestreu' den Pfad mit grünen Halmen!
So ist's dem Herren angenehm.

O mächt'ger Herrscher ohne Heere,
Gewalt'ger Kämpfer ohne Speere,
O Friedensfürst von großer Macht!
Es wollen dir der Erde Herren

Den Weg zu deinem Throne sperren,
Doch du gewinnst ihn ohne Schlacht.

Dein Reich ist nicht von dieser Erden,
Doch aller Erde Reiche werden
Dem, was du gründest, untertan.
Bewaffnet mit des Glaubens Worten,
Zieht deine Schar nach den vier Orten
Der Welt hinaus und macht dir Bahn.

Und wo du kommest hergezogen,
Da ebnen sich des Meeres Wogen,
Es schweigt der Sturm, von dir bedroht.
Du kommst, auf den empörten Triften
Des Lebens neuen Bund zu stiften,
Und schlägst in Fessel Sünd und Tod.

O Herr von großer Huld und Treue,
O komme du auch jetzt aufs neue
Zu uns, die wir sind schwer verstört.
Not ist es, daß du selbst hienieden
Kommst zu erneuen deinen Frieden,
Dagegen ist die Welt empört.

O laß dein Licht auf Erden siegen,
Die Macht der Finsternis erliegen
Und lösch der Zwietracht Stimmen aus;
Daß wir, die Völker und die Thronen,
Vereint als Brüder wieder wohnen
In deines großen Vaters Haus!

Friedrich Rückert

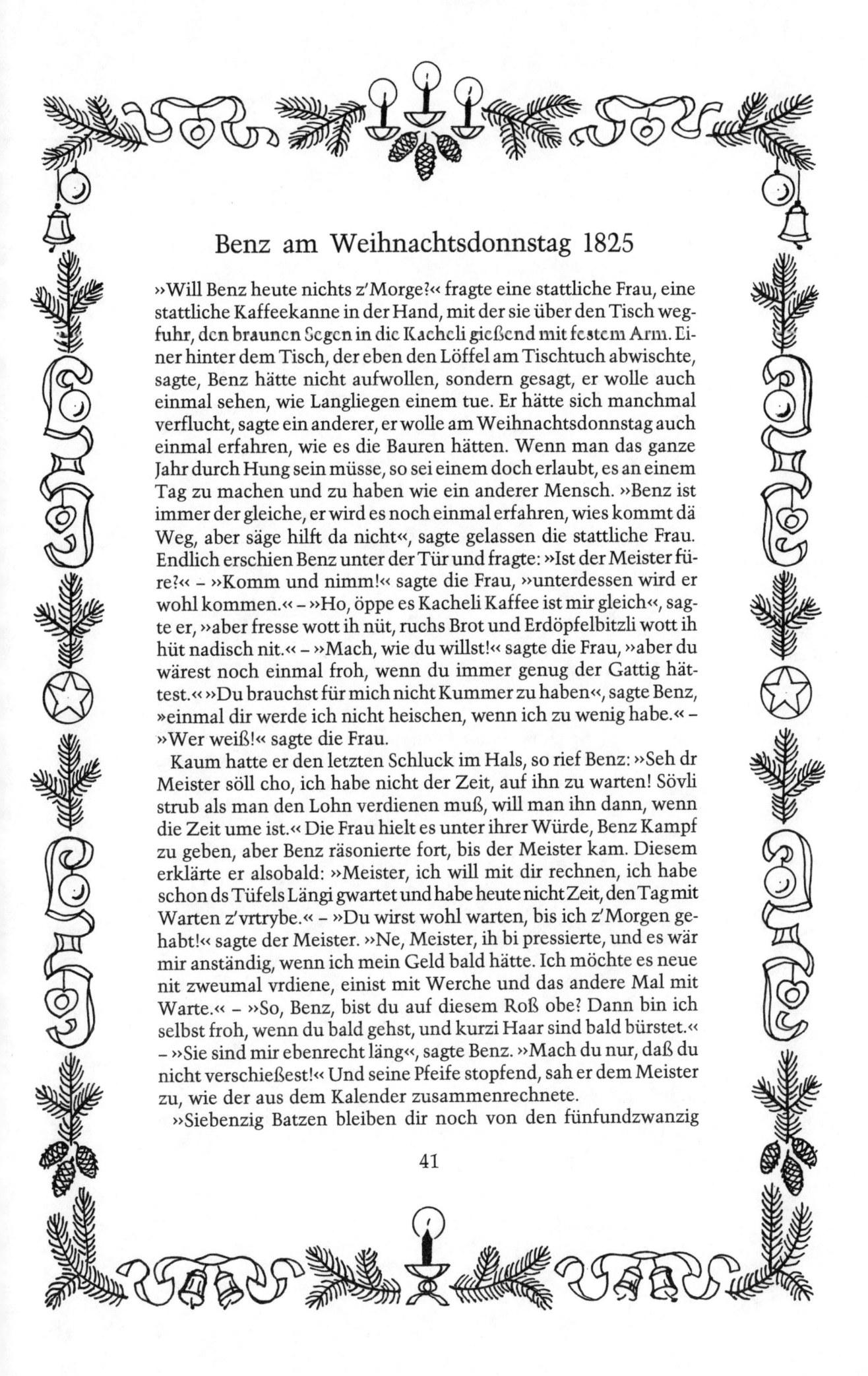

Benz am Weihnachtsdonnstag 1825

»Will Benz heute nichts z'Morge?« fragte eine stattliche Frau, eine stattliche Kaffeekanne in der Hand, mit der sie über den Tisch wegfuhr, den braunen Segen in die Kacheli gießend mit festem Arm. Einer hinter dem Tisch, der eben den Löffel am Tischtuch abwischte, sagte, Benz hätte nicht aufwollen, sondern gesagt, er wolle auch einmal sehen, wie Langliegen einem tue. Er hätte sich manchmal verflucht, sagte ein anderer, er wolle am Weihnachtsdonnstag auch einmal erfahren, wie es die Bauren hätten. Wenn man das ganze Jahr durch Hung sein müsse, so sei einem doch erlaubt, es an einem Tag zu machen und zu haben wie ein anderer Mensch. »Benz ist immer der gleiche, er wird es noch einmal erfahren, wies kommt dä Weg, aber säge hilft da nicht«, sagte gelassen die stattliche Frau. Endlich erschien Benz unter der Tür und fragte: »Ist der Meister füre?« – »Komm und nimm!« sagte die Frau, »unterdessen wird er wohl kommen.« – »Ho, öppe es Kacheli Kaffee ist mir gleich«, sagte er, »aber fresse wott ih nüt, ruchs Brot und Erdöpfelbitzli wott ih hüt nadisch nit.« – »Mach, wie du willst!« sagte die Frau, »aber du wärest noch einmal froh, wenn du immer genug der Gattig hättest.« »Du brauchst für mich nicht Kummer zu haben«, sagte Benz, »einmal dir werde ich nicht heischen, wenn ich zu wenig habe.« – »Wer weiß!« sagte die Frau.

Kaum hatte er den letzten Schluck im Hals, so rief Benz: »Seh dr Meister söll cho, ich habe nicht der Zeit, auf ihn zu warten! Sövli strub als man den Lohn verdienen muß, will man ihn dann, wenn die Zeit ume ist.« Die Frau hielt es unter ihrer Würde, Benz Kampf zu geben, aber Benz räsonierte fort, bis der Meister kam. Diesem erklärte er alsobald: »Meister, ich will mit dir rechnen, ich habe schon ds Tüfels Längi gwartet und habe heute nicht Zeit, den Tag mit Warten z'vrtrybe.« – »Du wirst wohl warten, bis ich z'Morgen gehabt!« sagte der Meister. »Ne, Meister, ih bi pressierte, und es wär mir anständig, wenn ich mein Geld bald hätte. Ich möchte es neue nit zweumal vrdiene, einist mit Werche und das andere Mal mit Warte.« – »So, Benz, bist du auf diesem Roß obe? Dann bin ich selbst froh, wenn du bald gehst, und kurzi Haar sind bald bürstet.« – »Sie sind mir ebenrecht läng«, sagte Benz. »Mach du nur, daß du nicht verschießest!« Und seine Pfeife stopfend, sah er dem Meister zu, wie der aus dem Kalender zusammenrechnete.

»Siebenzig Batzen bleiben dir noch von den fünfundzwanzig

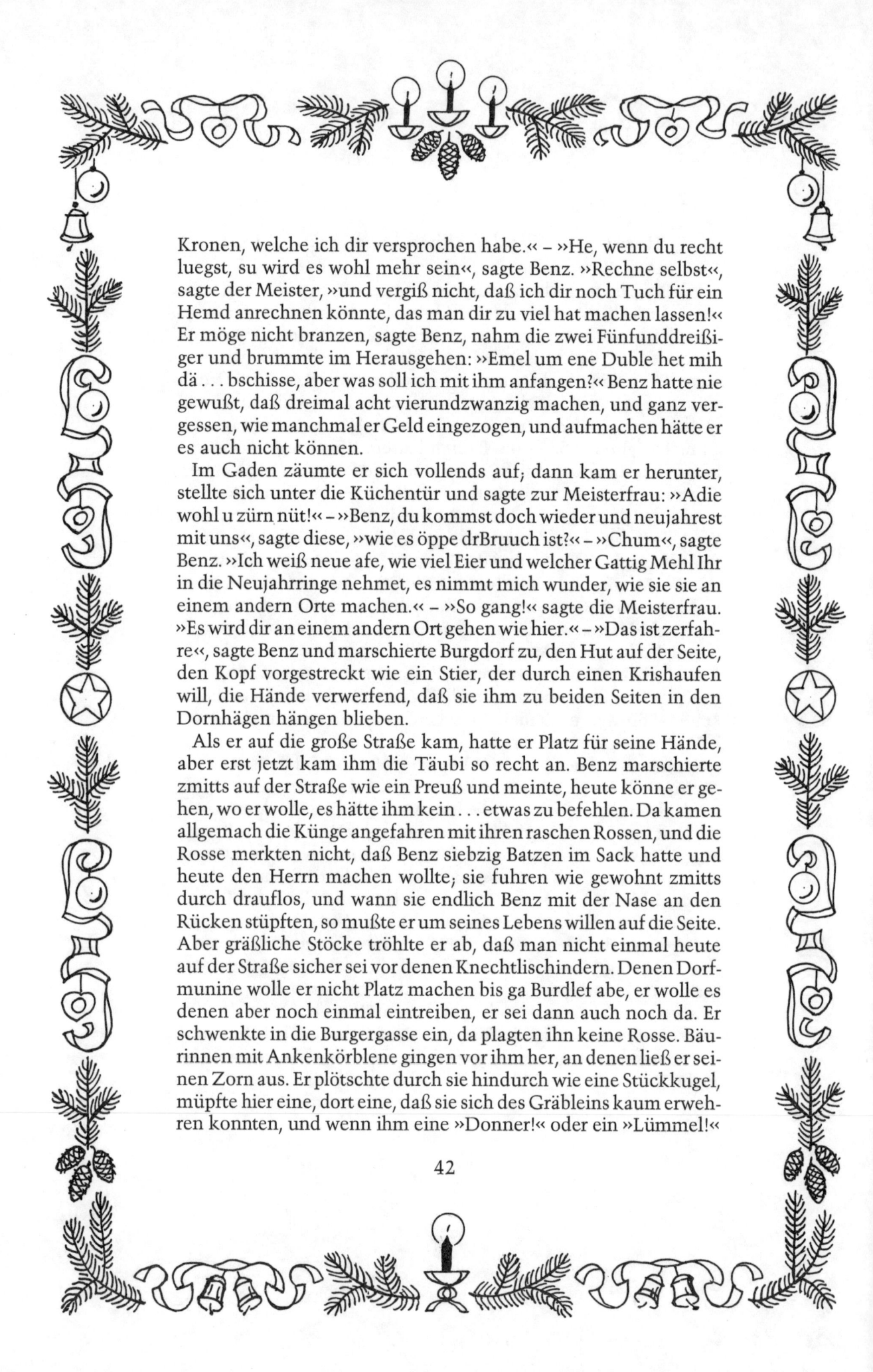

Kronen, welche ich dir versprochen habe.« – »He, wenn du recht luegst, su wird es wohl mehr sein«, sagte Benz. »Rechne selbst«, sagte der Meister, »und vergiß nicht, daß ich dir noch Tuch für ein Hemd anrechnen könnte, das man dir zu viel hat machen lassen!« Er möge nicht branzen, sagte Benz, nahm die zwei Fünfunddreißiger und brummte im Herausgehen: »Emel um ene Duble het mih dä... bschisse, aber was soll ich mit ihm anfangen?« Benz hatte nie gewußt, daß dreimal acht vierundzwanzig machen, und ganz vergessen, wie manchmal er Geld eingezogen, und aufmachen hätte er es auch nicht können.

Im Gaden zäumte er sich vollends auf; dann kam er herunter, stellte sich unter die Küchentür und sagte zur Meisterfrau: »Adie wohl u zürn nüt!« – »Benz, du kommst doch wieder und neujahrest mit uns«, sagte diese, »wie es öppe drBruuch ist?« – »Chum«, sagte Benz. »Ich weiß neue afe, wie viel Eier und welcher Gattig Mehl Ihr in die Neujahrringe nehmet, es nimmt mich wunder, wie sie sie an einem andern Orte machen.« – »So gang!« sagte die Meisterfrau. »Es wird dir an einem andern Ort gehen wie hier.« – »Das ist zerfahre«, sagte Benz und marschierte Burgdorf zu, den Hut auf der Seite, den Kopf vorgestreckt wie ein Stier, der durch einen Krishaufen will, die Hände verwerfend, daß sie ihm zu beiden Seiten in den Dornhägen hängen blieben.

Als er auf die große Straße kam, hatte er Platz für seine Hände, aber erst jetzt kam ihm die Täubi so recht an. Benz marschierte zmitts auf der Straße wie ein Preuß und meinte, heute könne er gehen, wo er wolle, es hätte ihm kein... etwas zu befehlen. Da kamen allgemach die Künge angefahren mit ihren raschen Rossen, und die Rosse merkten nicht, daß Benz siebzig Batzen im Sack hatte und heute den Herrn machen wollte; sie fuhren wie gewohnt zmitts durch drauflos, und wann sie endlich Benz mit der Nase an den Rücken stüpften, so mußte er um seines Lebens willen auf die Seite. Aber gräßliche Stöcke tröhlte er ab, daß man nicht einmal heute auf der Straße sicher sei vor denen Knechtlischindern. Denen Dorfmunine wolle er nicht Platz machen bis ga Burdlef abe, er wolle es denen aber noch einmal eintreiben, er sei dann auch noch da. Er schwenkte in die Burgergasse ein, da plagten ihn keine Rosse. Bäurinnen mit Ankenkörblene gingen vor ihm her, an denen ließ er seinen Zorn aus. Er plötschte durch sie hindurch wie eine Stückkugel, müpfte hier eine, dort eine, daß sie sich des Gräbleins kaum erwehren konnten, und wenn ihm eine »Donner!« oder ein »Lümmel!«

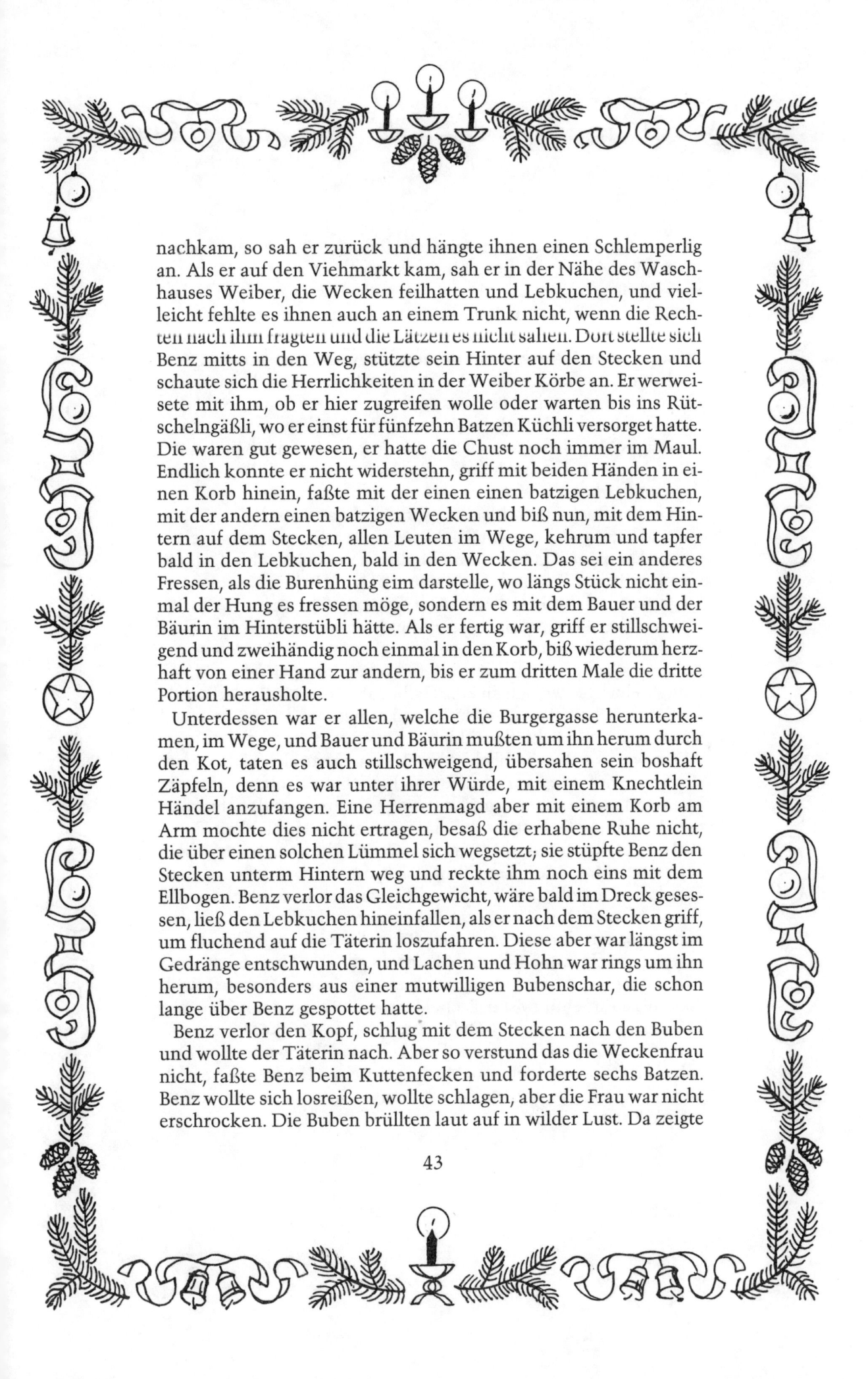

nachkam, so sah er zurück und hängte ihnen einen Schlemperlig an. Als er auf den Viehmarkt kam, sah er in der Nähe des Waschhauses Weiber, die Wecken feilhatten und Lebkuchen, und vielleicht fehlte es ihnen auch an einem Trunk nicht, wenn die Rechten nach ihm fragten und die Lätzen es nicht sahen. Dort stellte sich Benz mitts in den Weg, stützte sein Hinter auf den Stecken und schaute sich die Herrlichkeiten in der Weiber Körbe an. Er werweisete mit ihm, ob er hier zugreifen wolle oder warten bis ins Rütschelngäßli, wo er einst für fünfzehn Batzen Küchli versorget hatte. Die waren gut gewesen, er hatte die Chust noch immer im Maul. Endlich konnte er nicht widerstehn, griff mit beiden Händen in einen Korb hinein, faßte mit der einen einen batzigen Lebkuchen, mit der andern einen batzigen Wecken und biß nun, mit dem Hintern auf dem Stecken, allen Leuten im Wege, kehrum und tapfer bald in den Lebkuchen, bald in den Wecken. Das sei ein anderes Fressen, als die Burenhüng eim darstelle, wo längs Stück nicht einmal der Hung es fressen möge, sondern es mit dem Bauer und der Bäurin im Hinterstübli hätte. Als er fertig war, griff er stillschweigend und zweihändig noch einmal in den Korb, biß wiederum herzhaft von einer Hand zur andern, bis er zum dritten Male die dritte Portion herausholte.

Unterdessen war er allen, welche die Burgergasse herunterkamen, im Wege, und Bauer und Bäurin mußten um ihn herum durch den Kot, taten es auch stillschweigend, übersahen sein boshaft Zäpfeln, denn es war unter ihrer Würde, mit einem Knechtlein Händel anzufangen. Eine Herrenmagd aber mit einem Korb am Arm mochte dies nicht ertragen, besaß die erhabene Ruhe nicht, die über einen solchen Lümmel sich wegsetzt; sie stüpfte Benz den Stecken unterm Hintern weg und reckte ihm noch eins mit dem Ellbogen. Benz verlor das Gleichgewicht, wäre bald im Dreck gesessen, ließ den Lebkuchen hineinfallen, als er nach dem Stecken griff, um fluchend auf die Täterin loszufahren. Diese aber war längst im Gedränge entschwunden, und Lachen und Hohn war rings um ihn herum, besonders aus einer mutwilligen Bubenschar, die schon lange über Benz gespottet hatte.

Benz verlor den Kopf, schlug mit dem Stecken nach den Buben und wollte der Täterin nach. Aber so verstund das die Weckenfrau nicht, faßte Benz beim Kuttenfecken und forderte sechs Batzen. Benz wollte sich losreißen, wollte schlagen, aber die Frau war nicht erschrocken. Die Buben brüllten laut auf in wilder Lust. Da zeigte sich ein Landjäger und ließ seine martialische Stimme erschallen. Da sah Benz, das er nicht entrinnen könne, und warf der Weckenfrau vier Batzen hin. Die aber wollte sechs Batzen, und die Buben brüllten, emel für zehn hätte er gefressen, mit einem solchen Maul fresse man nicht bloß für sechs Batzen in einer Stunde, er hätte ja Lebkuchen und Wecken zusammen abgwauschtet wie die Oberländer magern und feiste Käs. Der Landjäger sagte kuraschiert: »Seh, zahl und mach, daß es Platz gibt, sonst mußt du ins Schloß!«

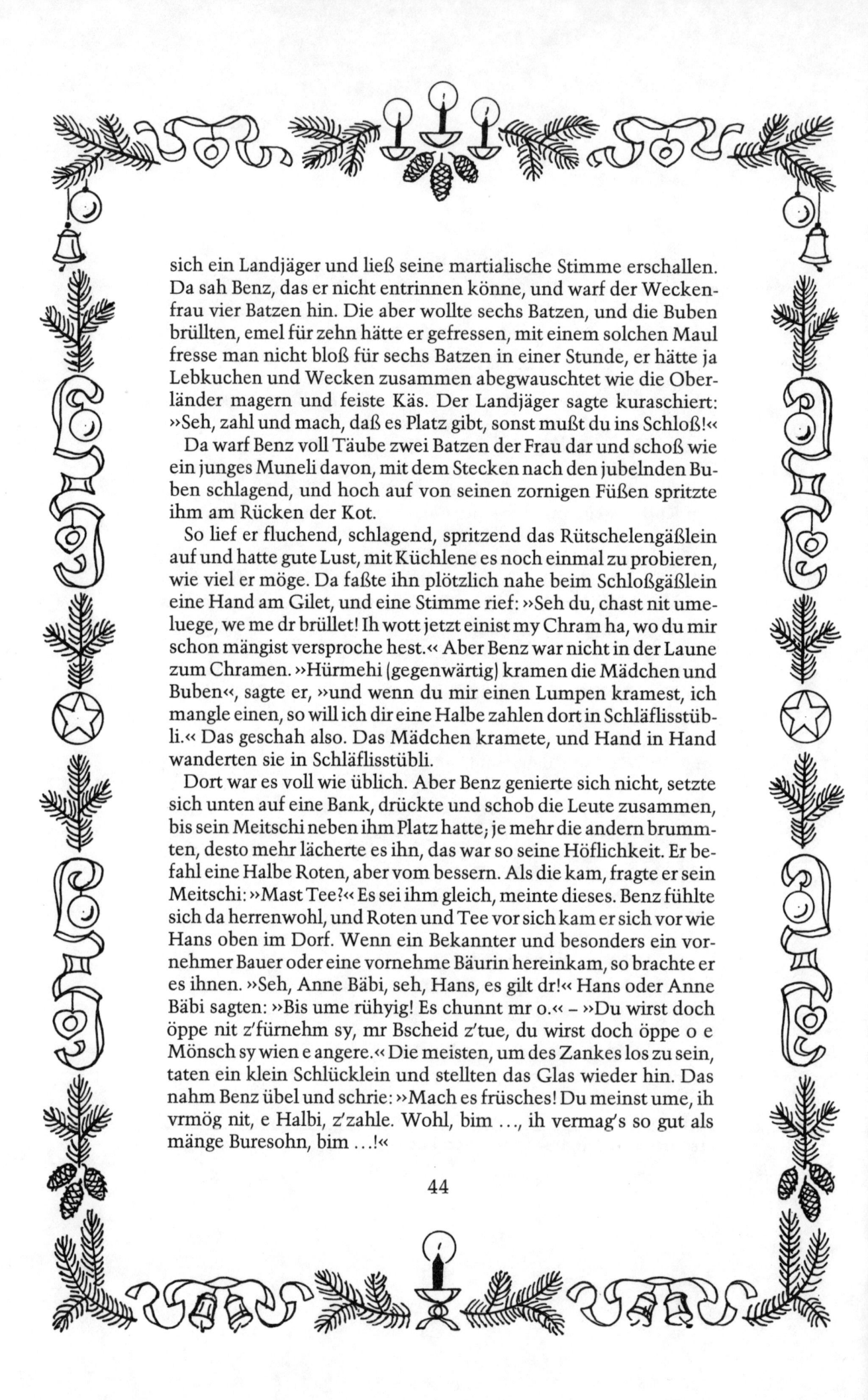

Da warf Benz voll Täube zwei Batzen der Frau dar und schoß wie ein junges Muneli davon, mit dem Stecken nach den jubelnden Buben schlagend, und hoch auf von seinen zornigen Füßen spritzte ihm am Rücken der Kot.

So lief er fluchend, schlagend, spritzend das Rütschelengäßlein auf und hatte gute Lust, mit Küchlene es noch einmal zu probieren, wie viel er möge. Da faßte ihn plötzlich nahe beim Schloßgäßlein eine Hand am Gilet, und eine Stimme rief: »Seh du, chast nit umeluege, we me dr brüllet! Ih wott jetzt einist my Chram ha, wo du mir schon mängist versproche hest.« Aber Benz war nicht in der Laune zum Chramen. »Hürmehi (gegenwärtig) kramen die Mädchen und Buben«, sagte er, »und wenn du mir einen Lumpen kramest, ich mangle einen, so will ich dir eine Halbe zahlen dort in Schläflisstübli.« Das geschah also. Das Mädchen kramete, und Hand in Hand wanderten sie in Schläflisstübli.

Dort war es voll wie üblich. Aber Benz genierte sich nicht, setzte sich unten auf eine Bank, drückte und schob die Leute zusammen, bis sein Meitschi neben ihm Platz hatte; je mehr die andern brummten, desto mehr lächerte es ihn, das war so seine Höflichkeit. Er befahl eine Halbe Roten, aber vom bessern. Als die kam, fragte er sein Meitschi: »Mast Tee?« Es sei ihm gleich, meinte dieses. Benz fühlte sich da herrenwohl, und Roten und Tee vor sich kam er sich vor wie Hans oben im Dorf. Wenn ein Bekannter und besonders ein vornehmer Bauer oder eine vornehme Bäurin hereinkam, so brachte er es ihnen. »Seh, Anne Bäbi, seh, Hans, es gilt dr!« Hans oder Anne Bäbi sagten: »Bis ume rühyig! Es chunnt mr o.« – »Du wirst doch öppe nit z'fürnehm sy, mr Bscheid z'tue, du wirst doch öppe o e Mönsch sy wien e angere.« Die meisten, um des Zankes los zu sein, taten ein klein Schlücklein und stellten das Glas wieder hin. Das nahm Benz übel und schrie: »Mach es früsches! Du meinst ume, ih vrmög nit, e Halbi, z'zahle. Wohl, bim …, ih vermag's so gut als mänge Buresohn, bim …!«

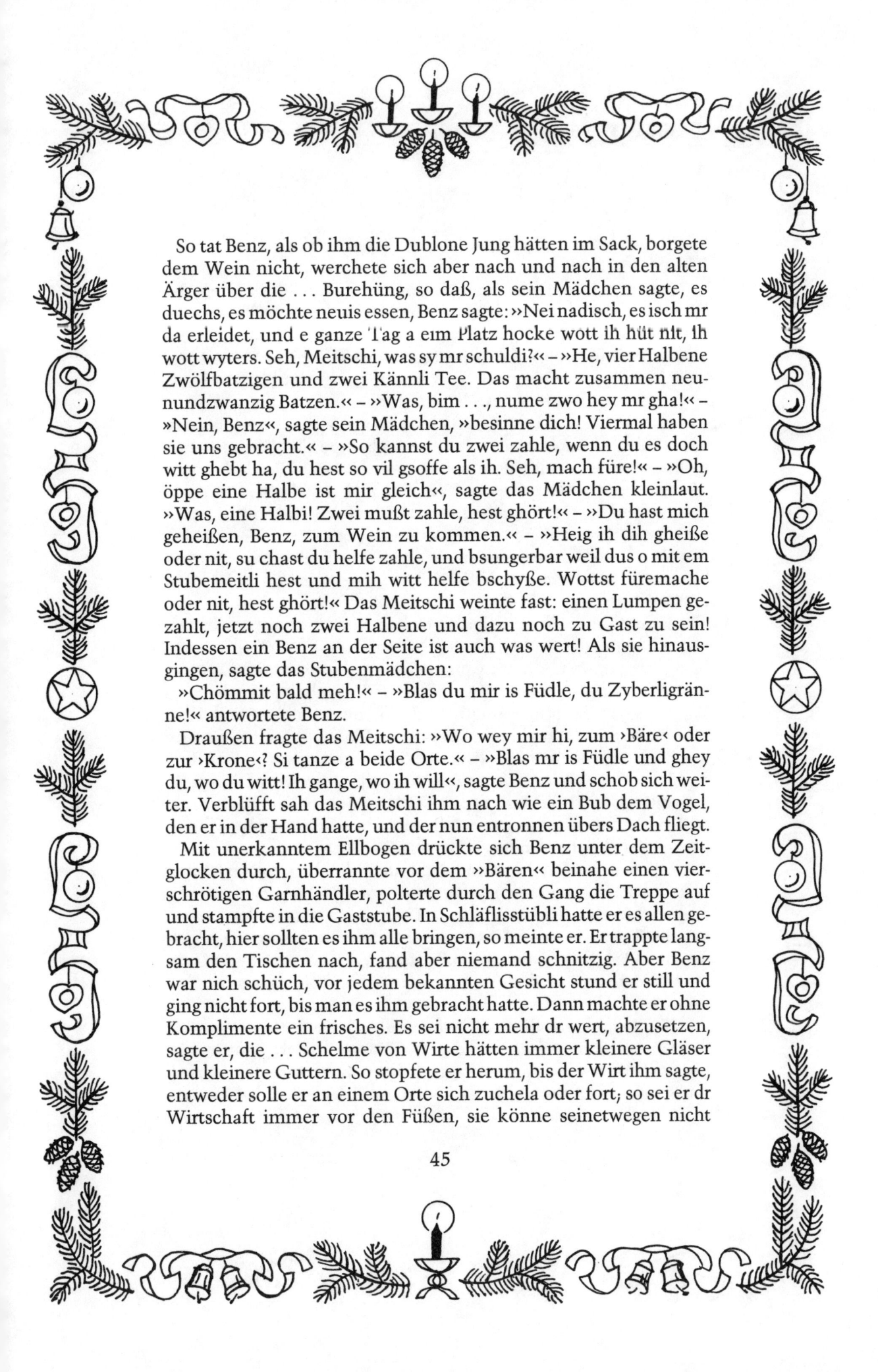

So tat Benz, als ob ihm die Dublone Jung hätten im Sack, borgete dem Wein nicht, werchete sich aber nach und nach in den alten Ärger über die ... Burehüng, so daß, als sein Mädchen sagte, es duechs, es möchte neuis essen, Benz sagte: »Nei nadisch, es isch mr da erleidet, und e ganze Tag a em Platz hocke wott ih hüt nit, ih wott wyters. Seh, Meitschi, was sy mr schuldi?« – »He, vier Halbene Zwölfbatzigen und zwei Kännli Tee. Das macht zusammen neunundzwanzig Batzen.« – »Was, bim ..., nume zwo hey mr gha!« – »Nein, Benz«, sagte sein Mädchen, »besinne dich! Viermal haben sie uns gebracht.« – »So kannst du zwei zahle, wenn du es doch witt ghebt ha, du hest so vil gsoffe als ih. Seh, mach füre!« – »Oh, öppe eine Halbe ist mir gleich«, sagte das Mädchen kleinlaut. »Was, eine Halbi! Zwei mußt zahle, hest ghört!« – »Du hast mich geheißen, Benz, zum Wein zu kommen.« – »Heig ih dih gheiße oder nit, su chast du helfe zahle, und bsungerbar weil dus o mit em Stubemeitli hest und mih witt helfe bschyße. Wottst füremache oder nit, hest ghört!« Das Meitschi weinte fast: einen Lumpen gezahlt, jetzt noch zwei Halbene und dazu noch zu Gast zu sein! Indessen ein Benz an der Seite ist auch was wert! Als sie hinausgingen, sagte das Stubenmädchen:

»Chömmit bald meh!« – »Blas du mir is Füdle, du Zyberligränne!« antwortete Benz.

Draußen fragte das Meitschi: »Wo wey mir hi, zum ›Bäre‹ oder zur ›Krone‹? Si tanze a beide Orte.« – »Blas mr is Füdle und ghey du, wo du witt! Ih gange, wo ih will«, sagte Benz und schob sich weiter. Verblüfft sah das Meitschi ihm nach wie ein Bub dem Vogel, den er in der Hand hatte, und der nun entronnen übers Dach fliegt.

Mit unerkanntem Ellbogen drückte sich Benz unter dem Zeitglocken durch, überrannte vor dem »Bären« beinahe einen vierschrötigen Garnhändler, polterte durch den Gang die Treppe auf und stampfte in die Gaststube. In Schläflisstübli hatte er es allen gebracht, hier sollten es ihm alle bringen, so meinte er. Er trappte langsam den Tischen nach, fand aber niemand schnitzig. Aber Benz war nich schüch, vor jedem bekannten Gesicht stund er still und ging nicht fort, bis man es ihm gebracht hatte. Dann machte er ohne Komplimente ein frisches. Es sei nicht mehr dr wert, abzusetzen, sagte er, die ... Schelme von Wirte hätten immer kleinere Gläser und kleinere Guttern. So stopfete er herum, bis der Wirt ihm sagte, entweder solle er an einem Orte sich zuchela oder fort; so sei er dr Wirtschaft immer vor den Füßen, sie könne seinetwegen nicht durch. »Blas mir is Füdle!« sagte Benz. »Du hast mir nichts zu befehlen; stopfe ich oder stopfe ich nicht, es geht dich nichts an!«

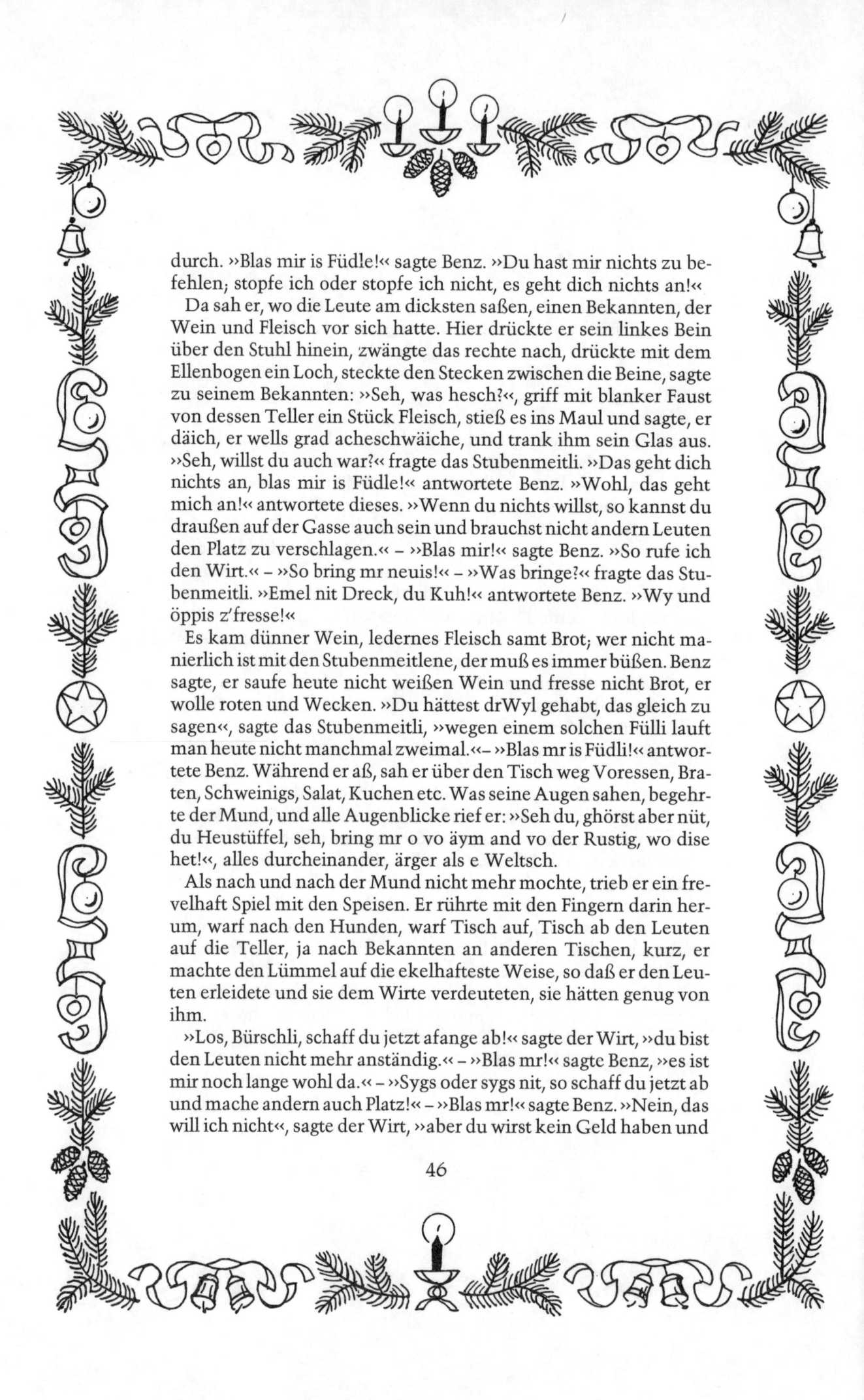

Da sah er, wo die Leute am dicksten saßen, einen Bekannten, der Wein und Fleisch vor sich hatte. Hier drückte er sein linkes Bein über den Stuhl hinein, zwängte das rechte nach, drückte mit dem Ellenbogen ein Loch, steckte den Stecken zwischen die Beine, sagte zu seinem Bekannten: »Seh, was hesch?«, griff mit blanker Faust von dessen Teller ein Stück Fleisch, stieß es ins Maul und sagte, er däich, er wells grad acheschwäiche, und trank ihm sein Glas aus. »Seh, willst du auch war?« fragte das Stubenmeitli. »Das geht dich nichts an, blas mir is Füdle!« antwortete Benz. »Wohl, das geht mich an!« antwortete dieses. »Wenn du nichts willst, so kannst du draußen auf der Gasse auch sein und brauchst nicht andern Leuten den Platz zu verschlagen.« – »Blas mir!« sagte Benz. »So rufe ich den Wirt.« – »So bring mr neuis!« – »Was bringe?« fragte das Stubenmeitli. »Emel nit Dreck, du Kuh!« antwortete Benz. »Wy und öppis z'fresse!«

Es kam dünner Wein, ledernes Fleisch samt Brot; wer nicht manierlich ist mit den Stubenmeitlene, der muß es immer büßen. Benz sagte, er saufe heute nicht weißen Wein und fresse nicht Brot, er wolle roten und Wecken. »Du hättest drWyl gehabt, das gleich zu sagen«, sagte das Stubenmeitli, »wegen einem solchen Fülli läuft man heute nicht manchmal zweimal.« – »Blas mr is Füdli!« antwortete Benz. Während er aß, sah er über den Tisch weg Voressen, Braten, Schweinigs, Salat, Kuchen etc. Was seine Augen sahen, begehrte der Mund, und alle Augenblicke rief er: »Seh du, ghörst aber nüt, du Heustüffel, seh, bring mr o vo äym and vo der Rustig, wo dise het!«, alles durcheinander, ärger als e Weltsch.

Als nach und nach der Mund nicht mehr mochte, trieb er ein frevelhaft Spiel mit den Speisen. Er rührte mit den Fingern darin herum, warf nach den Hunden, warf Tisch auf, Tisch ab den Leuten auf die Teller, ja nach Bekannten an anderen Tischen, kurz, er machte den Lümmel auf die ekelhafteste Weise, so daß er den Leuten erleidete und sie dem Wirte verdeuteten, sie hätten genug von ihm.

»Los, Bürschli, schaff du jetzt afange ab!« sagte der Wirt, »du bist den Leuten nicht mehr anständig.« – »Blas mr!« sagte Benz, »es ist mir noch lange wohl da.« – »Sygs oder sygs nit, so schaff du jetzt ab und mache andern auch Platz!« – »Blas mr!« sagte Benz. »Nein, das will ich nicht«, sagte der Wirt, »aber du wirst kein Geld haben und gehen wollen, wenn es niemand sieht.« – »Was, kein Geld, einmal mehr als du, du Lumpewirtli du!« – »He, wann du Geld hast, warum zahlst du dann nicht?« – »Du hast mir ja noch gar nicht gesagt, was ich dir schuldig bin, du Wymuni du!« – »Gib afange dreiundzwanzig Batzen, so wird es viel daran machen.« – »Was, du ... Schelm, was, dreiundzwanzig Batzen? Nicht zehn geb ich dir.« – »Mach, was du willst!« sagte der Wirt, »entweder zahlst du, oder ich lasse den Landjäger kommen, ich will dir dann den Schelm eintreiben.« Unter gräßlichen Flüchen, er hätte ja nichts gehabt als um einen Batzen ghaarigs Fleisch und ein Schoppen Wein, den er den Rossen unterm Stiel gfasset hätte, zahlte Benz. Als der Wirt den letzten Batzen hatte, sagte er: »Jetzt streich dich, sonst kömmst du unsauber weg! Wenn man mit jedem so viel zu tun hätte, so möchte man des Tages kein Dutzend gferggen, und die andern müßten warten.«

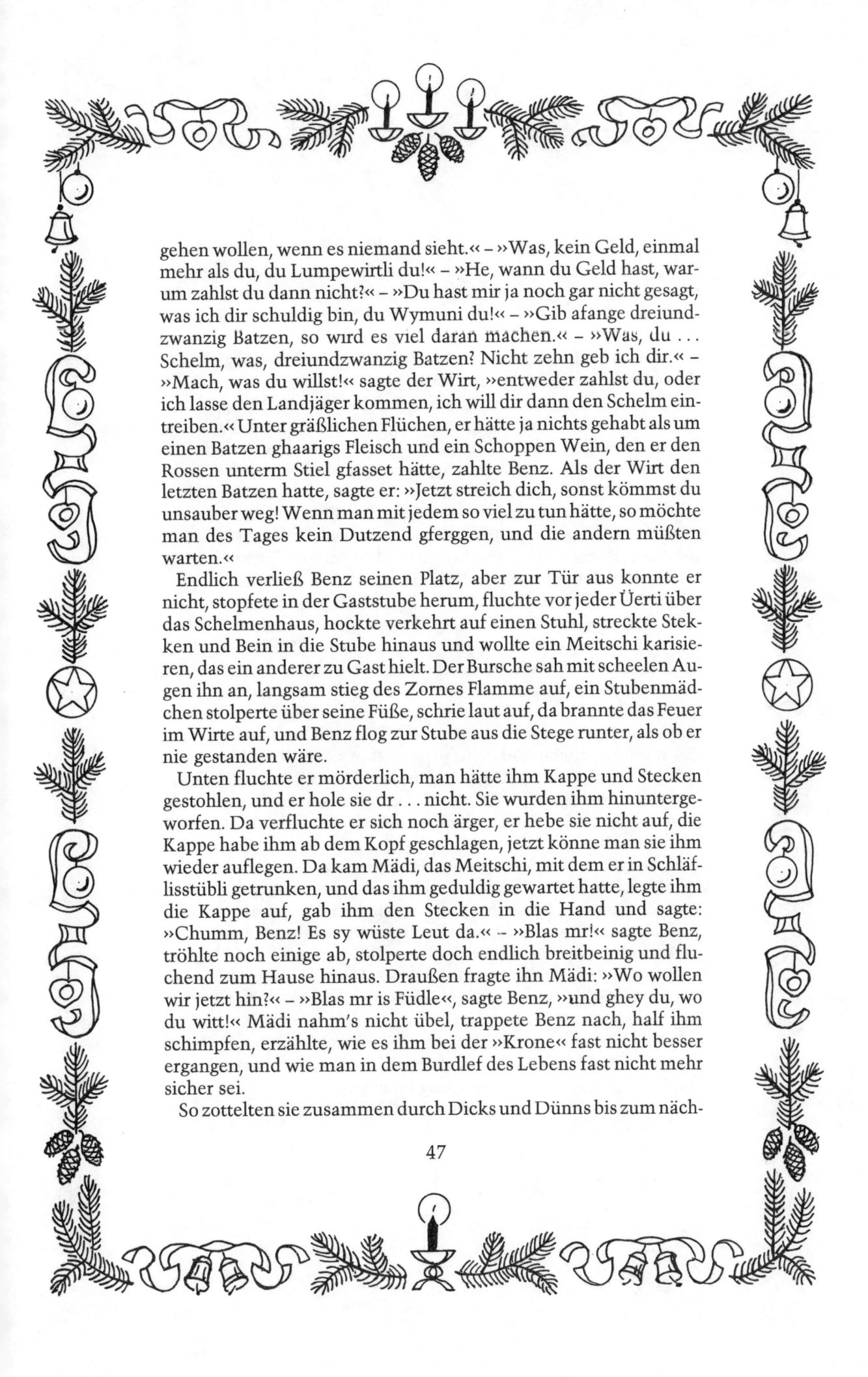

Endlich verließ Benz seinen Platz, aber zur Tür aus konnte er nicht, stopfete in der Gaststube herum, fluchte vor jeder Üerti über das Schelmenhaus, hockte verkehrt auf einen Stuhl, streckte Stekken und Bein in die Stube hinaus und wollte ein Meitschi karisieren, das ein anderer zu Gast hielt. Der Bursche sah mit scheelen Augen ihn an, langsam stieg des Zornes Flamme auf, ein Stubenmädchen stolperte über seine Füße, schrie laut auf, da brannte das Feuer im Wirte auf, und Benz flog zur Stube aus die Stege runter, als ob er nie gestanden wäre.

Unten fluchte er mörderlich, man hätte ihm Kappe und Stecken gestohlen, und er hole sie dr ... nicht. Sie wurden ihm hinuntergeworfen. Da verfluchte er sich noch ärger, er hebe sie nicht auf, die Kappe habe ihm ab dem Kopf geschlagen, jetzt könne man sie ihm wieder auflegen. Da kam Mädi, das Meitschi, mit dem er in Schläflisstübli getrunken, und das ihm geduldig gewartet hatte, legte ihm die Kappe auf, gab ihm den Stecken in die Hand und sagte: »Chumm, Benz! Es sy wüste Leut da.« – »Blas mr!« sagte Benz, tröhlte noch einige ab, stolperte doch endlich breitbeinig und fluchend zum Hause hinaus. Draußen fragte ihn Mädi: »Wo wollen wir jetzt hin?« – »Blas mr is Füdle«, sagte Benz, »und ghey du, wo du witt!« Mädi nahm's nicht übel, trappete Benz nach, half ihm schimpfen, erzählte, wie es ihm bei der »Krone« fast nicht besser ergangen, und wie man in dem Burdlef des Lebens fast nicht mehr sicher sei.

So zottelten sie zusammen durch Dicks und Dünns bis zum nächsten Wirtshaus, wo Geigen und Brüllen ihnen entgegentönten. Benz dagegen zu, Mädi ungeheißen ihm nach. Droben tanzten sie im Schein zweier magerer Kerzen, schräg auf dem Kopf die Hüte, die Pfeife im Maul, munter ging's über den höckerichten Boden weg, und fleißig kratzten zwei magere Geiger auf zwei verrosteten Geigen, daß es in allen Ecken und an allen Wänden girte und garte. Da riß es Benz hinein in das Tanzes Wirbel: er schleift Mädi bei der Hand, schwenkt den Arm, krümmt die Bein, schlengget die Achseln und setzt endlich mit mächtigem Schwung zum Tanze an. Da macht Benzes Absatz mit einem Hoger am Boden zärtliche Bekanntschaft, will nicht weiter. Benz will an Mädi sich halten, und beide kugelten dahin, daß man lange nicht mehr weiß, was oben und was unten ist. Hoch auf stob der Staub, wildes Gelächter krachte an den Wänden, und Benz las mit Mühe sich Pfeife und Hut zusammen, fluchte über den Boden und Mädi, das nichts könne, hinkte zum Schenktisch und Mädi getreulich ihm nach.

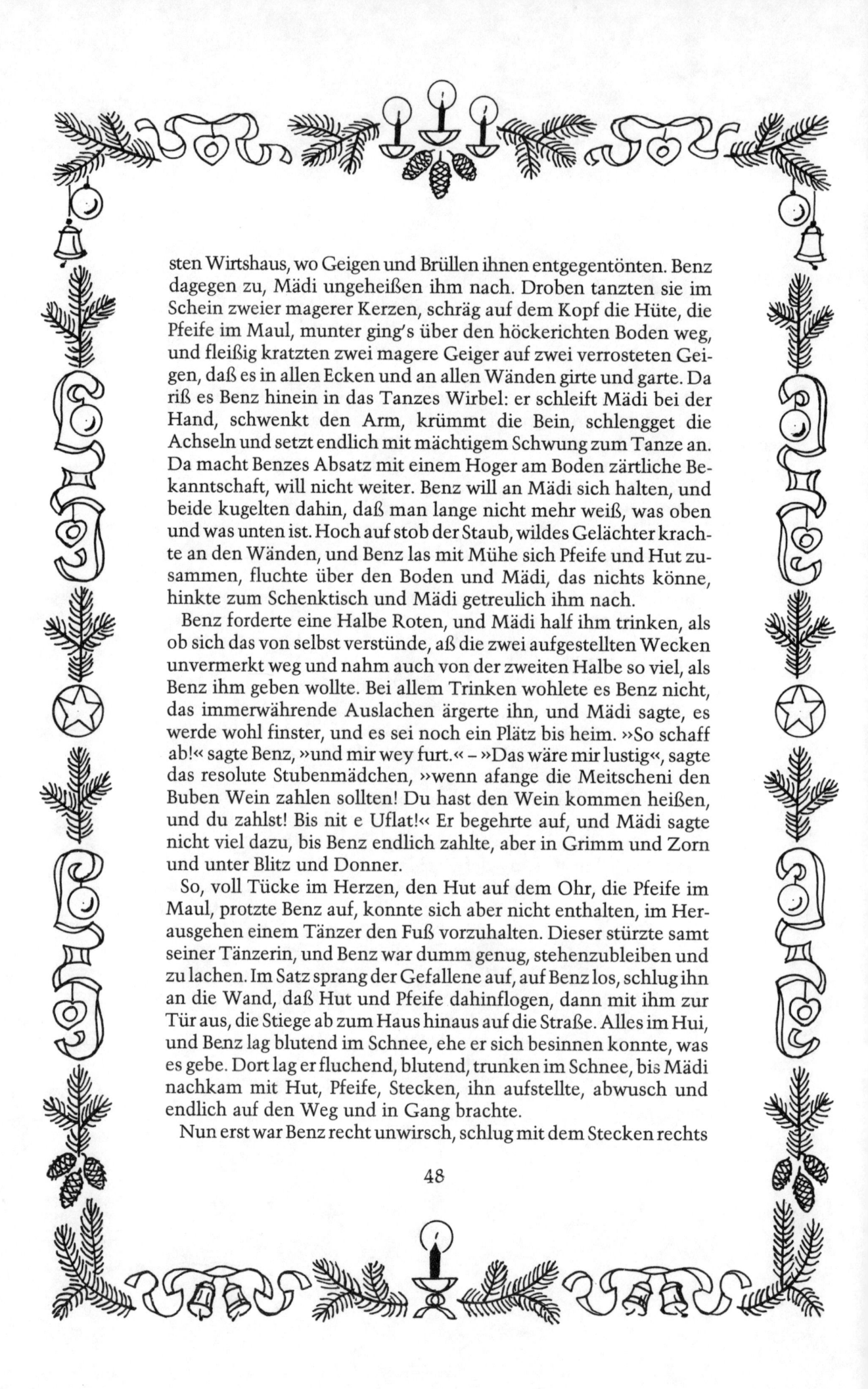

Benz forderte eine Halbe Roten, und Mädi half ihm trinken, als ob sich das von selbst verstünde, aß die zwei aufgestellten Wecken unvermerkt weg und nahm auch von der zweiten Halbe so viel, als Benz ihm geben wollte. Bei allem Trinken wohlete es Benz nicht, das immerwährende Auslachen ärgerte ihn, und Mädi sagte, es werde wohl finster, und es sei noch ein Plätz bis heim. »So schaff ab!« sagte Benz, »und mir wey furt.« – »Das wäre mir lustig«, sagte das resolute Stubenmädchen, »wenn afange die Meitscheni den Buben Wein zahlen sollten! Du hast den Wein kommen heißen, und du zahlst! Bis nit e Uflat!« Er begehrte auf, und Mädi sagte nicht viel dazu, bis Benz endlich zahlte, aber in Grimm und Zorn und unter Blitz und Donner.

So, voll Tücke im Herzen, den Hut auf dem Ohr, die Pfeife im Maul, protzte Benz auf, konnte sich aber nicht enthalten, im Herausgehen einem Tänzer den Fuß vorzuhalten. Dieser stürzte samt seiner Tänzerin, und Benz war dumm genug, stehenzubleiben und zu lachen. Im Satz sprang der Gefallene auf, auf Benz los, schlug ihn an die Wand, daß Hut und Pfeife dahinflogen, dann mit ihm zur Tür aus, die Stiege ab zum Haus hinaus auf die Straße. Alles im Hui, und Benz lag blutend im Schnee, ehe er sich besinnen konnte, was es gebe. Dort lag er fluchend, blutend, trunken im Schnee, bis Mädi nachkam mit Hut, Pfeife, Stecken, ihn aufstellte, abwusch und endlich auf den Weg und in Gang brachte.

Nun erst war Benz recht unwirsch, schlug mit dem Stecken rechts und links, speute Gift und Galle über alle Wirte, über die ganze Welt, und endlich kehrte sich sein Zorn gegen Mädi, verwünschte es, wollte es schlagen, sagte ihm, es solle ihm is Füdle blasen, ihn ruhig lassen, keinen Tritt mehr den gleichen Weg kommen. Da begann Zorn und Wein auch in Mädi zu sprechen. Es wollte, es hatte ihn nie gesehen, son e wüste Hung, wie er sei, gebe es nicht. Es sei wohl ein Göhl, daß es so ein gutes Herz hätte, und wenn es nicht ein Göhl wäre, so säße es jetzt in der »Krone« neben einem Bauernsohn. Aber es wolle ein andermal nicht ein Narr sein, mit so einem wüsten Hung gehe es sein Lebtag nicht mehr heim. »Wer het dih gheiße, du Täsche?« sagte Benz. »Hock du meinethalben, neben wen du willst, aber e sellig mangle ich nicht bei mir, ich kann alleine gehen.« – »Mr ist nume e Narr«, sagte Mädi, »we me es guts Herz het.« – »Ih schyße uf dys Herz«, sagte Benz, »es isch ey ... wie die ander.« – »Du lügst!« sagte Mädi. »Oder hat dir auch schon eine so viel angehängt und so manches Hemd gewaschen, wenn es Tanzsonntag gewesen ist und du kein sauberes gehabt hast? Sag's, wenn du darfst! Hat dir auch schon eine so viel getan wie ich und dir aufgetan, wenn du gekommen bist?« – »Blas mr is Füdle!« sagte Benz und steuerte gegen eine erleuchtete Fensterreihe zu, woher Lärm und Licht ihnen entgegenströmten. »Gang nit da hinein!« sagte Mädi. »Komm jetzt, wir wollen heim!« – »Blas mr is Füdle und gang, wennd witt, aber ungesse wott ih hüt nit hey!« – »Du mußt auch etwas haben, wenn du mit mir kommst«, sagte Mädi. »Ich habe noch sieben oder acht Habküchli unter meinem Dackbett, die ich gestern beim Küchlen erwischt habe.« – »Ih schyße dr druf!« sagte Benz, ging die Stege auf und Mädi nach. Wenn alles müsse vrfresse sein, dachte es, so wolle es auch etwas davon. Warmes hatte es heute noch nichts gehabt, war allenthalben nebefürcho, und Geld hatte es keinen Kreuzer mehr im Sack. Den letzten hatte es vergänggelet; auch ließ es Benz nicht gerne aus den Augen, bis es ihn hatte, wo es ihn haben wollte.

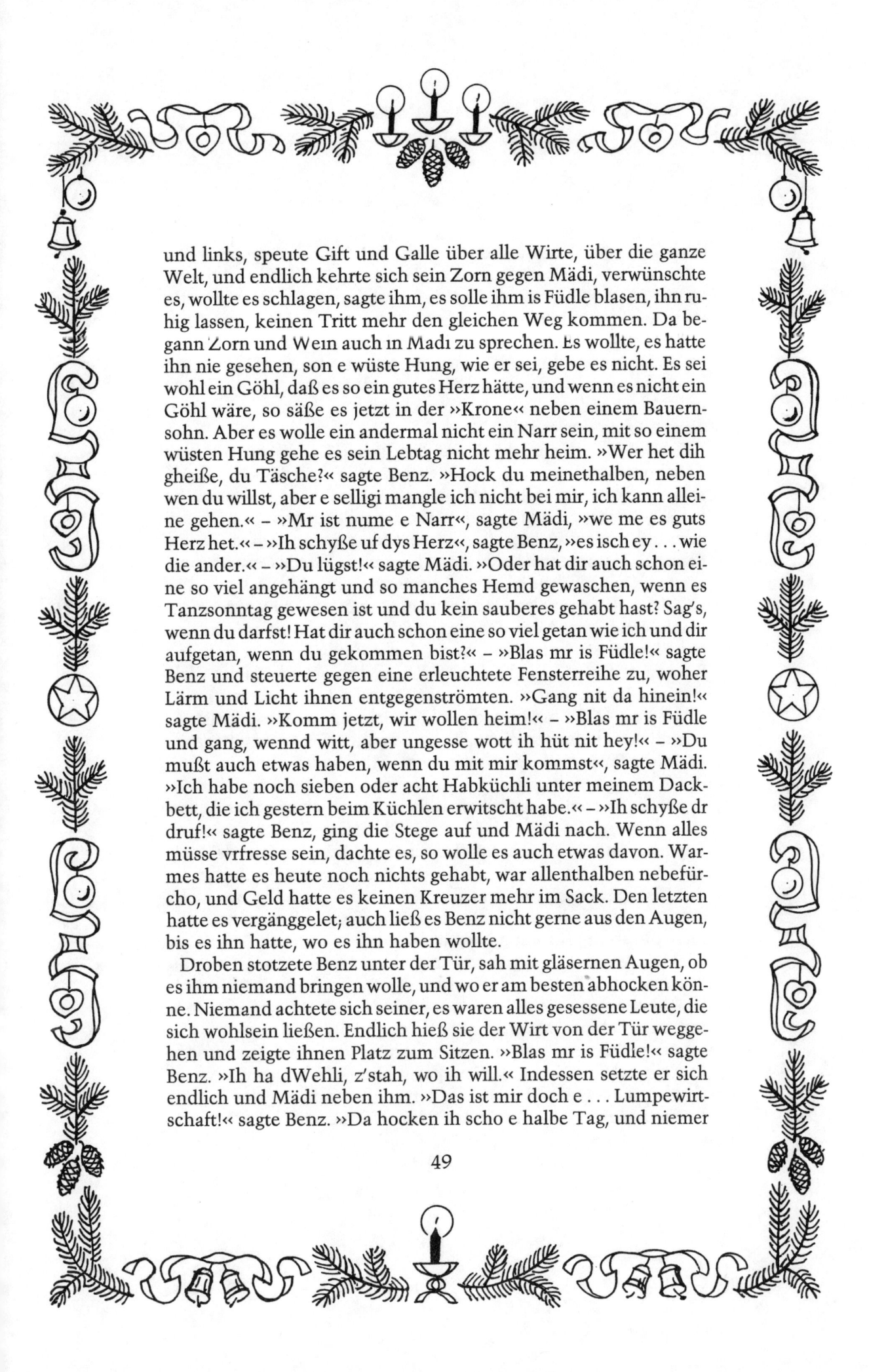

Droben stotzete Benz unter der Tür, sah mit gläsernen Augen, ob es ihm niemand bringen wolle, und wo er am besten abhocken könne. Niemand achtete sich seiner, es waren alles gesessene Leute, die sich wohlsein ließen. Endlich hieß sie der Wirt von der Tür weggehen und zeigte ihnen Platz zum Sitzen. »Blas mr is Füdle!« sagte Benz. »Ih ha dWehli, z'stah, wo ih will.« Indessen setzte er sich endlich und Mädi neben ihm. »Das ist mir doch e ... Lumpewirtschaft!« sagte Benz. »Da hocken ih scho e halbe Tag, und niemer bringt nüt.« – »Du mußt doch zuerst befehlen!« sagte der Wirt. »Was willst!« – »Öppis Warms, und e Schoppe!« Man brachte eine Halbe, zwei Gläser, zwei Teller etc. »Was mangle ich da für zwei?« sagte Benz. »Und de han ih nume e Schoppe bifohle.« – »He, du wirst doch das Meitschi, das du mitgebracht hast, nicht wollen zusehen lassen, wie du issest?« sagte der Wirt und ging. »Das ist afe e Bruuch«, sagte Benz, »ih zahl bim ... nume für mih.« Unterdessen griff Mädi handlich zu, und man sah es ihm von weitem an, wie das warme Essen ihm wohltat.

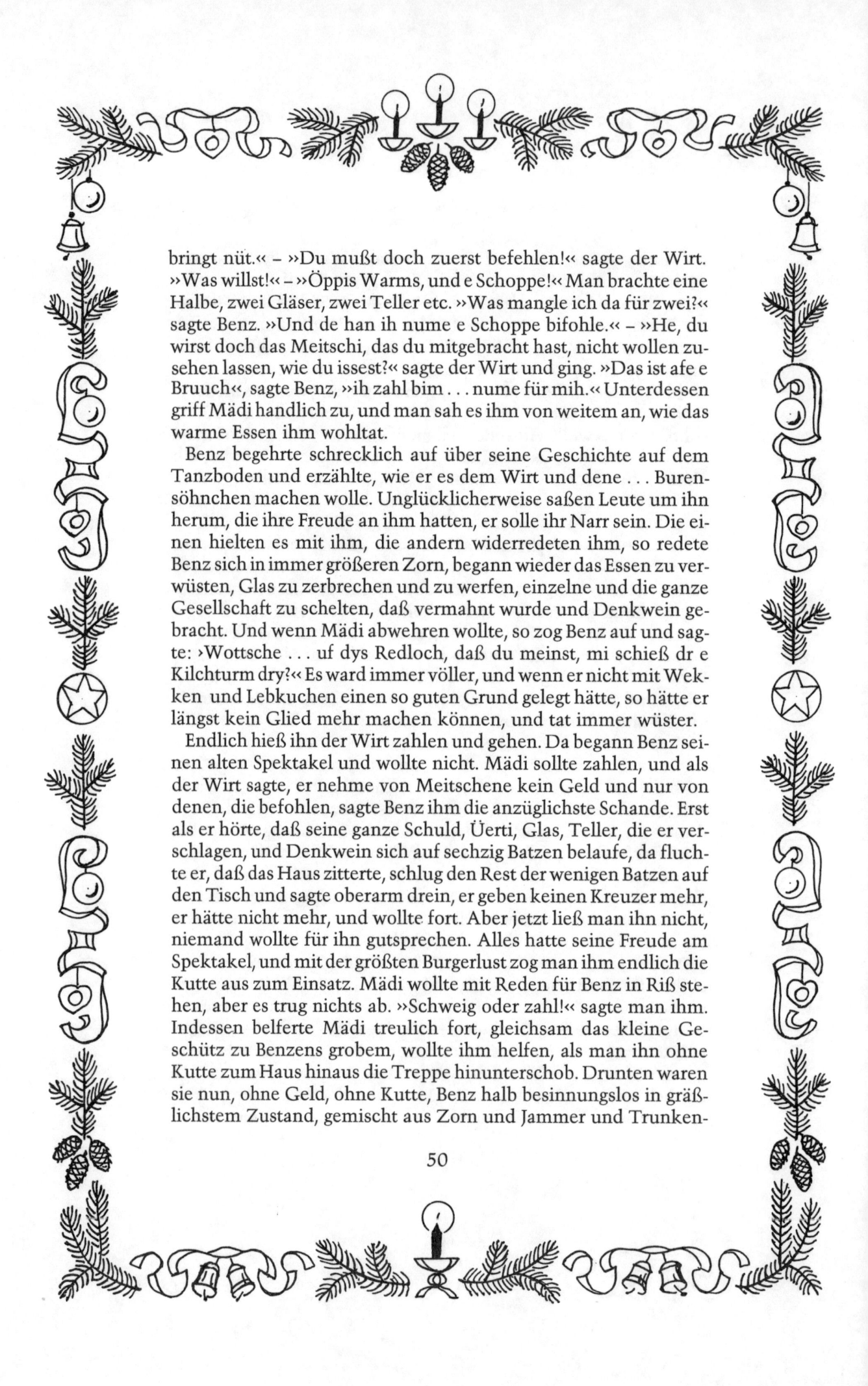

Benz begehrte schrecklich auf über seine Geschichte auf dem Tanzboden und erzählte, wie er es dem Wirt und dene ... Burensöhnchen machen wolle. Unglücklicherweise saßen Leute um ihn herum, die ihre Freude an ihm hatten, er solle ihr Narr sein. Die einen hielten es mit ihm, die andern widerredeten ihm, so redete Benz sich in immer größeren Zorn, begann wieder das Essen zu verwüsten, Glas zu zerbrechen und zu werfen, einzelne und die ganze Gesellschaft zu schelten, daß vermahnt wurde und Denkwein gebracht. Und wenn Mädi abwehren wollte, so zog Benz auf und sagte: ›Wottsche ... uf dys Redloch, daß du meinst, mi schieß dr e Kilchturm dry?‹ Es ward immer völler, und wenn er nicht mit Wekken und Lebkuchen einen so guten Grund gelegt hätte, so hätte er längst kein Glied mehr machen können, und tat immer wüster.

Endlich hieß ihn der Wirt zahlen und gehen. Da begann Benz seinen alten Spektakel und wollte nicht. Mädi sollte zahlen, und als der Wirt sagte, er nehme von Meitschene kein Geld und nur von denen, die befohlen, sagte Benz ihm die anzüglichste Schande. Erst als er hörte, daß seine ganze Schuld, Üerti, Glas, Teller, die er verschlagen, und Denkwein sich auf sechzig Batzen belaufe, da fluchte er, daß das Haus zitterte, schlug den Rest der wenigen Batzen auf den Tisch und sagte oberarm drein, er geben keinen Kreuzer mehr, er hätte nicht mehr, und wollte fort. Aber jetzt ließ man ihn nicht, niemand wollte für ihn gutsprechen. Alles hatte seine Freude am Spektakel, und mit der größten Burgerlust zog man ihm endlich die Kutte aus zum Einsatz. Mädi wollte mit Reden für Benz in Riß stehen, aber es trug nichts ab. »Schweig oder zahl!« sagte man ihm. Indessen belferte Mädi treulich fort, gleichsam das kleine Geschütz zu Benzens grobem, wollte ihm helfen, als man ihn ohne Kutte zum Haus hinaus die Treppe hinunterschob. Drunten waren sie nun, ohne Geld, ohne Kutte, Benz halb besinnungslos in gräßlichstem Zustand, gemischt aus Zorn und Jammer und Trunkenheit, nichts hatte er mehr als ein halbvolles Meitli neben sich. Das half ihm, wohin er wollte.

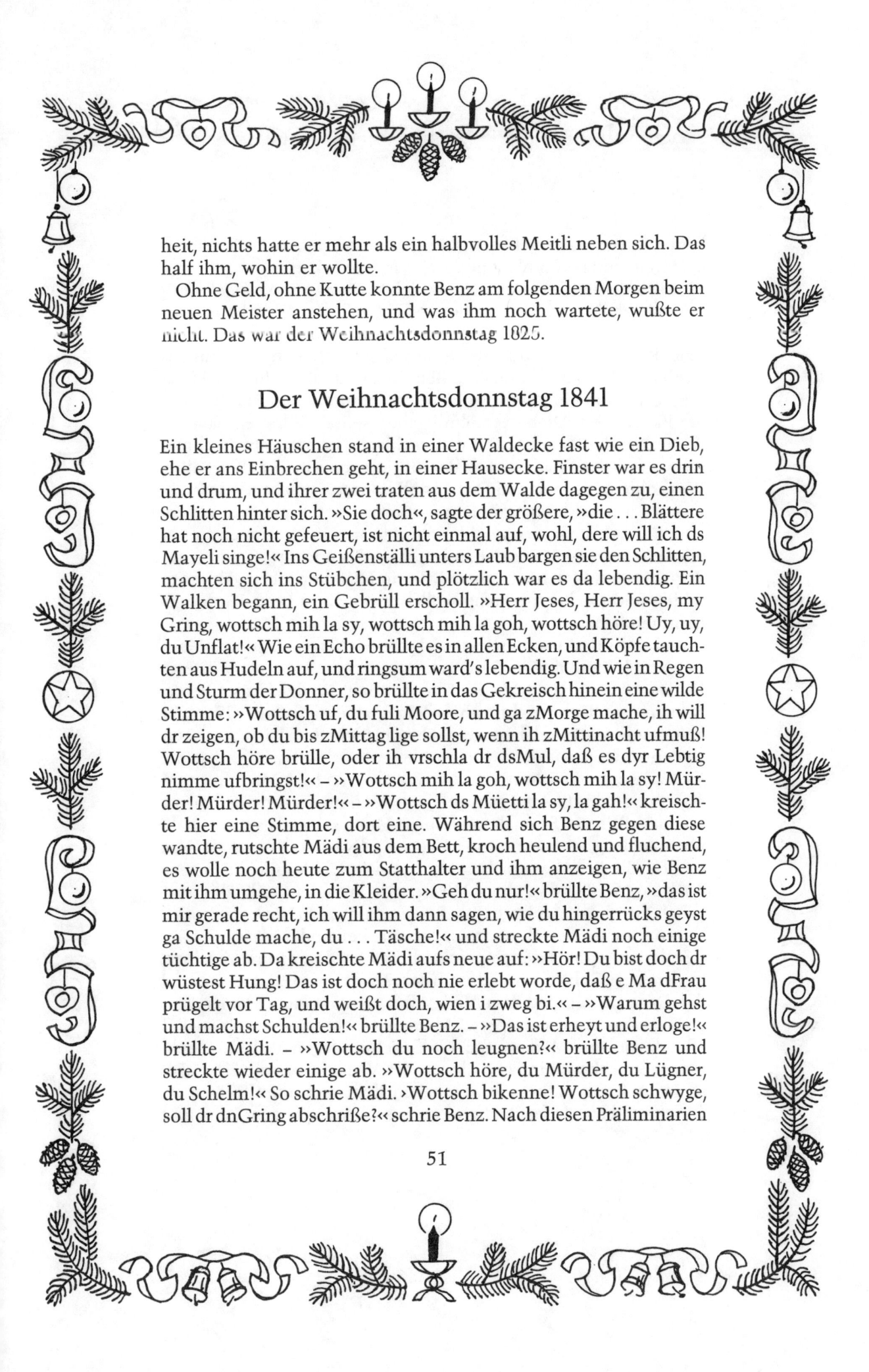

Ohne Geld, ohne Kutte konnte Benz am folgenden Morgen beim neuen Meister anstehen, und was ihm noch wartete, wußte er nicht. Das war der Weihnachtsdonnstag 1825.

Der Weihnachtsdonnstag 1841

Ein kleines Häuschen stand in einer Waldecke fast wie ein Dieb, ehe er ans Einbrechen geht, in einer Hausecke. Finster war es drin und drum, und ihrer zwei traten aus dem Walde dagegen zu, einen Schlitten hinter sich. »Sie doch«, sagte der größere, »die ... Blättere hat noch nicht gefeuert, ist nicht einmal auf, wohl, dere will ich ds Mayeli singe!« Ins Geißenställi unters Laub bargen sie den Schlitten, machten sich ins Stübchen, und plötzlich war es da lebendig. Ein Walken begann, ein Gebrüll erscholl. »Herr Jeses, Herr Jeses, my Gring, wottsch mih la sy, wottsch mih la goh, wottsch höre! Uy, uy, du Unflat!« Wie ein Echo brüllte es in allen Ecken, und Köpfe tauchten aus Hudeln auf, und ringsum ward's lebendig. Und wie in Regen und Sturm der Donner, so brüllte in das Gekreisch hinein eine wilde Stimme: »Wottsch uf, du fuli Moore, und ga zMorge mache, ih will dr zeigen, ob du bis zMittag lige sollst, wenn ih zMittinacht ufmuß! Wottsch höre brülle, oder ih vrschla dr dsMul, daß es dyr Lebtig nimme ufbringst!« – »Wottsch mih la goh, wottsch mih la sy! Mürder! Mürder! Mürder!« – »Wottsch ds Müetti la sy, la gah!« kreischte hier eine Stimme, dort eine. Während sich Benz gegen diese wandte, rutschte Mädi aus dem Bett, kroch heulend und fluchend, es wolle noch heute zum Statthalter und ihm anzeigen, wie Benz mit ihm umgehe, in die Kleider. »Geh du nur!« brüllte Benz, »das ist mir gerade recht, ich will ihm dann sagen, wie du hingerrücks geyst ga Schulde mache, du ... Täsche!« und streckte Mädi noch einige tüchtige ab. Da kreischte Mädi aufs neue auf: »Hör! Du bist doch dr wüstest Hung! Das ist doch noch nie erlebt worde, daß e Ma dFrau prügelt vor Tag, und weißt doch, wien i zweg bi.« – »Warum gehst und machst Schulden!« brüllte Benz. – »Das ist erheyt und erloge!« brüllte Mädi. – »Wottsch du noch leugnen?« brüllte Benz und streckte wieder einige ab. »Wottsch höre, du Mürder, du Lügner, du Schelm!« So schrie Mädi. ›Wottsch bikenne! Wottsch schwyge, soll dr dnGring abschriße?« schrie Benz. Nach diesen Präliminarien kam man endlich zum Feuern, zum Essen von weißen Erdäpfelbitzli, zum Trinken von blauem Kaffee und zu Erklärungen.

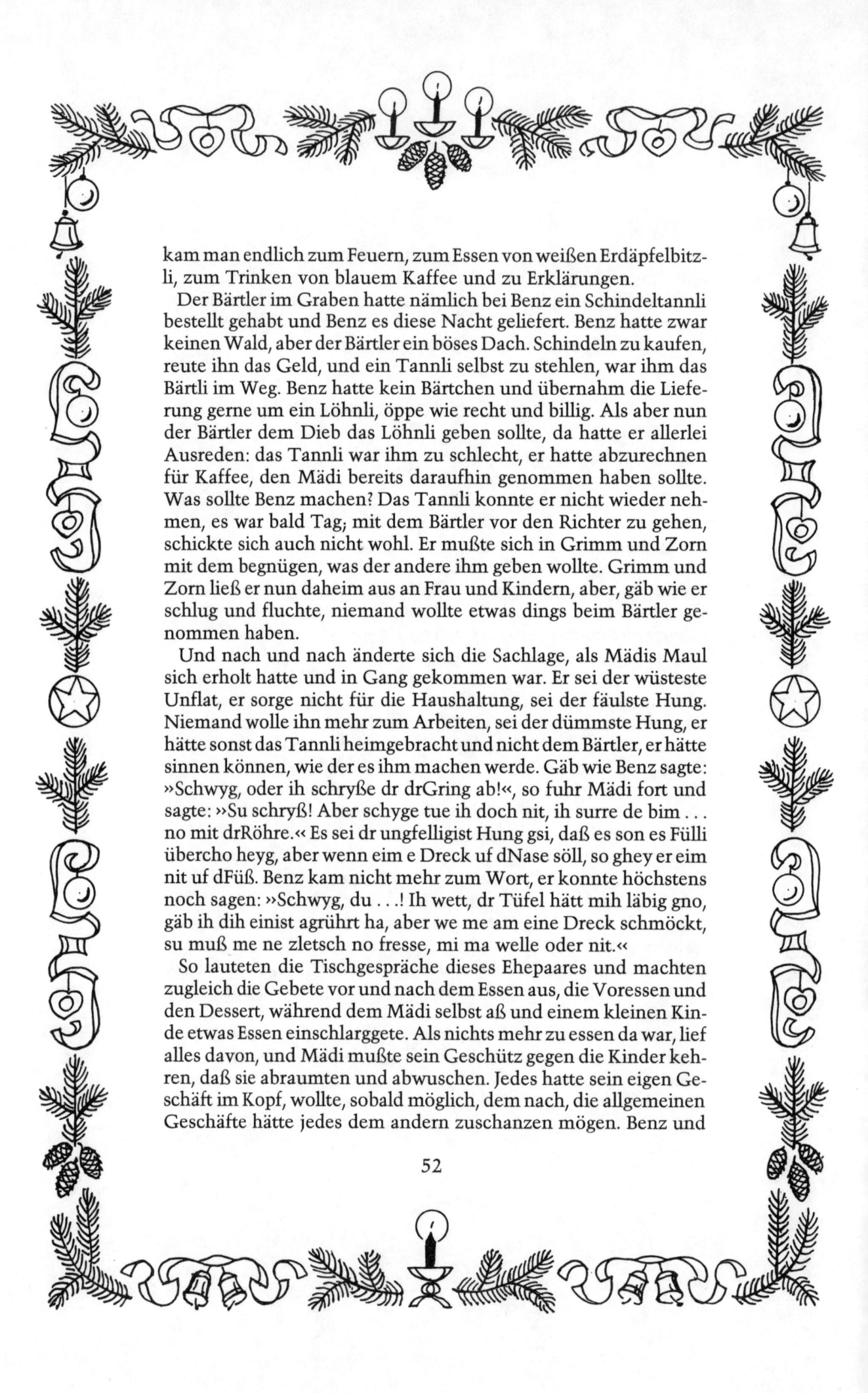

Der Bärtler im Graben hatte nämlich bei Benz ein Schindeltannli bestellt gehabt und Benz es diese Nacht geliefert. Benz hatte zwar keinen Wald, aber der Bärtler ein böses Dach. Schindeln zu kaufen, reute ihn das Geld, und ein Tannli selbst zu stehlen, war ihm das Bärtli im Weg. Benz hatte kein Bärtchen und übernahm die Lieferung gerne um ein Löhnli, öppe wie recht und billig. Als aber nun der Bärtler dem Dieb das Löhnli geben sollte, da hatte er allerlei Ausreden: das Tannli war ihm zu schlecht, er hatte abzurechnen für Kaffee, den Mädi bereits daraufhin genommen haben sollte. Was sollte Benz machen? Das Tannli konnte er nicht wieder nehmen, es war bald Tag; mit dem Bärtler vor den Richter zu gehen, schickte sich auch nicht wohl. Er mußte sich in Grimm und Zorn mit dem begnügen, was der andere ihm geben wollte. Grimm und Zorn ließ er nun daheim aus an Frau und Kindern, aber, gäb wie er schlug und fluchte, niemand wollte etwas dings beim Bärtler genommen haben.

Und nach und nach änderte sich die Sachlage, als Mädis Maul sich erholt hatte und in Gang gekommen war. Er sei der wüsteste Unflat, er sorge nicht für die Haushaltung, sei der fäulste Hung. Niemand wolle ihn mehr zum Arbeiten, sei der dümmste Hung, er hätte sonst das Tannli heimgebracht und nicht dem Bärtler, er hätte sinnen können, wie der es ihm machen werde. Gäb wie Benz sagte: »Schwyg, oder ih schryße dr drGring ab!«, so fuhr Mädi fort und sagte: »Su schryß! Aber schyge tue ih doch nit, ih surre de bim... no mit drRöhre.« Es sei dr ungfelligist Hung gsi, daß es son es Fülli übercho heyg, aber wenn eim e Dreck uf dNase söll, so ghey er eim nit uf dFüß. Benz kam nicht mehr zum Wort, er konnte höchstens noch sagen: »Schwyg, du...! Ih wett, dr Tüfel hätt mih läbig gno, gäb ih dih einist agrührt ha, aber we me am eine Dreck schmöckt, su muß me ne zletsch no fresse, mi ma welle oder nit.«

So lauteten die Tischgespräche dieses Ehepaares und machten zugleich die Gebete vor und nach dem Essen aus, die Voressen und den Dessert, während dem Mädi selbst aß und einem kleinen Kinde etwas Essen einschlarggete. Als nichts mehr zu essen da war, lief alles davon, und Mädi mußte sein Geschütz gegen die Kinder kehren, daß sie abraumten und abwuschen. Jedes hatte sein eigen Geschäft im Kopf, wollte, sobald möglich, dem nach, die allgemeinen Geschäfte hätte jedes dem andern zuschanzen mögen. Benz und sein ältester Bub und Diebsgeselle wollten firmen gehn im Wald herum. Sie hatten Holz nötig. Zugleich stieß ihnen vielleicht ein paßlich Stück Wagnerholz auf; Mädi hatte den Weihnachtsdonnstig im Kopf, und zwei Mädchen wollten betteln gehn. Was die drei jüngsten im Kopf hatten, das frug man nicht, die mußten daheim bleiben, gäb wie sie schrien und wüst taten; ein fünfjähriges, ein dreijähriges Kind sollten zu einem jährigen sitzen einen lieben langen Tag lang. Benz wollte dem Mädi das Daheimbleiben gebieten; als aber ein Kartätschenhagel von Schimpfwörtern ihm an den Kopf fuhr samt einem Verzeichnis, was die Kinder alles nötig hätten, was er anschaffen sollte, für was aber es sorgen müsse, weil er der nütnutzigste Fötzel sei, da war er froh, Mädi gehen zu lassen und zwar je eher je lieber. Benz meinte, wenn er abgehendes Holz heimmache, so komme es niemand in Sinn, daß er das Tannli gestohlen. Dieses Holz war nicht in seinem Wald, er hatte nicht darum gefragt. Denen ... Bauern tat er nicht die Ehre an, aber wegen ein paar ... Ästen werde keiner was sagen und heute die meisten zMärti sein.

Ehe er ging, haarete er die zwei ältern zurückbleibenden Kinder, weil das jüngste schrie, und als er ging, da schrien alle drei.

Benz und sein Bub schafften gut, sie fanden viel Abgändes, fanden Häge zu plündern, fanden ein schlank, schön Öschli, wie ein Wagner es nur wünschen konnte. Das eine ward versteckt mit Vorsicht, anderes mußte der Bub heimschaffen am heiterhellen Tag im Trotz der heutigen Zeit, wo der Dieb das Recht zu haben meint zum Stehlen, der Bestohlene aber ein Unflat und wüster Hung geheißen wird, wenn er den Diebstahl rügt, dem Kläger das Bein vorgehalten, dem Dieb das Loch zum Einschlüpfen gezeigt wird. Gegen Mittag sagte Benz dem Buben, er soll heim, dr Burst ga choche, er müsse no neuehi. Benz ging nicht mehr zMärit, rechte Leute und rechte Orte floh er, aber Weihnachtdonnstag wollte er doch haben. Er strich daher einer Seite nach, kam bald zu einem einsamen Häuschen und ohne Umstände ins düstere Stübchen, wo zwei Dirnen spannen, ein Mann auf dem Ofen lag, im Nebengaden eine Alte hustete. »Kömmt doch endlich jemand!« sagte der auf dem Ofen. »Ich glaubte, es sei heute alles zMärit.« – »Ih schyß uf e Märit!« sagte Benz. »Seit ich meine Blättere dort aufgelesen, gehe ich nicht mehr hin, es ist an einem Mal genug gewesen.« – »Du hättest doch vielleicht noch Geschäfte dort«, sagte eine der Dirnen. »Was wollte üser Gattig sür Gschäft ha?« – »He, du hättest villicht no dKutte usezlöse.« – »Du... Hex, wottsch schwyge, oder...!« sagte Benz. »Chumm ume, ih förchte dih nüt!« sagte lachend das Mensch. Er hatte allerdings nichts zu fürchten, und was Mädi, der Frau, ein Fuder Schläge eingetragen hätte, das brachte diesem anderes ein.

Es fanden sich noch mehrere ein nach und nach, es wurde gespielt, Brönz getrunken unter Fluchen und Scherzen, unter Erzählung alter Diebereien und Abrede von neuen. Was da abgeredet wurde, ward man oft stundenweit inne. Es dunkelte, und Tabaksqualm lag im Stübchen, daß man ihn mit Messern hätte hauen und aufs Brot streichen können. Da ward Benz heimgeschickt, er war am nächsten bei Hause, und für die Nacht hatte man Werkzeug nötig. Unterdessen war Mädi nach Burgdorf gepfoselt. Es hatte sich aufgesträußt nach Möglichkeit, die größten Fetzen an den Strümpfen niedergenäht, das beste Säcklein in der Hand, ein leidlich Fürtuch an und schlenggete alert den Kopf hin und her, damit man die Hudeln nicht merke, welche ihm sanft um die Füße wädelten. Und es war nicht, daß das alles nichts half. Ein alter Hühnerträger hätte Mädi schon in der ersten Pinte zu Oberburg beinahe für einen halben Batzen Brönz gezahlt, wenn nicht eine muntere Eierfrau ihm Mädi abgestochen hätte und zum Brönz gekommen wäre. Taubs wanderte Mädi bis auf den Vehmärit, dort stellte es sich bei den Weckenweibern, fingerte in jedem Korbe herum, aber was es wollte, gelang ihm nicht, die Weiber da haben zu gute Augen; wenn es einen Wecken haben wollte, so mußte es ihn bezahlen. Im Rütschelngäßli war das Geständ größer, die Leute an den Krämerständen dichter, und wo sie am dichtesten waren, stellte Mädi sich in eine Ecke, nahm auf, legte ab, ging und stand, bis plötzlich ein junger Krämer unter seinem Stande hervorschoß wie ein Hund unterm Müllerwagen hervor, und rasch wollte Mädi im Gedränge verschwinden; aber die verlöcherten Roßhaarspitzen verrieten ihre Trägerin, in einer Stündelikappe wäre Mädi gerettet gewesen. Ehe Mädi die gestohlenen Strümpfe verschlenggen konnte, hatte der Krämer es beim Fecken, traktierte es mit Kläpfen und Tritten und ließ es laufen. »Aber warum lässest du die Diebin laufen und nicht ins Schloß führen?« fragte ihn ein anderer Krämer. »Es wäre auch von wegen den andern.« – »Was frage ich den andern nach!« antwortete der Krämer. »Ich habe meine Strümpfe wieder und bin draus und dänne; wollte ich vor den Richter, so müßte ich noch erwarten, wem es besser ginge, dem Dieb oder mir, müßte vielleicht gar noch eidigen, daß es meine Strümpfe wären, wenn der

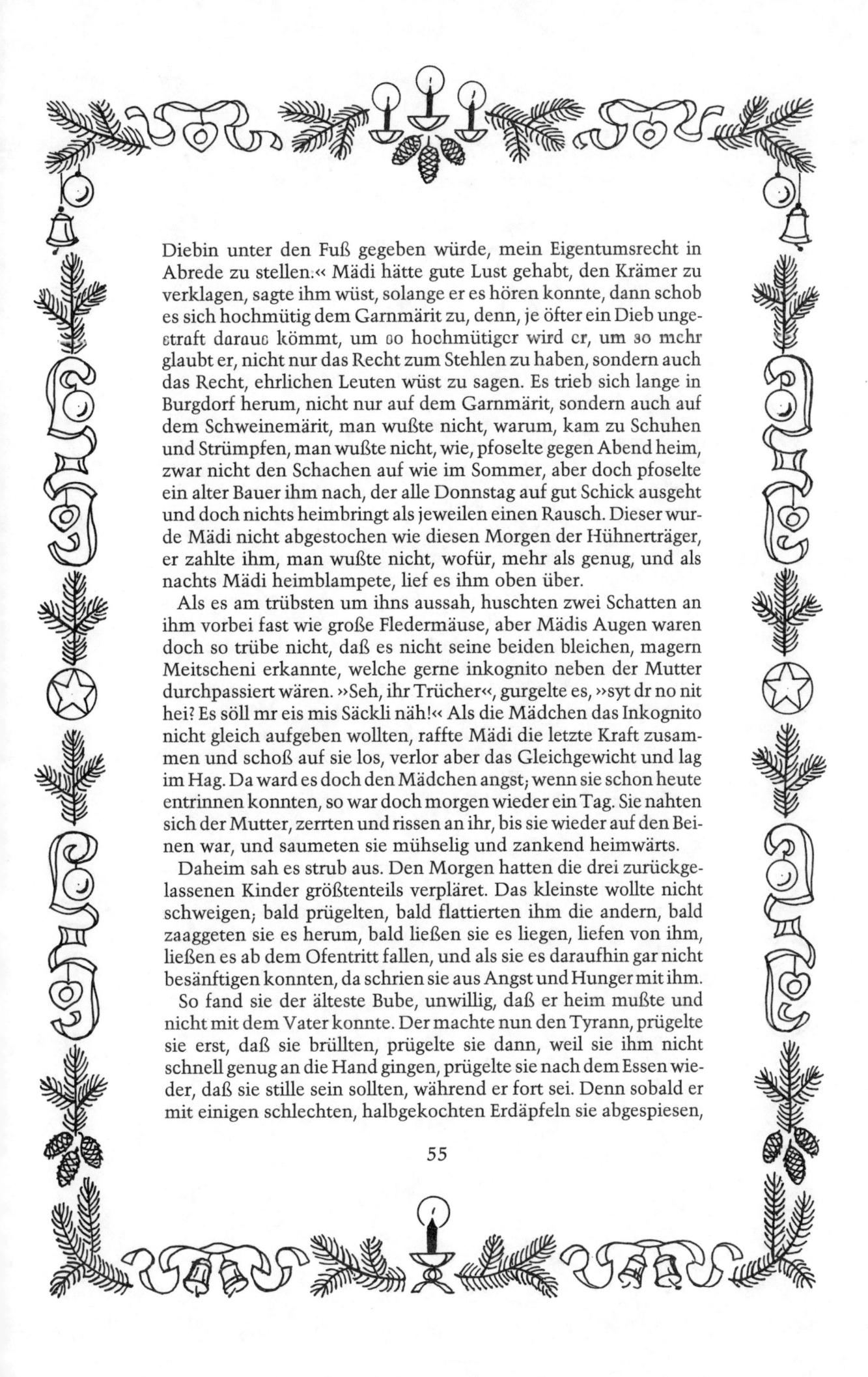

Diebin unter den Fuß gegeben würde, mein Eigentumsrecht in Abrede zu stellen.« Mädi hätte gute Lust gehabt, den Krämer zu verklagen, sagte ihm wüst, solange er es hören konnte, dann schob es sich hochmütig dem Garnmärit zu, denn, je öfter ein Dieb ungestraft daraus kömmt, um so hochmütiger wird er, um so mehr glaubt er, nicht nur das Recht zum Stehlen zu haben, sondern auch das Recht, ehrlichen Leuten wüst zu sagen. Es trieb sich lange in Burgdorf herum, nicht nur auf dem Garnmärit, sondern auch auf dem Schweinemärit, man wußte nicht, warum, kam zu Schuhen und Strümpfen, man wußte nicht, wie, pfoselte gegen Abend heim, zwar nicht den Schachen auf wie im Sommer, aber doch pfoselte ein alter Bauer ihm nach, der alle Donnstag auf gut Schick ausgeht und doch nichts heimbringt als jeweilen einen Rausch. Dieser wurde Mädi nicht abgestochen wie diesen Morgen der Hühnerträger, er zahlte ihm, man wußte nicht, wofür, mehr als genug, und als nachts Mädi heimblampete, lief es ihm oben über.

Als es am trübsten um ihns aussah, huschten zwei Schatten an ihm vorbei fast wie große Fledermäuse, aber Mädis Augen waren doch so trübe nicht, daß es nicht seine beiden bleichen, magern Meitscheni erkannte, welche gerne inkognito neben der Mutter durchpassiert wären. »Seh, ihr Trücher«, gurgelte es, »syt dr no nit hei? Es söll mr eis mis Säckli näh!« Als die Mädchen das Inkognito nicht gleich aufgeben wollten, raffte Mädi die letzte Kraft zusammen und schoß auf sie los, verlor aber das Gleichgewicht und lag im Hag. Da ward es doch den Mädchen angst; wenn sie schon heute entrinnen konnten, so war doch morgen wieder ein Tag. Sie nahten sich der Mutter, zerrten und rissen an ihr, bis sie wieder auf den Beinen war, und saumeten sie mühselig und zankend heimwärts.

Daheim sah es strub aus. Den Morgen hatten die drei zurückgelassenen Kinder größtenteils verpläret. Das kleinste wollte nicht schweigen; bald prügelten, bald flattierten ihm die andern, bald zaaggeten sie es herum, bald ließen sie es liegen, liefen von ihm, ließen es ab dem Ofentritt fallen, und als sie es daraufhin gar nicht besänftigen konnten, da schrien sie aus Angst und Hunger mit ihm.

So fand sie der älteste Bube, unwillig, daß er heim mußte und nicht mit dem Vater konnte. Der machte nun den Tyrann, prügelte sie erst, daß sie brüllten, prügelte sie dann, weil sie ihm nicht schnell genug an die Hand gingen, prügelte sie nach dem Essen wieder, daß sie stille sein sollten, während er fort sei. Denn sobald er mit einigen schlechten, halbgekochten Erdäpfeln sie abgespiesen, strich er sich wieder. Er wollte nicht allein daheim sein, während alle andern auf gut Schick aus waren und keines, wie er wohl wußte, an die dachte, die daheim geblieben waren. »Selber fresse macht feiß!« galt hier als Wahlspruch. Zudem hatte er das Beil vermißt, vielleicht hatte es der Vater verloren, aber hier war nicht lange untersucht, der Stärkere hatte immer recht, und für jegliches Ungeschick ward der Schwächere geprügelt. Der Bub wollte das alte Beil suchen oder ein neues kriegen und etwas für sich schaffen.

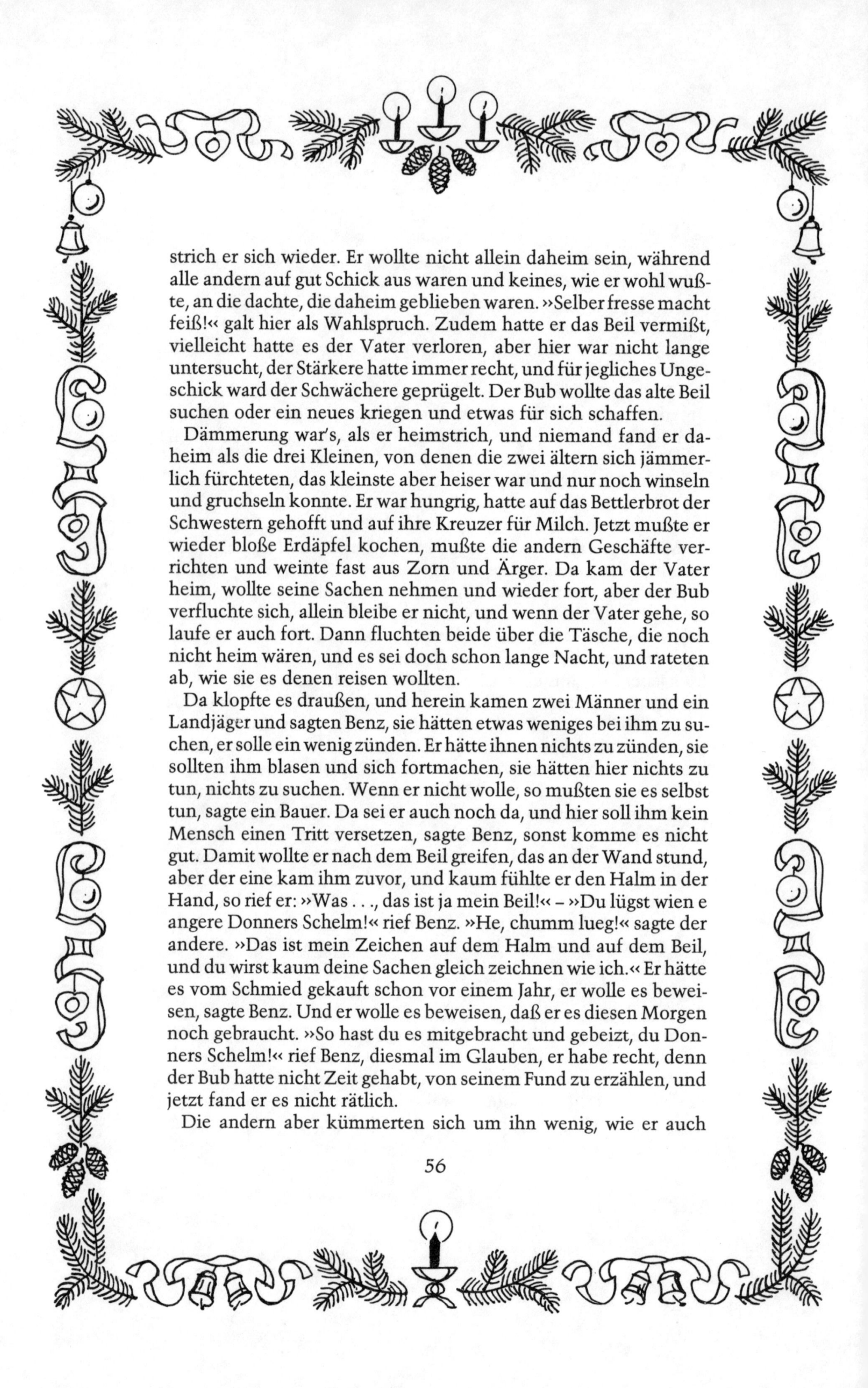

Dämmerung war's, als er heimstrich, und niemand fand er daheim als die drei Kleinen, von denen die zwei ältern sich jämmerlich fürchteten, das kleinste aber heiser war und nur noch winseln und gruchseln konnte. Er war hungrig, hatte auf das Bettlerbrot der Schwestern gehofft und auf ihre Kreuzer für Milch. Jetzt mußte er wieder bloße Erdäpfel kochen, mußte die andern Geschäfte verrichten und weinte fast aus Zorn und Ärger. Da kam der Vater heim, wollte seine Sachen nehmen und wieder fort, aber der Bub verfluchte sich, allein bleibe er nicht, und wenn der Vater gehe, so laufe er auch fort. Dann fluchten beide über die Täsche, die noch nicht heim wären, und es sei doch schon lange Nacht, und rateten ab, wie sie es denen reisen wollten.

Da klopfte es draußen, und herein kamen zwei Männer und ein Landjäger und sagten Benz, sie hätten etwas weniges bei ihm zu suchen, er solle ein wenig zünden. Er hätte ihnen nichts zu zünden, sie sollten ihm blasen und sich fortmachen, sie hätten hier nichts zu tun, nichts zu suchen. Wenn er nicht wolle, so mußten sie es selbst tun, sagte ein Bauer. Da sei er auch noch da, und hier soll ihm kein Mensch einen Tritt versetzen, sagte Benz, sonst komme es nicht gut. Damit wollte er nach dem Beil greifen, das an der Wand stund, aber der eine kam ihm zuvor, und kaum fühlte er den Halm in der Hand, so rief er: »Was..., das ist ja mein Beil!« – »Du lügst wien e angere Donners Schelm!« rief Benz. »He, chumm lueg!« sagte der andere. »Das ist mein Zeichen auf dem Halm und auf dem Beil, und du wirst kaum deine Sachen gleich zeichnen wie ich.« Er hätte es vom Schmied gekauft schon vor einem Jahr, er wolle es beweisen, sagte Benz. Und er wolle es beweisen, daß er es diesen Morgen noch gebraucht. »So hast du es mitgebracht und gebeizt, du Donners Schelm!« rief Benz, diesmal im Glauben, er habe recht, denn der Bub hatte nicht Zeit gehabt, von seinem Fund zu erzählen, und jetzt fand er es nicht rätlich.

Die andern aber kümmerten sich um ihn wenig, wie er auch

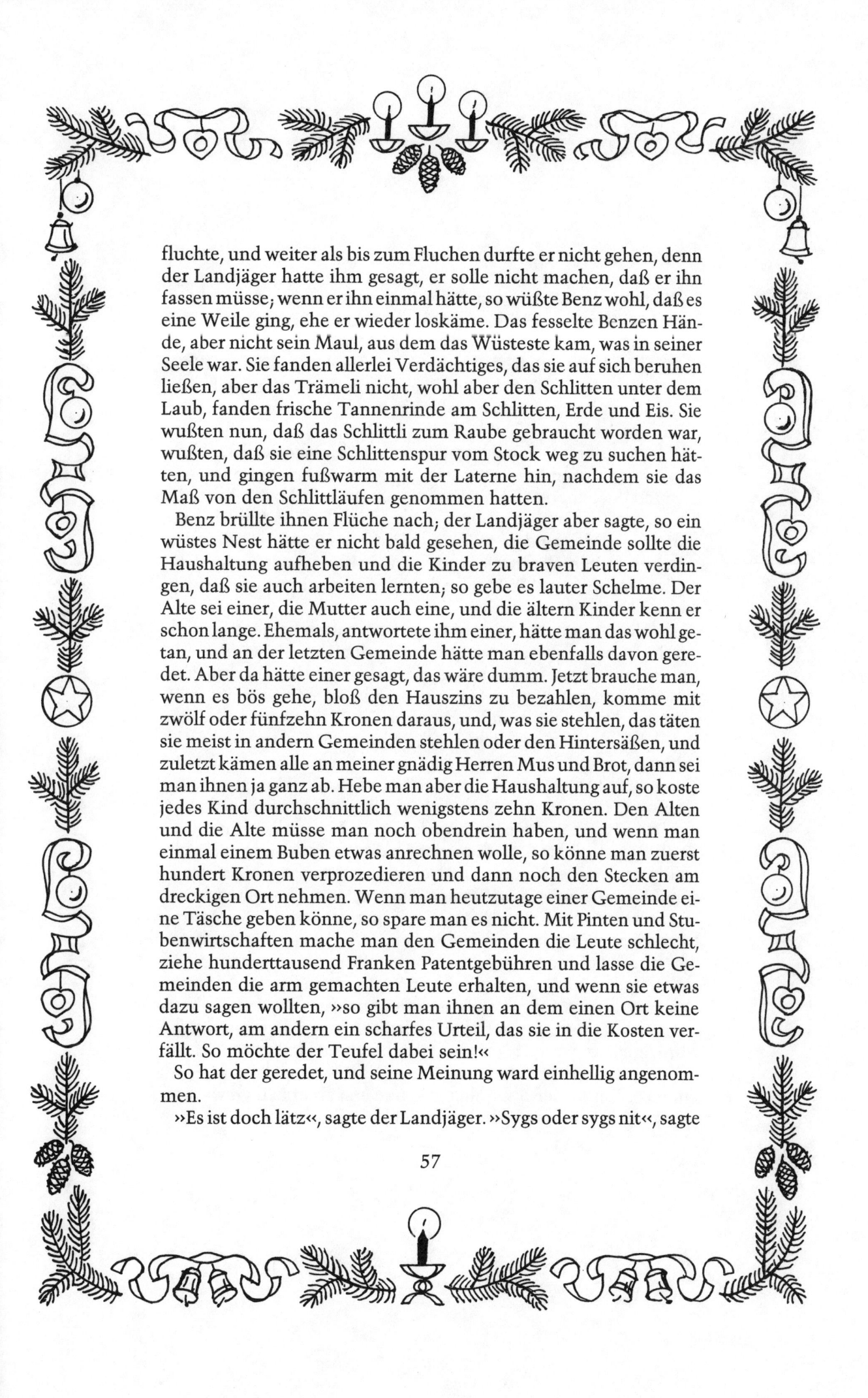

fluchte, und weiter als bis zum Fluchen durfte er nicht gehen, denn der Landjäger hatte ihm gesagt, er solle nicht machen, daß er ihn fassen müsse; wenn er ihn einmal hätte, so wüßte Benz wohl, daß es eine Weile ging, ehe er wieder loskäme. Das fesselte Benzen Hände, aber nicht sein Maul, aus dem das Wüsteste kam, was in seiner Seele war. Sie fanden allerlei Verdächtiges, das sie auf sich beruhen ließen, aber das Trämeli nicht, wohl aber den Schlitten unter dem Laub, fanden frische Tannenrinde am Schlitten, Erde und Eis. Sie wußten nun, daß das Schlittli zum Raube gebraucht worden war, wußten, daß sie eine Schlittenspur vom Stock weg zu suchen hätten, und gingen fußwarm mit der Laterne hin, nachdem sie das Maß von den Schlittläufen genommen hatten.

Benz brüllte ihnen Flüche nach; der Landjäger aber sagte, so ein wüstes Nest hätte er nicht bald gesehen, die Gemeinde sollte die Haushaltung aufheben und die Kinder zu braven Leuten verdingen, daß sie auch arbeiten lernten; so gebe es lauter Schelme. Der Alte sei einer, die Mutter auch eine, und die ältern Kinder kenn er schon lange. Ehemals, antwortete ihm einer, hätte man das wohl getan, und an der letzten Gemeinde hätte man ebenfalls davon geredet. Aber da hätte einer gesagt, das wäre dumm. Jetzt brauche man, wenn es bös gehe, bloß den Hauszins zu bezahlen, komme mit zwölf oder fünfzehn Kronen daraus, und, was sie stehlen, das täten sie meist in andern Gemeinden stehlen oder den Hintersäßen, und zuletzt kämen alle an meiner gnädig Herren Mus und Brot, dann sei man ihnen ja ganz ab. Hebe man aber die Haushaltung auf, so koste jedes Kind durchschnittlich wenigstens zehn Kronen. Den Alten und die Alte müsse man noch obendrein haben, und wenn man einmal einem Buben etwas anrechnen wolle, so könne man zuerst hundert Kronen verprozedieren und dann noch den Stecken am dreckigen Ort nehmen. Wenn man heutzutage einer Gemeinde eine Täsche geben könne, so spare man es nicht. Mit Pinten und Stubenwirtschaften mache man den Gemeinden die Leute schlecht, ziehe hunderttausend Franken Patentgebühren und lasse die Gemeinden die arm gemachten Leute erhalten, und wenn sie etwas dazu sagen wollten, »so gibt man ihnen an dem einen Ort keine Antwort, am andern ein scharfes Urteil, das sie in die Kosten verfällt. So möchte der Teufel dabei sein!«

So hat der geredet, und seine Meinung ward einhellig angenommen.

»Es ist doch lätz«, sagte der Landjäger. »Sygs oder sygs nit«, sagte der andere, »es ist afe Zyt, daß dGmeinde zu ne selber luege, wenn niemer angers zu ne luege will.«

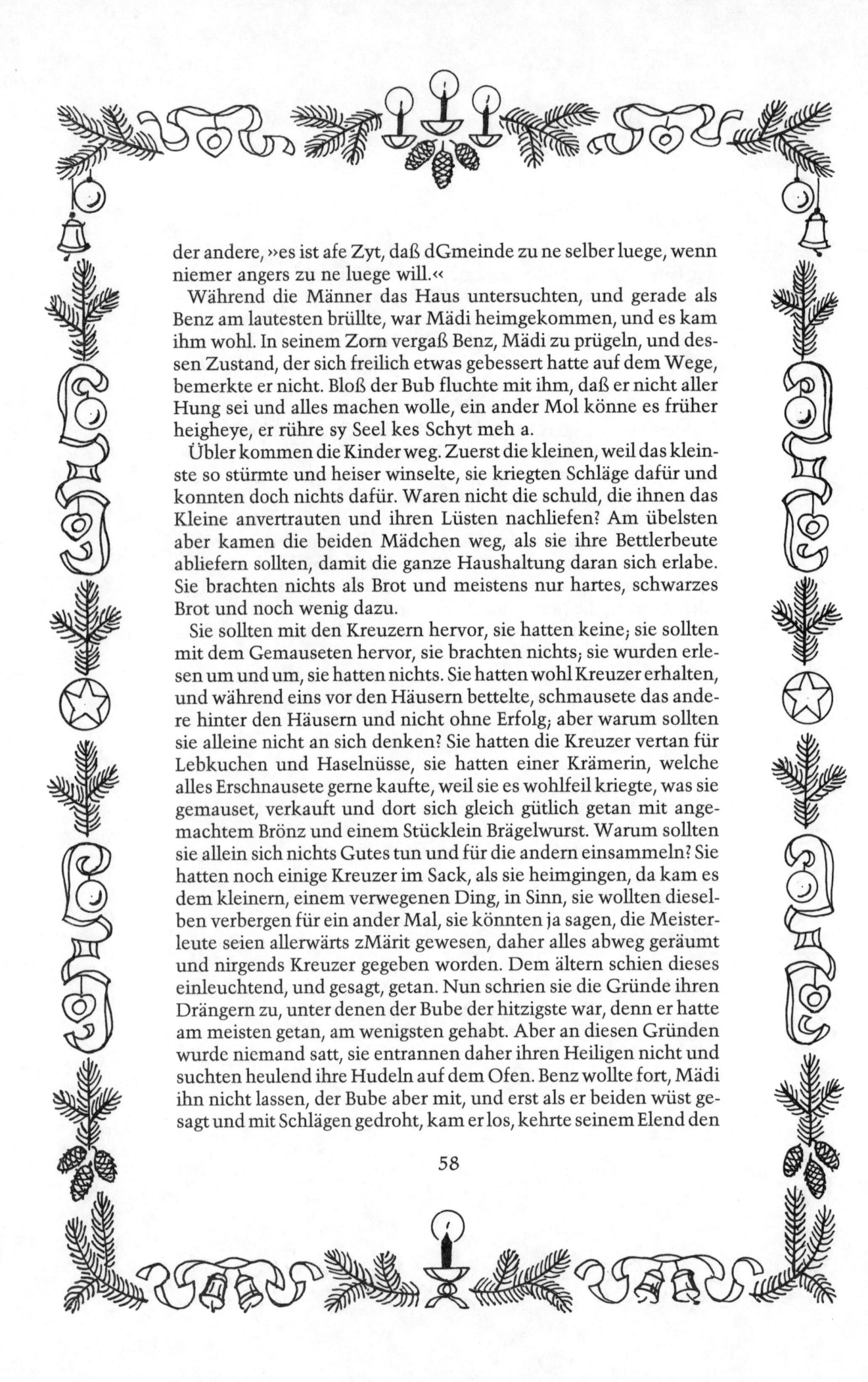

Während die Männer das Haus untersuchten, und gerade als Benz am lautesten brüllte, war Mädi heimgekommen, und es kam ihm wohl. In seinem Zorn vergaß Benz, Mädi zu prügeln, und dessen Zustand, der sich freilich etwas gebessert hatte auf dem Wege, bemerkte er nicht. Bloß der Bub fluchte mit ihm, daß er nicht aller Hung sei und alles machen wolle, ein ander Mol könne es früher heigheye, er rühre sy Seel kes Schyt meh a.

Übler kommen die Kinder weg. Zuerst die kleinen, weil das kleinste so stürmte und heiser winselte, sie kriegten Schläge dafür und konnten doch nichts dafür. Waren nicht die schuld, die ihnen das Kleine anvertrauten und ihren Lüsten nachliefen? Am übelsten aber kamen die beiden Mädchen weg, als sie ihre Bettlerbeute abliefern sollten, damit die ganze Haushaltung daran sich erlabe. Sie brachten nichts als Brot und meistens nur hartes, schwarzes Brot und noch wenig dazu.

Sie sollten mit den Kreuzern hervor, sie hatten keine; sie sollten mit dem Gemauseten hervor, sie brachten nichts; sie wurden erlesen um und um, sie hatten nichts. Sie hatten wohl Kreuzer erhalten, und während eins vor den Häusern bettelte, schmausete das andere hinter den Häusern und nicht ohne Erfolg; aber warum sollten sie alleine nicht an sich denken? Sie hatten die Kreuzer vertan für Lebkuchen und Haselnüsse, sie hatten einer Krämerin, welche alles Erschnausete gerne kaufte, weil sie es wohlfeil kriegte, was sie gemauset, verkauft und dort sich gleich gütlich getan mit angemachtem Brönz und einem Stücklein Brägelwurst. Warum sollten sie allein sich nichts Gutes tun und für die andern einsammeln? Sie hatten noch einige Kreuzer im Sack, als sie heimgingen, da kam es dem kleinern, einem verwegenen Ding, in Sinn, sie wollten dieselben verbergen für ein ander Mal, sie könnten ja sagen, die Meisterleute seien allerwärts zMärit gewesen, daher alles abweg geräumt und nirgends Kreuzer gegeben worden. Dem ältern schien dieses einleuchtend, und gesagt, getan. Nun schrien sie die Gründe ihren Drängern zu, unter denen der Bube der hitzigste war, denn er hatte am meisten getan, am wenigsten gehabt. Aber an diesen Gründen wurde niemand satt, sie entrannen daher ihren Heiligen nicht und suchten heulend ihre Hudeln auf dem Ofen. Benz wollte fort, Mädi ihn nicht lassen, der Bube aber mit, und erst als er beiden wüst gesagt und mit Schlägen gedroht, kam er los, kehrte seinem Elend den

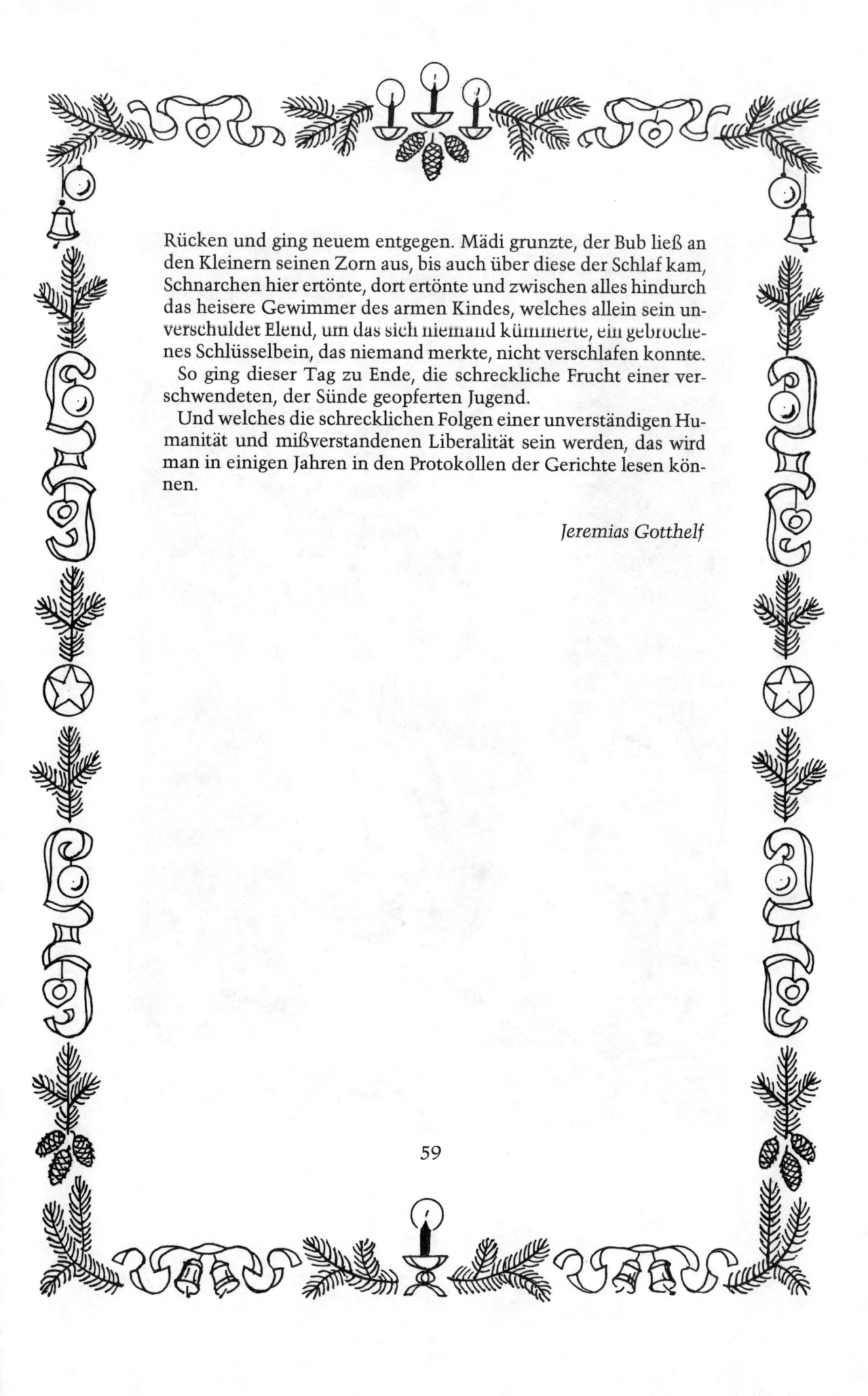

Rücken und ging neuem entgegen. Mädi grunzte, der Bub ließ an den Kleinern seinen Zorn aus, bis auch über diese der Schlaf kam, Schnarchen hier ertönte, dort ertönte und zwischen alles hindurch das heisere Gewimmer des armen Kindes, welches allein sein unverschuldet Elend, um das sich niemand kümmerte, ein gebrochenes Schlüsselbein, das niemand merkt, nicht verschlafen konnte.

So ging dieser Tag zu Ende, die schreckliche Frucht einer verschwendeten, der Sünde geopferten Jugend.

Und welches die schrecklichen Folgen einer unverständigen Humanität und mißverstandenen Liberalität sein werden, das wird man in einigen Jahren in den Protokollen der Gerichte lesen können.

Jeremias Gotthelf

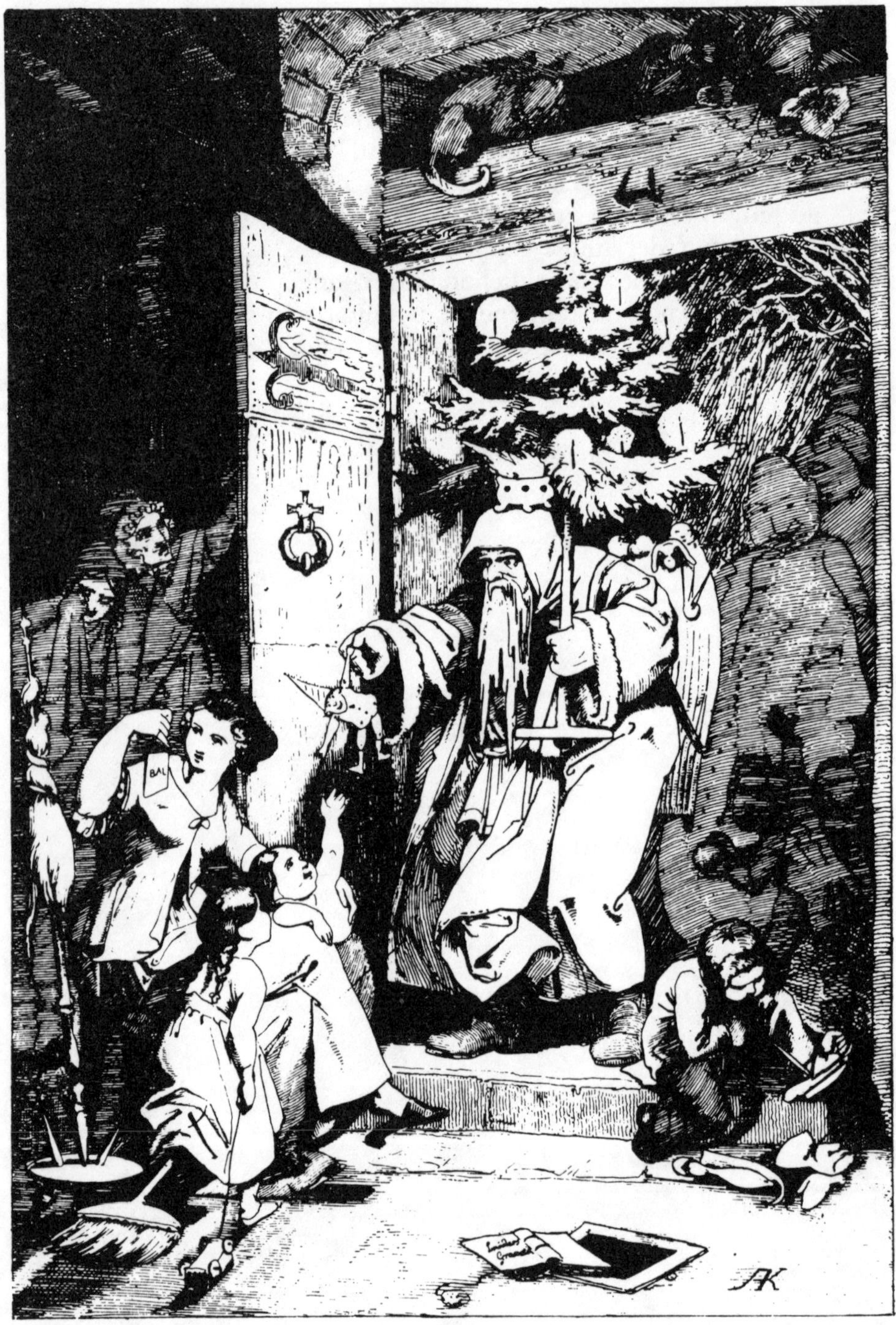
BAL
AK

Draußen, vom Walde komm' ich her

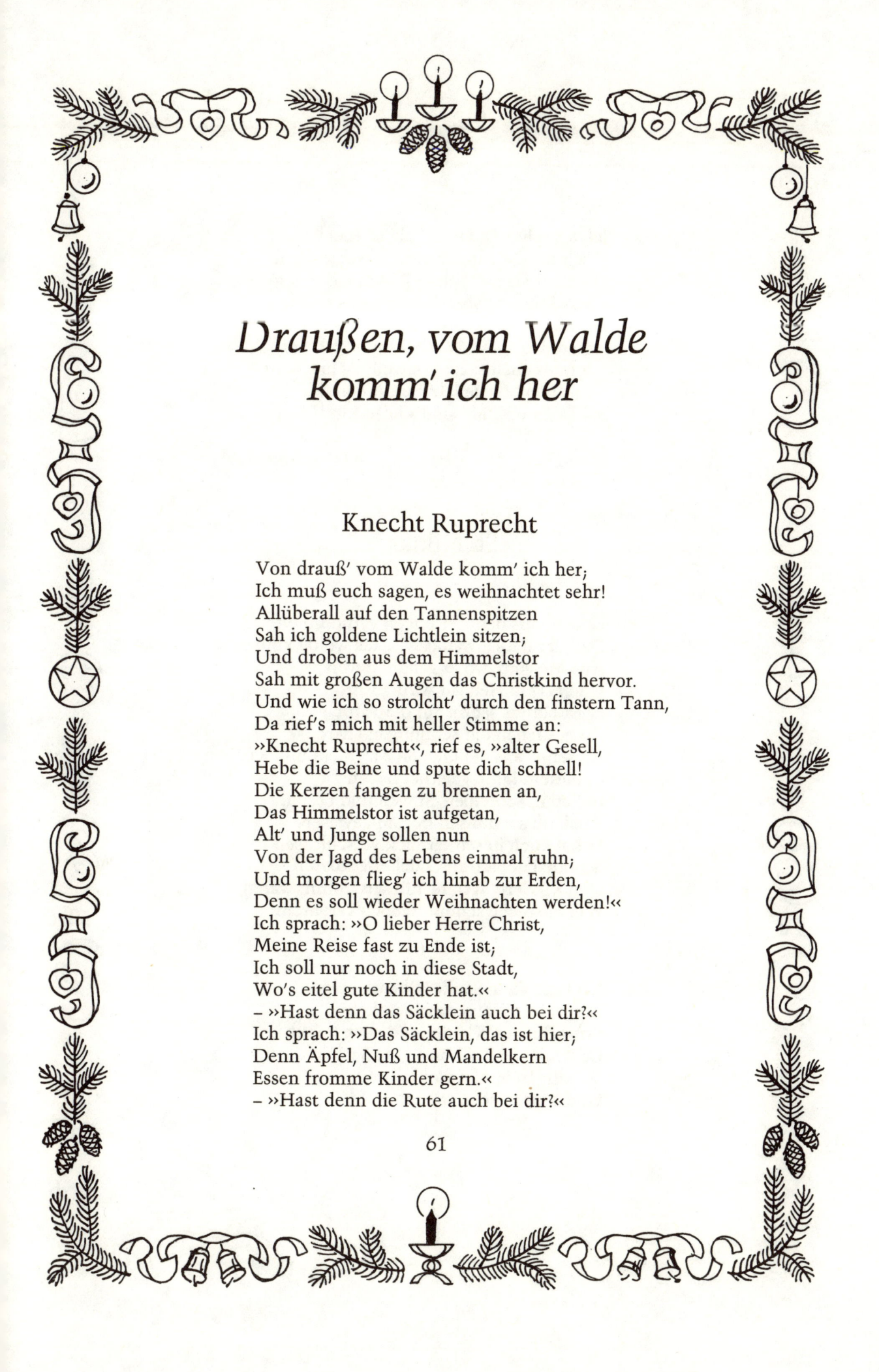

Knecht Ruprecht

Von drauß' vom Walde komm' ich her;
Ich muß euch sagen, es weihnachtet sehr!
Allüberall auf den Tannenspitzen
Sah ich goldene Lichtlein sitzen;
Und droben aus dem Himmelstor
Sah mit großen Augen das Christkind hervor.
Und wie ich so strolcht' durch den finstern Tann,
Da rief's mich mit heller Stimme an:
»Knecht Ruprecht«, rief es, »alter Gesell,
Hebe die Beine und spute dich schnell!
Die Kerzen fangen zu brennen an,
Das Himmelstor ist aufgetan,
Alt' und Junge sollen nun
Von der Jagd des Lebens einmal ruhn;
Und morgen flieg' ich hinab zur Erden,
Denn es soll wieder Weihnachten werden!«
Ich sprach: »O lieber Herre Christ,
Meine Reise fast zu Ende ist;
Ich soll nur noch in diese Stadt,
Wo's eitel gute Kinder hat.«
– »Hast denn das Säcklein auch bei dir?«
Ich sprach: »Das Säcklein, das ist hier;
Denn Äpfel, Nuß und Mandelkern
Essen fromme Kinder gern.«
– »Hast denn die Rute auch bei dir?«

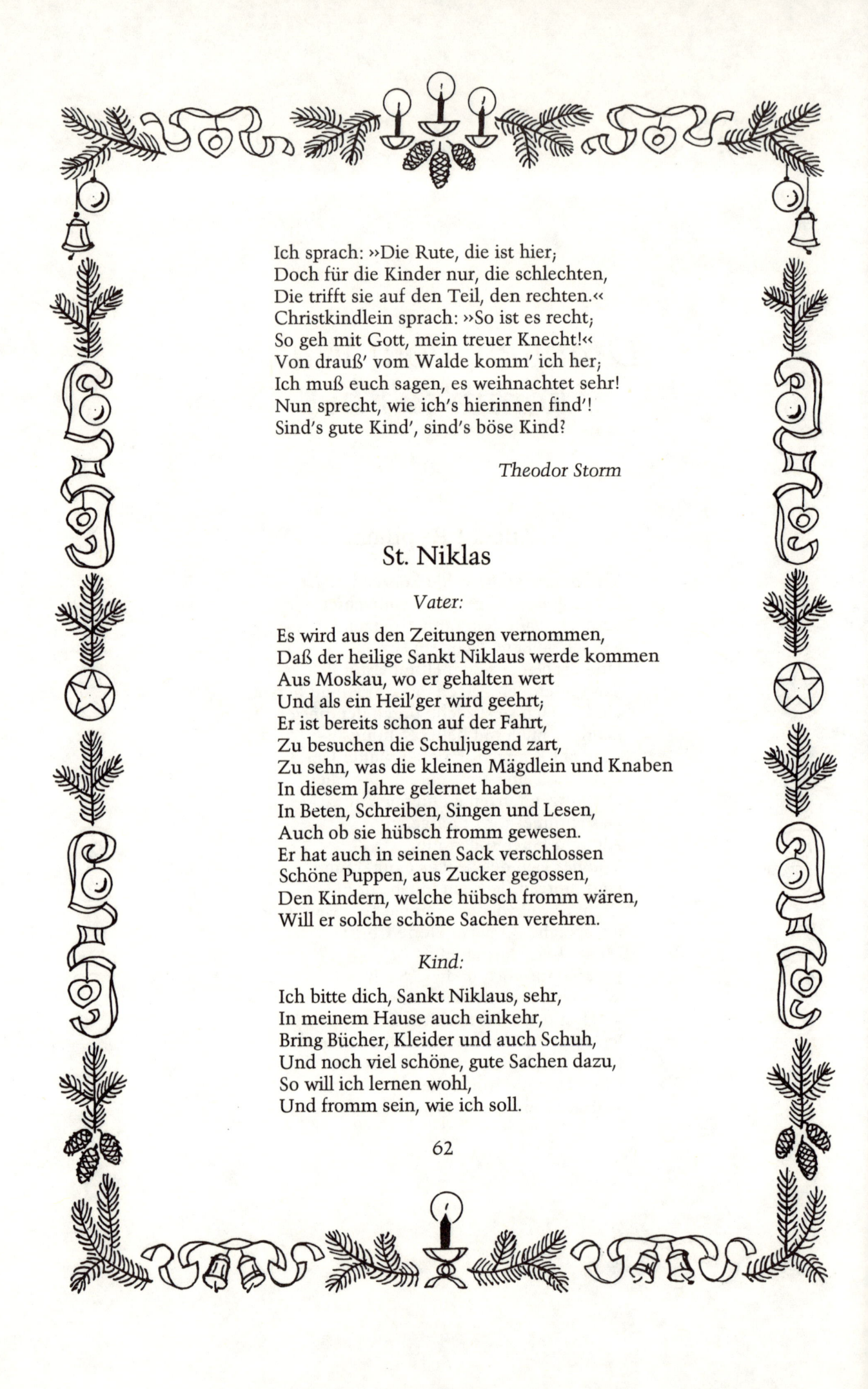

Ich sprach: »Die Rute, die ist hier;
Doch für die Kinder nur, die schlechten,
Die trifft sie auf den Teil, den rechten.«
Christkindlein sprach: »So ist es recht;
So geh mit Gott, mein treuer Knecht!«
Von drauß' vom Walde komm' ich her;
Ich muß euch sagen, es weihnachtet sehr!
Nun sprecht, wie ich's hierinnen find'!
Sind's gute Kind', sind's böse Kind?

Theodor Storm

St. Niklas

Vater:

Es wird aus den Zeitungen vernommen,
Daß der heilige Sankt Niklaus werde kommen
Aus Moskau, wo er gehalten wert
Und als ein Heil'ger wird geehrt;
Er ist bereits schon auf der Fahrt,
Zu besuchen die Schuljugend zart,
Zu sehn, was die kleinen Mägdlein und Knaben
In diesem Jahre gelernet haben
In Beten, Schreiben, Singen und Lesen,
Auch ob sie hübsch fromm gewesen.
Er hat auch in seinen Sack verschlossen
Schöne Puppen, aus Zucker gegossen,
Den Kindern, welche hübsch fromm wären,
Will er solche schöne Sachen verehren.

Kind:

Ich bitte dich, Sankt Niklaus, sehr,
In meinem Hause auch einkehr,
Bring Bücher, Kleider und auch Schuh,
Und noch viel schöne, gute Sachen dazu,
So will ich lernen wohl,
Und fromm sein, wie ich soll.

Sankt Niklas:

Gott grüß euch, liebe Kinderlein,
Ihr sollt Vater und Mutter gehorsam sein,
So soll euch was Schönes bescheret sein.
Wenn ihr aber dasselbige nicht tut,
So bringe ich euch den Stecken und die Rut.

aus: »Des Knaben Wunderhorn«

Ruprecht, Ruprecht, guter Gast,
Hast du mir was mitgebracht?
Hast du was, dann setz dich nieder,
Hast du nichs, dann geh nur wieder.

Volkstümlich

*Zürcher Familienweihnacht
Kupferstich, Ende 18. Jahrhundert*

Die Rute als Nikolausbescherung

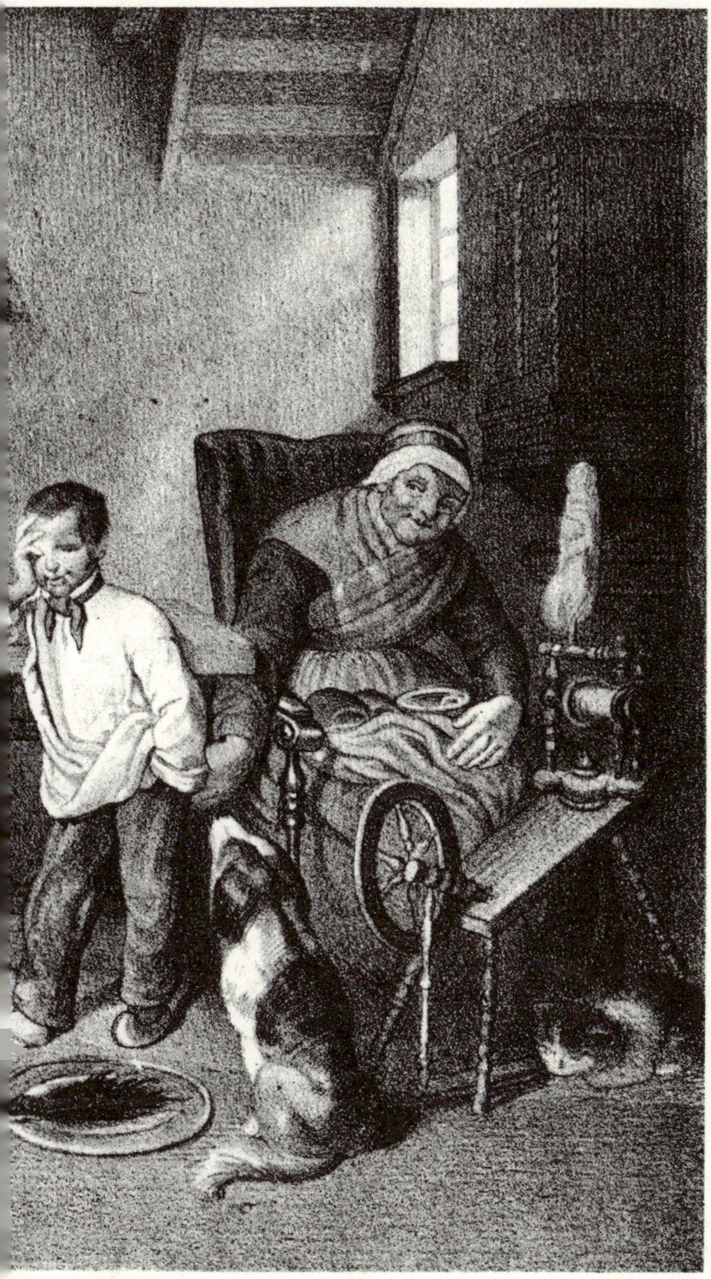

Nun höret einmal, doch fürchtet euch nicht, vom Pelzemärtel die ganze Geschicht'

Es wird schon finster um und um.
Der Pelzemärtel geht herum.
Und sucht nun auf die Kinder.
Da will ich sehen, wie's euch geht,
Wenn er vor unsrer Türe steht
Und schaut ins Eck so hinter!

Doch seid nicht bang und nicht besorgt;
Ihr habt ja immer gern gehorcht,
Das soll euch nicht gereuen.
Stellt euch nur um den Vater her;
Und brummt er wie ein alter Bär,
Es wird euch doch erfreuen.

Doch horcht, was schlarft denn vor dem Haus?
Ich meine gar, jetzt ist er drauß
Und streift sich ab die Füße.
Da hör ich so ein Knick und Knack;
Das ist gewiß der weite Sack
Voll großer weißer Nüsse.

Es schellt und gellt, das Haus geht auf.
Er geht die Stiege schon herauf
Mit seinen großen Socken.
Das kollert
Und bollert,
Das holpert
Und stolpert;
Doch seid nur nicht erschrocken!

Die Kinder schauen
Voll Angst und Grauen
Und wagen keinen Schnauf.
Pelzmärtel trappt,
Die Klinke klappt,
Die Stubentür geht auf.

Da steht er denn im Zottelrock
Mit einem ungeheuren Stock
Und hat von fürchterlicher Art
Gar einen langen, langen Bart,
Schleppt auch zwei Säcke mit sich her,
Den einen voll, den andern leer,
Der ist geschnallt in seinen Gurt;
Jetzt aber murmelt er und schnurrt:

»Weil in die Stuben
Ich zu dir komm,
Sag, sind die Buben
Auch brav und fromm?« –
»Kann sie loben!« –
»Sitzen sie am Schreibetisch
Immer fleißig, immer frisch?
Sitzen sie in ihrer Schul'
Oben auf dem ersten Stuhl?« –
»Alle droben!«
»Führen die Mädchen
Nadel und Fädchen?

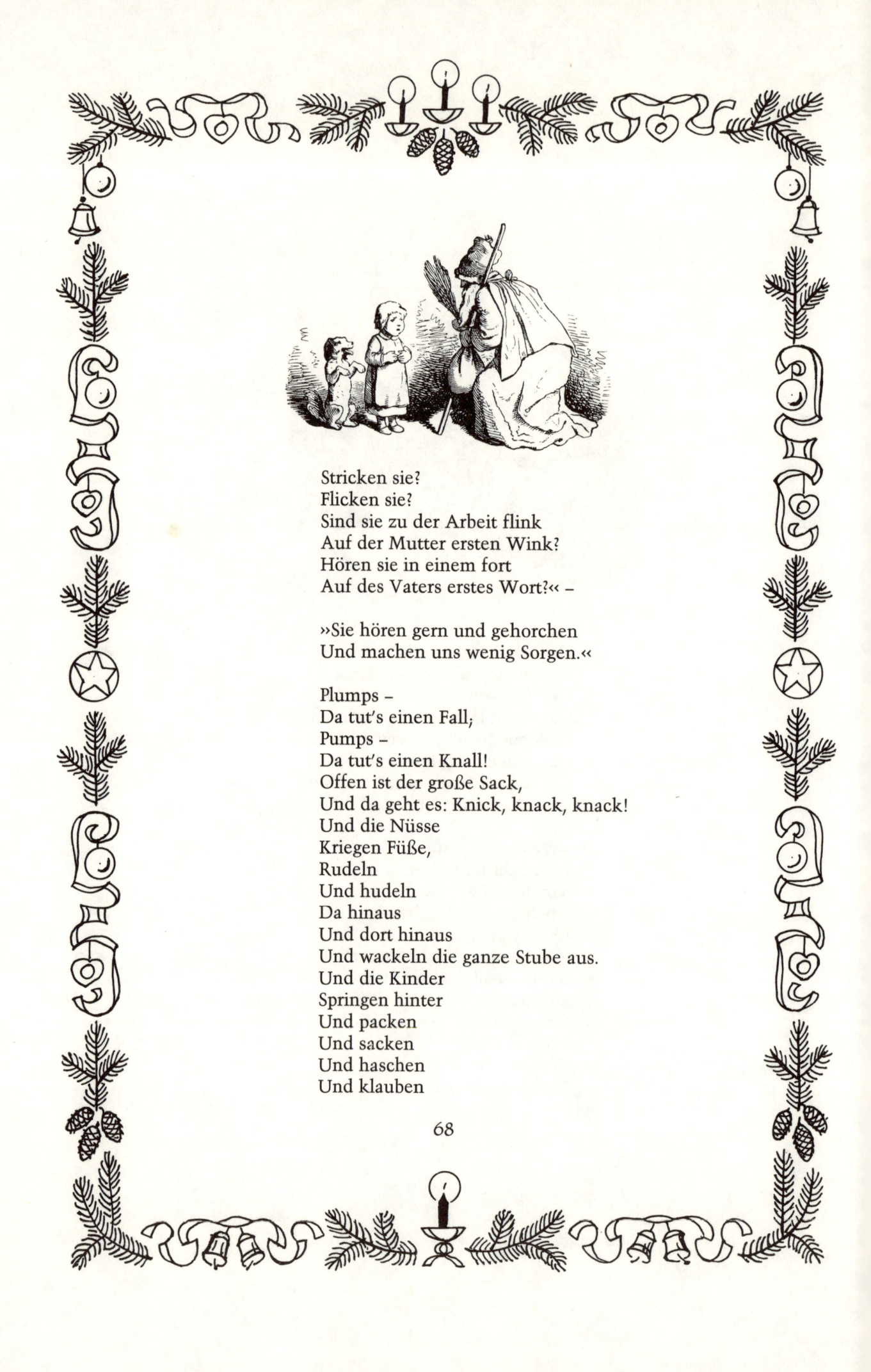

Stricken sie?
Flicken sie?
Sind sie zu der Arbeit flink
Auf der Mutter ersten Wink?
Hören sie in einem fort
Auf des Vaters erstes Wort?«–

»Sie hören gern und gehorchen
Und machen uns wenig Sorgen.«

Plumps –
Da tut's einen Fall;
Pumps –
Da tut's einen Knall!
Offen ist der große Sack,
Und da geht es: Knick, knack, knack!
Und die Nüsse
Kriegen Füße,
Rudeln
Und hudeln
Da hinaus
Und dort hinaus
Und wackeln die ganze Stube aus.
Und die Kinder
Springen hinter
Und packen
Und sacken
Und haschen
Und klauben

In Taschen
Und Hauben.
Das freut den Pelzemärtel sehr;
Er sagt: »Nun geb' ich euch noch mehr.«

Und wirft auch noch in jedes Eck
Einen großen, großen Märtelsweck,
Bestreut mit Zucker und Mohn,
Und spricht mit freundlichem Ton:
»Fürchtet euch nicht
Vor meinem Gesicht,
Bin jedem Kinde gut,
Das nichts Böses tut.
Gebt mir einen Patsch!
Platsch,
Das freut mich heut',
Ihr kleinen Leut'.

Nun, Kinder, seid mir ja recht fromm;
Dann bring' ich, wenn ich wiederkomm',
Daß ihr euch verwundert,
Nüsse, mehr als hundert,

Und einen Weck, so groß wie ich.
Ade, ihr Kinder, denkt an mich!«

Nun rollt es
Und trollt es
Die Stiegen hinunter;
Wollt' einer erschrecken
Und sich verstecken,
Es wär' kein Wunder.

Wer aber brav ist ohn' Unterlaß,
Dem ist das alles nur ein Spaß;
Der fürchtet nicht den Zottelrock
Und nicht den ungeheuren Stock;
Der zappelt nicht
Als wie ein Fisch
Und krabbelt nicht
Gleich unter den Tisch;
Der kann sich auf den Märtel freuen,
Den alle bösen Kinder scheuen.

Friedrich Güll

Holler, boller, Rumpelsack

Holler, boller, Rumpelsack,
Niklas trug sein Huckepack,
Weihnachtsnüsse, gelb und braun,
Runzlich, punzlich anzuschaun.

Knackt die Schale, springt der Kern,
Weihnachtsnüsse eß ich gern.
Komm bald wieder in mein Haus,
Alter guter Nikolaus.

Kinderlied aus dem Hunsrück

Der Weihnachtsaufzug

Bald kommt die liebe Weihnachtszeit,
Worauf die ganze Welt sich freut;
Das Land, so weit man sehen kann,
Sein Winterkleid hat angetan.
Schlaf überall; es hat die Nacht
Die laute Welt zur Ruh gebracht, –
Kein Sternenlicht, kein grünes Reis,
Der Himmel schwarz, die Erde weiß.

Da blinkt von fern ein heller Schein. –
Was mag das für ein Schimmer sein?
Weit übers Feld zieht es daher,
Als ob's ein Kranz von Lichtern wär',
Und näher rückt es hin zur Stadt,
Obgleich verschneit ist jeder Pfad.

Ei seht, ei seht! Es kommt heran!
Oh, schauet doch den Aufzug an!
Zu Roß ein wunderlicher Mann
Mit langem Bart und spitzem Hute,
In seinen Händen Sack und Rute.
Sein Gaul hat gar ein bunt Geschirr,

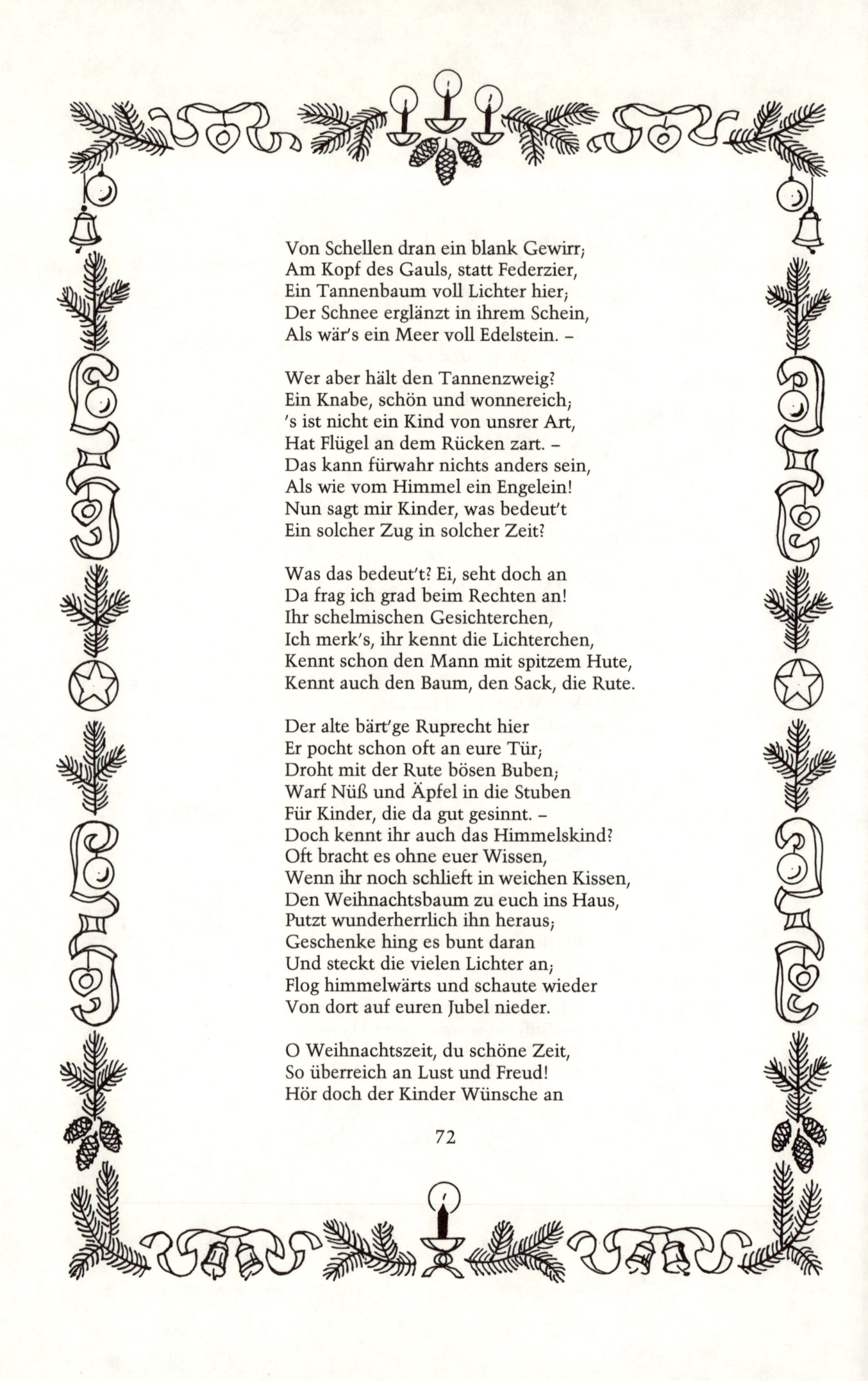

Von Schellen dran ein blank Gewirr;
Am Kopf des Gauls, statt Federzier,
Ein Tannenbaum voll Lichter hier;
Der Schnee erglänzt in ihrem Schein,
Als wär's ein Meer voll Edelstein. –

Wer aber hält den Tannenzweig?
Ein Knabe, schön und wonnereich;
's ist nicht ein Kind von unsrer Art,
Hat Flügel an dem Rücken zart. –
Das kann fürwahr nichts anders sein,
Als wie vom Himmel ein Engelein!
Nun sagt mir Kinder, was bedeut't
Ein solcher Zug in solcher Zeit?

Was das bedeut't? Ei, seht doch an
Da frag ich grad beim Rechten an!
Ihr schelmischen Gesichterchen,
Ich merk's, ihr kennt die Lichterchen,
Kennt schon den Mann mit spitzem Hute,
Kennt auch den Baum, den Sack, die Rute.

Der alte bärt'ge Ruprecht hier
Er pocht schon oft an eure Tür;
Droht mit der Rute bösen Buben;
Warf Nüß und Äpfel in die Stuben
Für Kinder, die da gut gesinnt. –
Doch kennt ihr auch das Himmelskind?
Oft bracht es ohne euer Wissen,
Wenn ihr noch schlieft in weichen Kissen,
Den Weihnachtsbaum zu euch ins Haus,
Putzt wunderherrlich ihn heraus;
Geschenke hing es bunt daran
Und steckt die vielen Lichter an;
Flog himmelwärts und schaute wieder
Von dort auf euren Jubel nieder.

O Weihnachtszeit, du schöne Zeit,
So überreich an Lust und Freud!
Hör doch der Kinder Wünsche an

Und komme bald, recht bald heran
Und schick uns doch, wir bitten sehr,
Mit vollem Sack den Ruprecht her.
Wir fürchten seine Rute nicht,
Wir taten allzeit unsre Pflicht.
Drum schick uns auch den Engel gleich
Mit seinem Baum, an Gaben reich.
O Weihnachtszeit, du schöne Zeit,
Worauf die ganze Welt sich freut!

Robert Reinick

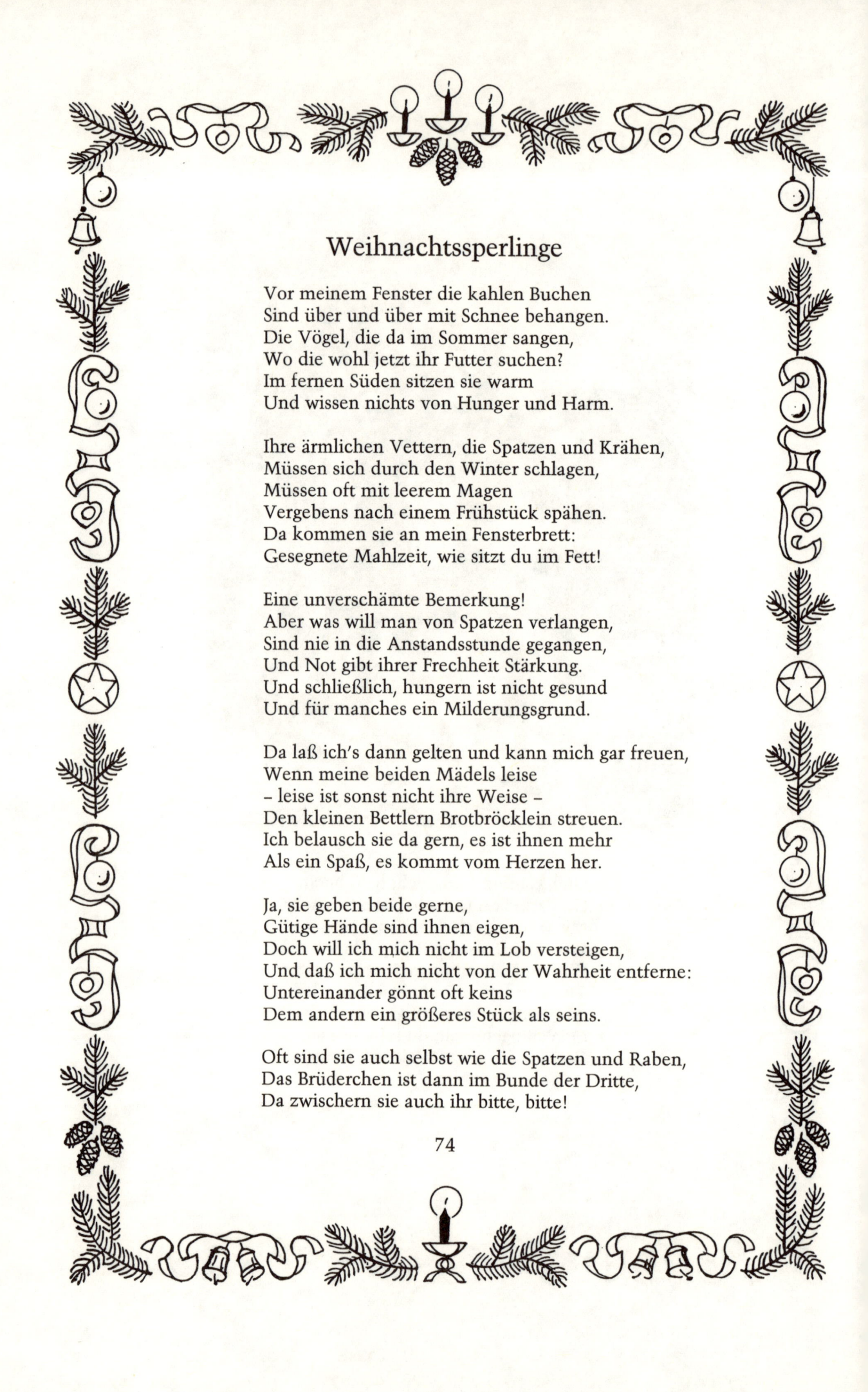

Weihnachtssperlinge

Vor meinem Fenster die kahlen Buchen
Sind über und über mit Schnee behangen.
Die Vögel, die da im Sommer sangen,
Wo die wohl jetzt ihr Futter suchen?
Im fernen Süden sitzen sie warm
Und wissen nichts von Hunger und Harm.

Ihre ärmlichen Vettern, die Spatzen und Krähen,
Müssen sich durch den Winter schlagen,
Müssen oft mit leerem Magen
Vergebens nach einem Frühstück spähen.
Da kommen sie an mein Fensterbrett:
Gesegnete Mahlzeit, wie sitzt du im Fett!

Eine unverschämte Bemerkung!
Aber was will man von Spatzen verlangen,
Sind nie in die Anstandsstunde gegangen,
Und Not gibt ihrer Frechheit Stärkung.
Und schließlich, hungern ist nicht gesund
Und für manches ein Milderungsgrund.

Da laß ich's dann gelten und kann mich gar freuen,
Wenn meine beiden Mädels leise
– leise ist sonst nicht ihre Weise –
Den kleinen Bettlern Brotbröcklein streuen.
Ich belausch sie da gern, es ist ihnen mehr
Als ein Spaß, es kommt vom Herzen her.

Ja, sie geben beide gerne,
Gütige Hände sind ihnen eigen,
Doch will ich mich nicht im Lob versteigen,
Und daß ich mich nicht von der Wahrheit entferne:
Untereinander gönnt oft keins
Dem andern ein größeres Stück als seins.

Oft sind sie auch selbst wie die Spatzen und Raben,
Das Brüderchen ist dann im Bunde der Dritte,
Da zwischern sie auch ihr bitte, bitte!

Reißen den Hals auf und wollen was haben.
Sommers und Winters, Winters zumeist
Und gar im Advent herum werden sie dreist.

Dann fangen sie an zu bitten und betteln:
Papa, zu Weihnacht, du hast mir's versprochen,
Ich möcht einen Herd, so richtig zum Kochen.
Und ich ein Zweirad. Auf Weihnachtswunschzetteln
Wachsen die stolzesten Träume sich aus.
Knecht Ruprecht schleppt das schon alles ins Haus.

Und morgens, da steht von den zierlichsten Schuhen
Je einer, ganz heimlich hingestellt,
An dem allersichtbarsten Platz der Welt.
Die Schelme können des Nachts kaum ruhen:
Ob wohl der Weihnachtsmann sie entdeckt?
Ob er wohl was in den Schuh uns steckt?

Der Weihnachtsmann! Er muß ja bald kommen.
Schon stapft er durch die beschneiten Felder,
Hat vom Rande der weißen Wälder
Ein grünes Tännlein mitgenommen.
Von unseren Buchen die Spatzen und Kräh'n
Können ihn sicher schon erspäh'n.

Gewiß, sie haben den guten Alten
Schon gesehn. Sie lärmen und kreischen,
Als wollten sie doppelte Brocken erheischen.
Und hätten sie Schühlein vom Herrgott erhalten,
Ich fände sie morgens alle, ich wett',
Eine zierliche Reih' auf dem Fensterbrett.

Das wär' eine Wonne für meine Kleinen!
Die gütigen Hände würden sich regen
Und jedem was in sein Schühlein legen,
Ein Bröckchen, ein Krümchen, vergäßen nicht einen.
Und ihr rosiges Kindergesicht
Strahlte dabei wie ein Weihnachtslicht.

Ich aber will doch morgen sehen,
– wir haben ja schon Advent geschrieben –
Ob es beim alten Brauch geblieben
Und wohl irgendwo Schühlein stehen.
Rechte Spatzenpantoffel mögen es sein,
Und geht gewiß nicht viel hinein.

Gustav Falke

Ein Gang über den Weihnachtsmarkt

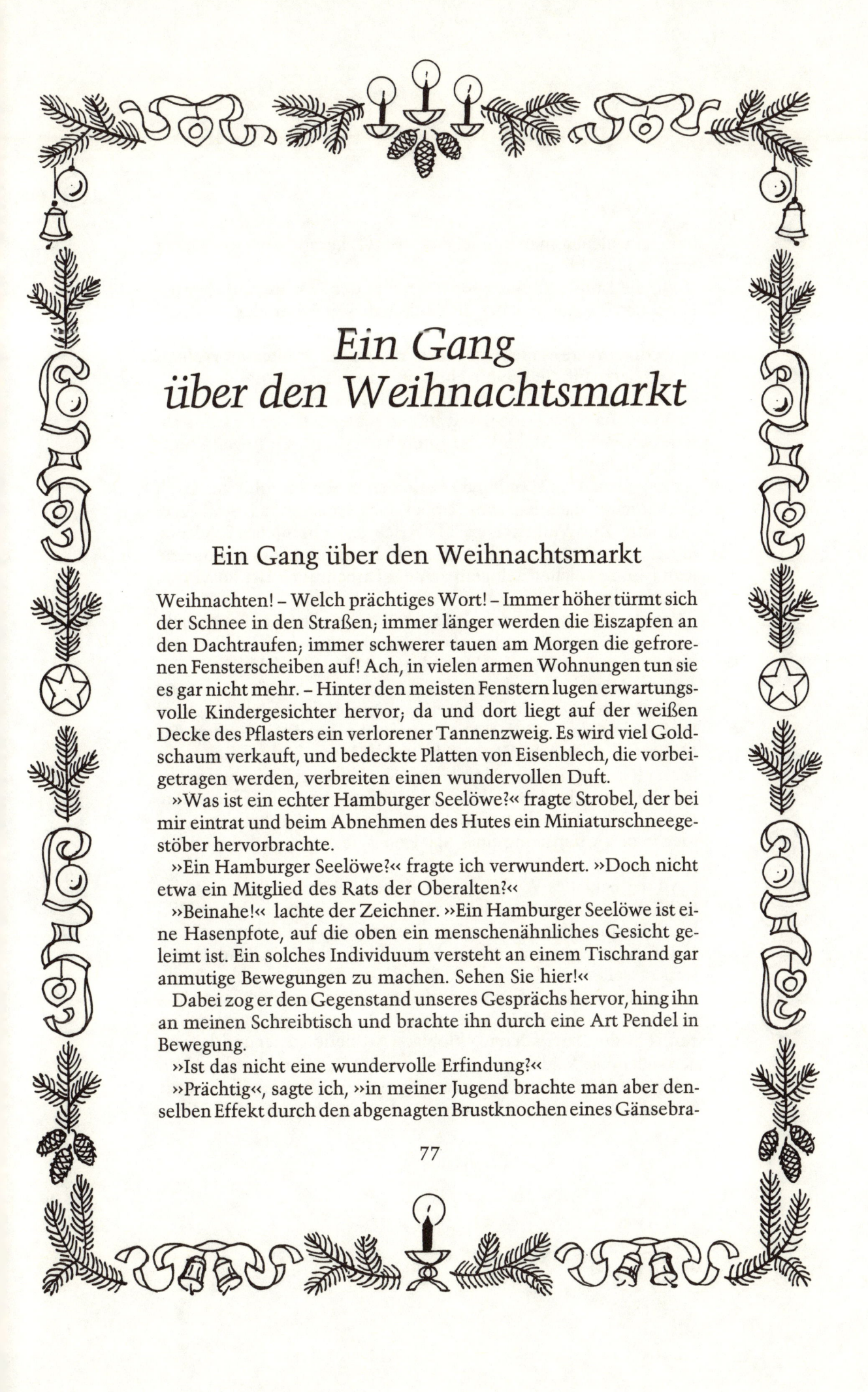

Weihnachten! – Welch prächtiges Wort! – Immer höher türmt sich der Schnee in den Straßen; immer länger werden die Eiszapfen an den Dachtraufen; immer schwerer tauen am Morgen die gefrorenen Fensterscheiben auf! Ach, in vielen armen Wohnungen tun sie es gar nicht mehr. – Hinter den meisten Fenstern lugen erwartungsvolle Kindergesichter hervor; da und dort liegt auf der weißen Decke des Pflasters ein verlorener Tannenzweig. Es wird viel Goldschaum verkauft, und bedeckte Platten von Eisenblech, die vorbeigetragen werden, verbreiten einen wundervollen Duft.

»Was ist ein echter Hamburger Seelöwe?« fragte Strobel, der bei mir eintrat und beim Abnehmen des Hutes ein Miniaturschneegestöber hervorbrachte.

»Ein Hamburger Seelöwe?« fragte ich verwundert. »Doch nicht etwa ein Mitglied des Rats der Oberalten?«

»Beinahe!« lachte der Zeichner. »Ein Hamburger Seelöwe ist eine Hasenpfote, auf die oben ein menschenähnliches Gesicht geleimt ist. Ein solches Individuum versteht an einem Tischrand gar anmutige Bewegungen zu machen. Sehen Sie hier!«

Dabei zog er den Gegenstand unseres Gesprächs hervor, hing ihn an meinen Schreibtisch und brachte ihn durch eine Art Pendel in Bewegung.

»Ist das nicht eine wundervolle Erfindung?«

»Prächtig«, sagte ich, »in meiner Jugend brachte man aber denselben Effekt durch den abgenagten Brustknochen eines Gänsebratens, in welchen man eine Gabel steckte, hervor; aber die Kultur muß ja fortschreiten.«

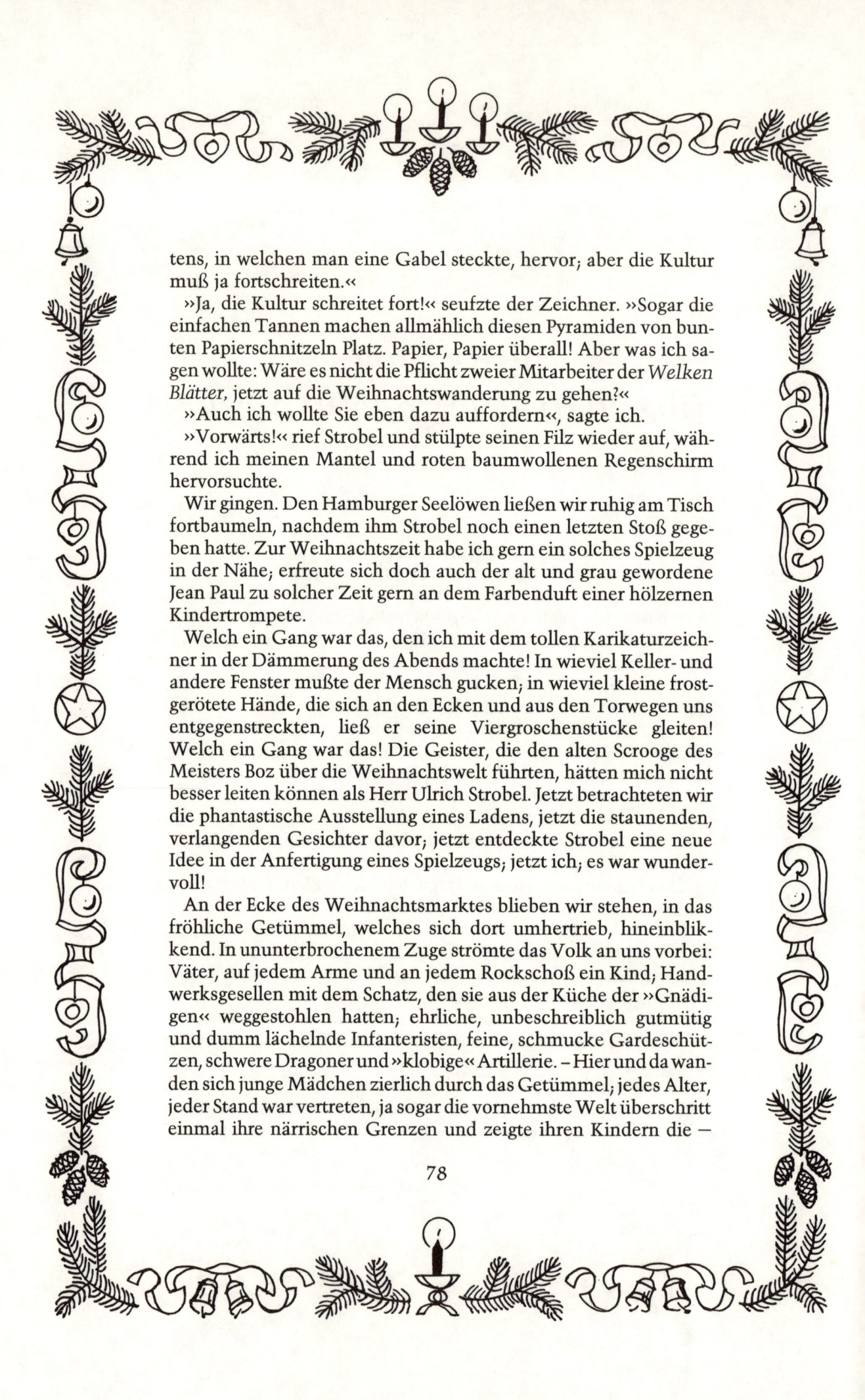

»Ja, die Kultur schreitet fort!« seufzte der Zeichner. »Sogar die einfachen Tannen machen allmählich diesen Pyramiden von bunten Papierschnitzeln Platz. Papier, Papier überall! Aber was ich sagen wollte: Wäre es nicht die Pflicht zweier Mitarbeiter der *Welken Blätter*, jetzt auf die Weihnachtswanderung zu gehen?«

»Auch ich wollte Sie eben dazu auffordern«, sagte ich.

»Vorwärts!« rief Strobel und stülpte seinen Filz wieder auf, während ich meinen Mantel und roten baumwollenen Regenschirm hervorsuchte.

Wir gingen. Den Hamburger Seelöwen ließen wir ruhig am Tisch fortbaumeln, nachdem ihm Strobel noch einen letzten Stoß gegeben hatte. Zur Weihnachtszeit habe ich gern ein solches Spielzeug in der Nähe; erfreute sich doch auch der alt und grau gewordene Jean Paul zu solcher Zeit gern an dem Farbenduft einer hölzernen Kindertrompete.

Welch ein Gang war das, den ich mit dem tollen Karikaturzeichner in der Dämmerung des Abends machte! In wieviel Keller- und andere Fenster mußte der Mensch gucken; in wieviel kleine frostgerötete Hände, die sich an den Ecken und aus den Torwegen uns entgegenstreckten, ließ er seine Viergroschenstücke gleiten! Welch ein Gang war das! Die Geister, die den alten Scrooge des Meisters Boz über die Weihnachtswelt führten, hätten mich nicht besser leiten können als Herr Ulrich Strobel. Jetzt betrachteten wir die phantastische Ausstellung eines Ladens, jetzt die staunenden, verlangenden Gesichter davor; jetzt entdeckte Strobel eine neue Idee in der Anfertigung eines Spielzeugs; jetzt ich; es war wundervoll!

An der Ecke des Weihnachtsmarktes blieben wir stehen, in das fröhliche Getümmel, welches sich dort umhertrieb, hineinblickend. In ununterbrochenem Zuge strömte das Volk an uns vorbei: Väter, auf jedem Arme und an jedem Rockschoß ein Kind; Handwerksgesellen mit dem Schatz, den sie aus der Küche der »Gnädigen« weggestohlen hatten; ehrliche, unbeschreiblich gutmütig und dumm lächelnde Infanteristen, feine, schmucke Gardeschützen, schwere Dragoner und »klobige« Artillerie. – Hier und da wanden sich junge Mädchen zierlich durch das Getümmel; jedes Alter, jeder Stand war vertreten, ja sogar die vornehmste Welt überschritt einmal ihre närrischen Grenzen und zeigte ihren Kindern die –

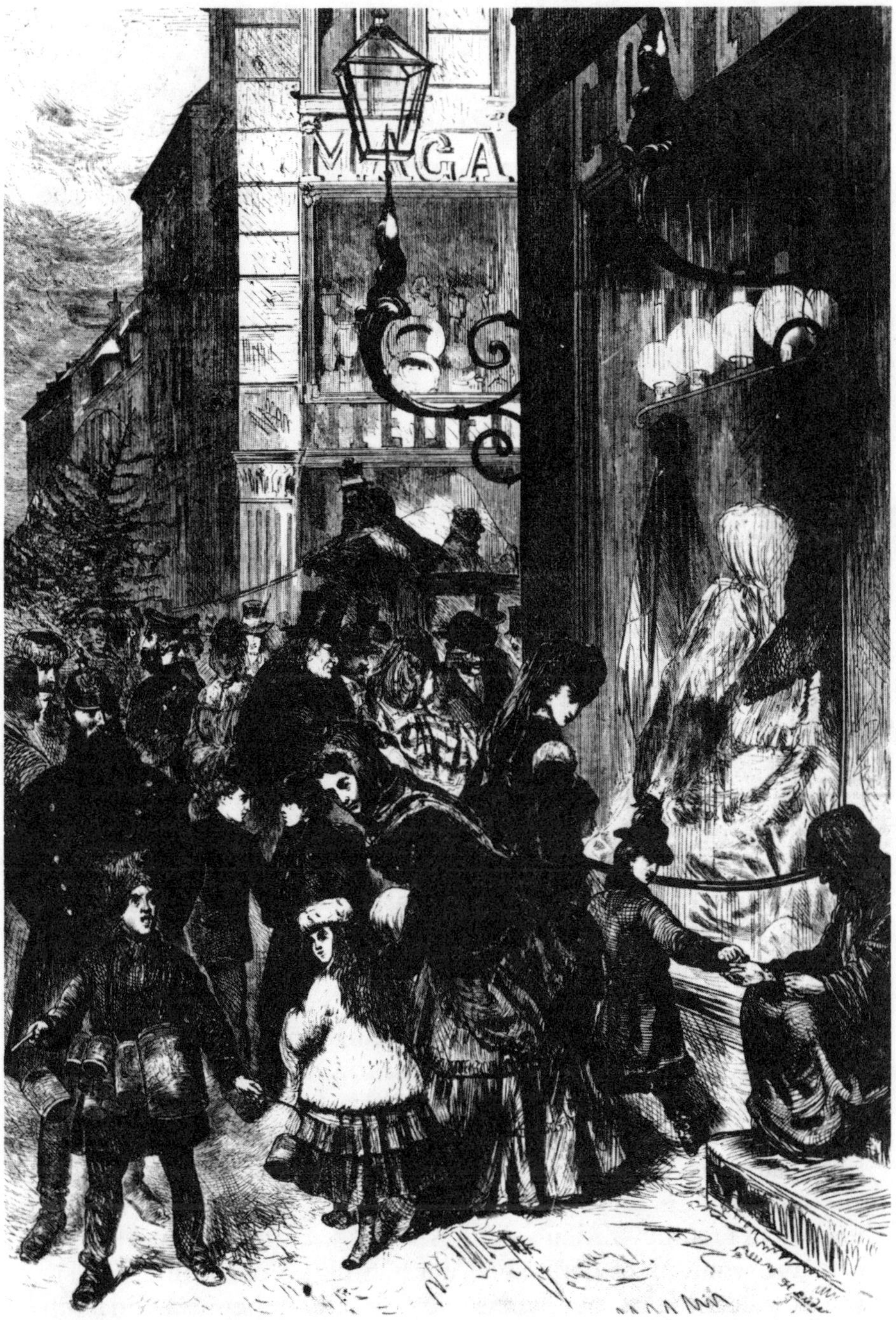
MAGA

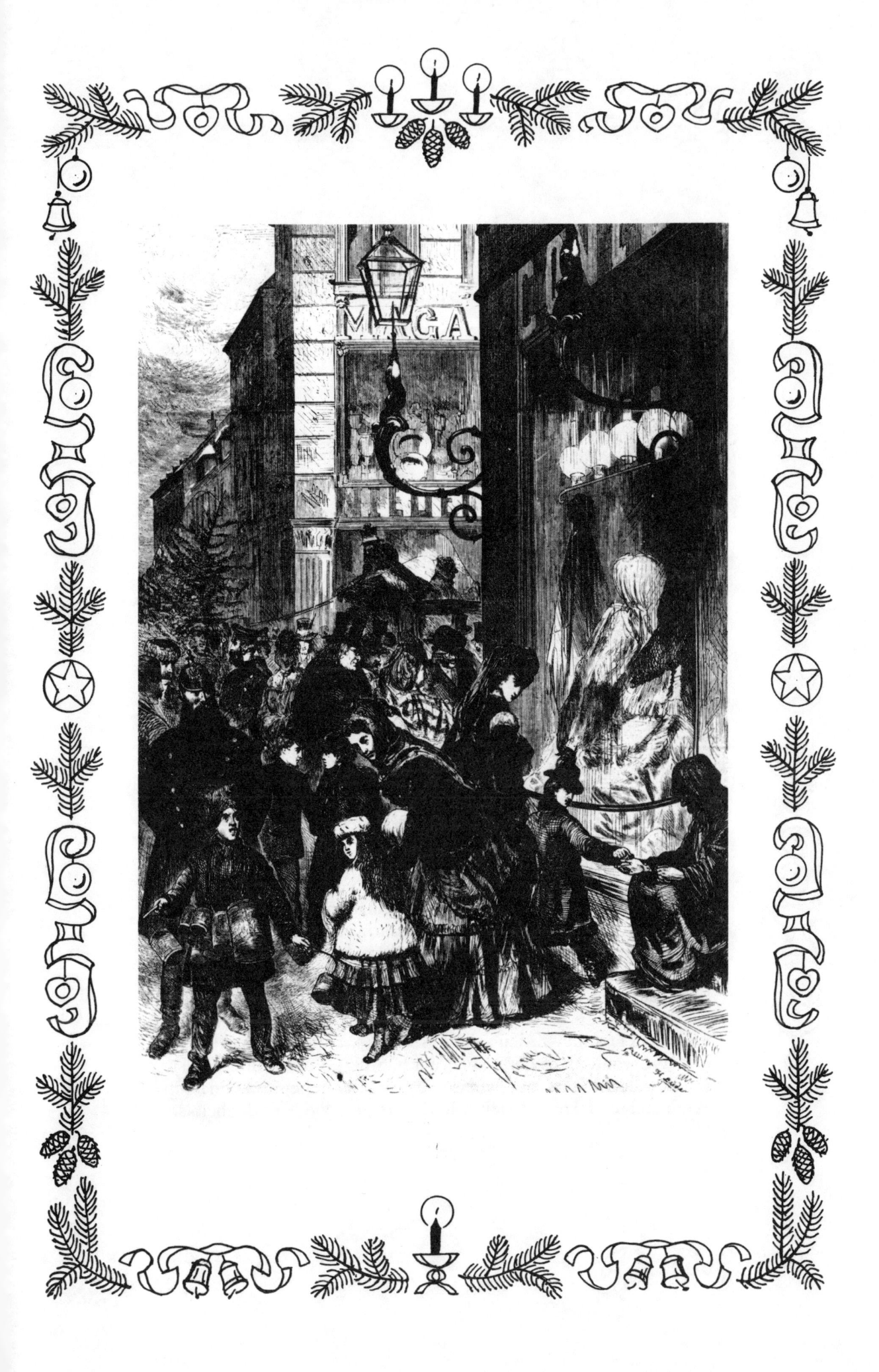

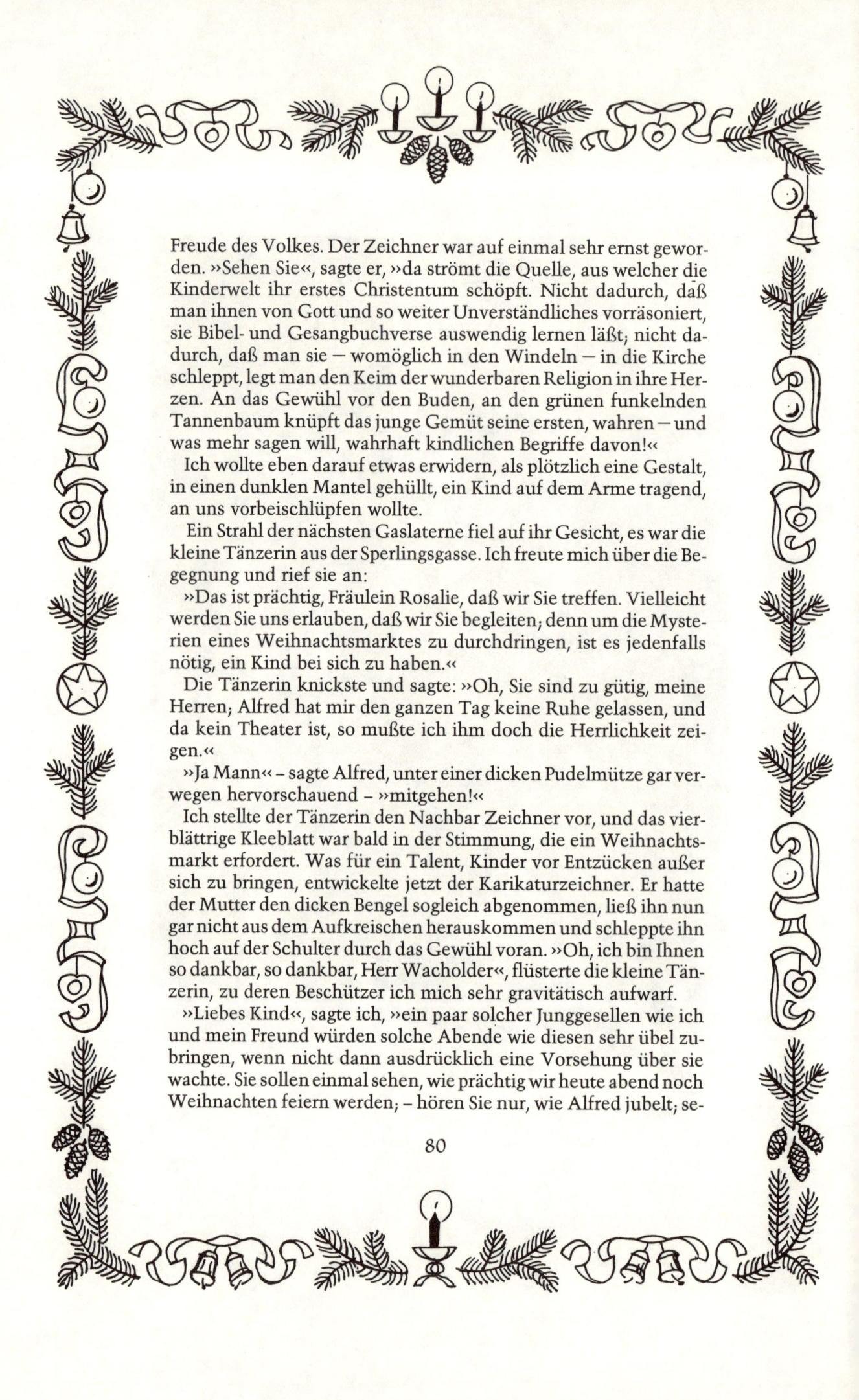

Freude des Volkes. Der Zeichner war auf einmal sehr ernst geworden. »Sehen Sie«, sagte er, »da strömt die Quelle, aus welcher die Kinderwelt ihr erstes Christentum schöpft. Nicht dadurch, daß man ihnen von Gott und so weiter Unverständliches vorräsoniert, sie Bibel- und Gesangbuchverse auswendig lernen läßt; nicht dadurch, daß man sie – womöglich in den Windeln – in die Kirche schleppt, legt man den Keim der wunderbaren Religion in ihre Herzen. An das Gewühl vor den Buden, an den grünen funkelnden Tannenbaum knüpft das junge Gemüt seine ersten, wahren – und was mehr sagen will, wahrhaft kindlichen Begriffe davon!«

Ich wollte eben darauf etwas erwidern, als plötzlich eine Gestalt, in einen dunklen Mantel gehüllt, ein Kind auf dem Arme tragend, an uns vorbeischlüpfen wollte.

Ein Strahl der nächsten Gaslaterne fiel auf ihr Gesicht, es war die kleine Tänzerin aus der Sperlingsgasse. Ich freute mich über die Begegnung und rief sie an:

»Das ist prächtig, Fräulein Rosalie, daß wir Sie treffen. Vielleicht werden Sie uns erlauben, daß wir Sie begleiten; denn um die Mysterien eines Weihnachtsmarktes zu durchdringen, ist es jedenfalls nötig, ein Kind bei sich zu haben.«

Die Tänzerin knickste und sagte: »Oh, Sie sind zu gütig, meine Herren; Alfred hat mir den ganzen Tag keine Ruhe gelassen, und da kein Theater ist, so mußte ich ihm doch die Herrlichkeit zeigen.«

»Ja Mann« – sagte Alfred, unter einer dicken Pudelmütze gar verwegen hervorschauend – »mitgehen!«

Ich stellte der Tänzerin den Nachbar Zeichner vor, und das vierblättrige Kleeblatt war bald in der Stimmung, die ein Weihnachtsmarkt erfordert. Was für ein Talent, Kinder vor Entzücken außer sich zu bringen, entwickelte jetzt der Karikaturzeichner. Er hatte der Mutter den dicken Bengel sogleich abgenommen, ließ ihn nun gar nicht aus dem Aufkreischen herauskommen und schleppte ihn hoch auf der Schulter durch das Gewühl voran. »Oh, ich bin Ihnen so dankbar, so dankbar, Herr Wacholder«, flüsterte die kleine Tänzerin, zu deren Beschützer ich mich sehr gravitätisch aufwarf.

»Liebes Kind«, sagte ich, »ein paar solcher Junggesellen wie ich und mein Freund würden solche Abende wie diesen sehr übel zubringen, wenn nicht dann ausdrücklich eine Vorsehung über sie wachte. Sie sollen einmal sehen, wie prächtig wir heute abend noch Weihnachten feiern werden; – hören Sie nur, wie Alfred jubelt; se-

X.A.v.R.Brendamour, Ddf.

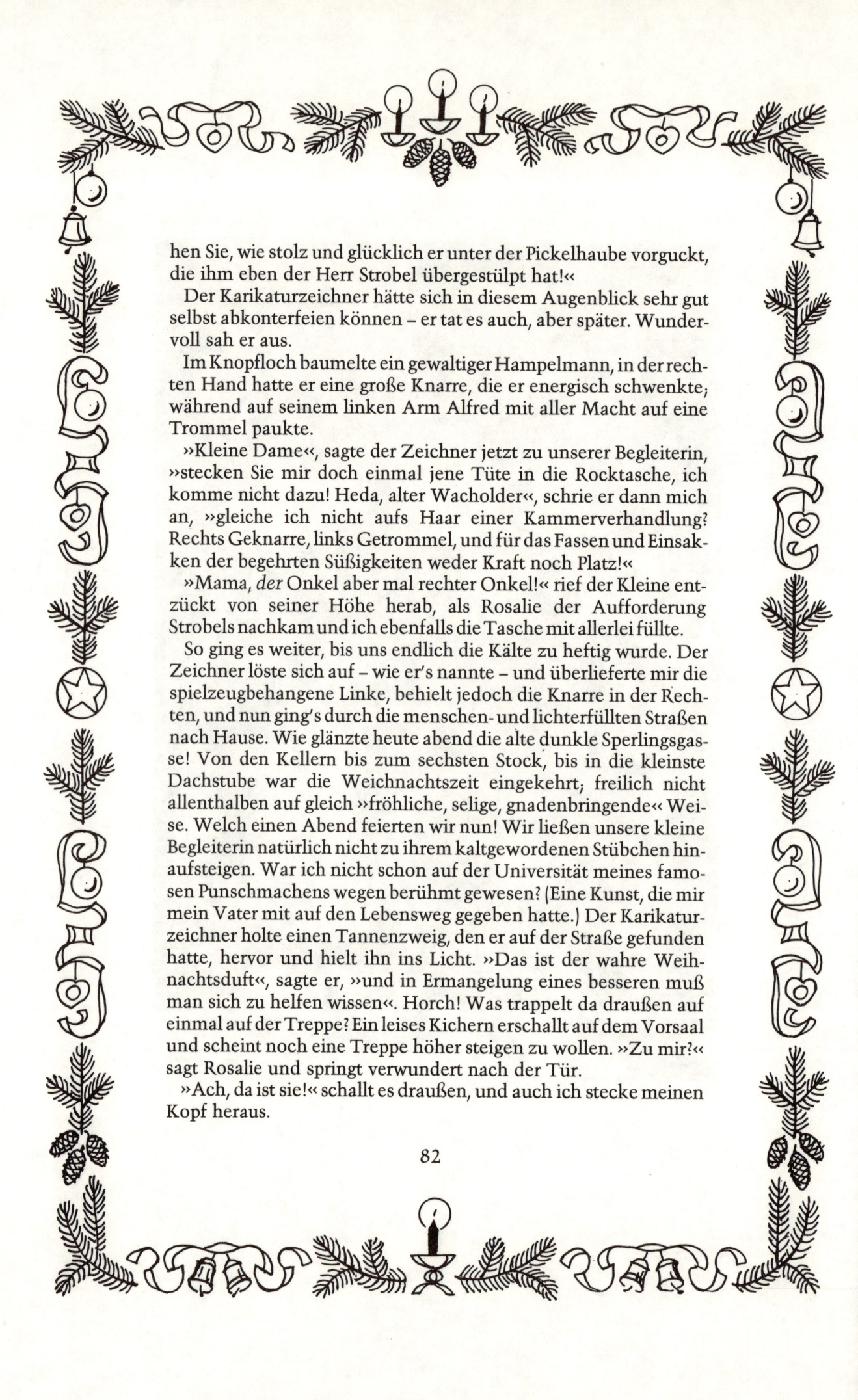

hen Sie, wie stolz und glücklich er unter der Pickelhaube vorguckt, die ihm eben der Herr Strobel übergestülpt hat!«

Der Karikaturzeichner hätte sich in diesem Augenblick sehr gut selbst abkonterfeien können – er tat es auch, aber später. Wundervoll sah er aus.

Im Knopfloch baumelte ein gewaltiger Hampelmann, in der rechten Hand hatte er eine große Knarre, die er energisch schwenkte; während auf seinem linken Arm Alfred mit aller Macht auf eine Trommel paukte.

»Kleine Dame«, sagte der Zeichner jetzt zu unserer Begleiterin, »stecken Sie mir doch einmal jene Tüte in die Rocktasche, ich komme nicht dazu! Heda, alter Wacholder«, schrie er dann mich an, »gleiche ich nicht aufs Haar einer Kammerverhandlung? Rechts Geknarre, links Getrommel, und für das Fassen und Einsakken der begehrten Süßigkeiten weder Kraft noch Platz!«

»Mama, *der* Onkel aber mal rechter Onkel!« rief der Kleine entzückt von seiner Höhe herab, als Rosalie der Aufforderung Strobels nachkam und ich ebenfalls die Tasche mit allerlei füllte.

So ging es weiter, bis uns endlich die Kälte zu heftig wurde. Der Zeichner löste sich auf – wie er's nannte – und überlieferte mir die spielzeugbehangene Linke, behielt jedoch die Knarre in der Rechten, und nun ging's durch die menschen- und lichterfüllten Straßen nach Hause. Wie glänzte heute abend die alte dunkle Sperlingsgasse! Von den Kellern bis zum sechsten Stock, bis in die kleinste Dachstube war die Weichnachtszeit eingekehrt; freilich nicht allenthalben auf gleich »fröhliche, selige, gnadenbringende« Weise. Welch einen Abend feierten wir nun! Wir ließen unsere kleine Begleiterin natürlich nicht zu ihrem kaltgewordenen Stübchen hinaufsteigen. War ich nicht schon auf der Universität meines famosen Punschmachens wegen berühmt gewesen? (Eine Kunst, die mir mein Vater mit auf den Lebensweg gegeben hatte.) Der Karikaturzeichner holte einen Tannenzweig, den er auf der Straße gefunden hatte, hervor und hielt ihn ins Licht. »Das ist der wahre Weihnachtsduft«, sagte er, »und in Ermangelung eines besseren muß man sich zu helfen wissen«. Horch! Was trappelt da draußen auf einmal auf der Treppe? Ein leises Kichern erschallt auf dem Vorsaal und scheint noch eine Treppe höher steigen zu wollen. »Zu mir?« sagt Rosalie und springt verwundert nach der Tür.

»Ach, da ist sie!« schallt es draußen, und auch ich stecke meinen Kopf heraus.

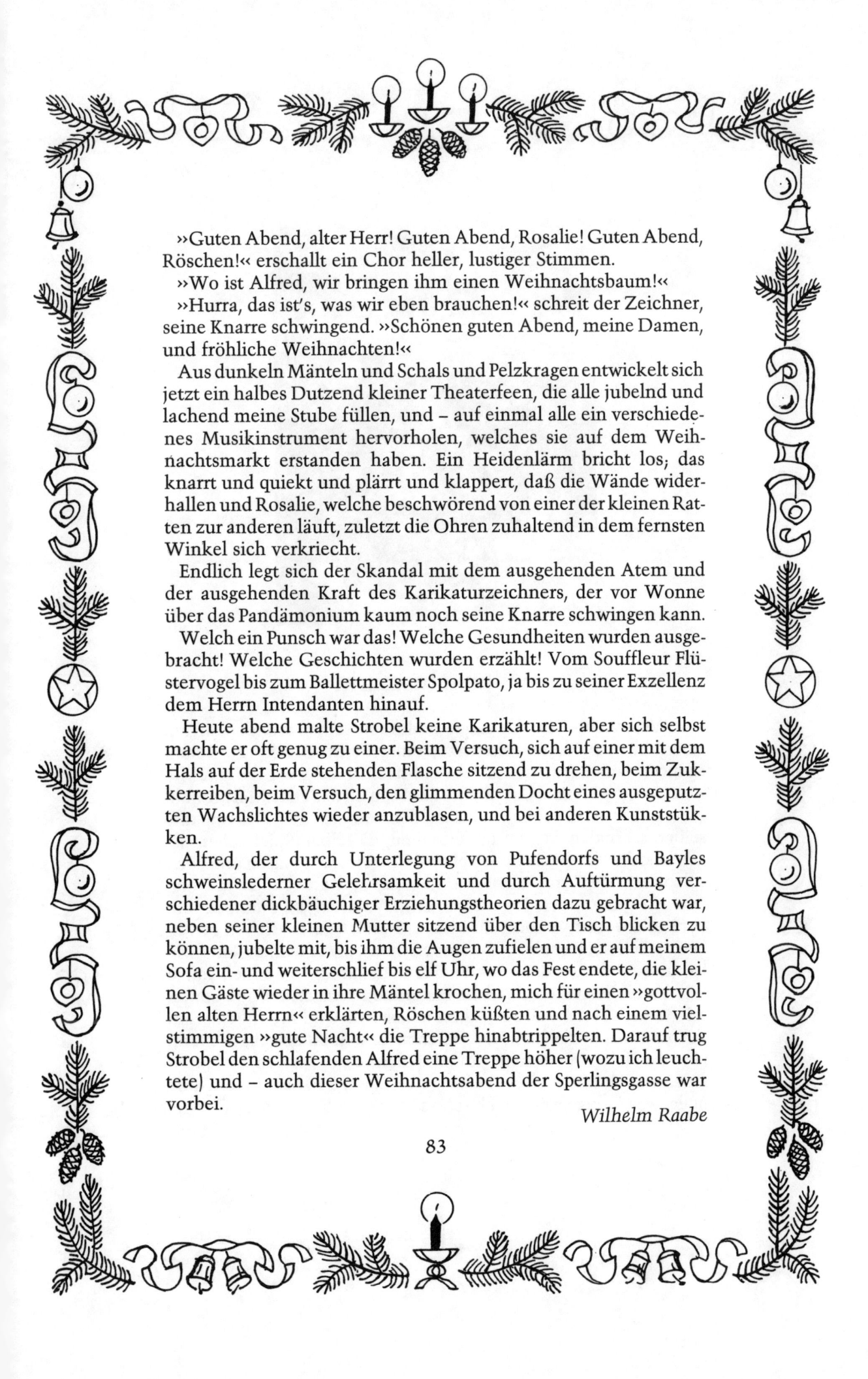

»Guten Abend, alter Herr! Guten Abend, Rosalie! Guten Abend, Röschen!« erschallt ein Chor heller, lustiger Stimmen.

»Wo ist Alfred, wir bringen ihm einen Weihnachtsbaum!«

»Hurra, das ist's, was wir eben brauchen!« schreit der Zeichner, seine Knarre schwingend. »Schönen guten Abend, meine Damen, und fröhliche Weihnachten!«

Aus dunkeln Mänteln und Schals und Pelzkragen entwickelt sich jetzt ein halbes Dutzend kleiner Theaterfeen, die alle jubelnd und lachend meine Stube füllen, und – auf einmal alle ein verschiedenes Musikinstrument hervorholen, welches sie auf dem Weihnachtsmarkt erstanden haben. Ein Heidenlärm bricht los; das knarrt und quiekt und plärrt und klappert, daß die Wände widerhallen und Rosalie, welche beschwörend von einer der kleinen Ratten zur anderen läuft, zuletzt die Ohren zuhaltend in dem fernsten Winkel sich verkriecht.

Endlich legt sich der Skandal mit dem ausgehenden Atem und der ausgehenden Kraft des Karikaturzeichners, der vor Wonne über das Pandämonium kaum noch seine Knarre schwingen kann.

Welch ein Punsch war das! Welche Gesundheiten wurden ausgebracht! Welche Geschichten wurden erzählt! Vom Souffleur Flüstervogel bis zum Ballettmeister Spolpato, ja bis zu seiner Exzellenz dem Herrn Intendanten hinauf.

Heute abend malte Strobel keine Karikaturen, aber sich selbst machte er oft genug zu einer. Beim Versuch, sich auf einer mit dem Hals auf der Erde stehenden Flasche sitzend zu drehen, beim Zukkerreiben, beim Versuch, den glimmenden Docht eines ausgeputzten Wachslichtes wieder anzublasen, und bei anderen Kunststükken.

Alfred, der durch Unterlegung von Pufendorfs und Bayles schweinslederner Gelehrsamkeit und durch Auftürmung verschiedener dickbäuchiger Erziehungstheorien dazu gebracht war, neben seiner kleinen Mutter sitzend über den Tisch blicken zu können, jubelte mit, bis ihm die Augen zufielen und er auf meinem Sofa ein- und weiterschlief bis elf Uhr, wo das Fest endete, die kleinen Gäste wieder in ihre Mäntel krochen, mich für einen »gottvollen alten Herrn« erklärten, Röschen küßten und nach einem vielstimmigen »gute Nacht« die Treppe hinabtrippelten. Darauf trug Strobel den schlafenden Alfred eine Treppe höher (wozu ich leuchtete) und – auch dieser Weihnachtsabend der Sperlingsgasse war vorbei.

Wilhelm Raabe

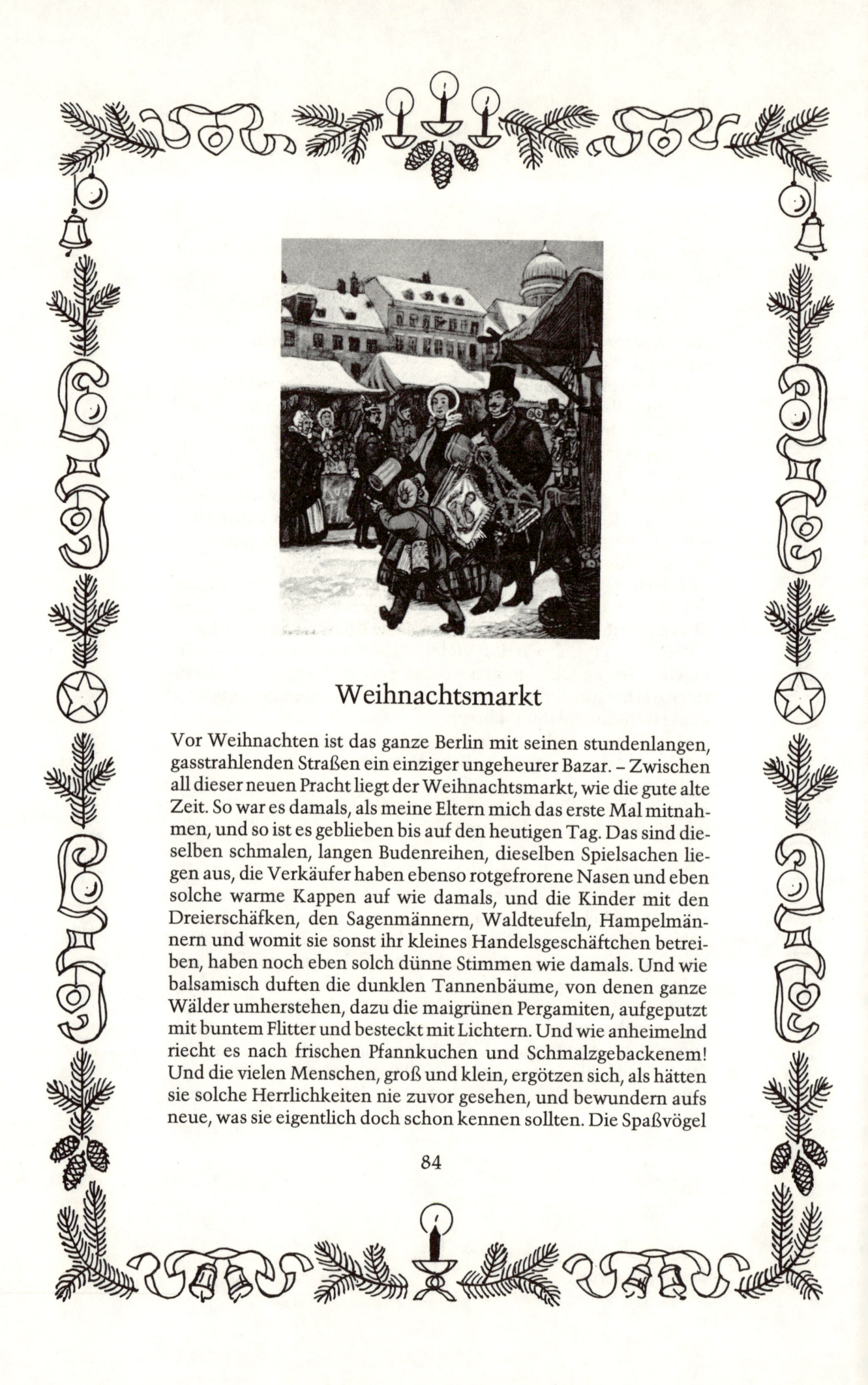

Weihnachtsmarkt

Vor Weihnachten ist das ganze Berlin mit seinen stundenlangen, gasstrahlenden Straßen ein einziger ungeheurer Bazar. – Zwischen all dieser neuen Pracht liegt der Weihnachtsmarkt, wie die gute alte Zeit. So war es damals, als meine Eltern mich das erste Mal mitnahmen, und so ist es geblieben bis auf den heutigen Tag. Das sind dieselben schmalen, langen Budenreihen, dieselben Spielsachen liegen aus, die Verkäufer haben ebenso rotgefrorene Nasen und eben solche warme Kappen auf wie damals, und die Kinder mit den Dreierschäfken, den Sagenmännern, Waldteufeln, Hampelmännern und womit sie sonst ihr kleines Handelsgeschäftchen betreiben, haben noch eben solch dünne Stimmen wie damals. Und wie balsamisch duften die dunklen Tannenbäume, von denen ganze Wälder umherstehen, dazu die maigrünen Pergamiten, aufgeputzt mit buntem Flitter und besteckt mit Lichtern. Und wie anheimelnd riecht es nach frischen Pfannkuchen und Schmalzgebackenem! Und die vielen Menschen, groß und klein, ergötzen sich, als hätten sie solche Herrlichkeiten nie zuvor gesehen, und bewundern aufs neue, was sie eigentlich doch schon kennen sollten. Die Spaßvögel

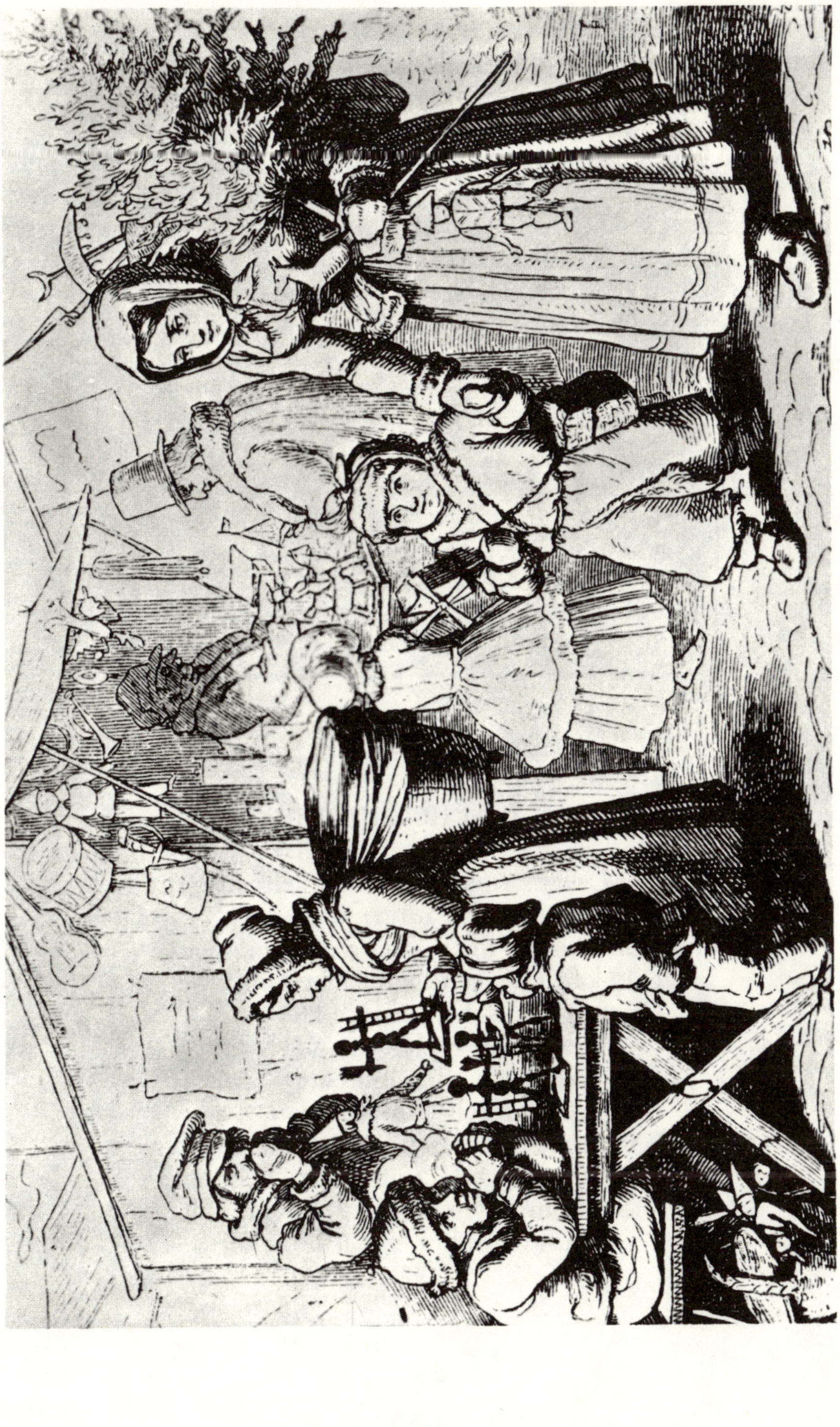

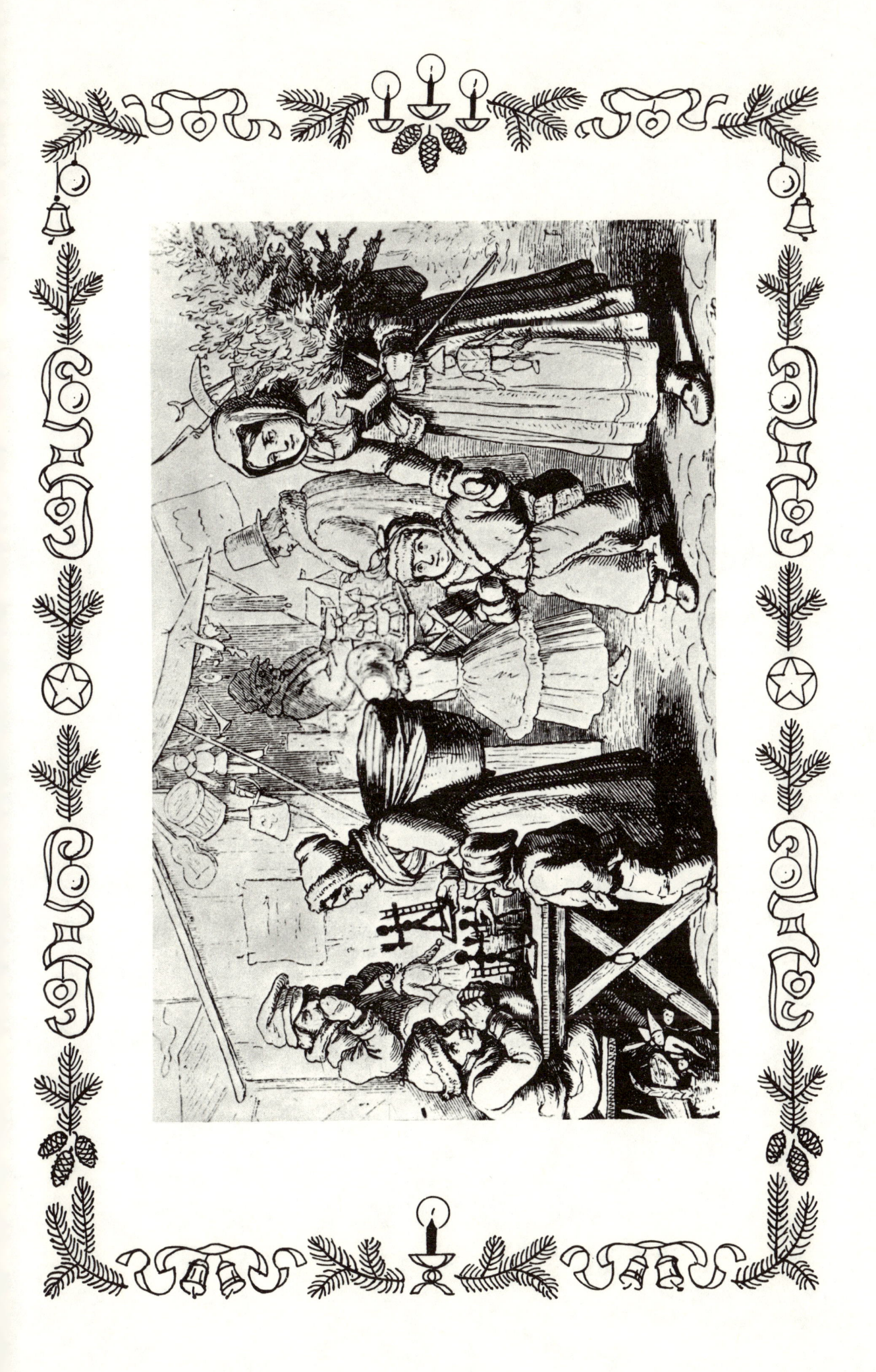

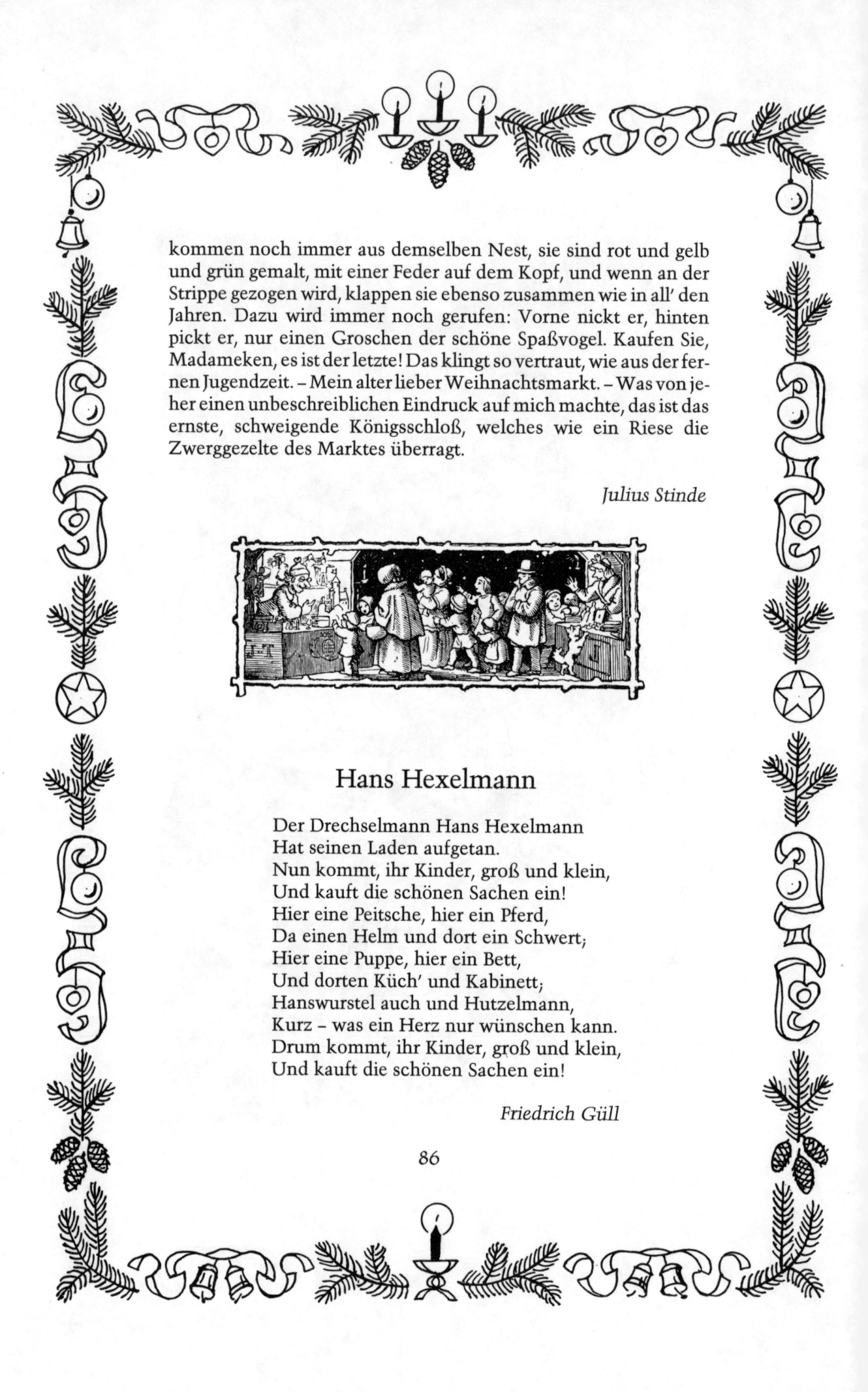

kommen noch immer aus demselben Nest, sie sind rot und gelb und grün gemalt, mit einer Feder auf dem Kopf, und wenn an der Strippe gezogen wird, klappen sie ebenso zusammen wie in all' den Jahren. Dazu wird immer noch gerufen: Vorne nickt er, hinten pickt er, nur einen Groschen der schöne Spaßvogel. Kaufen Sie, Madameken, es ist der letzte! Das klingt so vertraut, wie aus der fernen Jugendzeit. – Mein alter lieber Weihnachtsmarkt. – Was von jeher einen unbeschreiblichen Eindruck auf mich machte, das ist das ernste, schweigende Königsschloß, welches wie ein Riese die Zwerggezelte des Marktes überragt.

Julius Stinde

Hans Hexelmann

Der Drechselmann Hans Hexelmann
Hat seinen Laden aufgetan.
Nun kommt, ihr Kinder, groß und klein,
Und kauft die schönen Sachen ein!
Hier eine Peitsche, hier ein Pferd,
Da einen Helm und dort ein Schwert;
Hier eine Puppe, hier ein Bett,
Und dorten Küch' und Kabinett;
Hanswurstel auch und Hutzelmann,
Kurz – was ein Herz nur wünschen kann.
Drum kommt, ihr Kinder, groß und klein,
Und kauft die schönen Sachen ein!

Friedrich Güll

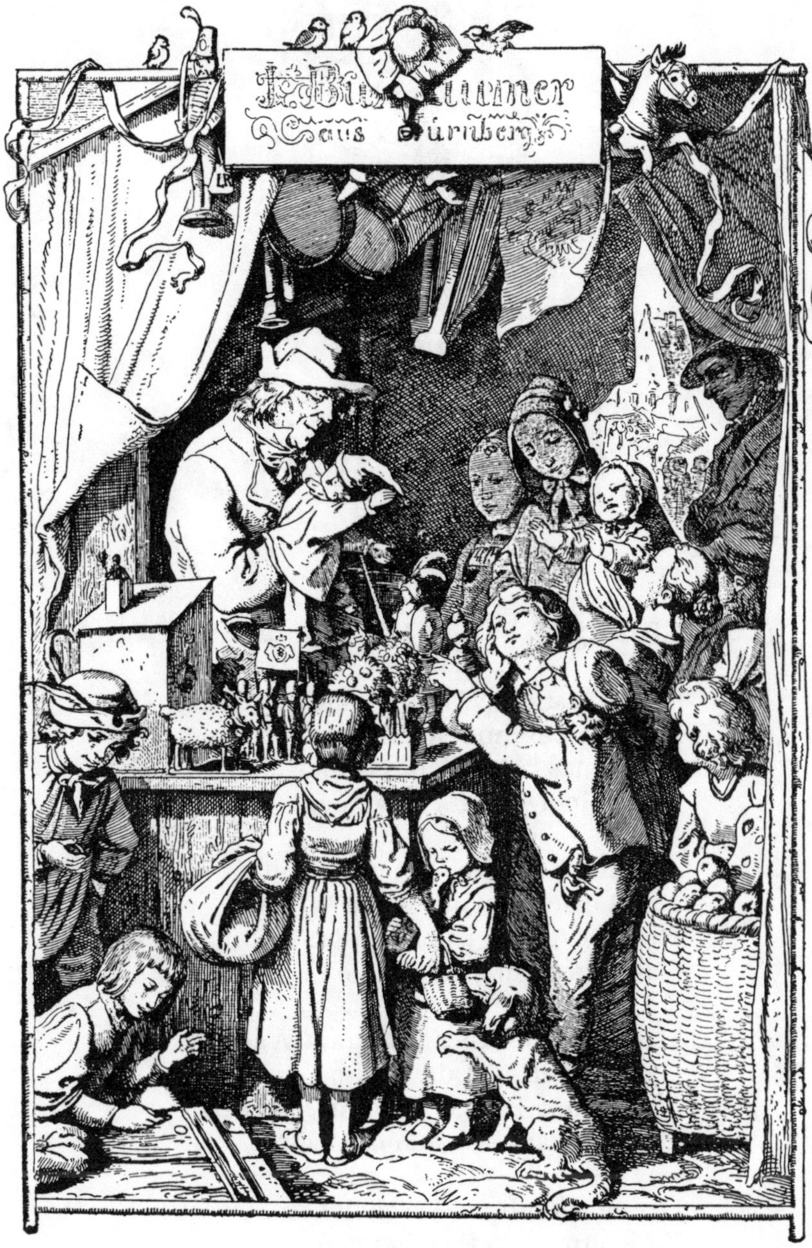

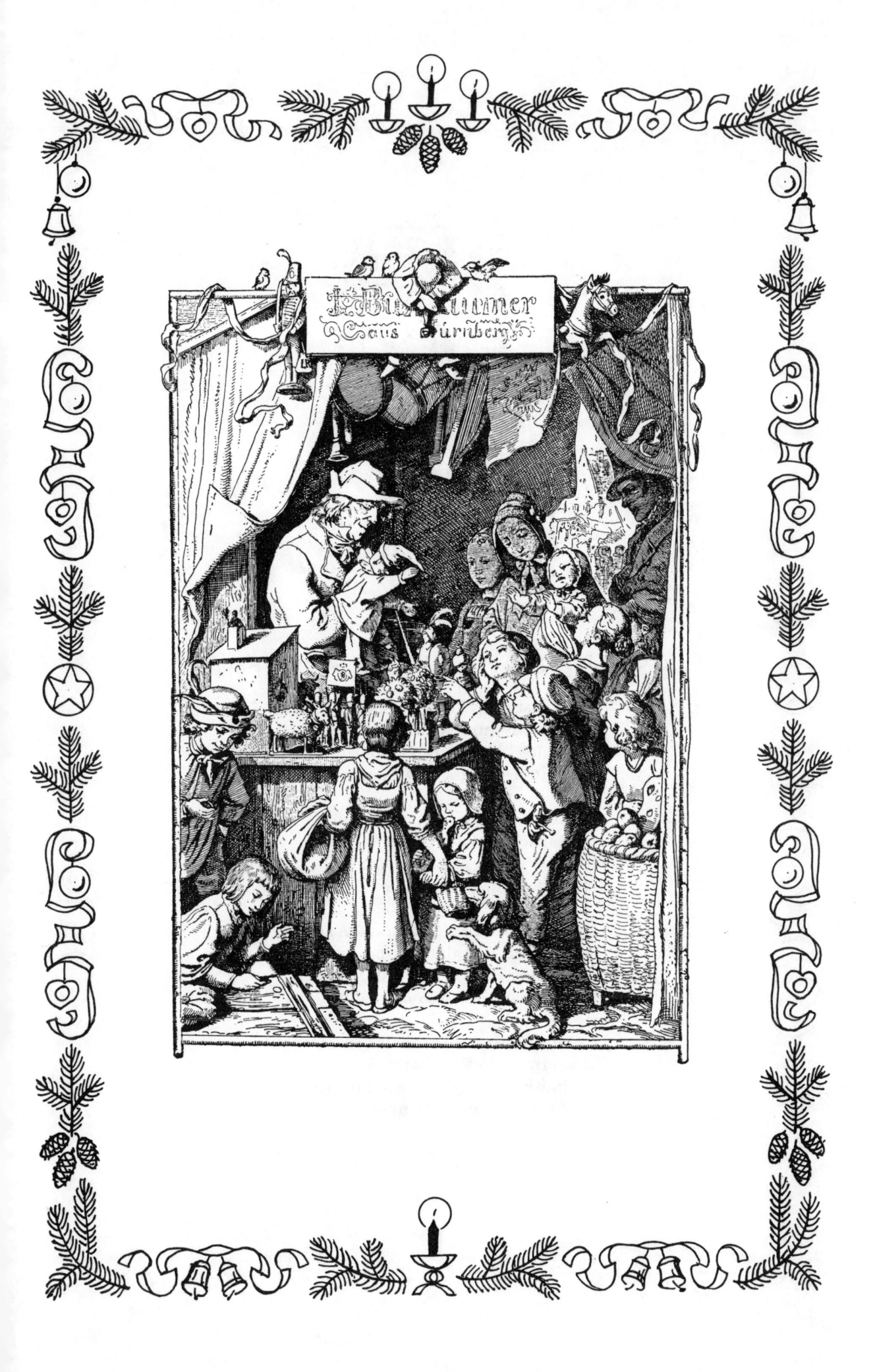

Welch lustiger Wald um das graue Schloß

Welch lustiger Wald um das graue Schloß
Hat sich zusammengefunden,
Ein grünes bewegliches Nadelgehölz,
Von keiner Wurzel gebunden!

Anstatt der warmen Sonne scheint
Das Rauschgold durch die Wipfel;
Hier backt man Kuchen, dort brät man Wurst,
Das Räuchlein zieht an die Gipfel.

Es ist ein fröhliches Leben im Wald,
Das Volk erfüllet die Räume;
Die nie mit Tränen ein Reis gepflanzt,
Die fällen am frohsten die Bäume.

Der eine kauft ein bescheidnes Gewächs
Zu überreichen Geschenken,
Der andre einen gewaltigen Strauch,
Drei Nüsse daran zu henken.

Dort feilscht um ein verkrüppeltes Reis
Ein Weib mit scharfen Waffen;
Der dünne Silberling soll zugleich
Den Baum und die Früchte verschaffen!

Mit glühender Nase schleppt der Lakai
Die schwere Tanne von hinnen.
Das Zöfchen trägt ein Leiterchen nach,
Zu ersteigen die grünen Zinnen.

Und kommt die Nacht, so singt der Wald
Und wiegt sich im Gaslichtscheine.

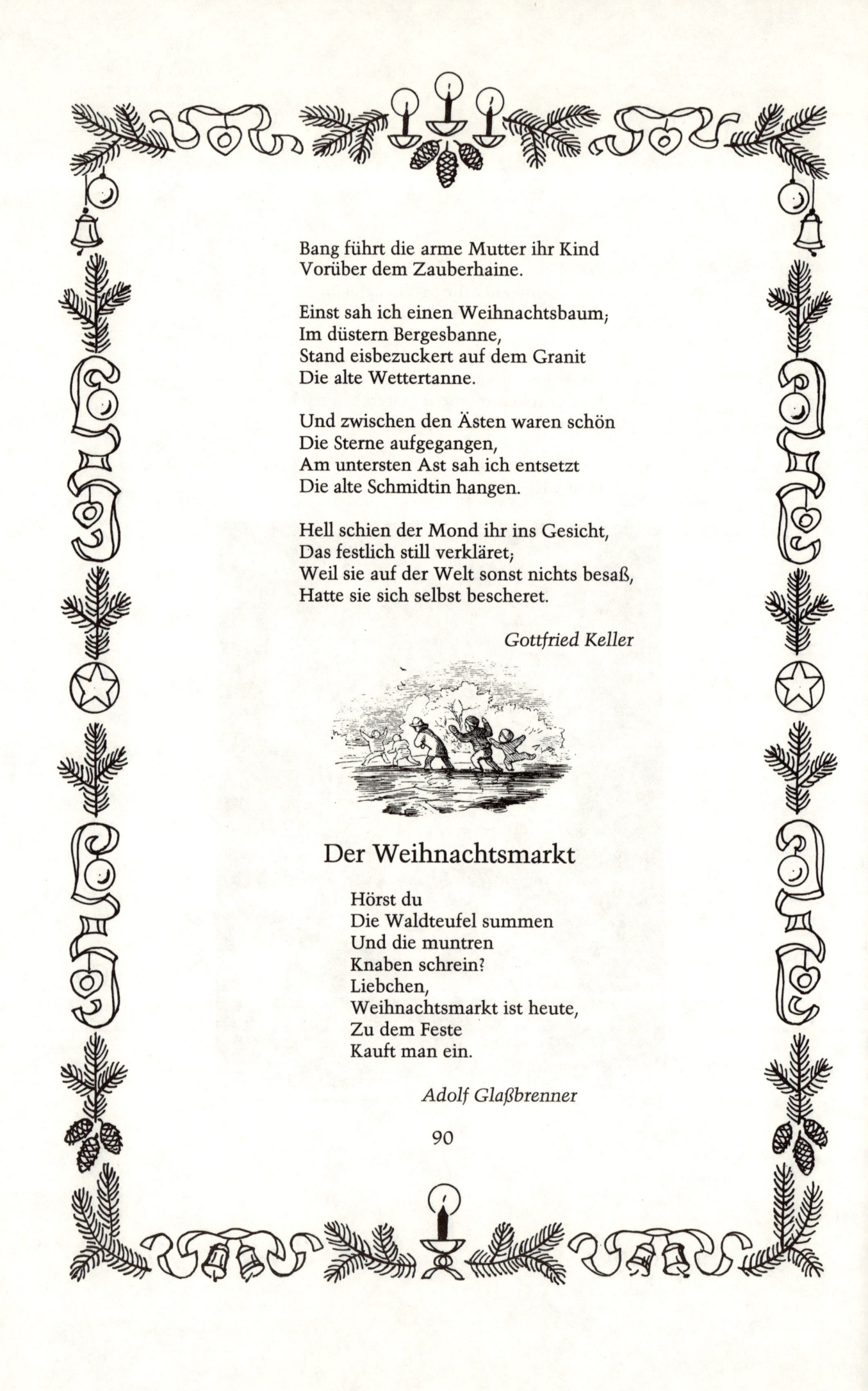

Bang führt die arme Mutter ihr Kind
Vorüber dem Zauberhaine.

Einst sah ich einen Weihnachtsbaum;
Im düstern Bergesbanne,
Stand eisbezuckert auf dem Granit
Die alte Wettertanne.

Und zwischen den Ästen waren schön
Die Sterne aufgegangen,
Am untersten Ast sah ich entsetzt
Die alte Schmidtin hangen.

Hell schien der Mond ihr ins Gesicht,
Das festlich still verkläret;
Weil sie auf der Welt sonst nichts besaß,
Hatte sie sich selbst bescheret.

Gottfried Keller

Der Weihnachtsmarkt

Hörst du
Die Waldteufel summen
Und die muntren
Knaben schrein?
Liebchen,
Weihnachtsmarkt ist heute,
Zu dem Feste
Kauft man ein.

Adolf Glaßbrenner

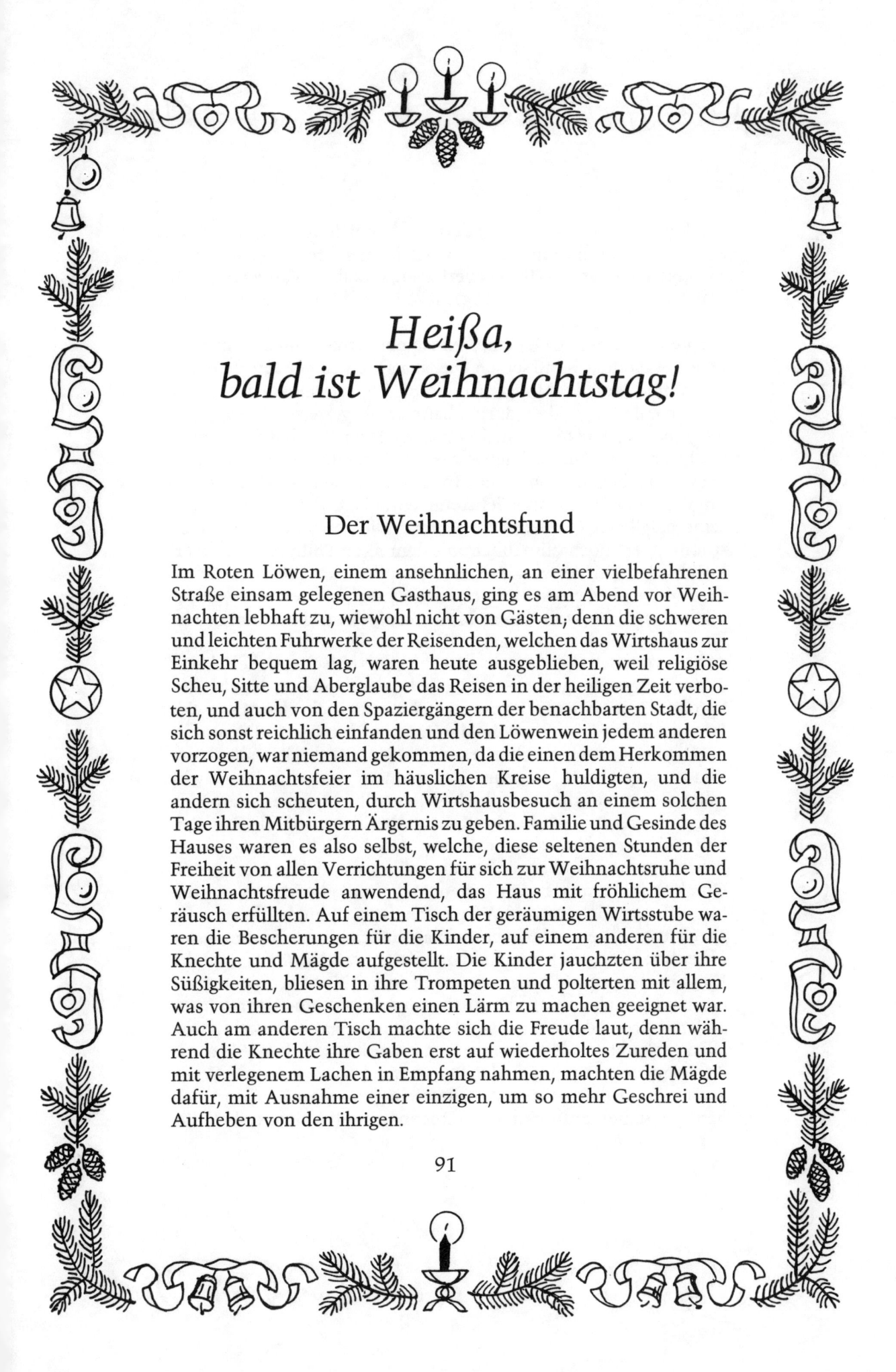

Heißa,
bald ist Weihnachtstag!

Der Weihnachtsfund

Im Roten Löwen, einem ansehnlichen, an einer vielbefahrenen Straße einsam gelegenen Gasthaus, ging es am Abend vor Weihnachten lebhaft zu, wiewohl nicht von Gästen; denn die schweren und leichten Fuhrwerke der Reisenden, welchen das Wirtshaus zur Einkehr bequem lag, waren heute ausgeblieben, weil religiöse Scheu, Sitte und Aberglaube das Reisen in der heiligen Zeit verboten, und auch von den Spaziergängern der benachbarten Stadt, die sich sonst reichlich einfanden und den Löwenwein jedem anderen vorzogen, war niemand gekommen, da die einen dem Herkommen der Weihnachtsfeier im häuslichen Kreise huldigten, und die andern sich scheuten, durch Wirtshausbesuch an einem solchen Tage ihren Mitbürgern Ärgernis zu geben. Familie und Gesinde des Hauses waren es also selbst, welche, diese seltenen Stunden der Freiheit von allen Verrichtungen für sich zur Weihnachtsruhe und Weihnachtsfreude anwendend, das Haus mit fröhlichem Geräusch erfüllten. Auf einem Tisch der geräumigen Wirtsstube waren die Bescherungen für die Kinder, auf einem anderen für die Knechte und Mägde aufgestellt. Die Kinder jauchzten über ihre Süßigkeiten, bliesen in ihre Trompeten und polterten mit allem, was von ihren Geschenken einen Lärm zu machen geeignet war. Auch am anderen Tisch machte sich die Freude laut, denn während die Knechte ihre Gaben erst auf wiederholtes Zureden und mit verlegenem Lachen in Empfang nahmen, machten die Mägde dafür, mit Ausnahme einer einzigen, um so mehr Geschrei und Aufheben von den ihrigen.

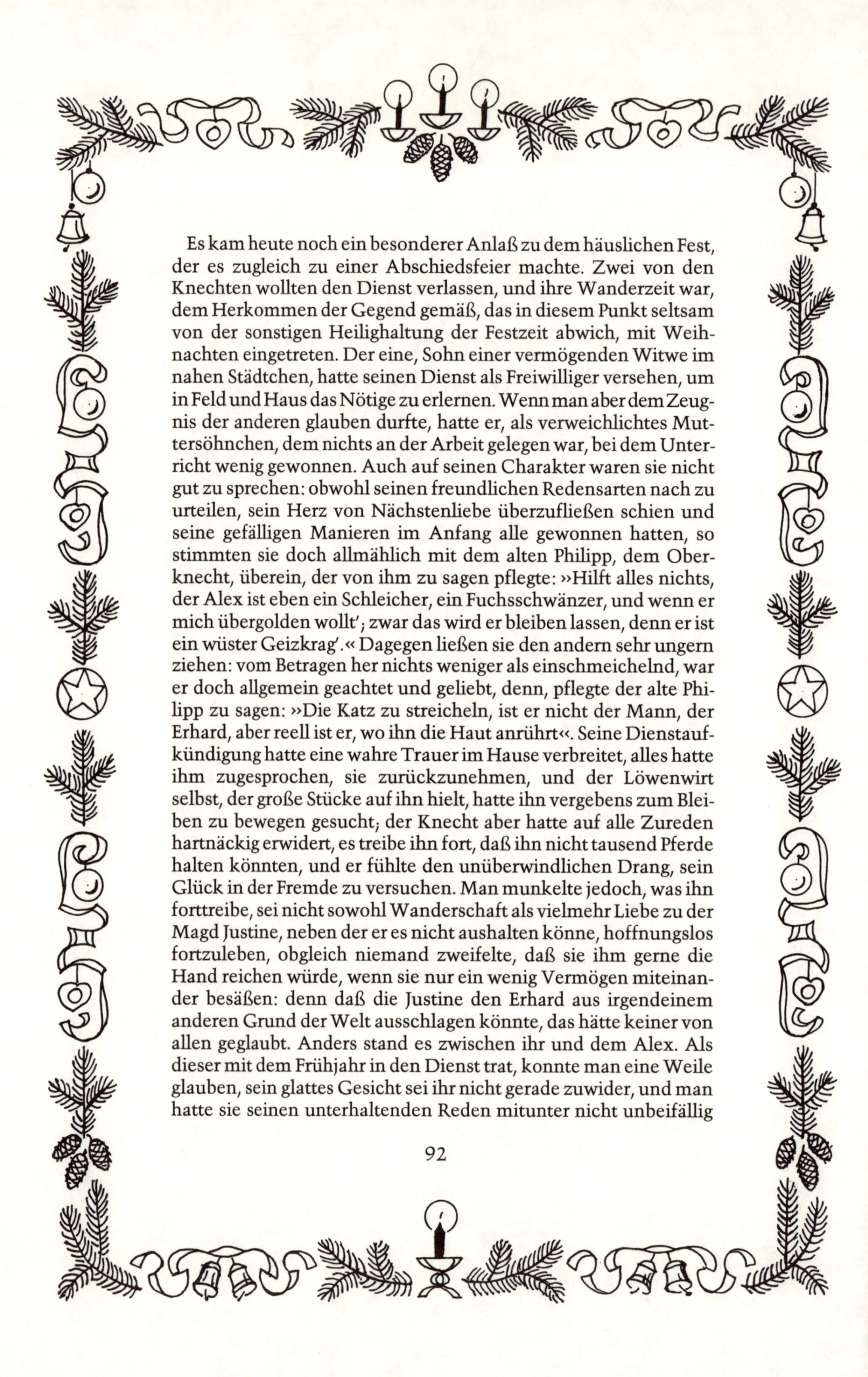

Es kam heute noch ein besonderer Anlaß zu dem häuslichen Fest, der es zugleich zu einer Abschiedsfeier machte. Zwei von den Knechten wollten den Dienst verlassen, und ihre Wanderzeit war, dem Herkommen der Gegend gemäß, das in diesem Punkt seltsam von der sonstigen Heilighaltung der Festzeit abwich, mit Weihnachten eingetreten. Der eine, Sohn einer vermögenden Witwe im nahen Städtchen, hatte seinen Dienst als Freiwilliger versehen, um in Feld und Haus das Nötige zu erlernen. Wenn man aber dem Zeugnis der anderen glauben durfte, hatte er, als verweichlichtes Muttersöhnchen, dem nichts an der Arbeit gelegen war, bei dem Unterricht wenig gewonnen. Auch auf seinen Charakter waren sie nicht gut zu sprechen: obwohl seinen freundlichen Redensarten nach zu urteilen, sein Herz von Nächstenliebe überzufließen schien und seine gefälligen Manieren im Anfang alle gewonnen hatten, so stimmten sie doch allmählich mit dem alten Philipp, dem Oberknecht, überein, der von ihm zu sagen pflegte: »Hilft alles nichts, der Alex ist eben ein Schleicher, ein Fuchsschwänzer, und wenn er mich übergolden wollt'; zwar das wird er bleiben lassen, denn er ist ein wüster Geizkrag'.« Dagegen ließen sie den andern sehr ungern ziehen: vom Betragen her nichts weniger als einschmeichelnd, war er doch allgemein geachtet und geliebt, denn, pflegte der alte Philipp zu sagen: »Die Katz zu streicheln, ist er nicht der Mann, der Erhard, aber reell ist er, wo ihn die Haut anrührt«. Seine Dienstaufkündigung hatte eine wahre Trauer im Hause verbreitet, alles hatte ihm zugesprochen, sie zurückzunehmen, und der Löwenwirt selbst, der große Stücke auf ihn hielt, hatte ihn vergebens zum Bleiben zu bewegen gesucht; der Knecht aber hatte auf alle Zureden hartnäckig erwidert, es treibe ihn fort, daß ihn nicht tausend Pferde halten könnten, und er fühlte den unüberwindlichen Drang, sein Glück in der Fremde zu versuchen. Man munkelte jedoch, was ihn forttreibe, sei nicht sowohl Wanderschaft als vielmehr Liebe zu der Magd Justine, neben der er es nicht aushalten könne, hoffnungslos fortzuleben, obgleich niemand zweifelte, daß sie ihm gerne die Hand reichen würde, wenn sie nur ein wenig Vermögen miteinander besäßen: denn daß die Justine den Erhard aus irgendeinem anderen Grund der Welt ausschlagen könnte, das hätte keiner von allen geglaubt. Anders stand es zwischen ihr und dem Alex. Als dieser mit dem Frühjahr in den Dienst trat, konnte man eine Weile glauben, sein glattes Gesicht sei ihr nicht gerade zuwider, und man hatte sie seinen unterhaltenden Reden mitunter nicht unbeifällig lächeln sehen. Doch dauerte es nicht allzu lange, so bemerkte man noch viel deutlicher, daß sie sich mit unverhehlter Geringschätzung von ihm zurückzog; er versuchte zuweilen noch mit einem Scherzwort bei ihr anzukommen, wurde aber jedesmal mit bitterer Verachtung abgestoßen, was um so erklärlicher war, als ein Gerücht verlautete, das sich auch bald als begründet erwies, daß er eine reiche Frauensperson im Städtchen heiraten wolle, die jedoch mit all ihrem Geld den verächtlichen Ursprung dieses Reichtums nicht zudecken konnte. Diese Handlungsweise, als deren einzigen Beweggrund man bei den bekannten, sonst nicht eben verführerischen Eigenschaften der Braut den Geiz ansehen konnte, raubte ihm vollends den letzten Rest der Achtung, die er im Hause genossen hatte. Allein nicht bloß die vornehme Welt, auch die ländliche hat ihre Rücksichten und zurückhaltenden Gesellschaftsformen: Alex gehörte einer Familie an, die man nicht ohne weiteres vor den Kopf stoßen durfte, und in seine Heiratsangelegenheiten war niemand berechtigt sich zu mischen; man begnügte sich daher, ihm über seinen Abgang keinerlei Betrübnis zu bezeigen; er erhielt sein Weihnachtsgeschenk so gut wie die andern, nur hatte man dabei keine besonders liebevolle Auswahl und keine überflüssige Verschwendung beobachtet, auch obendrein einen sehr fühlbaren Unterschied gemacht, während Erhards Bescherung, außer einem Reisebeutelchen mit etlichen neugeprägten Reichstalern, dreimal so reich ausgefallen war als die seinige. Alex tat jedoch, als merke er nichts davon.

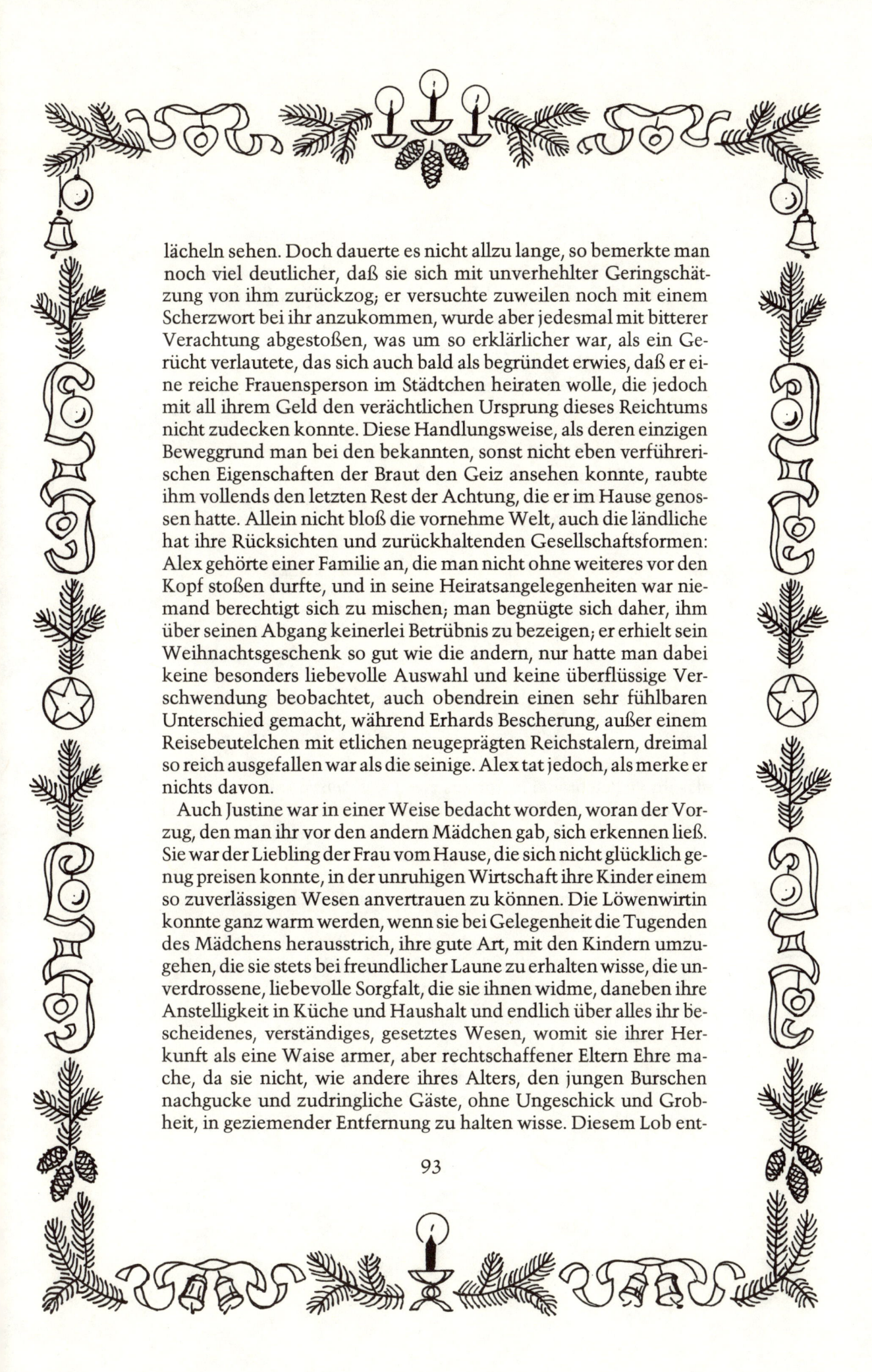

Auch Justine war in einer Weise bedacht worden, woran der Vorzug, den man ihr vor den andern Mädchen gab, sich erkennen ließ. Sie war der Liebling der Frau vom Hause, die sich nicht glücklich genug preisen konnte, in der unruhigen Wirtschaft ihre Kinder einem so zuverlässigen Wesen anvertrauen zu können. Die Löwenwirtin konnte ganz warm werden, wenn sie bei Gelegenheit die Tugenden des Mädchens herausstrich, ihre gute Art, mit den Kindern umzugehen, die sie stets bei freundlicher Laune zu erhalten wisse, die unverdrossene, liebevolle Sorgfalt, die sie ihnen widme, daneben ihre Anstelligkeit in Küche und Haushalt und endlich über alles ihr bescheidenes, verständiges, gesetztes Wesen, womit sie ihrer Herkunft als eine Waise armer, aber rechtschaffener Eltern Ehre mache, da sie nicht, wie andere ihres Alters, den jungen Burschen nachgucke und zudringliche Gäste, ohne Ungeschick und Grobheit, in geziemender Entfernung zu halten wisse. Diesem Lob entsprach das Aussehen der Magd vollkommen. Ein stillfreundlicher, verständiger Ausdruck lag in ihrem Gesicht, das eine angeborene gesunde Blässe deckte, und ihre gedrungene Gestalt, die freilich ein verzärtelter Geschmack schlanker wünschen mochte, hatte dessenungeachtet nichts Unedles, vielmehr war die derbe Tüchtigkeit, die in solchen, wie man sie auf dem Lande zu nennen pflegt, etwas auseinandergegangenen Gestalten sich ausspricht, durch Sanftheit der Haltung und anspruchslosen Anstand gemildert. Dieses gedämpfte Wesen, wodurch das junge Mädchen zu einer unter ihresgleichen nicht gewöhnlichen Erscheinung wurde, hatte jedoch eine Färbung angenommen, die allen auffallen mußte. Sie war stiller als je, und eine Niedergeschlagenheit, die man sie schon einige Zeit her mühsam verbergen sah, wollte sich heute nicht mehr bezwingen lassen. Ihre Gaben hatte sie nicht mit der lärmenden Freude in Empfang genommen wie die andern Mädchen, und man hätte sie für unzufrieden halten können, wenn man sich nicht so gut wie die Löwenwirtin auf den dankbaren Blick ihres Auges verstand und den Ton ihrer Stimme auszulegen wußte. Sie stand demütig niedergebeugt am Tisch und sah trüb auf die Bescherung, als wäre dieselbe viel zu gut für sie und nicht von ihr verdient. Unverkennbar war es, daß ein schweres Seelenleiden auf ihr lastete. Alles blickte sie mit stiller Teilnahme an, ohne sie zu fragen; denn man war einig darin, daß nichts anderes als Erhards Abschied die Ursache ihrer Traurigkeit sei. Mochte auch ein schwermütiges Brüten, das ihr vielleicht von Natur aus eigen war, schon früher zuweilen an dem stillen Mädchen wahrzunehmen gewesen sein, so war ja doch die völlige Niedergeschlagenheit, so wie sie sich jetzt im täglichen Wachsen bemerklich machte, erst seit seiner Aufkündigung hervorgetreten.

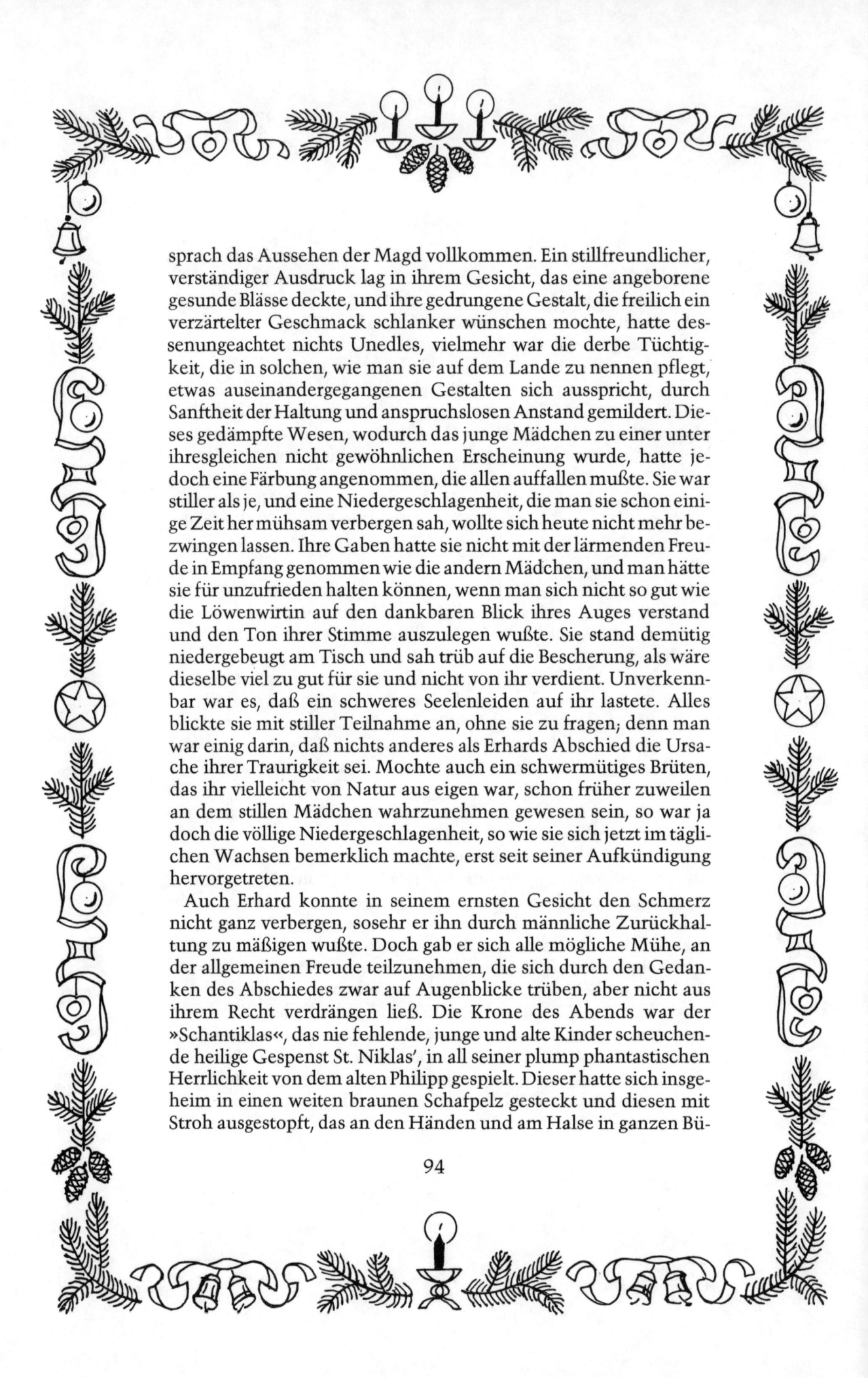

Auch Erhard konnte in seinem ernsten Gesicht den Schmerz nicht ganz verbergen, sosehr er ihn durch männliche Zurückhaltung zu mäßigen wußte. Doch gab er sich alle mögliche Mühe, an der allgemeinen Freude teilzunehmen, die sich durch den Gedanken des Abschiedes zwar auf Augenblicke trüben, aber nicht aus ihrem Recht verdrängen ließ. Die Krone des Abends war der »Schantiklas«, das nie fehlende, junge und alte Kinder scheuchende heilige Gespenst St. Niklas', in all seiner plump phantastischen Herrlichkeit von dem alten Philipp gespielt. Dieser hatte sich insgeheim in einen weiten braunen Schafpelz gesteckt und diesen mit Stroh ausgestopft, das an den Händen und am Halse in ganzen Büscheln hervorstarrte, und unter die Füße hatte er Melkstühlchen gebunden, so daß er zu einer riesigen Größe und Dicke angewachsen war. Das Gesicht hatte er mit Ruß geschwärzt. Auf dem Kopf trug er einen Kübel, über dem ein Tannenwipfel schwankte, in der Linken einen hohen krummgebogenen Stecken, in der Rechten eine tüchtige Rute und auf dem Rücken einen Sack, aus dem er zur Abwechslung Nüsse unter die Leute warf, wenn er wieder eine Weile in der Stube herumgerutscht war, um die sündige Menschheit groß und klein mit der Rute zu streichen und die Kinder und Mädchen in den Sack zu stecken. In dem kleinen Kreis war es zwar ein öffentliches Geheimnis, daß hinter der fürchterlichen Erscheinung nichts als der alte Philipp stecke, aber dennoch verursachte sie entsetzlichen Lärm. Die Kinder verkrochen sich hinter den Erwachsenen, die Mägde stießen die ihnen eigenen grellen scharfen Schreckenstöne aus, denn, obgleich mit dem inwendigen Menschen des heiligen Butzenmannes wohl vertraut, ertrug ihre ungeübte Einbildungskraft doch das übernatürliche Äußere desselben nicht, und das schrillende Gelächter, wenn sich eine in Sicherheit sah, wechselte mit wildem Kreischen ab, wenn das Ungetüm wieder nahe kam; denn ungeachtet seiner unbeholfenen Bewegungen entging ihm niemand, da, durch eine geheime Verschwörung aller gegen alle, jedes wenigstens einmal im Gedränge eingekeilt und seiner Rute entgegengeschoben wurde. Löwenwirt und Löwenwirtin bekamen so gut wie die andern ihr Teil ab, denn der Weihnachtsscherz kannte keine Grenze, und für den Schantiklas gab es weder Herrschaft noch Gesinde.

Doch ließen sich wohl auch in dieser gröberen Art von Weihnachtsbescherungen merkliche Unterschiede empfinden, wobei es freilich den Betroffenen überlassen war, ob sie den Grad der austeilenden Liebe an dem Mehr oder Weniger erkennen wollten. So erhielt zum Beispiel Justine, welche sich dem Gedränge nicht entziehen konnte, zwei Streiche, die sanft aufgetragen waren, so daß sie nur ein wenig lächelte, während Alex eine einzige Berührung des Strafwerkzeuges durch einen Gesichtsausdruck bescheinigte, der einen empfindlichen Hauteindruck zu bekennen schien, bald jedoch jener Miene Platz machte, mit der unter ähnlichen Umständen gescheite wie dumme Leute die Anerkennung auszusprechen pflegen, daß man bei Lustbarkeiten fünfe müsse grad sein lassen. Wer aber bei dem Mummenschanz am schlimmsten wegkam, das war Erhard, der sonst immer der Augapfel des alten Philipp gewesen war. »Dich soll –!« brummte der Butzenmann, als ihm dieser in den Wurf kam, und begann alsbald dieses in Worten nicht weiter ausgedrückte Soll mit der Rute in ein unveräußerliches Haben zu verwandeln. Der Löwenwirt, der eben in der Nähe stand, rief ihm zu: »Wisch ihm nur tüchtig aus, er verdient's nicht anders, der Landläufer, der uns im Stich lassen will!« Der Schantiklas ließ sich das nicht zweimal sagen und handhabte seine Rute mit Kraft. Erhard ließ sich diesen rauhen, aber aufrichtigen Ausdruck des Trennungsschmerzes eine Weile gefallen, bis er des Guten genug zu haben glaubte und sich den Streichen des unbeholfenen Riesen entzog.

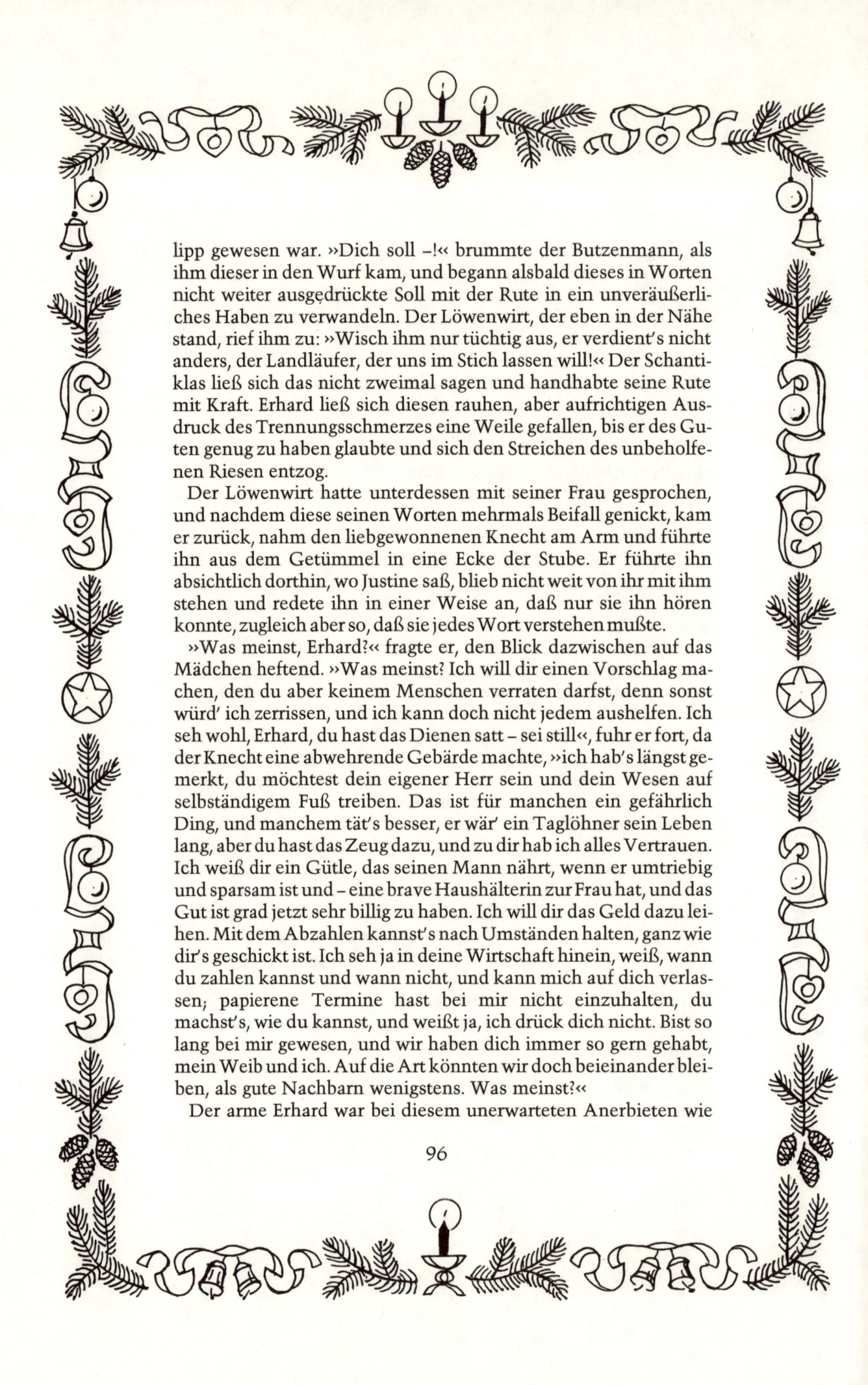

Der Löwenwirt hatte unterdessen mit seiner Frau gesprochen, und nachdem diese seinen Worten mehrmals Beifall genickt, kam er zurück, nahm den liebgewonnenen Knecht am Arm und führte ihn aus dem Getümmel in eine Ecke der Stube. Er führte ihn absichtlich dorthin, wo Justine saß, blieb nicht weit von ihr mit ihm stehen und redete ihn in einer Weise an, daß nur sie ihn hören konnte, zugleich aber so, daß sie jedes Wort verstehen mußte.

»Was meinst, Erhard?« fragte er, den Blick dazwischen auf das Mädchen heftend. »Was meinst? Ich will dir einen Vorschlag machen, den du aber keinem Menschen verraten darfst, denn sonst würd' ich zerrissen, und ich kann doch nicht jedem aushelfen. Ich seh wohl, Erhard, du hast das Dienen satt – sei still«, fuhr er fort, da der Knecht eine abwehrende Gebärde machte, »ich hab's längst gemerkt, du möchtest dein eigener Herr sein und dein Wesen auf selbständigem Fuß treiben. Das ist für manchen ein gefährlich Ding, und manchem tät's besser, er wär' ein Taglöhner sein Leben lang, aber du hast das Zeug dazu, und zu dir hab ich alles Vertrauen. Ich weiß dir ein Gütle, das seinen Mann nährt, wenn er umtriebig und sparsam ist und – eine brave Haushälterin zur Frau hat, und das Gut ist grad jetzt sehr billig zu haben. Ich will dir das Geld dazu leihen. Mit dem Abzahlen kannst's nach Umständen halten, ganz wie dir's geschickt ist. Ich seh ja in deine Wirtschaft hinein, weiß, wann du zahlen kannst und wann nicht, und kann mich auf dich verlassen; papierene Termine hast bei mir nicht einzuhalten, du machst's, wie du kannst, und weißt ja, ich drück dich nicht. Bist so lang bei mir gewesen, und wir haben dich immer so gern gehabt, mein Weib und ich. Auf die Art könnten wir doch beieinander bleiben, als gute Nachbarn wenigstens. Was meinst?«

Der arme Erhard war bei diesem unerwarteten Anerbieten wie

vernichtet von Glück und Unglück zugleich. Wenn ein König ihm die Hälfte seines Thrones angeboten hätte, der Besitz würde ihm nicht halb so lachend gewinkt haben als jetzt, wo ihm, dem Aussichtslosen, die unmittelbare Möglichkeit geboten war, mit dem Mädchen, auf das er seine Gedanken gesetzt, ein eigen Haus zu errichten. Aber ein Schimmer, der ihm wie ein Blitz in das Bild einer holdseligen Zukunft hineinleuchtete, verschwand auch so schnell wieder wie ein Blitz, und er sah nichts mehr als die graue Hoffnungslosigkeit. Auch er hatte, wie der gütige Freund, der ihm zu freiem Eigentum verhelfen wollte, während der Rede desselben unwillkürlich und unverwandt sein Auge auf Justine ruhen lassen, denn an sie war ja die eine Hälfte des Anerbietens gerichtet, ohne deren Annahme die andere Hälfte für ihn nicht zu verwirklichen war; doch Justine gab kein Zeichen der Zustimmung; auf ihrem Gesicht drückte sich eine Empfindung aus, als ob jedes der menschenfreundlichen Worte ein Stich für sie wäre, sie senkte den Kopf immer tiefer, um ihr Gesicht zu verbergen, und auf die letzte Aufforderung: »Was meinst?«, die, wie sie wohl fühlte, nur ihr selbst gelten konnte, erhob sie sich zur Antwort langsam von der Bank, wie niedergedrückt durch eine schwere Bürde, und flüchtete sich, ohne aufzusehen, in das Gedränge des lärmendes Kreises.

Die beiden Männer wechselten einen Blick des Einverständnisses, dann sagte Erhard traurig: »Meister, Ihr seid seelengut, Ihr seid der beste Mann von der Welt. Gott woll's Euch lohnen, wie Ihr an mir tut und wie Ihr's mit mir vorhabt. Aber es scheint, mir will's nicht blühen. Damit's nicht undankbar und leichtfertig aussieht, so bitt ich mir Bedenkzeit bis morgen aus und will Eure große Gutheit jetzt nicht gleich von der Hand weisen. Ihr seid ja nicht schuld, wenn nichts draus wird. Aber, nicht wahr, Meister, wenn ich morgen beim Abschied nichts mehr davon red', dann lasset Ihr's auch ruhen, denn ich möcht' fortgehen wie ein Mann und nicht wie ein Kind. Da, in meinem Herzen, will ich Euch festbehalten und wollt nur, daß ich's Euch einmal vergelten könnt.«

Er schüttelte ihm kräftig die Hand und trat ans Fenster.

Der Löwenwirt ging zu seiner Frau zurück und sagte: »Sie will nicht. Ich kann sie eigentlich doch nicht recht begreifen. So eine Gelegenheit kommt nicht so leicht wieder. Will sie denn eine alte Jungfer werden?«

Die Löwenwirtin blickte in ihrer ruhigen Art eine Weile vor sich hin und versetze hierauf: »Sie läßt eben den Verstand walten und will nicht mit Schulden anfangen. Wiewohl, es wundert mich selber, ich hätt sie für weicher gehalten; denn ich bin gewiß, es bricht ihr schier das Herz.«

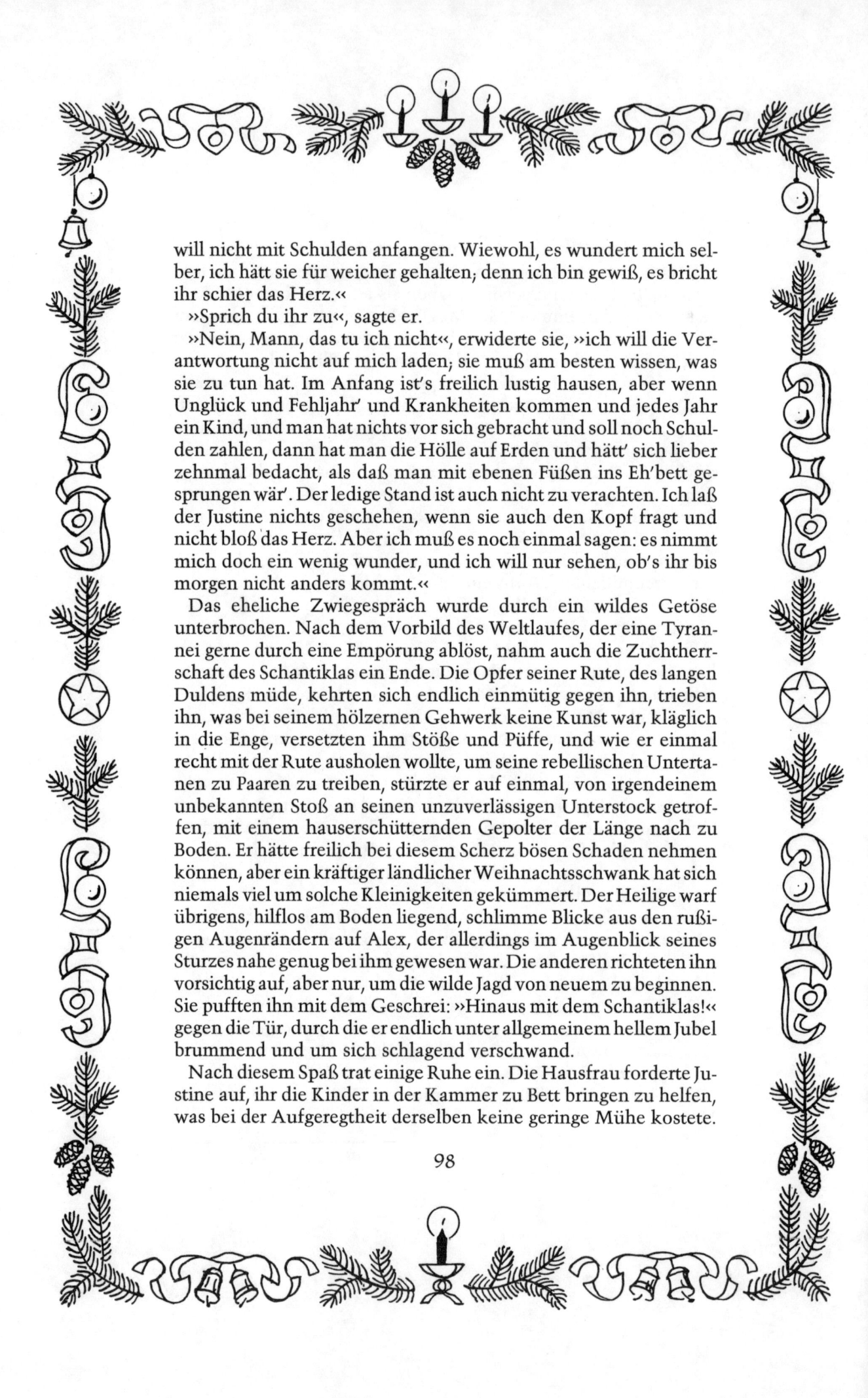

»Sprich du ihr zu«, sagte er.

»Nein, Mann, das tu ich nicht«, erwiderte sie, »ich will die Verantwortung nicht auf mich laden; sie muß am besten wissen, was sie zu tun hat. Im Anfang ist's freilich lustig hausen, aber wenn Unglück und Fehljahr' und Krankheiten kommen und jedes Jahr ein Kind, und man hat nichts vor sich gebracht und soll noch Schulden zahlen, dann hat man die Hölle auf Erden und hätt' sich lieber zehnmal bedacht, als daß man mit ebenen Füßen ins Eh'bett gesprungen wär'. Der ledige Stand ist auch nicht zu verachten. Ich laß der Justine nichts geschehen, wenn sie auch den Kopf fragt und nicht bloß das Herz. Aber ich muß es noch einmal sagen: es nimmt mich doch ein wenig wunder, und ich will nur sehen, ob's ihr bis morgen nicht anders kommt.«

Das eheliche Zwiegespräch wurde durch ein wildes Getöse unterbrochen. Nach dem Vorbild des Weltlaufes, der eine Tyrannei gerne durch eine Empörung ablöst, nahm auch die Zuchtherrschaft des Schantiklas ein Ende. Die Opfer seiner Rute, des langen Duldens müde, kehrten sich endlich einmütig gegen ihn, trieben ihn, was bei seinem hölzernen Gehwerk keine Kunst war, kläglich in die Enge, versetzten ihm Stöße und Püffe, und wie er einmal recht mit der Rute ausholen wollte, um seine rebellischen Untertanen zu Paaren zu treiben, stürzte er auf einmal, von irgendeinem unbekannten Stoß an seinen unzuverlässigen Unterstock getroffen, mit einem hauserschütternden Gepolter der Länge nach zu Boden. Er hätte freilich bei diesem Scherz bösen Schaden nehmen können, aber ein kräftiger ländlicher Weihnachtsschwank hat sich niemals viel um solche Kleinigkeiten gekümmert. Der Heilige warf übrigens, hilflos am Boden liegend, schlimme Blicke aus den rußigen Augenrändern auf Alex, der allerdings im Augenblick seines Sturzes nahe genug bei ihm gewesen war. Die anderen richteten ihn vorsichtig auf, aber nur, um die wilde Jagd von neuem zu beginnen. Sie pufften ihn mit dem Geschrei: »Hinaus mit dem Schantiklas!« gegen die Tür, durch die er endlich unter allgemeinem hellem Jubel brummend und um sich schlagend verschwand.

Nach diesem Spaß trat einige Ruhe ein. Die Hausfrau forderte Justine auf, ihr die Kinder in der Kammer zu Bett bringen zu helfen, was bei der Aufgeregtheit derselben keine geringe Mühe kostete.

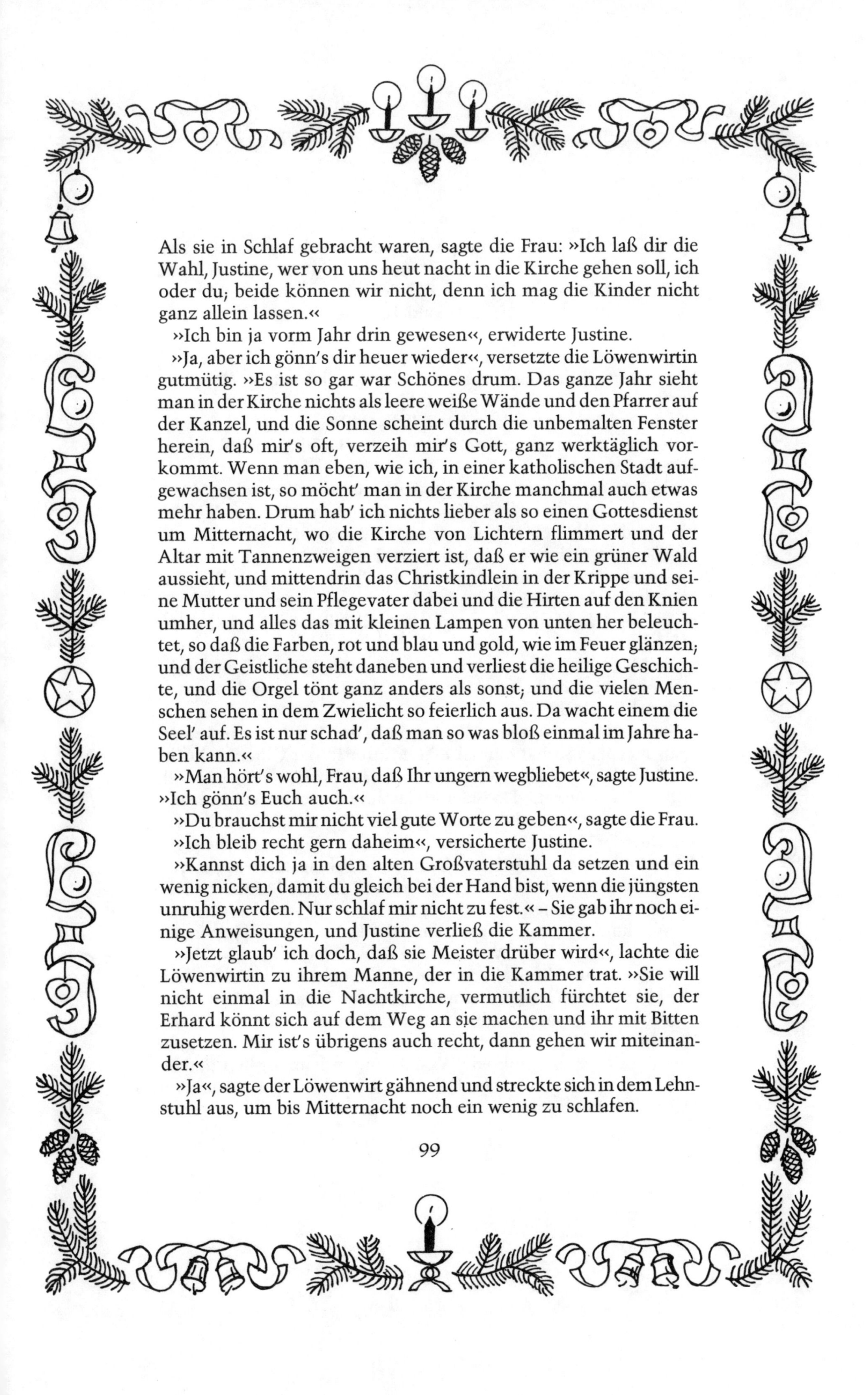

Als sie in Schlaf gebracht waren, sagte die Frau: »Ich laß dir die Wahl, Justine, wer von uns heut nacht in die Kirche gehen soll, ich oder du; beide können wir nicht, denn ich mag die Kinder nicht ganz allein lassen.«

»Ich bin ja vorm Jahr drin gewesen«, erwiderte Justine.

»Ja, aber ich gönn's dir heuer wieder«, versetzte die Löwenwirtin gutmütig. »Es ist so gar war Schönes drum. Das ganze Jahr sieht man in der Kirche nichts als leere weiße Wände und den Pfarrer auf der Kanzel, und die Sonne scheint durch die unbemalten Fenster herein, daß mir's oft, verzeih mir's Gott, ganz werktäglich vorkommt. Wenn man eben, wie ich, in einer katholischen Stadt aufgewachsen ist, so möcht' man in der Kirche manchmal auch etwas mehr haben. Drum hab' ich nichts lieber als so einen Gottesdienst um Mitternacht, wo die Kirche von Lichtern flimmert und der Altar mit Tannenzweigen verziert ist, daß er wie ein grüner Wald aussieht, und mittendrin das Christkindlein in der Krippe und seine Mutter und sein Pflegevater dabei und die Hirten auf den Knien umher, und alles das mit kleinen Lampen von unten her beleuchtet, so daß die Farben, rot und blau und gold, wie im Feuer glänzen; und der Geistliche steht daneben und verliest die heilige Geschichte, und die Orgel tönt ganz anders als sonst; und die vielen Menschen sehen in dem Zwielicht so feierlich aus. Da wacht einem die Seel' auf. Es ist nur schad', daß man so was bloß einmal im Jahre haben kann.«

»Man hört's wohl, Frau, daß Ihr ungern wegbliebet«, sagte Justine. »Ich gönn's Euch auch.«

»Du brauchst mir nicht viel gute Worte zu geben«, sagte die Frau.

»Ich bleib recht gern daheim«, versicherte Justine.

»Kannst dich ja in den alten Großvaterstuhl da setzen und ein wenig nicken, damit du gleich bei der Hand bist, wenn die jüngsten unruhig werden. Nur schlaf mir nicht zu fest.« – Sie gab ihr noch einige Anweisungen, und Justine verließ die Kammer.

»Jetzt glaub' ich doch, daß sie Meister drüber wird«, lachte die Löwenwirtin zu ihrem Manne, der in die Kammer trat. »Sie will nicht einmal in die Nachtkirche, vermutlich fürchtet sie, der Erhard könnt sich auf dem Weg an sie machen und ihr mit Bitten zusetzen. Mir ist's übrigens auch recht, dann gehen wir miteinander.«

»Ja«, sagte der Löwenwirt gähnend und streckte sich in dem Lehnstuhl aus, um bis Mitternacht noch ein wenig zu schlafen.

Das Gesinde hatte sich inzwischen in der Stube um einen Tisch gesetzt, wo es, von der Herrschaft mit einem mürben Kuchen und einem Krug Wein versehen, die Zeit des mitternächtlichen Gottesdienstes, vor welchem noch besondere Dinge zu verrichten waren, heranwachen wollte. Der alte Philipp, der sich das Gesicht gewaschen und die verstauchten Glieder wieder etwas in Ordnung gebracht hatte, führte den Vorsitz in der Gesellschaft. Auch Erhard durfte bei dem Schmause nicht fehlen, und Justine wurde, als sie aus der Schlafkammer kam, gleichfalls herbeigerufen, obgleich es ihr sehr sauer zu werden schien, mit den Fröhlichen fröhlich zu sein.

Als der Kuchen verzehrt war, seufzte eine kleine wuselige Magd, die noch Appetit hatte: »Wenn nur der Schantiklas noch einmal käm' und brächt' seinen Sack, statt der Nüsse, voll Kuchen mit. Soll ich nicht die Hand zur Tür hinausstrecken?«

»Laß du den Fürwitz«, sagte der alte Philipp verweisend, »jetzt ist's nicht geheuer. Gib acht, es kommt einer, der dir eine Fledermaus in die Hand gibt, dann wird's dich nach keinem Kuchen mehr gelüsten.«

Die Magd stieß einen Schrei aus, wie wenn ihr das kleine Ungeheuer bereits zwischen den Fingern krabbelte, und wurde von den andern ausgelacht.

»Ja«, sagte eine von den Mägden, »um die Zeit darf man keinen Spaß machen. So hat einmal eine Mutter in der Christnacht ihr Kind zur Tür hinausgeboten, daß ihm das Schreien vergehen soll, und hat dazu gesagt: »Da, Schantiklas, hast den unartigen Buben!« Auf einmal ist etwas dahergesaust wie ein Sturmwind, hat ihr das Kind aus der Hand gerissen und fort mit ihm. Sie hat's nie mehr gesehen und ist vor Schreck und Jammer ihr Lebtag krank gewesen.«

»Das ist schrecklich!« riefen die andern, und die Mädchen rückten näher zusammen.

»Wie kommt's denn«, fragte einer der Knechte, »daß just in der heiligen Zeit das böse Wesen soviel Gewalt hat?«

»O das ist eine alte Sach«, rief eine der Mägde. »In der Zeit gehen alle Herren und Geister um, mehr als sonst im ganzen Jahr.«

»Woher es kommt, weiß ich nicht«, versetzte der Senior der Knechte, das Wort nehmend, »aber richtig ist's, in den Zwölften geht alles böse und unholde Wesen um, und am ärgsten treiben sie's in der heutigen Nacht. Da reitet der wilde Jäger auf seinem Schimmel durch dick und dünn, und wenn er an einem vorbei kommt, so kann er ganz höflich den Kopf abnehmen, wie man den Hut abzieht und untern Arm steckt; aber er tut auch dem Wanderer, der sich zu einer so schlimmen Zeit hinausgewagt hat, allen möglichen Schabernack an, jagt plötzlich auf ihn los, als wenn er ihn überreiten wollt', und ist im nächsten Augenblick wieder weit weg; oder er reitet ihm beständig zur Seiten und treibt ihn aus dem Weg hinaus in Busch und Dorn, daß er sich nicht mehr zurechtfinden kann, bis er ihn zuletzt gar in einen Sumpf verführt hat. Und hinter dem Jäger kommt oft das Muotisheer dahergefahren, mit Jagdgeschrei und Hundegebell in den Lüften, manchmal auch mit Musik, aus der man Kinderstimmen heraushört, aber es kommt immer ein Sturmwind hinterdrein. Sie fahren ihre eigene Straße, von einem Kreuzweg zum andern, und wer der Jagd begegnet und sich nicht gleich mit dem Gesicht auf den Boden wirft, dem geht's schlimm; aber auch das hilft nicht immer, denn sie haben einmal einen, der sich hingelegt hat, im Darüberhinziehen mit der Axt in den Arm gehauen.«

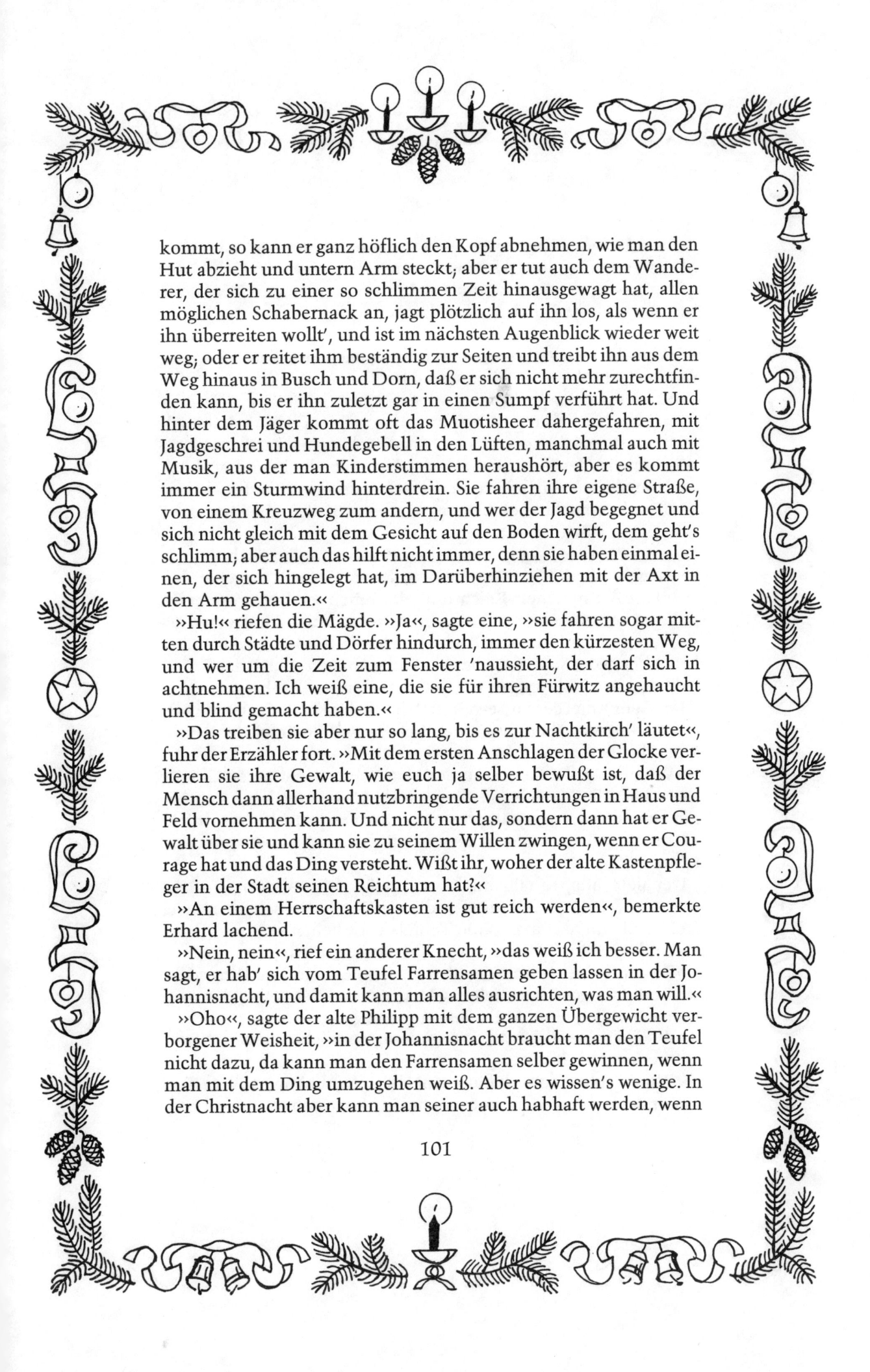

»Hu!« riefen die Mägde. »Ja«, sagte eine, »sie fahren sogar mitten durch Städte und Dörfer hindurch, immer den kürzesten Weg, und wer um die Zeit zum Fenster 'naussieht, der darf sich in achtnehmen. Ich weiß eine, die sie für ihren Fürwitz angehaucht und blind gemacht haben.«

»Das treiben sie aber nur so lang, bis es zur Nachtkirch' läutet«, fuhr der Erzähler fort. »Mit dem ersten Anschlagen der Glocke verlieren sie ihre Gewalt, wie euch ja selber bewußt ist, daß der Mensch dann allerhand nutzbringende Verrichtungen in Haus und Feld vornehmen kann. Und nicht nur das, sondern dann hat er Gewalt über sie und kann sie zu seinem Willen zwingen, wenn er Courage hat und das Ding versteht. Wißt ihr, woher der alte Kastenpfleger in der Stadt seinen Reichtum hat?«

»An einem Herrschaftskasten ist gut reich werden«, bemerkte Erhard lachend.

»Nein, nein«, rief ein anderer Knecht, »das weiß ich besser. Man sagt, er hab' sich vom Teufel Farrensamen geben lassen in der Johannisnacht, und damit kann man alles ausrichten, was man will.«

»Oho«, sagte der alte Philipp mit dem ganzen Übergewicht verborgener Weisheit, »in der Johannisnacht braucht man den Teufel nicht dazu, da kann man den Farrensamen selber gewinnen, wenn man mit dem Ding umzugehen weiß. Aber es wissen's wenige. In der Christnacht aber kann man seiner auch habhaft werden, wenn man auf einem Kreuzweg wartet; dann kommt ein schwarzer Mann und bringt ihn; oder man kann sich auch gleich Geld dafür geben lassen; aber Farrensamen ist besser, denn der macht unsichtbar und verleiht Glück in allen Dingen.«

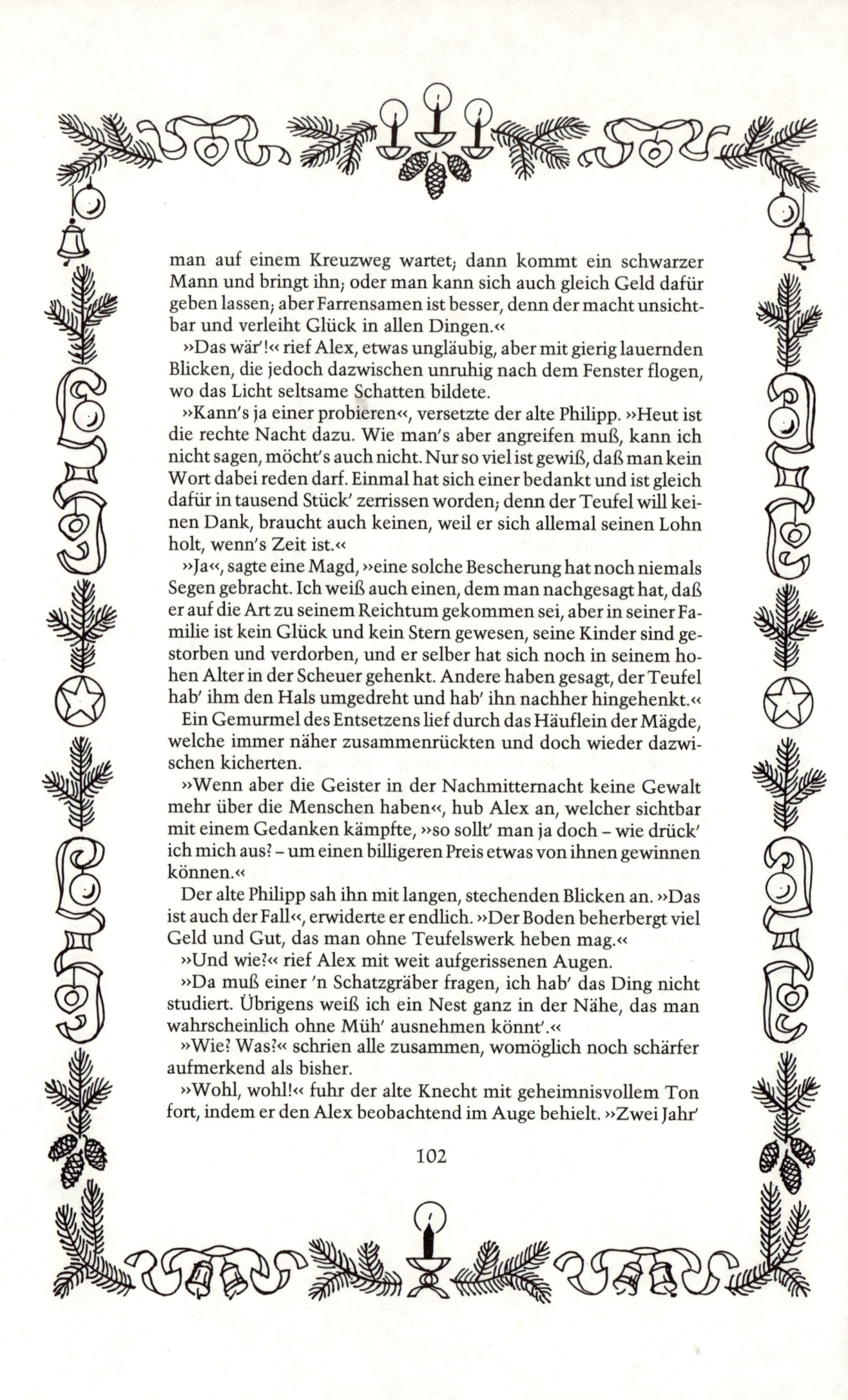

»Das wär'!« rief Alex, etwas ungläubig, aber mit gierig lauernden Blicken, die jedoch dazwischen unruhig nach dem Fenster flogen, wo das Licht seltsame Schatten bildete.

»Kann's ja einer probieren«, versetzte der alte Philipp. »Heut ist die rechte Nacht dazu. Wie man's aber angreifen muß, kann ich nicht sagen, möcht's auch nicht. Nur so viel ist gewiß, daß man kein Wort dabei reden darf. Einmal hat sich einer bedankt und ist gleich dafür in tausend Stück' zerrissen worden; denn der Teufel will keinen Dank, braucht auch keinen, weil er sich allemal seinen Lohn holt, wenn's Zeit ist.«

»Ja«, sagte eine Magd, »eine solche Bescherung hat noch niemals Segen gebracht. Ich weiß auch einen, dem man nachgesagt hat, daß er auf die Art zu seinem Reichtum gekommen sei, aber in seiner Familie ist kein Glück und kein Stern gewesen, seine Kinder sind gestorben und verdorben, und er selber hat sich noch in seinem hohen Alter in der Scheuer gehenkt. Andere haben gesagt, der Teufel hab' ihm den Hals umgedreht und hab' ihn nachher hingehenkt.«

Ein Gemurmel des Entsetzens lief durch das Häuflein der Mägde, welche immer näher zusammenrückten und doch wieder dazwischen kicherten.

»Wenn aber die Geister in der Nachmitternacht keine Gewalt mehr über die Menschen haben«, hub Alex an, welcher sichtbar mit einem Gedanken kämpfte, »so sollt' man ja doch – wie drück' ich mich aus? – um einen billigeren Preis etwas von ihnen gewinnen können.«

Der alte Philipp sah ihn mit langen, stechenden Blicken an. »Das ist auch der Fall«, erwiderte er endlich. »Der Boden beherbergt viel Geld und Gut, das man ohne Teufelswerk heben mag.«

»Und wie?« rief Alex mit weit aufgerissenen Augen.

»Da muß einer 'n Schatzgräber fragen, ich hab' das Ding nicht studiert. Übrigens weiß ich ein Nest ganz in der Nähe, das man wahrscheinlich ohne Müh' ausnehmen könnt'.«

»Wie? Was?« schrien alle zusammen, womöglich noch schärfer aufmerkend als bisher.

»Wohl, wohl!« fuhr der alte Knecht mit geheimnisvollem Ton fort, indem er den Alex beobachtend im Auge behielt. »Zwei Jahr' sind's jetzt, da hab' ich in der heutigen Nacht in die Bachmühle gehen müssen, weil kein Mehl mehr dagewesen ist; der Müller hat solang warten lassen, – warum? Weil's ihm an Wasser gefehlt hat. Nun, im Hinweg ist mir nichts begegnet, hab' auch nicht rechts und nicht links gesehen. Wie ich aber zurück komm und komm auf den Kreuzweg draußen im Forchenholz, was seh ich? In der Höhlung am Steinkreuz, wo vor vielen hundert Jahren einmal ein Mord geschehen sein soll, ist ein blauer Schein gewesen, ganz schwach und tief unten, wie von einem Licht.«

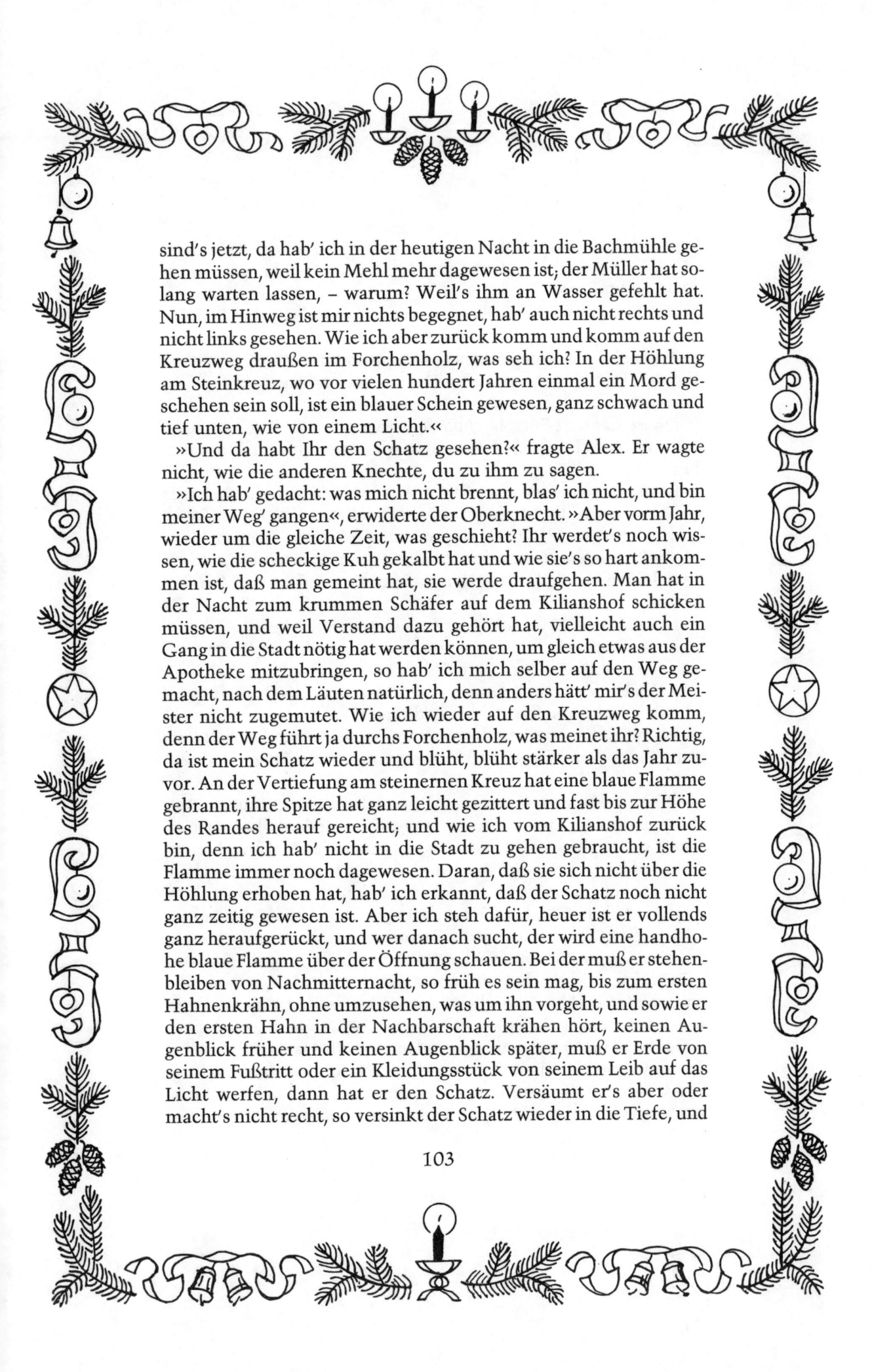

»Und da habt Ihr den Schatz gesehen?« fragte Alex. Er wagte nicht, wie die anderen Knechte, du zu ihm zu sagen.

»Ich hab' gedacht: was mich nicht brennt, blas' ich nicht, und bin meiner Weg' gangen«, erwiderte der Oberknecht. »Aber vorm Jahr, wieder um die gleiche Zeit, was geschieht? Ihr werdet's noch wissen, wie die scheckige Kuh gekalbt hat und wie sie's so hart ankommen ist, daß man gemeint hat, sie werde draufgehen. Man hat in der Nacht zum krummen Schäfer auf dem Kilianshof schicken müssen, und weil Verstand dazu gehört hat, vielleicht auch ein Gang in die Stadt nötig hat werden können, um gleich etwas aus der Apotheke mitzubringen, so hab' ich mich selber auf den Weg gemacht, nach dem Läuten natürlich, denn anders hätt' mir's der Meister nicht zugemutet. Wie ich wieder auf den Kreuzweg komm, denn der Weg führt ja durchs Forchenholz, was meinet ihr? Richtig, da ist mein Schatz wieder und blüht, blüht stärker als das Jahr zuvor. An der Vertiefung am steinernen Kreuz hat eine blaue Flamme gebrannt, ihre Spitze hat ganz leicht gezittert und fast bis zur Höhe des Randes herauf gereicht; und wie ich vom Kilianshof zurück bin, denn ich hab' nicht in die Stadt zu gehen gebraucht, ist die Flamme immer noch dagewesen. Daran, daß sie sich nicht über die Höhlung erhoben hat, hab' ich erkannt, daß der Schatz noch nicht ganz zeitig gewesen ist. Aber ich steh dafür, heuer ist er vollends ganz heraufgerückt, und wer danach sucht, der wird eine handhohe blaue Flamme über der Öffnung schauen. Bei der muß er stehenbleiben von Nachmitternacht, so früh es sein mag, bis zum ersten Hahnenkrähn, ohne umzusehen, was um ihn vorgeht, und sowie er den ersten Hahn in der Nachbarschaft krähen hört, keinen Augenblick früher und keinen Augenblick später, muß er Erde von seinem Fußtritt oder ein Kleidungsstück von seinem Leib auf das Licht werfen, dann hat er den Schatz. Versäumt er's aber oder macht's nicht recht, so versinkt der Schatz wieder in die Tiefe, und dann kann's hundert Jahr' dauern, bis er wieder zum Vorschein kommt; denn nach seinem letzten Aussehen zu schließen, muß er heuer verblühen.«

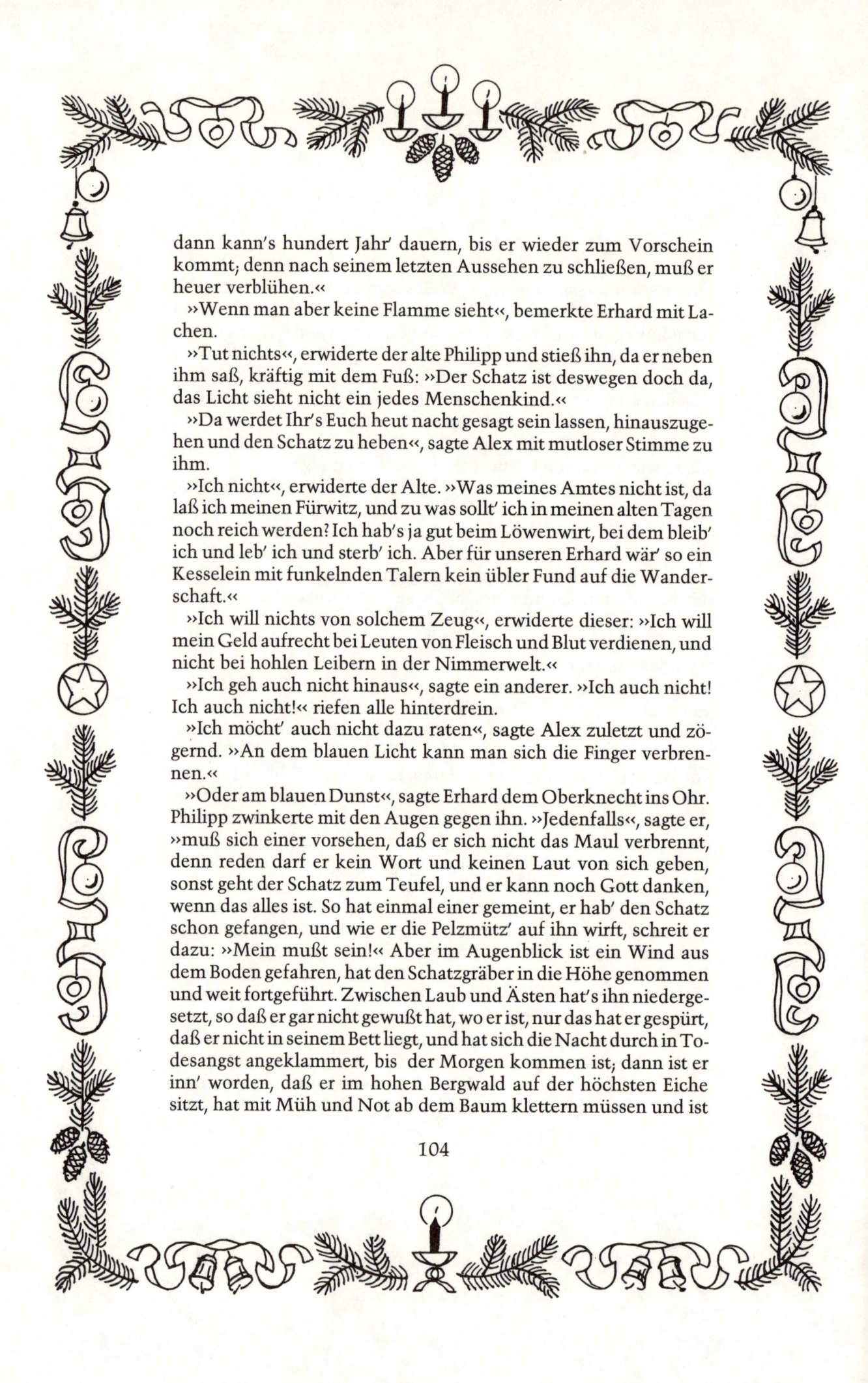

»Wenn man aber keine Flamme sieht«, bemerkte Erhard mit Lachen.

»Tut nichts«, erwiderte der alte Philipp und stieß ihn, da er neben ihm saß, kräftig mit dem Fuß: »Der Schatz ist deswegen doch da, das Licht sieht nicht ein jedes Menschenkind.«

»Da werdet Ihr's Euch heut nacht gesagt sein lassen, hinauszugehen und den Schatz zu heben«, sagte Alex mit mutloser Stimme zu ihm.

»Ich nicht«, erwiderte der Alte. »Was meines Amtes nicht ist, da laß ich meinen Fürwitz, und zu was sollt' ich in meinen alten Tagen noch reich werden? Ich hab's ja gut beim Löwenwirt, bei dem bleib' ich und leb' ich und sterb' ich. Aber für unseren Erhard wär' so ein Kesselein mit funkelnden Talern kein übler Fund auf die Wanderschaft.«

»Ich will nichts von solchem Zeug«, erwiderte dieser: »Ich will mein Geld aufrecht bei Leuten von Fleisch und Blut verdienen, und nicht bei hohlen Leibern in der Nimmerwelt.«

»Ich geh auch nicht hinaus«, sagte ein anderer. »Ich auch nicht! Ich auch nicht!« riefen alle hinterdrein.

»Ich möcht' auch nicht dazu raten«, sagte Alex zuletzt und zögernd. »An dem blauen Licht kann man sich die Finger verbrennen.«

»Oder am blauen Dunst«, sagte Erhard dem Oberknecht ins Ohr. Philipp zwinkerte mit den Augen gegen ihn. »Jedenfalls«, sagte er, »muß sich einer vorsehen, daß er sich nicht das Maul verbrennt, denn reden darf er kein Wort und keinen Laut von sich geben, sonst geht der Schatz zum Teufel, und er kann noch Gott danken, wenn das alles ist. So hat einmal einer gemeint, er hab' den Schatz schon gefangen, und wie er die Pelzmütz' auf ihn wirft, schreit er dazu: »Mein mußt sein!« Aber im Augenblick ist ein Wind aus dem Boden gefahren, hat den Schatzgräber in die Höhe genommen und weit fortgeführt. Zwischen Laub und Ästen hat's ihn niedergesetzt, so daß er gar nicht gewußt hat, wo er ist, nur das hat er gespürt, daß er nicht in seinem Bett liegt, und hat sich die Nacht durch in Todesangst angeklammert, bis der Morgen kommen ist; dann ist er inn' worden, daß er im hohen Bergwald auf der höchsten Eiche sitzt, hat mit Müh und Not ab dem Baum klettern müssen und ist schier nimmer 'runter kommen. Zwei Stunden weit hat er gehen müssen, bis er sich wieder in seine Heimat gefunden hat, und wie er dann am Tag seine Pelzmütz' geholt hat, so ist kein Schatz drunter gewesen, sondern ein großer wüster Pilz. Danach ist ihm das Schatzgraben vergangen.«

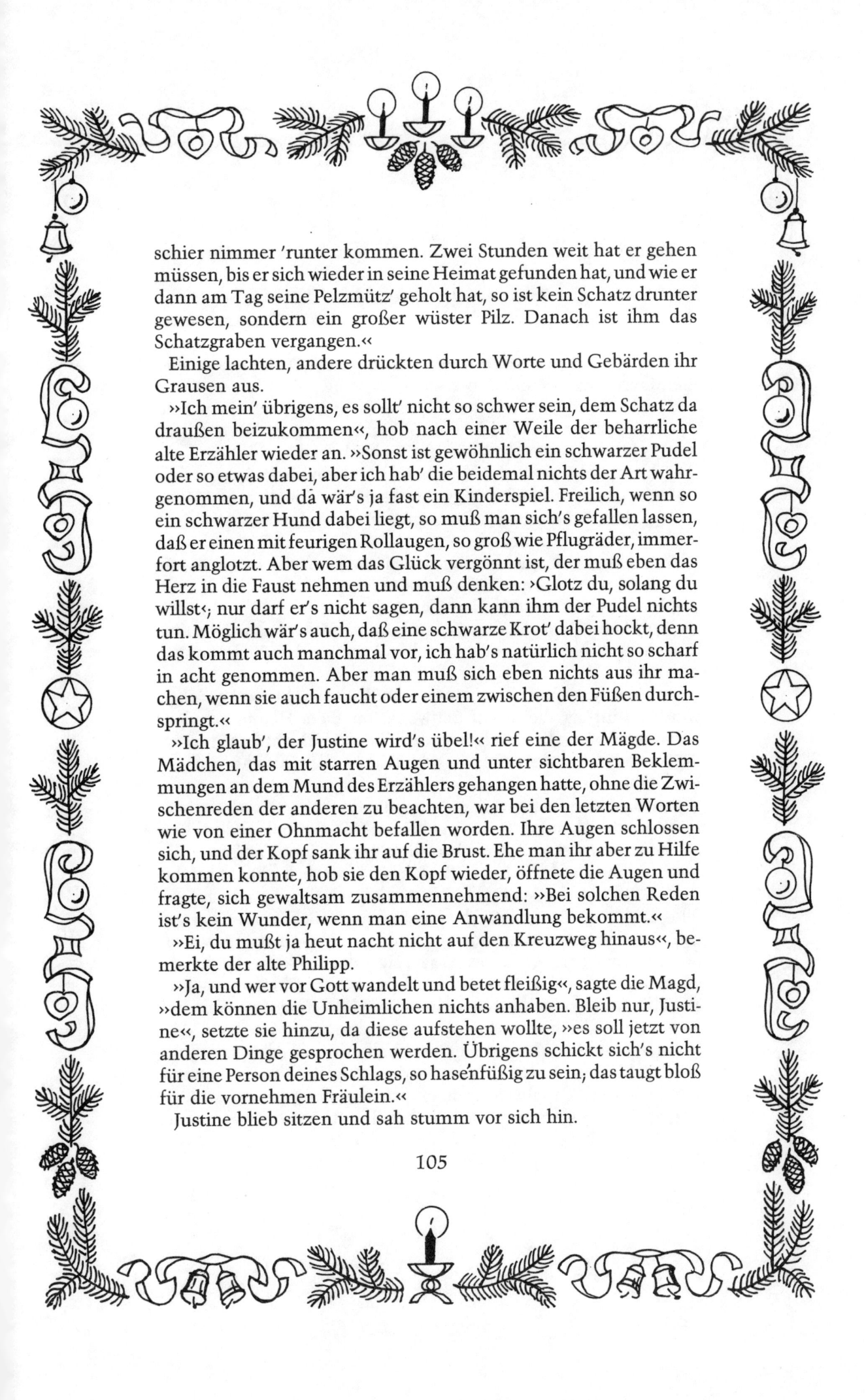

Einige lachten, andere drückten durch Worte und Gebärden ihr Grausen aus.

»Ich mein' übrigens, es sollt' nicht so schwer sein, dem Schatz da draußen beizukommen«, hob nach einer Weile der beharrliche alte Erzähler wieder an. »Sonst ist gewöhnlich ein schwarzer Pudel oder so etwas dabei, aber ich hab' die beidemal nichts der Art wahrgenommen, und da wär's ja fast ein Kinderspiel. Freilich, wenn so ein schwarzer Hund dabei liegt, so muß man sich's gefallen lassen, daß er einen mit feurigen Rollaugen, so groß wie Pflugräder, immerfort anglotzt. Aber wem das Glück vergönnt ist, der muß eben das Herz in die Faust nehmen und muß denken: ›Glotz du, solang du willst‹; nur darf er's nicht sagen, dann kann ihm der Pudel nichts tun. Möglich wär's auch, daß eine schwarze Krot' dabei hockt, denn das kommt auch manchmal vor, ich hab's natürlich nicht so scharf in acht genommen. Aber man muß sich eben nichts aus ihr machen, wenn sie auch faucht oder einem zwischen den Füßen durchspringt.«

»Ich glaub', der Justine wird's übel!« rief eine der Mägde. Das Mädchen, das mit starren Augen und unter sichtbaren Beklemmungen an dem Mund des Erzählers gehangen hatte, ohne die Zwischenreden der anderen zu beachten, war bei den letzten Worten wie von einer Ohnmacht befallen worden. Ihre Augen schlossen sich, und der Kopf sank ihr auf die Brust. Ehe man ihr aber zu Hilfe kommen konnte, hob sie den Kopf wieder, öffnete die Augen und fragte, sich gewaltsam zusammennehmend: »Bei solchen Reden ist's kein Wunder, wenn man eine Anwandlung bekommt.«

»Ei, du mußt ja heut nacht nicht auf den Kreuzweg hinaus«, bemerkte der alte Philipp.

»Ja, und wer vor Gott wandelt und betet fleißig«, sagte die Magd, »dem können die Unheimlichen nichts anhaben. Bleib nur, Justine«, setzte sie hinzu, da diese aufstehen wollte, »es soll jetzt von anderen Dinge gesprochen werden. Übrigens schickt sich's nicht für eine Person deines Schlags, so hasenfüßig zu sein; das taugt bloß für die vornehmen Fräulein.«

Justine blieb sitzen und sah stumm vor sich hin.

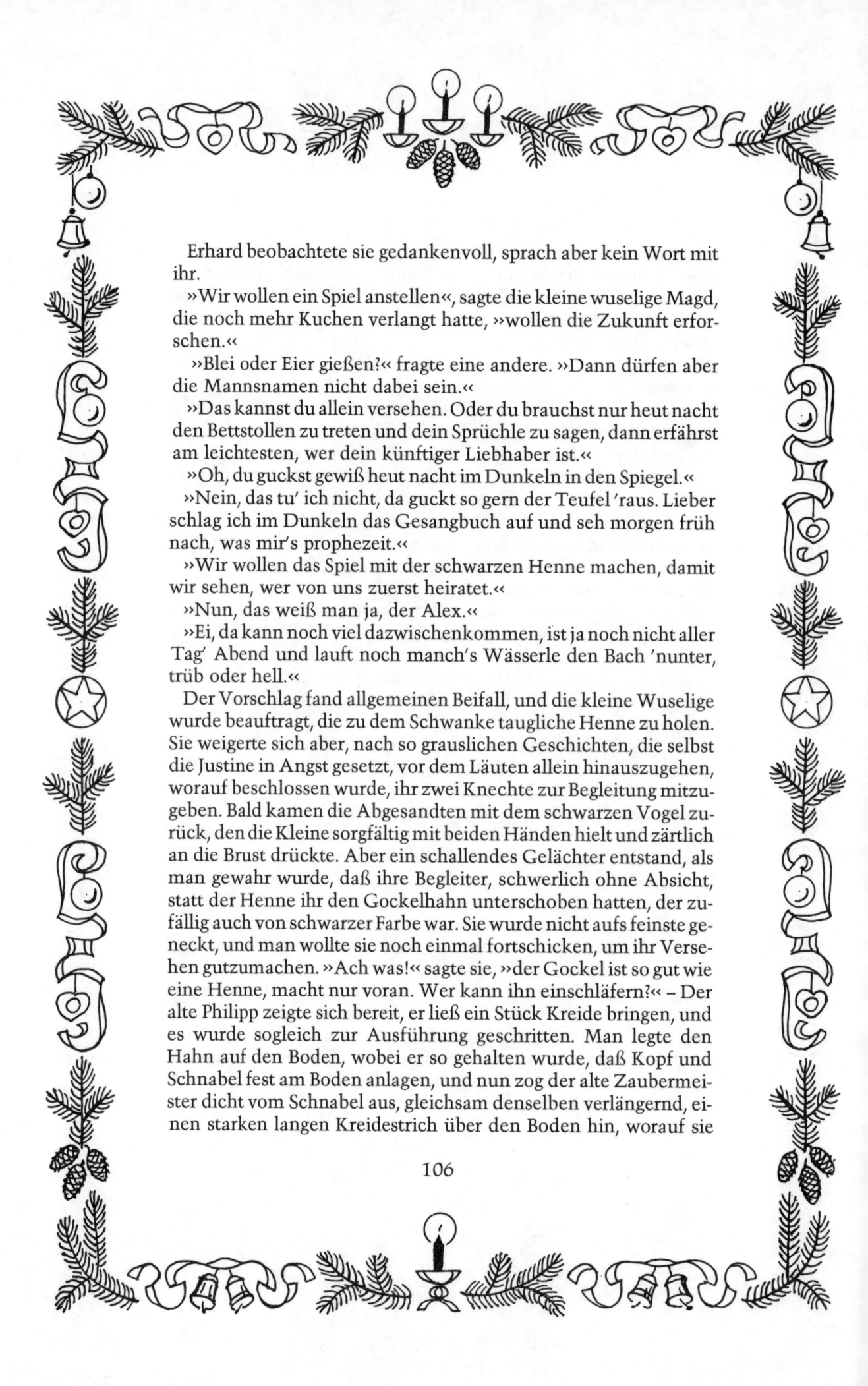

Erhard beobachtete sie gedankenvoll, sprach aber kein Wort mit ihr.

»Wir wollen ein Spiel anstellen«, sagte die kleine wuselige Magd, die noch mehr Kuchen verlangt hatte, »wollen die Zukunft erforschen.«

»Blei oder Eier gießen?« fragte eine andere. »Dann dürfen aber die Mannsnamen nicht dabei sein.«

»Das kannst du allein versehen. Oder du brauchst nur heut nacht den Bettstollen zu treten und dein Sprüchle zu sagen, dann erfährst am leichtesten, wer dein künftiger Liebhaber ist.«

»Oh, du guckst gewiß heut nacht im Dunkeln in den Spiegel.«

»Nein, das tu' ich nicht, da guckt so gern der Teufel 'raus. Lieber schlag ich im Dunkeln das Gesangbuch auf und seh morgen früh nach, was mir's prophezeit.«

»Wir wollen das Spiel mit der schwarzen Henne machen, damit wir sehen, wer von uns zuerst heiratet.«

»Nun, das weiß man ja, der Alex.«

»Ei, da kann noch viel dazwischenkommen, ist ja noch nicht aller Tag' Abend und lauft noch manch's Wässerle den Bach 'nunter, trüb oder hell.«

Der Vorschlag fand allgemeinen Beifall, und die kleine Wuselige wurde beauftragt, die zu dem Schwanke taugliche Henne zu holen. Sie weigerte sich aber, nach so grauslichen Geschichten, die selbst die Justine in Angst gesetzt, vor dem Läuten allein hinauszugehen, worauf beschlossen wurde, ihr zwei Knechte zur Begleitung mitzugeben. Bald kamen die Abgesandten mit dem schwarzen Vogel zurück, den die Kleine sorgfältig mit beiden Händen hielt und zärtlich an die Brust drückte. Aber ein schallendes Gelächter entstand, als man gewahr wurde, daß ihre Begleiter, schwerlich ohne Absicht, statt der Henne ihr den Gockelhahn untergeschoben hatten, der zufällig auch von schwarzer Farbe war. Sie wurde nicht aufs feinste geneckt, und man wollte sie noch einmal fortschicken, um ihr Versehen gutzumachen. »Ach was!« sagte sie, »der Gockel ist so gut wie eine Henne, macht nur voran. Wer kann ihn einschläfern?« – Der alte Philipp zeigte sich bereit, er ließ ein Stück Kreide bringen, und es wurde sogleich zur Ausführung geschritten. Man legte den Hahn auf den Boden, wobei er so gehalten wurde, daß Kopf und Schnabel fest am Boden anlagen, und nun zog der alte Zaubermeister dicht vom Schnabel aus, gleichsam denselben verlängernd, einen starken langen Kreidestrich über den Boden hin, worauf sie

langsam und leise die Hände von dem Hahn zurückzogen, so daß er jetzt frei am Boden lag. Wundersam war es da zu sehen, wie sich das grillenhafte Tier in dieser Lage benahm. Zuerst hatte es sich heftig gesträubt, dann das Verfahren mit einer ängstlich ungewissen Verlegenheit, die von Fluchtgedanken zeugte, über sich ergehen lassen; jetzt aber, obgleich von Zwang und Hast befreit, lag es völlig ruhig da, wie wenn es mit dem Kopf am Boden befestigt wäre und sich nicht von der Stelle rühren könnte. Es schien, falls man einem Hahn so viel Nachdenken zutrauen darf, als ob er den Kreidestrich für einen wunderbar aus ihm herausgetretenen Teil seines Selbst oder wenigstens für einen Faden hielt, woran sein Schnabel angebunden sei; genug, er befand sich wie in einem verzauberten Zustand, den man übrigens keinen Schlaf nennen konnte, denn er hatte die Augen offen, sie sahen jedoch unverwandt und unbeweglich den Strich entlang. Nachdem man diese Art der Verzauberung eine geraume Weile hatte fortdauern lassen, bildeten alle geräuschlos einen Kreis um den daliegenden Hahn. Justine, die sich entziehen wollte, wurde mit Gewalt, aber ohne einen Laut in den Kreis gezogen. Ganz leise und behutsam, denn der Zauber schien bei alledem nicht so stark, um jede Probe zu bestehen, wurde nun der Kreidestrich allmählich ausgelöscht. Kaum war dies geschehen, so erhob der Hahn den Kopf und sah sich gleichsam verwundert um; dann stand er auf und ging zuerst etwas taumelnd, nach und nach aber schneller, und mit unruhigem Gurren in dem Kreis umher, immer entschiedener auf das Entkommen aus der verdrießlichen Gefangenschaft bedacht. Damit wuchs auch die Spannung der Spielenden immer mehr, denn die Person, bei der er den Kreis verließ, war die bezeichnete, und brach er gar zwischen einem Paar durch, so war nicht der geringste Zweifel, daß diese beiden einander im nächsten Jahre heiraten würden. Hierauf hatte man auch bei der Bildung des Kreises nach Möglichkeit Bedacht genommen, und dem armen Erhard war ein letztes Glück zuteil geworden, indem er sich, ohne eigenes Zutun, aber vielleicht auf Veranlassung des Mädchens, das die Widerwillige in den Kreis gezogen hatte, neben Justine befand. Alex dagegen war ungepaart, denn die Mädchen hatten unter beständigem Hin- und Herschieben, in nicht sehr schmeichelhafter Weise, seine Genossenschaft von sich abzuwenden gewußt, so daß ihm endlich zur Rechten der alte Philipp und zur Linken ein anderer Knecht zu stehen gekommen war. Aber gerade deshalb war man um so begieriger darauf, ob der Hahn etwa ihn als den ersten Hochzeiter in dem Kreise bezeichnen würde, weil insgeheim noch über die Dauerhaftigkeit seines Verlöbnisses gestritten wurde und manche glaubten, er werde sich durch die unaufhörlichen, schwach verblümten Anspiegelungen und Spottreden noch bewegen lassen, die schmähliche Heirat wieder aufzugeben. Der Zaubergockel schien es jedoch auf jemand ganz anderes abgesehen zu haben, denn er ging plötzlich mit einem entschlossenen Anlauf gerade auf Justine los. »Aha!« rief es von allen Seiten. Justine aber streckte abwehrend die Hände aus und rief mit gepreßter Stimme: »Nicht zu mir, nicht zu mir! Ich will nicht heiraten!« Das verschüchterte Tier, wenn es auch die Worte nicht verstand, ließ sich durch die Gebärde abschrecken, kehrte sich wie ein Kreisel um und rannte, mit dem nächsten besten zufrieden, zu dem alten Philipp hinüber. Diese übel angebrachte Ehre tat solche Wirkung, daß die Mädchen sich vor Lachen schüttelten und kaum mehr im Kreis auszuhalten vermochten. Philipp aber, der, gleichfalls zur Abwehr, den

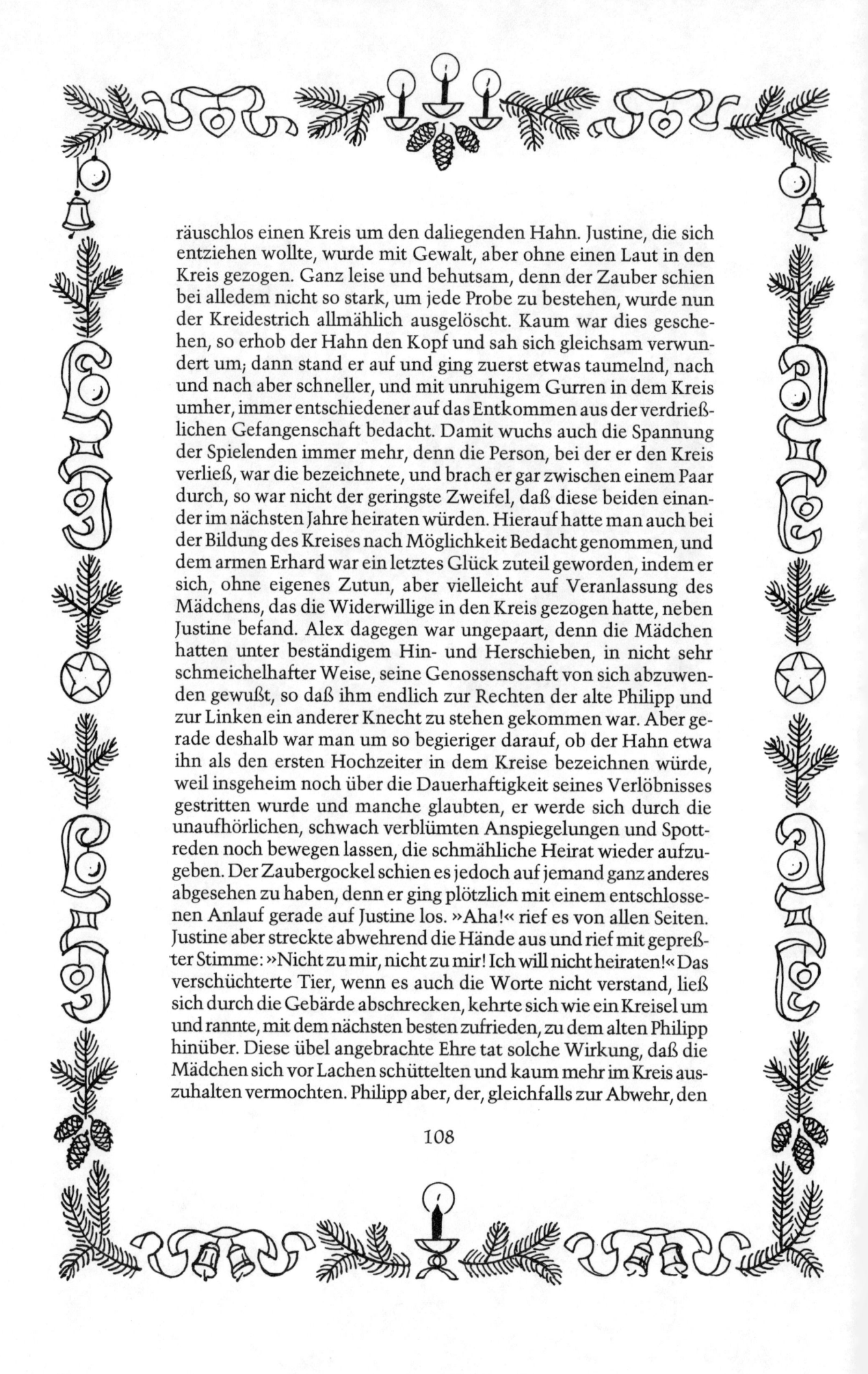

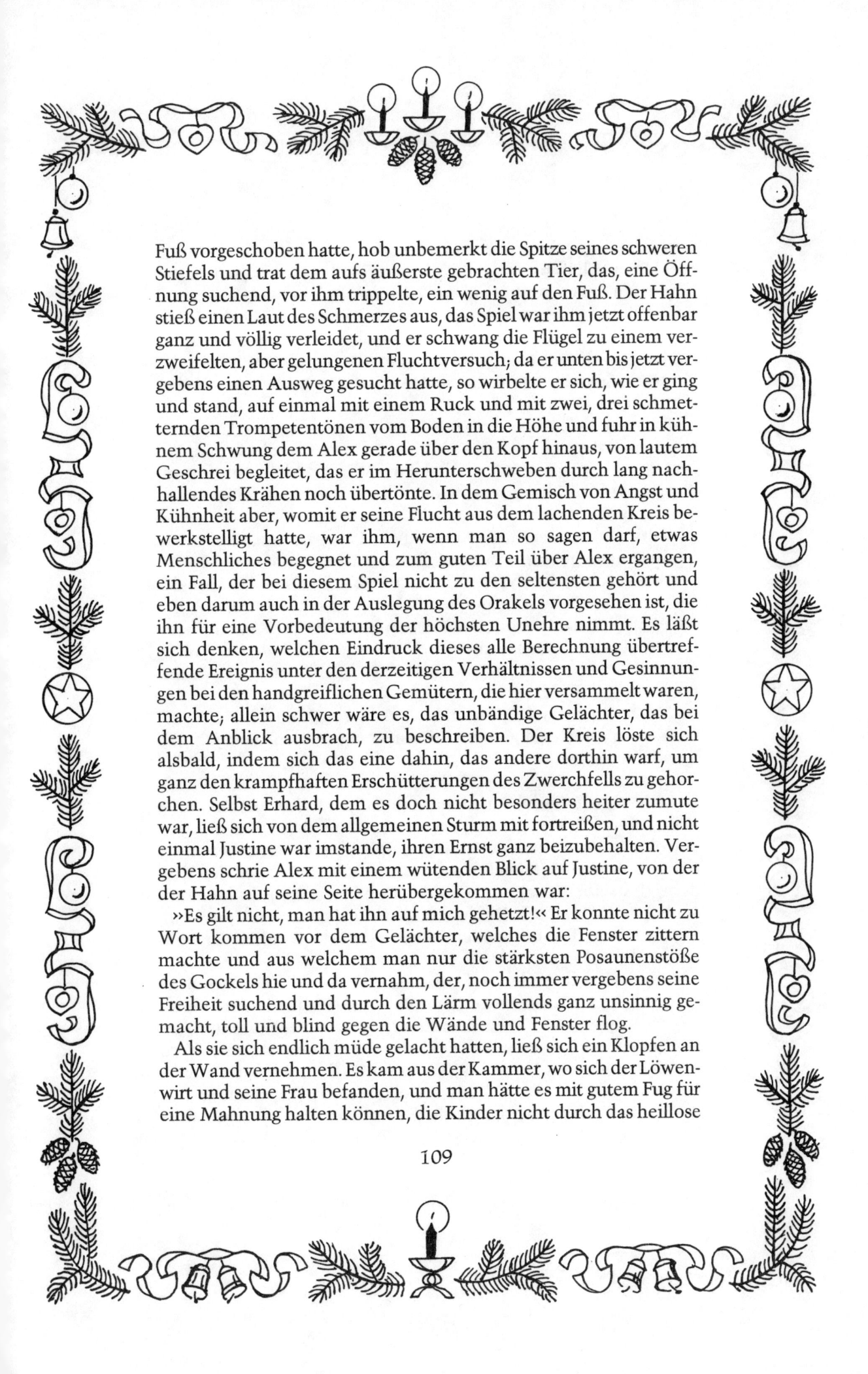

Fuß vorgeschoben hatte, hob unbemerkt die Spitze seines schweren Stiefels und trat dem aufs äußerste gebrachten Tier, das, eine Öffnung suchend, vor ihm trippelte, ein wenig auf den Fuß. Der Hahn stieß einen Laut des Schmerzes aus, das Spiel war ihm jetzt offenbar ganz und völlig verleidet, und er schwang die Flügel zu einem verzweifelten, aber gelungenen Fluchtversuch; da er unten bis jetzt vergebens einen Ausweg gesucht hatte, so wirbelte er sich, wie er ging und stand, auf einmal mit einem Ruck und mit zwei, drei schmetternden Trompetentönen vom Boden in die Höhe und fuhr in kühnem Schwung dem Alex gerade über den Kopf hinaus, von lautem Geschrei begleitet, das er im Herunterschweben durch lang nachhallendes Krähen noch übertönte. In dem Gemisch von Angst und Kühnheit aber, womit er seine Flucht aus dem lachenden Kreis bewerkstelligt hatte, war ihm, wenn man so sagen darf, etwas Menschliches begegnet und zum guten Teil über Alex ergangen, ein Fall, der bei diesem Spiel nicht zu den seltensten gehört und eben darum auch in der Auslegung des Orakels vorgesehen ist, die ihn für eine Vorbedeutung der höchsten Unehre nimmt. Es läßt sich denken, welchen Eindruck dieses alle Berechnung übertreffende Ereignis unter den derzeitigen Verhältnissen und Gesinnungen bei den handgreiflichen Gemütern, die hier versammelt waren, machte; allein schwer wäre es, das unbändige Gelächter, das bei dem Anblick ausbrach, zu beschreiben. Der Kreis löste sich alsbald, indem sich das eine dahin, das andere dorthin warf, um ganz den krampfhaften Erschütterungen des Zwerchfells zu gehorchen. Selbst Erhard, dem es doch nicht besonders heiter zumute war, ließ sich von dem allgemeinen Sturm mit fortreißen, und nicht einmal Justine war imstande, ihren Ernst ganz beizubehalten. Vergebens schrie Alex mit einem wütenden Blick auf Justine, von der der Hahn auf seine Seite herübergekommen war:

»Es gilt nicht, man hat ihn auf mich gehetzt!« Er konnte nicht zu Wort kommen vor dem Gelächter, welches die Fenster zittern machte und aus welchem man nur die stärksten Posaunenstöße des Gockels hie und da vernahm, der, noch immer vergebens seine Freiheit suchend und durch den Lärm vollends ganz unsinnig gemacht, toll und blind gegen die Wände und Fenster flog.

Als sie sich endlich müde gelacht hatten, ließ sich ein Klopfen an der Wand vernehmen. Es kam aus der Kammer, wo sich der Löwenwirt und seine Frau befanden, und man hätte es mit gutem Fug für eine Mahnung halten können, die Kinder nicht durch das heillose

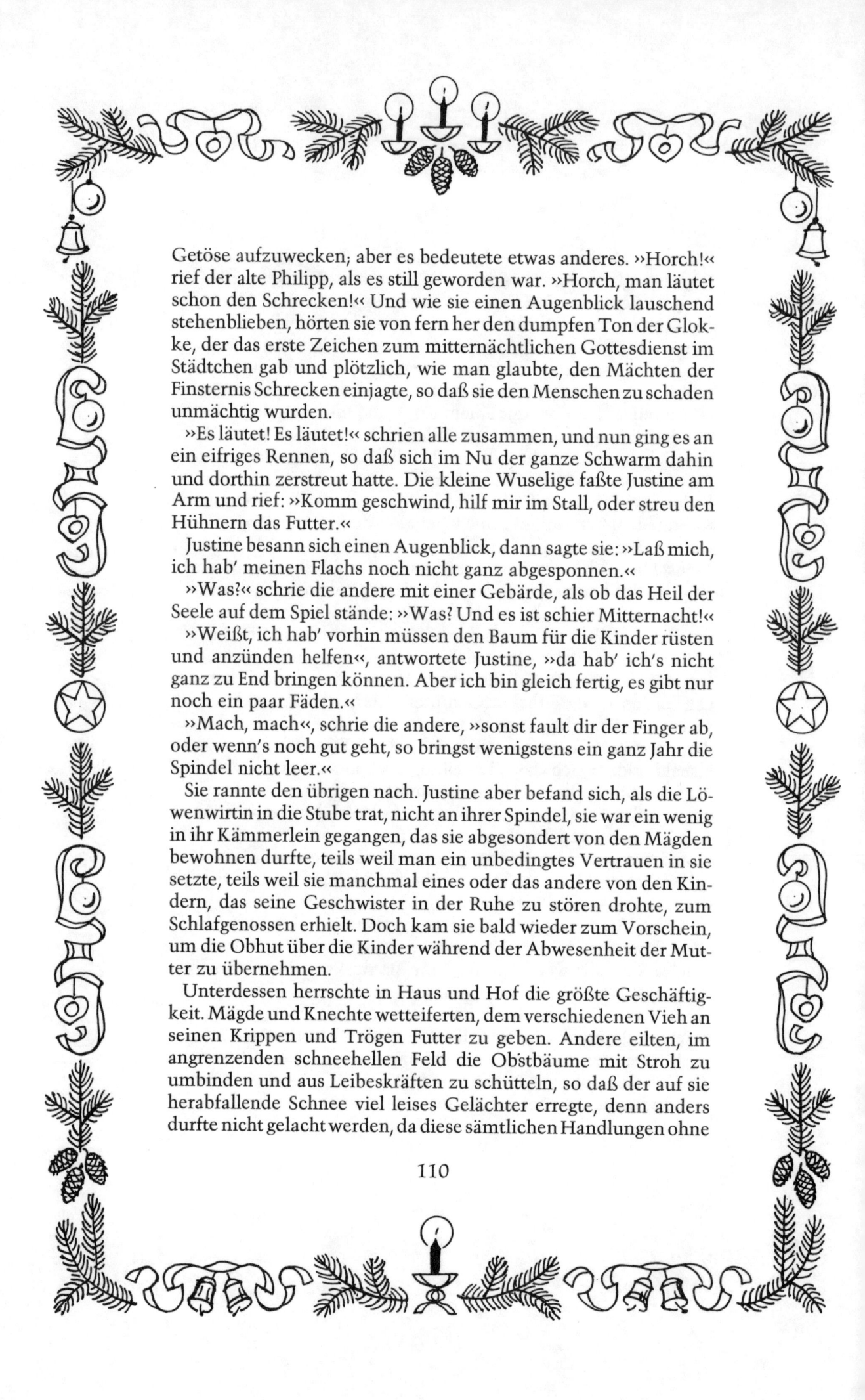

Getöse aufzuwecken; aber es bedeutete etwas anderes. »Horch!« rief der alte Philipp, als es still geworden war. »Horch, man läutet schon den Schrecken!« Und wie sie einen Augenblick lauschend stehenblieben, hörten sie von fern her den dumpfen Ton der Glocke, der das erste Zeichen zum mitternächtlichen Gottesdienst im Städtchen gab und plötzlich, wie man glaubte, den Mächten der Finsternis Schrecken einjagte, so daß sie den Menschen zu schaden unmächtig wurden.

»Es läutet! Es läutet!« schrien alle zusammen, und nun ging es an ein eifriges Rennen, so daß sich im Nu der ganze Schwarm dahin und dorthin zerstreut hatte. Die kleine Wuselige faßte Justine am Arm und rief: »Komm geschwind, hilf mir im Stall, oder streu den Hühnern das Futter.«

Justine besann sich einen Augenblick, dann sagte sie: »Laß mich, ich hab' meinen Flachs noch nicht ganz abgesponnen.«

»Was?« schrie die andere mit einer Gebärde, als ob das Heil der Seele auf dem Spiel stände: »Was? Und es ist schier Mitternacht!«

»Weißt, ich hab' vorhin müssen den Baum für die Kinder rüsten und anzünden helfen«, antwortete Justine, »da hab' ich's nicht ganz zu End bringen können. Aber ich bin gleich fertig, es gibt nur noch ein paar Fäden.«

»Mach, mach«, schrie die andere, »sonst fault dir der Finger ab, oder wenn's noch gut geht, so bringst wenigstens ein ganz Jahr die Spindel nicht leer.«

Sie rannte den übrigen nach. Justine aber befand sich, als die Löwenwirtin in die Stube trat, nicht an ihrer Spindel, sie war ein wenig in ihr Kämmerlein gegangen, das sie abgesondert von den Mägden bewohnen durfte, teils weil man ein unbedingtes Vertrauen in sie setzte, teils weil sie manchmal eines oder das andere von den Kindern, das seine Geschwister in der Ruhe zu stören drohte, zum Schlafgenossen erhielt. Doch kam sie bald wieder zum Vorschein, um die Obhut über die Kinder während der Abwesenheit der Mutter zu übernehmen.

Unterdessen herrschte in Haus und Hof die größte Geschäftigkeit. Mägde und Knechte wetteiferten, dem verschiedenen Vieh an seinen Krippen und Trögen Futter zu geben. Andere eilten, im angrenzenden schneehellen Feld die Obstbäume mit Stroh zu umbinden und aus Leibeskräften zu schütteln, so daß der auf sie herabfallende Schnee viel leises Gelächter erregte, denn anders durfte nicht gelacht werden, da diese sämtlichen Handlungen ohne ein Wort oder sonst einen Laut vorgenommen wurden. Erhard, in Verrichtung seines letzten Dienstes, tummelte die Pferde in einer Koppel durch den Hof im Kreis umher, wobei ihm der kleine Roßjunge half. Auch der Herrschaft war ihr Anteil an diesen Obliegenheiten zugefallen; der Löwenwirt hatte sich in den Keller begeben, um in rascher Folge an die Fässer zu klopfen, während seine Frau in der Stube am Ofen auf einem Stuhl stand und das große, steinerne Essigfäßchen rüttelte, das dort auf dem hohen Aufsatz lag. Niemand dachte bei diesen Dingen viel: Es waren altherkömmliche Bräuche, von den Ureltern überliefert; man wiederholte sie jedes Jahr, ohne ihr alte Bedeutung, daß sie nämlich Segen und Gedeihen für das nächste Jahr bringen sollten, genau abzuwägen; aber fehlen durften sie nicht, wenn nicht ein Blatt vom Baum des jährlichen Lebens abgebrochen werden sollte. Auch hatte man zum Nachdenken wenig Zeit, denn da alles geschehen sein mußte, ehe der Schall der Glocke verstummt war, so waren alle Hände so voll beschäftigt, daß sie den Gedanken keinen Spielraum lassen konnten. Ein Fremder, der einst um diese Zeit im Hause über Nacht herbergte und das wunderliche Treiben mit ansah, fragte den Löwenwirt, wie er nur solche abergläubische Torheiten dulden könne, worauf dieser antwortete, es seien eben alte Gewohnheiten, die er seinen Leuten nicht verbieten möge. Er tat, als wäre es ihm ein gleichgültiger Brauch, dessen Ausübung er seinem Gesinde zulasse; in Wahrheit aber half er selber mit. Damals zwar hatte er sich vor dem Gast geschämt und seinen Kellerbesuch unterlassen, während seine Frau gleichwohl einen gelegenen Augenblick zu erwischen wußte, um hinter dem Rücken des Fremden ihren Essig zu rütteln. Da ihm aber im folgenden Jahre der Unfall widerfuhr, daß bei einer Küferarbeit der Spund aus einem Faß flog und wohl über ein Imi* vom Besten in den Keller lief, so sagte er in der nächsten Christnacht zu der Löwenwirtin, indem er nach dem Kellerschlüssel langte: »Nutzt's nichts, so schadet's nichts«; und seitdem hatte er nie mehr verfehlt, unter dem Schreckenläuten in den Keller zu gehen und eilends von einem Faß ans andere zu klopfen.

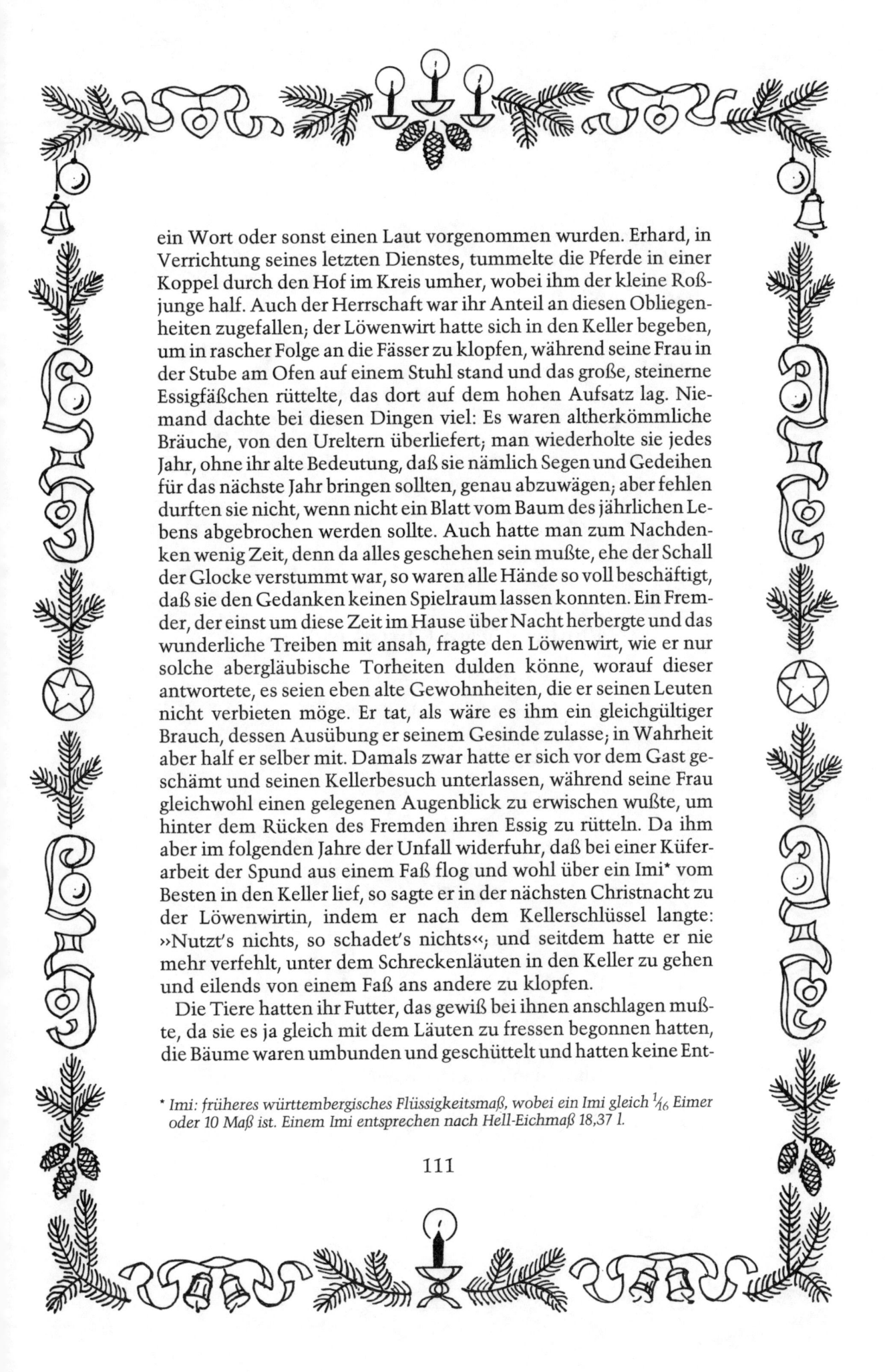

Die Tiere hatten ihr Futter, das gewiß bei ihnen anschlagen mußte, da sie es ja gleich mit dem Läuten zu fressen begonnen hatten, die Bäume waren umbunden und geschüttelt und hatten keine Ent-

---

* Imi: früheres württembergisches Flüssigkeitsmaß, wobei ein Imi gleich $\frac{1}{16}$ Eimer oder 10 Maß ist. Einem Imi entsprechen nach Hell-Eichmaß 18,37 l.

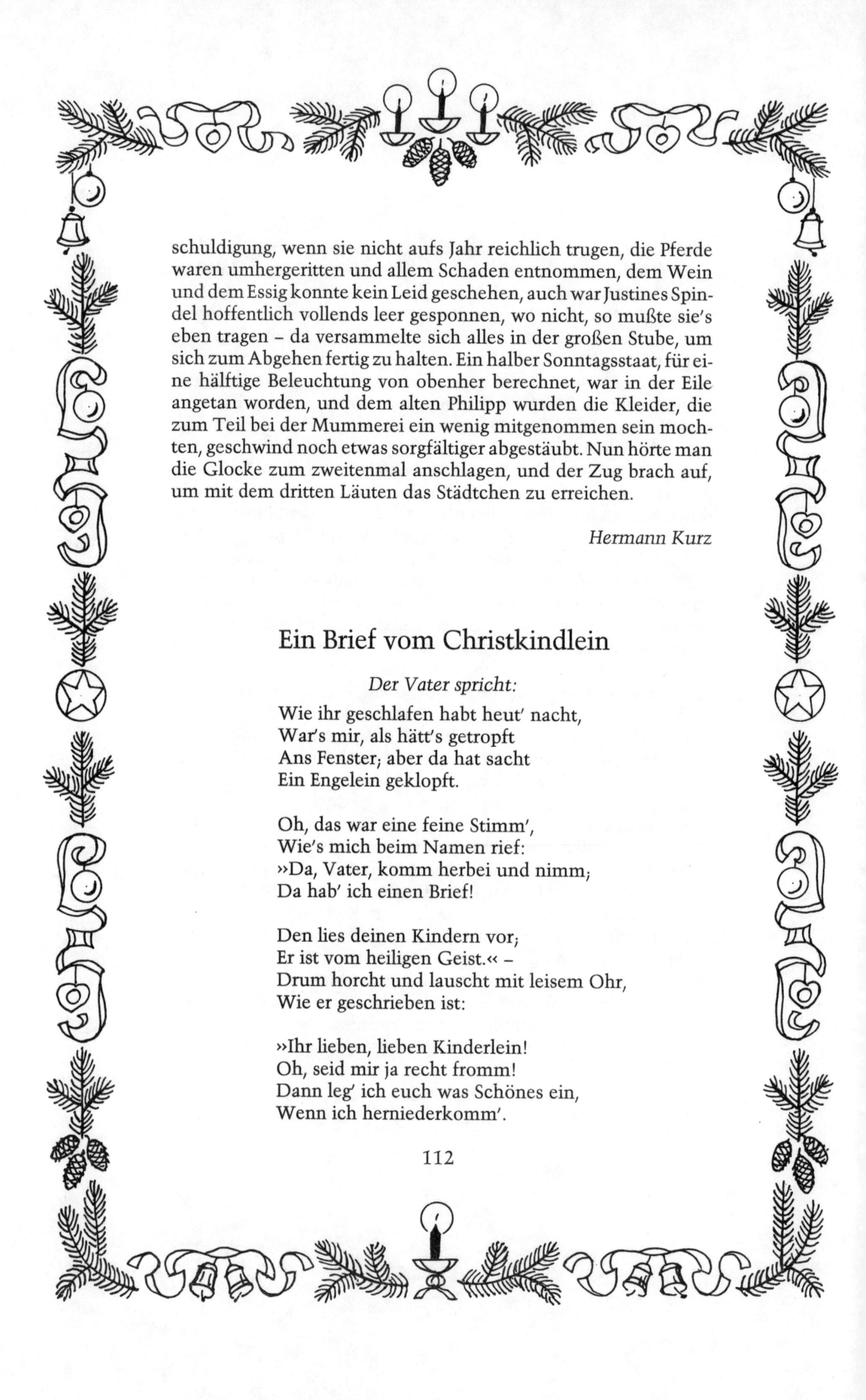

schuldigung, wenn sie nicht aufs Jahr reichlich trugen, die Pferde waren umhergeritten und allem Schaden entnommen, dem Wein und dem Essig konnte kein Leid geschehen, auch war Justines Spindel hoffentlich vollends leer gesponnen, wo nicht, so mußte sie's eben tragen – da versammelte sich alles in der großen Stube, um sich zum Abgehen fertig zu halten. Ein halber Sonntagsstaat, für eine hälftige Beleuchtung von obenher berechnet, war in der Eile angetan worden, und dem alten Philipp wurden die Kleider, die zum Teil bei der Mummerei ein wenig mitgenommen sein mochten, geschwind noch etwas sorgfältiger abgestäubt. Nun hörte man die Glocke zum zweitenmal anschlagen, und der Zug brach auf, um mit dem dritten Läuten das Städtchen zu erreichen.

Hermann Kurz

Ein Brief vom Christkindlein

Der Vater spricht:

Wie ihr geschlafen habt heut' nacht,
War's mir, als hätt's getropft
Ans Fenster; aber da hat sacht
Ein Engelein geklopft.

Oh, das war eine feine Stimm',
Wie's mich beim Namen rief:
»Da, Vater, komm herbei und nimm,
Da hab' ich einen Brief!

Den lies deinen Kindern vor;
Er ist vom heiligen Geist.« –
Drum horcht und lauscht mit leisem Ohr,
Wie er geschrieben ist:

»Ihr lieben, lieben Kinderlein!
Oh, seid mir ja recht fromm!
Dann leg' ich euch was Schönes ein,
Wenn ich herniederkomm'.

Ihr lieben, lieben Kinderlein!
Oh, seid mir ja recht brav!
Dann leg' ich euch was Schönes ein,
Wenn ihr noch liegt im Schlaf.

Und schlummern sie im weichen Flaum,
Dann, Vater, mach mir auf;
Dann bring ich einen großen Baum
Mit vielen Lichtern drauf.

Dem Engelein von purem Gold
Hab' ich sein Kleid gemacht;
Wie wird das flimmern wunderhold
In der stockfinstern Nacht!

Und an den Zweigen hängen rings
Von Zucker Stern an Stern
Und goldne Nüsse rechts und links,
Süß wie ein Mandelkern.

Und in dem Gärtchen untendran,
Da sitzen Schaf und Lamm
Und Küchlein, Hennen und der Hahn
Mit seinem roten Kamm.

Doch folgen dir die Kinder nicht,
Und mußt du zanken oft,
So komm ich diesen Winter nicht;
Denn ich seh's unverhofft.

Dann laß ich meinen Baum im Wald
Und heb' die Sachen auf
Und bringe – einen Stecken halt
Und eine Rute drauf.«

Friedrich Güll

An demselben Tag

An demselben Tag, es war der Sonntag vor Weihnachten, kam er abends zu Lotten und fand sie allein. Sie beschäftigte sich, einige Spielwerke in Ordnung zu bringen, die sie ihren kleinen Geschwistern zum Christgeschenk zurecht gemacht hatte. Er redete von dem Vergnügen, das die Kleinen haben würden, und von den Zeiten, da einen die unerwartete Öffnung der Tür und die Erscheinung eines aufgeputzen Baumes mit Wachslichtern, Zuckerwerk und Äpfeln in paradiesische Entzückung setzte. – Sie sollen, sagte Lotte, indem sie ihre Verlegenheit unter ein liebes Lächeln verbarg, Sie sollen auch beschert kriegen, wenn Sie recht geschickt sind; ein Wachsstöckchen und noch was. – Und was heißen Sie geschickt sein? rief er aus; wie soll ich sein? wie kann ich sein? beste Lotte! – Donnerstagabend, sagte sie, ist Weihnachtsabend, da kommen die Kinder, mein Vater auch, da kriegt jedes das Seinige, da kommen Sie auch.

Johann Wolfgang von Goethe

Das Weihnachtsfest war nahe

Das Weihnachtsfest war nahe, wir konnten die Tage bis zum 24. Dezember schon an den Fingern abzählen, als sich etwas begab, das uns in die größte Aufregung versetzte. Vor unsern Nasen gleichsam verschwanden unsere Puppen. Auf einmal waren alle fort.

Eine vollständige Puppenauswanderung hatte stattgefunden.

Das Bett, in das Fritzi gestern noch ihre älteste Tochter, die große Christine, schlafen gelegt hatte – leer. Die Angehörigen Chistinens hinweggefegt, als ob sie nie dagewesen wären. Meine blonde Fanchette, die freilich von der Blondheit nur noch den Ruf besaß – denn keine geduldige Friseurin war ich –, ebenfalls unauffindbar. Wir kramten vergeblich nach ihr in unseren Laden, durchforschten alle Schränke und Winkel. Wir liefen ins Kinderzimmer und klagten die armen kleinen Brüder des Raubes unserer Puppen an. Daß wir auch im vorigen Jahr kurze Zeit vor Weihnachten den selben Jammer erlebt und dann unter dem Christbaum ebenso viele Puppen, als wir vermißt hatten, mit glänzend lackierten Gesichtern, reichem Gelock und schön gekleidet sitzen sahen, fiel uns nicht ein. O wir waren dumme Kinder! Ich glaube nicht, daß es heutzutage noch so dumme Kinder gibt.

Marie von Ebner-Eschenbach

Das Heiratsorakel

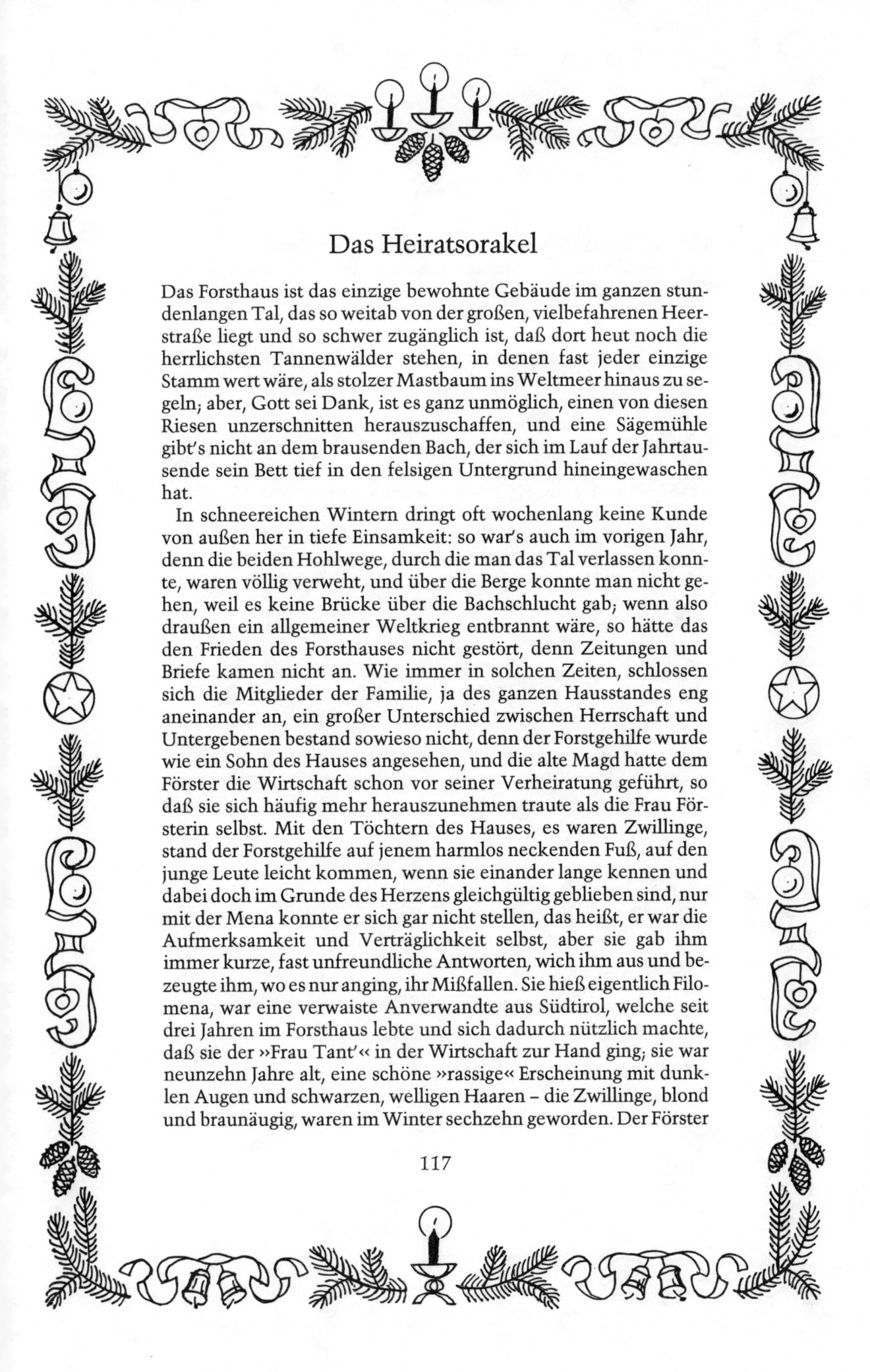

Das Forsthaus ist das einzige bewohnte Gebäude im ganzen stundenlangen Tal, das so weitab von der großen, vielbefahrenen Heerstraße liegt und so schwer zugänglich ist, daß dort heut noch die herrlichsten Tannenwälder stehen, in denen fast jeder einzige Stamm wert wäre, als stolzer Mastbaum ins Weltmeer hinaus zu segeln; aber, Gott sei Dank, ist es ganz unmöglich, einen von diesen Riesen unzerschnitten herauszuschaffen, und eine Sägemühle gibt's nicht an dem brausenden Bach, der sich im Lauf der Jahrtausende sein Bett tief in den felsigen Untergrund hineingewaschen hat.

In schneereichen Wintern dringt oft wochenlang keine Kunde von außen her in tiefe Einsamkeit: so war's auch im vorigen Jahr, denn die beiden Hohlwege, durch die man das Tal verlassen konnte, waren völlig verweht, und über die Berge konnte man nicht gehen, weil es keine Brücke über die Bachschlucht gab; wenn also draußen ein allgemeiner Weltkrieg entbrannt wäre, so hätte das den Frieden des Forsthauses nicht gestört, denn Zeitungen und Briefe kamen nicht an. Wie immer in solchen Zeiten, schlossen sich die Mitglieder der Familie, ja des ganzen Hausstandes eng aneinander an, ein großer Unterschied zwischen Herrschaft und Untergebenen bestand sowieso nicht, denn der Forstgehilfe wurde wie ein Sohn des Hauses angesehen, und die alte Magd hatte dem Förster die Wirtschaft schon vor seiner Verheiratung geführt, so daß sie sich häufig mehr herauszunehmen traute als die Frau Försterin selbst. Mit den Töchtern des Hauses, es waren Zwillinge, stand der Forstgehilfe auf jenem harmlos neckenden Fuß, auf den junge Leute leicht kommen, wenn sie einander lange kennen und dabei doch im Grunde des Herzens gleichgültig geblieben sind, nur mit der Mena konnte er sich gar nicht stellen, das heißt, er war die Aufmerksamkeit und Verträglichkeit selbst, aber sie gab ihm immer kurze, fast unfreundliche Antworten, wich ihm aus und bezeugte ihm, wo es nur anging, ihr Mißfallen. Sie hieß eigentlich Filomena, war eine verwaiste Anverwandte aus Südtirol, welche seit drei Jahren im Forsthaus lebte und sich dadurch nützlich machte, daß sie der »Frau Tant'« in der Wirtschaft zur Hand ging; sie war neunzehn Jahre alt, eine schöne »rassige« Erscheinung mit dunklen Augen und schwarzen, welligen Haaren – die Zwillinge, blond und braunäugig, waren im Winter sechzehn geworden. Der Förster hatte auch einen Sohn, der ein Jahr jünger als die Zwillinge war und in München das Gymnasium besuchte; er sollte sich selbstverständlich auch dem Forstfach widmen, aber erst etwas Tüchtiges lernen, damit er es weiterbringen konnte als der Vater und die anderen Vorfahren, die ausnahmslos Förster gewesen waren.

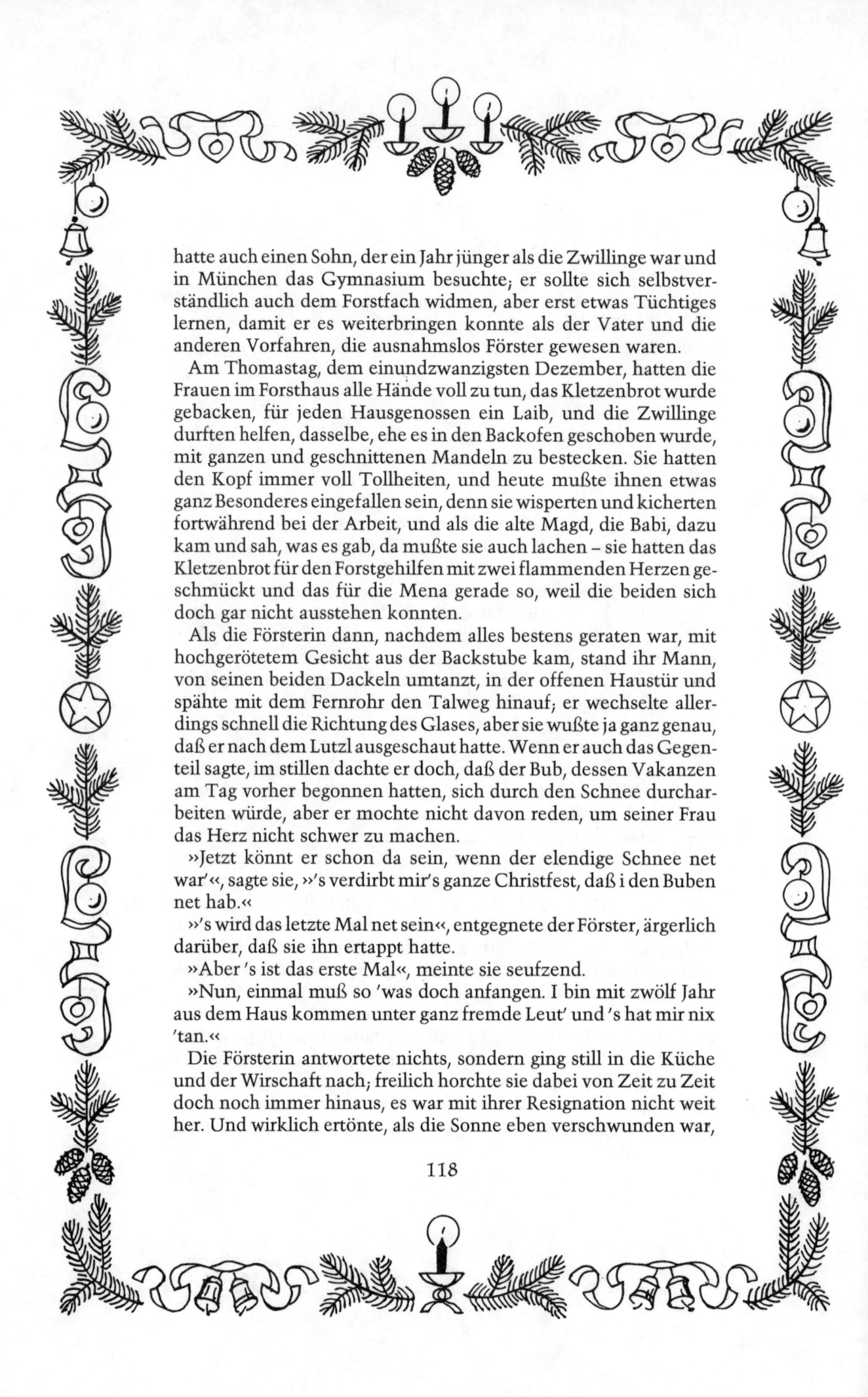

Am Thomastag, dem einundzwanzigsten Dezember, hatten die Frauen im Forsthaus alle Hände voll zu tun, das Kletzenbrot wurde gebacken, für jeden Hausgenossen ein Laib, und die Zwillinge durften helfen, dasselbe, ehe es in den Backofen geschoben wurde, mit ganzen und geschnittenen Mandeln zu bestecken. Sie hatten den Kopf immer voll Tollheiten, und heute mußte ihnen etwas ganz Besonderes eingefallen sein, denn sie wisperten und kicherten fortwährend bei der Arbeit, und als die alte Magd, die Babi, dazu kam und sah, was es gab, da mußte sie auch lachen – sie hatten das Kletzenbrot für den Forstgehilfen mit zwei flammenden Herzen geschmückt und das für die Mena gerade so, weil die beiden sich doch gar nicht ausstehen konnten.

Als die Försterin dann, nachdem alles bestens geraten war, mit hochgerötetem Gesicht aus der Backstube kam, stand ihr Mann, von seinen beiden Dackeln umtanzt, in der offenen Haustür und spähte mit dem Fernrohr den Talweg hinauf; er wechselte allerdings schnell die Richtung des Glases, aber sie wußte ja ganz genau, daß er nach dem Lutzl ausgeschaut hatte. Wenn er auch das Gegenteil sagte, im stillen dachte er doch, daß der Bub, dessen Vakanzen am Tag vorher begonnen hatten, sich durch den Schnee durcharbeiten würde, aber er mochte nicht davon reden, um seiner Frau das Herz nicht schwer zu machen.

»Jetzt könnt er schon da sein, wenn der elendige Schnee net war'«, sagte sie, »'s verdirbt mir's ganze Christfest, daß i den Buben net hab.«

»'s wird das letzte Mal net sein«, entgegnete der Förster, ärgerlich darüber, daß sie ihn ertappt hatte.

»Aber 's ist das erste Mal«, meinte sie seufzend.

»Nun, einmal muß so 'was doch anfangen. I bin mit zwölf Jahr aus dem Haus kommen unter ganz fremde Leut' und 's hat mir nix 'tan.«

Die Försterin antwortete nichts, sondern ging still in die Küche und der Wirschaft nach; freilich horchte sie dabei von Zeit zu Zeit doch noch immer hinaus, es war mit ihrer Resignation nicht weit her. Und wirklich ertönte, als die Sonne eben verschwunden war, ein gellender Jubelschrei vor dem Hause, und nach ein paar Sekunden lag der Lutzl in ihren Armen, hoch aufgeschossen, fast größer als der Vater, mit lachenden Augen und Backen, die der eisige Wind gerötet hatte. Er war oft bis an die Schultern in den Schnee eingebrochen, hatte sich aber tapfer gehalten; seine Kleider waren halb durchnäßt und dann gefroren, so daß sie ordentlich starrten.

Die Mutter war glücklich, die Tränen standen ihr in den Augen, und doch fing sie gleich zu schelten an.

»Du leichtsinniger Bub, du, aber freilich an deine alten Eltern daheim denkst net, wie leicht, daß du im Schnee hätt'st verunglücken können, so ganz allein.« Der hübsche blonde Bursche ließ sie jedoch nicht weiterreden, er nahm sie um die Taille und drehte sie mit einem Juchzer in der Stube herum, daß ihr der Atem und die Luft zu Vorwürfen vergingen. Der Vater, der lächelnd dabei gestanden war, hielt ihn schließlich an den Schultern fest.

»Zieh dir erst trockene Sachen an«, sagte er, »der Karl leiht dir schon 'was, gelt?« wandte er sich zu dem Forstgehilfen um.

»Natürlich.«

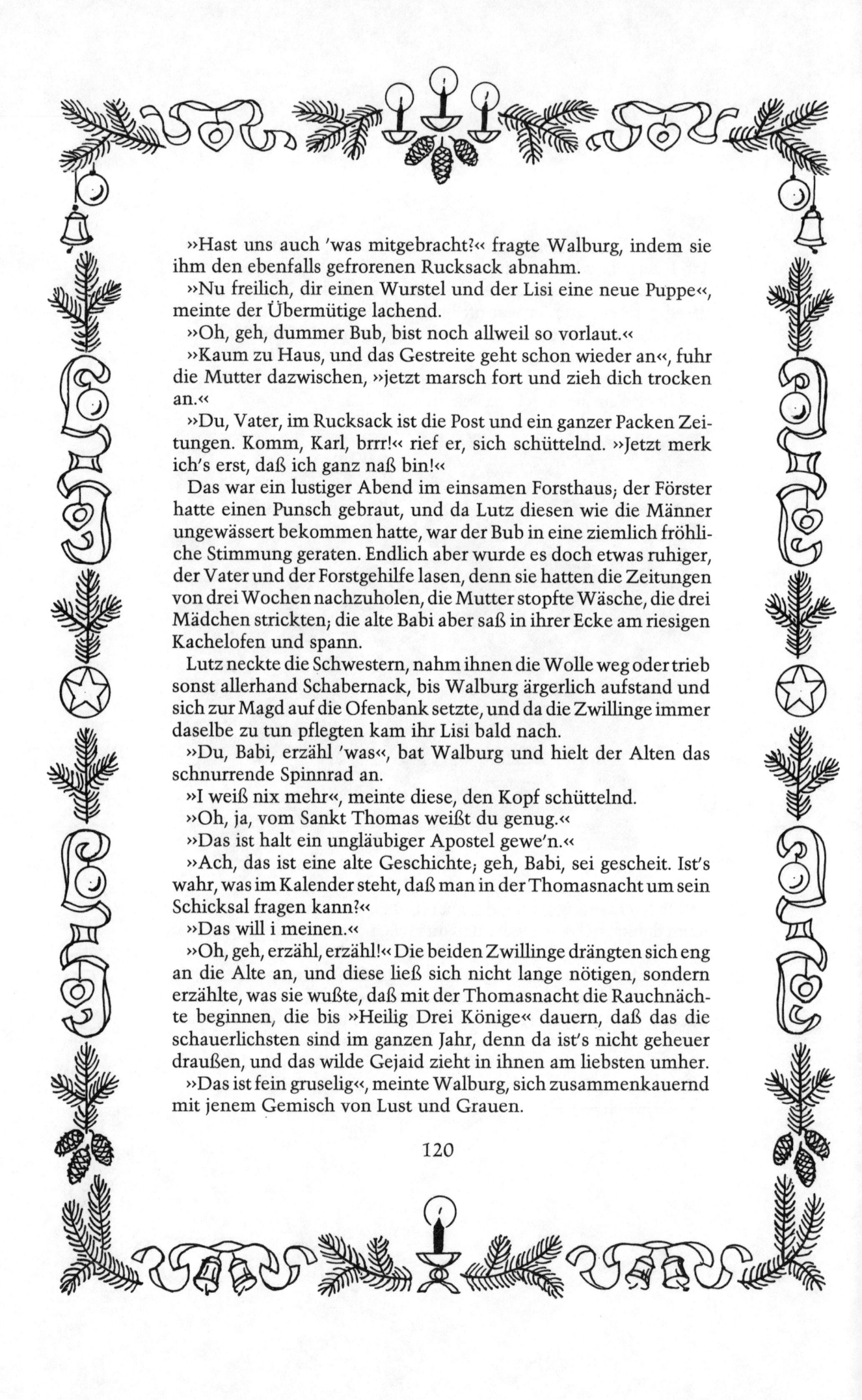

»Hast uns auch 'was mitgebracht?« fragte Walburg, indem sie ihm den ebenfalls gefrorenen Rucksack abnahm.

»Nu freilich, dir einen Wurstel und der Lisi eine neue Puppe«, meinte der Übermütige lachend.

»Oh, geh, dummer Bub, bist noch allweil so vorlaut.«

»Kaum zu Haus, und das Gestreite geht schon wieder an«, fuhr die Mutter dazwischen, »jetzt marsch fort und zieh dich trocken an.«

»Du, Vater, im Rucksack ist die Post und ein ganzer Packen Zeitungen. Komm, Karl, brrr!« rief er, sich schüttelnd. »Jetzt merk ich's erst, daß ich ganz naß bin!«

Das war ein lustiger Abend im einsamen Forsthaus; der Förster hatte einen Punsch gebraut, und da Lutz diesen wie die Männer ungewässert bekommen hatte, war der Bub in eine ziemlich fröhliche Stimmung geraten. Endlich aber wurde es doch etwas ruhiger, der Vater und der Forstgehilfe lasen, denn sie hatten die Zeitungen von drei Wochen nachzuholen, die Mutter stopfte Wäsche, die drei Mädchen strickten; die alte Babi aber saß in ihrer Ecke am riesigen Kachelofen und spann.

Lutz neckte die Schwestern, nahm ihnen die Wolle weg oder trieb sonst allerhand Schabernack, bis Walburg ärgerlich aufstand und sich zur Magd auf die Ofenbank setzte, und da die Zwillinge immer daselbe zu tun pflegten kam ihr Lisi bald nach.

»Du, Babi, erzähl 'was«, bat Walburg und hielt der Alten das schnurrende Spinnrad an.

»I weiß nix mehr«, meinte diese, den Kopf schüttelnd.

»Oh, ja, vom Sankt Thomas weißt du genug.«

»Das ist halt ein ungläubiger Apostel gewe'n.«

»Ach, das ist eine alte Geschichte; geh, Babi, sei gescheit. Ist's wahr, was im Kalender steht, daß man in der Thomasnacht um sein Schicksal fragen kann?«

»Das will i meinen.«

»Oh, geh, erzähl, erzähl!« Die beiden Zwillinge drängten sich eng an die Alte an, und diese ließ sich nicht lange nötigen, sondern erzählte, was sie wußte, daß mit der Thomasnacht die Rauchnächte beginnen, die bis »Heilig Drei Könige« dauern, daß das die schauerlichsten sind im ganzen Jahr, denn da ist's nicht geheuer draußen, und das wilde Gejaid zieht in ihnen am liebsten umher.

»Das ist fein gruselig«, meinte Walburg, sich zusammenkauernd mit jenem Gemisch von Lust und Grauen.

Lutz wurde dadurch aufmerksam und horchte auf, er hörte aber nichts, stand darum auf und setzte sich auf die Bank an der andern Seite des Ofens, wo er alles verstehen konnte, und das machte ihm riesiges Vergnügen, denn er lachte immer leise in sich hinein, während Babi weitererzählte, wie die Mädchen ihr Schicksal befragen könnten, das heißt, ob sie im kommenden Jahr heiraten würden, vom Orakel mit den Holzscheiten und dem Schlappschuh und schließlich von dem allerwichtigsten mit dem Backofen.

Die Mädchen saßen da mit weit aufgerissenen Augen und verloren kein Wort, da stand Lutz plötzlich laut lachend vor ihnen – er war leise aufgestanden, hatte in seinem Rucksack, der an der Tür hing, gekramt und ein in Zeitungspapier gewickeltes Paketchen in die Rocktasche gesteckt.

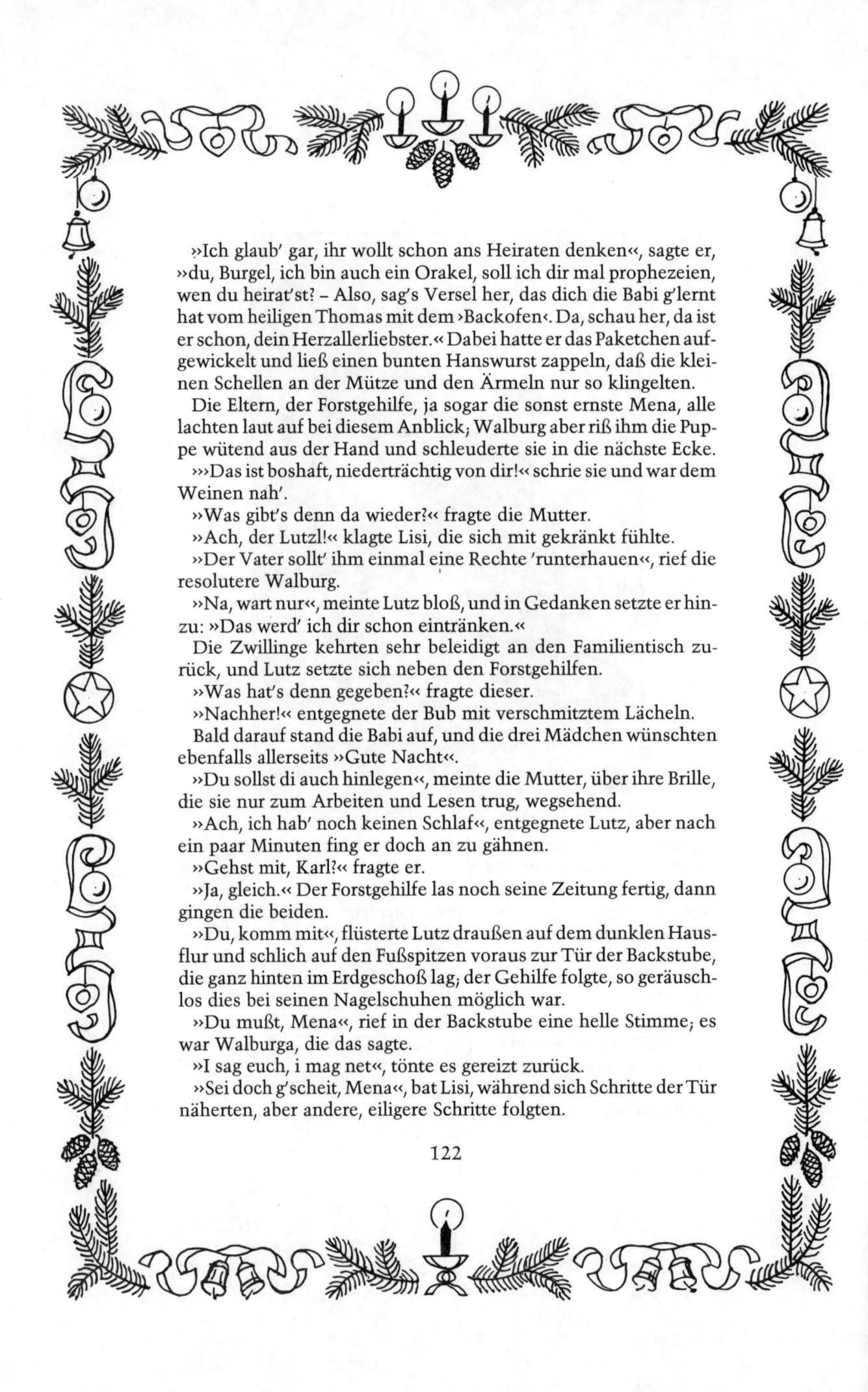

»Ich glaub' gar, ihr wollt schon ans Heiraten denken«, sagte er, »du, Burgel, ich bin auch ein Orakel, soll ich dir mal prophezeien, wen du heirat'st? – Also, sag's Versel her, das dich die Babi g'lernt hat vom heiligen Thomas mit dem ›Backofen‹. Da, schau her, da ist er schon, dein Herzallerliebster.« Dabei hatte er das Paketchen aufgewickelt und ließ einen bunten Hanswurst zappeln, daß die kleinen Schellen an der Mütze und den Ärmeln nur so klingelten.

Die Eltern, der Forstgehilfe, ja sogar die sonst ernste Mena, alle lachten laut auf bei diesem Anblick; Walburg aber riß ihm die Puppe wütend aus der Hand und schleuderte sie in die nächste Ecke.

»»Das ist boshaft, niederträchtig von dir!« schrie sie und war dem Weinen nah'.

»Was gibt's denn da wieder?« fragte die Mutter.

»Ach, der Lutzl!« klagte Lisi, die sich mit gekränkt fühlte.

»Der Vater sollt' ihm einmal eine Rechte 'runterhauen«, rief die resolutere Walburg.

»Na, wart nur«, meinte Lutz bloß, und in Gedanken setzte er hinzu: »Das werd' ich dir schon eintränken.«

Die Zwillinge kehrten sehr beleidigt an den Familientisch zurück, und Lutz setzte sich neben den Forstgehilfen.

»Was hat's denn gegeben?« fragte dieser.

»Nachher!« entgegnete der Bub mit verschmitztem Lächeln.

Bald darauf stand die Babi auf, und die drei Mädchen wünschten ebenfalls allerseits »Gute Nacht«.

»Du sollst di auch hinlegen«, meinte die Mutter, über ihre Brille, die sie nur zum Arbeiten und Lesen trug, wegsehend.

»Ach, ich hab' noch keinen Schlaf«, entgegnete Lutz, aber nach ein paar Minuten fing er doch an zu gähnen.

»Gehst mit, Karl?« fragte er.

»Ja, gleich.« Der Forstgehilfe las noch seine Zeitung fertig, dann gingen die beiden.

»Du, komm mit«, flüsterte Lutz draußen auf dem dunklen Hausflur und schlich auf den Fußspitzen voraus zur Tür der Backstube, die ganz hinten im Erdgeschoß lag; der Gehilfe folgte, so geräuschlos dies bei seinen Nagelschuhen möglich war.

»Du mußt, Mena«, rief in der Backstube eine helle Stimme; es war Walburga, die das sagte.

»I sag euch, i mag net«, tönte es gereizt zurück.

»Sei doch g'scheit, Mena«, bat Lisi, während sich Schritte der Tür näherten, aber andere, eiligere Schritte folgten.

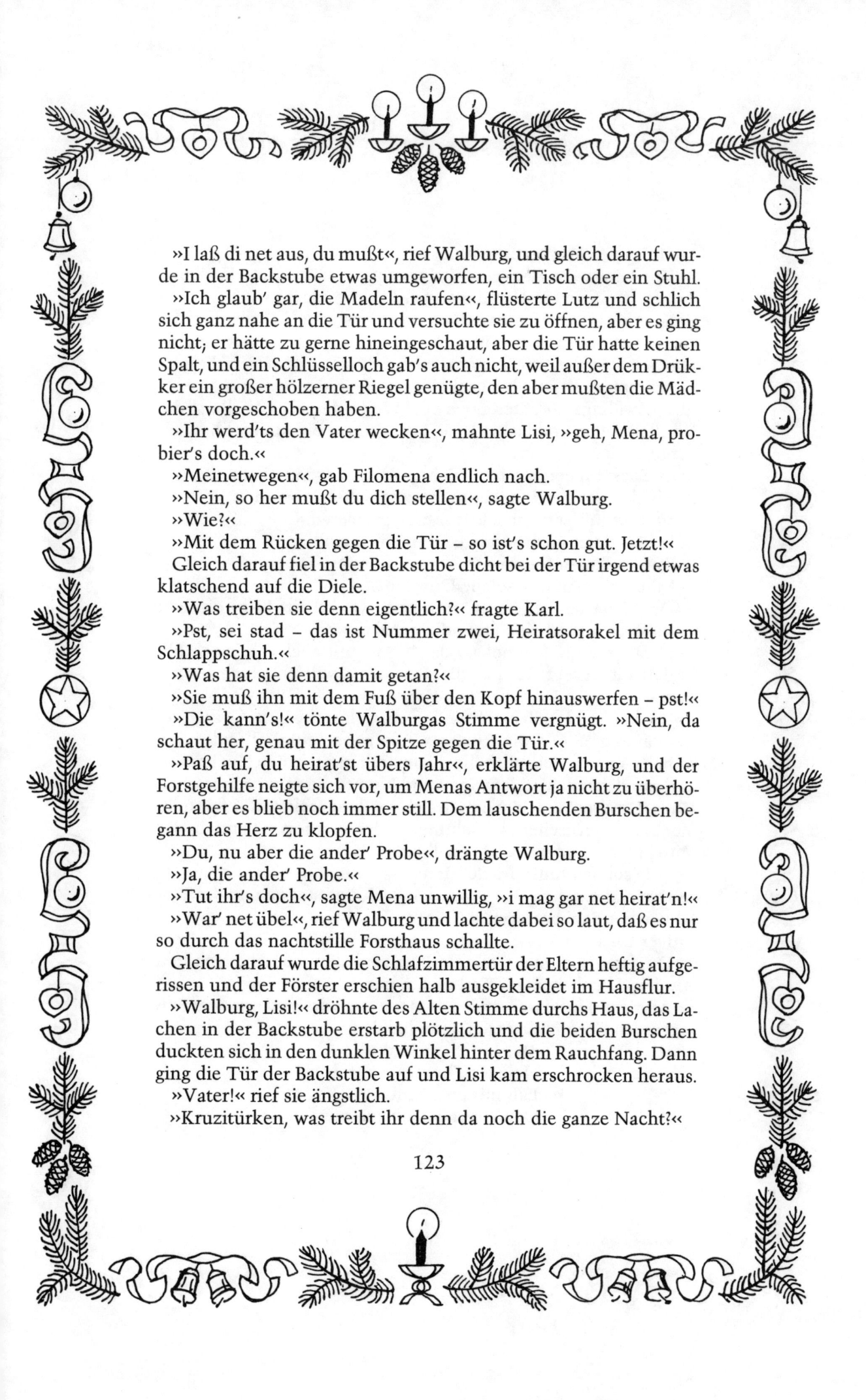

»I laß di net aus, du mußt«, rief Walburg, und gleich darauf wurde in der Backstube etwas umgeworfen, ein Tisch oder ein Stuhl.

»Ich glaub' gar, die Madeln raufen«, flüsterte Lutz und schlich sich ganz nahe an die Tür und versuchte sie zu öffnen, aber es ging nicht; er hätte zu gerne hineingeschaut, aber die Tür hatte keinen Spalt, und ein Schlüsselloch gab's auch nicht, weil außer dem Drücker ein großer hölzerner Riegel genügte, den aber mußten die Mädchen vorgeschoben haben.

»Ihr werd'ts den Vater wecken«, mahnte Lisi, »geh, Mena, probier's doch.«

»Meinetwegen«, gab Filomena endlich nach.

»Nein, so her mußt du dich stellen«, sagte Walburg.

»Wie?«

»Mit dem Rücken gegen die Tür – so ist's schon gut. Jetzt!«

Gleich darauf fiel in der Backstube dicht bei der Tür irgend etwas klatschend auf die Diele.

»Was treiben sie denn eigentlich?« fragte Karl.

»Pst, sei stad – das ist Nummer zwei, Heiratsorakel mit dem Schlappschuh.«

»Was hat sie denn damit getan?«

»Sie muß ihn mit dem Fuß über den Kopf hinauswerfen – pst!«

»Die kann's!« tönte Walburgas Stimme vergnügt. »Nein, da schaut her, genau mit der Spitze gegen die Tür.«

»Paß auf, du heirat'st übers Jahr«, erklärte Walburg, und der Forstgehilfe neigte sich vor, um Menas Antwort ja nicht zu überhören, aber es blieb noch immer still. Dem lauschenden Burschen begann das Herz zu klopfen.

»Du, nu aber die ander' Probe«, drängte Walburg.

»Ja, die ander' Probe.«

»Tut ihr's doch«, sagte Mena unwillig, »i mag gar net heirat'n!«

»War' net übel«, rief Walburg und lachte dabei so laut, daß es nur so durch das nachtstille Forsthaus schallte.

Gleich darauf wurde die Schlafzimmertür der Eltern heftig aufgerissen und der Förster erschien halb ausgekleidet im Hausflur.

»Walburg, Lisi!« dröhnte des Alten Stimme durchs Haus, das Lachen in der Backstube erstarb plötzlich und die beiden Burschen duckten sich in den dunklen Winkel hinter dem Rauchfang. Dann ging die Tür der Backstube auf und Lisi kam erschrocken heraus.

»Vater!« rief sie ängstlich.

»Kruzitürken, was treibt ihr denn da noch die ganze Nacht?«

»Oh, mei, Vater!« stotterte Lisi.

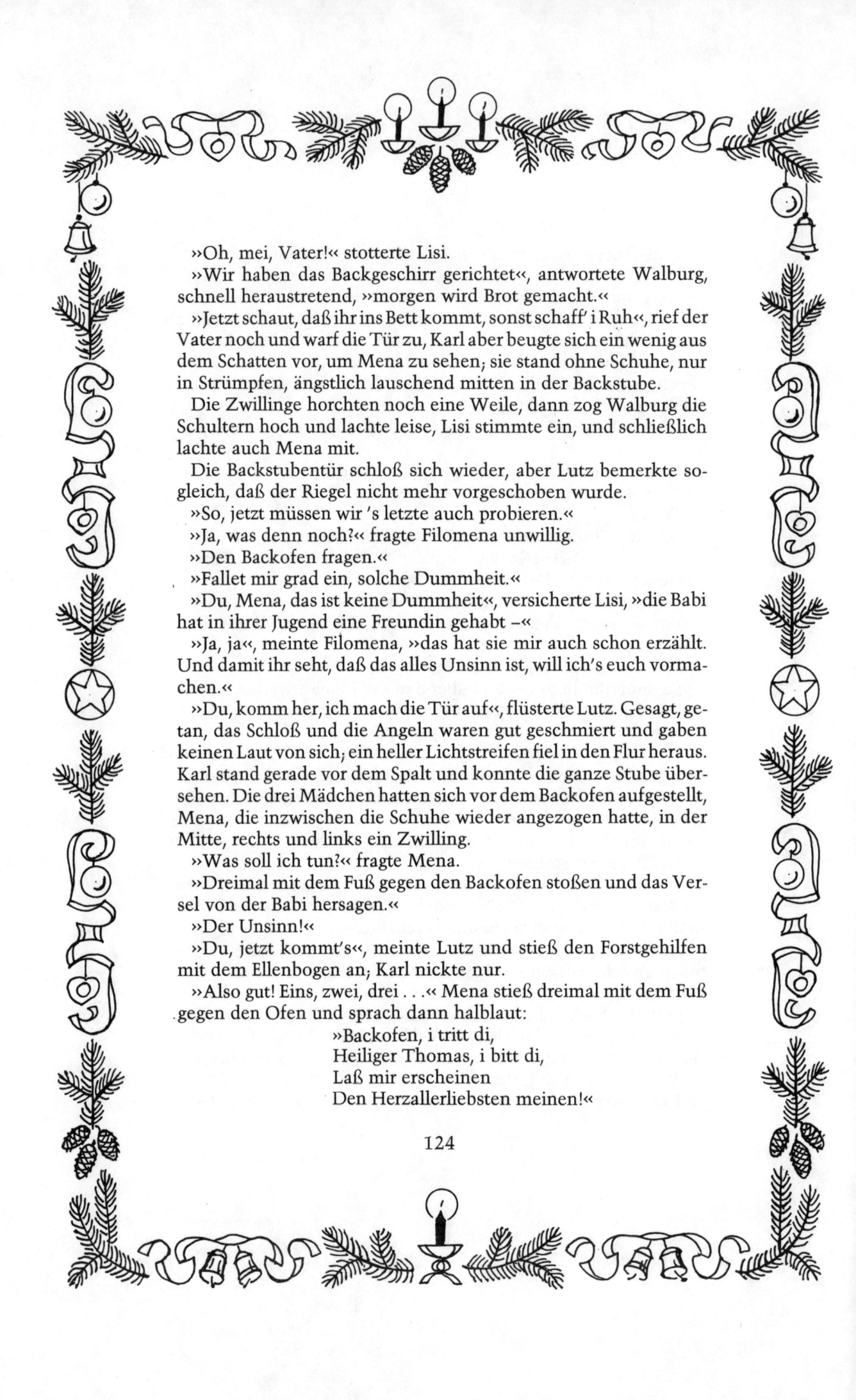

»Wir haben das Backgeschirr gerichtet«, antwortete Walburg, schnell heraustretend, »morgen wird Brot gemacht.«

»Jetzt schaut, daß ihr ins Bett kommt, sonst schaff' i Ruh«, rief der Vater noch und warf die Tür zu, Karl aber beugte sich ein wenig aus dem Schatten vor, um Mena zu sehen; sie stand ohne Schuhe, nur in Strümpfen, ängstlich lauschend mitten in der Backstube.

Die Zwillinge horchten noch eine Weile, dann zog Walburg die Schultern hoch und lachte leise, Lisi stimmte ein, und schließlich lachte auch Mena mit.

Die Backstubentür schloß sich wieder, aber Lutz bemerkte sogleich, daß der Riegel nicht mehr vorgeschoben wurde.

»So, jetzt müssen wir 's letzte auch probieren.«

»Ja, was denn noch?« fragte Filomena unwillig.

»Den Backofen fragen.«

»Fallet mir grad ein, solche Dummheit.«

»Du, Mena, das ist keine Dummheit«, versicherte Lisi, »die Babi hat in ihrer Jugend eine Freundin gehabt –«

»Ja, ja«, meinte Filomena, »das hat sie mir auch schon erzählt. Und damit ihr seht, daß das alles Unsinn ist, will ich's euch vormachen.«

»Du, komm her, ich mach die Tür auf«, flüsterte Lutz. Gesagt, getan, das Schloß und die Angeln waren gut geschmiert und gaben keinen Laut von sich; ein heller Lichtstreifen fiel in den Flur heraus. Karl stand gerade vor dem Spalt und konnte die ganze Stube übersehen. Die drei Mädchen hatten sich vor dem Backofen aufgestellt, Mena, die inzwischen die Schuhe wieder angezogen hatte, in der Mitte, rechts und links ein Zwilling.

»Was soll ich tun?« fragte Mena.

»Dreimal mit dem Fuß gegen den Backofen stoßen und das Versel von der Babi hersagen.«

»Der Unsinn!«

»Du, jetzt kommt's«, meinte Lutz und stieß den Forstgehilfen mit dem Ellenbogen an; Karl nickte nur.

»Also gut! Eins, zwei, drei ...« Mena stieß dreimal mit dem Fuß gegen den Ofen und sprach dann halblaut:

>»Backofen, i tritt di,
>Heiliger Thomas, i bitt di,
>Laß mir erscheinen
>Den Herzallerliebsten meinen!«

Sie hatte noch nicht geendet, da riß Lutz mit einer schnellen Bewegung – und ehe Karl es hindern konnte, die Tür vollständig auf, ein kalter Luftzug drang in die warme Backstube, die drei Mädchen wandten sich gleichzeitig um und stießen einen erstickten Angstschrei aus – in der Tür stand der Forstgehilfe.

Die Zwillinge wichen entsetzt hinter den Ofen zurück, Filomena aber war totenbleich geworden, streckte beschwörend die Hände gegen die vermeintliche Erscheinung aus und rief:

»Alle guten Geister ...«

Karl, der zuerst über den Gewalttakt des jungen Burschen ganz fassungslos gewesen war, hatte sich indessen gesammelt, trat möglichst unbefangen in die Stube und unterbrach sie:

»Ja, sind Sie noch auf, und was machen's denn für ein Gesicht? Ich bin doch kein Gespenst!« Ihm war gar nicht so zumute, aber er brachte es doch über sich, zu lachen.

Da ließ Filomena die Hände herunterfallen, schloß die Augen und holte tief Atem. Jetzt kam auch Lutz herein und weidete sich an den schreckensbleichen Gesichter seiner Schwestern, die sich langsam wieder aus ihrem Versteck heraustrauten. Diesmal aber war es die mutige Walburg, die ganz geknickt zu sein schien, denn Lisi war zu sehr auf etwas Außerordentliches gefaßt gewesen, nur die Erscheinung des Forstgehilfen hatte sie sehr überrascht, denn den hatte sie am allerwenigsten als Menas zukünftigen Gatten zu sehen erwartet.

»I hab' gedacht, die Hund' wären auskommen«, meinte Karl zur Erklärung seiner Anwesenheit, und noch ehe Lutz irgend etwas sagen konnte – er wollte Filomena und sich die Beschämung ersparen –, setzte er hinzu: »Gute Nacht, komm, Lutz!«

Dieser wollte gern noch bleiben, aber Karl hatte ihn mit eisernem Griff am Handgelenk gepackt, zog ihn mit sich hinaus und machte die Tür zu.

»Weißt, daß du dir solche Lausbuberei nicht wieder einfallen laßt«, zürnte der Forstgehilfe draußen, er hätte ihm am liebsten ein paar ausgewischt; Lutz fühlte das auch und schlich mit gesenktem Kopf und sehr betrübt über diesen Ausgang des famosen Witzes hinter ihm her, die Treppe hinauf.

Ganz ähnlich war der Rückzug, den gleich darauf die drei Mädchen nach ihrer gemeinsamen Schlafkammer antraten. Filomena, welche das Licht trug, ging sehr ernst und blaß voraus, und die Zwillinge folgten in größter Niedergeschlagenheit. Als Filomena sich dann ihr prächtiges schwarzes Haar für die Nacht einflocht, hielt sie eine Sekunde inne und sagte nur noch:

»Das habt ihr nun von eurem abergläubischen Unsinn, daß man vor Schreck halb tot geblieben ist.«

»Daß der Karl aber auch gerade da dazu gekommen ist«, entgegnete Walburg, die sich sehr schuldbewußt vorkam, kleinlaut.

Als alle drei längst in den Federn lagen, aber infolge der Aufregung nicht schlafen konnten, rief Lisi: »Du, Mena, schläfst schon?«

»Nein.«

»Du, meinst wirklich, daß der Karl dein zukünftiger Mann ist?«

Aber Lisi bekam an diesem Abend keine Antwort mehr.

Am nächsten Tag kam auch der Postbote wieder bis zum Forsthaus, am Weihnachtstag aber brachte ein Jägerbursche vom Forstamt ein großes amtliches Schreiben für den Forstgehilfen – der Herzog, sein Jagdherr, hatte ihn zum Förster in Maria Einöd ernannt. Ganz aufgeregt vor Freude stürzte Karl in die Wohnstube, wo er den Förster zu finden erwartete, er traf aber nur Filomena, die den Mittagstisch richtete. Ohne ein Wort zu sagen, reichte er ihr den offenen Brief; sie las, und alle Farbe wich aus ihren Wangen.

»Da gehen Sie wohl bald fort?« fragte sie endlich.

»Ja, freilich, auf Neujahr schon.«

»Ich gratulier' Ihnen vielmals!« Sie sagte es ruhig, und er, der eben noch aus ihrem Erblassen herausgefunden zu haben meinte, daß sie sich doch ein bißchen für ihn interessierte, verlor wieder allen Mut.

»Sie, Mena«, meinte er dann, ihre Hand ergreifend, in warmem, innigem Ton. »Sie freuen sich wohl, daß i fort komm'?«

»Ach, reden's doch nit so!« erwiderte sie fast erschrocken.

»Gewiß«, fuhr er dringender fort, »nie hab' i ein gut's Wort von Ihnen g'hört; was hab' i Ihnen denn eigentlich getan?«

»Nein, 's ist gewiß net wahr, gar nix hab' i«, versetzte sie ängstlich und suchte ihm ihre Hand zu entziehen.

»Sie, Mena«, begann er wieder, »i weiß, was Ihnen der heilige Thomas g'antwortet hat.« Sie sah ihn erschrocken an.

»Wär's denn gar so schlimm, wenn der Backofen die Wahrheit gesagt hätt'?« Er lächelte fast ein wenig.

»Gar net schlimm war's, aber's geht net«, stieß sie mit Anstrengung hervor.

»Ja, warum sollt's denn net gehen, wenn Sie mir bloß a ganz klein's bissel gut wären?«

Da brachen ihr die hellen Tränen aus den Augen.

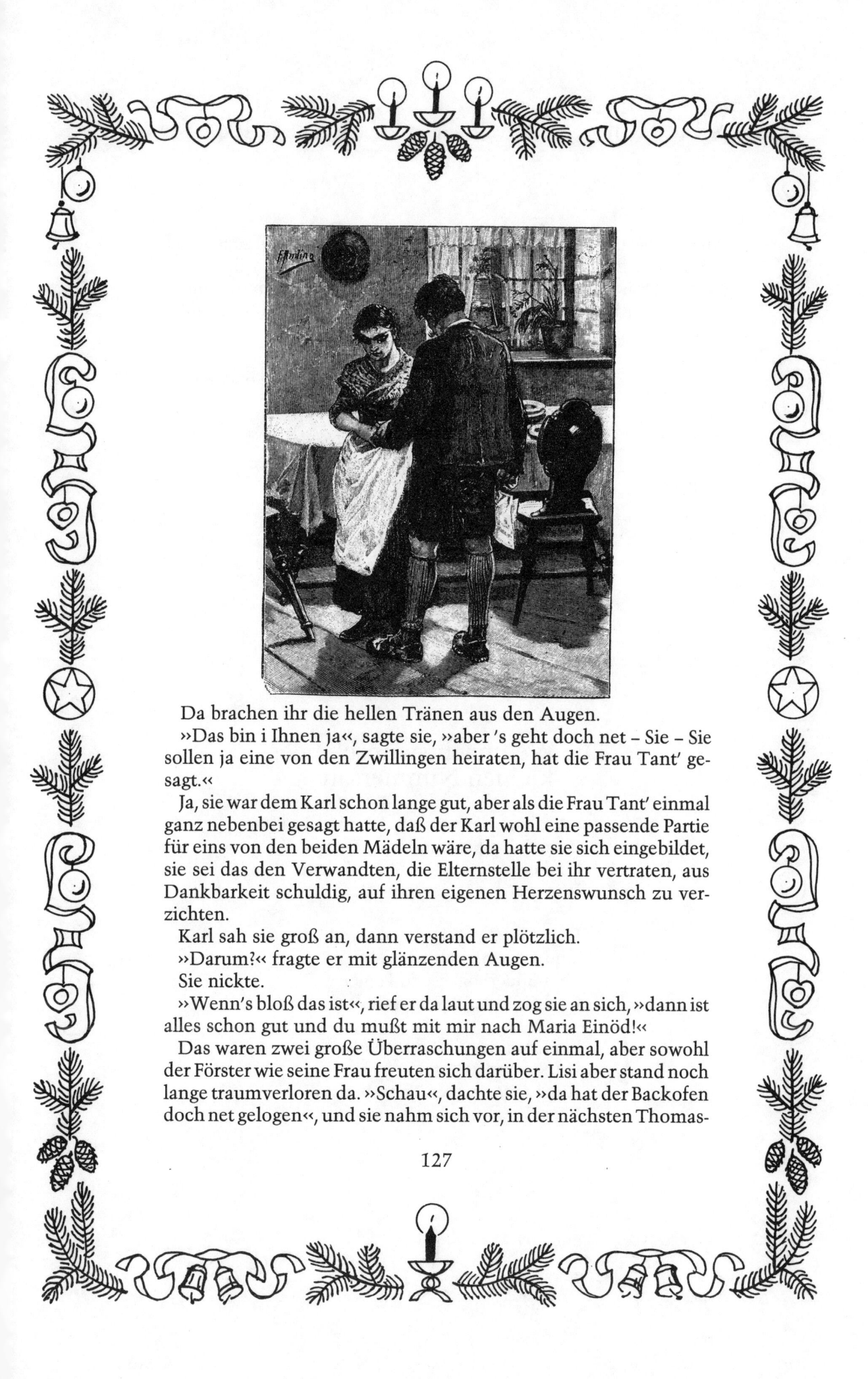

»Das bin i Ihnen ja«, sagte sie, »aber 's geht doch net – Sie – Sie sollen ja eine von den Zwillingen heiraten, hat die Frau Tant' gesagt.«

Ja, sie war dem Karl schon lange gut, aber als die Frau Tant' einmal ganz nebenbei gesagt hatte, daß der Karl wohl eine passende Partie für eins von den beiden Mädeln wäre, da hatte sie sich eingebildet, sie sei das den Verwandten, die Elternstelle bei ihr vertraten, aus Dankbarkeit schuldig, auf ihren eigenen Herzenswunsch zu verzichten.

Karl sah sie groß an, dann verstand er plötzlich.

»Darum?« fragte er mit glänzenden Augen.

Sie nickte.

»Wenn's bloß das ist«, rief er da laut und zog sie an sich, »dann ist alles schon gut und du mußt mit mir nach Maria Einöd!«

Das waren zwei große Überraschungen auf einmal, aber sowohl der Förster wie seine Frau freuten sich darüber. Lisi aber stand noch lange traumverloren da. »Schau«, dachte sie, »da hat der Backofen doch net gelogen«, und sie nahm sich vor, in der nächsten Thomasnacht das Orakel selbst zu befragen. Und wenn es ihr auch nicht den Herzallerliebsten weisen sollte, so wird sie als altes Mütterchen doch ihren Enkelinnen erzählen, wie die Mädchen in der Thomasnacht den Backofen befragen müssen, und daß in ihrer Jugend – und so weiter, und so weiter, ganz wie die alte Babi.

Wolfgang Brachvogel

Die Weihnachtswünsche des kleinen Nimmersatt

»Am meisten wünsch' ich mir ein Pferd
Zum Schaukeln und zum Reiten,
Und eine Rüstung und ein Schwert
Wie aus den Ritterzeiten.

Drei Märchenbücher wünsch' ich mir
Und Farben auch zum Malen,
Und Bilderbogen und Papier
Und Gold- und Silberschalen.

Ein Domino, ein Lottospiel,
Ein Kasperletheater,
Auch einen neuen Peitschenstiel
Vergiß nicht, lieber Vater!

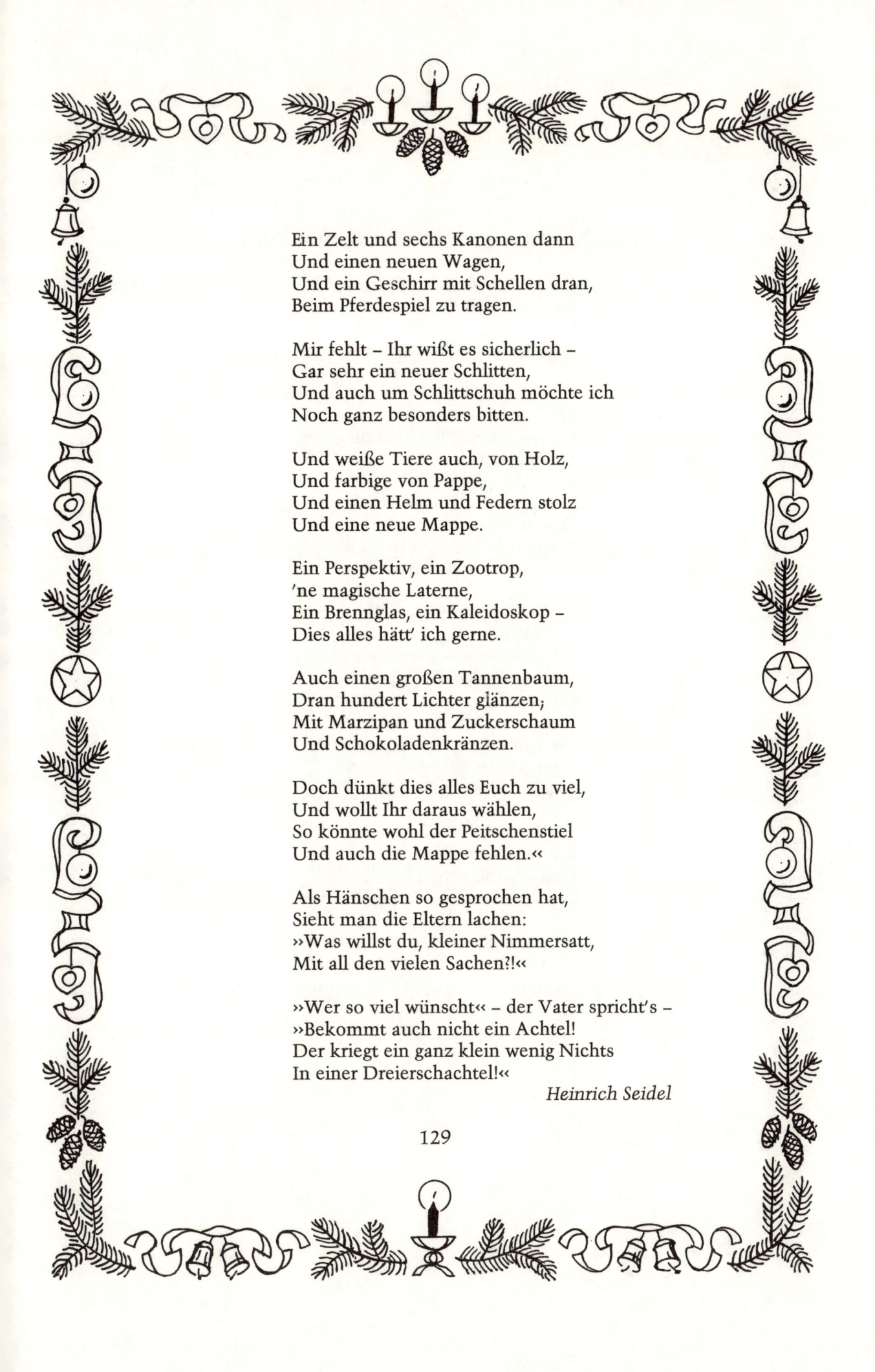

Ein Zelt und sechs Kanonen dann
Und einen neuen Wagen,
Und ein Geschirr mit Schellen dran,
Beim Pferdespiel zu tragen.

Mir fehlt – Ihr wißt es sicherlich –
Gar sehr ein neuer Schlitten,
Und auch um Schlittschuh möchte ich
Noch ganz besonders bitten.

Und weiße Tiere auch, von Holz,
Und farbige von Pappe,
Und einen Helm und Federn stolz
Und eine neue Mappe.

Ein Perspektiv, ein Zootrop,
'ne magische Laterne,
Ein Brennglas, ein Kaleidoskop –
Dies alles hätt' ich gerne.

Auch einen großen Tannenbaum,
Dran hundert Lichter glänzen;
Mit Marzipan und Zuckerschaum
Und Schokoladenkränzen.

Doch dünkt dies alles Euch zu viel,
Und wollt Ihr daraus wählen,
So könnte wohl der Peitschenstiel
Und auch die Mappe fehlen.«

Als Hänschen so gesprochen hat,
Sieht man die Eltern lachen:
»Was willst du, kleiner Nimmersatt,
Mit all den vielen Sachen?!«

»Wer so viel wünscht« – der Vater spricht's –
»Bekommt auch nicht ein Achtel!
Der kriegt ein ganz klein wenig Nichts
In einer Dreierschachtel!«

Heinrich Seidel

Die Nacht vor dem Heiligen Abend

Die Nacht vor dem Heiligen Abend,
Da liegen die Kinder im Traum,
Sie träumen von schönen Sachen
Und von dem Weihnachtsbaum.

Und während sie schlafen und träumen,
Wird es am Himmel klar,
Und durch den Himmel fliegen
Drei Engel wunderbar.

Sie tragen ein holdes Kindlein,
Das ist der heil'ge Christ,
Es ist so fromm und freundlich,
Wie keins auf Erden ist.

Und wie es durch den Himmel
Still über die Häuser fliegt,
Schaut es in jedes Bettchen,
Wo nur ein Kindlein liegt.

Und freut sich über alle,
Die fromm und freundlich sind;
Denn solche liebt von Herzen
Das liebe Himmelskind.

Wird sie auch reich bedenken
Mit Lust aufs allerbest',
Und wird sie schön beschenken
Zum morgenden Weihnachtsfest.

Heut schlafen noch die Kinder
Und sehn es nur im Traum;
Doch morgen tanzen und springen
Sie um den Weihnachtsbaum.

Robert Reinick

O schöne, herrliche Weihnachtszeit

O schöne, herrliche Weihnachtszeit,
Was bringst du Lust und Fröhlichkeit!
Wenn der heilige Christ in jedem Haus
Teilt seine lieben Gaben aus.
Und ist das Häuschen noch so klein,
So kommt der heilige Christ hinein,

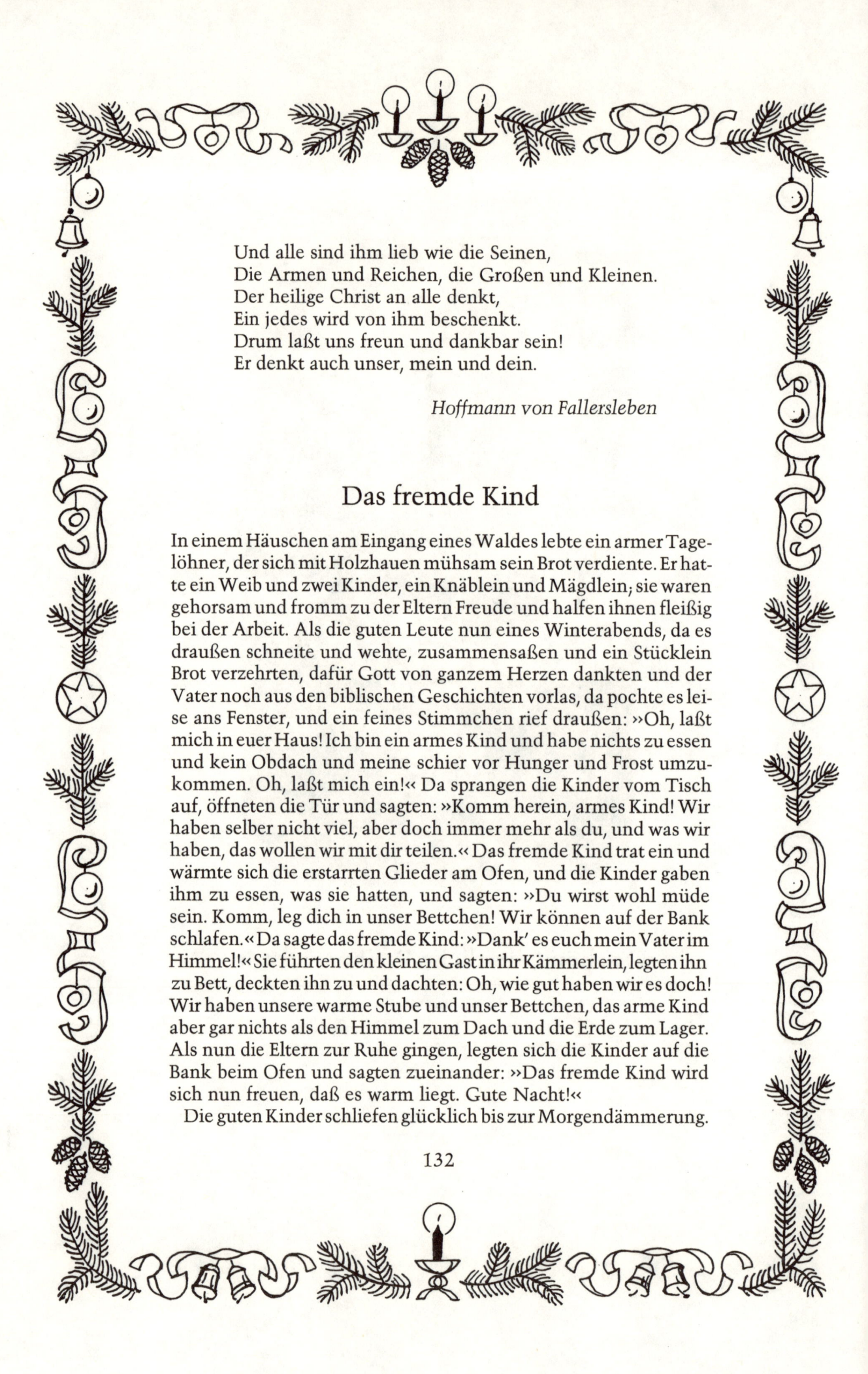

Und alle sind ihm lieb wie die Seinen,
Die Armen und Reichen, die Großen und Kleinen.
Der heilige Christ an alle denkt,
Ein jedes wird von ihm beschenkt.
Drum laßt uns freun und dankbar sein!
Er denkt auch unser, mein und dein.

Hoffmann von Fallersleben

Das fremde Kind

In einem Häuschen am Eingang eines Waldes lebte ein armer Tagelöhner, der sich mit Holzhauen mühsam sein Brot verdiente. Er hatte ein Weib und zwei Kinder, ein Knäblein und Mägdlein; sie waren gehorsam und fromm zu der Eltern Freude und halfen ihnen fleißig bei der Arbeit. Als die guten Leute nun eines Winterabends, da es draußen schneite und wehte, zusammensaßen und ein Stücklein Brot verzehrten, dafür Gott von ganzem Herzen dankten und der Vater noch aus den biblischen Geschichten vorlas, da pochte es leise ans Fenster, und ein feines Stimmchen rief draußen: »Oh, laßt mich in euer Haus! Ich bin ein armes Kind und habe nichts zu essen und kein Obdach und meine schier vor Hunger und Frost umzukommen. Oh, laßt mich ein!« Da sprangen die Kinder vom Tisch auf, öffneten die Tür und sagten: »Komm herein, armes Kind! Wir haben selber nicht viel, aber doch immer mehr als du, und was wir haben, das wollen wir mit dir teilen.« Das fremde Kind trat ein und wärmte sich die erstarrten Glieder am Ofen, und die Kinder gaben ihm zu essen, was sie hatten, und sagten: »Du wirst wohl müde sein. Komm, leg dich in unser Bettchen! Wir können auf der Bank schlafen.« Da sagte das fremde Kind: »Dank' es euch mein Vater im Himmel!« Sie führten den kleinen Gast in ihr Kämmerlein, legten ihn zu Bett, deckten ihn zu und dachten: Oh, wie gut haben wir es doch! Wir haben unsere warme Stube und unser Bettchen, das arme Kind aber gar nichts als den Himmel zum Dach und die Erde zum Lager. Als nun die Eltern zur Ruhe gingen, legten sich die Kinder auf die Bank beim Ofen und sagten zueinander: »Das fremde Kind wird sich nun freuen, daß es warm liegt. Gute Nacht!«

Die guten Kinder schliefen glücklich bis zur Morgendämmerung.

Da erwachte die kleine Marie und weckte leise ihren Bruder, indem sie sprach: »Valentin, wach auf, wach auf! Höre doch die schöne Musik!« Da rieb sich Valentin die Augen und lauschte. Es war aber ein wunderbares Klingen und Singen, das sich vor dem Hause vernehmen ließ, und wie mit Harfenbegleitung hallte es:

»Wir grüßen dich mit Harfenklang,
O heil'ges Kind, und Lobgesang.
Du liegst in Ruh' in dunkler Nacht;
Wir halten treu bei dir die Wacht.
Wer dich aufnimmt, wird hoch entzückt;
Oh, Heil dem Haus, das du beglückt.«

Das hörten die Kinder, und es befiel sie eine freudige Angst; sie traten ans Fenster, um zu schauen, was denn draußen geschähe. Im Osten sahen sie das Morgenrot glühen und vor dem Hause viele

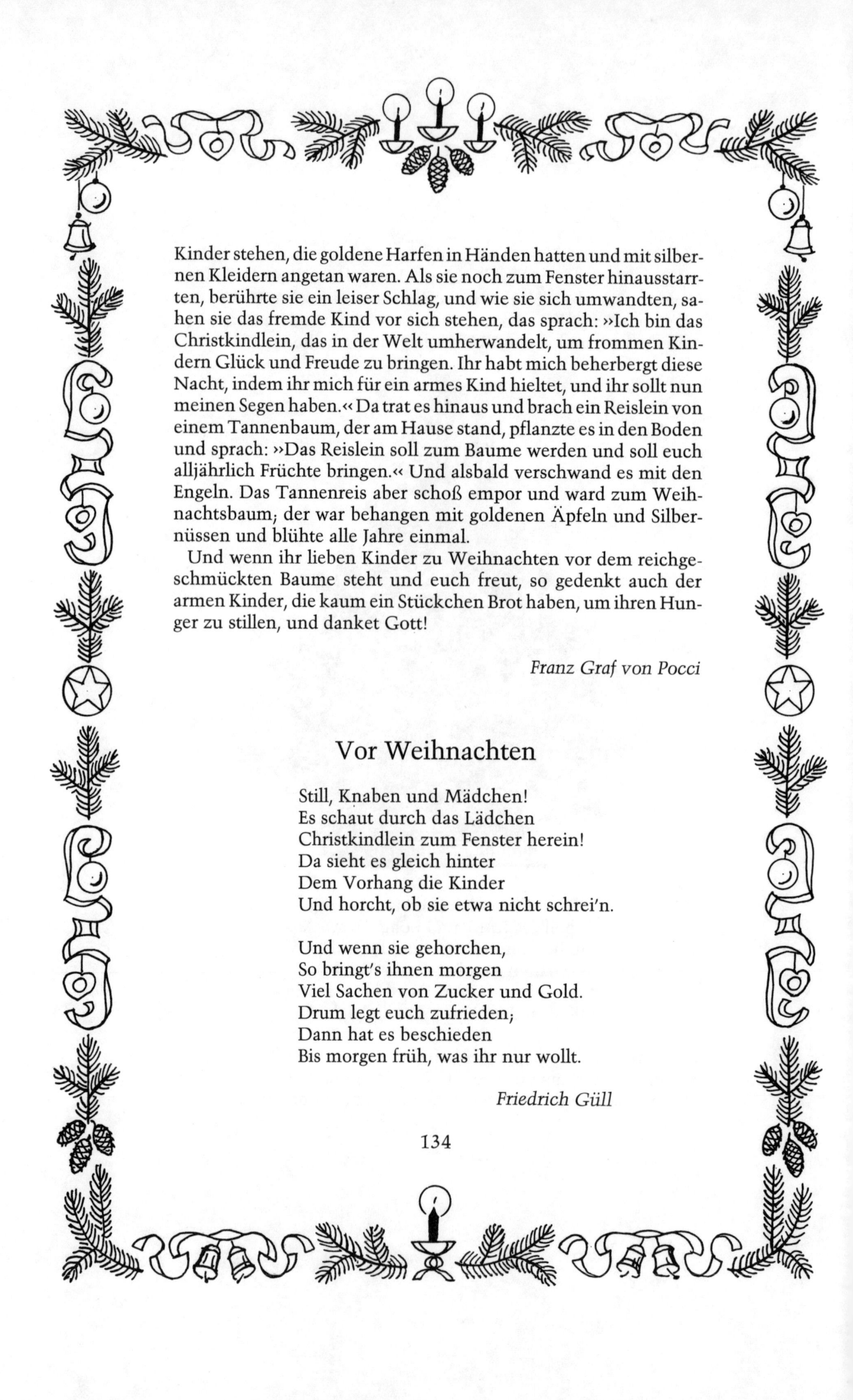

Kinder stehen, die goldene Harfen in Händen hatten und mit silbernen Kleidern angetan waren. Als sie noch zum Fenster hinausstarrten, berührte sie ein leiser Schlag, und wie sie sich umwandten, sahen sie das fremde Kind vor sich stehen, das sprach: »Ich bin das Christkindlein, das in der Welt umherwandelt, um frommen Kindern Glück und Freude zu bringen. Ihr habt mich beherbergt diese Nacht, indem ihr mich für ein armes Kind hieltet, und ihr sollt nun meinen Segen haben.« Da trat es hinaus und brach ein Reislein von einem Tannenbaum, der am Hause stand, pflanzte es in den Boden und sprach: »Das Reislein soll zum Baume werden und soll euch alljährlich Früchte bringen.« Und alsbald verschwand es mit den Engeln. Das Tannenreis aber schoß empor und ward zum Weihnachtsbaum; der war behangen mit goldenen Äpfeln und Silbernüssen und blühte alle Jahre einmal.

Und wenn ihr lieben Kinder zu Weihnachten vor dem reichgeschmückten Baume steht und euch freut, so gedenkt auch der armen Kinder, die kaum ein Stückchen Brot haben, um ihren Hunger zu stillen, und danket Gott!

Franz Graf von Pocci

Vor Weihnachten

Still, Knaben und Mädchen!
Es schaut durch das Lädchen
Christkindlein zum Fenster herein!
Da sieht es gleich hinter
Dem Vorhang die Kinder
Und horcht, ob sie etwa nicht schrei'n.

Und wenn sie gehorchen,
So bringt's ihnen morgen
Viel Sachen von Zucker und Gold.
Drum legt euch zufrieden;
Dann hat es beschieden
Bis morgen früh, was ihr nur wollt.

Friedrich Güll

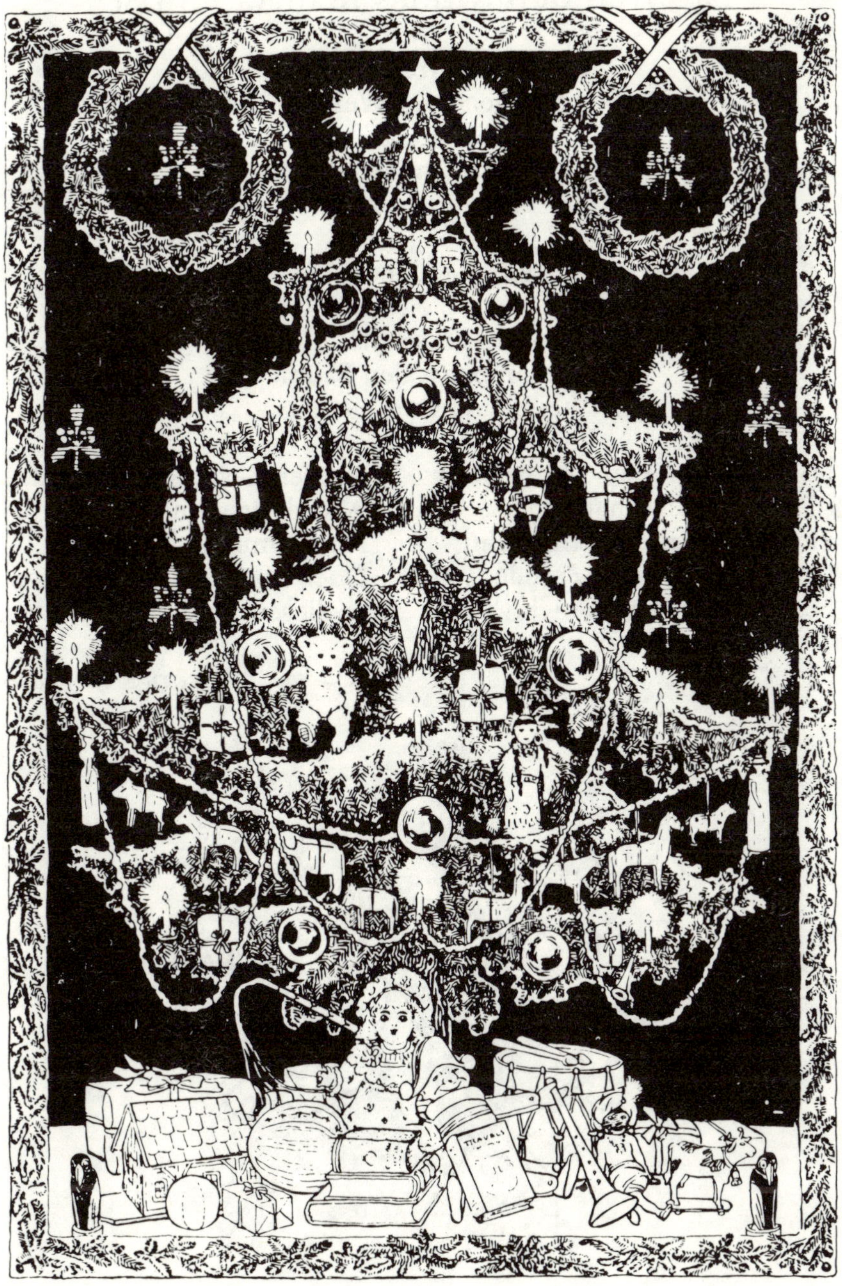

Des fremden Kindes heiliger Christ

Es läuft ein fremdes Kind
Am Abend vor Weihnachten
Durch die Stadt geschwind,
Die Lichter zu betrachten,
Die angezündet sind.

Es steht vor jedem Haus
Und sieht die hellen Räume,
Die drinnen schaun heraus,
Die lampenvollen Bäume;
Weh wird's ihm überaus.

Das Kindlein meint und spricht:
»Ein jedes Kind hat heute
Ein Bäumchen und ein Licht,
Und hat dran seine Freude,
Nur bloß ich armes nicht!

An der Geschwister Hand,
Als ich daheim gesessen,
Hat es mir auch gebrannt;
Doch hier bin ich vergessen
In diesem fremden Land.«

Friedrich Rückert

Es ist für uns eine Zeit ankommen

Des Bruders Felix Fabri Reise nach Bethlehem 1438, von ihm selbst berichtet

An demselben Tage, um die Vesper, kamen die heidnischen Herren mit unseren Eselknechten, die sie Mucker nennen, und den Eseln vor das Kloster auf den Berg Sion und ließen berufen die Pilger alle aus der Herberge und aus dem Kloster, daß wir kämen, wenn sie uns gen Bethlehem wollten führen und geleiten und beschirmen, denn sie wußten wohl, daß Leute auf der Bahn wären, die uns Pilgern Schaden zufügen wollten, wenn sie nur könnten.

Also sind wir mit Freuden und Sorgen auf unsere Esel gesessen und den Berg Sion herabgeritten in das Tal Siloe zwischen den Weihern hin, die im Grunde sind, und zogen am Berge Gihon empor einen hohen Weg der Landstraße nach, wie denn die Heiligen Drei Könige auch taten, da sie Herodes gesendet von Jerusalem gen Bethlehem.

Und da wir auf die Höhe kamen, da ritten wir zwischen fruchtbaren Gärten hin, mit Wein, Feigen und Mandeln darinnen, und kamen an einen Ort, da spricht man, der Heiligen Drei Könige Herberge sei hier gewesen.

Damit zogen wir die Heilige Straße fürbaß. Billig wird sie genannt die Heilige Straße. Denn es haben allda gewandelt die Heiligen Abraham, Isaak, Jakob, Salomon, Elias, David, Elisäus, Jeremias, Jesaias, Maria schwanger mit Joseph, die Heiligen Drei Könige und die vielen heiligen Pilger von alten Zeiten bis auf uns arme Sünder.

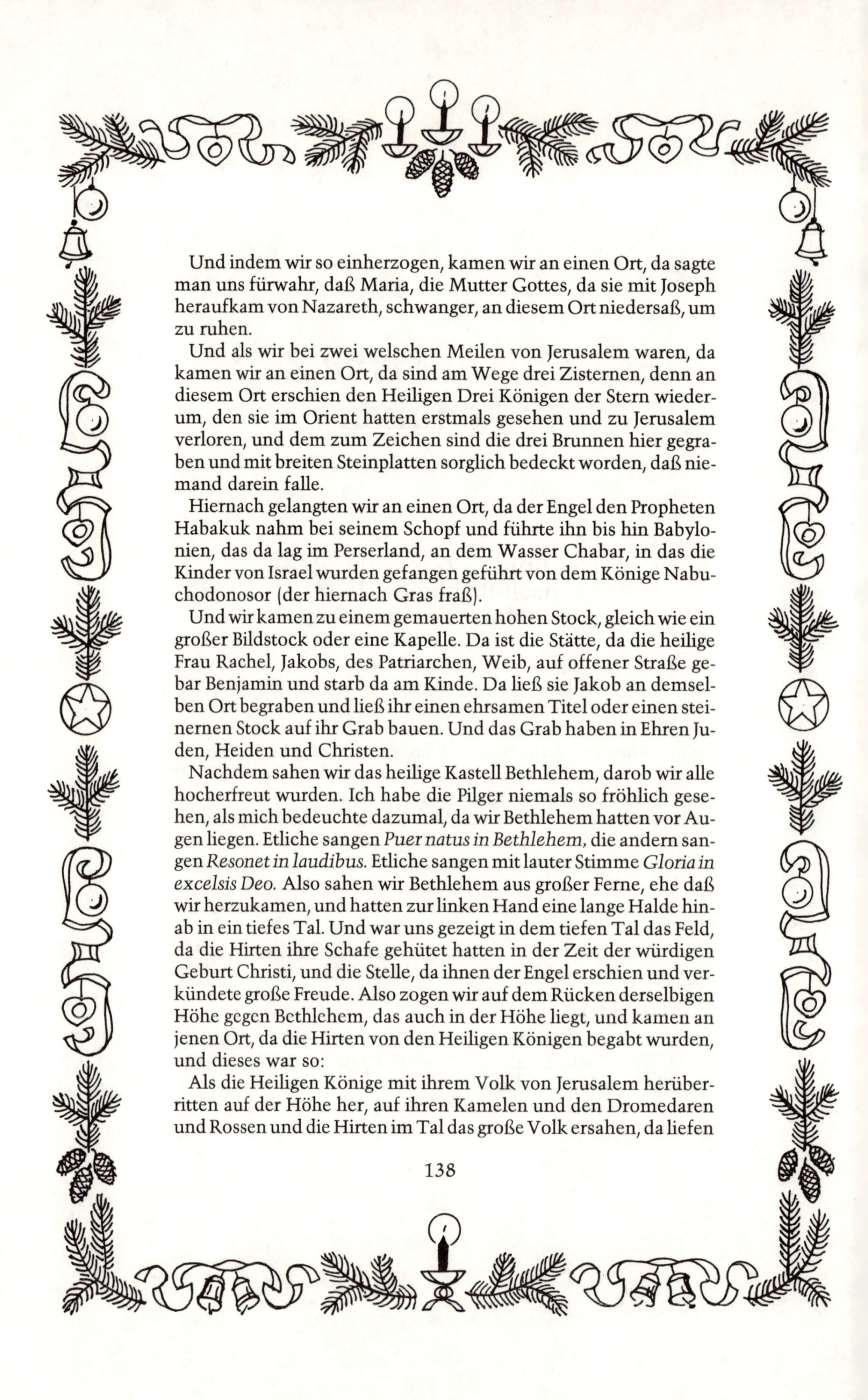

Und indem wir so einherzogen, kamen wir an einen Ort, da sagte man uns fürwahr, daß Maria, die Mutter Gottes, da sie mit Joseph heraufkam von Nazareth, schwanger, an diesem Ort niedersaß, um zu ruhen.

Und als wir bei zwei welschen Meilen von Jerusalem waren, da kamen wir an einen Ort, da sind am Wege drei Zisternen, denn an diesem Ort erschien den Heiligen Drei Königen der Stern wiederum, den sie im Orient hatten erstmals gesehen und zu Jerusalem verloren, und dem zum Zeichen sind die drei Brunnen hier gegraben und mit breiten Steinplatten sorglich bedeckt worden, daß niemand darein falle.

Hiernach gelangten wir an einen Ort, da der Engel den Propheten Habakuk nahm bei seinem Schopf und führte ihn bis hin Babylonien, das da lag im Perserland, an dem Wasser Chabar, in das die Kinder von Israel wurden gefangen geführt von dem Könige Nabuchodonosor (der hiernach Gras fraß).

Und wir kamen zu einem gemauerten hohen Stock, gleich wie ein großer Bildstock oder eine Kapelle. Da ist die Stätte, da die heilige Frau Rachel, Jakobs, des Patriarchen, Weib, auf offener Straße gebar Benjamin und starb da am Kinde. Da ließ sie Jakob an demselben Ort begraben und ließ ihr einen ehrsamen Titel oder einen steinernen Stock auf ihr Grab bauen. Und das Grab haben in Ehren Juden, Heiden und Christen.

Nachdem sahen wir das heilige Kastell Bethlehem, darob wir alle hocherfreut wurden. Ich habe die Pilger niemals so fröhlich gesehen, als mich bedeuchte dazumal, da wir Bethlehem hatten vor Augen liegen. Etliche sangen *Puer natus in Bethlehem*, die andern sangen *Resonet in laudibus*. Etliche sangen mit lauter Stimme *Gloria in excelsis Deo*. Also sahen wir Bethlehem aus großer Ferne, ehe daß wir herzukamen, und hatten zur linken Hand eine lange Halde hinab in ein tiefes Tal. Und war uns gezeigt in dem tiefen Tal das Feld, da die Hirten ihre Schafe gehütet hatten in der Zeit der würdigen Geburt Christi, und die Stelle, da ihnen der Engel erschien und verkündete große Freude. Also zogen wir auf dem Rücken derselbigen Höhe gegen Bethlehem, das auch in der Höhe liegt, und kamen an jenen Ort, da die Hirten von den Heiligen Königen begabt wurden, und dieses war so:

Als die Heiligen Könige mit ihrem Volk von Jerusalem herüberritten auf der Höhe her, auf ihren Kamelen und den Dromedaren und Rossen und die Hirten im Tal das große Volk ersahen, da liefen

Albrecht Dürer
»Die Geburt Christi«

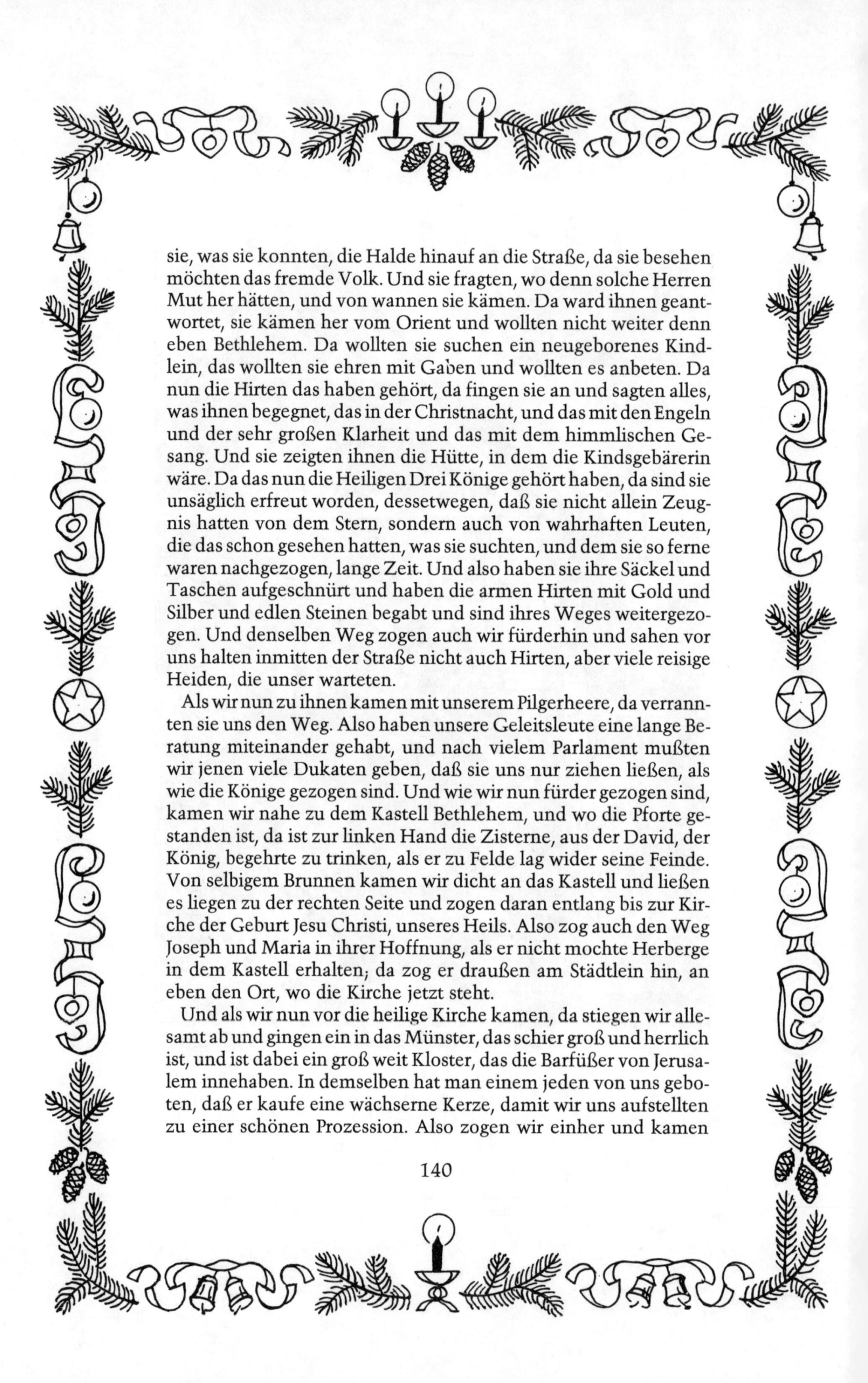

sie, was sie konnten, die Halde hinauf an die Straße, da sie besehen möchten das fremde Volk. Und sie fragten, wo denn solche Herren Mut her hätten, und von wannen sie kämen. Da ward ihnen geantwortet, sie kämen her vom Orient und wollten nicht weiter denn eben Bethlehem. Da wollten sie suchen ein neugeborenes Kindlein, das wollten sie ehren mit Gaben und wollten es anbeten. Da nun die Hirten das haben gehört, da fingen sie an und sagten alles, was ihnen begegnet, das in der Christnacht, und das mit den Engeln und der sehr großen Klarheit und das mit dem himmlischen Gesang. Und sie zeigten ihnen die Hütte, in dem die Kindsgebärerin wäre. Da das nun die Heiligen Drei Könige gehört haben, da sind sie unsäglich erfreut worden, dessetwegen, daß sie nicht allein Zeugnis hatten von dem Stern, sondern auch von wahrhaften Leuten, die das schon gesehen hatten, was sie suchten, und dem sie so ferne waren nachgezogen, lange Zeit. Und also haben sie ihre Säckel und Taschen aufgeschnürt und haben die armen Hirten mit Gold und Silber und edlen Steinen begabt und sind ihres Weges weitergezogen. Und denselben Weg zogen auch wir fürderhin und sahen vor uns halten inmitten der Straße nicht auch Hirten, aber viele reisige Heiden, die unser warteten.

Als wir nun zu ihnen kamen mit unserem Pilgerheere, da verrannten sie uns den Weg. Also haben unsere Geleitsleute eine lange Beratung miteinander gehabt, und nach vielem Parlament mußten wir jenen viele Dukaten geben, daß sie uns nur ziehen ließen, als wie die Könige gezogen sind. Und wie wir nun fürder gezogen sind, kamen wir nahe zu dem Kastell Bethlehem, und wo die Pforte gestanden ist, da ist zur linken Hand die Zisterne, aus der David, der König, begehrte zu trinken, als er zu Felde lag wider seine Feinde. Von selbigem Brunnen kamen wir dicht an das Kastell und ließen es liegen zu der rechten Seite und zogen daran entlang bis zur Kirche der Geburt Jesu Christi, unseres Heils. Also zog auch den Weg Joseph und Maria in ihrer Hoffnung, als er nicht mochte Herberge in dem Kastell erhalten; da zog er draußen am Städtlein hin, an eben den Ort, wo die Kirche jetzt steht.

Und als wir nun vor die heilige Kirche kamen, da stiegen wir allesamt ab und gingen ein in das Münster, das schier groß und herrlich ist, und ist dabei ein groß weit Kloster, das die Barfüßer von Jerusalem innehaben. In demselben hat man einem jeden von uns geboten, daß er kaufe eine wächserne Kerze, damit wir uns aufstellten zu einer schönen Prozession. Also zogen wir einher und kamen durch viele Kapellen, als die des heiligen Hieronymus, des heiligen Eusebius, der darin als des Vorderen Jünger begraben liegt, und vorbei dem Altar, da Jesus, das Kindlein, ward beschnitten und sein Nam ihm eröffnet ward am achten Tag und Jesus sein heiligstes Blut erstmals vergossen hat. Da ist bald an der rechten Seite von einer Kapelle ein Türlein, mit poliertem schneeweißem Marmorstein gezieret, durch selbiges geht man unter den Chor hinab in die Gruft.

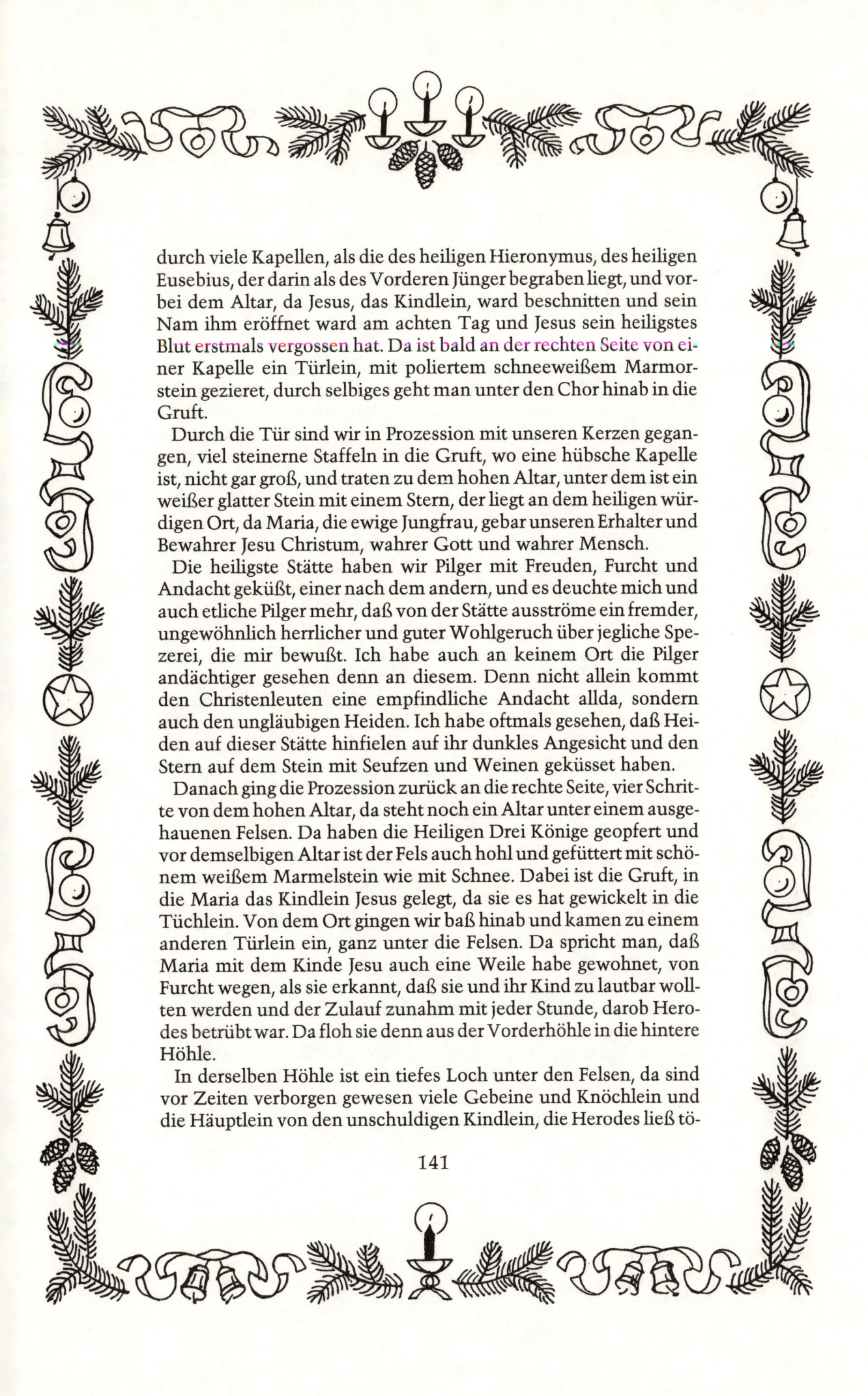

Durch die Tür sind wir in Prozession mit unseren Kerzen gegangen, viel steinerne Staffeln in die Gruft, wo eine hübsche Kapelle ist, nicht gar groß, und traten zu dem hohen Altar, unter dem ist ein weißer glatter Stein mit einem Stern, der liegt an dem heiligen würdigen Ort, da Maria, die ewige Jungfrau, gebar unseren Erhalter und Bewahrer Jesu Christum, wahrer Gott und wahrer Mensch.

Die heiligste Stätte haben wir Pilger mit Freuden, Furcht und Andacht geküßt, einer nach dem andern, und es deuchte mich und auch etliche Pilger mehr, daß von der Stätte ausströme ein fremder, ungewöhnlich herrlicher und guter Wohlgeruch über jegliche Spezerei, die mir bewußt. Ich habe auch an keinem Ort die Pilger andächtiger gesehen denn an diesem. Denn nicht allein kommt den Christenleuten eine empfindliche Andacht allda, sondern auch den ungläubigen Heiden. Ich habe oftmals gesehen, daß Heiden auf dieser Stätte hinfielen auf ihr dunkles Angesicht und den Stern auf dem Stein mit Seufzen und Weinen geküsset haben.

Danach ging die Prozession zurück an die rechte Seite, vier Schritte von dem hohen Altar, da steht noch ein Altar unter einem ausgehauenen Felsen. Da haben die Heiligen Drei Könige geopfert und vor demselbigen Altar ist der Fels auch hohl und gefüttert mit schönem weißem Marmelstein wie mit Schnee. Dabei ist die Gruft, in die Maria das Kindlein Jesus gelegt, da sie es hat gewickelt in die Tüchlein. Von dem Ort gingen wir baß hinab und kamen zu einem anderen Türlein ein, ganz unter die Felsen. Da spricht man, daß Maria mit dem Kinde Jesu auch eine Weile habe gewohnet, von Furcht wegen, als sie erkannt, daß sie und ihr Kind zu lautbar wollten werden und der Zulauf zunahm mit jeder Stunde, darob Herodes betrübt war. Da floh sie denn aus der Vorderhöhle in die hintere Höhle.

In derselben Höhle ist ein tiefes Loch unter den Felsen, da sind vor Zeiten verborgen gewesen viele Gebeine und Knöchlein und die Häuptlein von den unschuldigen Kindlein, die Herodes ließ töten zu Bethlehem und im Lande herum. Diese Stätten sind alle unter der Erde ohne Licht des Himmels und konnten wir unsere Kerzen wohl brauchen.

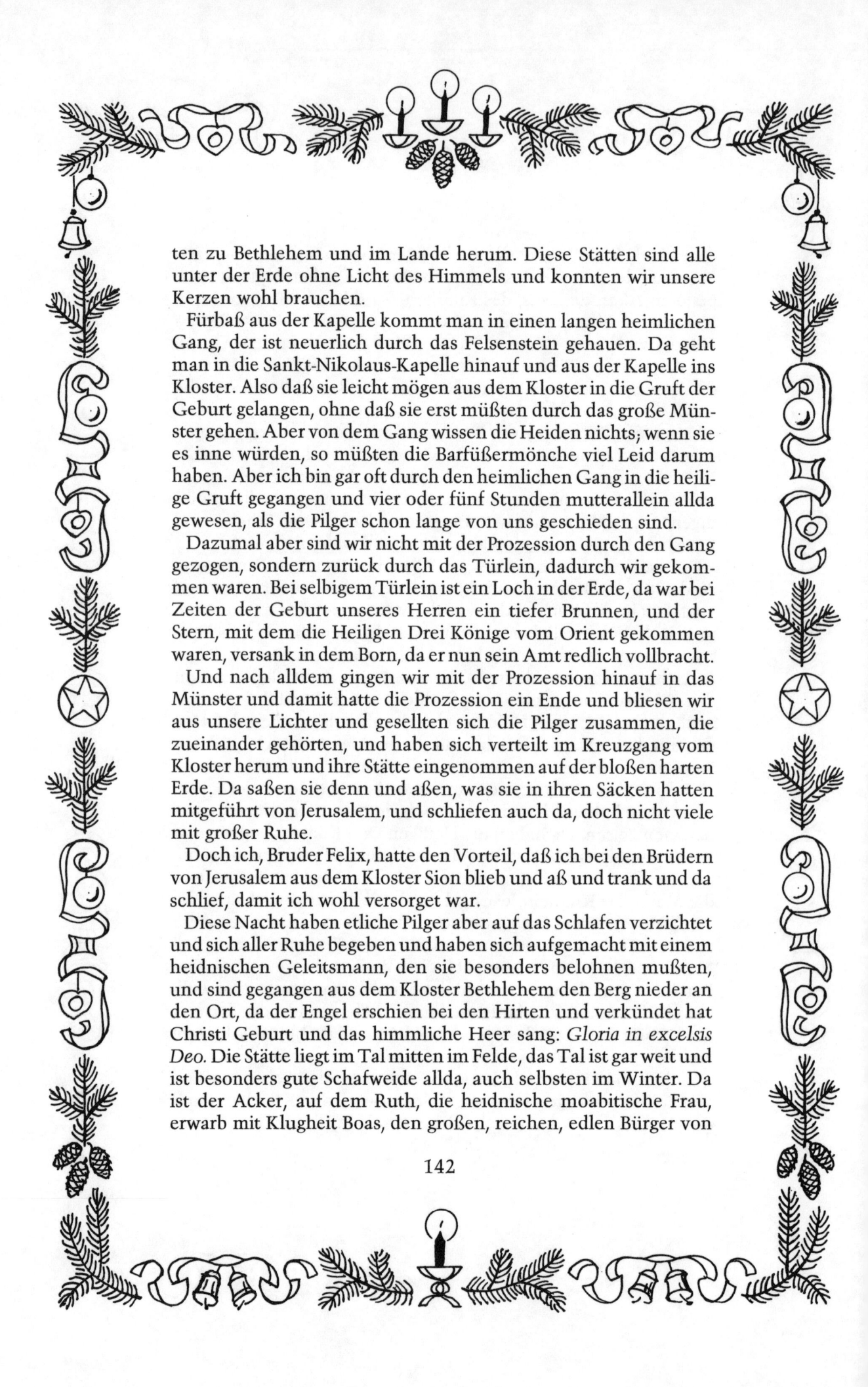

Fürbaß aus der Kapelle kommt man in einen langen heimlichen Gang, der ist neuerlich durch das Felsenstein gehauen. Da geht man in die Sankt-Nikolaus-Kapelle hinauf und aus der Kapelle ins Kloster. Also daß sie leicht mögen aus dem Kloster in die Gruft der Geburt gelangen, ohne daß sie erst müßten durch das große Münster gehen. Aber von dem Gang wissen die Heiden nichts; wenn sie es inne würden, so müßten die Barfüßermönche viel Leid darum haben. Aber ich bin gar oft durch den heimlichen Gang in die heilige Gruft gegangen und vier oder fünf Stunden mutterallein allda gewesen, als die Pilger schon lange von uns geschieden sind.

Dazumal aber sind wir nicht mit der Prozession durch den Gang gezogen, sondern zurück durch das Türlein, dadurch wir gekommen waren. Bei selbigem Türlein ist ein Loch in der Erde, da war bei Zeiten der Geburt unseres Herrn ein tiefer Brunnen, und der Stern, mit dem die Heiligen Drei Könige vom Orient gekommen waren, versank in dem Born, da er nun sein Amt redlich vollbracht.

Und nach alldem gingen wir mit der Prozession hinauf in das Münster und damit hatte die Prozession ein Ende und bliesen wir aus unsere Lichter und gesellten sich die Pilger zusammen, die zueinander gehörten, und haben sich verteilt im Kreuzgang vom Kloster herum und ihre Stätte eingenommen auf der bloßen harten Erde. Da saßen sie denn und aßen, was sie in ihren Säcken hatten mitgeführt von Jerusalem, und schliefen auch da, doch nicht viele mit großer Ruhe.

Doch ich, Bruder Felix, hatte den Vorteil, daß ich bei den Brüdern von Jerusalem aus dem Kloster Sion blieb und aß und trank und da schlief, damit ich wohl versorget war.

Diese Nacht haben etliche Pilger aber auf das Schlafen verzichtet und sich aller Ruhe begeben und haben sich aufgemacht mit einem heidnischen Geleitsmann, den sie besonders belohnen mußten, und sind gegangen aus dem Kloster Bethlehem den Berg nieder an den Ort, da der Engel erschien bei den Hirten und verkündet hat Christi Geburt und das himmlische Heer sang: *Gloria in excelsis Deo*. Die Stätte liegt im Tal mitten im Felde, das Tal ist gar weit und ist besonders gute Schafweide allda, auch selbsten im Winter. Da ist der Acker, auf dem Ruth, die heidnische moabitische Frau, erwarb mit Klugheit Boas, den großen, reichen, edlen Bürger von

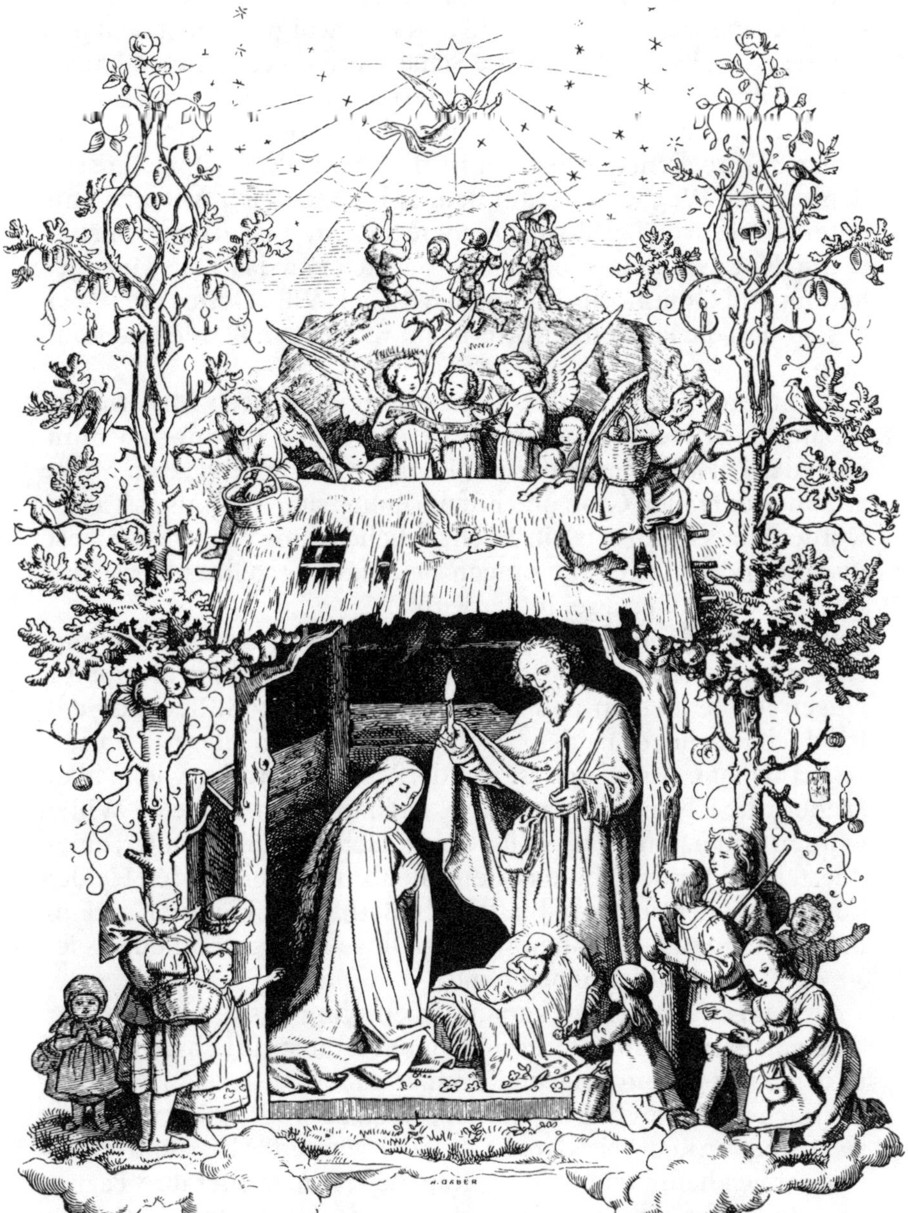

Bethlehem, von dem die Schrift sagt. Auf dem Acker hat David, da er ein Knabe war und die Schafe hütete, erwürgt einen Löwen und getötet einen Bären, die ihm die Schafe wollten genommen haben. Da nun die Pilger den Ort mit Lichtern besehen, da gingen sie wieder den Berg hinauf, Bethlehem zu. Am Berg steht ein Kirchlein mit einem zerbrochenen Altar. Da ist die Stätte, da der Engel Joseph den rechten Weg weisete, auf dem er hinkam nach Ägyptenland; denn wenn er von Bethlehem nicht recht wäre ausgezogen und hätte ihn der Engel so lassen ziehen, so wäre er an das Tote Meer gen Sodom und Gommorha kommen, was der Wille Gottes nicht war.

Also sind die Pilger um Mitternacht wieder gen Bethlehem kommen.

An unserer lieben Frauen Tag assumptionis, nach Mitternacht, sobald alle Brüder hatten ihre Metten gesungen, da gingen wir hinab in das Tal Josaphat in unserer Frauen Münster und lasen Messe auf unserer Frauen Grab und auf unserem Altar. Und als es Tag geworden, da sangen wir ein hochzeitliches Amt von diesem Fest, und die anderen Christen sangen gleichfalls nach ihrer Weise und war ein wildes Geschrei in der Kirche.

Nach dem allem gingen wir gen Sion zu Mahl, aber am Nachmittag bat ich Vater Guardian, daß er mir gebe zwei Brüder, die mit mir gingen gen Bethlehem, denn ich hatte eine übergroße Begierde, daß ich doch möchte ohne das Gestürm der anderen Pilger allein sein zu Bethlehem. Alsogleich ist mir der Vater Guardian, wie in allen Sachen, die ich von ihm begehrte, auch in dieser Sache zu Willen worden und hat mir zugesellt zwei andächtige, stille Brüder, einen Priester und Bruder Thomas, den Laienbruder, der mit den Heiden konnte reden. Mit denen bin ich gen Bethlehem kommen zu Fuß, und auf der Straße besahen wir alle Dinge recht eigentlich, als ich sie denn zuvor beschrieben habe.

Als wir gen Bethlehem kamen, da empfing uns der Vater Guardian von Bethlehem gar freundlich und tat uns gütlich den Abend und gab mir gar eine eigene Kammer zu.

Als ich mich nun hatte schlafen gelegt, da wollte mir mehr denn zwei Stunden kein Schlaf in die Augen kommen. Also stand ich auf und schlich heimlich hin in die Kapelle, da die Brüder ihre Tagzeit beteten, und fand eine Türe offen, so doch wunderselten offen steht, und davon die Heiden nichts wissen und auch nichts wissen dürfen. Durch selbige ging ich unter den Felsen hinein mit einem Licht und kam ungefährdet mit Gottes Fügung durch den heimlichen Gang in die Höhle und unter das Gestein, da Maria, die Heiligste Jungfrau, Jesum Christum gebar und das Kripplein stehet. Welch wonnesame Freude ich hatte, da ich gänzlich alleine dahin kam, kann ich nicht beschreiben. Aber dies sprach ich: Nun sei gelobt und gebenedeit all das, was mich gehindert hat am Schlafe, und durch das ich würdig bin worden, an dieser hochheiligen Statt zu wachen. Also hab ich die Zeit allda vertrieben mit süßer Kurzweil bis zur Mitte der Nacht. Da kam der Küster und hatte ein groß Verwundern und Staunen, wie ich da wäre hereingekommen. Und da ich ihm sagte, daß ich das Türchen hatte offen gefunden, da machte er Kreuze über sich vor noch mehr Erstaunen.

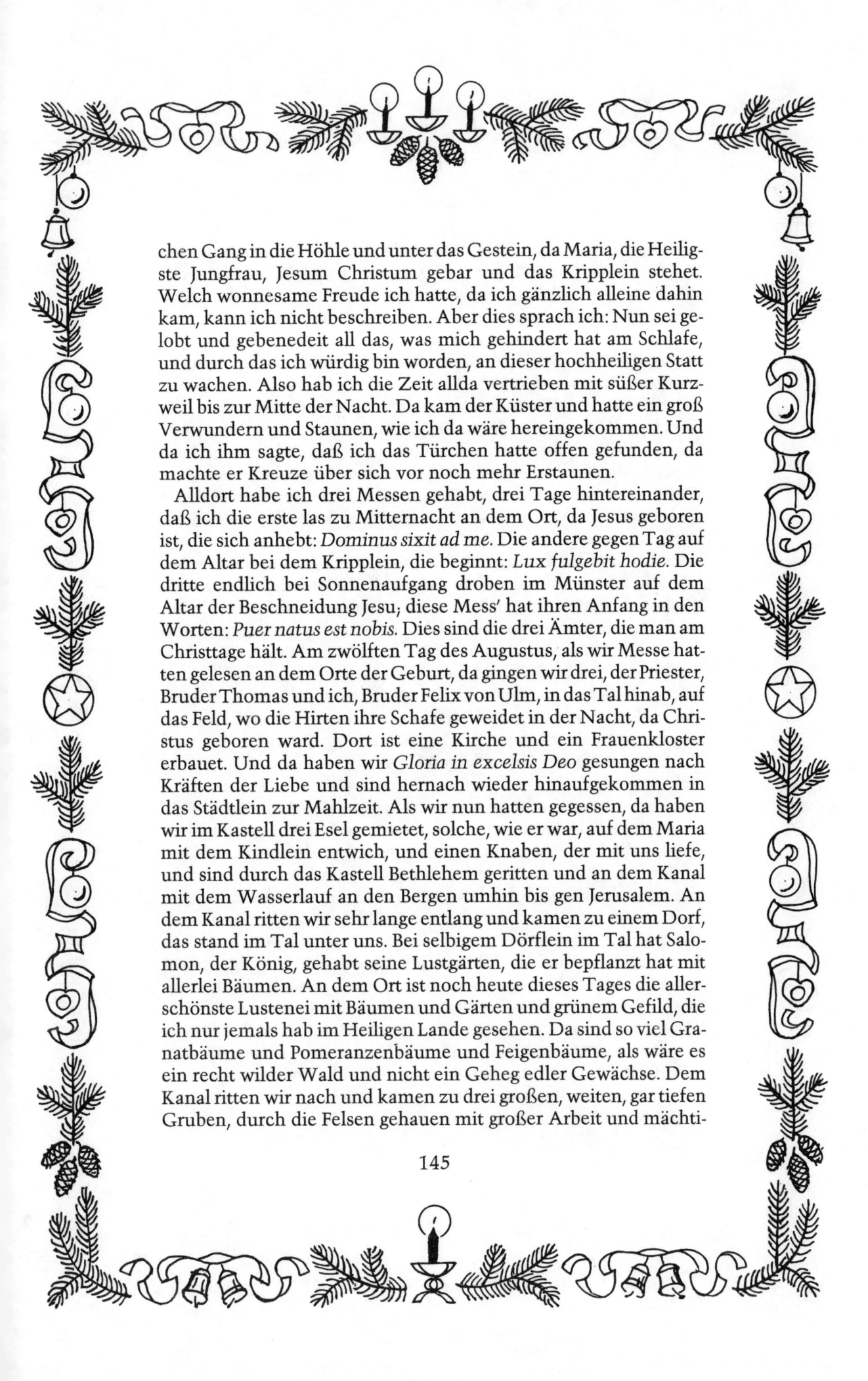

Alldort habe ich drei Messen gehabt, drei Tage hintereinander, daß ich die erste las zu Mitternacht an dem Ort, da Jesus geboren ist, die sich anhebt: *Dominus sixit ad me*. Die andere gegen Tag auf dem Altar bei dem Kripplein, die beginnt: *Lux fulgebit hodie*. Die dritte endlich bei Sonnenaufgang droben im Münster auf dem Altar der Beschneidung Jesu; diese Mess' hat ihren Anfang in den Worten: *Puer natus est nobis*. Dies sind die drei Ämter, die man am Christtage hält. Am zwölften Tag des Augustus, als wir Messe hatten gelesen an dem Orte der Geburt, da gingen wir drei, der Priester, Bruder Thomas und ich, Bruder Felix von Ulm, in das Tal hinab, auf das Feld, wo die Hirten ihre Schafe geweidet in der Nacht, da Christus geboren ward. Dort ist eine Kirche und ein Frauenkloster erbauet. Und da haben wir *Gloria in excelsis Deo* gesungen nach Kräften der Liebe und sind hernach wieder hinaufgekommen in das Städtlein zur Mahlzeit. Als wir nun hatten gegessen, da haben wir im Kastell drei Esel gemietet, solche, wie er war, auf dem Maria mit dem Kindlein entwich, und einen Knaben, der mit uns liefe, und sind durch das Kastell Bethlehem geritten und an dem Kanal mit dem Wasserlauf an den Bergen umhin bis gen Jerusalem. An dem Kanal ritten wir sehr lange entlang und kamen zu einem Dorf, das stand im Tal unter uns. Bei selbigem Dörflein im Tal hat Salomon, der König, gehabt seine Lustgärten, die er bepflanzt hat mit allerlei Bäumen. An dem Ort ist noch heute dieses Tages die allerschönste Lustenei mit Bäumen und Gärten und grünem Gefild, die ich nur jemals hab im Heiligen Lande gesehen. Da sind so viel Granatbäume und Pomeranzenbäume und Feigenbäume, als wäre es ein recht wilder Wald und nicht ein Geheg edler Gewächse. Dem Kanal ritten wir nach und kamen zu drei großen, weiten, gar tiefen Gruben, durch die Felsen gehauen mit großer Arbeit und mächtigen Kosten. In diesen Gruben sammeln sich die Wasser zusammen von dem Gebirge zur Regenzeit. Die Gruben sind König Salomons Weiher, die er sich selber zu Lust und Nutzen ließ graben in den Stein. Aus den Weihern sind gemauerte Kanäle gelegt, krumm und lang an dem Gebirge dahin bis gen Jerusalem in den Tempel. Wie ist das doch mit gar klugen Sinnen erfunden worden von den alten Königen von Jerusalem!

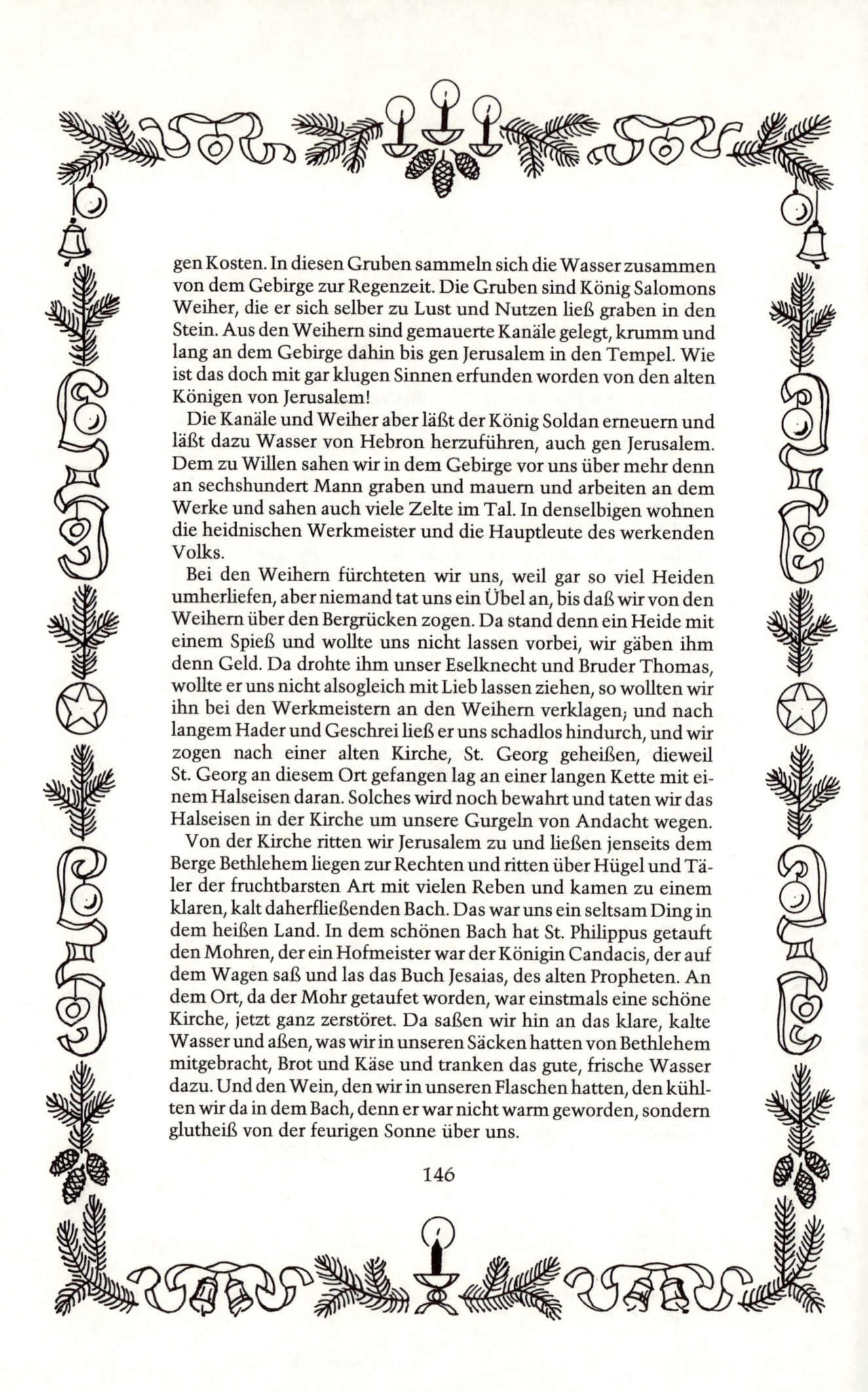

Die Kanäle und Weiher aber läßt der König Soldan erneuern und läßt dazu Wasser von Hebron herzuführen, auch gen Jerusalem. Dem zu Willen sahen wir in dem Gebirge vor uns über mehr denn an sechshundert Mann graben und mauern und arbeiten an dem Werke und sahen auch viele Zelte im Tal. In denselbigen wohnen die heidnischen Werkmeister und die Hauptleute des werkenden Volks.

Bei den Weihern fürchteten wir uns, weil gar so viel Heiden umherliefen, aber niemand tat uns ein Übel an, bis daß wir von den Weihern über den Bergrücken zogen. Da stand denn ein Heide mit einem Spieß und wollte uns nicht lassen vorbei, wir gäben ihm denn Geld. Da drohte ihm unser Eselknecht und Bruder Thomas, wollte er uns nicht alsogleich mit Lieb lassen ziehen, so wollten wir ihn bei den Werkmeistern an den Weihern verklagen; und nach langem Hader und Geschrei ließ er uns schadlos hindurch, und wir zogen nach einer alten Kirche, St. Georg geheißen, dieweil St. Georg an diesem Ort gefangen lag an einer langen Kette mit einem Halseisen daran. Solches wird noch bewahrt und taten wir das Halseisen in der Kirche um unsere Gurgeln von Andacht wegen.

Von der Kirche ritten wir Jerusalem zu und ließen jenseits dem Berge Bethlehem liegen zur Rechten und ritten über Hügel und Täler der fruchtbarsten Art mit vielen Reben und kamen zu einem klaren, kalt daherfließenden Bach. Das war uns ein seltsam Ding in dem heißen Land. In dem schönen Bach hat St. Philippus getauft den Mohren, der ein Hofmeister war der Königin Candacis, der auf dem Wagen saß und las das Buch Jesaias, des alten Propheten. An dem Ort, da der Mohr getaufet worden, war einstmals eine schöne Kirche, jetzt ganz zerstöret. Da saßen wir hin an das klare, kalte Wasser und aßen, was wir in unseren Säcken hatten von Bethlehem mitgebracht, Brot und Käse und tranken das gute, frische Wasser dazu. Und den Wein, den wir in unseren Flaschen hatten, den kühlten wir da in dem Bach, denn er war nicht warm geworden, sondern glutheiß von der feurigen Sonne über uns.

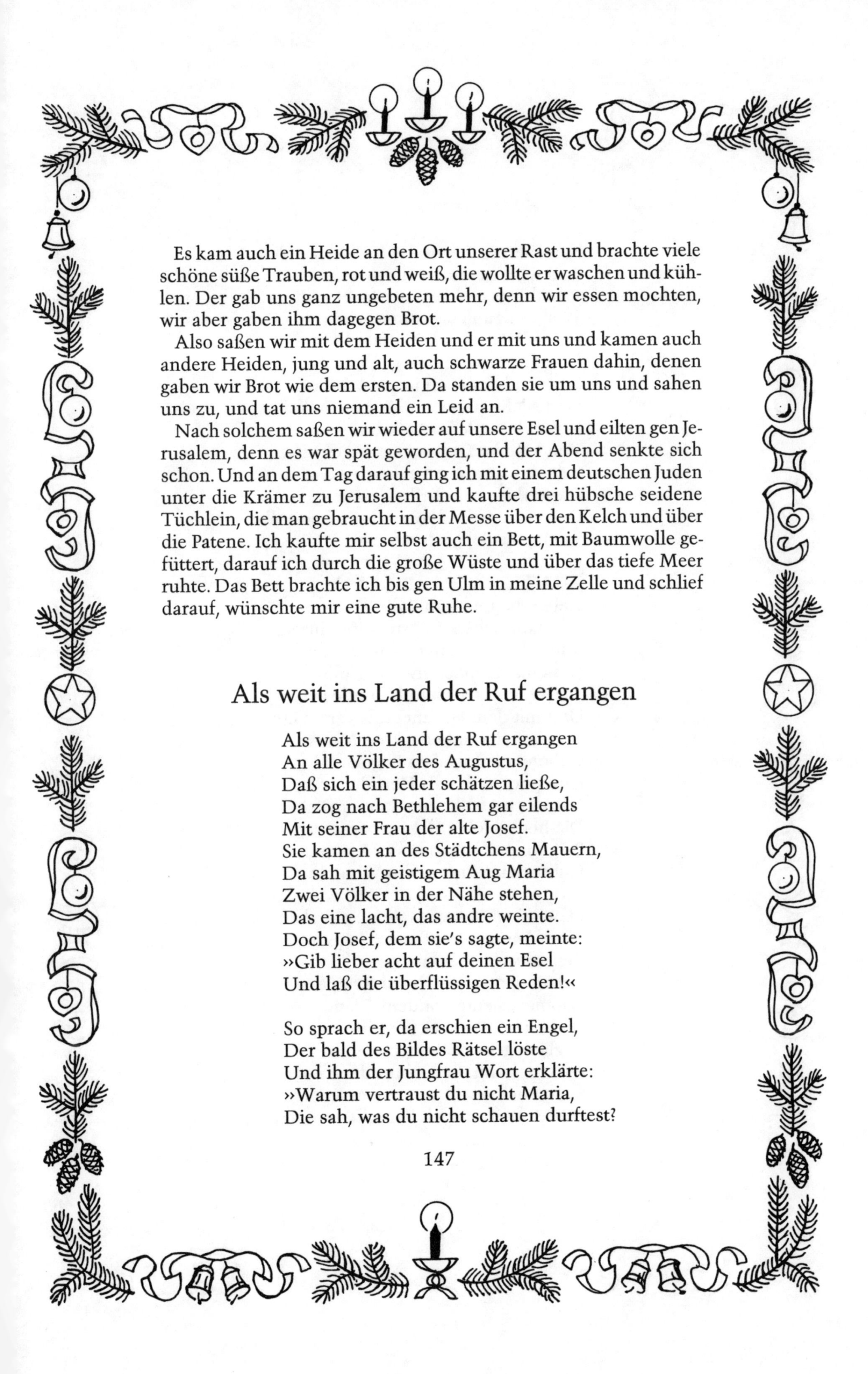

Es kam auch ein Heide an den Ort unserer Rast und brachte viele schöne süße Trauben, rot und weiß, die wollte er waschen und kühlen. Der gab uns ganz ungebeten mehr, denn wir essen mochten, wir aber gaben ihm dagegen Brot.

Also saßen wir mit dem Heiden und er mit uns und kamen auch andere Heiden, jung und alt, auch schwarze Frauen dahin, denen gaben wir Brot wie dem ersten. Da standen sie um uns und sahen uns zu, und tat uns niemand ein Leid an.

Nach solchem saßen wir wieder auf unsere Esel und eilten gen Jerusalem, denn es war spät geworden, und der Abend senkte sich schon. Und an dem Tag darauf ging ich mit einem deutschen Juden unter die Krämer zu Jerusalem und kaufte drei hübsche seidene Tüchlein, die man gebrauchet in der Messe über den Kelch und über die Patene. Ich kaufte mir selbst auch ein Bett, mit Baumwolle gefüttert, darauf ich durch die große Wüste und über das tiefe Meer ruhte. Das Bett brachte ich bis gen Ulm in meine Zelle und schlief darauf, wünschte mir eine gute Ruhe.

Als weit ins Land der Ruf ergangen

Als weit ins Land der Ruf ergangen
An alle Völker des Augustus,
Daß sich ein jeder schätzen ließe,
Da zog nach Bethlehem gar eilends
Mit seiner Frau der alte Josef.
Sie kamen an des Städtchens Mauern,
Da sah mit geistigem Aug Maria
Zwei Völker in der Nähe stehen,
Das eine lacht, das andre weinte.
Doch Josef, dem sie's sagte, meinte:
»Gib lieber acht auf deinen Esel
Und laß die überflüssigen Reden!«

So sprach er, da erschien ein Engel,
Der bald des Bildes Rätsel löste
Und ihm der Jungfrau Wort erklärte:
»Warum vertraust du nicht Maria,
Die sah, was du nicht schauen durftest?

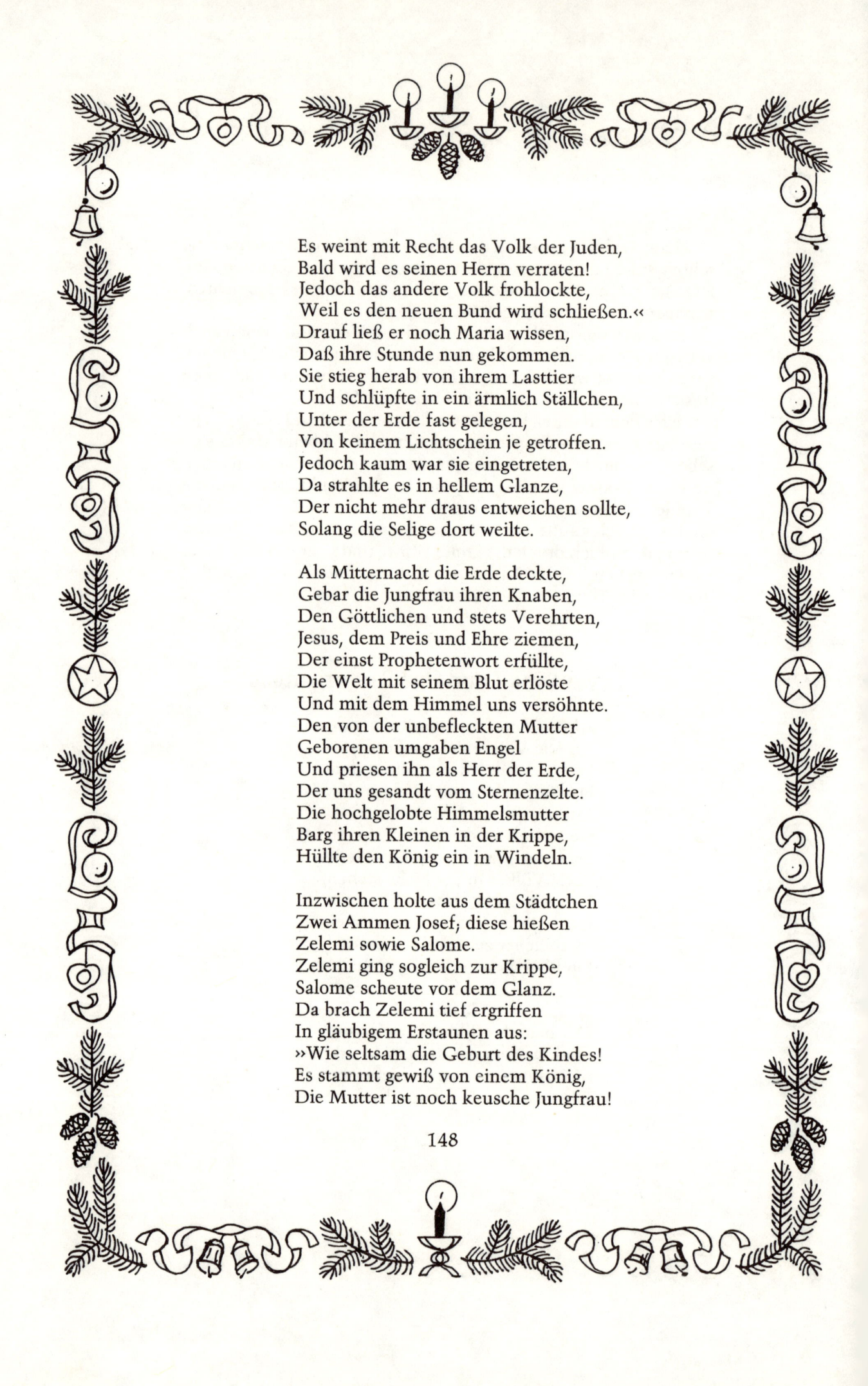

Es weint mit Recht das Volk der Juden,
Bald wird es seinen Herrn verraten!
Jedoch das andere Volk frohlockte,
Weil es den neuen Bund wird schließen.«
Drauf ließ er noch Maria wissen,
Daß ihre Stunde nun gekommen.
Sie stieg herab von ihrem Lasttier
Und schlüpfte in ein ärmlich Ställchen,
Unter der Erde fast gelegen,
Von keinem Lichtschein je getroffen.
Jedoch kaum war sie eingetreten,
Da strahlte es in hellem Glanze,
Der nicht mehr draus entweichen sollte,
Solang die Selige dort weilte.

Als Mitternacht die Erde deckte,
Gebar die Jungfrau ihren Knaben,
Den Göttlichen und stets Verehrten,
Jesus, dem Preis und Ehre ziemen,
Der einst Prophetenwort erfüllte,
Die Welt mit seinem Blut erlöste
Und mit dem Himmel uns versöhnte.
Den von der unbefleckten Mutter
Geborenen umgaben Engel
Und priesen ihn als Herr der Erde,
Der uns gesandt vom Sternenzelte.
Die hochgelobte Himmelsmutter
Barg ihren Kleinen in der Krippe,
Hüllte den König ein in Windeln.

Inzwischen holte aus dem Städtchen
Zwei Ammen Josef; diese hießen
Zelemi sowie Salome.
Zelemi ging sogleich zur Krippe,
Salome scheute vor dem Glanz.
Da brach Zelemi tief ergriffen
In gläubigem Erstaunen aus:
»Wie seltsam die Geburt des Kindes!
Es stammt gewiß von einem König,
Die Mutter ist noch keusche Jungfrau!

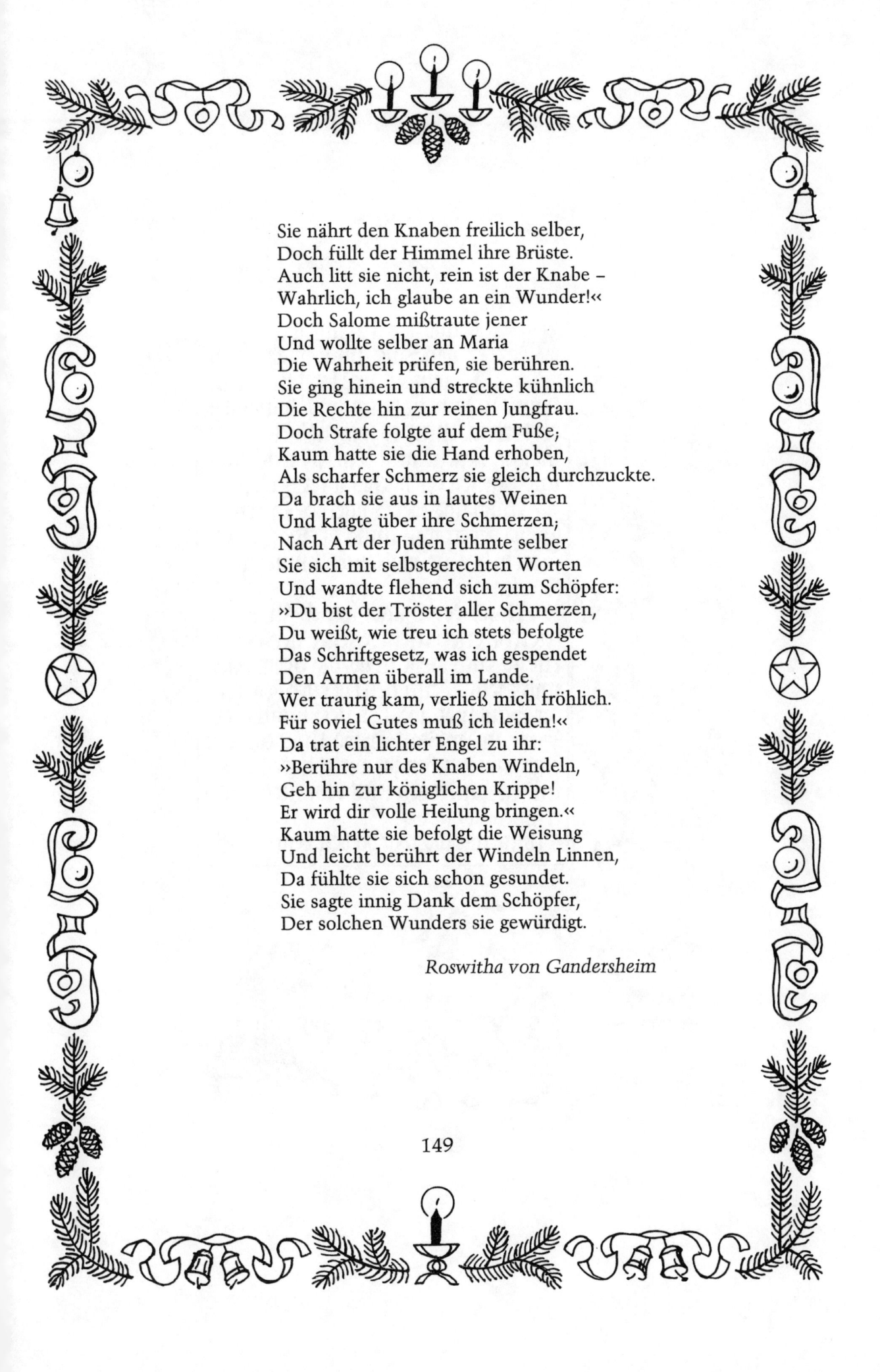

Sie nährt den Knaben freilich selber,
Doch füllt der Himmel ihre Brüste.
Auch litt sie nicht, rein ist der Knabe –
Wahrlich, ich glaube an ein Wunder!«
Doch Salome mißtraute jener
Und wollte selber an Maria
Die Wahrheit prüfen, sie berühren.
Sie ging hinein und streckte kühnlich
Die Rechte hin zur reinen Jungfrau.
Doch Strafe folgte auf dem Fuße;
Kaum hatte sie die Hand erhoben,
Als scharfer Schmerz sie gleich durchzuckte.
Da brach sie aus in lautes Weinen
Und klagte über ihre Schmerzen;
Nach Art der Juden rühmte selber
Sie sich mit selbstgerechten Worten
Und wandte flehend sich zum Schöpfer:
»Du bist der Tröster aller Schmerzen,
Du weißt, wie treu ich stets befolgte
Das Schriftgesetz, was ich gespendet
Den Armen überall im Lande.
Wer traurig kam, verließ mich fröhlich.
Für soviel Gutes muß ich leiden!«
Da trat ein lichter Engel zu ihr:
»Berühre nur des Knaben Windeln,
Geh hin zur königlichen Krippe!
Er wird dir volle Heilung bringen.«
Kaum hatte sie befolgt die Weisung
Und leicht berührt der Windeln Linnen,
Da fühlte sie sich schon gesundet.
Sie sagte innig Dank dem Schöpfer,
Der solchen Wunders sie gewürdigt.

Roswitha von Gandersheim

Unnd sie gebar ihren erstgebor=
nen Sune/unnd wickelt jn in
windel/und leget jn in ain
krippen/dann sie hetten sunst kain stat in
der herberg. Unnd es waren Hirten in der
selbigen gegend auff dem feld wachend:
und huteten des nachts ihrer herde.

Unnd sihe/der Engel des Herrn
stuond neben jhn· unnd die Klarheit des
Herrn hat sie umbleuchtet unnd sie
forchten sich seer.

Unnd der Engel sprach zu jhn:
fuercht euch nicht. Sehet/ich ver=
kuend euch grosse freud/die allem volck
wirdt sein/denn heüt ist euch geboren
der Haylandt/welcher ist Christus der
Herr/in der Statt David. Unnd das habt
euch zum Zaichen: jhr werdet finden das
kind in windel gewickelt unnd in ainer
krippen ligen.

Unnd alsbald war da bey dem Engel

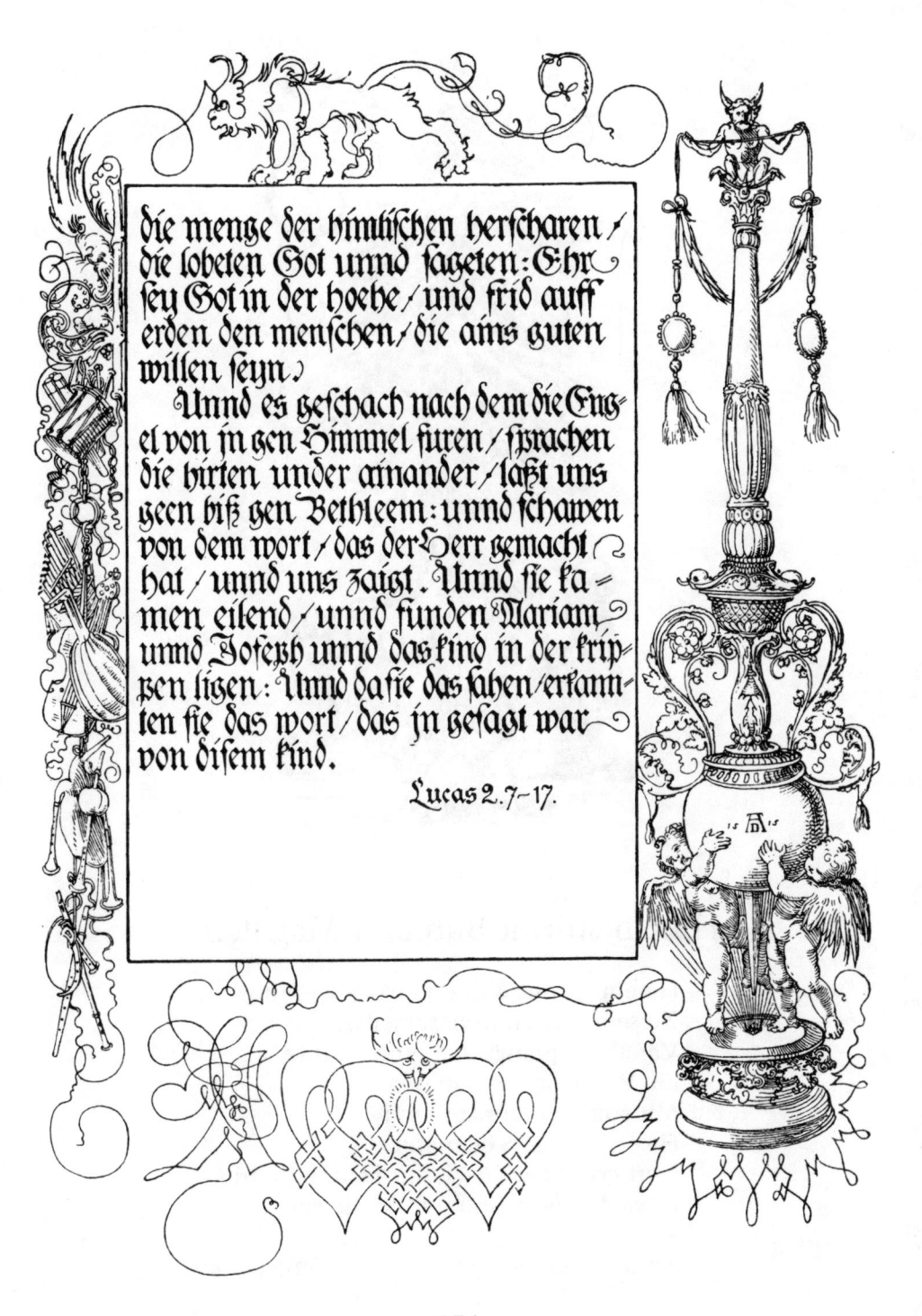

die menge der hímlíschen herscharen /
die lobeten Got unnd sageten: Ehr
sey Got in der hoehe / und frid auff
erden den menschen / die ains guten
willen seyn.

Unnd es geschach nach dem die Engel von jn gen Himmel furen / sprachen
die hirten under ainander / laßt uns
geen biß gen Bethleem: unnd schawen
von dem wort / das der Herr gemacht
hat / unnd uns zaigt. Unnd sie kamen eilend / unnd funden Mariam
unnd Joseph unnd das kind in der krippen ligen: Unnd da sie das sahen / erkann-
ten sie das wort / das jn gesagt war
von disem kind.

Lucas 2.7–17.

Hinein stürmt Bub und Mägdlein

Hinein stürmt Bub und Mägdlein flugs,
Zu sehn, was ihm beschieden:
Vor allem prangt von grünem Bux
Ein Wäldchen Pyramiden
Mit goldnen Nüssen dran;
Hier nickt ein Sägemann,
Dort grünt ein Busch mit Lämmern drin,
Bewacht von Hund und Schäferin.

Friedrich W. A. Schmidt von Werneuchen

Das Heil ist unser aller

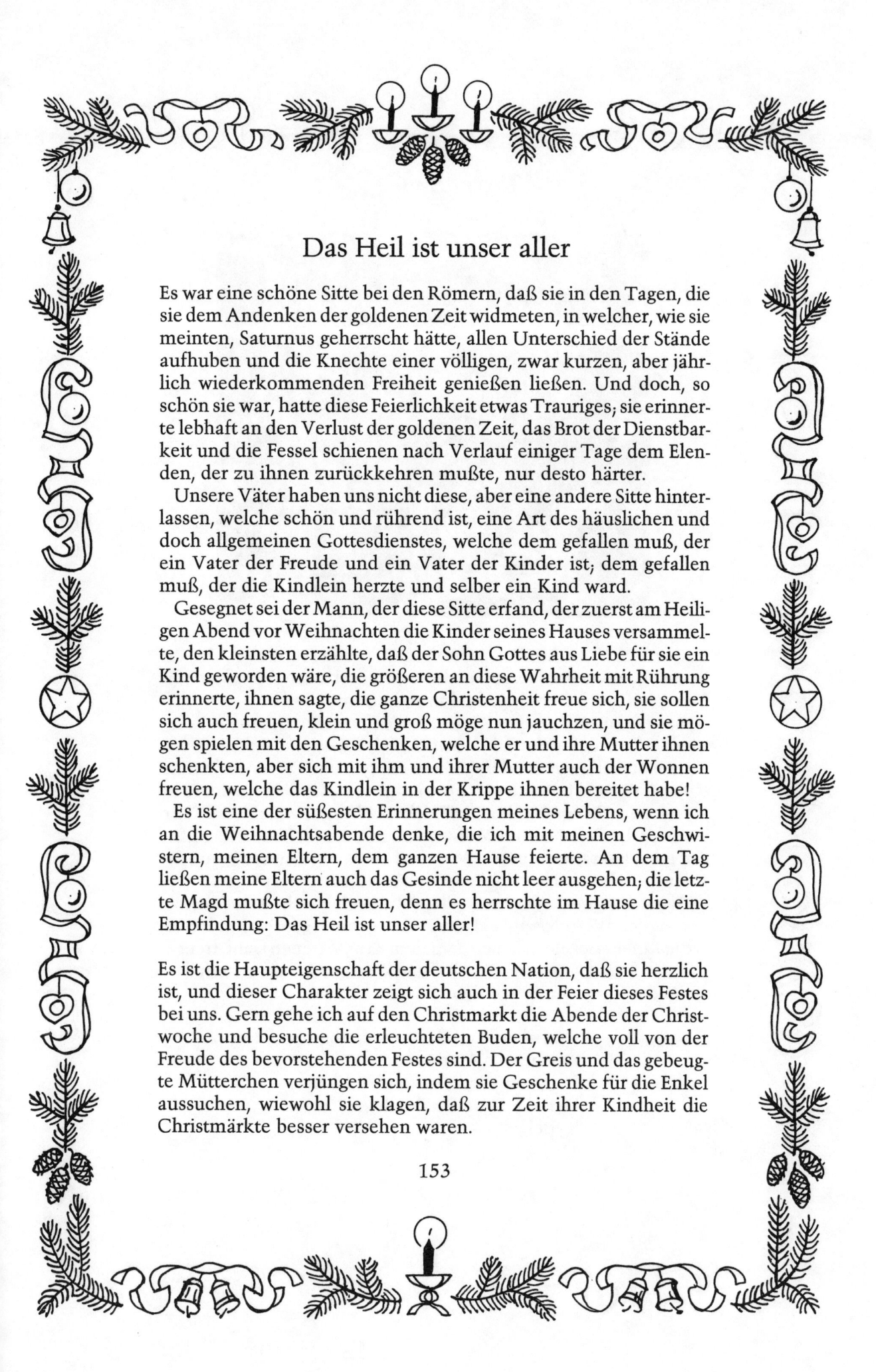

Es war eine schöne Sitte bei den Römern, daß sie in den Tagen, die sie dem Andenken der goldenen Zeit widmeten, in welcher, wie sie meinten, Saturnus geherrscht hätte, allen Unterschied der Stände aufhuben und die Knechte einer völligen, zwar kurzen, aber jährlich wiederkommenden Freiheit genießen ließen. Und doch, so schön sie war, hatte diese Feierlichkeit etwas Trauriges; sie erinnerte lebhaft an den Verlust der goldenen Zeit, das Brot der Dienstbarkeit und die Fessel schienen nach Verlauf einiger Tage dem Elenden, der zu ihnen zurückkehren mußte, nur desto härter.

Unsere Väter haben uns nicht diese, aber eine andere Sitte hinterlassen, welche schön und rührend ist, eine Art des häuslichen und doch allgemeinen Gottesdienstes, welche dem gefallen muß, der ein Vater der Freude und ein Vater der Kinder ist; dem gefallen muß, der die Kindlein herzte und selber ein Kind ward.

Gesegnet sei der Mann, der diese Sitte erfand, der zuerst am Heiligen Abend vor Weihnachten die Kinder seines Hauses versammelte, den kleinsten erzählte, daß der Sohn Gottes aus Liebe für sie ein Kind geworden wäre, die größeren an diese Wahrheit mit Rührung erinnerte, ihnen sagte, die ganze Christenheit freue sich, sie sollen sich auch freuen, klein und groß möge nun jauchzen, und sie mögen spielen mit den Geschenken, welche er und ihre Mutter ihnen schenkten, aber sich mit ihm und ihrer Mutter auch der Wonnen freuen, welche das Kindlein in der Krippe ihnen bereitet habe!

Es ist eine der süßesten Erinnerungen meines Lebens, wenn ich an die Weihnachtsabende denke, die ich mit meinen Geschwistern, meinen Eltern, dem ganzen Hause feierte. An dem Tag ließen meine Eltern auch das Gesinde nicht leer ausgehen; die letzte Magd mußte sich freuen, denn es herrschte im Hause die eine Empfindung: Das Heil ist unser aller!

Es ist die Haupteigenschaft der deutschen Nation, daß sie herzlich ist, und dieser Charakter zeigt sich auch in der Feier dieses Festes bei uns. Gern gehe ich auf den Christmarkt die Abende der Christwoche und besuche die erleuchteten Buden, welche voll von der Freude des bevorstehenden Festes sind. Der Greis und das gebeugte Mütterchen verjüngen sich, indem sie Geschenke für die Enkel aussuchen, wiewohl sie klagen, daß zur Zeit ihrer Kindheit die Christmärkte besser versehen waren.

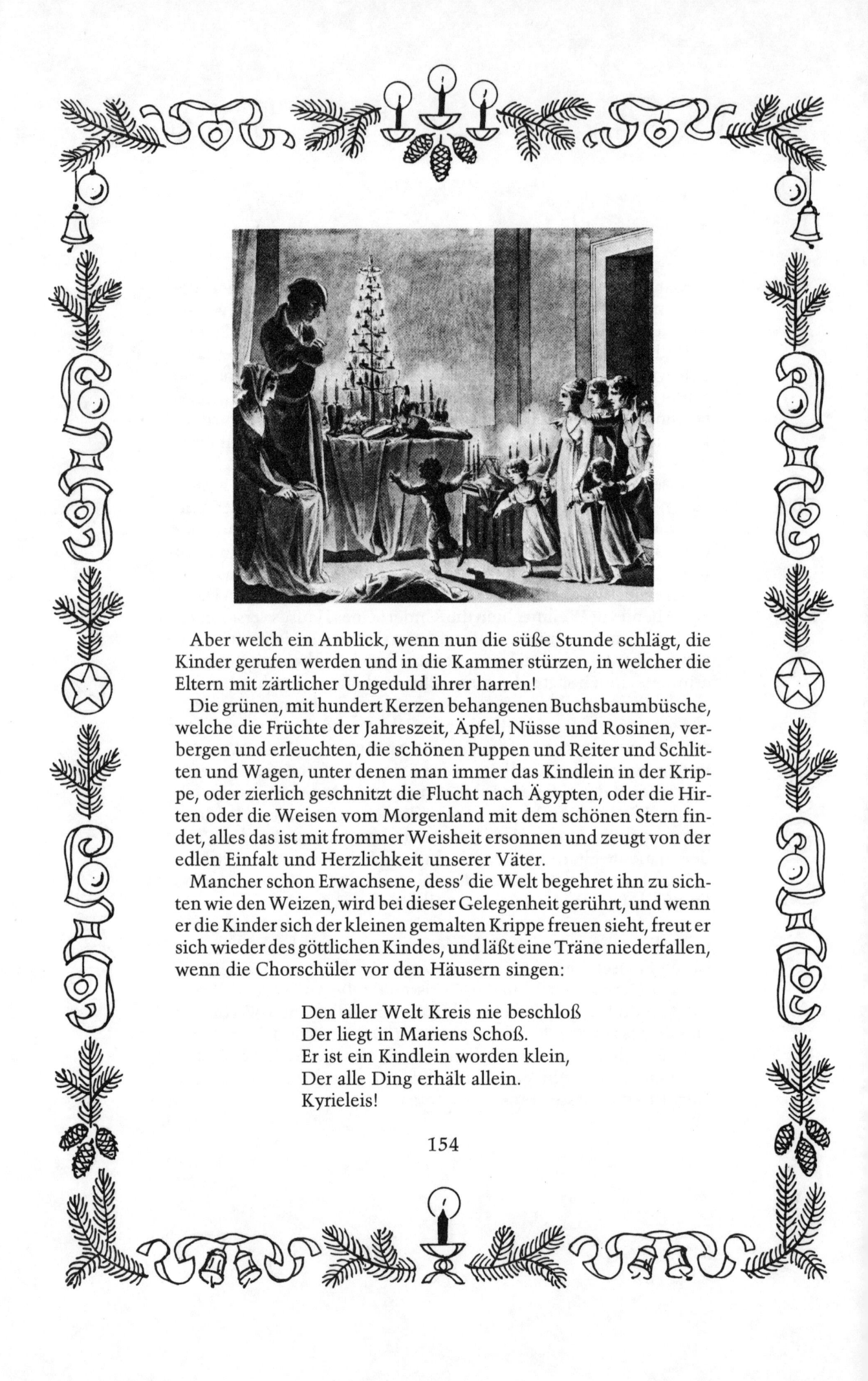

Aber welch ein Anblick, wenn nun die süße Stunde schlägt, die Kinder gerufen werden und in die Kammer stürzen, in welcher die Eltern mit zärtlicher Ungeduld ihrer harren!

Die grünen, mit hundert Kerzen behangenen Buchsbaumbüsche, welche die Früchte der Jahreszeit, Äpfel, Nüsse und Rosinen, verbergen und erleuchten, die schönen Puppen und Reiter und Schlitten und Wagen, unter denen man immer das Kindlein in der Krippe, oder zierlich geschnitzt die Flucht nach Ägypten, oder die Hirten oder die Weisen vom Morgenland mit dem schönen Stern findet, alles das ist mit frommer Weisheit ersonnen und zeugt von der edlen Einfalt und Herzlichkeit unserer Väter.

Mancher schon Erwachsene, dess' die Welt begehret ihn zu sichten wie den Weizen, wird bei dieser Gelegenheit gerührt, und wenn er die Kinder sich der kleinen gemalten Krippe freuen sieht, freut er sich wieder des göttlichen Kindes, und läßt eine Träne niederfallen, wenn die Chorschüler vor den Häusern singen:

> Den aller Welt Kreis nie beschloß
> Der liegt in Mariens Schoß.
> Er ist ein Kindlein worden klein,
> Der alle Ding erhält allein.
> Kyrieleis!

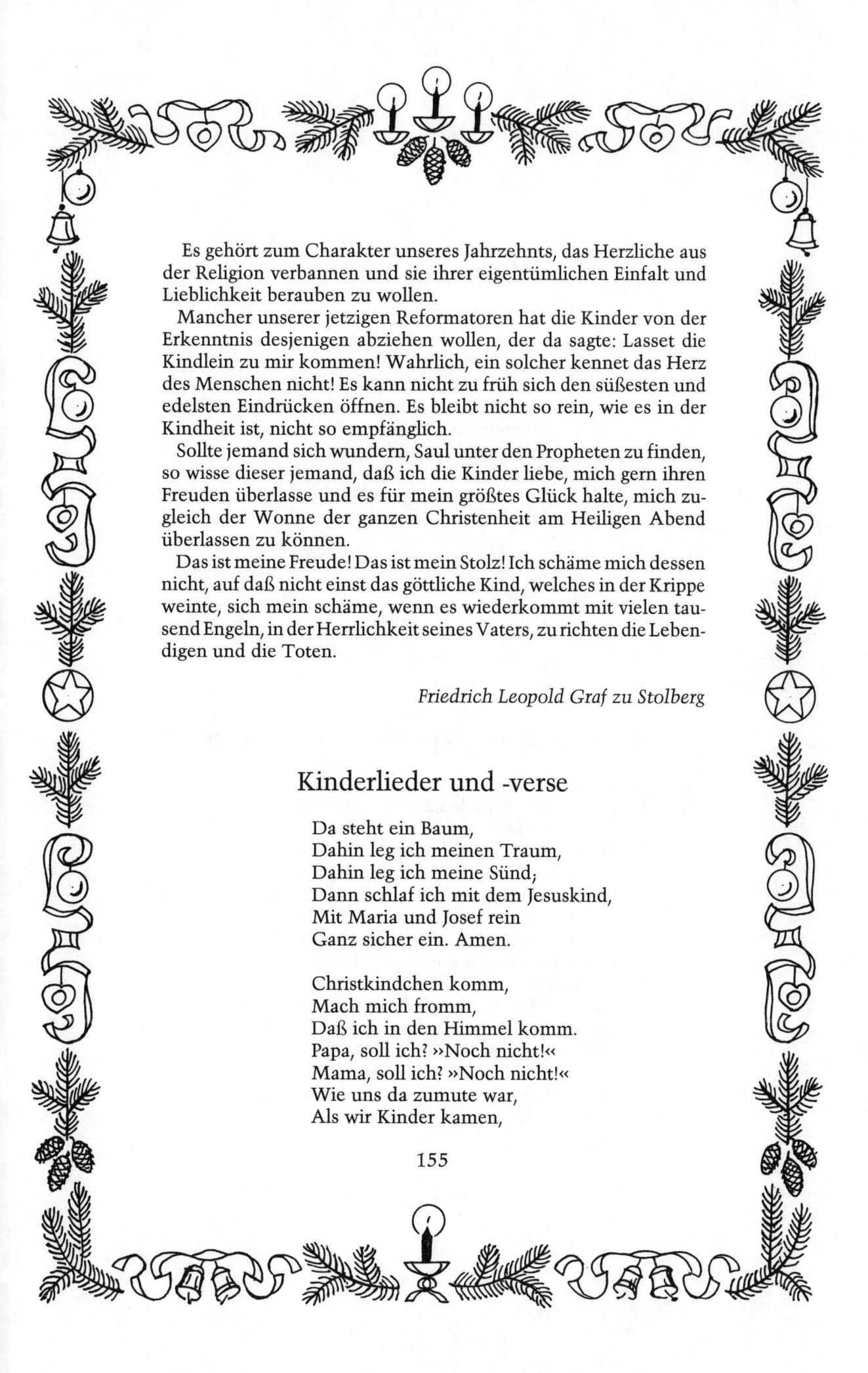

Es gehört zum Charakter unseres Jahrzehnts, das Herzliche aus der Religion verbannen und sie ihrer eigentümlichen Einfalt und Lieblichkeit berauben zu wollen.

Mancher unserer jetzigen Reformatoren hat die Kinder von der Erkenntnis desjenigen abziehen wollen, der da sagte: Lasset die Kindlein zu mir kommen! Wahrlich, ein solcher kennet das Herz des Menschen nicht! Es kann nicht zu früh sich den süßesten und edelsten Eindrücken öffnen. Es bleibt nicht so rein, wie es in der Kindheit ist, nicht so empfänglich.

Sollte jemand sich wundern, Saul unter den Propheten zu finden, so wisse dieser jemand, daß ich die Kinder liebe, mich gern ihren Freuden überlasse und es für mein größtes Glück halte, mich zugleich der Wonne der ganzen Christenheit am Heiligen Abend überlassen zu können.

Das ist meine Freude! Das ist mein Stolz! Ich schäme mich dessen nicht, auf daß nicht einst das göttliche Kind, welches in der Krippe weinte, sich mein schäme, wenn es wiederkommt mit vielen tausend Engeln, in der Herrlichkeit seines Vaters, zu richten die Lebendigen und die Toten.

Friedrich Leopold Graf zu Stolberg

Kinderlieder und -verse

Da steht ein Baum,
Dahin leg ich meinen Traum,
Dahin leg ich meine Sünd;
Dann schlaf ich mit dem Jesuskind,
Mit Maria und Josef rein
Ganz sicher ein. Amen.

Christkindchen komm,
Mach mich fromm,
Daß ich in den Himmel komm.
Papa, soll ich? »Noch nicht!«
Mama, soll ich? »Noch nicht!«
Wie uns da zumute war,
Als wir Kinder kamen,

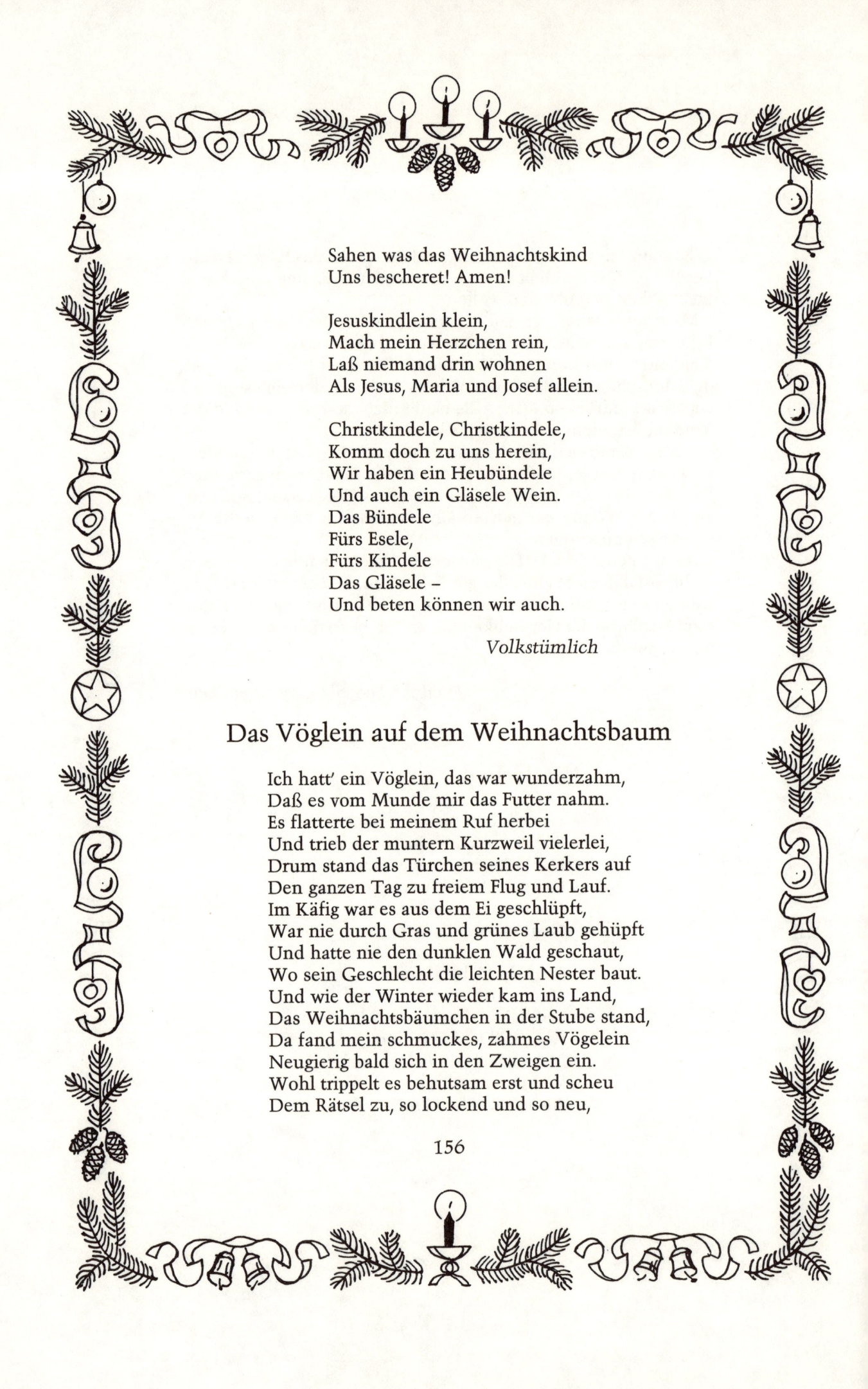

Sahen was das Weihnachtskind
Uns bescheret! Amen!

Jesuskindlein klein,
Mach mein Herzchen rein,
Laß niemand drin wohnen
Als Jesus, Maria und Josef allein.

Christkindele, Christkindele,
Komm doch zu uns herein,
Wir haben ein Heubündele
Und auch ein Gläsele Wein.
Das Bündele
Fürs Esele,
Fürs Kindele
Das Gläsele –
Und beten können wir auch.

Volkstümlich

Das Vöglein auf dem Weihnachtsbaum

Ich hatt' ein Vöglein, das war wunderzahm,
Daß es vom Munde mir das Futter nahm.
Es flatterte bei meinem Ruf herbei
Und trieb der muntern Kurzweil vielerlei,
Drum stand das Türchen seines Kerkers auf
Den ganzen Tag zu freiem Flug und Lauf.
Im Käfig war es aus dem Ei geschlüpft,
War nie durch Gras und grünes Laub gehüpft
Und hatte nie den dunklen Wald geschaut,
Wo sein Geschlecht die leichten Nester baut.
Und wie der Winter wieder kam ins Land,
Das Weihnachtsbäumchen in der Stube stand,
Da fand mein schmuckes, zahmes Vögelein
Neugierig bald sich in den Zweigen ein.
Wohl trippelt es behutsam erst und scheu
Dem Rätsel zu, so lockend und so neu,

Doch bald war's in dem grünen Reich zu Haus,
Wie prüfend breitet es die Flügel aus;
So freudig stieg und fiel die kleine Brust,
Als schwellte sie der Tannenduft mit Lust.
Und wie er nie vom Käfig noch erklang,
So froh, so schmetternd tönte sein Gesang!
Zum erstenmal berauscht von neuem Glück,
Kehrt es zu seinem Hause nicht zurück.
Hart an das Stämmchen duckt es, still und klein
Und schlummert in der grünen Dämmrung ein.
Und sinnend sah ich lang des Lieblings Ruh
Wie erst dem Spiel, dem zierlich heitren, zu,
Als durch des Vogels Leib mit einemmal
Ein seltsam Zittern wunderbar sich stahl;
Das Köpfchen mit dem Fittich zugetan,
Fing es geheim und süß zu zwitschern an:
Im Traum geschah's ... und Wald und Waldeswehn
Schien ahnungslos durch diesen Traum zu gehn.

Und seltsam überkam's mich bei dem Laut!
Was nie das Tierchen lebend noch geschaut,
Des freien Waldes freie Herrlichkeit,
Nun lag es offen da vor ihm und weit ...
Mich aber mahnt es einer andern Welt,
Und mancher Frage, zweifelnd oft gestellt,
Und dieses Leben deuchte mir ein Traum
Wie der des Vögleins auf dem Weihnachtsbaum.

Hermann von Schmid

Ihr Kinder groß, ihr Kinder klein,
Gehorsam müßt ihr alle sein.

Franz Graf von Pocci

Was das Christkindlein sagt

Das Christkindlein bin ich genannt
Den frommen Kindern wohl bekannt,
Die ihren Eltern gehorsam sein,
Die früh aufstehn und beten gern,
Denen will ich alles beschern.
Die aber solche Holzblöck sein,
Die schlagen ihre Schwesterlein
Und necken ihre Brüderlein,
Steckt Ruprecht in den Sack hinein.

aus: »Des Knaben Wunderhorn«

Du lieber heil'ger, frommer Christ

Du lieber heil'ger, frommer Christ,
Der für uns Kinder kommen ist,
Damit wir sollen weiß und rein
Und rechte Kinder Gottes sein!

Du Licht, vom lieben Gott gesandt
In unser dunkles Erdenland,
Du Himmelskind und Himmelsschein,
Damit wir sollen himmlisch sein.

Du lieber heil'ger, frommer Christ,
Weil heute dein Geburtstag ist,
Drum ist auf Erden weit und breit
Bei allen Kindern frohe Zeit.

O segne mich, ich bin noch klein,
O mache mir den Busen rein,
O bade mir die Seele hell
In deinem reichen Himmelsquell.

Daß ich wie Engel Gottes sei
In Demut und in Liebe treu,
Daß ich dein bleibe für und für,
Du heil'ger Christ, das schenke mir.

Ernst Moritz Arndt

Ei du lieber, heil'ger Christ

Ei du lieber, heil'ger Christ,
Komm nur nicht, wenn's dunkel ist,
Komm im hellen Mondenschein,
Wirf mir Nüß und Äpfel rein.

Volkstümlich

Der Traum

Ich lag und schlief; da träumte mir
Ein wunderschöner Traum:
Es stand auf unserm Tisch vor mir
Ein hoher Weihnachtsbaum.

Und bunte Lichter ohne Zahl,
Die brannten ringsumher;
Die Zweige waren allzumal
Von goldnen Äpfeln schwer.

Und Zuckerpuppen hingen dran;
Das war mal eine Pracht!
Da gab's, was ich nur wünschen kann
Und was mir Freude macht.

Und als ich nach dem Baume sah
Und ganz verwundert stand,
Nach einem Apfel griff ich da,
Und alles, alles schwand.

Da wacht' ich auf aus meinem Traum,
Und dunkel war's um mich.
Du lieber, schöner Weihnachtsbaum,
Sag an, wo find ich dich?

Da war es just, als rief er mir:
»Du darfst nur artig sein;
Dann steh ich wiederum vor dir;
Jetzt aber schlaf nur ein!

Und wenn du folgst und artig bist,
Dann ist erfüllt dein Traum,
Dann bringet dir der heil'ge Christ
Den schönsten Weihnachtsbaum.«

Hoffmann von Fallersleben

Weihnachtsgesang

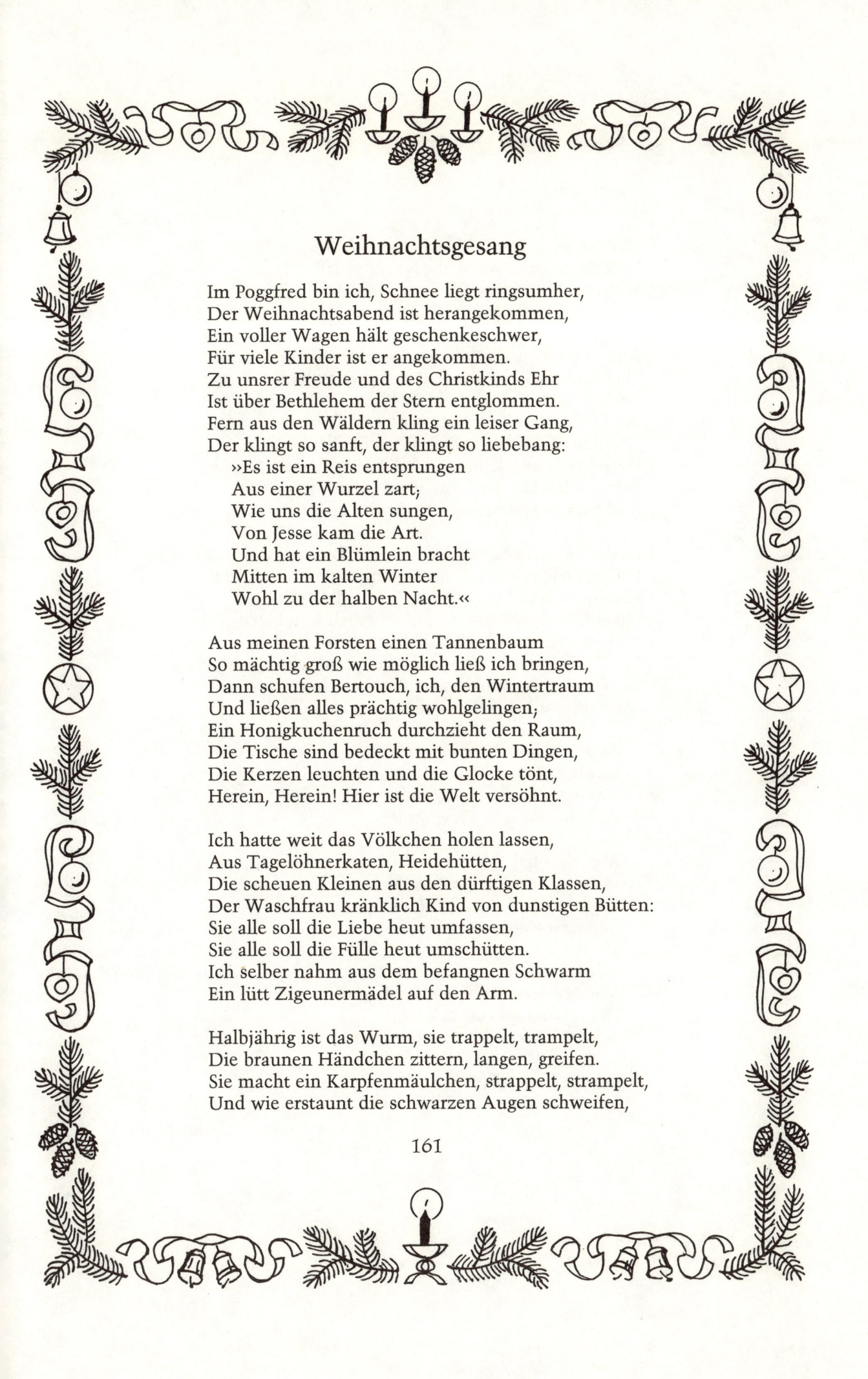

Im Poggfred bin ich, Schnee liegt ringsumher,
Der Weihnachtsabend ist herangekommen,
Ein voller Wagen hält geschenkeschwer,
Für viele Kinder ist er angekommen.
Zu unsrer Freude und des Christkinds Ehr
Ist über Bethlehem der Stern entglommen.
Fern aus den Wäldern kling ein leiser Gang,
Der klingt so sanft, der klingt so liebebang:
    »Es ist ein Reis entsprungen
    Aus einer Wurzel zart;
    Wie uns die Alten sungen,
    Von Jesse kam die Art.
    Und hat ein Blümlein bracht
    Mitten im kalten Winter
    Wohl zu der halben Nacht.«

Aus meinen Forsten einen Tannenbaum
So mächtig groß wie möglich ließ ich bringen,
Dann schufen Bertouch, ich, den Wintertraum
Und ließen alles prächtig wohlgelingen;
Ein Honigkuchenruch durchzieht den Raum,
Die Tische sind bedeckt mit bunten Dingen,
Die Kerzen leuchten und die Glocke tönt,
Herein, Herein! Hier ist die Welt versöhnt.

Ich hatte weit das Völkchen holen lassen,
Aus Tagelöhnerkaten, Heidehütten,
Die scheuen Kleinen aus den dürftigen Klassen,
Der Waschfrau kränklich Kind von dunstigen Bütten:
Sie alle soll die Liebe heut umfassen,
Sie alle soll die Fülle heut umschütten.
Ich selber nahm aus dem befangnen Schwarm
Ein lütt Zigeunermädel auf den Arm.

Halbjährig ist das Wurm, sie trappelt, trampelt,
Die braunen Händchen zittern, langen, greifen.
Sie macht ein Karpfenmäulchen, strappelt, strampelt,
Und wie erstaunt die schwarzen Augen schweifen,

Heb ich sie lichterhoch! Und wie sie ampelt!
Hojemine, kann schon ihr Finger kneifen!
Sie kreischt vor Lust, das war ihr erstes Juchzen;
Du, Dirnlein, käm dir später nie das Schluchzen.

Ach, schenken, schenken, könnt ich immer schenken
Und lindern, wo die Not, die Armut haust.
Und braucht ich nie mein Geld erst zu bedenken,
Wo ein Verzweifelter den Bart sich zaust.
Und könnt ich alle Krämerhälse henken:
Pfeffer in euern Schlund! Und meine Faust!
Könnt allen ich ein Tannenreis entzünden:
Seid froh, vergeßt für immer eure Sünden.

Ist das ein Durcheinander: Wie sie spielen
Und schleppen, ziehn, trompeten, trommeln, geigen.
Beschwert sind Stühle, Sofa, Teppich, Dielen,
Ein jedes schirmt und schützt für sich sein Eigen;
Mariechen, oh, seh ich nach Ännchen schielen,
Ei, ei! Doch wer kommt da? Und tiefes Schweigen:
Ein Engel mit gesenkten weißen Flügeln,
Der flog wohl eben her von Gottes Hügeln.

    Seht! der jetzt hier vor euch steht,
    Ist ein Engel aus dem Himmel,
    Von den Sternen hergeweht,
    Ach, ins irdische Gewimmel.

    Manches hab ich angeschaut,
    Ganz zuletzt die Weihnachtsbäume,
    Und darunter aufgebaut
    Tausend wachgewordne Träume.

    Mit Knecht Ruprecht ging ich viel
    Vor den schönen Christkindtagen,
    Immer neu war unser Ziel,
    Seinen Rucksack half ich tragen.

    Unsrer Gaben Fülle lag
    Fest verschlossen in Verstecken,

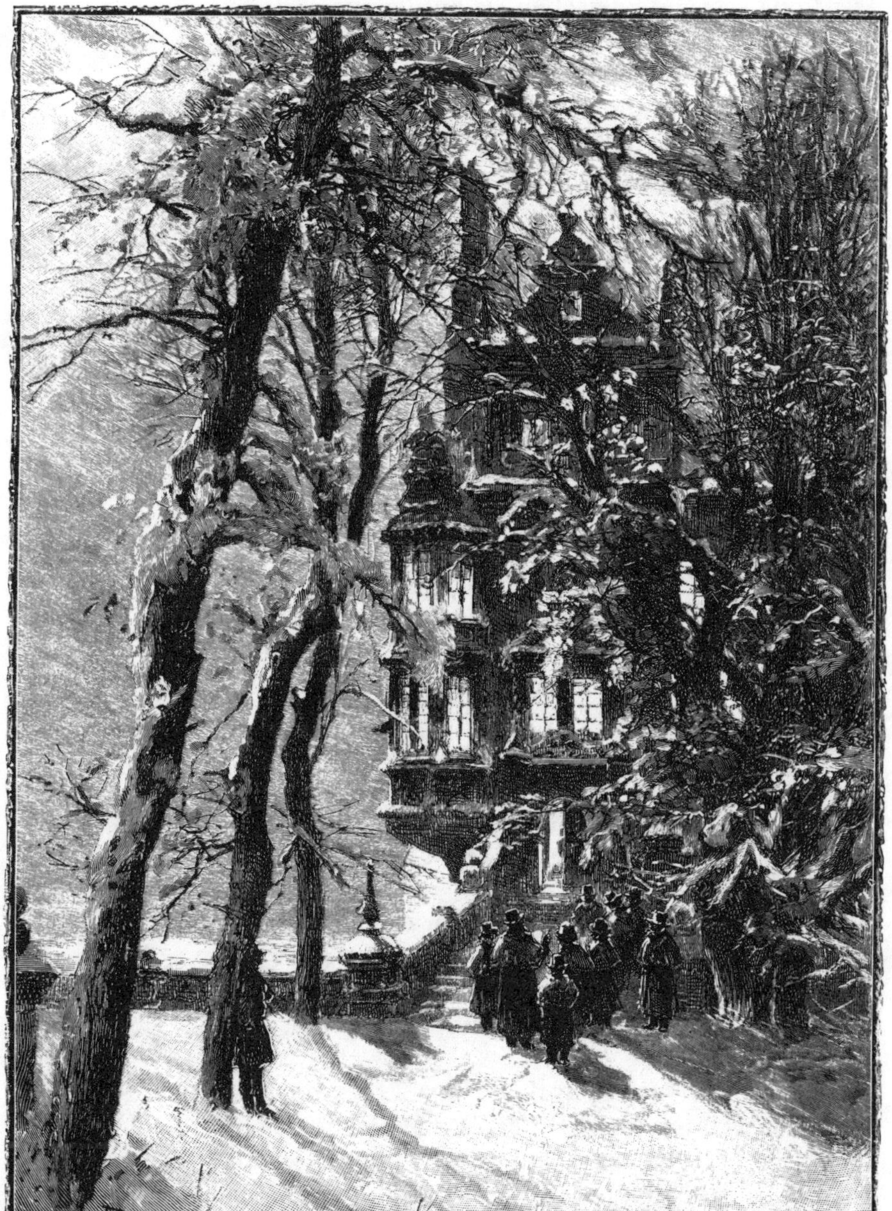
PÜTTNER

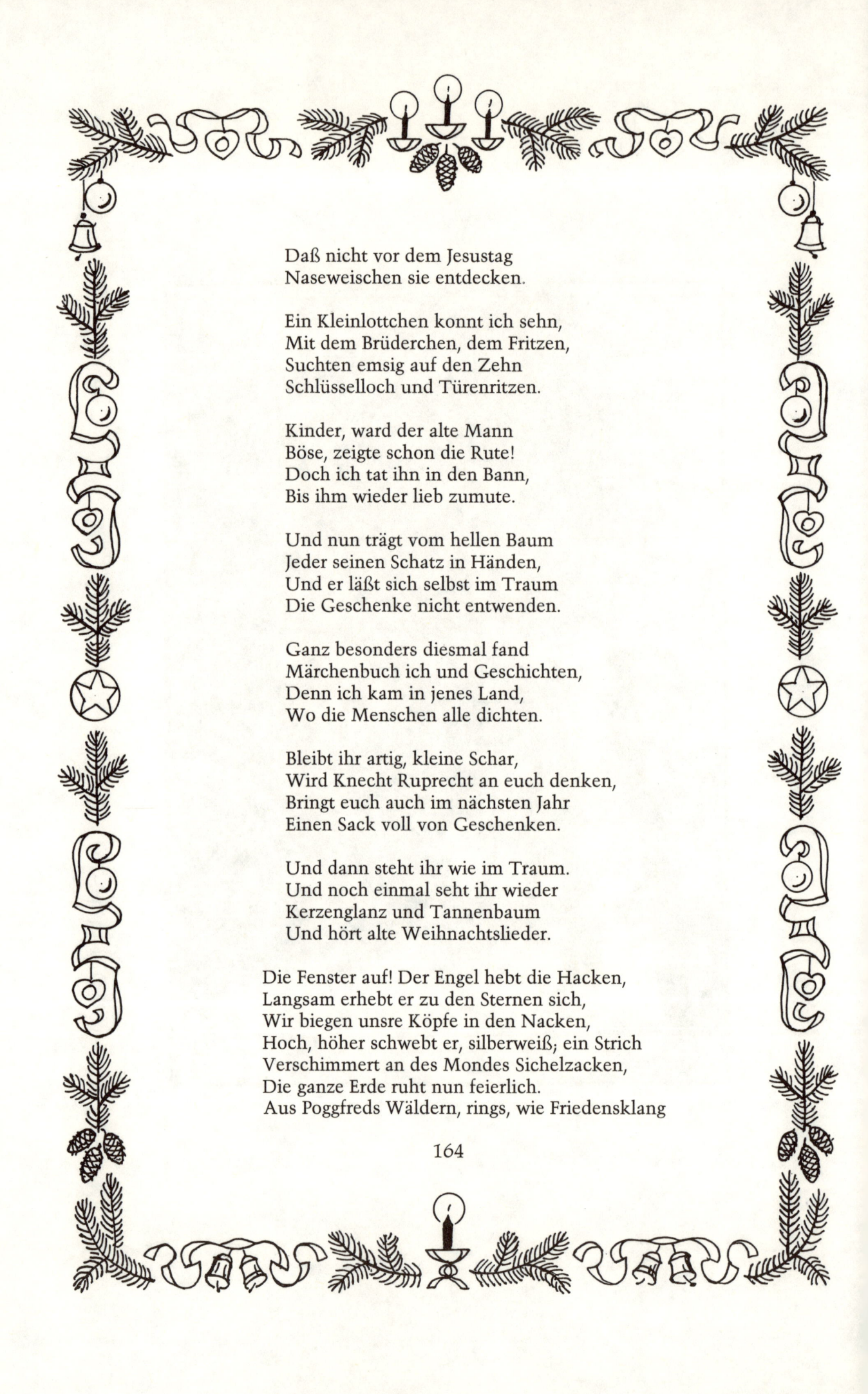

Daß nicht vor dem Jesustag
Naseweischen sie entdecken.

Ein Kleinlottchen konnt ich sehn,
Mit dem Brüderchen, dem Fritzen,
Suchten emsig auf den Zehn
Schlüsselloch und Türenritzen.

Kinder, ward der alte Mann
Böse, zeigte schon die Rute!
Doch ich tat ihn in den Bann,
Bis ihm wieder lieb zumute.

Und nun trägt vom hellen Baum
Jeder seinen Schatz in Händen,
Und er läßt sich selbst im Traum
Die Geschenke nicht entwenden.

Ganz besonders diesmal fand
Märchenbuch ich und Geschichten,
Denn ich kam in jenes Land,
Wo die Menschen alle dichten.

Bleibt ihr artig, kleine Schar,
Wird Knecht Ruprecht an euch denken,
Bringt euch auch im nächsten Jahr
Einen Sack voll von Geschenken.

Und dann steht ihr wie im Traum.
Und noch einmal seht ihr wieder
Kerzenglanz und Tannenbaum
Und hört alte Weihnachtslieder.

Die Fenster auf! Der Engel hebt die Hacken,
Langsam erhebt er zu den Sternen sich,
Wir biegen unsre Köpfe in den Nacken,
Hoch, höher schwebt er, silberweiß; ein Strich
Verschimmert an des Mondes Sichelzacken,
Die ganze Erde ruht nun feierlich.
Aus Poggfreds Wäldern, rings, wie Friedensklang

Klingt wunderbar ein Knabenzwiegesang:
Sanctus dominus deus Sabaoth,
Pleni sunt coeli et terra gloria tua,
Hosianna in excelsis.

Detlev von Liliencron

Vor dem Christbaum

Da guck einmal, was gestern nacht
Christkindlein alles mir gebracht:
  Ein Räppchen,
  Ein Wägelein;
  Ein Käppchen
  Und ein Krägelein;
  Ein Tütchen
  Und ein Rütchen;
  Ein Büchlein
  Voller Sprüchlein;
Das Tütchen, wenn ich fleißig lern,
Ein Rütchen, tät' ich es nicht gern,
Und nun erst gar den Weihnachtsbaum,
Ein schönrer steht im Walde kaum.
Ja, schau nur her und schau nur hin
Und schau, wie ich so glücklich bin.

Friedrich Güll

Eine Weihnachtsreise ins altpreußische Land

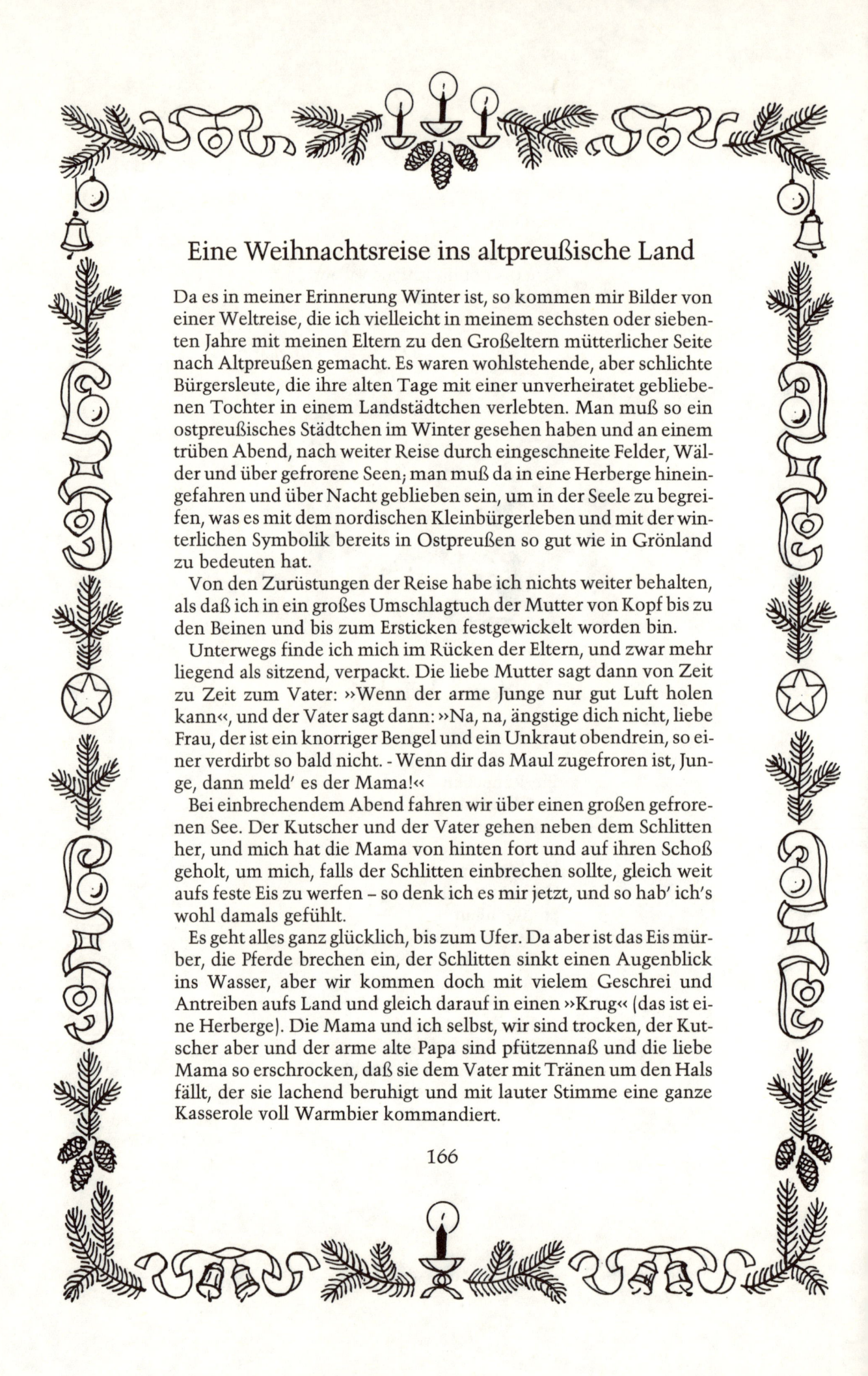

Da es in meiner Erinnerung Winter ist, so kommen mir Bilder von einer Weltreise, die ich vielleicht in meinem sechsten oder siebenten Jahre mit meinen Eltern zu den Großeltern mütterlicher Seite nach Altpreußen gemacht. Es waren wohlstehende, aber schlichte Bürgersleute, die ihre alten Tage mit einer unverheiratet gebliebenen Tochter in einem Landstädtchen verlebten. Man muß so ein ostpreußisches Städtchen im Winter gesehen haben und an einem trüben Abend, nach weiter Reise durch eingeschneite Felder, Wälder und über gefrorene Seen; man muß da in eine Herberge hineingefahren und über Nacht geblieben sein, um in der Seele zu begreifen, was es mit dem nordischen Kleinbürgerleben und mit der winterlichen Symbolik bereits in Ostpreußen so gut wie in Grönland zu bedeuten hat.

Von den Zurüstungen der Reise habe ich nichts weiter behalten, als daß ich in ein großes Umschlagtuch der Mutter von Kopf bis zu den Beinen und bis zum Ersticken festgewickelt worden bin.

Unterwegs finde ich mich im Rücken der Eltern, und zwar mehr liegend als sitzend, verpackt. Die liebe Mutter sagt dann von Zeit zu Zeit zum Vater: »Wenn der arme Junge nur gut Luft holen kann«, und der Vater sagt dann: »Na, na, ängstige dich nicht, liebe Frau, der ist ein knorriger Bengel und ein Unkraut obendrein, so einer verdirbt so bald nicht. – Wenn dir das Maul zugefroren ist, Junge, dann meld' es der Mama!«

Bei einbrechendem Abend fahren wir über einen großen gefrorenen See. Der Kutscher und der Vater gehen neben dem Schlitten her, und mich hat die Mama von hinten fort und auf ihren Schoß geholt, um mich, falls der Schlitten einbrechen sollte, gleich weit aufs feste Eis zu werfen – so denk ich es mir jetzt, und so hab' ich's wohl damals gefühlt.

Es geht alles ganz glücklich, bis zum Ufer. Da aber ist das Eis mürber, die Pferde brechen ein, der Schlitten sinkt einen Augenblick ins Wasser, aber wir kommen doch mit vielem Geschrei und Antreiben aufs Land und gleich darauf in einen »Krug« (das ist eine Herberge). Die Mama und ich selbst, wir sind trocken, der Kutscher aber und der arme alte Papa sind pfützennaß und die liebe Mama so erschrocken, daß sie dem Vater mit Tränen um den Hals fällt, der sie lachend beruhigt und mit lauter Stimme eine ganze Kasserole voll Warmbier kommandiert.

Dann muß der Wirt dem Vater die nassen Stiefel abziehen, und da dies nicht auf die gewöhnliche Weise gehen will, so hat der Mann sich mit dem Gesicht dem Vater abgekehrt und dieser ihm einen Fuß gegen den Rücken festgestemmt, der Wirt aber den Stiefel fest in den Händen gehalten, bis er ihn richtig mit Gelächter heruntergekriegt.

Am andern Tag fahren wir bei ganz gelindem Wetter und indem der Schnee wie in ganzen Lämmervliesen herunterflockt, durch einen unermeßlichen Föhrenwald, der in Ostpreußen eine Heide genannt ist. Ich sitze, da weiter keine Gefahr mit Einfrieren vorhanden, ganz wohlgemut und munter zwischen den lieben Eltern. Mir ist so märchenhaft zumute, wie wenn die ganze Welt zu lauter

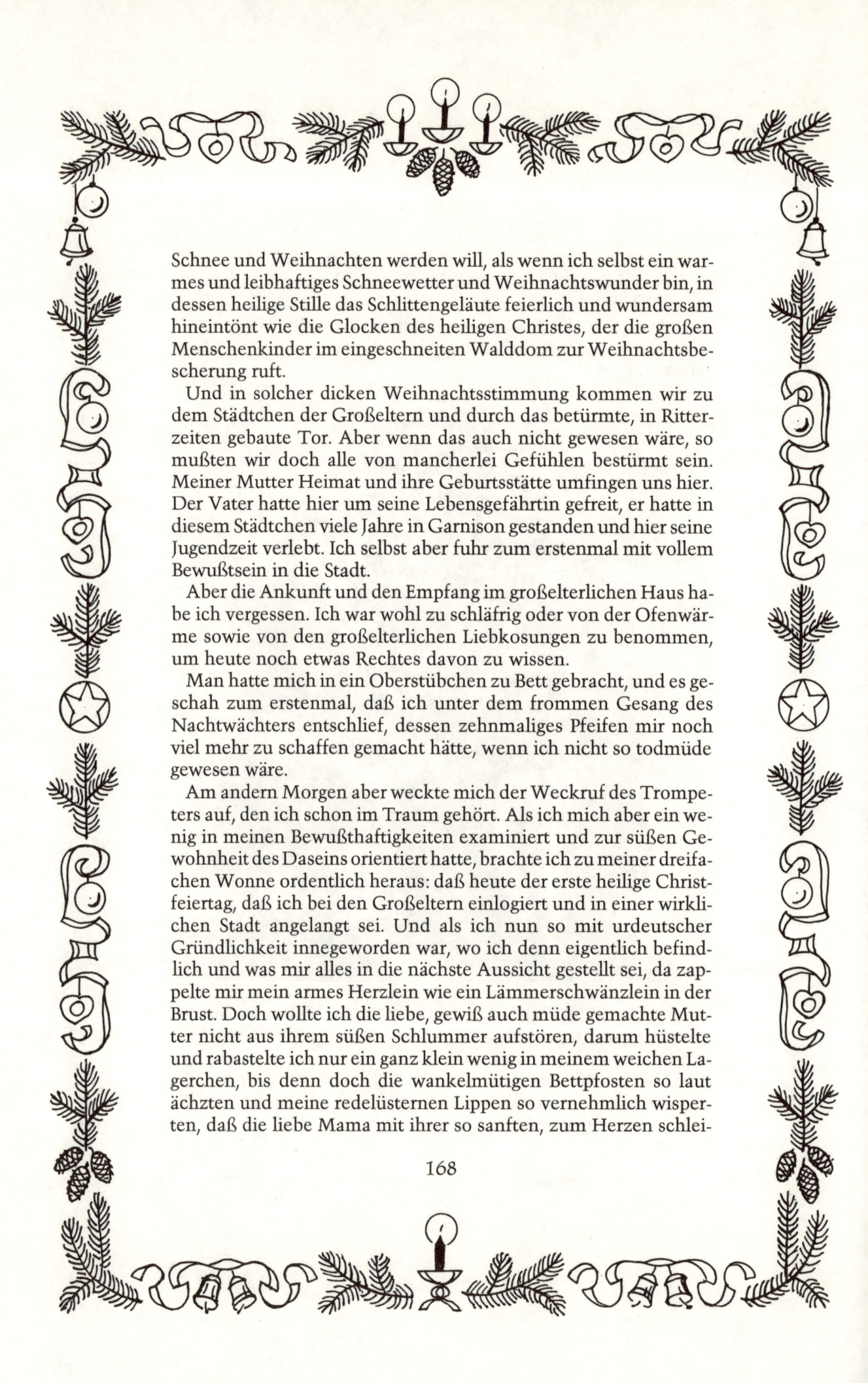

Schnee und Weihnachten werden will, als wenn ich selbst ein warmes und leibhaftiges Schneewetter und Weihnachtswunder bin, in dessen heilige Stille das Schlittengeläute feierlich und wundersam hineintönt wie die Glocken des heiligen Christes, der die großen Menschenkinder im eingeschneiten Walddom zur Weihnachtsbescherung ruft.

Und in solcher dicken Weihnachtsstimmung kommen wir zu dem Städtchen der Großeltern und durch das betürmte, in Ritterzeiten gebaute Tor. Aber wenn das auch nicht gewesen wäre, so mußten wir doch alle von mancherlei Gefühlen bestürmt sein. Meiner Mutter Heimat und ihre Geburtsstätte umfingen uns hier. Der Vater hatte hier um seine Lebensgefährtin gefreit, er hatte in diesem Städtchen viele Jahre in Garnison gestanden und hier seine Jugendzeit verlebt. Ich selbst aber fuhr zum erstenmal mit vollem Bewußtsein in die Stadt.

Aber die Ankunft und den Empfang im großelterlichen Haus habe ich vergessen. Ich war wohl zu schläfrig oder von der Ofenwärme sowie von den großelterlichen Liebkosungen zu benommen, um heute noch etwas Rechtes davon zu wissen.

Man hatte mich in ein Oberstübchen zu Bett gebracht, und es geschah zum erstenmal, daß ich unter dem frommen Gesang des Nachtwächters entschlief, dessen zehnmaliges Pfeifen mir noch viel mehr zu schaffen gemacht hätte, wenn ich nicht so todmüde gewesen wäre.

Am andern Morgen aber weckte mich der Weckruf des Trompeters auf, den ich schon im Traum gehört. Als ich mich aber ein wenig in meinen Bewußthaftigkeiten examiniert und zur süßen Gewohnheit des Daseins orientiert hatte, brachte ich zu meiner dreifachen Wonne ordentlich heraus: daß heute der erste heilige Christfeiertag, daß ich bei den Großeltern einlogiert und in einer wirklichen Stadt angelangt sei. Und als ich nun so mit urdeutscher Gründlichkeit innegeworden war, wo ich denn eigentlich befindlich und was mir alles in die nächste Aussicht gestellt sei, da zappelte mir mein armes Herzlein wie ein Lämmerschwänzlein in der Brust. Doch wollte ich die liebe, gewiß auch müde gemachte Mutter nicht aus ihrem süßen Schlummer aufstören, darum hüstelte und rabastelte ich nur ein ganz klein wenig in meinem weichen Lagerchen, bis denn doch die wankelmütigen Bettpfosten so laut ächzten und meine redelüsternen Lippen so vernehmlich wisperten, daß die liebe Mama mit ihrer so sanften, zum Herzen schleichenden Stimme respondierte: »Na, mein Jungchen, du kannst wohl schon vor Freuden nicht länger schlafen.« –

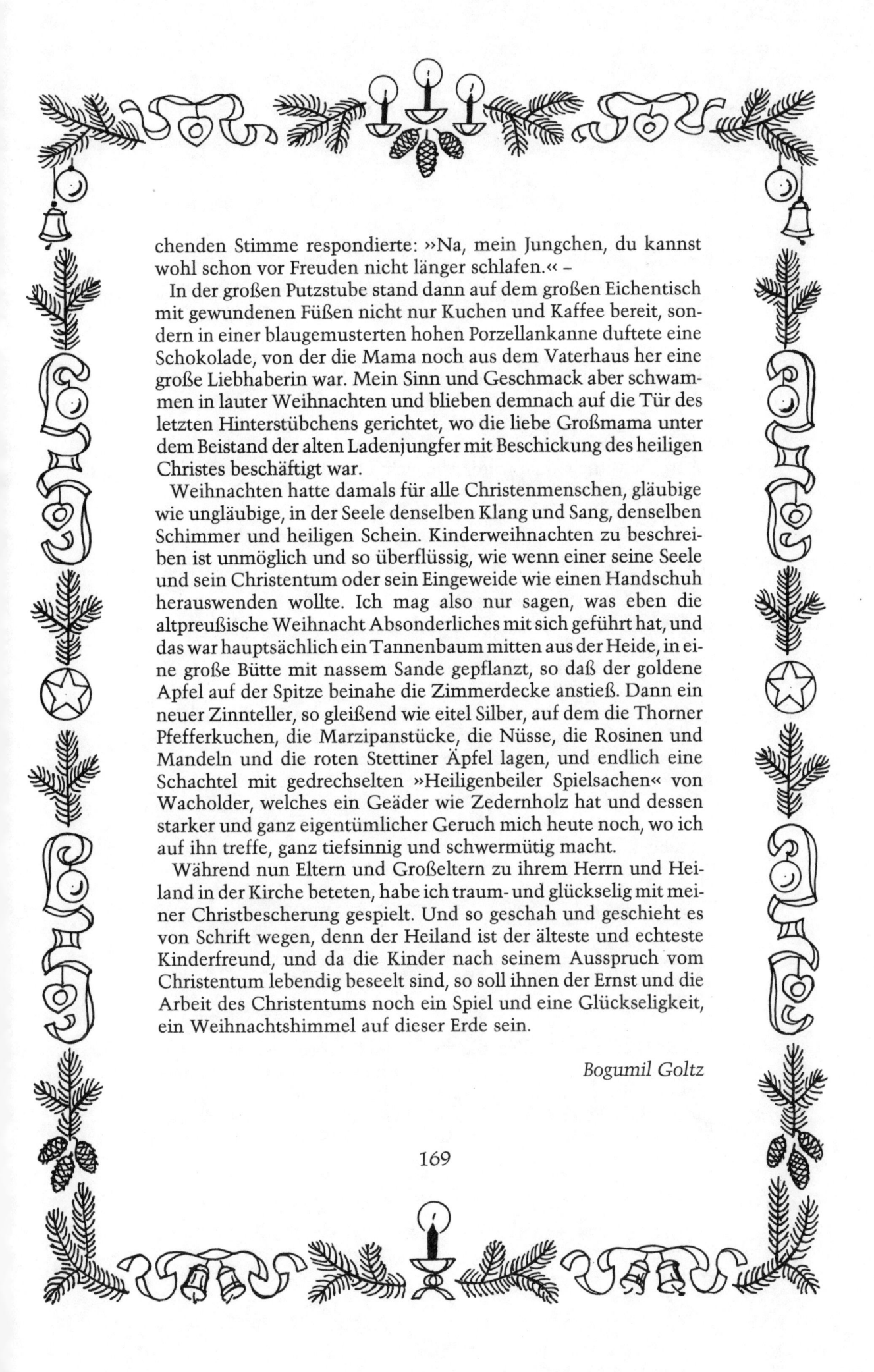

In der großen Putzstube stand dann auf dem großen Eichentisch mit gewundenen Füßen nicht nur Kuchen und Kaffee bereit, sondern in einer blaugemusterten hohen Porzellankanne duftete eine Schokolade, von der die Mama noch aus dem Vaterhaus her eine große Liebhaberin war. Mein Sinn und Geschmack aber schwammen in lauter Weihnachten und blieben demnach auf die Tür des letzten Hinterstübchens gerichtet, wo die liebe Großmama unter dem Beistand der alten Ladenjungfer mit Beschickung des heiligen Christes beschäftigt war.

Weihnachten hatte damals für alle Christenmenschen, gläubige wie ungläubige, in der Seele denselben Klang und Sang, denselben Schimmer und heiligen Schein. Kinderweihnachten zu beschreiben ist unmöglich und so überflüssig, wie wenn einer seine Seele und sein Christentum oder sein Eingeweide wie einen Handschuh herauswenden wollte. Ich mag also nur sagen, was eben die altpreußische Weihnacht Absonderliches mit sich geführt hat, und das war hauptsächlich ein Tannenbaum mitten aus der Heide, in eine große Bütte mit nassem Sande gepflanzt, so daß der goldene Apfel auf der Spitze beinahe die Zimmerdecke anstieß. Dann ein neuer Zinnteller, so gleißend wie eitel Silber, auf dem die Thorner Pfefferkuchen, die Marzipanstücke, die Nüsse, die Rosinen und Mandeln und die roten Stettiner Äpfel lagen, und endlich eine Schachtel mit gedrechselten »Heiligenbeiler Spielsachen« von Wacholder, welches ein Geäder wie Zedernholz hat und dessen starker und ganz eigentümlicher Geruch mich heute noch, wo ich auf ihn treffe, ganz tiefsinnig und schwermütig macht.

Während nun Eltern und Großeltern zu ihrem Herrn und Heiland in der Kirche beteten, habe ich traum- und glückselig mit meiner Christbescherung gespielt. Und so geschah und geschieht es von Schrift wegen, denn der Heiland ist der älteste und echteste Kinderfreund, und da die Kinder nach seinem Ausspruch vom Christentum lebendig beseelt sind, so soll ihnen der Ernst und die Arbeit des Christentums noch ein Spiel und eine Glückseligkeit, ein Weihnachtshimmel auf dieser Erde sein.

Bogumil Goltz

Jugenderinnerungen

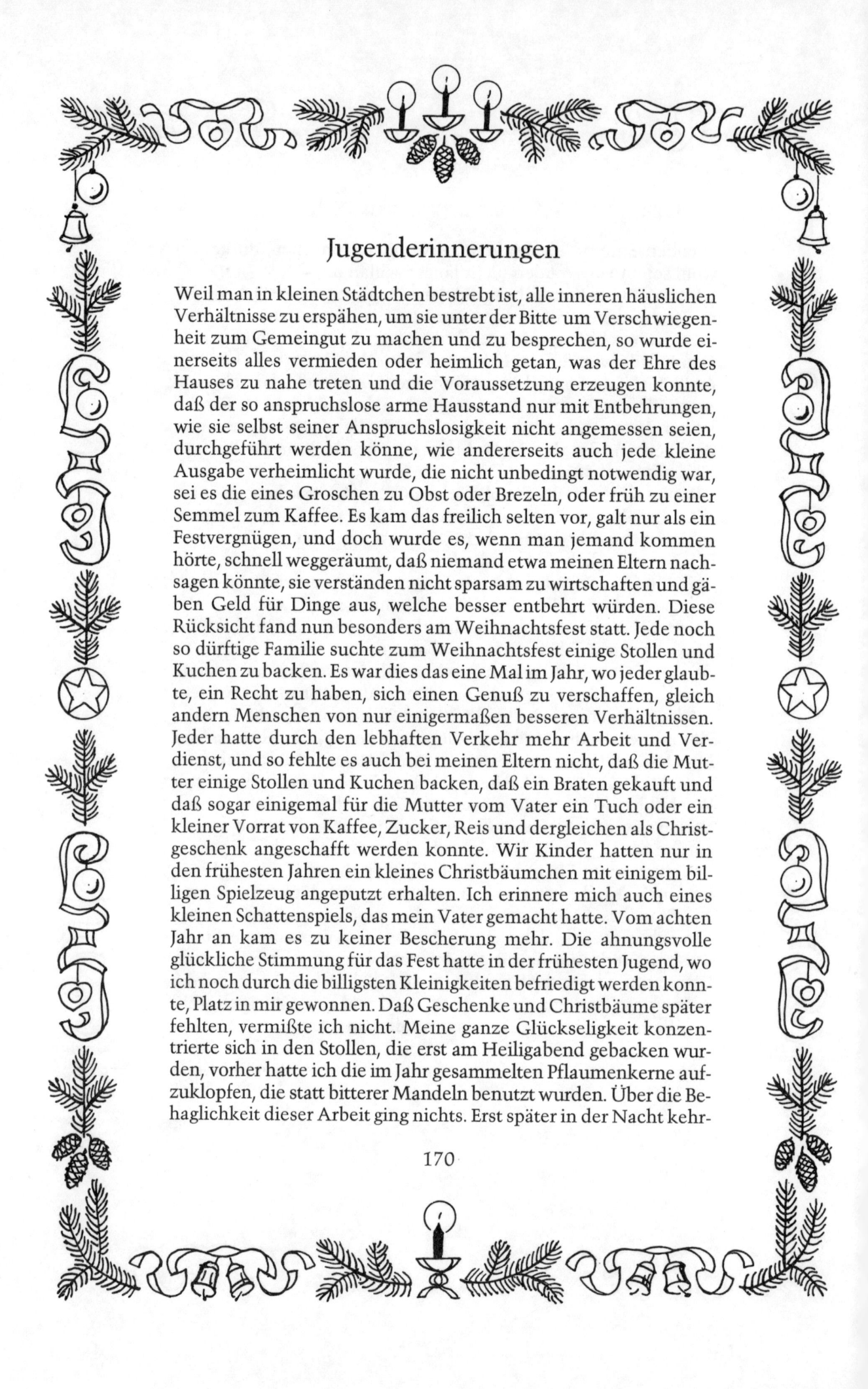

Weil man in kleinen Städtchen bestrebt ist, alle inneren häuslichen Verhältnisse zu erspähen, um sie unter der Bitte um Verschwiegenheit zum Gemeingut zu machen und zu besprechen, so wurde einerseits alles vermieden oder heimlich getan, was der Ehre des Hauses zu nahe treten und die Voraussetzung erzeugen konnte, daß der so anspruchslose arme Hausstand nur mit Entbehrungen, wie sie selbst seiner Anspruchslosigkeit nicht angemessen seien, durchgeführt werden könne, wie andererseits auch jede kleine Ausgabe verheimlicht wurde, die nicht unbedingt notwendig war, sei es die eines Groschen zu Obst oder Brezeln, oder früh zu einer Semmel zum Kaffee. Es kam das freilich selten vor, galt nur als ein Festvergnügen, und doch wurde es, wenn man jemand kommen hörte, schnell weggeräumt, daß niemand etwa meinen Eltern nachsagen könnte, sie verständen nicht sparsam zu wirtschaften und gäben Geld für Dinge aus, welche besser entbehrt würden. Diese Rücksicht fand nun besonders am Weihnachtsfest statt. Jede noch so dürftige Familie suchte zum Weihnachtsfest einige Stollen und Kuchen zu backen. Es war dies das eine Mal im Jahr, wo jeder glaubte, ein Recht zu haben, sich einen Genuß zu verschaffen, gleich andern Menschen von nur einigermaßen besseren Verhältnissen. Jeder hatte durch den lebhaften Verkehr mehr Arbeit und Verdienst, und so fehlte es auch bei meinen Eltern nicht, daß die Mutter einige Stollen und Kuchen backen, daß ein Braten gekauft und daß sogar einigemal für die Mutter vom Vater ein Tuch oder ein kleiner Vorrat von Kaffee, Zucker, Reis und dergleichen als Christgeschenk angeschafft werden konnte. Wir Kinder hatten nur in den frühesten Jahren ein kleines Christbäumchen mit einigem billigen Spielzeug angeputzt erhalten. Ich erinnere mich auch eines kleinen Schattenspiels, das mein Vater gemacht hatte. Vom achten Jahr an kam es zu keiner Bescherung mehr. Die ahnungsvolle glückliche Stimmung für das Fest hatte in der frühesten Jugend, wo ich noch durch die billigsten Kleinigkeiten befriedigt werden konnte, Platz in mir gewonnen. Daß Geschenke und Christbäume später fehlten, vermißte ich nicht. Meine ganze Glückseligkeit konzentrierte sich in den Stollen, die erst am Heiligabend gebacken wurden, vorher hatte ich die im Jahr gesammelten Pflaumenkerne aufzuklopfen, die statt bitterer Mandeln benutzt wurden. Über die Behaglichkeit dieser Arbeit ging nichts. Erst später in der Nacht kehrte die Mutter mit dem Backwerk vom Bäcker nach Hause zurück. Ich hatte keinen Schlaf empfunden und wachte mit dem Vater, der das Spätaufbleiben erlaubt hatte. Als die Stollen glücklich in die Wohnung gebracht waren, ging ich ruhig zu Bett und erwachte um sechs Uhr früh, wo das Fest mit den Glocken eingeweiht wurde, in gehobener Stimmung, die der Geburt des Christkindes galt und im Hintergrunde der Aussicht auf köstliche Stollen zum Kaffee und schulfreie Festtage.

Ernst Rietschel

Weihnachten

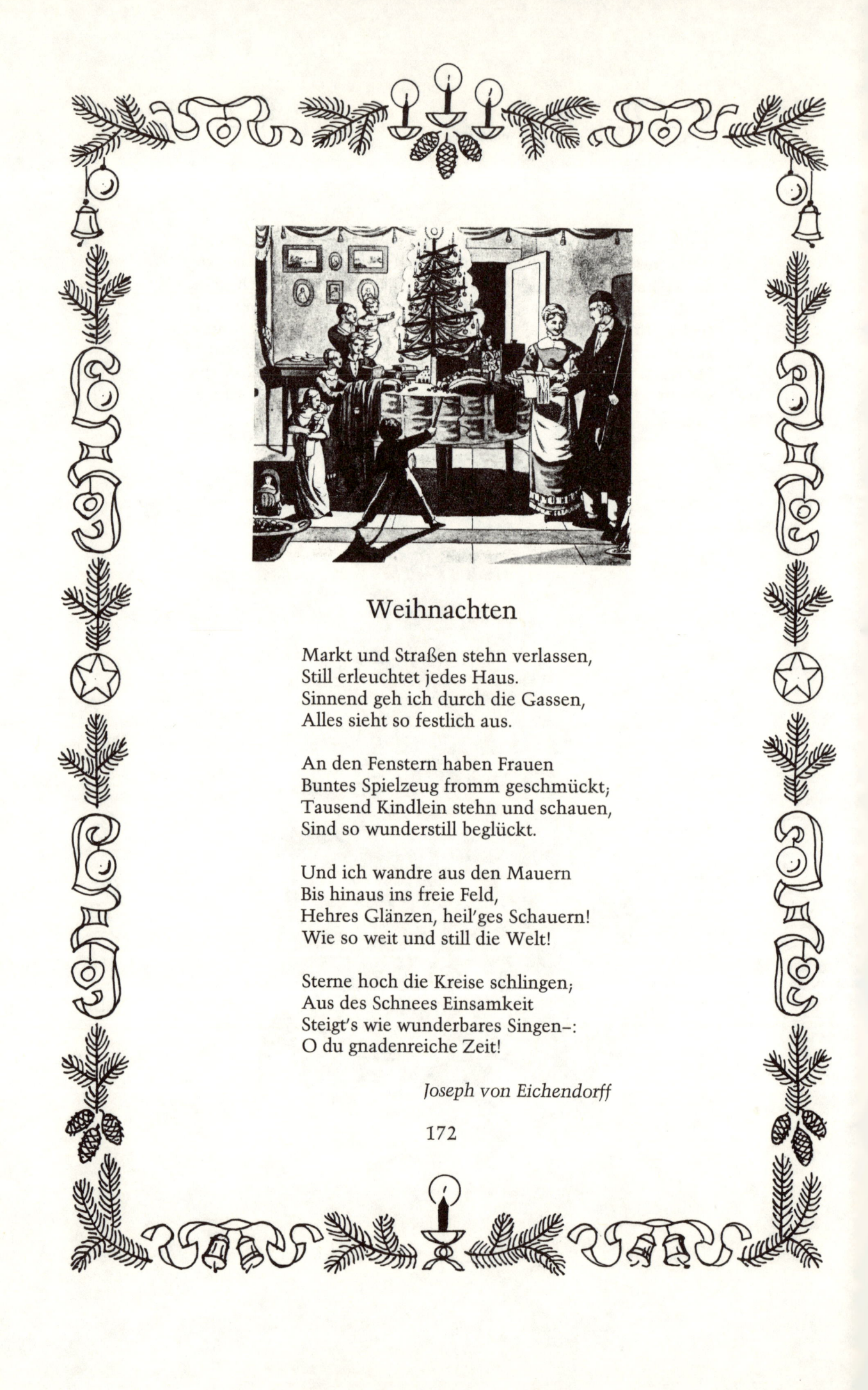

Markt und Straßen stehn verlassen,
Still erleuchtet jedes Haus.
Sinnend geh ich durch die Gassen,
Alles sieht so festlich aus.

An den Fenstern haben Frauen
Buntes Spielzeug fromm geschmückt;
Tausend Kindlein stehn und schauen,
Sind so wunderstill beglückt.

Und ich wandre aus den Mauern
Bis hinaus ins freie Feld,
Hehres Glänzen, heil'ges Schauern!
Wie so weit und still die Welt!

Sterne hoch die Kreise schlingen;
Aus des Schnees Einsamkeit
Steigt's wie wunderbares Singen–:
O du gnadenreiche Zeit!

Joseph von Eichendorff

Ich hab' diese Zeit des Jahres gar lieb ...

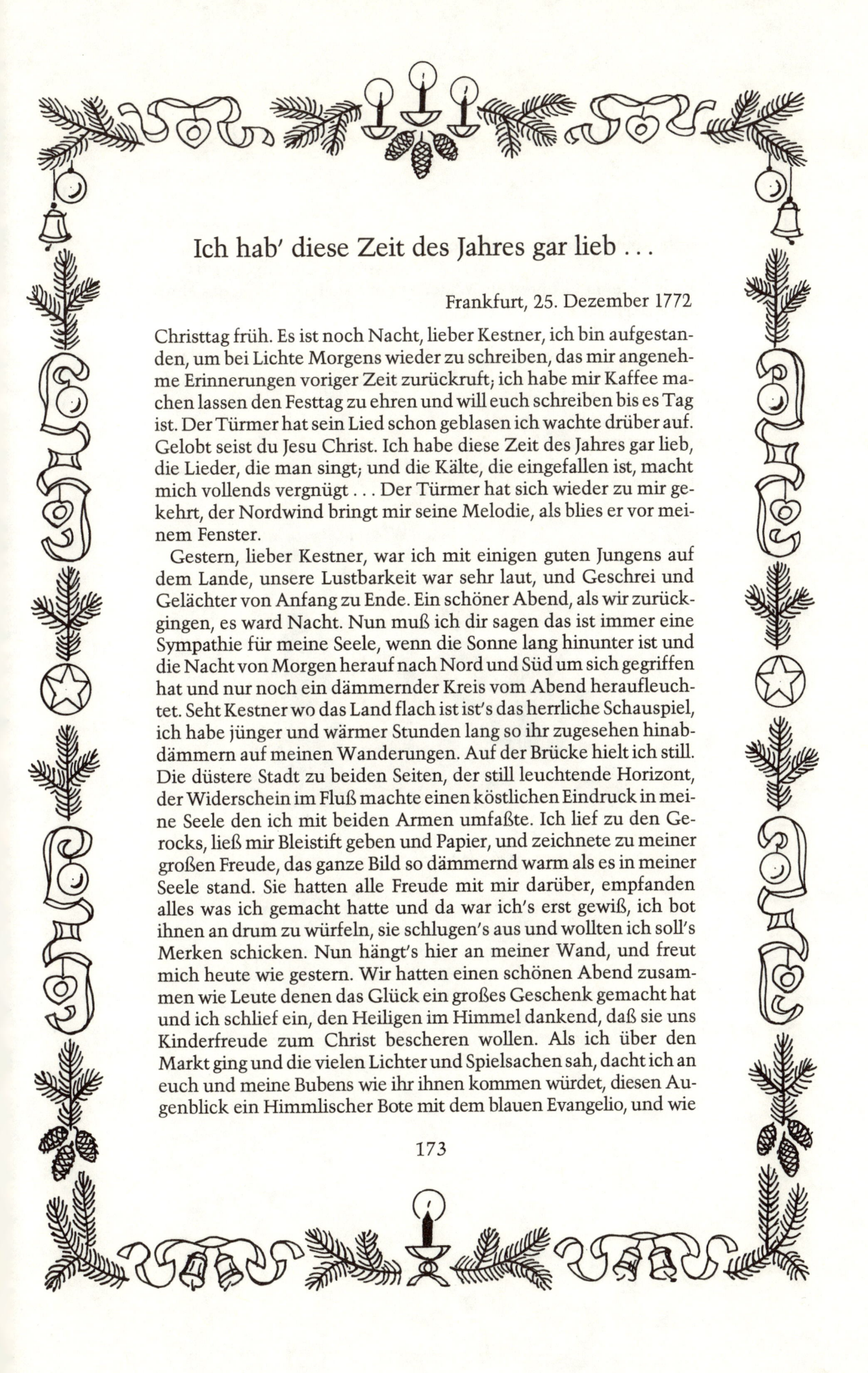

Frankfurt, 25. Dezember 1772

Christtag früh. Es ist noch Nacht, lieber Kestner, ich bin aufgestanden, um bei Lichte Morgens wieder zu schreiben, das mir angenehme Erinnerungen voriger Zeit zurückruft; ich habe mir Kaffee machen lassen den Festtag zu ehren und will euch schreiben bis es Tag ist. Der Türmer hat sein Lied schon geblasen ich wachte drüber auf. Gelobt seist du Jesu Christ. Ich habe diese Zeit des Jahres gar lieb, die Lieder, die man singt; und die Kälte, die eingefallen ist, macht mich vollends vergnügt ... Der Türmer hat sich wieder zu mir gekehrt, der Nordwind bringt mir seine Melodie, als blies er vor meinem Fenster.

Gestern, lieber Kestner, war ich mit einigen guten Jungens auf dem Lande, unsere Lustbarkeit war sehr laut, und Geschrei und Gelächter von Anfang zu Ende. Ein schöner Abend, als wir zurückgingen, es ward Nacht. Nun muß ich dir sagen das ist immer eine Sympathie für meine Seele, wenn die Sonne lang hinunter ist und die Nacht von Morgen herauf nach Nord und Süd um sich gegriffen hat und nur noch ein dämmernder Kreis vom Abend heraufleuchtet. Seht Kestner wo das Land flach ist ist's das herrliche Schauspiel, ich habe jünger und wärmer Stunden lang so ihr zugesehen hinabdämmern auf meinen Wanderungen. Auf der Brücke hielt ich still. Die düstere Stadt zu beiden Seiten, der still leuchtende Horizont, der Widerschein im Fluß machte einen köstlichen Eindruck in meine Seele den ich mit beiden Armen umfaßte. Ich lief zu den Gerocks, ließ mir Bleistift geben und Papier, und zeichnete zu meiner großen Freude, das ganze Bild so dämmernd warm als es in meiner Seele stand. Sie hatten alle Freude mit mir darüber, empfanden alles was ich gemacht hatte und da war ich's erst gewiß, ich bot ihnen an drum zu würfeln, sie schlugen's aus und wollten ich soll's Merken schicken. Nun hängt's hier an meiner Wand, und freut mich heute wie gestern. Wir hatten einen schönen Abend zusammen wie Leute denen das Glück ein großes Geschenk gemacht hat und ich schlief ein, den Heiligen im Himmel dankend, daß sie uns Kinderfreude zum Christ bescheren wollen. Als ich über den Markt ging und die vielen Lichter und Spielsachen sah, dacht ich an euch und meine Bubens wie ihr ihnen kommen würdet, diesen Augenblick ein Himmlischer Bote mit dem blauen Evangelio, und wie aufgerollt sie das Buch erbauen werde. Hätt ich bei euch sein können ich hätte wollen so ein Fest Wachsstöcke illuminieren, daß es in den kleinen Köpfen ein Widerschein der Herrlichkeit des Himmels geglänzt hätte.

Die Torschließer kommen vom Bürgermeister, und rasseln mit Schlüsseln. Das erste Grau des Tages kommt mir über des Nachbars Haus und die Glocken läuten einer Christlichen Gemeinde zusammen. Wohl ich bin erbaut hier oben auf meiner Stube, die ich lang nicht so lieb hatte als jetzt. Sie ist mit den glücklichen Bildern ausgeziert die mir freundlichen guten Morgen sagen ...

Nun Adieu, es ist hell Licht. Gott sei bei euch, wie ich bei euch bin. Der Tag ist festlich angefangen ...

Johann W. von Goethe an J.C. Kestner

Mir war's bei diesen Worten

Mir war's bei diesen Worten zumute als wie einem Kinde bei den apokryphischen Sprüchen seiner Mutter am Tage vor dem Christfest: Es ahnet etwas Herrliches, versteht aber nichts, bis es früh aufwacht und nun zum hell erleuchteten Lebensbaum mit vergoldeten Nüssen und zu den Schäfchen, Christkindchen, Puppen, Schüsseln mit Obst und Konfekt geführt wird.

Jung-Stilling

Marthes Uhr

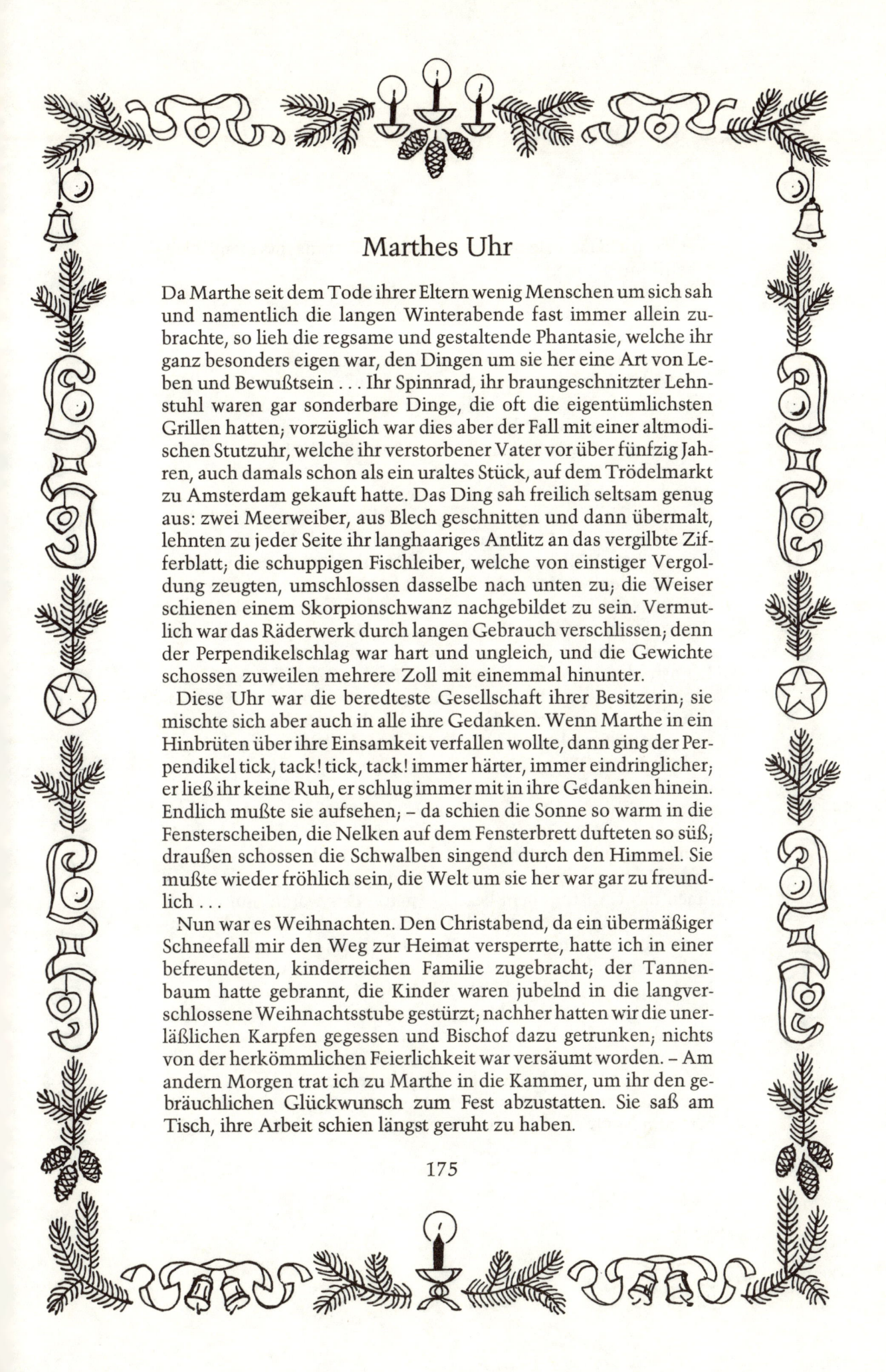

Da Marthe seit dem Tode ihrer Eltern wenig Menschen um sich sah und namentlich die langen Winterabende fast immer allein zubrachte, so lieh die regsame und gestaltende Phantasie, welche ihr ganz besonders eigen war, den Dingen um sie her eine Art von Leben und Bewußtsein ... Ihr Spinnrad, ihr braungeschnitzter Lehnstuhl waren gar sonderbare Dinge, die oft die eigentümlichsten Grillen hatten; vorzüglich war dies aber der Fall mit einer altmodischen Stutzuhr, welche ihr verstorbener Vater vor über fünfzig Jahren, auch damals schon als ein uraltes Stück, auf dem Trödelmarkt zu Amsterdam gekauft hatte. Das Ding sah freilich seltsam genug aus: zwei Meerweiber, aus Blech geschnitten und dann übermalt, lehnten zu jeder Seite ihr langhaariges Antlitz an das vergilbte Zifferblatt; die schuppigen Fischleiber, welche von einstiger Vergoldung zeugten, umschlossen dasselbe nach unten zu; die Weiser schienen einem Skorpionschwanz nachgebildet zu sein. Vermutlich war das Räderwerk durch langen Gebrauch verschlissen; denn der Perpendikelschlag war hart und ungleich, und die Gewichte schossen zuweilen mehrere Zoll mit einemmal hinunter.

Diese Uhr war die beredteste Gesellschaft ihrer Besitzerin; sie mischte sich aber auch in alle ihre Gedanken. Wenn Marthe in ein Hinbrüten über ihre Einsamkeit verfallen wollte, dann ging der Perpendikel tick, tack! tick, tack! immer härter, immer eindringlicher; er ließ ihr keine Ruh, er schlug immer mit in ihre Gedanken hinein. Endlich mußte sie aufsehen; – da schien die Sonne so warm in die Fensterscheiben, die Nelken auf dem Fensterbrett dufteten so süß; draußen schossen die Schwalben singend durch den Himmel. Sie mußte wieder fröhlich sein, die Welt um sie her war gar zu freundlich ...

Nun war es Weihnachten. Den Christabend, da ein übermäßiger Schneefall mir den Weg zur Heimat versperrte, hatte ich in einer befreundeten, kinderreichen Familie zugebracht; der Tannenbaum hatte gebrannt, die Kinder waren jubelnd in die langverschlossene Weihnachtsstube gestürzt; nachher hatten wir die unerläßlichen Karpfen gegessen und Bischof dazu getrunken; nichts von der herkömmlichen Feierlichkeit war versäumt worden. – Am andern Morgen trat ich zu Marthe in die Kammer, um ihr den gebräuchlichen Glückwunsch zum Fest abzustatten. Sie saß am Tisch, ihre Arbeit schien längst geruht zu haben.

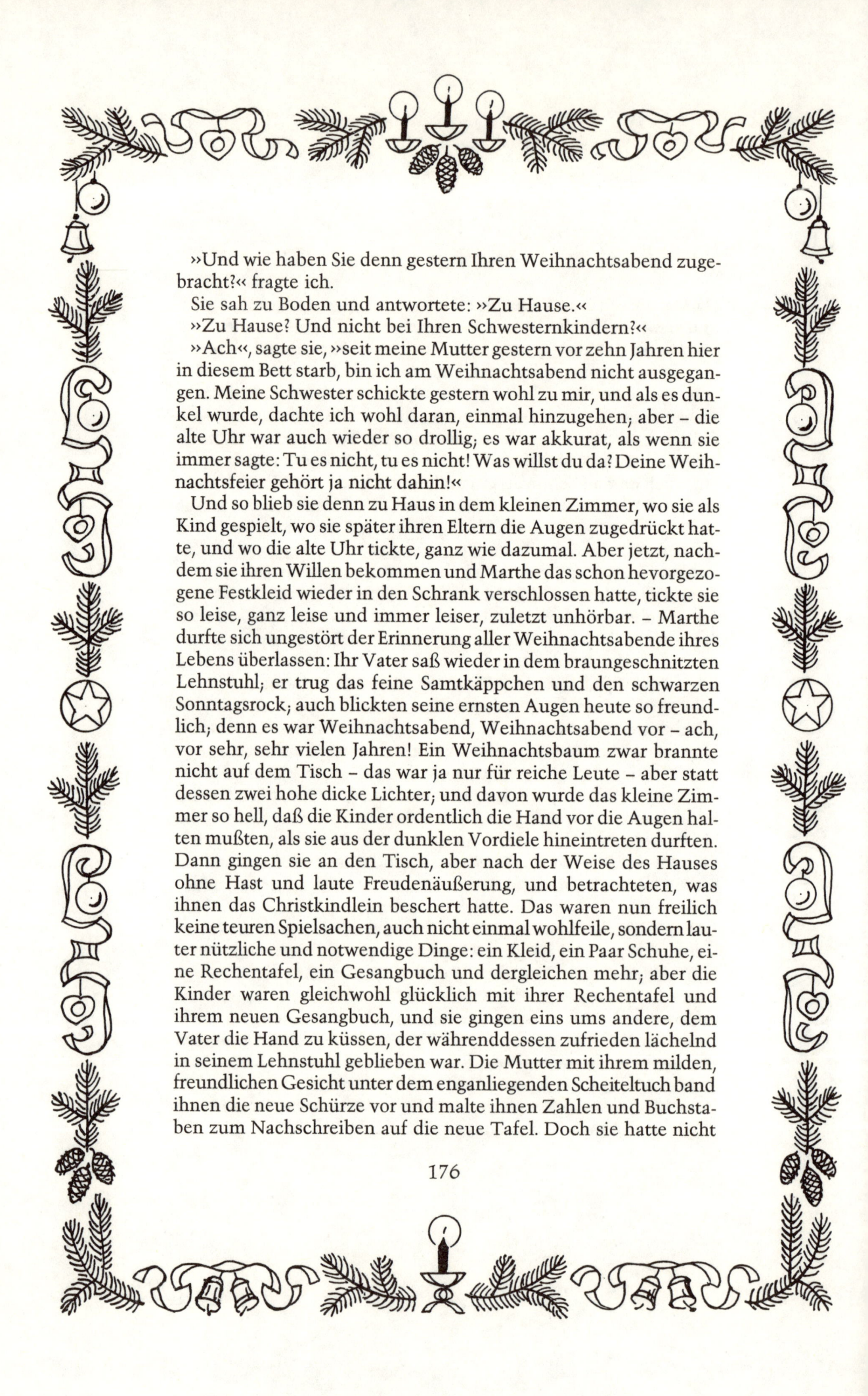

»Und wie haben Sie denn gestern Ihren Weihnachtsabend zugebracht?« fragte ich.

Sie sah zu Boden und antwortete: »Zu Hause.«

»Zu Hause? Und nicht bei Ihren Schwesternkindern?«

»Ach«, sagte sie, »seit meine Mutter gestern vor zehn Jahren hier in diesem Bett starb, bin ich am Weihnachtsabend nicht ausgegangen. Meine Schwester schickte gestern wohl zu mir, und als es dunkel wurde, dachte ich wohl daran, einmal hinzugehen; aber – die alte Uhr war auch wieder so drollig; es war akkurat, als wenn sie immer sagte: Tu es nicht, tu es nicht! Was willst du da? Deine Weihnachtsfeier gehört ja nicht dahin!«

Und so blieb sie denn zu Haus in dem kleinen Zimmer, wo sie als Kind gespielt, wo sie später ihren Eltern die Augen zugedrückt hatte, und wo die alte Uhr tickte, ganz wie dazumal. Aber jetzt, nachdem sie ihren Willen bekommen und Marthe das schon hevorgezogene Festkleid wieder in den Schrank verschlossen hatte, tickte sie so leise, ganz leise und immer leiser, zuletzt unhörbar. – Marthe durfte sich ungestört der Erinnerung aller Weihnachtsabende ihres Lebens überlassen: Ihr Vater saß wieder in dem braungeschnitzten Lehnstuhl; er trug das feine Samtkäppchen und den schwarzen Sonntagsrock; auch blickten seine ernsten Augen heute so freundlich; denn es war Weihnachtsabend, Weihnachtsabend vor – ach, vor sehr, sehr vielen Jahren! Ein Weihnachtsbaum zwar brannte nicht auf dem Tisch – das war ja nur für reiche Leute – aber statt dessen zwei hohe dicke Lichter; und davon wurde das kleine Zimmer so hell, daß die Kinder ordentlich die Hand vor die Augen halten mußten, als sie aus der dunklen Vordiele hineintreten durften. Dann gingen sie an den Tisch, aber nach der Weise des Hauses ohne Hast und laute Freudenäußerung, und betrachteten, was ihnen das Christkindlein beschert hatte. Das waren nun freilich keine teuren Spielsachen, auch nicht einmal wohlfeile, sondern lauter nützliche und notwendige Dinge: ein Kleid, ein Paar Schuhe, eine Rechentafel, ein Gesangbuch und dergleichen mehr; aber die Kinder waren gleichwohl glücklich mit ihrer Rechentafel und ihrem neuen Gesangbuch, und sie gingen eins ums andere, dem Vater die Hand zu küssen, der währenddessen zufrieden lächelnd in seinem Lehnstuhl geblieben war. Die Mutter mit ihrem milden, freundlichen Gesicht unter dem enganliegenden Scheiteltuch band ihnen die neue Schürze vor und malte ihnen Zahlen und Buchstaben zum Nachschreiben auf die neue Tafel. Doch sie hatte nicht gar lange Zeit, sie mußte in die Küche und Apfelkuchen backen; denn das war für die Kinder eine Hauptbescherung am Weihnachtsabend; die mußten notwendig gebacken werden. Da schlug der Vater das neue Gesangbuch auf und stimmte mit seiner klaren Stimme an: Frohlockt, lobsinget Gott; die Kinder aber, die alle Melodien kannten, stimmten ein: Der Heiland ist gekommen; und so sangen sie den Gesang zu Ende, indem sie alle um des Vaters Lehnstuhl herumstanden. Nur in den Pausen hörte man in der Küche das Hantieren der Mutter und das Prasseln der Apfelkuchen.

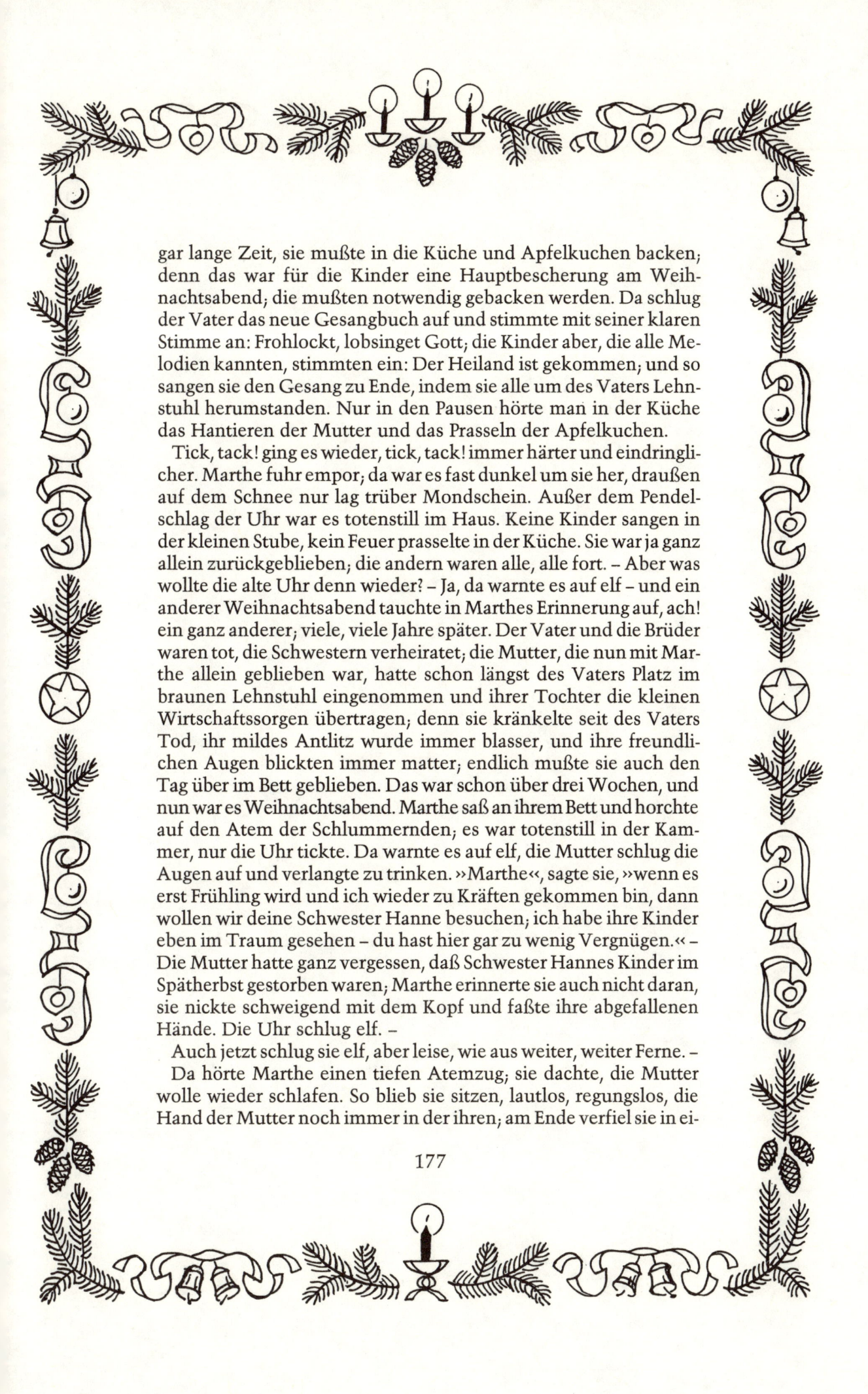

Tick, tack! ging es wieder, tick, tack! immer härter und eindringlicher. Marthe fuhr empor; da war es fast dunkel um sie her, draußen auf dem Schnee nur lag trüber Mondschein. Außer dem Pendelschlag der Uhr war es totenstill im Haus. Keine Kinder sangen in der kleinen Stube, kein Feuer prasselte in der Küche. Sie war ja ganz allein zurückgeblieben; die andern waren alle, alle fort. – Aber was wollte die alte Uhr denn wieder? – Ja, da warnte es auf elf – und ein anderer Weihnachtsabend tauchte in Marthes Erinnerung auf, ach! ein ganz anderer; viele, viele Jahre später. Der Vater und die Brüder waren tot, die Schwestern verheiratet; die Mutter, die nun mit Marthe allein geblieben war, hatte schon längst des Vaters Platz im braunen Lehnstuhl eingenommen und ihrer Tochter die kleinen Wirtschaftssorgen übertragen; denn sie kränkelte seit des Vaters Tod, ihr mildes Antlitz wurde immer blasser, und ihre freundlichen Augen blickten immer matter; endlich mußte sie auch den Tag über im Bett geblieben. Das war schon über drei Wochen, und nun war es Weihnachtsabend. Marthe saß an ihrem Bett und horchte auf den Atem der Schlummernden; es war totenstill in der Kammer, nur die Uhr tickte. Da warnte es auf elf, die Mutter schlug die Augen auf und verlangte zu trinken. »Marthe«, sagte sie, »wenn es erst Frühling wird und ich wieder zu Kräften gekommen bin, dann wollen wir deine Schwester Hanne besuchen; ich habe ihre Kinder eben im Traum gesehen – du hast hier gar zu wenig Vergnügen.« – Die Mutter hatte ganz vergessen, daß Schwester Hannes Kinder im Spätherbst gestorben waren; Marthe erinnerte sie auch nicht daran, sie nickte schweigend mit dem Kopf und faßte ihre abgefallenen Hände. Die Uhr schlug elf. –

Auch jetzt schlug sie elf, aber leise, wie aus weiter, weiter Ferne. –

Da hörte Marthe einen tiefen Atemzug; sie dachte, die Mutter wolle wieder schlafen. So blieb sie sitzen, lautlos, regungslos, die Hand der Mutter noch immer in der ihren; am Ende verfiel sie in einen schlummerähnlichen Zustand. Es mochte so eine Stunde vergangen sein, da schlug die Uhr zwölf! – Das Licht war ausgebrannt, der Mond schien hell ins Fenster; aus den Kissen sah das bleiche Gesicht der Mutter. Marthe hielt eine kalte Hand in der ihrigen. Sie ließ diese kalte Hand nicht los, sie saß die ganze Nacht bei der toten Mutter.

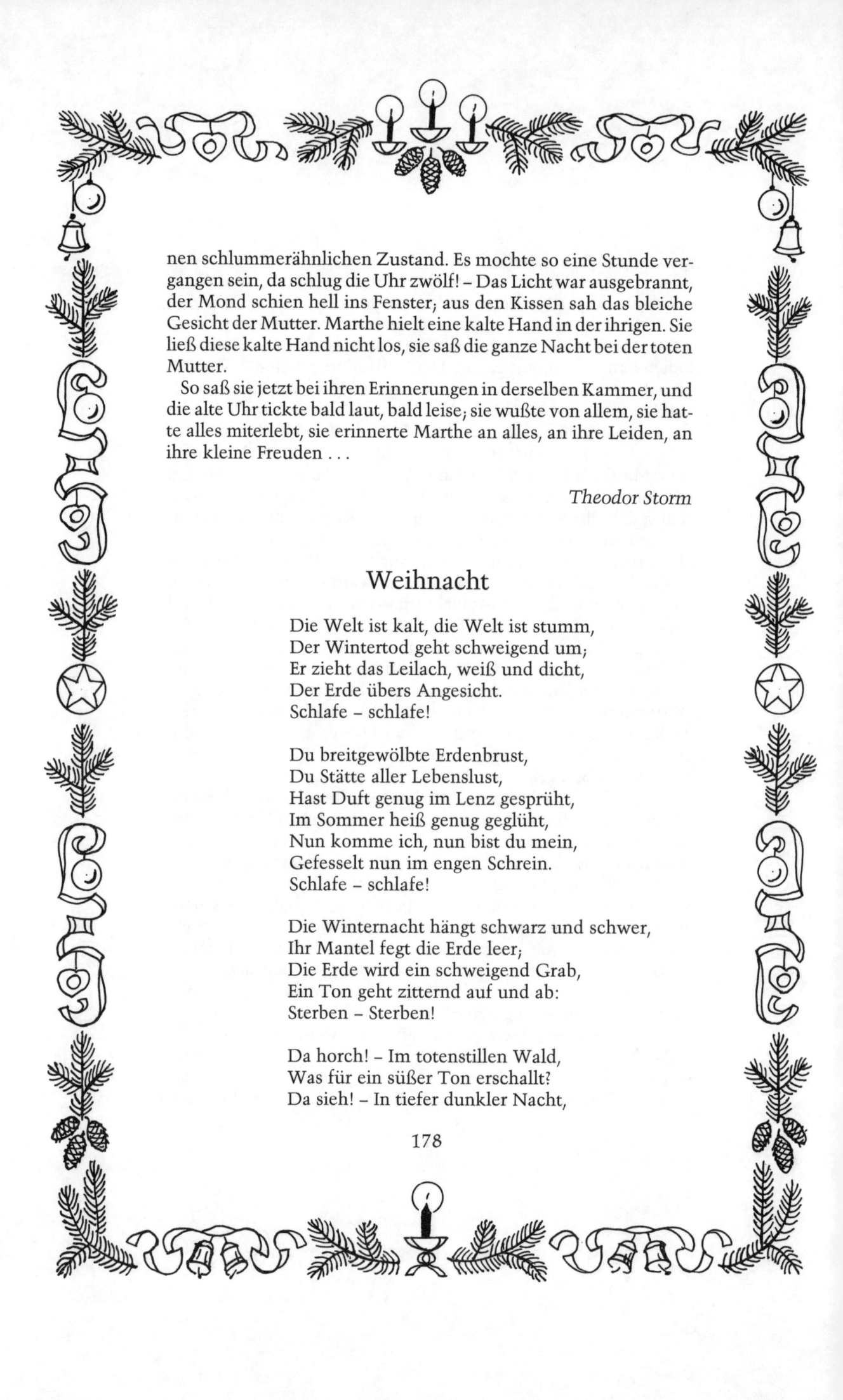

So saß sie jetzt bei ihren Erinnerungen in derselben Kammer, und die alte Uhr tickte bald laut, bald leise; sie wußte von allem, sie hatte alles miterlebt, sie erinnerte Marthe an alles, an ihre Leiden, an ihre kleine Freuden ...

Theodor Storm

Weihnacht

Die Welt ist kalt, die Welt ist stumm,
Der Wintertod geht schweigend um;
Er zieht das Leilach, weiß und dicht,
Der Erde übers Angesicht.
Schlafe – schlafe!

Du breitgewölbte Erdenbrust,
Du Stätte aller Lebenslust,
Hast Duft genug im Lenz gesprüht,
Im Sommer heiß genug geglüht,
Nun komme ich, nun bist du mein,
Gefesselt nun im engen Schrein.
Schlafe – schlafe!

Die Winternacht hängt schwarz und schwer,
Ihr Mantel fegt die Erde leer;
Die Erde wird ein schweigend Grab,
Ein Ton geht zitternd auf und ab:
Sterben – Sterben!

Da horch! – Im totenstillen Wald,
Was für ein süßer Ton erschallt?
Da sieh! – In tiefer dunkler Nacht,

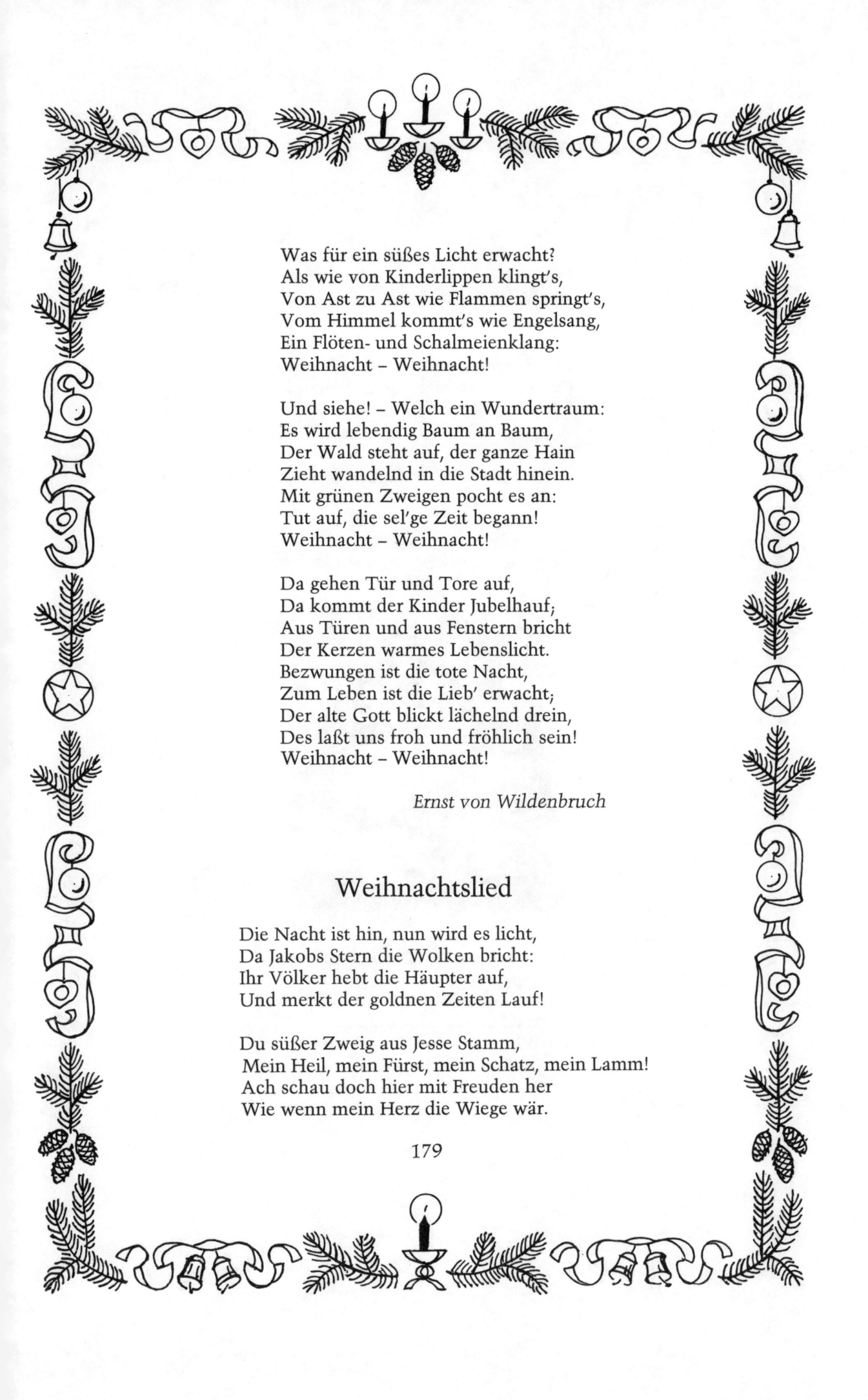

Was für ein süßes Licht erwacht?
Als wie von Kinderlippen klingt's,
Von Ast zu Ast wie Flammen springt's,
Vom Himmel kommt's wie Engelsang,
Ein Flöten- und Schalmeienklang:
Weihnacht – Weihnacht!

Und siehe! – Welch ein Wundertraum:
Es wird lebendig Baum an Baum,
Der Wald steht auf, der ganze Hain
Zieht wandelnd in die Stadt hinein.
Mit grünen Zweigen pocht es an:
Tut auf, die sel'ge Zeit begann!
Weihnacht – Weihnacht!

Da gehen Tür und Tore auf,
Da kommt der Kinder Jubelhauf;
Aus Türen und aus Fenstern bricht
Der Kerzen warmes Lebenslicht.
Bezwungen ist die tote Nacht,
Zum Leben ist die Lieb' erwacht;
Der alte Gott blickt lächelnd drein,
Des laßt uns froh und fröhlich sein!
Weihnacht – Weihnacht!

Ernst von Wildenbruch

Weihnachtslied

Die Nacht ist hin, nun wird es licht,
Da Jakobs Stern die Wolken bricht:
Ihr Völker hebt die Häupter auf,
Und merkt der goldnen Zeiten Lauf!

Du süßer Zweig aus Jesse Stamm,
 Mein Heil, mein Fürst, mein Schatz, mein Lamm!
Ach schau doch hier mit Freuden her
Wie wenn mein Herz die Wiege wär.

Ach komm doch, liebster Seelenschatz!
Der Glaube macht dir deinen Platz:
Die Liebe steckt das Feuer an,
Das auch den Stall erleuchten kann!

Ihr Töchter Salems, küßt den Sohn!
Des Höchsten Liebe brennet schon.
Kommt, küßt das Kind! Es stillt den Zorn.
Ach, nun erhebt der Herr sein Horn!

Johann Christian Günther

Des Herrn Geburt

Der Mensch war Gottes Bild.
Weil dieses Bild verloren,
Wird Gott, ein Menschenbild,
In dieser Nacht geboren.

Andreas Gryphius

Erinnerungen aus meiner Jugend

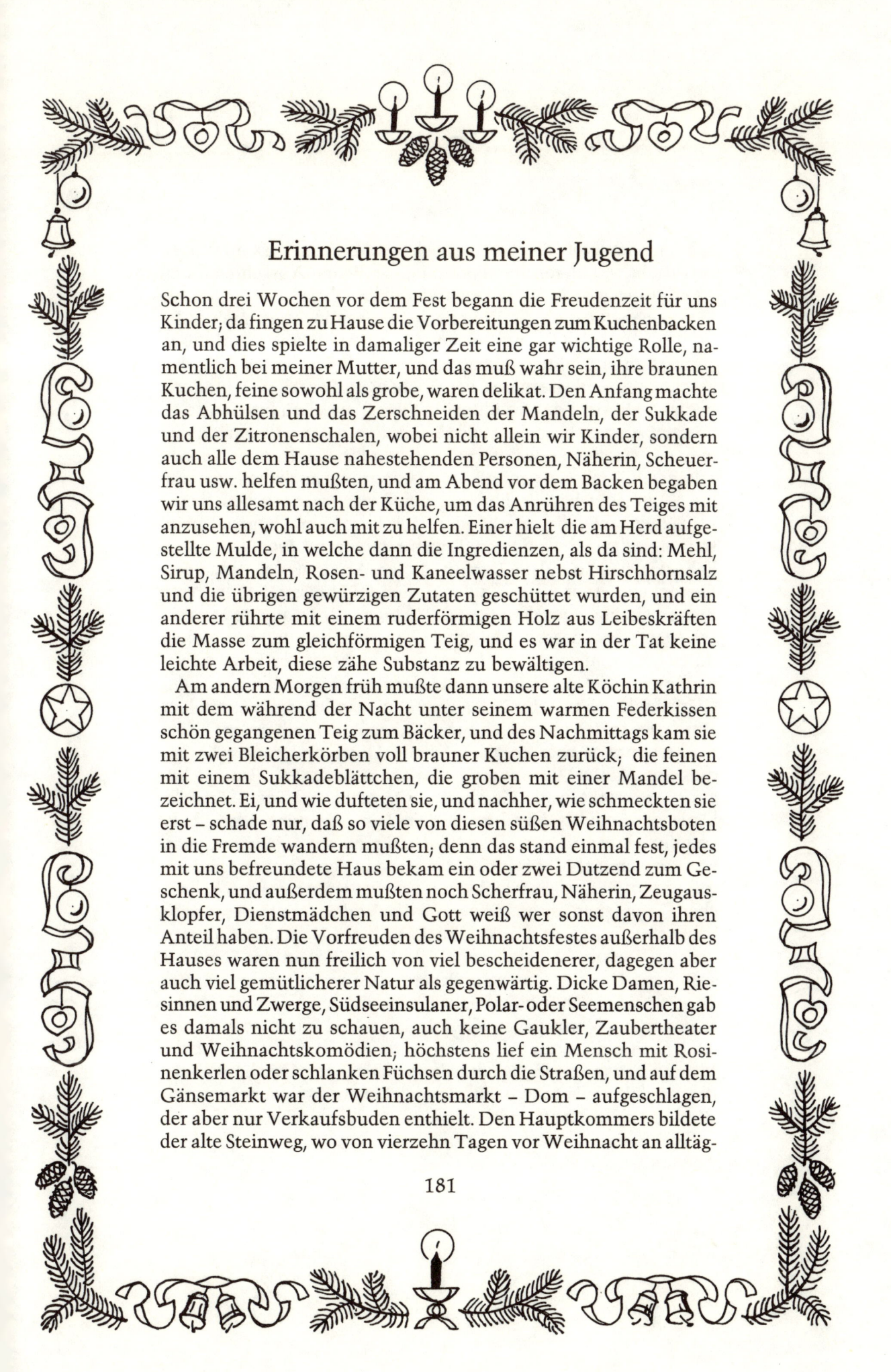

Schon drei Wochen vor dem Fest begann die Freudenzeit für uns Kinder; da fingen zu Hause die Vorbereitungen zum Kuchenbacken an, und dies spielte in damaliger Zeit eine gar wichtige Rolle, namentlich bei meiner Mutter, und das muß wahr sein, ihre braunen Kuchen, feine sowohl als grobe, waren delikat. Den Anfang machte das Abhülsen und das Zerschneiden der Mandeln, der Sukkade und der Zitronenschalen, wobei nicht allein wir Kinder, sondern auch alle dem Hause nahestehenden Personen, Näherin, Scheuerfrau usw. helfen mußten, und am Abend vor dem Backen begaben wir uns allesamt nach der Küche, um das Anrühren des Teiges mit anzusehen, wohl auch mit zu helfen. Einer hielt die am Herd aufgestellte Mulde, in welche dann die Ingredienzen, als da sind: Mehl, Sirup, Mandeln, Rosen- und Kaneelwasser nebst Hirschhornsalz und die übrigen gewürzigen Zutaten geschüttet wurden, und ein anderer rührte mit einem ruderförmigen Holz aus Leibeskräften die Masse zum gleichförmigen Teig, und es war in der Tat keine leichte Arbeit, diese zähe Substanz zu bewältigen.

Am andern Morgen früh mußte dann unsere alte Köchin Kathrin mit dem während der Nacht unter seinem warmen Federkissen schön gegangenen Teig zum Bäcker, und des Nachmittags kam sie mit zwei Bleicherkörben voll brauner Kuchen zurück; die feinen mit einem Sukkadeblättchen, die groben mit einer Mandel bezeichnet. Ei, und wie dufteten sie, und nachher, wie schmeckten sie erst – schade nur, daß so viele von diesen süßen Weihnachtsboten in die Fremde wandern mußten; denn das stand einmal fest, jedes mit uns befreundete Haus bekam ein oder zwei Dutzend zum Geschenk, und außerdem mußten noch Scherfrau, Näherin, Zeugausklopfer, Dienstmädchen und Gott weiß wer sonst davon ihren Anteil haben. Die Vorfreuden des Weihnachtsfestes außerhalb des Hauses waren nun freilich von viel bescheidenerer, dagegen aber auch viel gemütlicherer Natur als gegenwärtig. Dicke Damen, Riesinnen und Zwerge, Südseeinsulaner, Polar- oder Seemenschen gab es damals nicht zu schauen, auch keine Gaukler, Zaubertheater und Weihnachtskomödien; höchstens lief ein Mensch mit Rosinenkerlen oder schlanken Füchsen durch die Straßen, und auf dem Gänsemarkt war der Weihnachtsmarkt – Dom – aufgeschlagen, der aber nur Verkaufsbuden enthielt. Den Hauptkommers bildete der alte Steinweg, wo von vierzehn Tagen vor Weihnacht an alltäglich an jeder Trottoirseite eine dichte Reihe von Verkaufskarren aufgestellt war, deren Inhaber im mörderlichen Ausschreien und Anpreisungen ihrer Waren einander überboten.

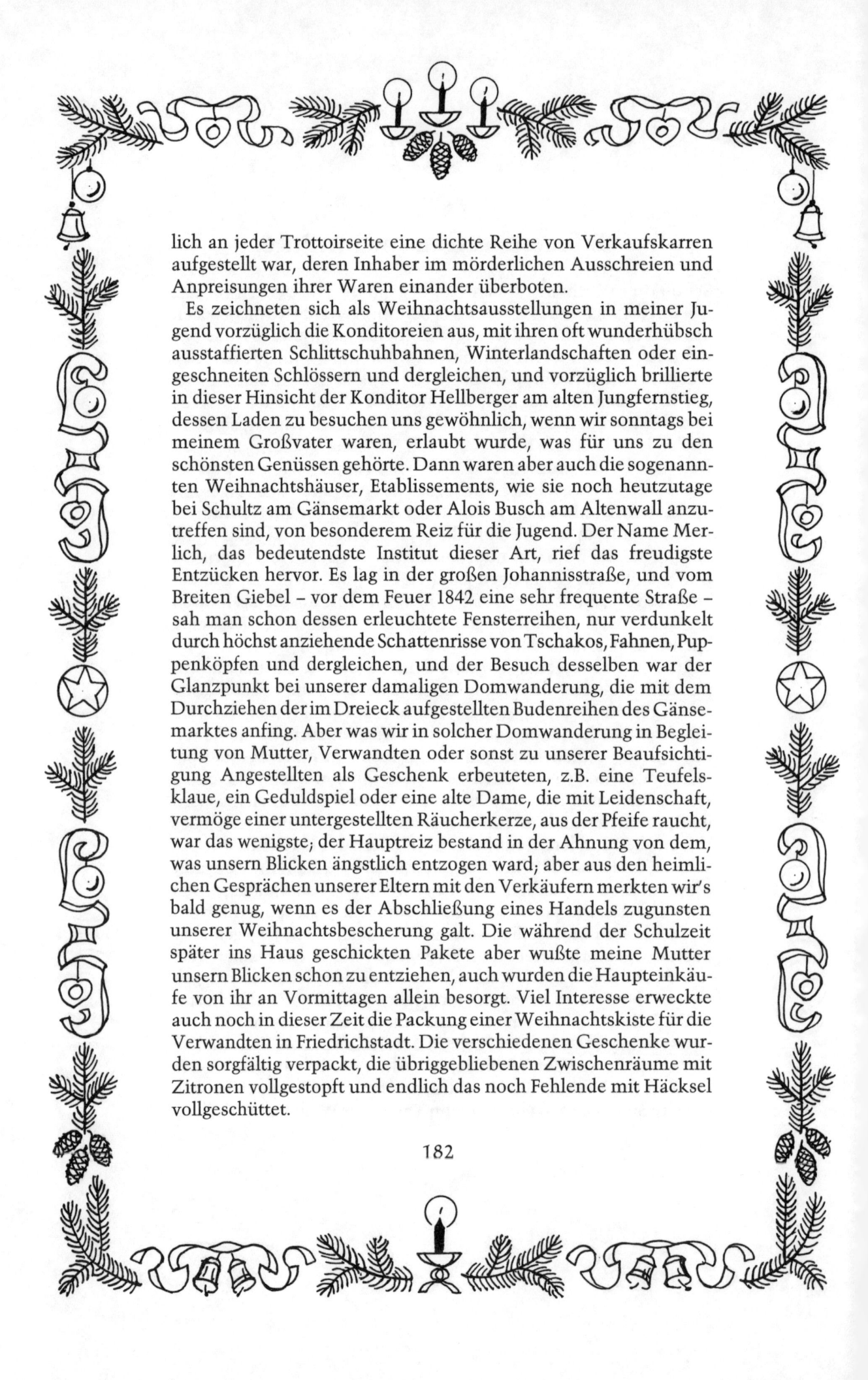

Es zeichneten sich als Weihnachtsausstellungen in meiner Jugend vorzüglich die Konditoreien aus, mit ihren oft wunderhübsch ausstaffierten Schlittschuhbahnen, Winterlandschaften oder eingeschneiten Schlössern und dergleichen, und vorzüglich brillierte in dieser Hinsicht der Konditor Hellberger am alten Jungfernstieg, dessen Laden zu besuchen uns gewöhnlich, wenn wir sonntags bei meinem Großvater waren, erlaubt wurde, was für uns zu den schönsten Genüssen gehörte. Dann waren aber auch die sogenannten Weihnachtshäuser, Etablissements, wie sie noch heutzutage bei Schultz am Gänsemarkt oder Alois Busch am Altenwall anzutreffen sind, von besonderem Reiz für die Jugend. Der Name Merlich, das bedeutendste Institut dieser Art, rief das freudigste Entzücken hervor. Es lag in der großen Johannisstraße, und vom Breiten Giebel – vor dem Feuer 1842 eine sehr frequente Straße – sah man schon dessen erleuchtete Fensterreihen, nur verdunkelt durch höchst anziehende Schattenrisse von Tschakos, Fahnen, Puppenköpfen und dergleichen, und der Besuch desselben war der Glanzpunkt bei unserer damaligen Domwanderung, die mit dem Durchziehen der im Dreieck aufgestellten Budenreihen des Gänsemarktes anfing. Aber was wir in solcher Domwanderung in Begleitung von Mutter, Verwandten oder sonst zu unserer Beaufsichtigung Angestellten als Geschenk erbeuteten, z.B. eine Teufelsklaue, ein Geduldspiel oder eine alte Dame, die mit Leidenschaft, vermöge einer untergestellten Räucherkerze, aus der Pfeife raucht, war das wenigste; der Hauptreiz bestand in der Ahnung von dem, was unsern Blicken ängstlich entzogen ward; aber aus den heimlichen Gesprächen unserer Eltern mit den Verkäufern merkten wir's bald genug, wenn es der Abschließung eines Handels zugunsten unserer Weihnachtsbescherung galt. Die während der Schulzeit später ins Haus geschickten Pakete aber wußte meine Mutter unsern Blicken schon zu entziehen, auch wurden die Haupteinkäufe von ihr an Vormittagen allein besorgt. Viel Interesse erweckte auch noch in dieser Zeit die Packung einer Weihnachtskiste für die Verwandten in Friedrichstadt. Die verschiedenen Geschenke wurden sorgfältig verpackt, die übriggebliebenen Zwischenräume mit Zitronen vollgestopft und endlich das noch Fehlende mit Häcksel vollgeschüttet.

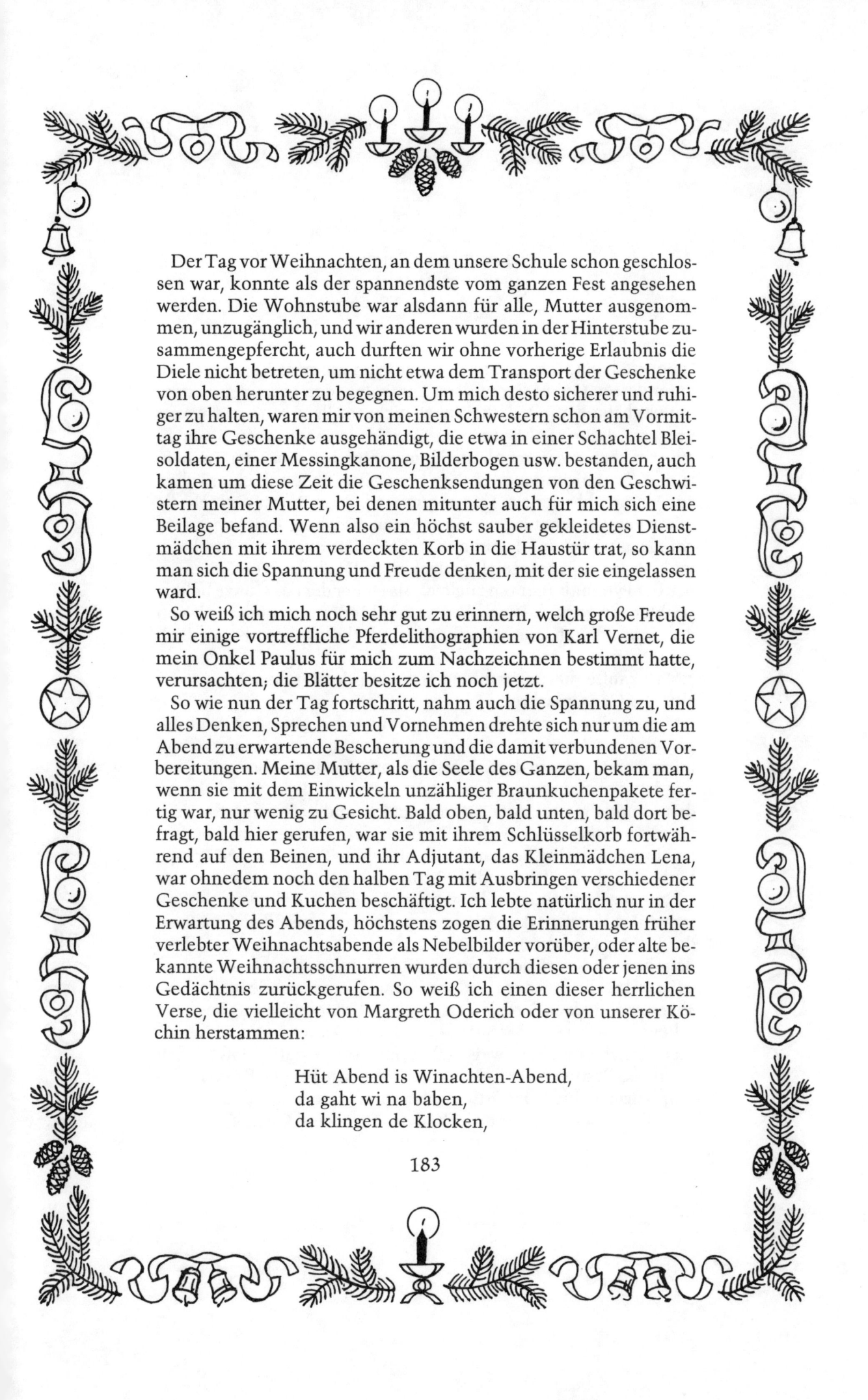

Der Tag vor Weihnachten, an dem unsere Schule schon geschlossen war, konnte als der spannendste vom ganzen Fest angesehen werden. Die Wohnstube war alsdann für alle, Mutter ausgenommen, unzugänglich, und wir anderen wurden in der Hinterstube zusammengepfercht, auch durften wir ohne vorherige Erlaubnis die Diele nicht betreten, um nicht etwa dem Transport der Geschenke von oben herunter zu begegnen. Um mich desto sicherer und ruhiger zu halten, waren mir von meinen Schwestern schon am Vormittag ihre Geschenke ausgehändigt, die etwa in einer Schachtel Bleisoldaten, einer Messingkanone, Bilderbogen usw. bestanden, auch kamen um diese Zeit die Geschenksendungen von den Geschwistern meiner Mutter, bei denen mitunter auch für mich sich eine Beilage befand. Wenn also ein höchst sauber gekleidetes Dienstmädchen mit ihrem verdeckten Korb in die Haustür trat, so kann man sich die Spannung und Freude denken, mit der sie eingelassen ward.

So weiß ich mich noch sehr gut zu erinnern, welch große Freude mir einige vortreffliche Pferdelithographien von Karl Vernet, die mein Onkel Paulus für mich zum Nachzeichnen bestimmt hatte, verursachten; die Blätter besitze ich noch jetzt.

So wie nun der Tag fortschritt, nahm auch die Spannung zu, und alles Denken, Sprechen und Vornehmen drehte sich nur um die am Abend zu erwartende Bescherung und die damit verbundenen Vorbereitungen. Meine Mutter, als die Seele des Ganzen, bekam man, wenn sie mit dem Einwickeln unzähliger Braunkuchenpakete fertig war, nur wenig zu Gesicht. Bald oben, bald unten, bald dort befragt, bald hier gerufen, war sie mit ihrem Schlüsselkorb fortwährend auf den Beinen, und ihr Adjutant, das Kleinmädchen Lena, war ohnedem noch den halben Tag mit Ausbringen verschiedener Geschenke und Kuchen beschäftigt. Ich lebte natürlich nur in der Erwartung des Abends, höchstens zogen die Erinnerungen früher verlebter Weihnachtsabende als Nebelbilder vorüber, oder alte bekannte Weihnachtsschnurren wurden durch diesen oder jenen ins Gedächtnis zurückgerufen. So weiß ich einen dieser herrlichen Verse, die vielleicht von Margreth Oderich oder von unserer Köchin herstammen:

> Hüt Abend is Winachten-Abend,
> da gaht wi na baben,
> da klingen de Klocken,

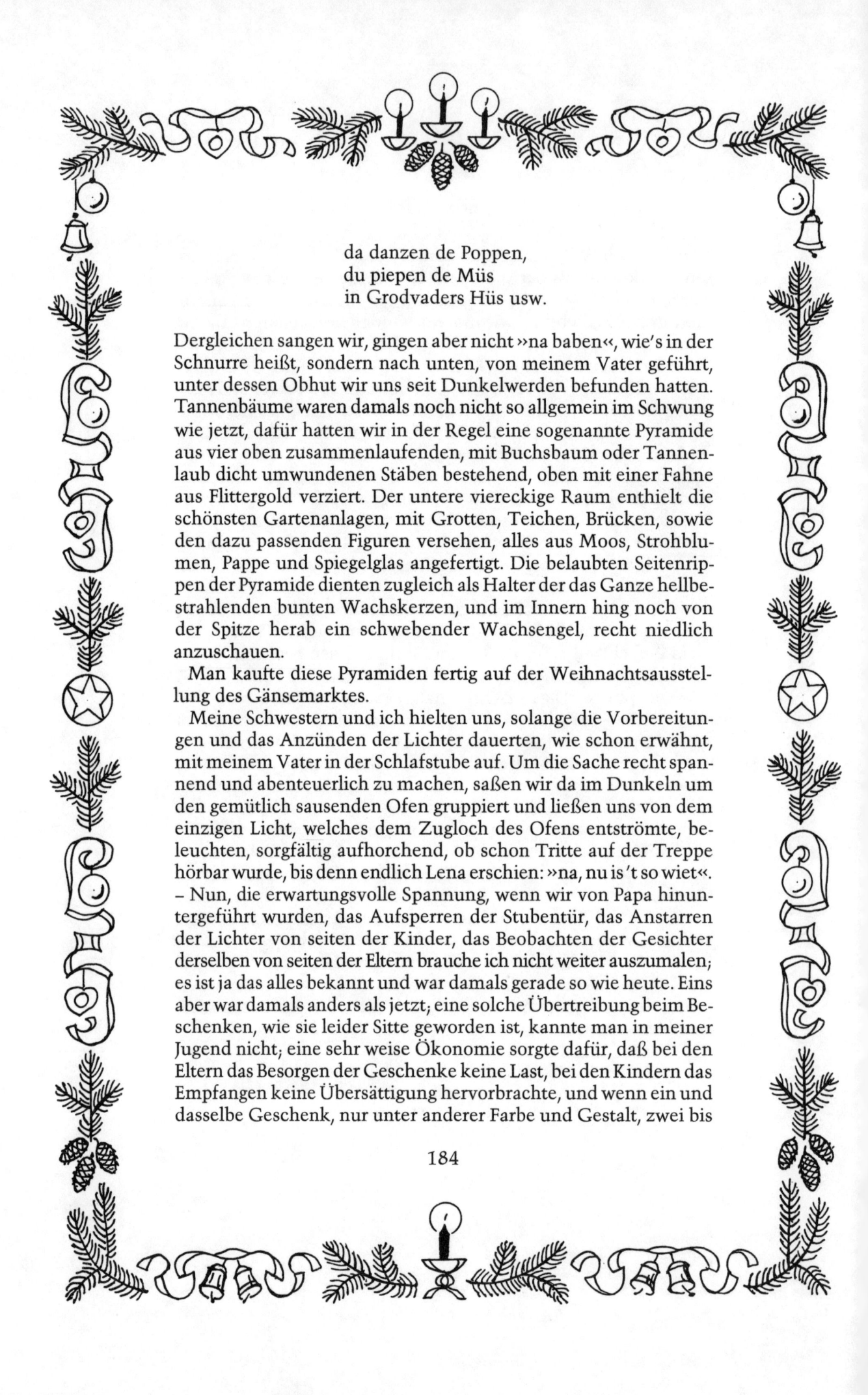

da danzen de Poppen,
du piepen de Müs
in Grodvaders Hüs usw.

Dergleichen sangen wir, gingen aber nicht »na baben«, wie's in der Schnurre heißt, sondern nach unten, von meinem Vater geführt, unter dessen Obhut wir uns seit Dunkelwerden befunden hatten. Tannenbäume waren damals noch nicht so allgemein im Schwung wie jetzt, dafür hatten wir in der Regel eine sogenannte Pyramide aus vier oben zusammenlaufenden, mit Buchsbaum oder Tannenlaub dicht umwundenen Stäben bestehend, oben mit einer Fahne aus Flittergold verziert. Der untere viereckige Raum enthielt die schönsten Gartenanlagen, mit Grotten, Teichen, Brücken, sowie den dazu passenden Figuren versehen, alles aus Moos, Strohblumen, Pappe und Spiegelglas angefertigt. Die belaubten Seitenrippen der Pyramide dienten zugleich als Halter der das Ganze hellbestrahlenden bunten Wachskerzen, und im Innern hing noch von der Spitze herab ein schwebender Wachsengel, recht niedlich anzuschauen.

Man kaufte diese Pyramiden fertig auf der Weihnachtsausstellung des Gänsemarktes.

Meine Schwestern und ich hielten uns, solange die Vorbereitungen und das Anzünden der Lichter dauerten, wie schon erwähnt, mit meinem Vater in der Schlafstube auf. Um die Sache recht spannend und abenteuerlich zu machen, saßen wir da im Dunkeln um den gemütlich sausenden Ofen gruppiert und ließen uns von dem einzigen Licht, welches dem Zugloch des Ofens entströmte, beleuchten, sorgfältig aufhorchend, ob schon Tritte auf der Treppe hörbar wurde, bis denn endlich Lena erschien: »na, nu is't so wiet«. – Nun, die erwartungsvolle Spannung, wenn wir von Papa hinuntergeführt wurden, das Aufsperren der Stubentür, das Anstarren der Lichter von seiten der Kinder, das Beobachten der Gesichter derselben von seiten der Eltern brauche ich nicht weiter auszumalen; es ist ja das alles bekannt und war damals gerade so wie heute. Eins aber war damals anders als jetzt; eine solche Übertreibung beim Beschenken, wie sie leider Sitte geworden ist, kannte man in meiner Jugend nicht; eine sehr weise Ökonomie sorgte dafür, daß bei den Eltern das Besorgen der Geschenke keine Last, bei den Kindern das Empfangen keine Übersättigung hervorbrachte, und wenn ein und dasselbe Geschenk, nur unter anderer Farbe und Gestalt, zwei bis

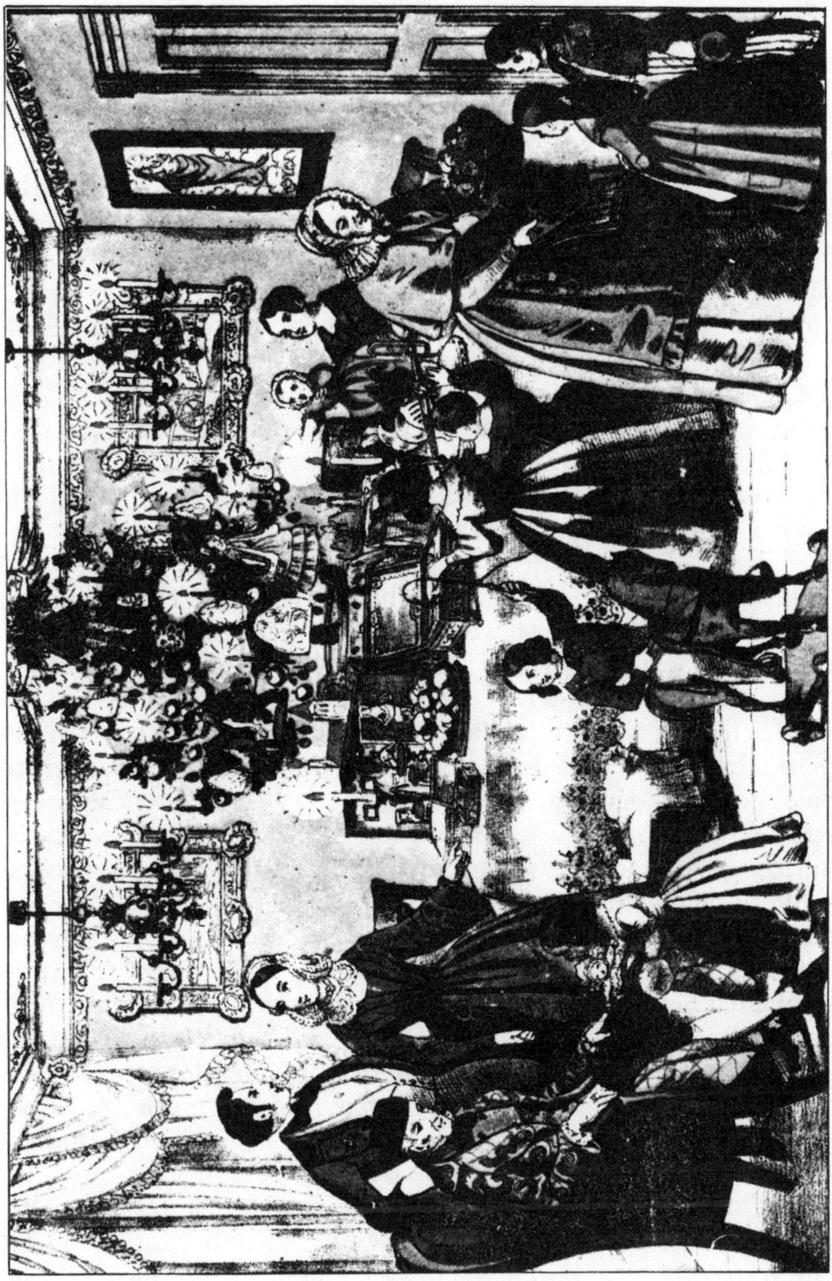

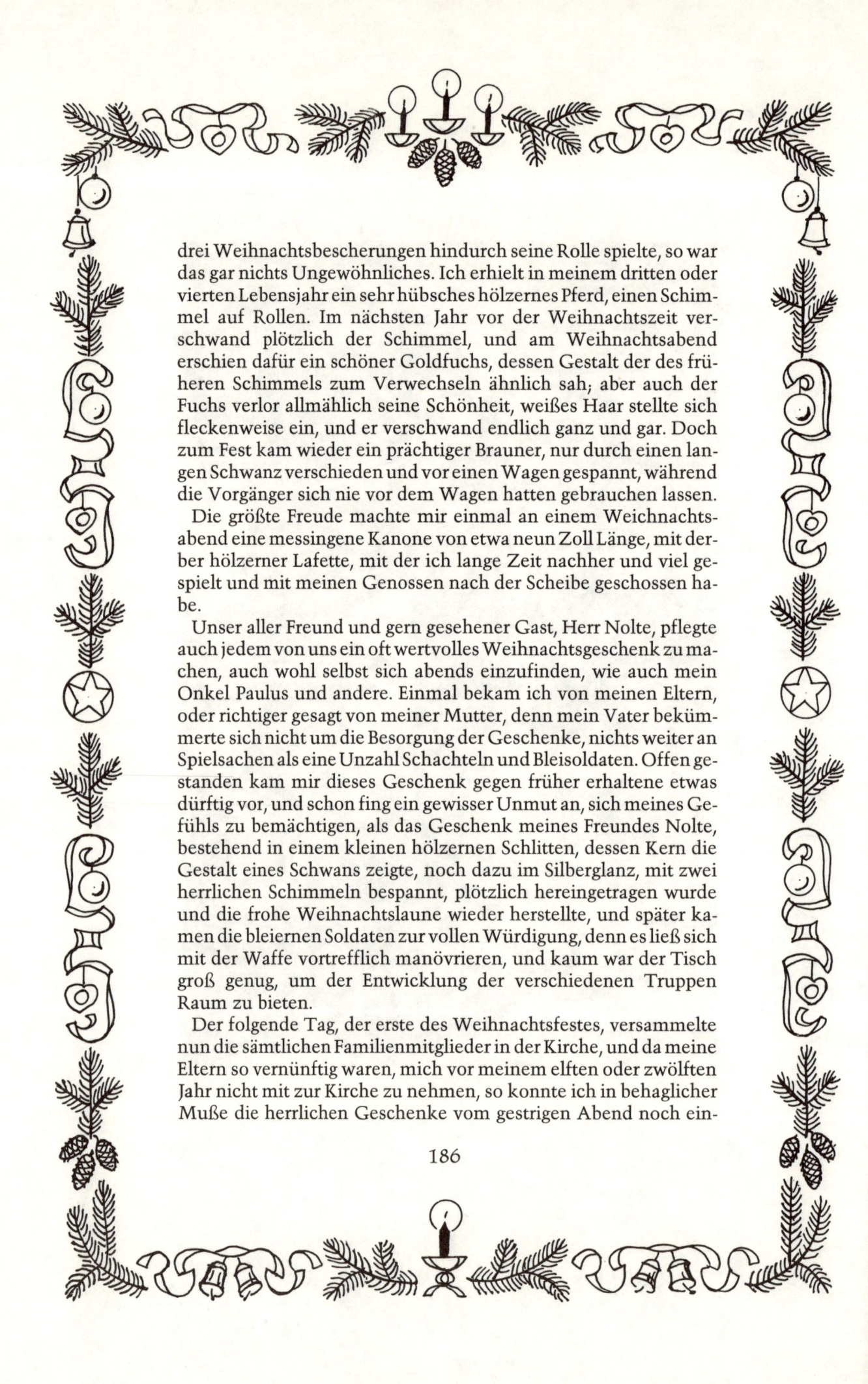

drei Weihnachtsbescherungen hindurch seine Rolle spielte, so war das gar nichts Ungewöhnliches. Ich erhielt in meinem dritten oder vierten Lebensjahr ein sehr hübsches hölzernes Pferd, einen Schimmel auf Rollen. Im nächsten Jahr vor der Weihnachtszeit verschwand plötzlich der Schimmel, und am Weihnachtsabend erschien dafür ein schöner Goldfuchs, dessen Gestalt der des früheren Schimmels zum Verwechseln ähnlich sah; aber auch der Fuchs verlor allmählich seine Schönheit, weißes Haar stellte sich fleckenweise ein, und er verschwand endlich ganz und gar. Doch zum Fest kam wieder ein prächtiger Brauner, nur durch einen langen Schwanz verschieden und vor einen Wagen gespannt, während die Vorgänger sich nie vor dem Wagen hatten gebrauchen lassen.

Die größte Freude machte mir einmal an einem Weichnachtsabend eine messingene Kanone von etwa neun Zoll Länge, mit derber hölzerner Lafette, mit der ich lange Zeit nachher und viel gespielt und mit meinen Genossen nach der Scheibe geschossen habe.

Unser aller Freund und gern gesehener Gast, Herr Nolte, pflegte auch jedem von uns ein oft wertvolles Weihnachtsgeschenk zu machen, auch wohl selbst sich abends einzufinden, wie auch mein Onkel Paulus und andere. Einmal bekam ich von meinen Eltern, oder richtiger gesagt von meiner Mutter, denn mein Vater bekümmerte sich nicht um die Besorgung der Geschenke, nichts weiter an Spielsachen als eine Unzahl Schachteln und Bleisoldaten. Offen gestanden kam mir dieses Geschenk gegen früher erhaltene etwas dürftig vor, und schon fing ein gewisser Unmut an, sich meines Gefühls zu bemächtigen, als das Geschenk meines Freundes Nolte, bestehend in einem kleinen hölzernen Schlitten, dessen Kern die Gestalt eines Schwans zeigte, noch dazu im Silberglanz, mit zwei herrlichen Schimmeln bespannt, plötzlich hereingetragen wurde und die frohe Weihnachtslaune wieder herstellte, und später kamen die bleiernen Soldaten zur vollen Würdigung, denn es ließ sich mit der Waffe vortrefflich manövrieren, und kaum war der Tisch groß genug, um der Entwicklung der verschiedenen Truppen Raum zu bieten.

Der folgende Tag, der erste des Weihnachtsfestes, versammelte nun die sämtlichen Familienmitglieder in der Kirche, und da meine Eltern so vernünftig waren, mich vor meinem elften oder zwölften Jahr nicht mit zur Kirche zu nehmen, so konnte ich in behaglicher Muße die herrlichen Geschenke vom gestrigen Abend noch einmal Revue passieren lassen und neue Reize bei ihnen entdecken. – Zur Kirche wurde stets gefahren, schon meines Vaters wegen, dessen Amtstracht, vor allem der damals noch bei uns gebräuchliche große dreieckige Hut, für den langen Kirchenweg nach Altona zu auffallend gewesen wäre. Nach Beendigung des Gottesdienstes wurde ich an diesem wichtigen Tag, wie meistens auch an jedem gewöhnlichen Sonntag, nachdem mein Vater ausgestiegen war, nun mit zum Großpapa genommen, wo heute allgemeine Familienbescherung war.

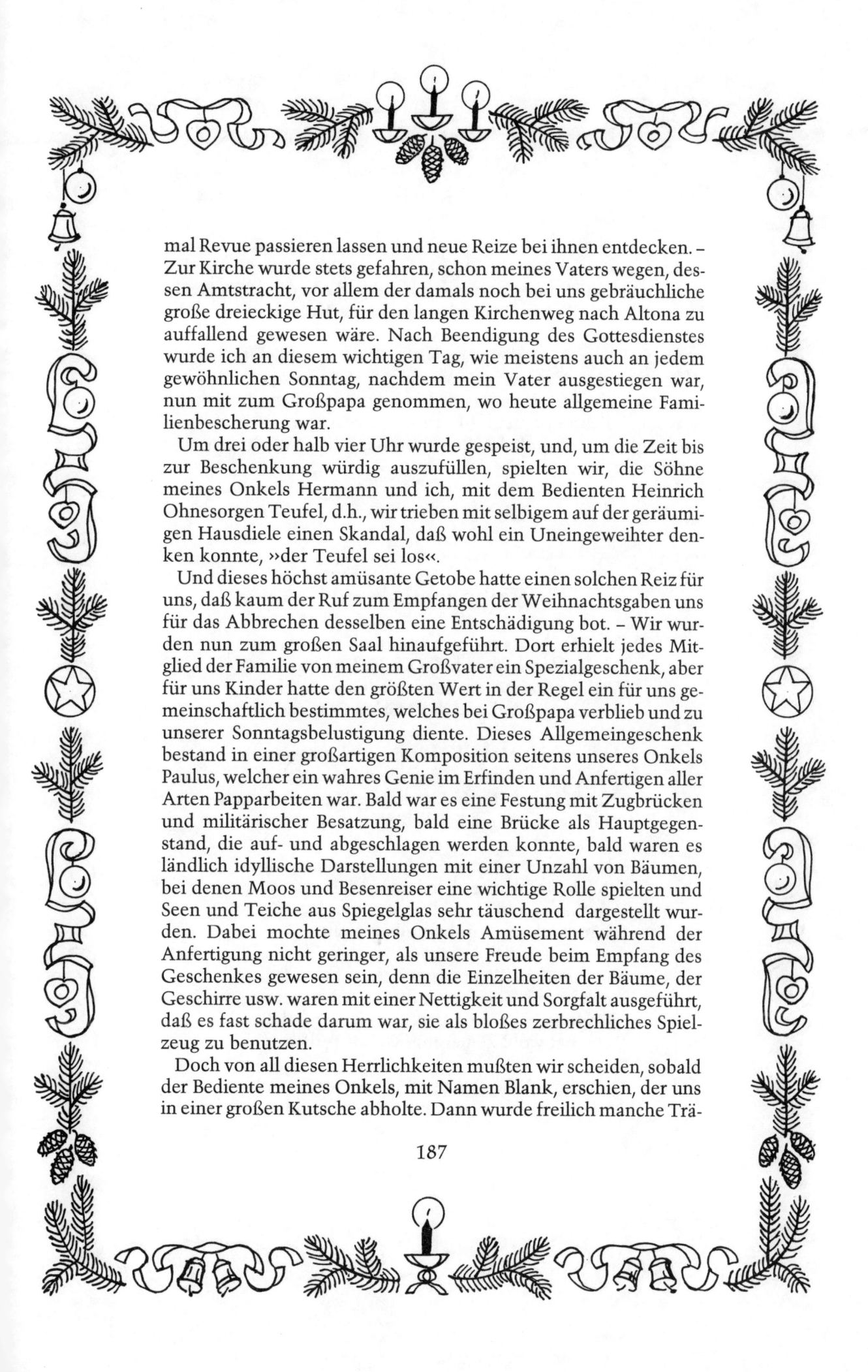

Um drei oder halb vier Uhr wurde gespeist, und, um die Zeit bis zur Beschenkung würdig auszufüllen, spielten wir, die Söhne meines Onkels Hermann und ich, mit dem Bedienten Heinrich Ohnesorgen Teufel, d.h., wir trieben mit selbigem auf der geräumigen Hausdiele einen Skandal, daß wohl ein Uneingeweihter denken konnte, »der Teufel sei los«.

Und dieses höchst amüsante Getobe hatte einen solchen Reiz für uns, daß kaum der Ruf zum Empfangen der Weihnachtsgaben uns für das Abbrechen desselben eine Entschädigung bot. – Wir wurden nun zum großen Saal hinaufgeführt. Dort erhielt jedes Mitglied der Familie von meinem Großvater ein Spezialgeschenk, aber für uns Kinder hatte den größten Wert in der Regel ein für uns gemeinschaftlich bestimmtes, welches bei Großpapa verblieb und zu unserer Sonntagsbelustigung diente. Dieses Allgemeingeschenk bestand in einer großartigen Komposition seitens unseres Onkels Paulus, welcher ein wahres Genie im Erfinden und Anfertigen aller Arten Papparbeiten war. Bald war es eine Festung mit Zugbrücken und militärischer Besatzung, bald eine Brücke als Hauptgegenstand, die auf- und abgeschlagen werden konnte, bald waren es ländlich idyllische Darstellungen mit einer Unzahl von Bäumen, bei denen Moos und Besenreiser eine wichtige Rolle spielten und Seen und Teiche aus Spiegelglas sehr täuschend dargestellt wurden. Dabei mochte meines Onkels Amüsement während der Anfertigung nicht geringer, als unsere Freude beim Empfang des Geschenkes gewesen sein, denn die Einzelheiten der Bäume, der Geschirre usw. waren mit einer Nettigkeit und Sorgfalt ausgeführt, daß es fast schade darum war, sie als bloßes zerbrechliches Spielzeug zu benutzen.

Doch von all diesen Herrlichkeiten mußten wir scheiden, sobald der Bediente meines Onkels, mit Namen Blank, erschien, der uns in einer großen Kutsche abholte. Dann wurde freilich manche Träne vergossen, doch den Kutscher ließ man damals nicht warten, und wenn wir erst mit dem alten ehrenfesten Blank, der früher bei den dänischen Husaren gestanden hatte und uns oft durch Erzählung seiner friedlichen Kriegsabenteuer unterhielt, in der Kutsche saßen, so wurden wir durch den Vortrag seiner Lieder entschädigt, unter welchen das beliebteste »Rinaldo Rinaldini, der Räuber Kühnster« war. Unterwegs, vor unserm Haus in der Poolstraße, wurde ich ab- und dann das dadurch unterbrochene Räuberlied wahrscheinlich mit erneuter Kraft fortgesetzt.

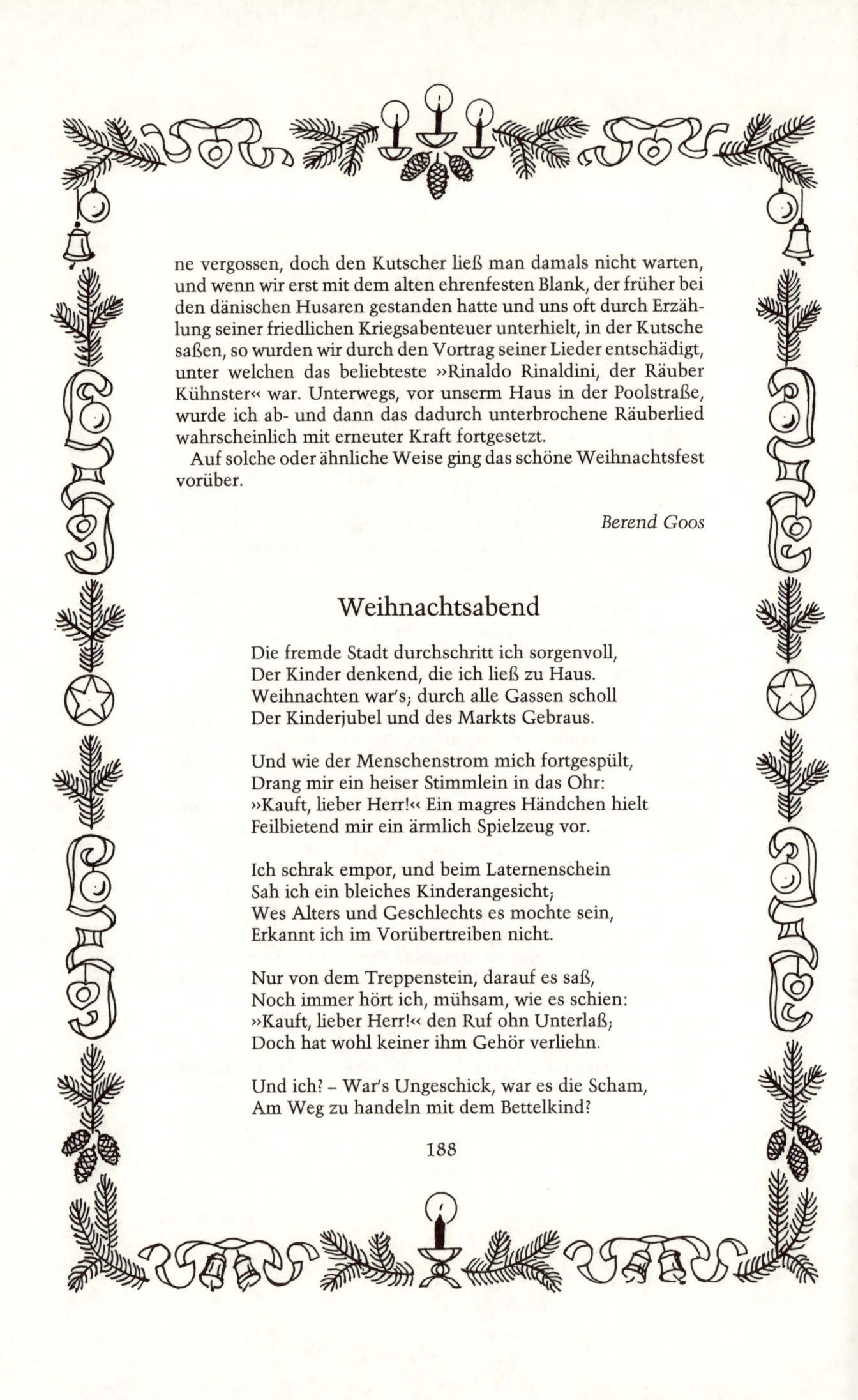

Auf solche oder ähnliche Weise ging das schöne Weihnachtsfest vorüber.

Berend Goos

Weihnachtsabend

Die fremde Stadt durchschritt ich sorgenvoll,
Der Kinder denkend, die ich ließ zu Haus.
Weihnachten war's; durch alle Gassen scholl
Der Kinderjubel und des Markts Gebraus.

Und wie der Menschenstrom mich fortgespült,
Drang mir ein heiser Stimmlein in das Ohr:
»Kauft, lieber Herr!« Ein magres Händchen hielt
Feilbietend mir ein ärmlich Spielzeug vor.

Ich schrak empor, und beim Laternenschein
Sah ich ein bleiches Kinderangesicht;
Wes Alters und Geschlechts es mochte sein,
Erkannt ich im Vorübertreiben nicht.

Nur von dem Treppenstein, darauf es saß,
Noch immer hört ich, mühsam, wie es schien:
»Kauft, lieber Herr!« den Ruf ohn Unterlaß;
Doch hat wohl keiner ihm Gehör verliehn.

Und ich? – War's Ungeschick, war es die Scham,
Am Weg zu handeln mit dem Bettelkind?

Eh meine Hand zu meiner Börse kam,
Verscholl das Stimmlein hinter mir im Wind.

Doch als ich endlich war mit mir allein,
Erfaßte mich die Angst im Herzen so,
Als säß mein eigen Kind auf jenem Stein
Und schrie nach Brot, indessen ich entfloh.

Theodor Storm

Weihnachtslegende

Christkind kam in den Winterwald,
Der Schnee war weiß, der Schnee war kalt,
Doch als das heil'ge Kind erschien,
Fing's an, im Winterwald zu blühn.
Christkind trat zum Apfelbaum,
Erweckt ihn aus dem Wintertraum –
»Schenk Äpfel süß, schenk Äpfel zart,
Schenk Äpfel mir von aller Art!«

Der Apfelbaum, er rüttelt sich,
Der Apfelbaum, er schüttelt sich.
Da regnet's Äpfel ringsumher;
Christkindleins Taschen wurden schwer.
Die süßen Früchte alle nahm's,
Und also zu den Menschen kam's.
Nun, holde Mäulchen, kommt, verzehrt,
Was euch Christkindlein hat beschert!

Ernst von Wildenbruch

Weihnachten

Die Tage kommen, die Tage gehn,
Der schönste Tag hat kein Bestehn,
Ob Lenz und Sommer schmückt die Welt,
Rasch kommt der Herbst ins Stoppelfeld,
Es saust, es schneit, es friert; doch dann –
Das Christkind zündet die Lichter an!

O Kindeslust, o Kindertraum,
O liebesheller Weihnachtsbaum!
In dunkle Nächte glänzt dein Licht
So froh voraus, du wandelst nicht;
Es sorgt der Mutter Herz, und dann –
Das Christkind zündet die Lichter an!

Großmutter spricht: Nur still, nur still!
Denn wenn ein Kind nicht warten will,
Vorwitzig schaut, voll Ungeduld,
Was dann geschieht, 's ist seine Schuld!
Sitz still ein Weilchen nur, und dann –
Das Christkind zündet die Lichter an!

Das Gretlein sitzt ihr stumm im Schoß,
Macht nur die Augen hell und groß,
Hat für sein fragend Kätzlein dort
Kein Auge jetzt, kein Schmeichelwort;

Großmutter blickt so lieb, und dann –
Das Christkind zündet die Lichter an!

Die Jahre kommen, die Jahre gehn,
Der schönste Tag hat kein Bestehn,
's ist einmal so von Gott bestellt:
Man scheidet täglich von der Welt!
Der dunkle Abend kommt, und dann –
Das Christkind zündet die Lichter an!

Gustav Hermann Kletke

Die Zeit, die unsern Herrn gebracht

Die Zeit, die unsern Herrn gebracht,
Die sollst du wohl verehren,
Vom Himmel kam er in die Welt,
Vom Himmel seine Lehren.
Drum schaffe mit dem Weihnachtsbaum
Ins Haus den frohen Maien,
Daß auch die Kinder kindlich sich
Der Christenweihe freuen.

Franz Graf von Pocci

Die Mutter am Christabend

Er schläft, er schläft! Das ist einmal ein Schlaf!
So recht, du lieber Engel du!
Tu mir die Lieb' und lieg' in Ruh,
Gott gönnt es meinem Kind im Schlaf!

Erwach' mir nicht, ich bitt', ich bitt'!
Die Mutter geht mit stillem Tritt,
Sie geht mit zartem Muttersinn,
Und holt den Baum zur Kammer hin.

Was häng' ich dir denn an?
'nen Pfefferkuchenmann,
Ein Kätzelchen, ein Spätzelchen,
Und Blumen bunt und süß und weich,
Und alles ist von Zuckerteig.

Genug, du Mutterherz!
Viel Süßigkeit bringt Schmerz.
Gib sparsam wie der liebe Gott.
Tagtäglich nützt kein Zuckerbrot.

Jetzt rote Äpfel her,
Die schönsten, die ich haben kann!
Es ist auch nicht ein Fleckchen dran,
Wer hat sie schöner, wer?

's ist wahr, es ist 'ne Pracht,
Was so ein Apfel lacht.
Der Zuckerbäcker wär ein Mann,
Der solchen Apfel machen kann!
Den hat nur Gott gemacht.

Was hab' ich denn noch mehr?
Ein Tüchelchen, hübsch weiß und rot,
Es ist ein von den schönen,
O Kind, vor bittren Tränen
Bewahr dich Gott, bewahr dich Gott!

Was häng' ich sonst noch hin?
Dies Büchlein, Kind, ist auch noch dein,
Da leg' ich Bilder dir hinein,
Gebete sind von selber drin.

Jetzt wär' genug wohl da? –
Jetzt hast du alles Gute –

Der Tausend! Ja, 'ne Rute,
Die fehlte noch, da ist sie ja!

Vielleicht – sie freut dich nicht,
Vielleicht – sie schlägt die Haut dir wund,
So manchem war es schon gesund,
Sei gut, so schlägt sie nicht.

Jetzt wär' er ausstaffiert,
Wie'n Kirmesbaum geziert,
Dann heißt es, wann der Tag erwacht,
Das Christkind hat den Baum gebracht.

Rief da der Wächter nicht
Schon elf? Wie doch die Zeit verrinnt!
Man merkt die Stunden nicht,
Wenn's Herz an etwas Nahrung find't.

Jetzt – Gott behüte dich,
Ein ander Mal denn mehr!
Heut war es, wo der heilge Christ
Ein Kind wie du geworden ist,
Werd auch so brav wie er!

Johann Peter Hebel

Weihnachtslied

Vom Himmel in die tiefsten Klüfte
Ein milder Stern herniederlacht;
Vom Tannenwalde steigen Düfte
Und hauchen durch die Winterlüfte,
Und kerzenhelle wird die Nacht.

Mir ist das Herz so froh erschrocken.
Das ist die liebe Weihnachtszeit!
Ich höre fernher Kirchenglocken
Mich lieblich heimatlich verlocken
In märchenstille Herrlichkeit.

Ein frommer Zauber hält mich wieder,
Anbetend, staunend muß ich stehn;
Es sinkt auf meine Augenlider
Ein goldner Kindertraum hernieder,
Ich fühl's, ein Wunder ist geschehn.

Theodor Storm

O Freudenzeit, o Gnadenzeit

O Freudenzeit, o Gnadenzeit,
Die aller Kinder Herz erfreut!
Es harren die Kleinen vor der Tür
Und wagen's nicht zu schaun herfür,
Ihr Herzlein klopft vor Bangigkeit,
Und schlägt und bebt vor Freudigkeit,
Du liebes Christkind nahe dich,
Will sein so fromm, beschenke mich!

Franz Graf von Pocci

Wenn die Kinder artig sind

Wenn die Kinder artig sind,
Kommt zu ihnen das Christkind;
Wenn sie ihre Suppe essen
Und das Brot auch nicht vergessen,

Wenn sie, ohne Lärm zu machen,
Still sind bei den Siebensachen,
Beim Spaziergehn auf den Gassen
Von Mama sich führen lassen,
Bringt es ihnen Guts genug
Und ein schönes Bilderbuch.

Heinrich Hoffmann

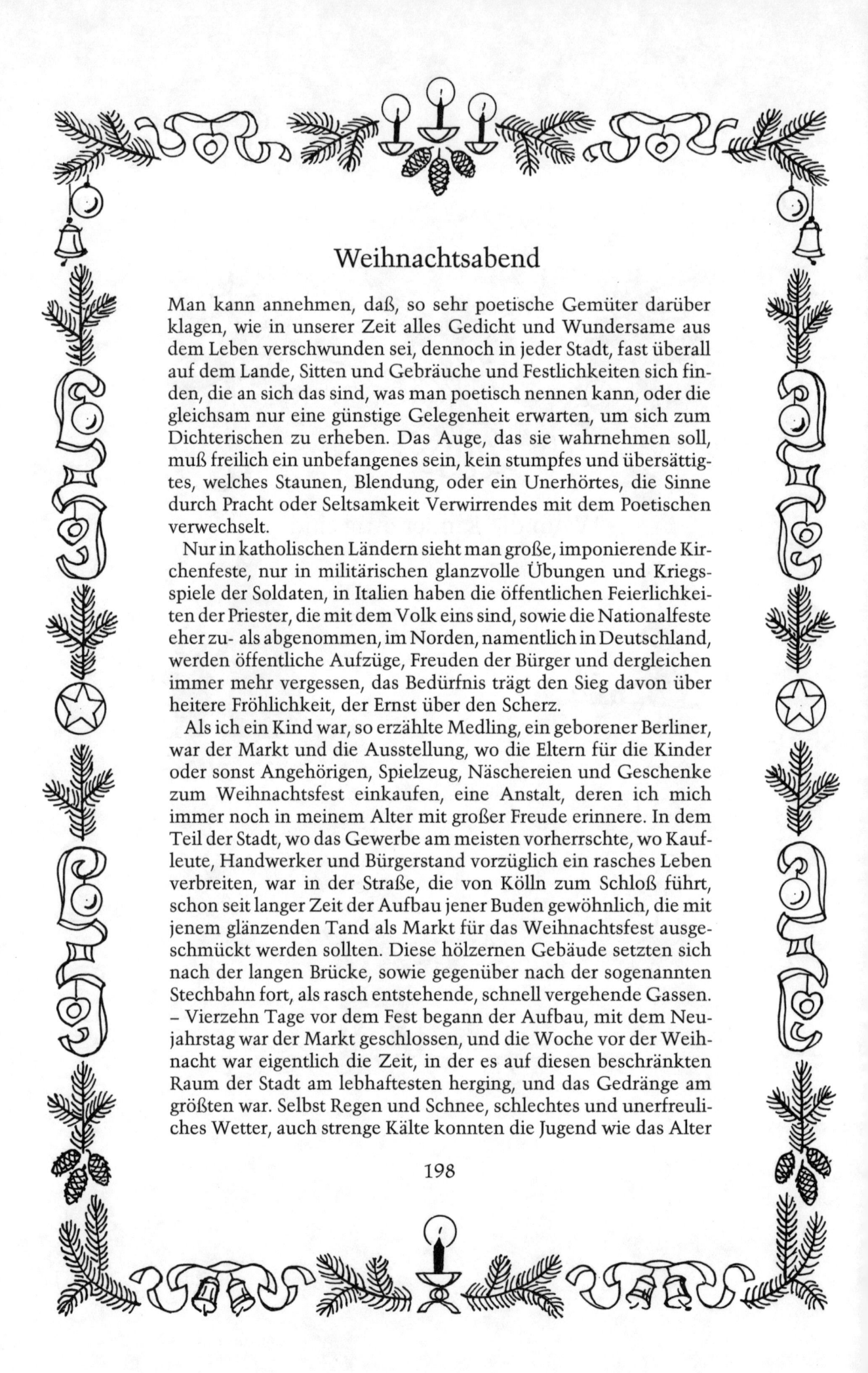

Weihnachtsabend

Man kann annehmen, daß, so sehr poetische Gemüter darüber klagen, wie in unserer Zeit alles Gedicht und Wundersame aus dem Leben verschwunden sei, dennoch in jeder Stadt, fast überall auf dem Lande, Sitten und Gebräuche und Festlichkeiten sich finden, die an sich das sind, was man poetisch nennen kann, oder die gleichsam nur eine günstige Gelegenheit erwarten, um sich zum Dichterischen zu erheben. Das Auge, das sie wahrnehmen soll, muß freilich ein unbefangenes sein, kein stumpfes und übersättigtes, welches Staunen, Blendung, oder ein Unerhörtes, die Sinne durch Pracht oder Seltsamkeit Verwirrendes mit dem Poetischen verwechselt.

Nur in katholischen Ländern sieht man große, imponierende Kirchenfeste, nur in militärischen glanzvolle Übungen und Kriegsspiele der Soldaten, in Italien haben die öffentlichen Feierlichkeiten der Priester, die mit dem Volk eins sind, sowie die Nationalfeste eher zu- als abgenommen, im Norden, namentlich in Deutschland, werden öffentliche Aufzüge, Freuden der Bürger und dergleichen immer mehr vergessen, das Bedürfnis trägt den Sieg davon über heitere Fröhlichkeit, der Ernst über den Scherz.

Als ich ein Kind war, so erzählte Medling, ein geborener Berliner, war der Markt und die Ausstellung, wo die Eltern für die Kinder oder sonst Angehörigen, Spielzeug, Näschereien und Geschenke zum Weihnachtsfest einkaufen, eine Anstalt, deren ich mich immer noch in meinem Alter mit großer Freude erinnere. In dem Teil der Stadt, wo das Gewerbe am meisten vorherrschte, wo Kaufleute, Handwerker und Bürgerstand vorzüglich ein rasches Leben verbreiten, war in der Straße, die von Kölln zum Schloß führt, schon seit langer Zeit der Aufbau jener Buden gewöhnlich, die mit jenem glänzenden Tand als Markt für das Weihnachtsfest ausgeschmückt werden sollten. Diese hölzernen Gebäude setzten sich nach der langen Brücke, sowie gegenüber nach der sogenannten Stechbahn fort, als rasch entstehende, schnell vergehende Gassen. – Vierzehn Tage vor dem Fest begann der Aufbau, mit dem Neujahrstag war der Markt geschlossen, und die Woche vor der Weihnacht war eigentlich die Zeit, in der es auf diesen beschränkten Raum der Stadt am lebhaftesten herging, und das Gedränge am größten war. Selbst Regen und Schnee, schlechtes und unerfreuliches Wetter, auch strenge Kälte konnten die Jugend wie das Alter

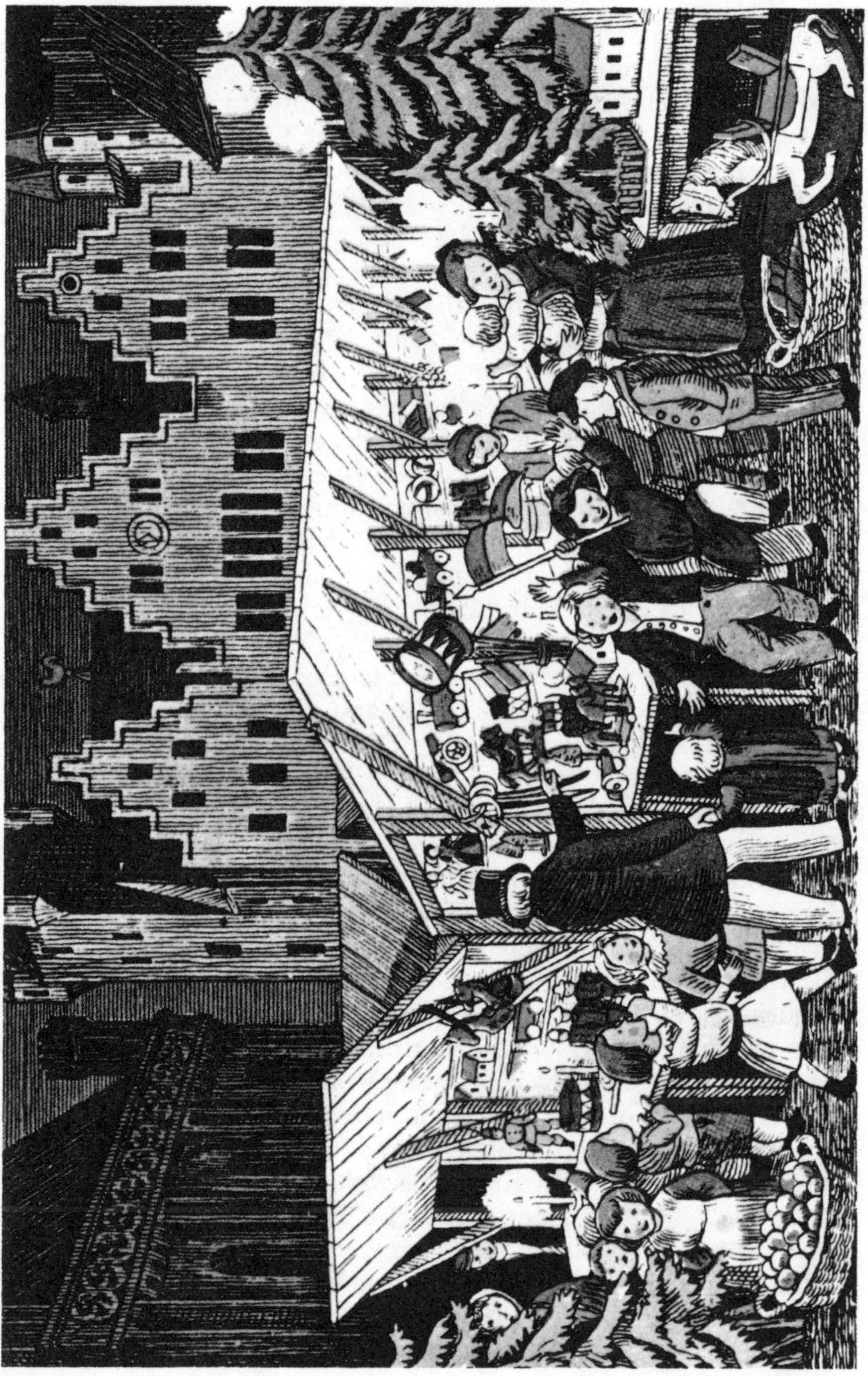

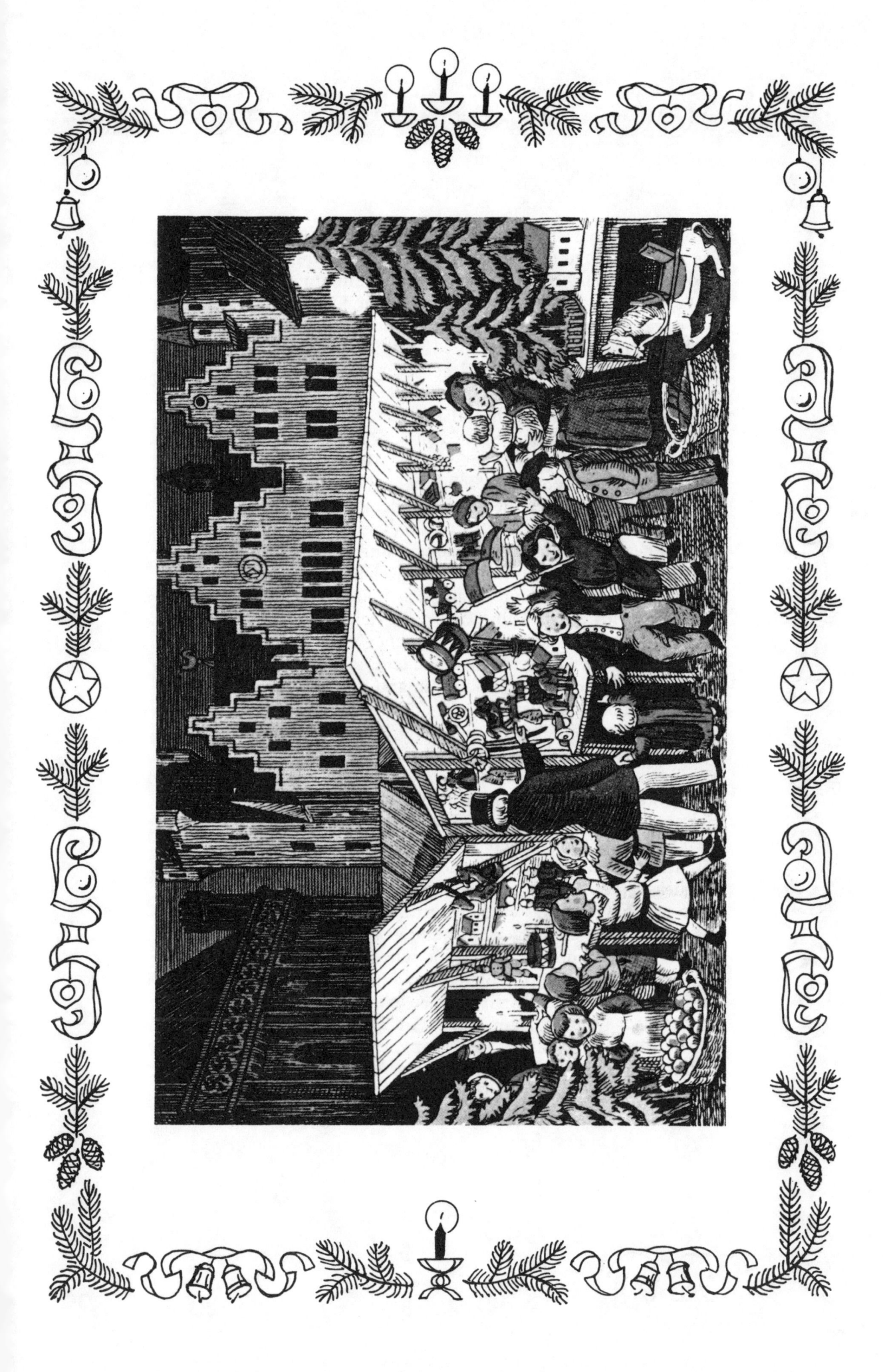

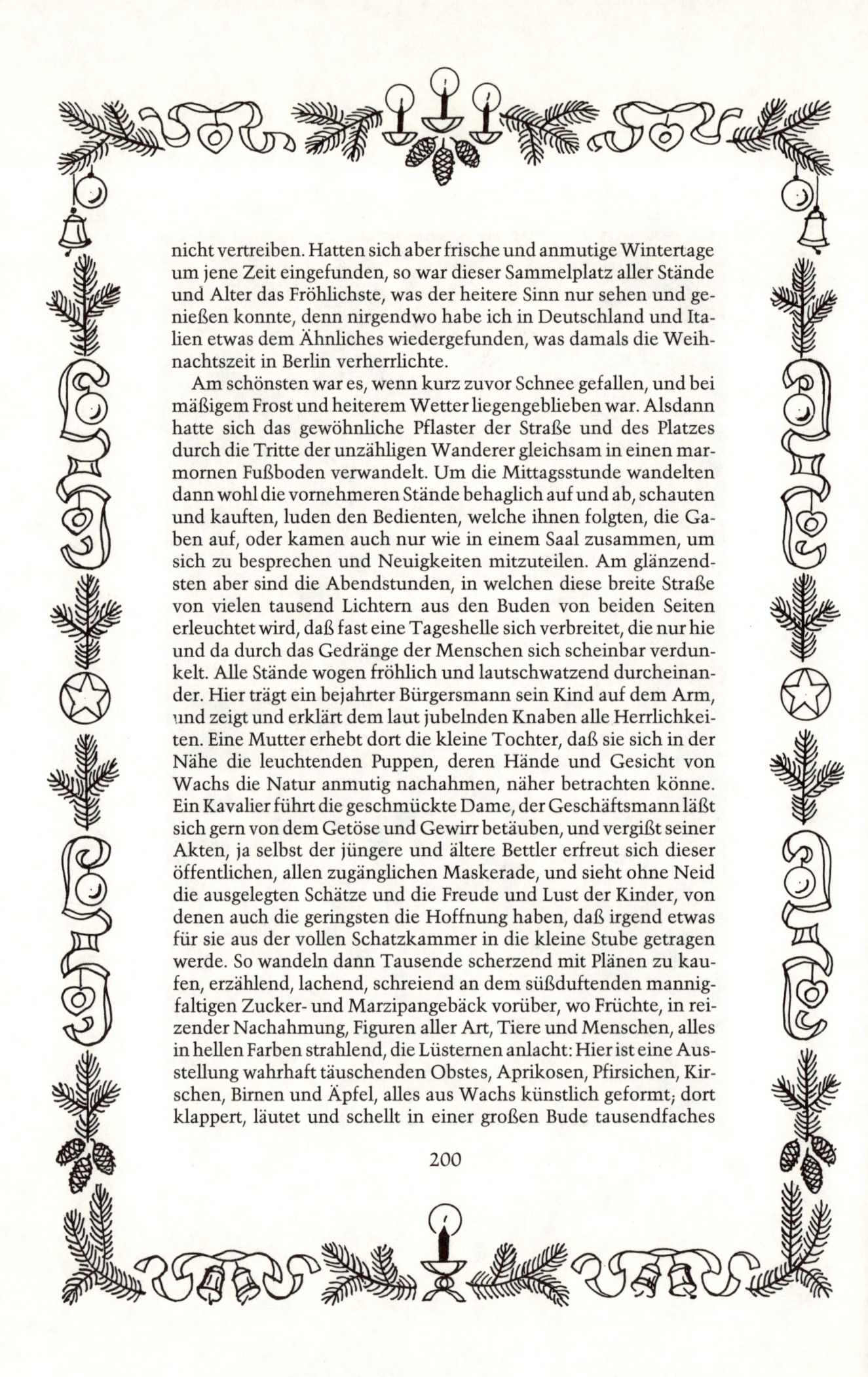

nicht vertreiben. Hatten sich aber frische und anmutige Wintertage um jene Zeit eingefunden, so war dieser Sammelplatz aller Stände und Alter das Fröhlichste, was der heitere Sinn nur sehen und genießen konnte, denn nirgendwo habe ich in Deutschland und Italien etwas dem Ähnliches wiedergefunden, was damals die Weihnachtszeit in Berlin verherrlichte.

Am schönsten war es, wenn kurz zuvor Schnee gefallen, und bei mäßigem Frost und heiterem Wetter liegengeblieben war. Alsdann hatte sich das gewöhnliche Pflaster der Straße und des Platzes durch die Tritte der unzähligen Wanderer gleichsam in einen marmornen Fußboden verwandelt. Um die Mittagsstunde wandelten dann wohl die vornehmeren Stände behaglich auf und ab, schauten und kauften, luden den Bedienten, welche ihnen folgten, die Gaben auf, oder kamen auch nur wie in einem Saal zusammen, um sich zu besprechen und Neuigkeiten mitzuteilen. Am glänzendsten aber sind die Abendstunden, in welchen diese breite Straße von vielen tausend Lichtern aus den Buden von beiden Seiten erleuchtet wird, daß fast eine Tageshelle sich verbreitet, die nur hie und da durch das Gedränge der Menschen sich scheinbar verdunkelt. Alle Stände wogen fröhlich und lautschwatzend durcheinander. Hier trägt ein bejahrter Bürgersmann sein Kind auf dem Arm, und zeigt und erklärt dem laut jubelnden Knaben alle Herrlichkeiten. Eine Mutter erhebt dort die kleine Tochter, daß sie sich in der Nähe die leuchtenden Puppen, deren Hände und Gesicht von Wachs die Natur anmutig nachahmen, näher betrachten könne. Ein Kavalier führt die geschmückte Dame, der Geschäftsmann läßt sich gern von dem Getöse und Gewirr betäuben, und vergißt seiner Akten, ja selbst der jüngere und ältere Bettler erfreut sich dieser öffentlichen, allen zugänglichen Maskerade, und sieht ohne Neid die ausgelegten Schätze und die Freude und Lust der Kinder, von denen auch die geringsten die Hoffnung haben, daß irgend etwas für sie aus der vollen Schatzkammer in die kleine Stube getragen werde. So wandeln dann Tausende scherzend mit Plänen zu kaufen, erzählend, lachend, schreiend an dem süßduftenden mannigfaltigen Zucker- und Marzipangebäck vorüber, wo Früchte, in reizender Nachahmung, Figuren aller Art, Tiere und Menschen, alles in hellen Farben strahlend, die Lüsternen anlacht: Hier ist eine Ausstellung wahrhaft täuschenden Obstes, Aprikosen, Pfirsichen, Kirschen, Birnen und Äpfel, alles aus Wachs künstlich geformt; dort klappert, läutet und schellt in einer großen Bude tausendfaches

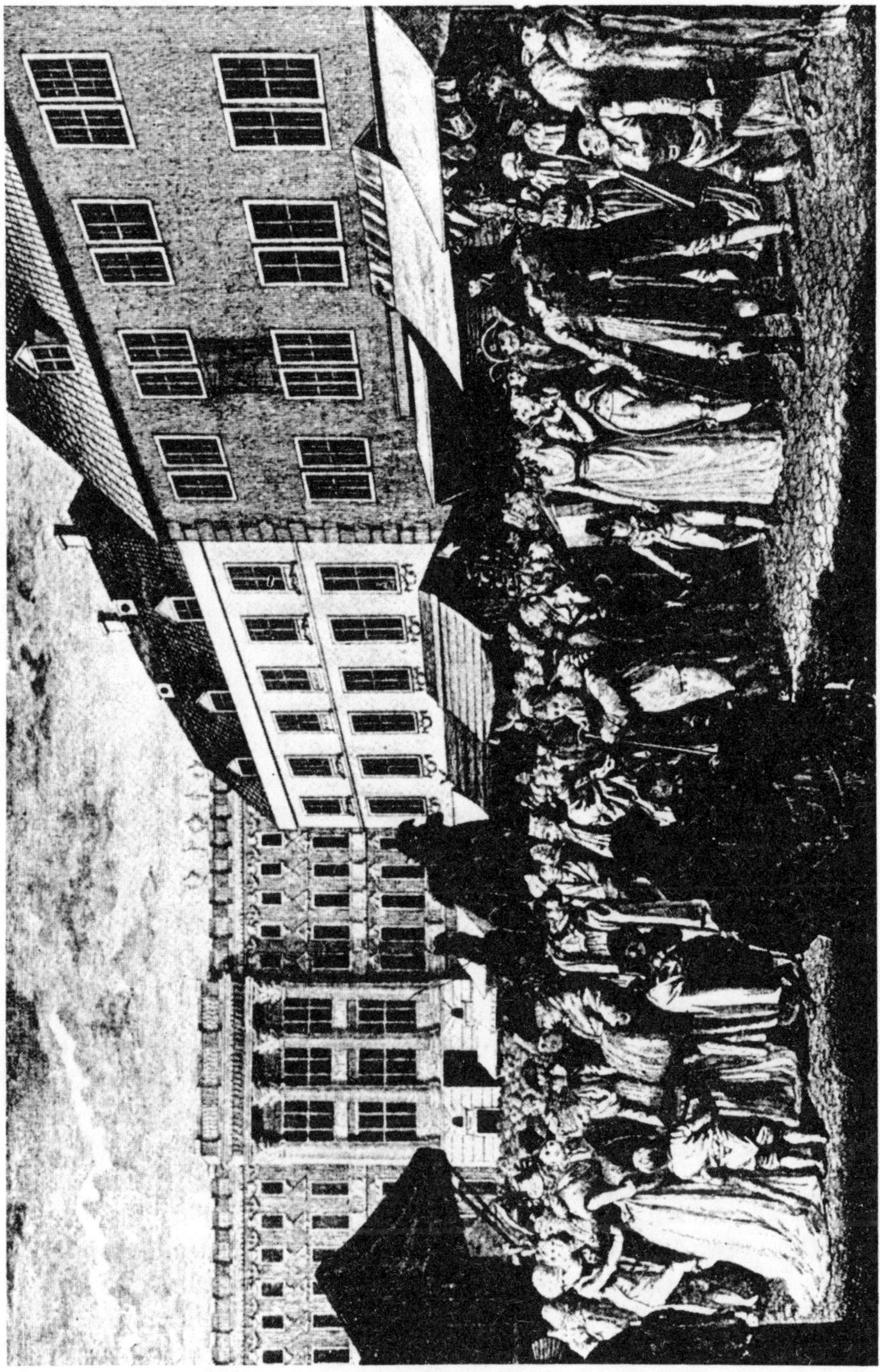

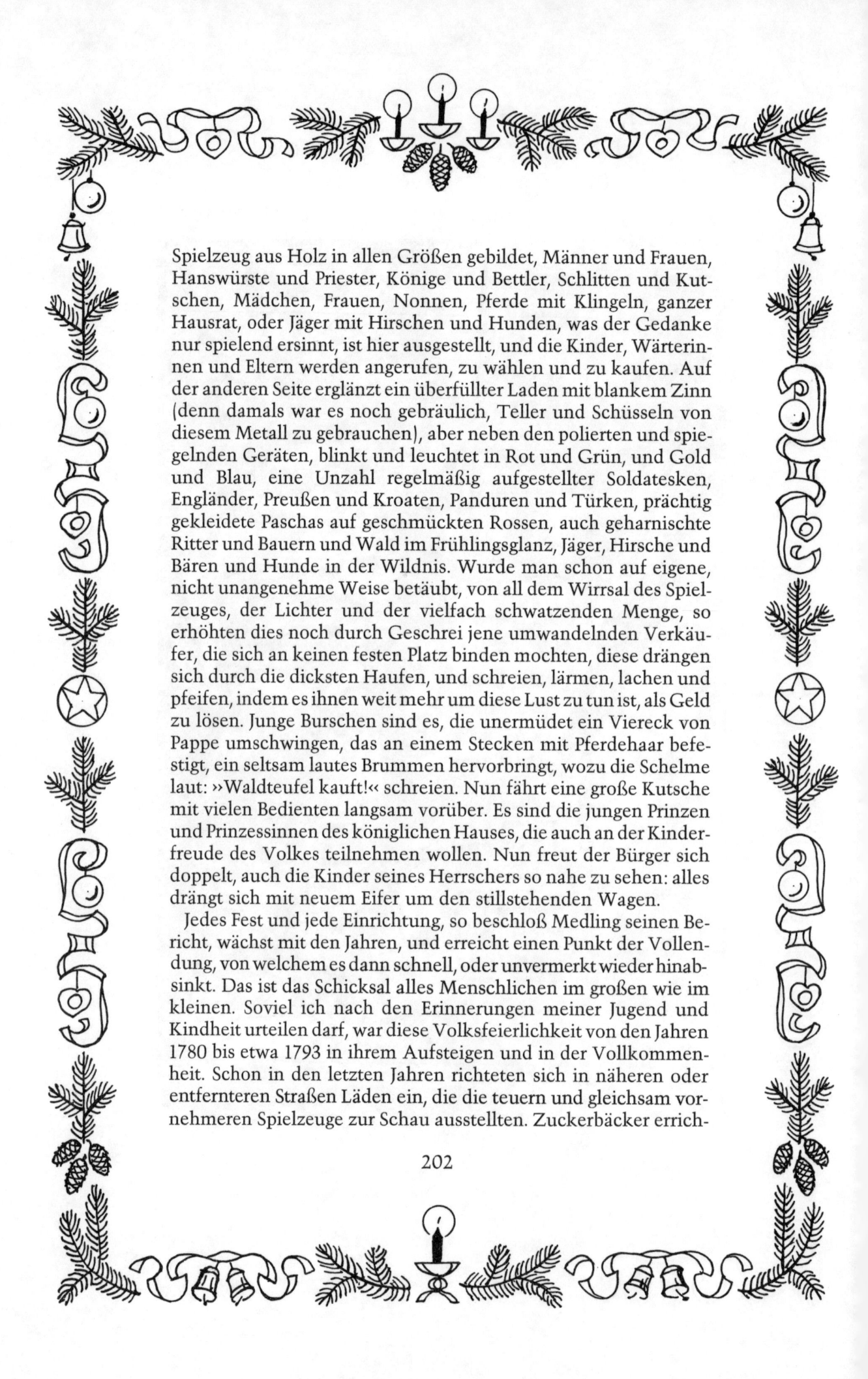

Spielzeug aus Holz in allen Größen gebildet, Männer und Frauen, Hanswürste und Priester, Könige und Bettler, Schlitten und Kutschen, Mädchen, Frauen, Nonnen, Pferde mit Klingeln, ganzer Hausrat, oder Jäger mit Hirschen und Hunden, was der Gedanke nur spielend ersinnt, ist hier ausgestellt, und die Kinder, Wärterinnen und Eltern werden angerufen, zu wählen und zu kaufen. Auf der anderen Seite erglänzt ein überfüllter Laden mit blankem Zinn (denn damals war es noch gebräulich, Teller und Schüsseln von diesem Metall zu gebrauchen), aber neben den polierten und spiegelnden Geräten, blinkt und leuchtet in Rot und Grün, und Gold und Blau, eine Unzahl regelmäßig aufgestellter Soldatesken, Engländer, Preußen und Kroaten, Panduren und Türken, prächtig gekleidete Paschas auf geschmückten Rossen, auch geharnischte Ritter und Bauern und Wald im Frühlingsglanz, Jäger, Hirsche und Bären und Hunde in der Wildnis. Wurde man schon auf eigene, nicht unangenehme Weise betäubt, von all dem Wirrsal des Spielzeuges, der Lichter und der vielfach schwatzenden Menge, so erhöhten dies noch durch Geschrei jene umwandelnden Verkäufer, die sich an keinen festen Platz binden mochten, diese drängen sich durch die dicksten Haufen, und schreien, lärmen, lachen und pfeifen, indem es ihnen weit mehr um diese Lust zu tun ist, als Geld zu lösen. Junge Burschen sind es, die unermüdet ein Viereck von Pappe umschwingen, das an einem Stecken mit Pferdehaar befestigt, ein seltsam lautes Brummen hervorbringt, wozu die Schelme laut: »Waldteufel kauft!« schreien. Nun fährt eine große Kutsche mit vielen Bedienten langsam vorüber. Es sind die jungen Prinzen und Prinzessinnen des königlichen Hauses, die auch an der Kinderfreude des Volkes teilnehmen wollen. Nun freut der Bürger sich doppelt, auch die Kinder seines Herrschers so nahe zu sehen: alles drängt sich mit neuem Eifer um den stillstehenden Wagen.

Jedes Fest und jede Einrichtung, so beschloß Medling seinen Bericht, wächst mit den Jahren, und erreicht einen Punkt der Vollendung, von welchem es dann schnell, oder unvermerkt wieder hinabsinkt. Das ist das Schicksal alles Menschlichen im großen wie im kleinen. Soviel ich nach den Erinnerungen meiner Jugend und Kindheit urteilen darf, war diese Volksfeierlichkeit von den Jahren 1780 bis etwa 1793 in ihrem Aufsteigen und in der Vollkommenheit. Schon in den letzten Jahren richteten sich in näheren oder entfernteren Straßen Läden ein, die die teuern und gleichsam vornehmeren Spielzeuge zur Schau ausstellten. Zuckerbäcker errichteten in ihren Häusern anlockende Säle, in welchen man Landschaften aus Zuckerteig oder Dekorationen, später ganz lebensgroße mythologische Figuren wie in Marmor ausgehauen, aus Zucker gebacken sah. Ein prahlendes Bewußtsein, ein vornehmtuendes Überbieten in anmaßlichen Kunstproduktionen zerstörte jene kindliche und kindische Unbefangenheit, auch mußte Schwelgerei an die Stelle der Heiterkeit und des Scherzes treten. Doch ist mit allen diesen neueren Mängeln, so endigte unser Freund seinen Bericht, diese Christzeit in Berlin, vergleicht man das Leben dieser fröhlichen und für Kinder so ahndungsreichen Tage, mit allen andern Städten, immer noch eine klassische zu nennen, wenn man das Klassische als den Ausdruck des Höchsten und Besten in jeglicher Art gebrauchen will.

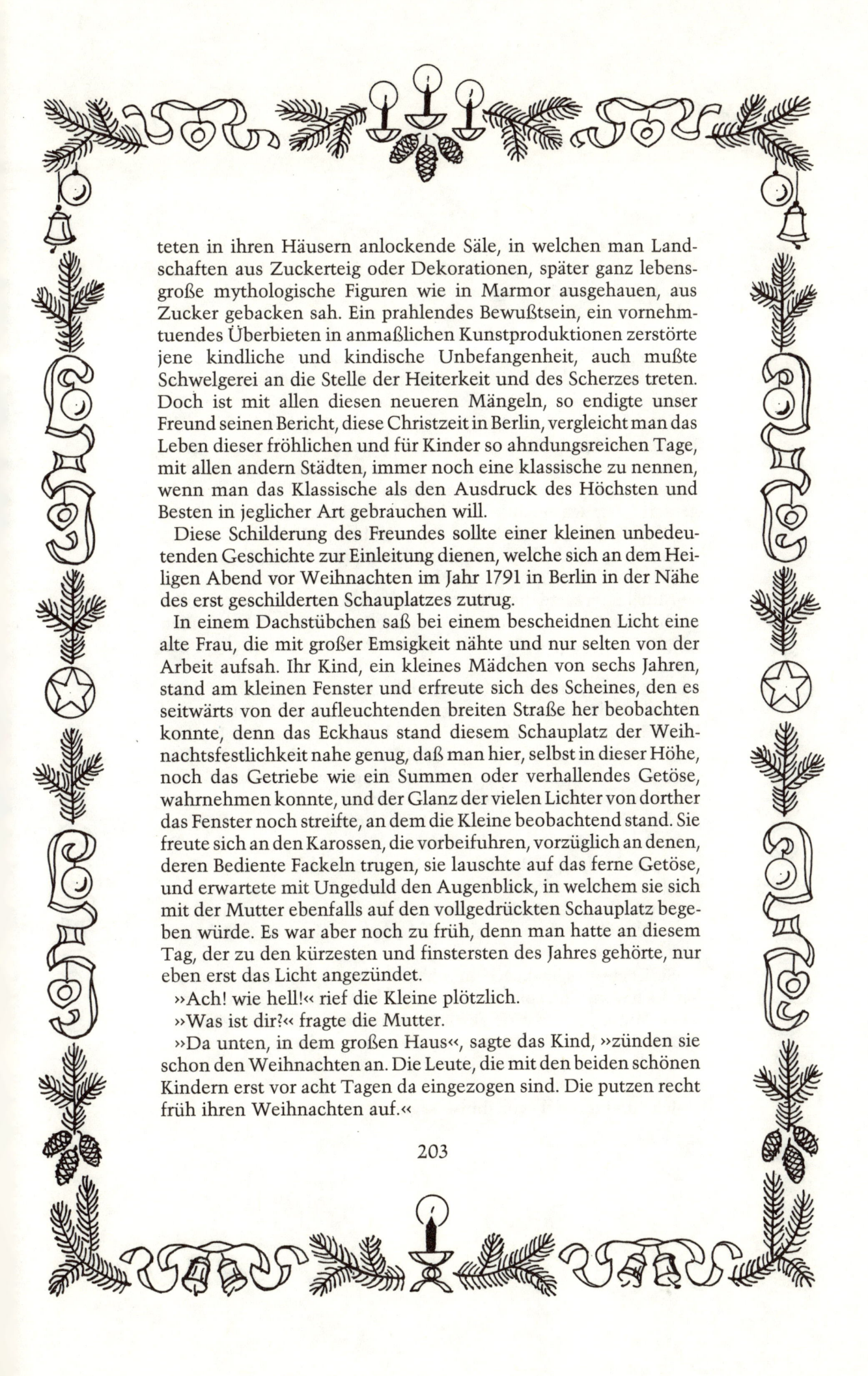

Diese Schilderung des Freundes sollte einer kleinen unbedeutenden Geschichte zur Einleitung dienen, welche sich an dem Heiligen Abend vor Weihnachten im Jahr 1791 in Berlin in der Nähe des erst geschilderten Schauplatzes zutrug.

In einem Dachstübchen saß bei einem bescheidnen Licht eine alte Frau, die mit großer Emsigkeit nähte und nur selten von der Arbeit aufsah. Ihr Kind, ein kleines Mädchen von sechs Jahren, stand am kleinen Fenster und erfreute sich des Scheines, den es seitwärts von der aufleuchtenden breiten Straße her beobachten konnte, denn das Eckhaus stand diesem Schauplatz der Weihnachtsfestlichkeit nahe genug, daß man hier, selbst in dieser Höhe, noch das Getriebe wie ein Summen oder verhallendes Getöse, wahrnehmen konnte, und der Glanz der vielen Lichter von dorther das Fenster noch streifte, an dem die Kleine beobachtend stand. Sie freute sich an den Karossen, die vorbeifuhren, vorzüglich an denen, deren Bediente Fackeln trugen, sie lauschte auf das ferne Getöse, und erwartete mit Ungeduld den Augenblick, in welchem sie sich mit der Mutter ebenfalls auf den vollgedrückten Schauplatz begeben würde. Es war aber noch zu früh, denn man hatte an diesem Tag, der zu den kürzesten und finstersten des Jahres gehörte, nur eben erst das Licht angezündet.

»Ach! wie hell!« rief die Kleine plötzlich.

»Was ist dir?« fragte die Mutter.

»Da unten, in dem großen Haus«, sagte das Kind, »zünden sie schon den Weihnachten an. Die Leute, die mit den beiden schönen Kindern erst vor acht Tagen da eingezogen sind. Die putzen recht früh ihren Weihnachten auf.«

»Die reichen Leute«, antwortete die Mutter, ohne von ihrer Arbeit aufzusehen, »können den Kindern diesen Abend freilich sehr herrlich machen. Sie haben auch wohl Gesellschaft dazu eingeladen.«

»Große Leute«, bemerkte das Kind, »passen nicht recht dazu, wenn's nicht auch Eltern sind, die ihre Kinder mitbringen.«

»Sie freuen sich doch auch«, sagte die Mutter, »an der Freude der Kleinen.«

»Das dauert nicht lange«, antwortete das Kind, »sie sehen die Lichter und Spielsachen an, reden ein bißchen darüber, und gleich kommen sie dann mit ihren altklugen Gesprächen und politischen Neuigkeiten, wie sie es nennen. Das habe ich wohl im vorigen Jahr gemerkt, wie wir noch in den kleinen Städtchen wohnten. Auch kann ich mich eigentlich an keinen früheren Weihnachten erinnern. Was weiß doch so ein großer, ausgewachsener Mensch, was alles in solchem Püppchen steckt.«

»Minchen«, sagte die Mutter, »nachher gehen wir aus, du sollst noch einmal die Herrlichkeiten da unten ansehen. Ich habe einen ganzen Taler aufgehoben, um auch für dich, mein Engelchen, einzukaufen.«

Die Kleine sprang zur Mutter hin, küßte sie und klatschte dann lebhaft in die Hände. »Einen ganzen harten Taler!« rief sie, »ei! Dafür können wir ja aller Welt Herrlichkeit einkaufen. Du bist aber gut, Mütterchen: Gar zu gut! Es ist eigentlich zuviel. Wir brauchten es eigentlich zu nötigeren Dingen, nicht wahr?«

»Freilich wohl«, sagte die Mutter seufzend, »ich möchte dir aber doch auch gern eine recht große Freude machen.«

»Gehen wir bald?« rief das Kind.

»Du weißt«, sagte die Mutter, »ich muß noch erst die alte Frau Gerstner abwarten. Sie ist immer so freundlich zu uns, und sie würde mit Recht böse werde, wenn wir nicht noch ein Stündchen blieben. Sie wollte schon nach Tisch kommen, sie muß abgehalten sein.«

»Sie ist gut«, sagte die Kleine, »aber der Bruder! O Mutter, warum hat doch wohl Gott solche unausstehliche Menschen geschaffen?«

Die Mutter, so ernst sie gestimmt war, mußte lächeln. »Sie machen sich wohl erst selbst so«, sagte sie dann, »der Schöpfer meint es wohl mit allen gut, daß sie angenehm und liebreich sein könnten.«

»Ich fürchte mich vor ihm«, sagte die Kleine, »und auch vor

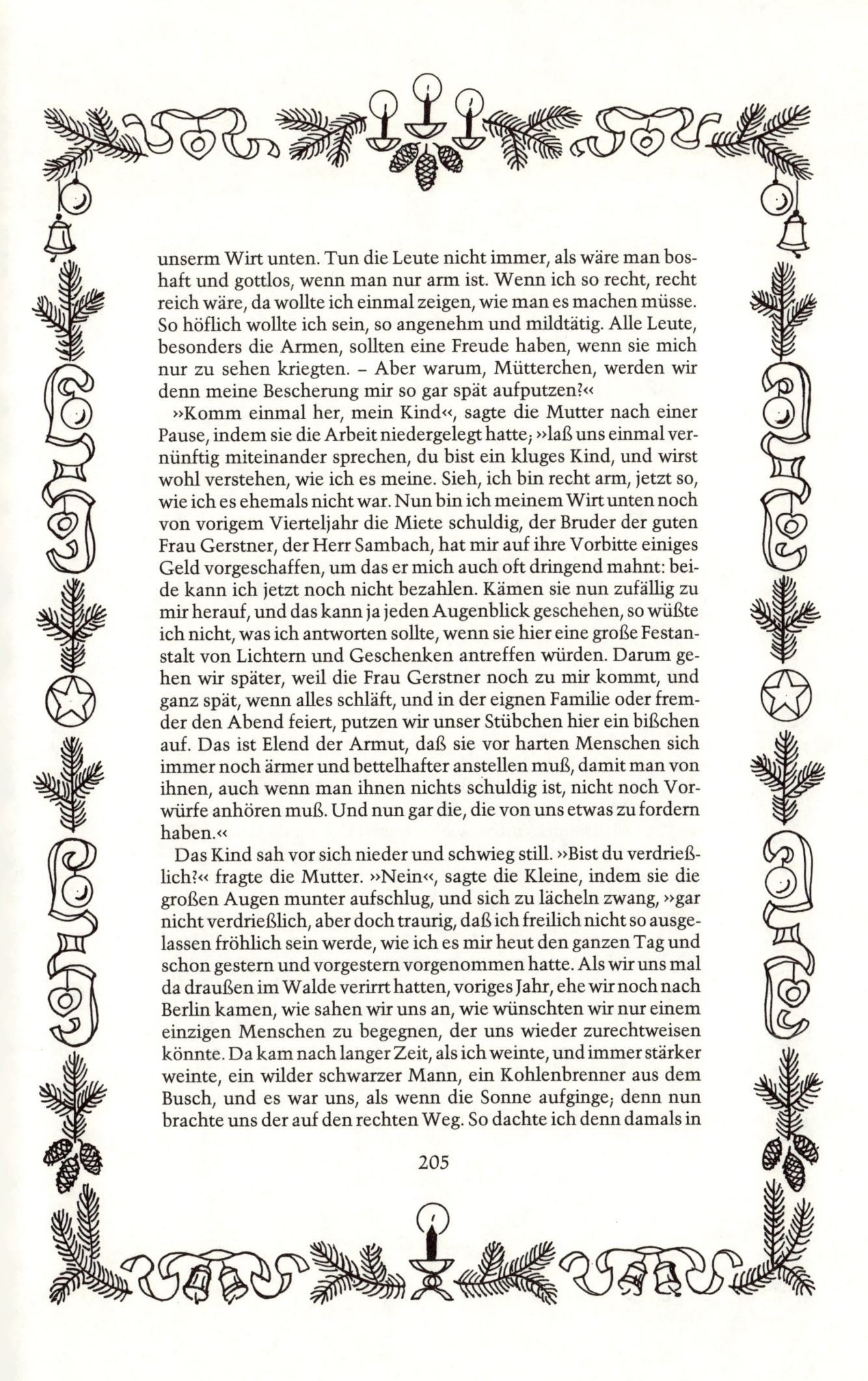

unserm Wirt unten. Tun die Leute nicht immer, als wäre man boshaft und gottlos, wenn man nur arm ist. Wenn ich so recht, recht reich wäre, da wollte ich einmal zeigen, wie man es machen müsse. So höflich wollte ich sein, so angenehm und mildtätig. Alle Leute, besonders die Armen, sollten eine Freude haben, wenn sie mich nur zu sehen kriegten. – Aber warum, Mütterchen, werden wir denn meine Bescherung mir so gar spät aufputzen?«

»Komm einmal her, mein Kind«, sagte die Mutter nach einer Pause, indem sie die Arbeit niedergelegt hatte; »laß uns einmal vernünftig miteinander sprechen, du bist ein kluges Kind, und wirst wohl verstehen, wie ich es meine. Sieh, ich bin recht arm, jetzt so, wie ich es ehemals nicht war. Nun bin ich meinem Wirt unten noch von vorigem Vierteljahr die Miete schuldig, der Bruder der guten Frau Gerstner, der Herr Sambach, hat mir auf ihre Vorbitte einiges Geld vorgeschaffen, um das er mich auch oft dringend mahnt: beide kann ich jetzt noch nicht bezahlen. Kämen sie nun zufällig zu mir herauf, und das kann ja jeden Augenblick geschehen, so wüßte ich nicht, was ich antworten sollte, wenn sie hier eine große Festanstalt von Lichtern und Geschenken antreffen würden. Darum gehen wir später, weil die Frau Gerstner noch zu mir kommt, und ganz spät, wenn alles schläft, und in der eignen Familie oder fremder den Abend feiert, putzen wir unser Stübchen hier ein bißchen auf. Das ist Elend der Armut, daß sie vor harten Menschen sich immer noch ärmer und bettelhafter anstellen muß, damit man von ihnen, auch wenn man ihnen nichts schuldig ist, nicht noch Vorwürfe anhören muß. Und nun gar die, die von uns etwas zu fordern haben.«

Das Kind sah vor sich nieder und schwieg still. »Bist du verdrießlich?« fragte die Mutter. »Nein«, sagte die Kleine, indem sie die großen Augen munter aufschlug, und sich zu lächeln zwang, »gar nicht verdrießlich, aber doch traurig, daß ich freilich nicht so ausgelassen fröhlich sein werde, wie ich es mir heut den ganzen Tag und schon gestern und vorgestern vorgenommen hatte. Als wir uns mal da draußen im Walde verirrt hatten, voriges Jahr, ehe wir noch nach Berlin kamen, wie sahen wir uns an, wie wünschten wir nur einem einzigen Menschen zu begegnen, der uns wieder zurechtweisen könnte. Da kam nach langer Zeit, als ich weinte, und immer stärker weinte, ein wilder schwarzer Mann, ein Kohlenbrenner aus dem Busch, und es war uns, als wenn die Sonne aufginge; denn nun brachte uns der auf den rechten Weg. So dachte ich denn damals in meiner Dummheit: Ach! Was muß das herrlich sein, in einer großen, großen Stadt zu wohnen, wo man nichts als Menschen und Menschen sieht, daß sie uns trösten, wohltun, und uns erfreuen. Und nun sitzen wir so recht mitten unter den Menschen, und Sie machen uns nur betrübt, wir müssen uns vor ihnen fürchten, wie im dunklen Walde.«

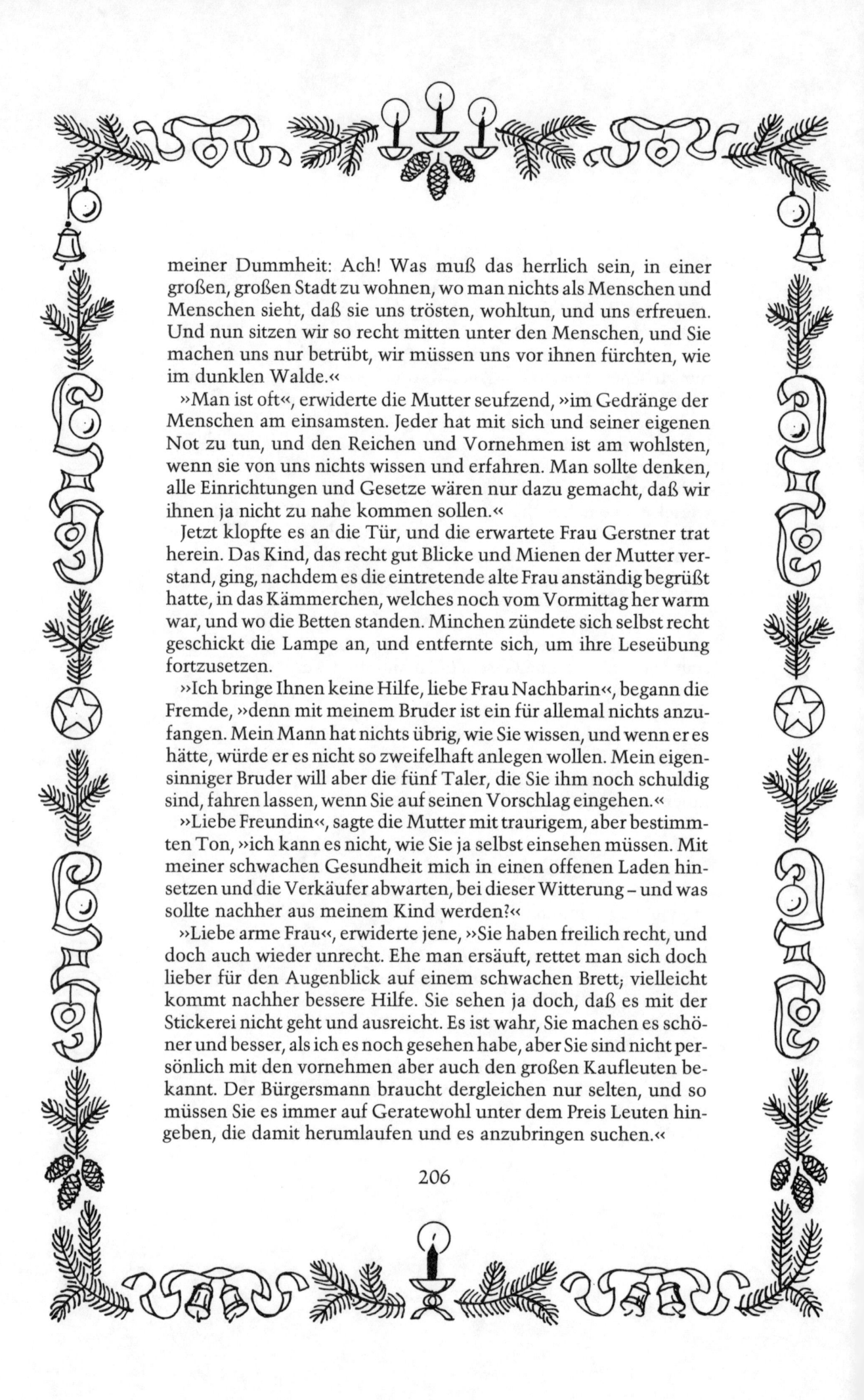

»Man ist oft«, erwiderte die Mutter seufzend, »im Gedränge der Menschen am einsamsten. Jeder hat mit sich und seiner eigenen Not zu tun, und den Reichen und Vornehmen ist am wohlsten, wenn sie von uns nichts wissen und erfahren. Man sollte denken, alle Einrichtungen und Gesetze wären nur dazu gemacht, daß wir ihnen ja nicht zu nahe kommen sollen.«

Jetzt klopfte es an die Tür, und die erwartete Frau Gerstner trat herein. Das Kind, das recht gut Blicke und Mienen der Mutter verstand, ging, nachdem es die eintretende alte Frau anständig begrüßt hatte, in das Kämmerchen, welches noch vom Vormittag her warm war, und wo die Betten standen. Minchen zündete sich selbst recht geschickt die Lampe an, und entfernte sich, um ihre Leseübung fortzusetzen.

»Ich bringe Ihnen keine Hilfe, liebe Frau Nachbarin«, begann die Fremde, »denn mit meinem Bruder ist ein für allemal nichts anzufangen. Mein Mann hat nichts übrig, wie Sie wissen, und wenn er es hätte, würde er es nicht so zweifelhaft anlegen wollen. Mein eigensinniger Bruder will aber die fünf Taler, die Sie ihm noch schuldig sind, fahren lassen, wenn Sie auf seinen Vorschlag eingehen.«

»Liebe Freundin«, sagte die Mutter mit traurigem, aber bestimmten Ton, »ich kann es nicht, wie Sie ja selbst einsehen müssen. Mit meiner schwachen Gesundheit mich in einen offenen Laden hinsetzen und die Verkäufer abwarten, bei dieser Witterung – und was sollte nachher aus meinem Kind werden?«

»Liebe arme Frau«, erwiderte jene, »Sie haben freilich recht, und doch auch wieder unrecht. Ehe man ersäuft, rettet man sich doch lieber für den Augenblick auf einem schwachen Brett; vielleicht kommt nachher bessere Hilfe. Sie sehen ja doch, daß es mit der Stickerei nicht geht und ausreicht. Es ist wahr, Sie machen es schöner und besser, als ich es noch gesehen habe, aber Sie sind nicht persönlich mit den vornehmen aber auch den großen Kaufleuten bekannt. Der Bürgersmann braucht dergleichen nur selten, und so müssen Sie es immer auf Geratewohl unter dem Preis Leuten hingeben, die damit herumlaufen und es anzubringen suchen.«

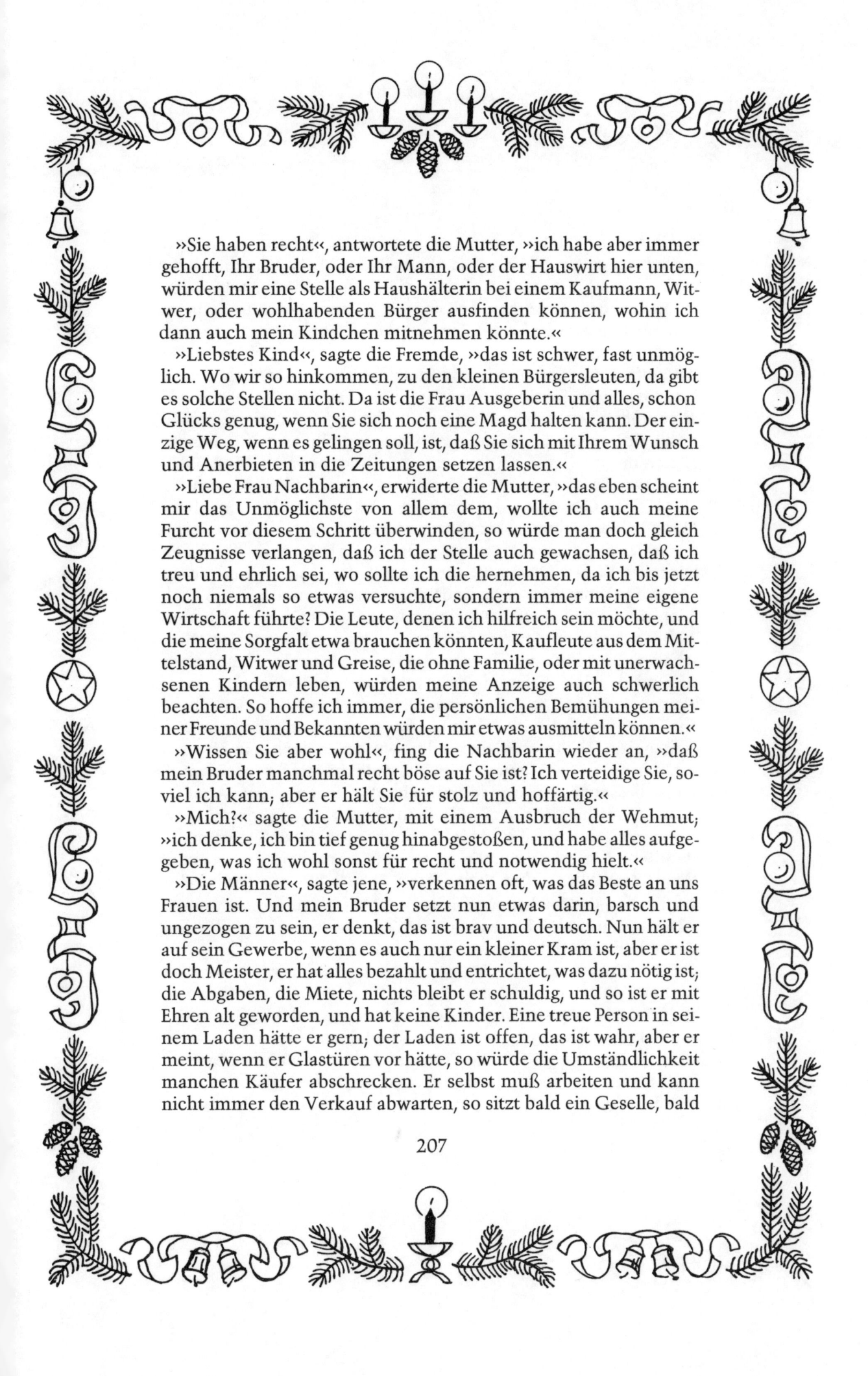

»Sie haben recht«, antwortete die Mutter, »ich habe aber immer gehofft, Ihr Bruder, oder Ihr Mann, oder der Hauswirt hier unten, würden mir eine Stelle als Haushälterin bei einem Kaufmann, Witwer, oder wohlhabenden Bürger ausfinden können, wohin ich dann auch mein Kindchen mitnehmen könnte.«

»Liebstes Kind«, sagte die Fremde, »das ist schwer, fast unmöglich. Wo wir so hinkommen, zu den kleinen Bürgersleuten, da gibt es solche Stellen nicht. Da ist die Frau Ausgeberin und alles, schon Glücks genug, wenn Sie sich noch eine Magd halten kann. Der einzige Weg, wenn es gelingen soll, ist, daß Sie sich mit Ihrem Wunsch und Anerbieten in die Zeitungen setzen lassen.«

»Liebe Frau Nachbarin«, erwiderte die Mutter, »das eben scheint mir das Unmöglichste von allem dem, wollte ich auch meine Furcht vor diesem Schritt überwinden, so würde man doch gleich Zeugnisse verlangen, daß ich der Stelle auch gewachsen, daß ich treu und ehrlich sei, wo sollte ich die hernehmen, da ich bis jetzt noch niemals so etwas versuchte, sondern immer meine eigene Wirtschaft führte? Die Leute, denen ich hilfreich sein möchte, und die meine Sorgfalt etwa brauchen könnten, Kaufleute aus dem Mittelstand, Witwer und Greise, die ohne Familie, oder mit unerwachsenen Kindern leben, würden meine Anzeige auch schwerlich beachten. So hoffe ich immer, die persönlichen Bemühungen meiner Freunde und Bekannten würden mir etwas ausmitteln können.«

»Wissen Sie aber wohl«, fing die Nachbarin wieder an, »daß mein Bruder manchmal recht böse auf Sie ist? Ich verteidige Sie, soviel ich kann; aber er hält Sie für stolz und hoffärtig.«

»Mich?« sagte die Mutter, mit einem Ausbruch der Wehmut; »ich denke, ich bin tief genug hinabgestoßen, und habe alles aufgegeben, was ich wohl sonst für recht und notwendig hielt.«

»Die Männer«, sagte jene, »verkennen oft, was das Beste an uns Frauen ist. Und mein Bruder setzt nun etwas darin, barsch und ungezogen zu sein, er denkt, das ist brav und deutsch. Nun hält er auf sein Gewerbe, wenn es auch nur ein kleiner Kram ist, aber er ist doch Meister, er hat alles bezahlt und entrichtet, was dazu nötig ist; die Abgaben, die Miete, nichts bleibt er schuldig, und so ist er mit Ehren alt geworden, und hat keine Kinder. Eine treue Person in seinem Laden hätte er gern; der Laden ist offen, das ist wahr, aber er meint, wenn er Glastüren vor hätte, so würde die Umständlichkeit manchen Käufer abschrecken. Er selbst muß arbeiten und kann nicht immer den Verkauf abwarten, so sitzt bald ein Geselle, bald ein Bursche, bald die Hausmagd dort. Das ist ihm aber nicht reputierlich genug; auch kann er ja nicht wissen, ob die Leutchen ganz ehrlich mit ihm umgehen. Sehen Sie, Liebe, Sie überstehen den Winter schon. Sie denken sich es zu schlimm. Und, unter uns gesagt, aber Sie werden sich nichts merken lassen, oder mich verraten, der alte Mensch, mein Bruder, spekuliert noch ganz anders. Er hat keine Kinder, ist auch nicht in dem Alter, daß er noch welche kriegen könnte: Sie sind bei anständigen Jahren, aber so sauber und annehmlich, wie manche junge hübsche Frau es nicht ist, so will unser Brummbär Sie dann, wann Sie erst ein paar Wochen so gleichsam im Dienst bei ihm gewesen sind, heiraten. Und, Liebchen, wenn Sie erst seine Frau sind, so können Sie ihn gewiß zu allen Dingen bringen. Glauben Sie mir nur, so ein Bär und wilder Mann ist viel leichter zu bezähmen und zu regieren, wie so ein sanfter, stiller Mann, wie der meinige ist. Dann läßt er gewiß für den künftigen Winter Glastüren vor seinen Laden machen, und Sie sitzen als Frau vom Hause wie eine Prinzessin darin, und können auch noch einen kleinen Ofen anbringen lassen. Denn ihm ist es hauptsächlich darum zu tun, einer rechtlichen braven Person seine Wirtschaft so ganz und unbedingt zu übergeben; für eine solche hält er sie, und als seine angetraute Frau, meint er, würden Sie sich seines kleinen Vermögens mit ganzem Eifer annehmen, da es nachher doch auch das Ihrige ist. Sehen Sie, wie gut ich es mit Ihnen meine, denn, wenn ich ihn überleben sollte, würde ich doch sein bißchen von ihm erben. Sie können, liebwerteste Frau Nachbarin, auf seine Weise besser für sich und ihr hübsches Kindchen sorgen. Aber er, mein Bruder, hält Sie für zu stolz, in solchem kleinen Laden als Verkäuferin zu sitzen, Sie sind viel zu hochmütig, als daß Sie ihm die Hand vor dem Altar reichen sollten: Sie wünschen, daß man Sie ›Madam‹ tituliert, und nicht ›Frau Meisterin‹. Sie wollen Ihr Kind zu einer Gelehrten erziehen, daß es seine feinen weißen Händchen hübsch schonen kann. – Was antworten Sie mir nun auf meine ehrliche Rede und aufrichtige Meinung?«

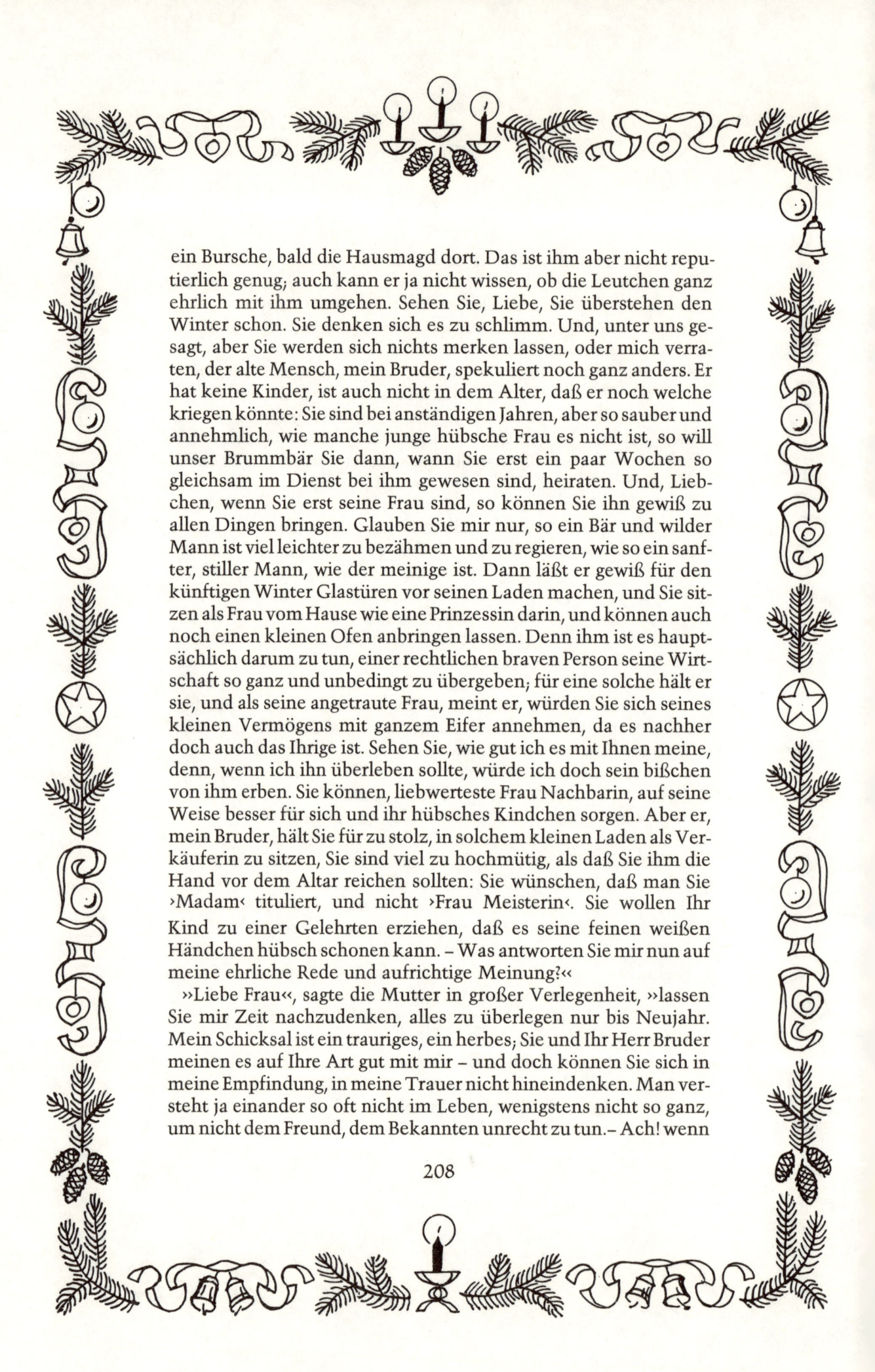

»Liebe Frau«, sagte die Mutter in großer Verlegenheit, »lassen Sie mir Zeit nachzudenken, alles zu überlegen nur bis Neujahr. Mein Schicksal ist ein trauriges, ein herbes; Sie und Ihr Herr Bruder meinen es auf Ihre Art gut mit mir – und doch können Sie sich in meine Empfindung, in meine Trauer nicht hineindenken. Man versteht ja einander so oft nicht im Leben, wenigstens nicht so ganz, um nicht dem Freund, dem Bekannten unrecht zu tun.– Ach! wenn nur mein Minchen nicht wäre! – Und doch ist das Kind wieder mein höchstes, mein einziges Glück. – Es ist aber wohl möglich, daß es zum entsetzlichen Elend heranwächst.«

»Jetzt, Liebchen«, fuhr die Nachbarin fort, »ist eine so hübsche trauliche Abendstunde, und ich habe auch noch etwas Zeit; jetzt erzählen Sie mir doch etwas von Ihrer Geschichte, wie Sie mir schon so oft versprochen haben.«

Die Mutter war sehr nachdenklich geworden. Tausend Gedanken gingen ihr eilig durch den Geist, und sie vermochte nicht, sie zu ordnen, oder einen festzuhalten. Sie war entschlossen, sich von diesen Verbindungen gutdenkender, aber engherziger Menschen loszumachen, aber doch konnte sie keine Hoffnung einer Möglichkeit schaffen. Sie erschrak, daß man ihr vorschlagen konnte, in ihrem Alter noch eine eheliche Verbindung mit einem Mann einzugehen, den sie nicht achten konnte, von allen anderen Hindernissen abgesehen. Jetzt war sie entschlossen, ihre jetzige Lage durchaus zu ändern, sich von allen diesen Bekanntschaften, die sie nur ängstigten, zu entfernen, und Mittel aufzusuchen, die ihr ein freieres Dasein sicherten. Der Entschluß stand unerschütterlich, nur fand sie jetzt noch kein Mittel, auch nur ein wahrscheinliches, ihn auszuführen. So hin und her denkend und fühlend, indem sie sich auch Vorwürfe machte, daß sie den guten Willen dieser Menschen, die von ihrem Gemüt nichts wußten und ahnten, verkennen müsse, entschloß sie sich endlich, der wohlmeinenden Nachbarin ihre Geschichte zu vertrauen, um wenigstens jenen ungegründeten Vorwurf des Hochmuts von sich abzuwälzen.

Sie stand auf und ging in die kleine Schlafkammer. Hier saß das Kind Wilhelmine und las mit gefalteten Händen in einem Gesangbuch, die heiteren Weihnachtslieder, die gutmeinende fromme Seelen in kindlicher Einfalt gedichtet haben, und darum auch jetzt noch jedes reine Herz, wie vielmehr das eines guten Kindes wie mit dem Flügelschlag von Engelsfittichen berühren.

Die Mutter kehrte zurück, putzte das Licht und sagte dann: »Nein, liebe Nachbarin, nicht hochmütig sollen mich meine Freunde schelten, und darum will ich Ihnen etwas von meinem Schicksal erzählen, damit Sie fühlen können, warum ein unvertilgbarer Schmerz mein Leben trübt, und jede Heiterkeit fast unmöglich macht.

Im nördlichen Deutschland, in einer bedeutenden Stadt bin ich geboren und erzogen. Meine Eltern waren wohlhabend, man wollte sie sogar reich nennen, und so war meine Erziehung von der Art, wie jeder gute Mensch sie seinen Kindern wünschen muß. An unserem Haus grenzte ein noch größeres, dessen Besitzer noch reicher war, als mein Vater. Dort lebte ein Knabe, einige Jahre älter, als ich, ein liebes verständiges Kind, mit dem ich meine müßigen Stunden in allerhand heiteren Spielen vertrieb. Als wir größer wurden, erfuhren wir es von unseren Eltern zuerst, daß wir uns liebhätten, oder uns liebten, wie man es in der herkömmlichen Sprache ausdrückt. So wuchsen wir heran, und wurden schon lange von allen Bekannten Braut und Bräutigam genannt, bevor wir uns verlobten. Als dies geschah, wurden wir weit schüchterner in unseren Scherzen und Gesprächen, denn mein Verlobter merkte nun, daß es ein wirkliches ernstes Leben gebe, und ich wurde über meine Gefühle ebenfalls belehrt, die ich bis dahin nur so hatte walten lassen. Alles, was Bedeutung, Inhalt hat, hat eben dadurch etwas Fruchtbares; und kein Mensch fühlt das so stark, als die kindliche Jungfrau, die ihrer Bestimmung entgegenreift. Ist das Schicksal des Mannes ernst, darf der Übergang von Kindheit und Jugend zum Alter Besorgnis erregen, so hat dieser Augenblick für das Mädchen etwas Gespenstisches. Wenn sie nämlich denkt. Denn eben, weil wir nur mit Puppen, unseren zukünftigen Kindern, spielen, ist uns die Erklärung, die in unser Leben tritt: Es sei nun Ernst mit diesem Scherz! um so furchtbarer. Wie wenige glückliche Ehen gibt es. Wie bildet sich nun erst bei den meisten Menschen Lüge und Unwahrheit aus. Wie viele wenden sich jetzt auf ewig vom Angesicht der Wahrheit ab?

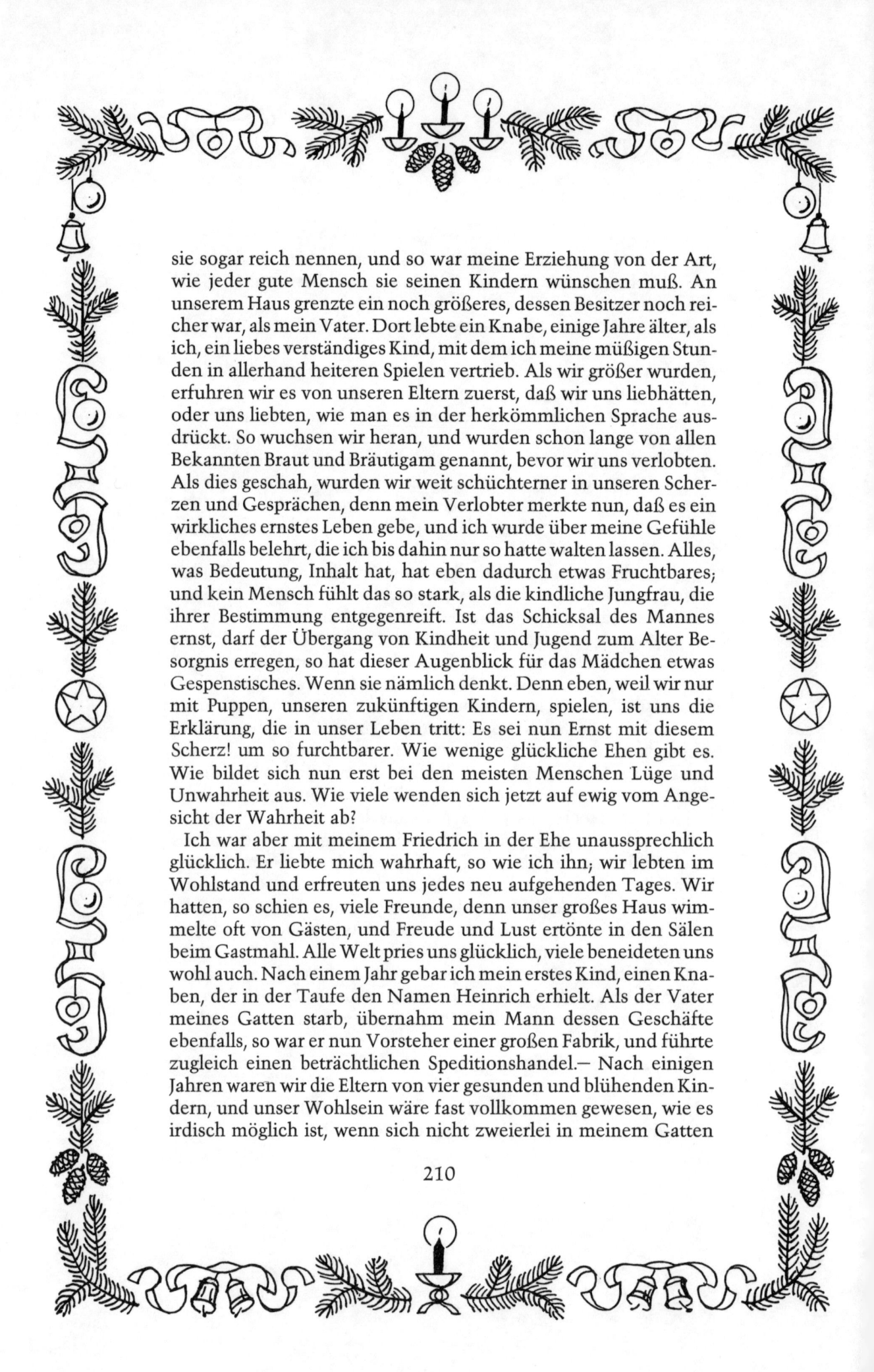

Ich war aber mit meinem Friedrich in der Ehe unaussprechlich glücklich. Er liebte mich wahrhaft, so wie ich ihn; wir lebten im Wohlstand und erfreuten uns jedes neu aufgehenden Tages. Wir hatten, so schien es, viele Freunde, denn unser großes Haus wimmelte oft von Gästen, und Freude und Lust ertönte in den Sälen beim Gastmahl. Alle Welt pries uns glücklich, viele beneideten uns wohl auch. Nach einem Jahr gebar ich mein erstes Kind, einen Knaben, der in der Taufe den Namen Heinrich erhielt. Als der Vater meines Gatten starb, übernahm mein Mann dessen Geschäfte ebenfalls, so war er nun Vorsteher einer großen Fabrik, und führte zugleich einen beträchtlichen Speditionshandel.— Nach einigen Jahren waren wir die Eltern von vier gesunden und blühenden Kindern, und unser Wohlsein wäre fast vollkommen gewesen, wie es irdisch möglich ist, wenn sich nicht zweierlei in meinem Gatten immer mehr entwickelt und unsere Zufriedenheit gestört hätte. So gut mein Gatte war, so überraschte ihn doch von Zeit zu Zeit ein Jähzorn, der sich bis in das Furchtbare steigern konnte, wenn er alsdann Widerspruch erfuhr. Man mußte ihn austoben lassen, und da viele seiner Untergebenen diese seine Art nicht kannten, oder sich ihr nicht fügen wollten, besonders Fremde, die von ihm nicht abhängig waren, so fielen oft die unseligsten Auftritte vor. Meine Bitten, seine stets erneuerten Versuche, sich zu ändern und zu bessern, halfen zu nichts. Seine Verstimmung wandte sich aber nicht selten gegen sein eigenes Wesen und Schicksal. So wohl es ihm eigentlich ging, so unzufrieden war er doch mit seinem Beruf. Er zürnte seinem verstorbenen Vater, daß er seinem Wunsch, ihn studieren zu lassen, nicht nachgegeben hatte. Mein Mann war geistreich, witzig, belesen, er hatte Menschenkenntnis und ein gutes Gedächtnis, so daß er sich vielleicht nicht mit Unrecht einbilden durfte, er sei zu einem ausgezeichneten und berühmten Gelehrten von der Natur bestimmt gewesen.

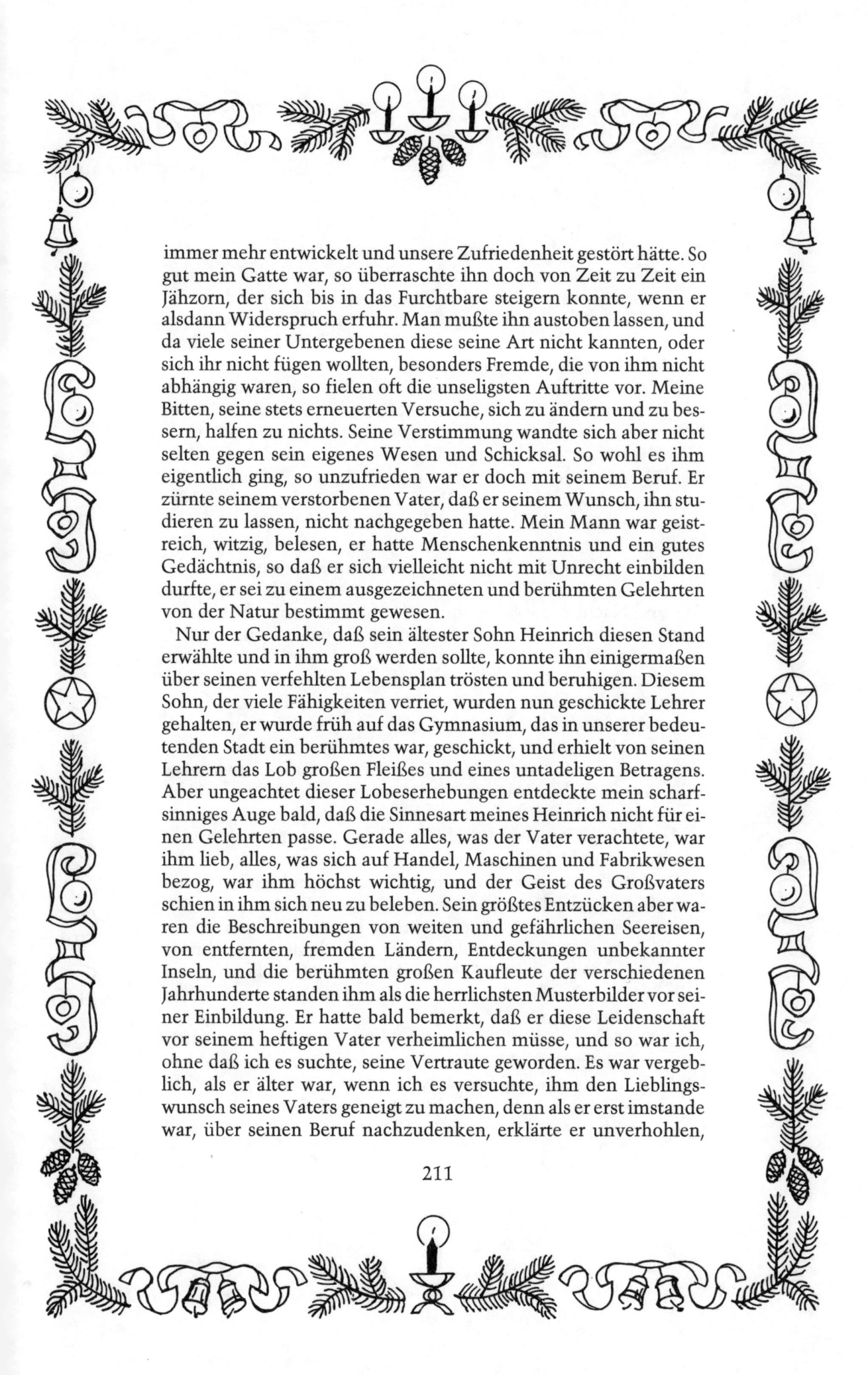

Nur der Gedanke, daß sein ältester Sohn Heinrich diesen Stand erwählte und in ihm groß werden sollte, konnte ihn einigermaßen über seinen verfehlten Lebensplan trösten und beruhigen. Diesem Sohn, der viele Fähigkeiten verriet, wurden nun geschickte Lehrer gehalten, er wurde früh auf das Gymnasium, das in unserer bedeutenden Stadt ein berühmtes war, geschickt, und erhielt von seinen Lehrern das Lob großen Fleißes und eines untadeligen Betragens. Aber ungeachtet dieser Lobeserhebungen entdeckte mein scharfsinniges Auge bald, daß die Sinnesart meines Heinrich nicht für einen Gelehrten passe. Gerade alles, was der Vater verachtete, war ihm lieb, alles, was sich auf Handel, Maschinen und Fabrikwesen bezog, war ihm höchst wichtig, und der Geist des Großvaters schien in ihm sich neu zu beleben. Sein größtes Entzücken aber waren die Beschreibungen von weiten und gefährlichen Seereisen, von entfernten, fremden Ländern, Entdeckungen unbekannter Inseln, und die berühmten großen Kaufleute der verschiedenen Jahrhunderte standen ihm als die herrlichsten Musterbilder vor seiner Einbildung. Er hatte bald bemerkt, daß er diese Leidenschaft vor seinem heftigen Vater verheimlichen müsse, und so war ich, ohne daß ich es suchte, seine Vertraute geworden. Es war vergeblich, als er älter war, wenn ich es versuchte, ihm den Lieblingswunsch seines Vaters geneigt zu machen, denn als er erst imstande war, über seinen Beruf nachzudenken, erklärte er unverhohlen, daß er nichts so sehr als den Stand und die Bemühungen eines Gelehrten verabscheue; Kaufmann wolle er werden und in einer großen Seestadt seine Lehrjahre überstehen, um künftig dann reisen und als Mann einer ausgebreiteten Handlung vorstehen zu können. Es war natürlich, daß sein Fleiß auf der Schule nachließ, daß die Lehrer über ihn klagten, daß der Vater zornig war. Mit dieser Verstimmung vereinigte sich noch der Verdruß, daß unsere Geschäfte sowie unser Vermögen sich auffallend verringerten. Da der Besitzer das nicht leichte, sondern verwickelte Geschäft mit Unlust trieb, die besten Arbeiter seine Fabrik verließen, und durch allerhand Ereignisse der Zeit der Speditionshandel weniger tätig wurde, so verlor sich allmählich der Glanz unseres Hauses, und mit diesem entwichen auch die meisten Freunde und Anhänger. Mißmut, Verdruß, Zorn, sein unglückliches Temperament warfen meinen Mann auf das Krankenlager, dieser erste Anfall seiner Gicht, die ihn nachher niemals wieder verlassen hat, war furchtbar. Ich war Tag und Nacht seine Pflegerin, und erfuhr nun von ihm in den Stunden, in denen er wieder ganz sanft und liebenswürdig war, daß er sich von Schwindlern hatte mißbrauchen lassen, die seine Gutmütigkeit kennend, ihn zu ganz törichten Projekten und Spekulationen verleitet hatten, durch welche große Kapitalien verloren, und in denen diese Betrüger nur die Gewinner waren. So hatte sich denn der Horizont unseres Lebens wirklich verfinstert.«

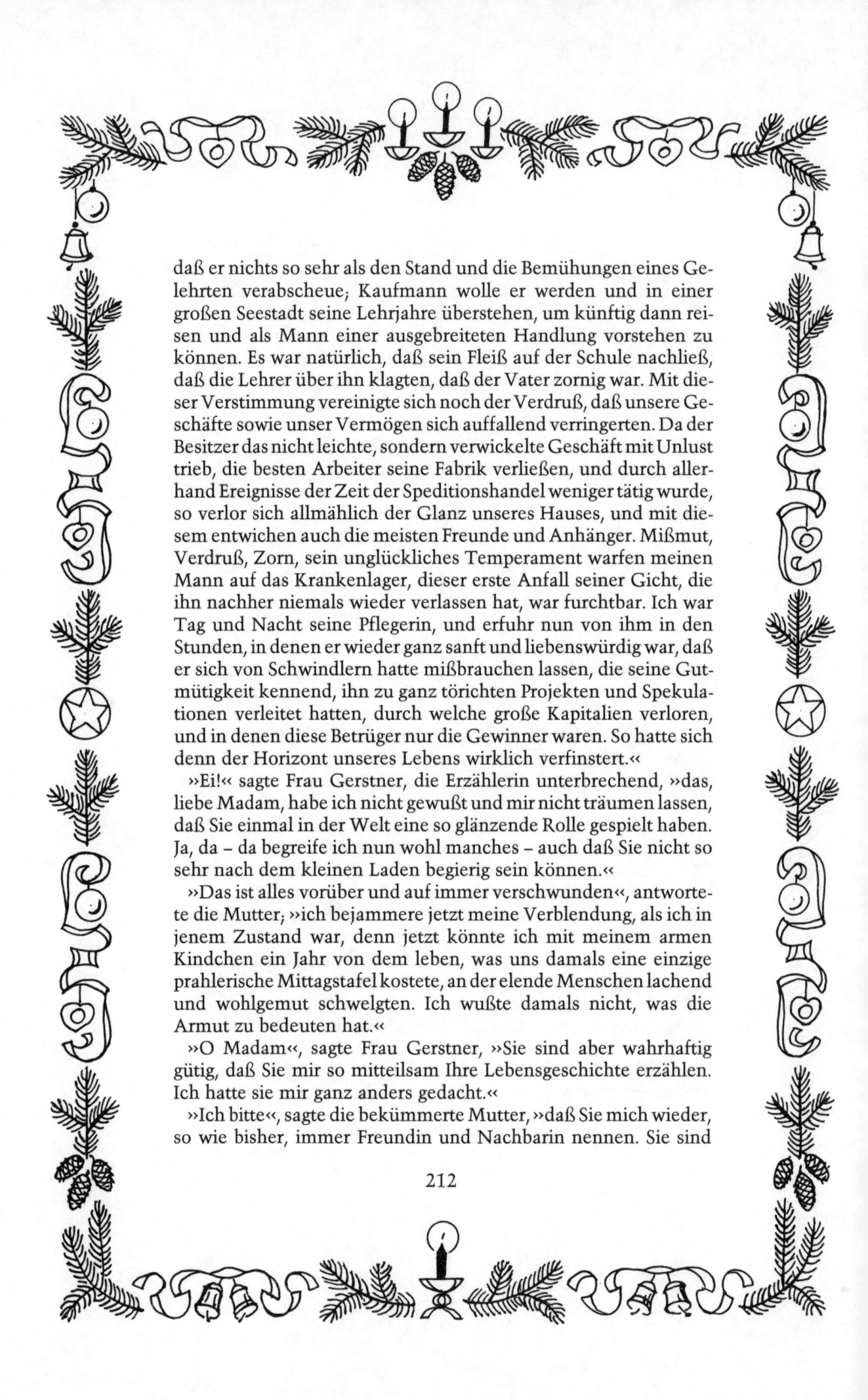

»Ei!« sagte Frau Gerstner, die Erzählerin unterbrechend, »das, liebe Madam, habe ich nicht gewußt und mir nicht träumen lassen, daß Sie einmal in der Welt eine so glänzende Rolle gespielt haben. Ja, da – da begreife ich nun wohl manches – auch daß Sie nicht so sehr nach dem kleinen Laden begierig sein können.«

»Das ist alles vorüber und auf immer verschwunden«, antwortete die Mutter; »ich bejammere jetzt meine Verblendung, als ich in jenem Zustand war, denn jetzt könnte ich mit meinem armen Kindchen ein Jahr von dem leben, was uns damals eine einzige prahlerische Mittagstafel kostete, an der elende Menschen lachend und wohlgemut schwelgten. Ich wußte damals nicht, was die Armut zu bedeuten hat.«

»O Madam«, sagte Frau Gerstner, »Sie sind aber wahrhaftig gütig, daß Sie mir so mitteilsam Ihre Lebensgeschichte erzählen. Ich hatte sie mir ganz anders gedacht.«

»Ich bitte«, sagte die bekümmerte Mutter, »daß Sie mich wieder, so wie bisher, immer Freundin und Nachbarin nennen. Sie sind mehr wie einmal meine Wohltäterin gewesen, seit ich in diese große Stadt gekommen bin. Das kann und werde ich niemals vergessen. Jetzt stehe ich tief unter dem kleinsten und ärmsten Bürgersmann; mein Schicksal zwingt mich, bei jedem Hilfe zu suchen.«

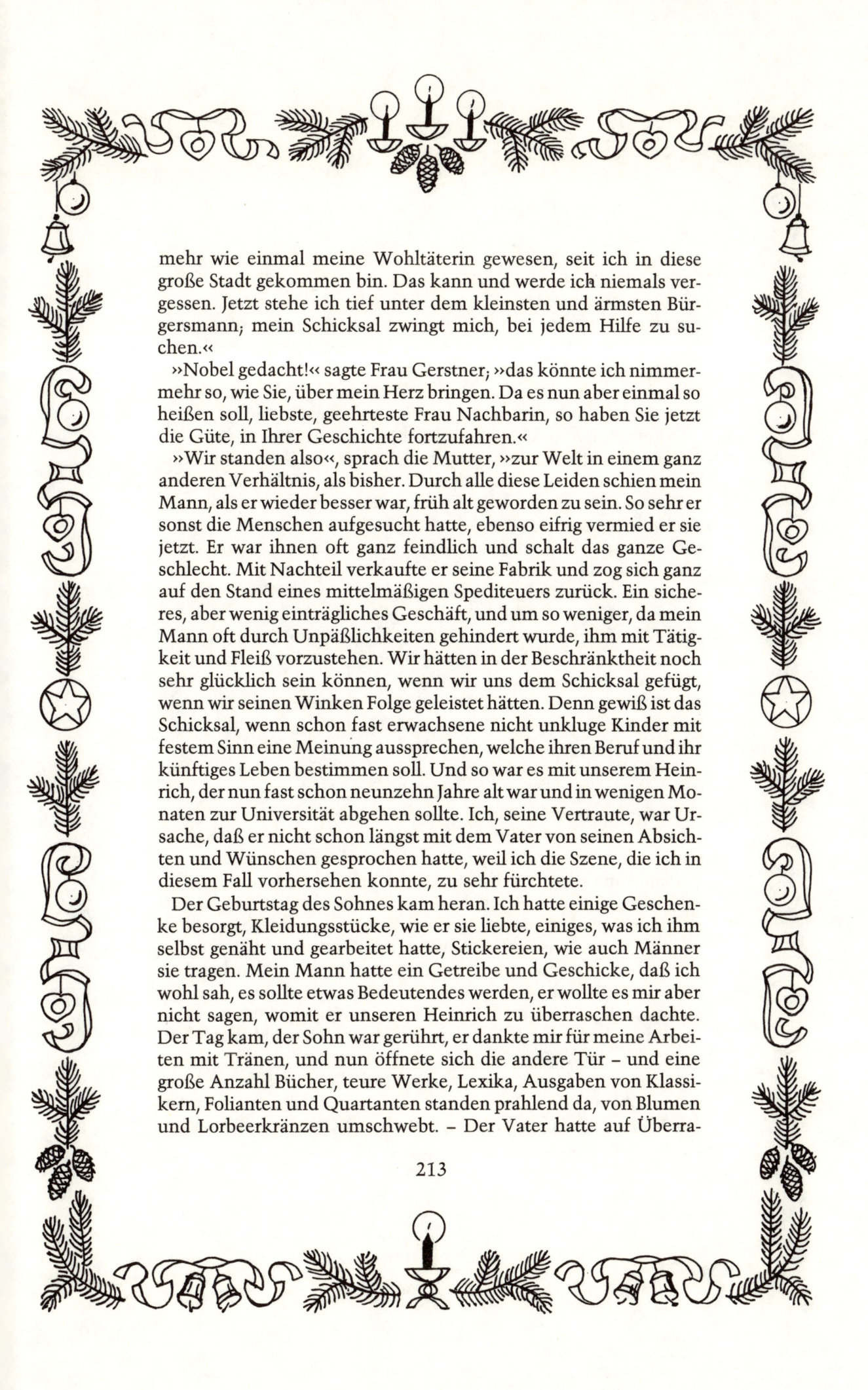

»Nobel gedacht!« sagte Frau Gerstner; »das könnte ich nimmermehr so, wie Sie, über mein Herz bringen. Da es nun aber einmal so heißen soll, liebste, geehrteste Frau Nachbarin, so haben Sie jetzt die Güte, in Ihrer Geschichte fortzufahren.«

»Wir standen also«, sprach die Mutter, »zur Welt in einem ganz anderen Verhältnis, als bisher. Durch alle diese Leiden schien mein Mann, als er wieder besser war, früh alt geworden zu sein. So sehr er sonst die Menschen aufgesucht hatte, ebenso eifrig vermied er sie jetzt. Er war ihnen oft ganz feindlich und schalt das ganze Geschlecht. Mit Nachteil verkaufte er seine Fabrik und zog sich ganz auf den Stand eines mittelmäßigen Spediteurs zurück. Ein sicheres, aber wenig einträgliches Geschäft, und um so weniger, da mein Mann oft durch Unpäßlichkeiten gehindert wurde, ihm mit Tätigkeit und Fleiß vorzustehen. Wir hätten in der Beschränktheit noch sehr glücklich sein können, wenn wir uns dem Schicksal gefügt, wenn wir seinen Winken Folge geleistet hätten. Denn gewiß ist das Schicksal, wenn schon fast erwachsene nicht unkluge Kinder mit festem Sinn eine Meinung aussprechen, welche ihren Beruf und ihr künftiges Leben bestimmen soll. Und so war es mit unserem Heinrich, der nun fast schon neunzehn Jahre alt war und in wenigen Monaten zur Universität abgehen sollte. Ich, seine Vertraute, war Ursache, daß er nicht schon längst mit dem Vater von seinen Absichten und Wünschen gesprochen hatte, weil ich die Szene, die ich in diesem Fall vorhersehen konnte, zu sehr fürchtete.

Der Geburtstag des Sohnes kam heran. Ich hatte einige Geschenke besorgt, Kleidungsstücke, wie er sie liebte, einiges, was ich ihm selbst genäht und gearbeitet hatte, Stickereien, wie auch Männer sie tragen. Mein Mann hatte ein Getreibe und Geschicke, daß ich wohl sah, es sollte etwas Bedeutendes werden, er wollte es mir aber nicht sagen, womit er unseren Heinrich zu überraschen dachte. Der Tag kam, der Sohn war gerührt, er dankte mir für meine Arbeiten mit Tränen, und nun öffnete sich die andere Tür – und eine große Anzahl Bücher, teure Werke, Lexika, Ausgaben von Klassikern, Folianten und Quartanten standen prahlend da, von Blumen und Lorbeerkränzen umschwebt. – Der Vater hatte auf Überraschung, freudigen Schreck und dann, nach der Besinnung, auf enthusiastische Freude des Jünglings gerechnet, – und da nun alles ganz anders wurde, Heinrich bald die Bücher, bald den Vater mit einem Blick kalter Bewunderung betrachtete, so war ich auf meinem Sessel schon einer Ohnmacht nahe, denn auf dem Angesicht des Vaters zeigte sich die Röte, jenes Feuer im aufgerissenen Auge, das ich nur zu gut kannte, um nicht zu wissen, daß jetzt die schrecklichste Explosion von Wut und Raserei ausbrechen würde.

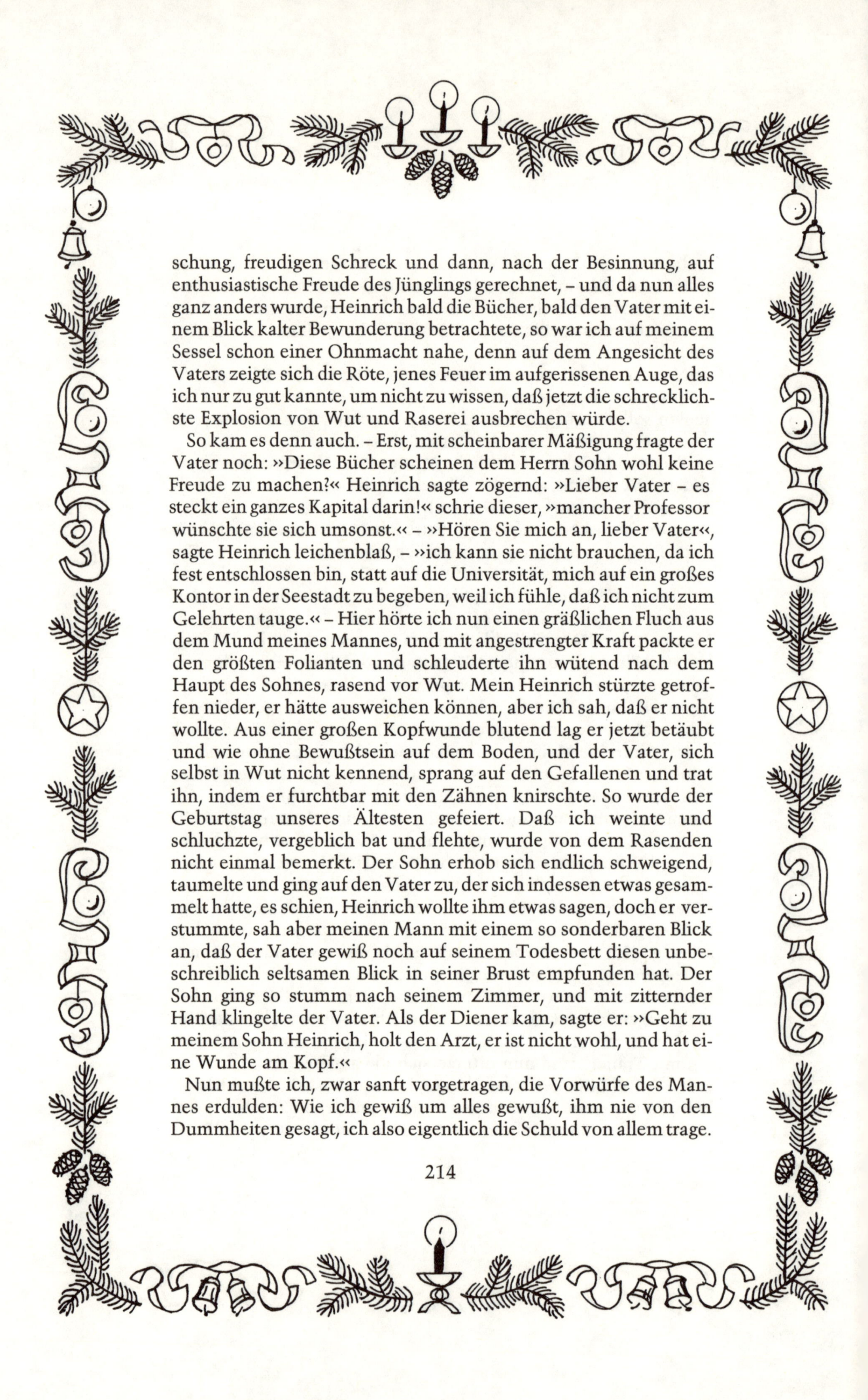

So kam es denn auch. – Erst, mit scheinbarer Mäßigung fragte der Vater noch: »Diese Bücher scheinen dem Herrn Sohn wohl keine Freude zu machen?« Heinrich sagte zögernd: »Lieber Vater – es steckt ein ganzes Kapital darin!« schrie dieser, »mancher Professor wünschte sie sich umsonst.« – »Hören Sie mich an, lieber Vater«, sagte Heinrich leichenblaß, – »ich kann sie nicht brauchen, da ich fest entschlossen bin, statt auf die Universität, mich auf ein großes Kontor in der Seestadt zu begeben, weil ich fühle, daß ich nicht zum Gelehrten tauge.« – Hier hörte ich nun einen gräßlichen Fluch aus dem Mund meines Mannes, und mit angestrengter Kraft packte er den größten Folianten und schleuderte ihn wütend nach dem Haupt des Sohnes, rasend vor Wut. Mein Heinrich stürzte getroffen nieder, er hätte ausweichen können, aber ich sah, daß er nicht wollte. Aus einer großen Kopfwunde blutend lag er jetzt betäubt und wie ohne Bewußtsein auf dem Boden, und der Vater, sich selbst in Wut nicht kennend, sprang auf den Gefallenen und trat ihn, indem er furchtbar mit den Zähnen knirschte. So wurde der Geburtstag unseres Ältesten gefeiert. Daß ich weinte und schluchzte, vergeblich bat und flehte, wurde von dem Rasenden nicht einmal bemerkt. Der Sohn erhob sich endlich schweigend, taumelte und ging auf den Vater zu, der sich indessen etwas gesammelt hatte, es schien, Heinrich wollte ihm etwas sagen, doch er verstummte, sah aber meinen Mann mit einem so sonderbaren Blick an, daß der Vater gewiß noch auf seinem Todesbett diesen unbeschreiblich seltsamen Blick in seiner Brust empfunden hat. Der Sohn ging so stumm nach seinem Zimmer, und mit zitternder Hand klingelte der Vater. Als der Diener kam, sagte er: »Geht zu meinem Sohn Heinrich, holt den Arzt, er ist nicht wohl, und hat eine Wunde am Kopf.«

Nun mußte ich, zwar sanft vorgetragen, die Vorwürfe des Mannes erdulden: Wie ich gewiß um alles gewußt, ihm nie von den Dummheiten gesagt, ich also eigentlich die Schuld von allem trage.

Da ich sein Temperament kannte, schwieg ich, als wenn er im vollkommenen Recht wäre, und nur am Abend, als ich ihn nachdenkend und in sich gekehrt sah, sprach ich für den Sohn. Er hatte gewiß schon sein Unrecht eingesehen, und würde es auch bekannt haben, wenn ein ganz eigener Stolz es ihm nicht unmöglich gemacht hätte. Morgen früh, sagte er endlich, will ich mit dem einfältigen Jungen vernünftig und ruhig sprechen. Will er's denn durchaus, so mag er denn auch so ein elender Mensch werden, wie ich selber bin. Er hat keinen Stolz in sich, der Armselige, sonst würde er es einsehen, wie gut ich es mit ihm meine. – Der arme Vater konnte, so war sein Herz gepreßt, die ganze Nacht nicht schlafen. Lange vor Tag machte er sich auf, zündete selbst das Licht an, und ging sorgend und leise mit sich selber sprechend, in das Zimmer des Sohnes. Er glaubte, ich schliefe, aber mich hatte ebenfalls die Sorge wach erhalten. Eilig zog ich mich an, um die Versöhnung mit dem lieben Kind mit dem Vater zugleich zu feiern. Ich horchte mit gespanntem Ohr und klopfendem Herzen, denn ich dachte in jedem Augenblick, daß sie kommen und Arm in Arm hereintreten würden. Eine Viertelstunde verging so und noch eine, und mein Herz klopfte immer ängstlicher. Endlich konnte ich nicht länger bleiben, ich stieg die Treppe zitternd hinauf, in Angst, daß sich ein neuer Streit entsponnen haben möchte. Als ich mich aber der Türe näherte, war alles still, mir war, als hörte ich weinen und schluchzen. Ich trat in die Stube – und – den Anblick werde ich niemals vergessen: – Der große stolze Mann lag bleich und heftig weinend, leichenblaß und ganz zerbrochen, vernichtet und trostlos im Sessel, er konnte vor Schluchzen nicht reden, stumm hielt er mir nur mit heftig zitternder Hand ein Blatt entgegen. Ich nahm und las. Es war ein Brief von unserem Sohn. Er sagte hier, daß er auf ewig Abschied nehme, daß er uns nicht sagen wolle, wohin er gehe, er habe aber unabänderlich seinen Beruf gewählt. Er sei alt genug, sich selbst zu helfen, und danke für seine Erziehung und für alles, was ihn der Vater habe lernen lassen. Von mir nahm er mit Liebe Abschied, und den Vater bat er um Verzeihung, daß er ihm die Freude nicht habe machen können, die er von ihm erwartet habe. Sonst waren in diesem verständigen Brief auch einige harte und herzzerreißende Stellen. So sagte er im Anfang mit schrecklicher Bitterkeit, mit den Füßen habe ihm an seinem Geburtstag der Vater den Brief geschrieben, der ihn frei und los spreche; mit Blut sei diese Lossprechung unterzeichnet worden, und da er weder verheißen könne noch wolle, daß er sich bei einer wiederkehrenden Veranlassung nicht widersetzen würde, so sei es besser für beide, daß sich das Angesicht des Vaters und Sohnes niemals wieder gegenüberständen. –

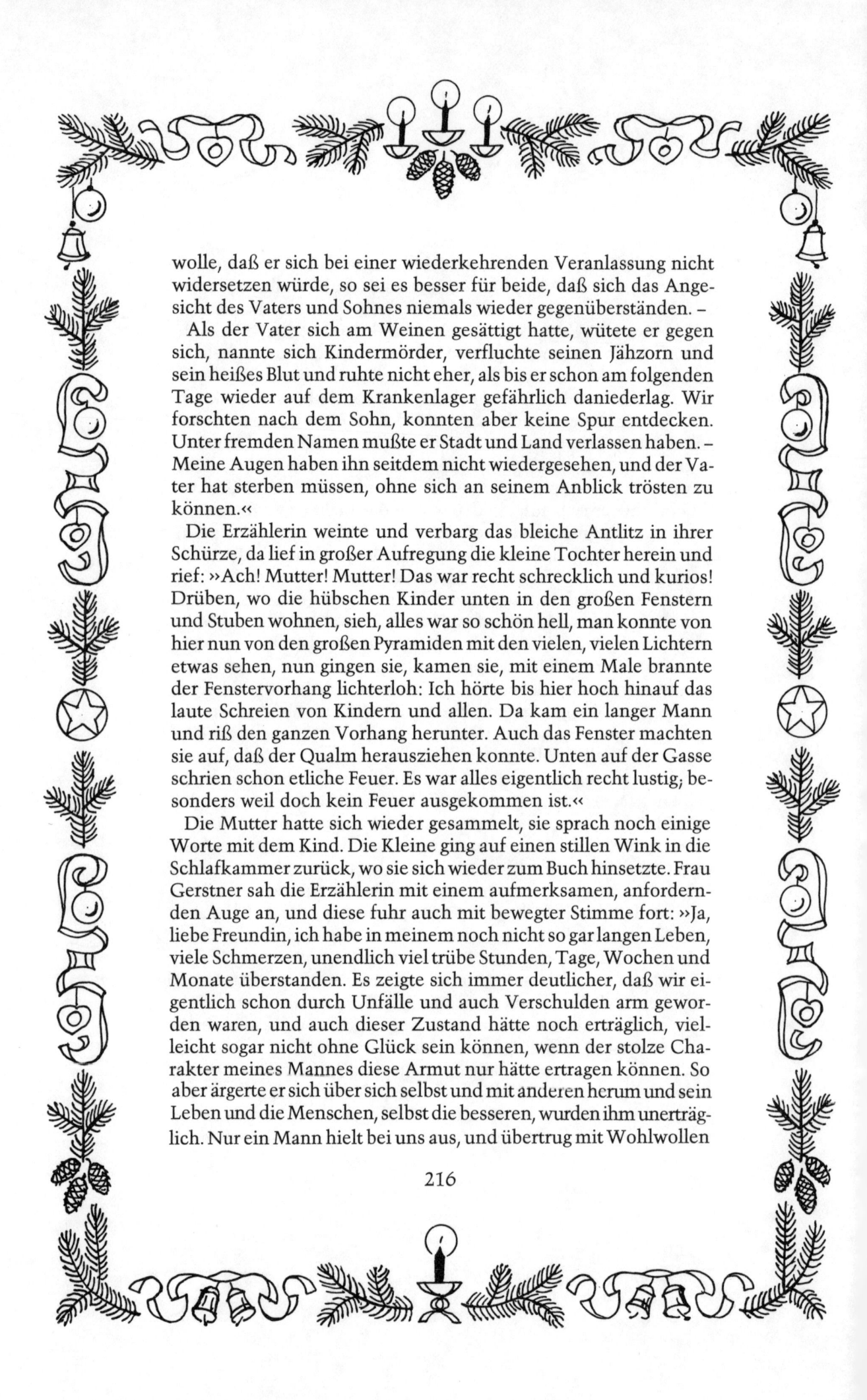

Als der Vater sich am Weinen gesättigt hatte, wütete er gegen sich, nannte sich Kindermörder, verfluchte seinen Jähzorn und sein heißes Blut und ruhte nicht eher, als bis er schon am folgenden Tage wieder auf dem Krankenlager gefährlich daniederlag. Wir forschten nach dem Sohn, konnten aber keine Spur entdecken. Unter fremden Namen mußte er Stadt und Land verlassen haben. – Meine Augen haben ihn seitdem nicht wiedergesehen, und der Vater hat sterben müssen, ohne sich an seinem Anblick trösten zu können.«

Die Erzählerin weinte und verbarg das bleiche Antlitz in ihrer Schürze, da lief in großer Aufregung die kleine Tochter herein und rief: »Ach! Mutter! Mutter! Das war recht schrecklich und kurios! Drüben, wo die hübschen Kinder unten in den großen Fenstern und Stuben wohnen, sieh, alles war so schön hell, man konnte von hier nun von den großen Pyramiden mit den vielen, vielen Lichtern etwas sehen, nun gingen sie, kamen sie, mit einem Male brannte der Fenstervorhang lichterloh: Ich hörte bis hier hoch hinauf das laute Schreien von Kindern und allen. Da kam ein langer Mann und riß den ganzen Vorhang herunter. Auch das Fenster machten sie auf, daß der Qualm herausziehen konnte. Unten auf der Gasse schrien schon etliche Feuer. Es war alles eigentlich recht lustig; besonders weil doch kein Feuer ausgekommen ist.«

Die Mutter hatte sich wieder gesammelt, sie sprach noch einige Worte mit dem Kind. Die Kleine ging auf einen stillen Wink in die Schlafkammer zurück, wo sie sich wieder zum Buch hinsetzte. Frau Gerstner sah die Erzählerin mit einem aufmerksamen, anfordernden Auge an, und diese fuhr auch mit bewegter Stimme fort: »Ja, liebe Freundin, ich habe in meinem noch nicht so gar langen Leben, viele Schmerzen, unendlich viel trübe Stunden, Tage, Wochen und Monate überstanden. Es zeigte sich immer deutlicher, daß wir eigentlich schon durch Unfälle und auch Verschulden arm geworden waren, und auch dieser Zustand hätte noch erträglich, vielleicht sogar nicht ohne Glück sein können, wenn der stolze Charakter meines Mannes diese Armut nur hätte ertragen können. So aber ärgerte er sich über sich selbst und mit anderen herum und sein Leben und die Menschen, selbst die besseren, wurden ihm unerträglich. Nur ein Mann hielt bei uns aus, und übertrug mit Wohlwollen diese menschenfeindliche Stimmung, unser Hausarzt, der meist täglich in unser Haus kam, denn auch ich und die Kinder kränkelten oft und viel.

    Nun war ich schon in Jahren, auch die anderen Kinder, zwei Mädchen und ein Knabe waren schon ziemlich erwachsen, als ich mich plötzlich, gegen mein und aller, selbst des Arztes Erwartung wieder guter Hoffnung fühlte. O meine Freundin, als nun mein Minchen, das liebe Kind, das Sie kennen, zur Welt kam, als ich in wehmütiger Freude und Schmerz auf meinem Lager lag, da suchte der Herr uns heim auf eine eigene Art. Ich hatte meine Kinder schon lange nicht gesehen, nun gestand mir endlich der Arzt, sie lägen alle tödlich am Scharlach danieder. Sie starben auch und wurden begraben, ohne daß ich die geliebten Leichname nur wieder gesehen hätte. Meinen Mann hatte vor Schreck, Angst und Trauer die Gicht überfallen, und er lag ohne Hoffnung. Das war ein Kreuz. Ich konnte in meinem Jammer das arme Würmchen nicht selbst stillen, so daß wir eine Amme annehmen mußten. – So war alles vormalige Glück wie ein Traum versunken, nur mein Minchen, das die Mutter noch nicht einmal kannte, war mein Ganzes, meine Gegenwart und Zukunft. Sowie ich nur aufstehen durfte, ergab ich mich ganz der Pflege meines Mannes und Kindes. Über die Gestorbenen sprachen wir gar nicht mehr, der Arzt war wie unser Bruder, so wußte, so teilte er allen unseren Kummer. Es war ein Trost, daß wir endlich von unserem ältesten Sohn, Heinrich, wieder etwas hörten. Er schrieb uns aus Westindien, und war ein gemachter Mann. Ob er schon verheiratet war, konnten wir aus seinem Brief nicht ersehen, denn er meldete, daß er uns nächstens überraschen würde. Auch der Vater war über das gute Fortkommen seines Sohnes sehr erfreut, nur war sein körperliches Leiden so übermächtig, daß er fast nichts anderes denken oder fühlen konnte. Jetzt kam der Arzt oft zwei-, dreimal am Tag, es war nicht selten, daß er einige Stunden in der Nacht beim Kranken wachte, weil die seltsamsten Zufälle und Umsetzungen der Krankheit oft die schnellste, augenblickliche und starke Hilfe der Arznei notwendig machten. So ging nun mehr als ein Jahr hin. Minchen war gesund und schön und lieblich, wie ein Engel. Ach, aber, wenn nun mein armer Mann scheinbar auf ein paar Tage wieder etwas besser war, er aufstand, umherging, sprach und etwas las, und er wohl das Gelüst empfand, eine einfache kräftige Lieblingsspeise selbst mit Bewilligung des Arztes zu genießen, und nun nach kurzer Zeit die furchtbaren Magenkrämpfe wieder eintraten, und er nun sich, die Natur und Welt, mit den gräßlichsten Ausrufungen verfluchte, sich in seinen namenlosen Leiden wand, und selbst jede Teilnahme und Liebe, jedes freundliche Wort mit Wüten und Rasen von sich wies; – nein, es gibt keine Sprache, um sein Unglück und meine Empfindungen zu schildern. Wenn man darüber grübelt, warum manche Menschen soviel mehr als Millionen andere, so fürchterliche Schmerzen ausstehen müssen, so ist man jedesmal in Gefahr, den Verstand zu verlieren. So kam denn nun noch, als wir immer im stillen dachten: Jetzt und wieder jetzt kann unser Sohn Heinrich zur Tür hereintreten, eine entsetzliche Nachricht. Auf einer Geschäftsreise hatte er Schiffbruch erlitten, von Holland schrieb es uns einer seiner Freunde und legte die gedruckte Liste der Umgekommenen bei. Unser Heinrich war ausdrücklich genannt, mit seinem wirklichen und seinem angenommenen Namen. Dieser Holländer fügte noch hinzu, daß er fast bis zu den letzten Augenblicken um unseren Heinrich gewesen sei. Auf einem Mastbaum hatten sie sich beide zu einer einsamen Klippe treiben lassen, die sie beide mühsam erklommen und dort die Nacht frierend, hungrig und in Trauer zugebracht hätten. Mein Heinrich hatte schon auf dem Schiff an einem Fieber gelitten. Mit dem Morgen faßte der Freund den Entschluß, sich in das Meer zu stürzen und sich an das freilich weit entlegene Ufer zu retten. Heinrich war zu matt, um dies zu wagen, und so nahmen sie, wie zwei Verzweifelte, Abschied voneinander. Heinrich beschwor ihn noch, uns, den Eltern, von seinem unglücklichen Ausgang Nachricht zu geben, und das war denn auch geschehen. Der Freund gelangte unter Lebensgefahr nach Stunden erst an das Ufer, von da nach vielen Mühseligkeiten nach Holland. Er war mit einem Boot zur Klippe gerudert, aber Heinrich war schon in die See gestürzt und verschwunden.

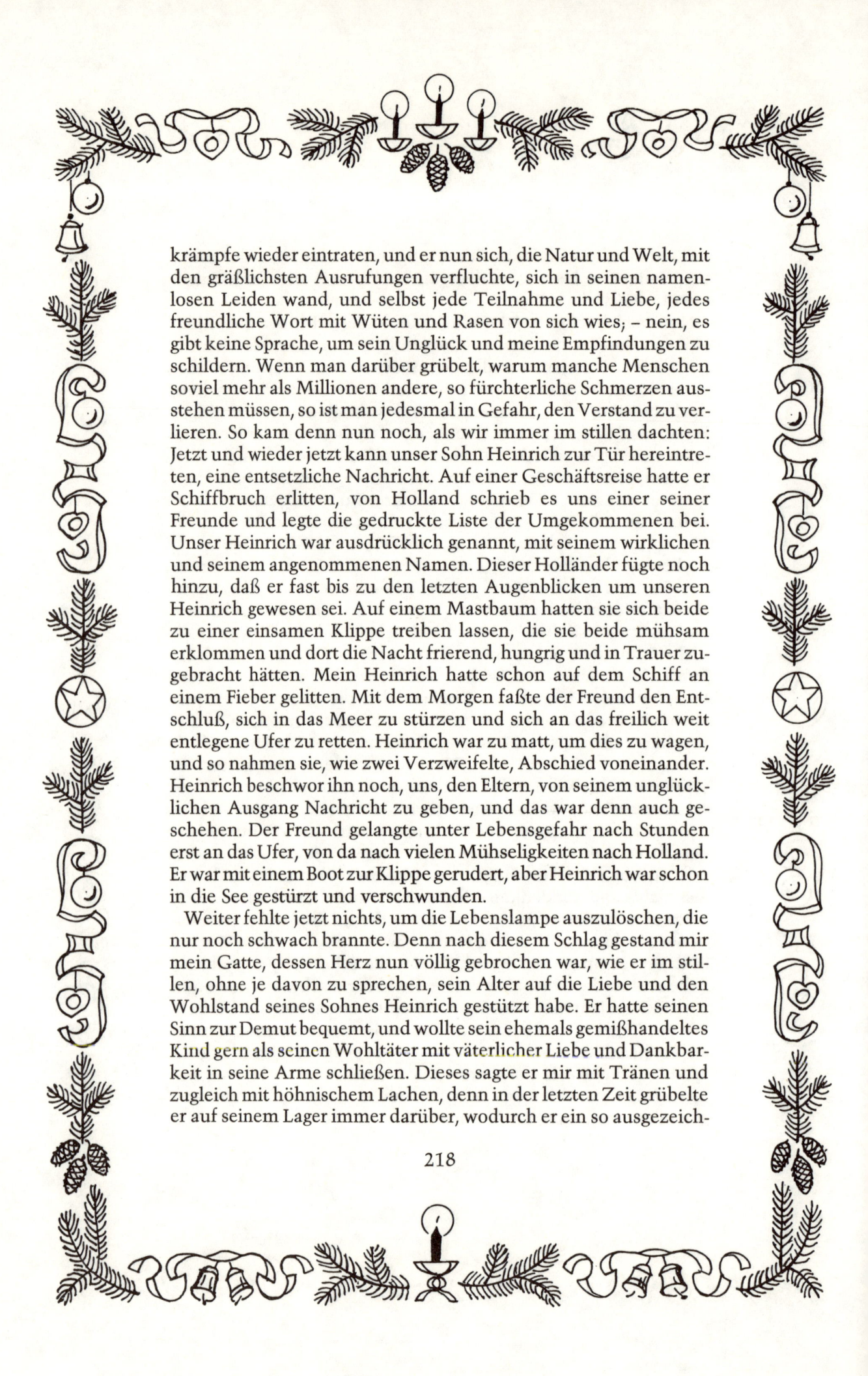

Weiter fehlte jetzt nichts, um die Lebenslampe auszulöschen, die nur noch schwach brannte. Denn nach diesem Schlag gestand mir mein Gatte, dessen Herz nun völlig gebrochen war, wie er im stillen, ohne je davon zu sprechen, sein Alter auf die Liebe und den Wohlstand seines Sohnes Heinrich gestützt habe. Er hatte seinen Sinn zur Demut bequemt, und wollte sein ehemals gemißhandeltes Kind gern als seinen Wohltäter mit väterlicher Liebe und Dankbarkeit in seine Arme schließen. Dieses sagte er mir mit Tränen und zugleich mit höhnischem Lachen, denn in der letzten Zeit grübelte er auf seinem Lager immer darüber, wodurch er ein so ausgezeichnetes Unglück verdient habe. – Als ich ihn begraben hatte, wußte ich erst, welchen bittern Trank eine arme Witwe auszuleeren hat, die nun von allen Habsüchtigen verfolgt und wie ein verfolgtes Wild, welches zur Beute dienen soll, gejagt wird. Forderungen, Rechnungen, die noch nicht bezahlt waren, liefen ein; vieles war gewiß schon berechtigt, aber ich konnte es nicht beweisen, weil mein Mann bis zuletzt diese Angelegenheiten selbst besorgte und das Recht des Herrn nicht aufgeben wollte.

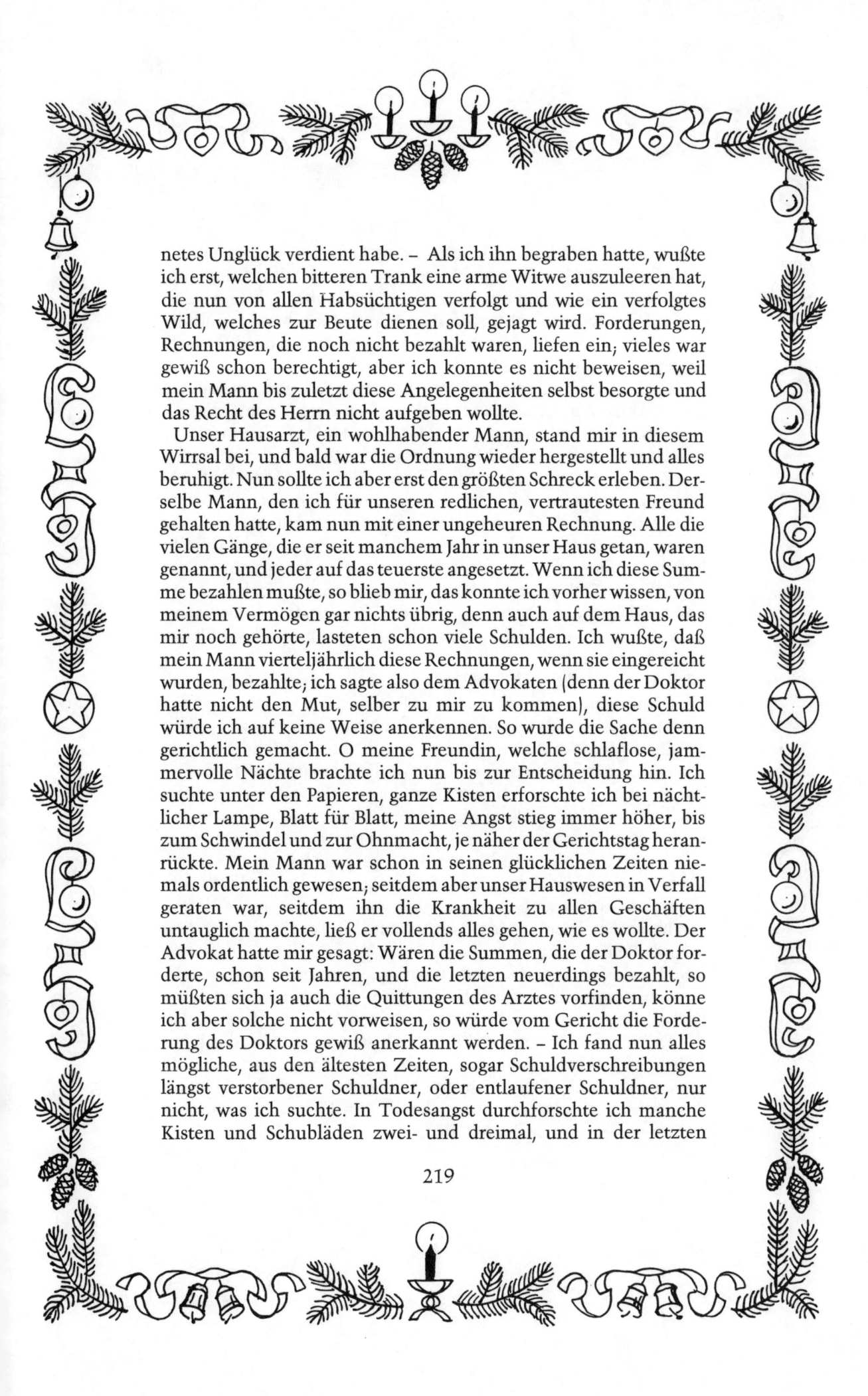

Unser Hausarzt, ein wohlhabender Mann, stand mir in diesem Wirrsal bei, und bald war die Ordnung wieder hergestellt und alles beruhigt. Nun sollte ich aber erst den größten Schreck erleben. Derselbe Mann, den ich für unseren redlichen, vertrautesten Freund gehalten hatte, kam nun mit einer ungeheuren Rechnung. Alle die vielen Gänge, die er seit manchem Jahr in unser Haus getan, waren genannt, und jeder auf das teuerste angesetzt. Wenn ich diese Summe bezahlen mußte, so blieb mir, das konnte ich vorher wissen, von meinem Vermögen gar nichts übrig, denn auch auf dem Haus, das mir noch gehörte, lasteten schon viele Schulden. Ich wußte, daß mein Mann vierteljährlich diese Rechnungen, wenn sie eingereicht wurden, bezahlte; ich sagte also dem Advokaten (denn der Doktor hatte nicht den Mut, selber zu mir zu kommen), diese Schuld würde ich auf keine Weise anerkennen. So wurde die Sache denn gerichtlich gemacht. O meine Freundin, welche schlaflose, jammervolle Nächte brachte ich nun bis zur Entscheidung hin. Ich suchte unter den Papieren, ganze Kisten erforschte ich bei nächtlicher Lampe, Blatt für Blatt, meine Angst stieg immer höher, bis zum Schwindel und zur Ohnmacht, je näher der Gerichtstag heranrückte. Mein Mann war schon in seinen glücklichen Zeiten niemals ordentlich gewesen; seitdem aber unser Hauswesen in Verfall geraten war, seitdem ihn die Krankheit zu allen Geschäften untauglich machte, ließ er vollends alles gehen, wie es wollte. Der Advokat hatte mir gesagt: Wären die Summen, die der Doktor forderte, schon seit Jahren, und die letzten neuerdings bezahlt, so müßten sich ja auch die Quittungen des Arztes vorfinden, könne ich aber solche nicht vorweisen, so würde vom Gericht die Forderung des Doktors gewiß anerkannt werden. – Ich fand nun alles mögliche, aus den ältesten Zeiten, sogar Schuldverschreibungen längst verstorbener Schuldner, oder entlaufener Schuldner, nur nicht, was ich suchte. In Todesangst durchforschte ich manche Kisten und Schubläden zwei- und dreimal, und in der letzten

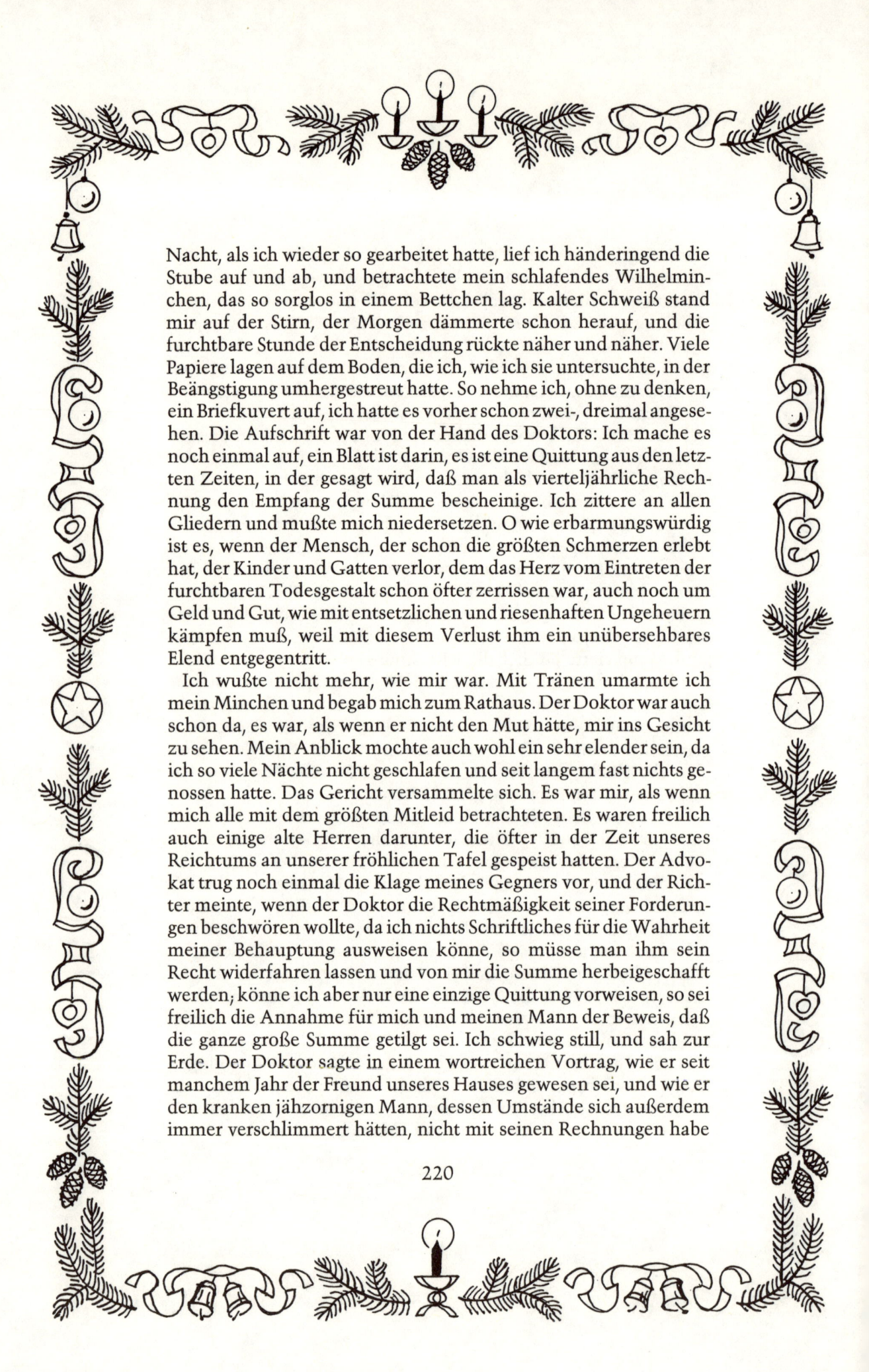

Nacht, als ich wieder so gearbeitet hatte, lief ich händeringend die Stube auf und ab, und betrachtete mein schlafendes Wilhelminchen, das so sorglos in einem Bettchen lag. Kalter Schweiß stand mir auf der Stirn, der Morgen dämmerte schon herauf, und die furchtbare Stunde der Entscheidung rückte näher und näher. Viele Papiere lagen auf dem Boden, die ich, wie ich sie untersuchte, in der Beängstigung umhergestreut hatte. So nehme ich, ohne zu denken, ein Briefkuvert auf, ich hatte es vorher schon zwei-, dreimal angesehen. Die Aufschrift war von der Hand des Doktors: Ich mache es noch einmal auf, ein Blatt ist darin, es ist eine Quittung aus den letzten Zeiten, in der gesagt wird, daß man als vierteljährliche Rechnung den Empfang der Summe bescheinige. Ich zittere an allen Gliedern und mußte mich niedersetzen. O wie erbarmungswürdig ist es, wenn der Mensch, der schon die größten Schmerzen erlebt hat, der Kinder und Gatten verlor, dem das Herz vom Eintreten der furchtbaren Todesgestalt schon öfter zerrissen war, auch noch um Geld und Gut, wie mit entsetzlichen und riesenhaften Ungeheuern kämpfen muß, weil mit diesem Verlust ihm ein unübersehbares Elend entgegentritt.

Ich wußte nicht mehr, wie mir war. Mit Tränen umarmte ich mein Minchen und begab mich zum Rathaus. Der Doktor war auch schon da, es war, als wenn er nicht den Mut hätte, mir ins Gesicht zu sehen. Mein Anblick mochte auch wohl ein sehr elender sein, da ich so viele Nächte nicht geschlafen und seit langem fast nichts genossen hatte. Das Gericht versammelte sich. Es war mir, als wenn mich alle mit dem größten Mitleid betrachteten. Es waren freilich auch einige alte Herren darunter, die öfter in der Zeit unseres Reichtums an unserer fröhlichen Tafel gespeist hatten. Der Advokat trug noch einmal die Klage meines Gegners vor, und der Richter meinte, wenn der Doktor die Rechtmäßigkeit seiner Forderungen beschwören wollte, da ich nichts Schriftliches für die Wahrheit meiner Behauptung ausweisen könne, so müsse man ihm sein Recht widerfahren lassen und von mir die Summe herbeigeschafft werden; könne ich aber nur eine einzige Quittung vorweisen, so sei freilich die Annahme für mich und meinen Mann der Beweis, daß die ganze große Summe getilgt sei. Ich schwieg still, und sah zur Erde. Der Doktor sagte in einem wortreichen Vortrag, wie er seit manchem Jahr der Freund unseres Hauses gewesen sei, und wie er den kranken jähzornigen Mann, dessen Umstände sich außerdem immer verschlimmert hätten, nicht mit seinen Rechnungen habe ängstigen wollen, weil er ihn dadurch vielleicht noch kränker gemacht hätte. Er habe ihm, mir und meinen verstorbenen Kindern, außerordentlich viel von seiner Zeit geopfert; er habe immer auf eine Erbschaft gehofft, wodurch er in den Stand gesetzt würde, mich gar nicht als Gläubiger zu belästigen, diese Erwartung sei aber fehlgeschlagen, und er dadurch selbst in großer Verlegenheit; er sei also gezwungen, so ungern er es tue, sein Recht geltend zu machen. Alles schwieg. Diesen Umständen nach, sagte der Richter, werden Sie also, Herr Doktor, in Gegenwart unsrer aller und der Klägerin, einen feierlichen Eid ablegen und Gott zum Zeugen anrufen, daß Ihre Forderung eine gerechte sei. Ich bin bereit, sagte der Mann, erhob die Finger und schlug die großen Augen wie zum Himmel hinauf. Ich fühlte in mir eine entsetzliche, möcht' ich doch sagen, höllische Schadenfreude, eine Empfindung, von der ich in meinem Leben niemals eine Ahnung gehabt hatte. Eine einzige und zwar deutliche Quittung, rief ich nun mit lauter Stimme, wird diesen Mann, der eine arme trostlose Witwe zur Bettlerin machen will, auf ewig zuschanden machen. Ich rannte, stürzte zum erschrockenen Richter, und gab ihm zitternd die Quittung; alle Versammelten sehen groß mich und dann mit Verachtung den Doktor an, der mit blassem Antlitz vor den Schranken stand und sich an seinen Stuhl halten mußte, um nicht umzufallen. Soviel sah ich noch.«

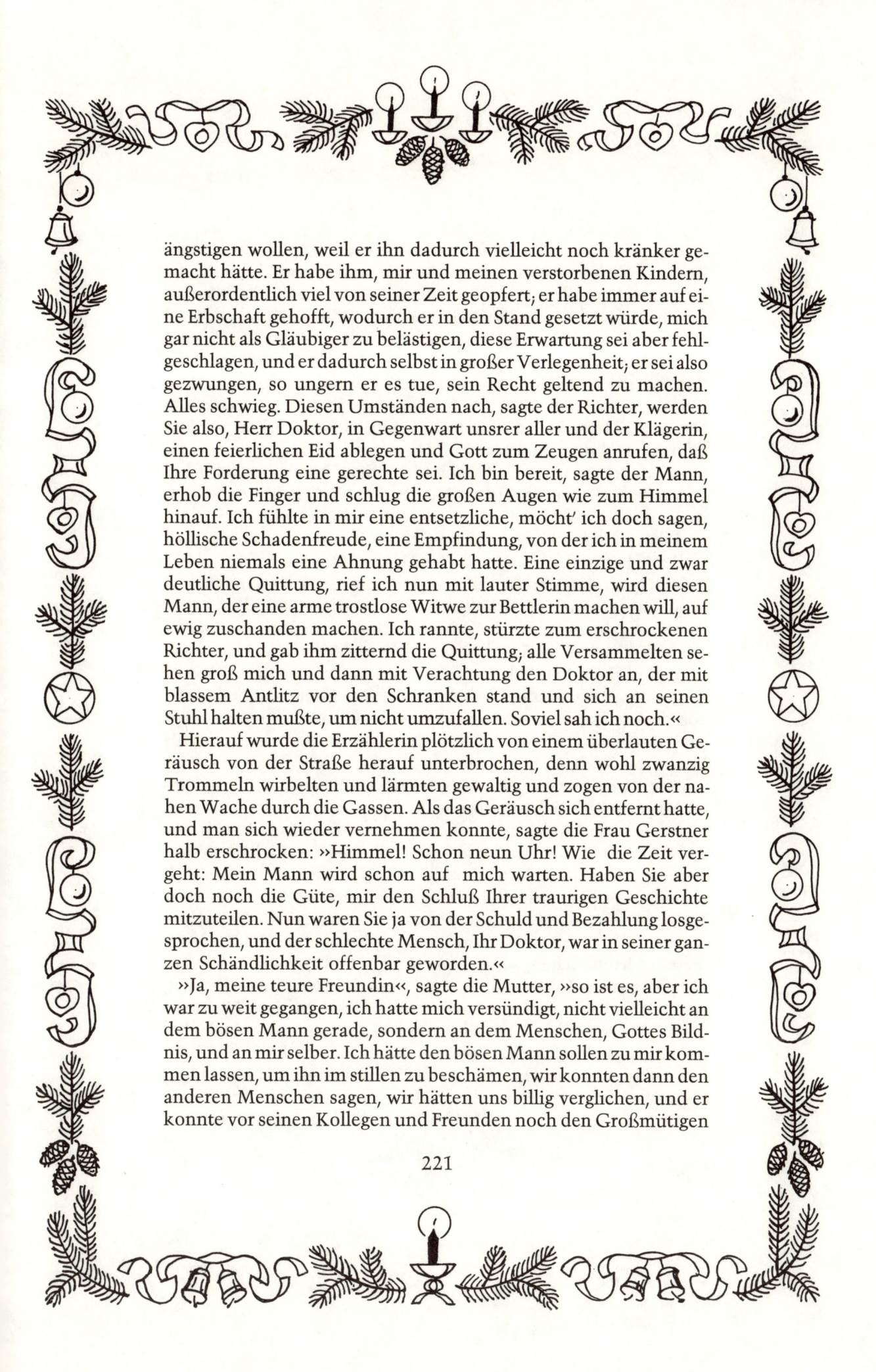

Hierauf wurde die Erzählerin plötzlich von einem überlauten Geräusch von der Straße herauf unterbrochen, denn wohl zwanzig Trommeln wirbelten und lärmten gewaltig und zogen von der nahen Wache durch die Gassen. Als das Geräusch sich entfernt hatte, und man sich wieder vernehmen konnte, sagte die Frau Gerstner halb erschrocken: »Himmel! Schon neun Uhr! Wie die Zeit vergeht: Mein Mann wird schon auf mich warten. Haben Sie aber doch noch die Güte, mir den Schluß Ihrer traurigen Geschichte mitzuteilen. Nun waren Sie ja von der Schuld und Bezahlung losgesprochen, und der schlechte Mensch, Ihr Doktor, war in seiner ganzen Schändlichkeit offenbar geworden.«

»Ja, meine teure Freundin«, sagte die Mutter, »so ist es, aber ich war zu weit gegangen, ich hatte mich versündigt, nicht vielleicht an dem bösen Mann gerade, sondern an dem Menschen, Gottes Bildnis, und an mir selber. Ich hätte den bösen Mann sollen zu mir kommen lassen, um ihn im stillen zu beschämen, wir konnten dann den anderen Menschen sagen, wir hätten uns billig verglichen, und er konnte vor seinen Kollegen und Freunden noch den Großmütigen

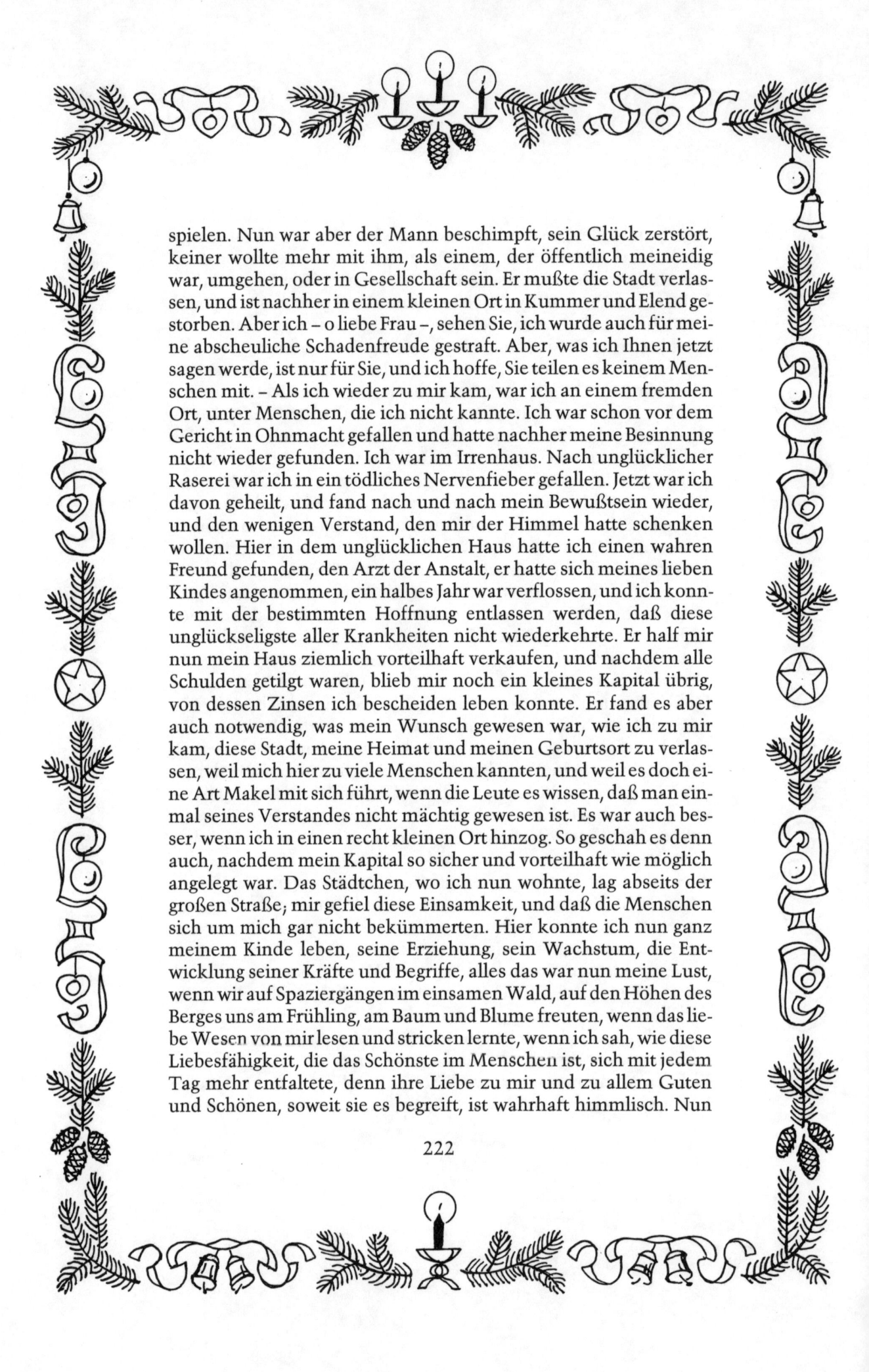

spielen. Nun war aber der Mann beschimpft, sein Glück zerstört, keiner wollte mehr mit ihm, als einem, der öffentlich meineidig war, umgehen, oder in Gesellschaft sein. Er mußte die Stadt verlassen, und ist nachher in einem kleinen Ort in Kummer und Elend gestorben. Aber ich – o liebe Frau –, sehen Sie, ich wurde auch für meine abscheuliche Schadenfreude gestraft. Aber, was ich Ihnen jetzt sagen werde, ist nur für Sie, und ich hoffe, Sie teilen es keinem Menschen mit. – Als ich wieder zu mir kam, war ich an einem fremden Ort, unter Menschen, die ich nicht kannte. Ich war schon vor dem Gericht in Ohnmacht gefallen und hatte nachher meine Besinnung nicht wieder gefunden. Ich war im Irrenhaus. Nach unglücklicher Raserei war ich in ein tödliches Nervenfieber gefallen. Jetzt war ich davon geheilt, und fand nach und nach mein Bewußtsein wieder, und den wenigen Verstand, den mir der Himmel hatte schenken wollen. Hier in dem unglücklichen Haus hatte ich einen wahren Freund gefunden, den Arzt der Anstalt, er hatte sich meines lieben Kindes angenommen, ein halbes Jahr war verflossen, und ich konnte mit der bestimmten Hoffnung entlassen werden, daß diese unglückseligste aller Krankheiten nicht wiederkehrte. Er half mir nun mein Haus ziemlich vorteilhaft verkaufen, und nachdem alle Schulden getilgt waren, blieb mir noch ein kleines Kapital übrig, von dessen Zinsen ich bescheiden leben konnte. Er fand es aber auch notwendig, was mein Wunsch gewesen war, wie ich zu mir kam, diese Stadt, meine Heimat und meinen Geburtsort zu verlassen, weil mich hier zu viele Menschen kannten, und weil es doch eine Art Makel mit sich führt, wenn die Leute es wissen, daß man einmal seines Verstandes nicht mächtig gewesen ist. Es war auch besser, wenn ich in einen recht kleinen Ort hinzog. So geschah es denn auch, nachdem mein Kapital so sicher und vorteilhaft wie möglich angelegt war. Das Städtchen, wo ich nun wohnte, lag abseits der großen Straße; mir gefiel diese Einsamkeit, und daß die Menschen sich um mich gar nicht bekümmerten. Hier konnte ich nun ganz meinem Kinde leben, seine Erziehung, sein Wachstum, die Entwicklung seiner Kräfte und Begriffe, alles das war nun meine Lust, wenn wir auf Spaziergängen im einsamen Wald, auf den Höhen des Berges uns am Frühling, am Baum und Blume freuten, wenn das liebe Wesen von mir lesen und stricken lernte, wenn ich sah, wie diese Liebesfähigkeit, die das Schönste im Menschen ist, sich mit jedem Tag mehr entfaltete, denn ihre Liebe zu mir und zu allem Guten und Schönen, soweit sie es begreift, ist wahrhaft himmlisch. Nun werden Sie auch begreifen, liebe gute Freundin, warum ich Minchen unmöglich von mir geben, wie ich ihre Gesundheit und ihr Leben nicht auf das Spiel setzen darf, wie es auch meine Pflicht ist, mich, solange als möglich, für sie zu bewahren, denn sie ist ja mein einziger Schatz, das einzige Gut, das mir von meinem ganzen Leben übriggeblieben ist. Denn im vorigen Jahr verlor ich fast mein ganzes Kapital, weil das Haus, das so sicher schien, bankrott ging. Mit zweihundert Talern reiste ich nun hierher nach Berlin, in der Hoffnung, in dieser großen Stadt Gelegenheit zu finden, durch meine Arbeit etwas zu verdienen. Jener Arzt, den ich um Rat fragte, ist seitdem gestorben. So mietete ich mich hier ein und machte Ihre Bekanntschaft. Die Reise hierher, meine kleine Einrichtung, und daß ich auch eben kein Abnehmer meiner Stickereien gefunden habe, das alles, wie Sie wissen, hat mein Geld aufgezehrt. Sie haben mir geholfen, Ihrem Bruder bin ich schuldig, sowie dem Mietsherrn hier im Hause, und bald muß etwas geschehen, oder ich bin ganz verloren.«

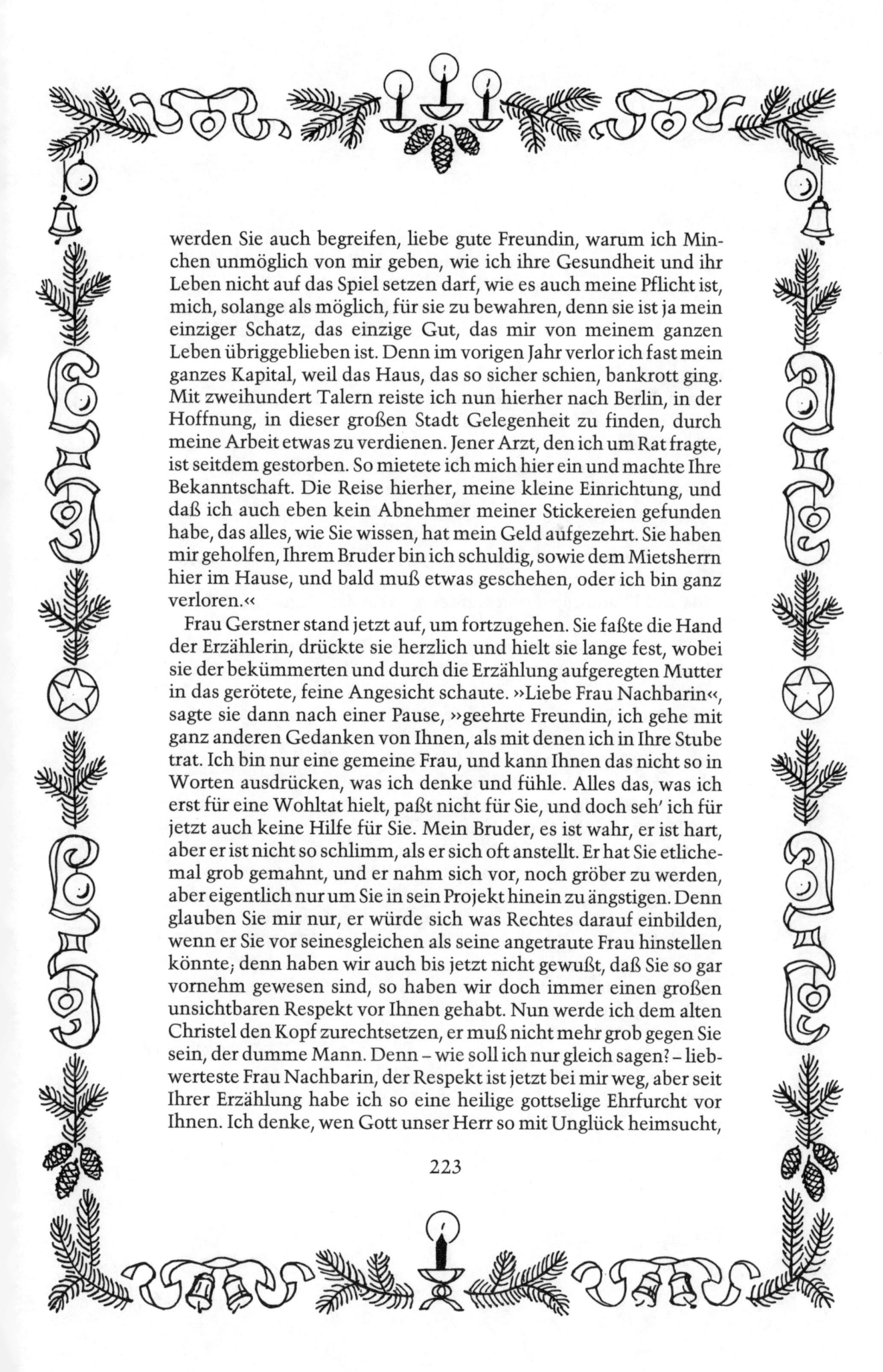

Frau Gerstner stand jetzt auf, um fortzugehen. Sie faßte die Hand der Erzählerin, drückte sie herzlich und hielt sie lange fest, wobei sie der bekümmerten und durch die Erzählung aufgeregten Mutter in das gerötete, feine Angesicht schaute. »Liebe Frau Nachbarin«, sagte sie dann nach einer Pause, »geehrte Freundin, ich gehe mit ganz anderen Gedanken von Ihnen, als mit denen ich in Ihre Stube trat. Ich bin nur eine gemeine Frau, und kann Ihnen das nicht so in Worten ausdrücken, was ich denke und fühle. Alles das, was ich erst für eine Wohltat hielt, paßt nicht für Sie, und doch seh' ich für jetzt auch keine Hilfe für Sie. Mein Bruder, es ist wahr, er ist hart, aber er ist nicht so schlimm, als er sich oft anstellt. Er hat Sie etlichemal grob gemahnt, und er nahm sich vor, noch gröber zu werden, aber eigentlich nur um Sie in sein Projekt hinein zu ängstigen. Denn glauben Sie mir nur, er würde sich was Rechtes darauf einbilden, wenn er Sie vor seinesgleichen als seine angetraute Frau hinstellen könnte; denn haben wir auch bis jetzt nicht gewußt, daß Sie so gar vornehm gewesen sind, so haben wir doch immer einen großen unsichtbaren Respekt vor Ihnen gehabt. Nun werde ich dem alten Christel den Kopf zurechtsetzen, er muß nicht mehr grob gegen Sie sein, der dumme Mann. Denn – wie soll ich nur gleich sagen? – liebwerteste Frau Nachbarin, der Respekt ist jetzt bei mir weg, aber seit Ihrer Erzählung habe ich so eine heilige gottselige Ehrfurcht vor Ihnen. Ich denke, wen Gott unser Herr so mit Unglück heimsucht, an wessen Herz er so oft anklopft und schlägt, der muß ein ganz besonderer Liebling von ihm sein, mit dem will er noch einmal recht hoch hinaus, wenn auch nicht auf dieser Erde, doch wenigstens in seinem Himmelreich. Darum fassen Sie Mut, Frauchen, denn der Herr hat Sie als die seinige bezeichnet. Ich habe ja wohl gehört, bei den Heiden sei es ein Glaube gewesen, wenn ein Mensch immer und immer so recht Glück habe, und recht großes, und was in die Augen fällt, und unvermutet kommt, so sei ihm das Elend am allernächsten. Sie sind wie eine Heilige, es muß Ihnen noch auf Erden wieder einmal recht wohl werden, und vielleicht geschieht das bald. Ich gehe, als wenn ich aus der Kirche käme, und morgen kann mir bei der schönen Musik in der Kirche nicht feierlicher sein.«

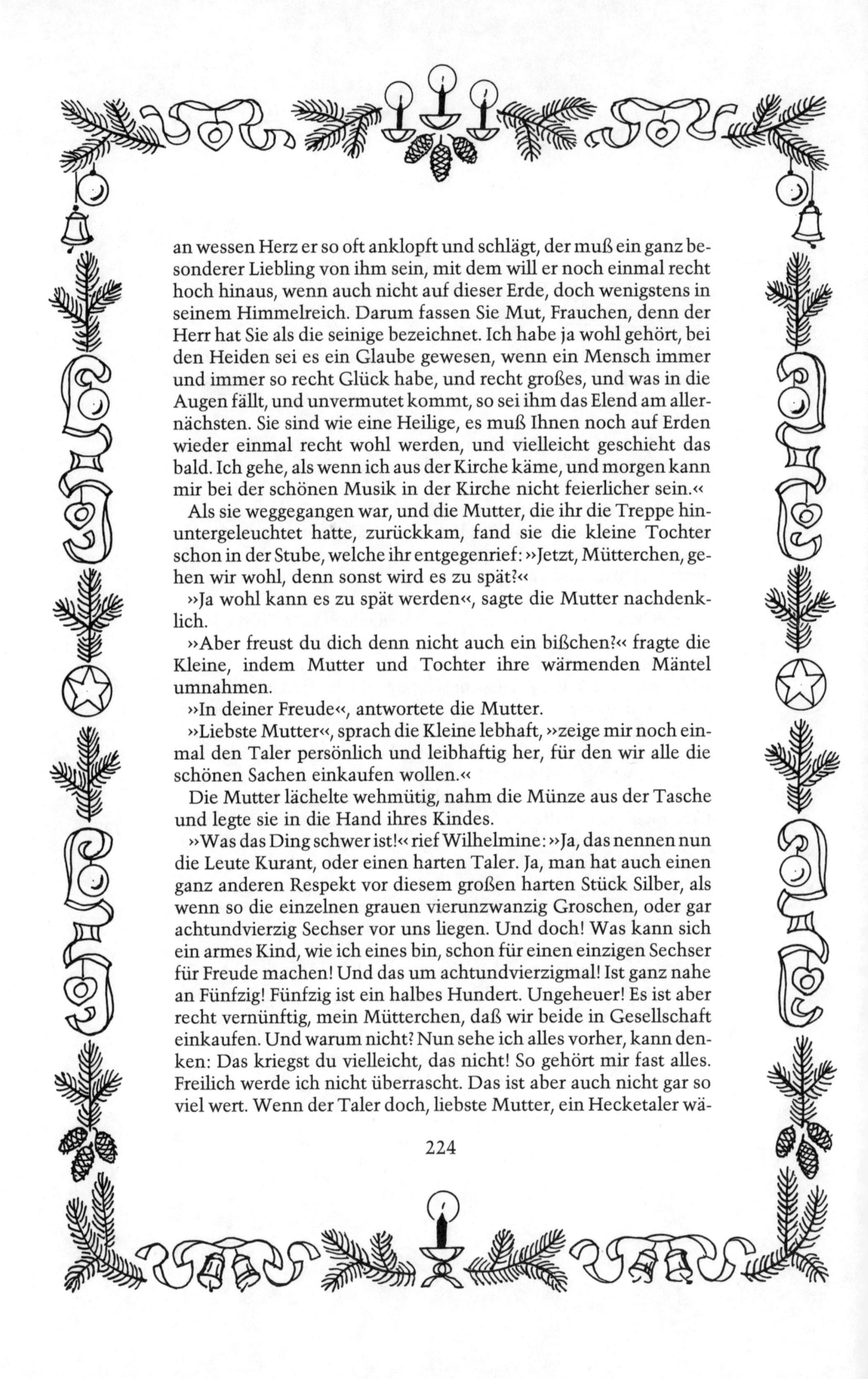

Als sie weggegangen war, und die Mutter, die ihr die Treppe hintergeleuchtet hatte, zurückkam, fand sie die kleine Tochter schon in der Stube, welche ihr entgegenrief: »Jetzt, Mütterchen, gehen wir wohl, denn sonst wird es zu spät?«

»Ja wohl kann es zu spät werden«, sagte die Mutter nachdenklich.

»Aber freust du dich denn nicht auch ein bißchen?« fragte die Kleine, indem Mutter und Tochter ihre wärmenden Mäntel umnahmen.

»In deiner Freude«, antwortete die Mutter.

»Liebste Mutter«, sprach die Kleine lebhaft, »zeige mir noch einmal den Taler persönlich und leibhaftig her, für den wir alle die schönen Sachen einkaufen wollen.«

Die Mutter lächelte wehmütig, nahm die Münze aus der Tasche und legte sie in die Hand ihres Kindes.

»Was das Ding schwer ist!« rief Wilhelmine: »Ja, das nennen nun die Leute Kurant, oder einen harten Taler. Ja, man hat auch einen ganz anderen Respekt vor diesem großen harten Stück Silber, als wenn so die einzelnen grauen vierunzwanzig Groschen, oder gar achtundvierzig Sechser vor uns liegen. Und doch! Was kann sich ein armes Kind, wie ich eines bin, schon für einen einzigen Sechser für Freude machen! Und das um achtundvierzigmal! Ist ganz nahe an Fünfzig! Fünfzig ist ein halbes Hundert. Ungeheuer! Es ist aber recht vernünftig, mein Mütterchen, daß wir beide in Gesellschaft einkaufen. Und warum nicht? Nun sehe ich alles vorher, kann denken: Das kriegst du vielleicht, das nicht! So gehört mir fast alles. Freilich werde ich nicht überrascht. Das ist aber auch nicht gar so viel wert. Wenn der Taler doch, liebste Mutter, ein Hecketaler wäre, von dem ich mir habe erzählen lassen, daß er immer wiederkommt, wenn man ihn ausgegeben hat, oder der sich vermehrt, und immer wieder verdoppelt, wenn man ihn in der Tasche oder im Kasten hat.«

»Jetzt hältst du nur auf, Minchen«, sagte die Mutter, und das Kind gab schnell den Taler zurück. »Drin«, sagte die Kleine, indem sie hinausging, »steht nun schon der Kuchen und die kleine Pyramide für die paar Wachslichterchen, und nachher machen wir alles recht schön.«

Unten erwartete sie schon die große starke Dienstmagd, die das kleine Kind im Getümmel der Menschen tragen sollte, damit es sehen könne, und auch nicht verletzt oder beschädigt würde. Diese Person wurde nur bei besonderen Veranlassungen gemietet, weil die Mutter sonst alles in ihrer kleinen Wirtschaft allein besorgte.

Als sie aus der Haustür traten, gerieten sie sogleich in das Gedränge der Menschen, und die kleine Tochter mußte sich auf die Arme der Magd flüchten, um nicht überrannt zu werden. Die Mutter glaubte, ihre Freundin Gerstner zu sehen, die mit dem Bruder sprach, oder wohl gar zankte. Es war, als wenn noch ein dritter Mann sich in das Gespräch mische, aber sie konnte nichts unterscheiden, denn die Flut der Menschen hatte sie in wenigen Augenblicken weit von jener Gruppe weggedrängt. Die Mutter glaubte, der Bruder der Freundin habe sie doch noch besuchen und mahnen wollen, und die redselige Frau wollte ihn durch Bitten oder Zank zurückhalten. So stürzte sie sich also gern und mit Freude in das lärmende Getümmel, welches sie, wenigstens auf kurze Zeit, von diesen trüben und drückenden Verhältnissen befreien solle.

Minchen jauchzte schon auf den Armen ihrer Trägerin, bevor sie noch den Schauplatz des Festes, die »breite Straße« selbst erreicht hatten. Die Mutter gab nur acht, daß sie nicht von ihrem Kind weggedrängt wurde, da sie wußte, wie sehr die Magd ebenfalls nur für die Lichter, das Spielzeug, den ausgelegten Konfekt und alle die reizenden Seltsamkeiten ein Auge haben würde.

So war es denn auch wirklich schwer, sich nicht voneinander zu verlieren, um sich vielleicht in einer Stunde nicht wiederzufinden. Dieser letzte Abend vor dem Fest, der wichtigste, und gerade diese Stunden zogen alle jene Menschen herbei, die bis jetzt noch nicht eingekauft oder die ausgelegten Trefflichkeiten in Augenschein genommen hatten. So waren denn auch die Verkäufer gerade jetzt am meisten beschäftigt, und bei vielen Buden mußten die Andringenden lange warten, bevor sie nur zugelassen werden konnten. Daher war eine allgemeine Ungeduld fühlbar, und an manchen Stellen wurden die Käufer so übereilt, daß mancher mit Mißvergnügen die zu teuer erkauften Herrlichkeiten nach Hause trug. So waren auch die übermütigen, oft ungezogenen Jungen in diesen letzten Stunden der Lebendigkeit des Marktes, lärmender und schreiender als sonst, und der Ausruf: »Pyramiden, Waldteufel kauft!« betäubte das Ohr, indem andere noch zum Überfluß auf Dreier- oder Groschentrompetchen oder schallenden Pfeifchen die widerwärtigsten Töne hervorbrachten. Einige andere liefen mit Trommeln und schlugen Wirbel, andere schrien nur, und noch einige machten sich ein Vergnügen daraus, wo das Gedränge am wildesten, wo das Klagen oder Schelten der Gestoßenen am lautesten war, von hinten noch mit aller Macht einzuschieben und den verflochtenen Menschenknäuel noch mehr zu verwickeln. Die kleine Wilhelmine hatte nicht Zeit, dies zu bemerken, oder wie die Mutter sich vor dieser übertriebenen Lebhaftigkeit zu fürchten, denn Auge, Ohr und Seele war ganz in Bewunderung der tausend Lichter, der bunten Spielsachen, der gefärbten Kuchen und Zuckersachen, der täuschenden Früchte aus Wachs, vorzüglich aber der schönen Knaben und Mädchen mit den niedlich geformten Wachsgesichtern und Händen, die ihr weit schöner, als die wirklichen Menschen vorkamen.

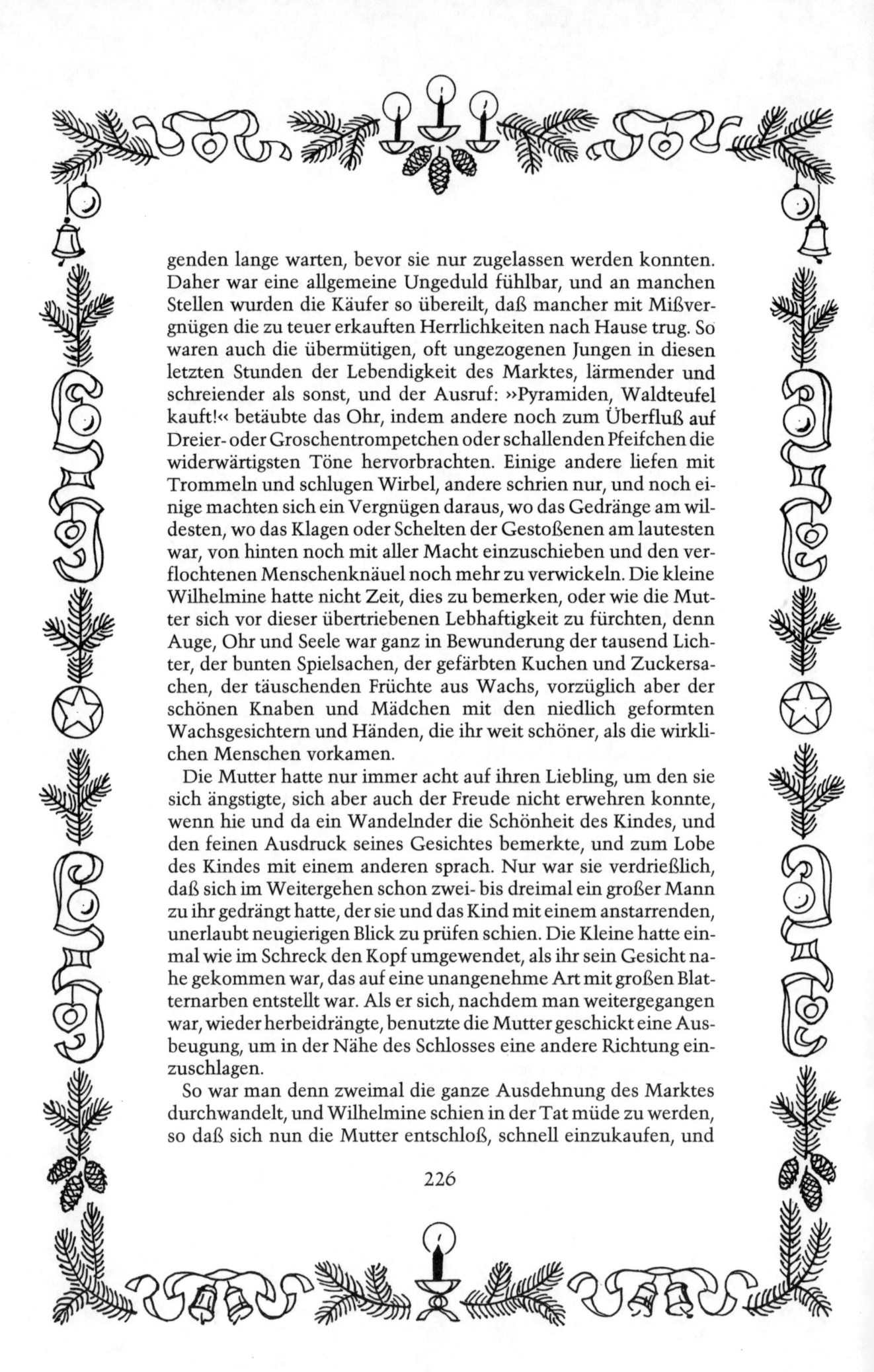

Die Mutter hatte nur immer acht auf ihren Liebling, um den sie sich ängstigte, sich aber auch der Freude nicht erwehren konnte, wenn hie und da ein Wandelnder die Schönheit des Kindes, und den feinen Ausdruck seines Gesichtes bemerkte, und zum Lobe des Kindes mit einem anderen sprach. Nur war sie verdrießlich, daß sich im Weitergehen schon zwei- bis dreimal ein großer Mann zu ihr gedrängt hatte, der sie und das Kind mit einem anstarrenden, unerlaubt neugierigen Blick zu prüfen schien. Die Kleine hatte einmal wie im Schreck den Kopf umgewendet, als ihr sein Gesicht nahe gekommen war, das auf eine unangenehme Art mit großen Blatternarben entstellt war. Als er sich, nachdem man weitergegangen war, wieder herbeidrängte, benutzte die Mutter geschickt eine Ausbeugung, um in der Nähe des Schlosses eine andere Richtung einzuschlagen.

So war man denn zweimal die ganze Ausdehnung des Marktes durchwandelt, und Wilhelmine schien in der Tat müde zu werden, so daß sich nun die Mutter entschloß, schnell einzukaufen, und dann nach Hause zu gehen. Noch einmal kam ihnen das Gesicht mit den Blatternarben nahe, der Mann schien sie aber diesmal nicht zu bemerken. Eilig machte sich die Mutter an eine Bude, die mit mancherlei Spielzeug versehen war, und wo die Verkäuferin, eine alte starke Frau, sie schon öfter freundlich angerufen und eingeladen hatte. Ein Wachspüppchen, eine Figur, die sich schaukelte, eine kleine Jagd, die sich beim Herumfahren drehte, und ein springendes Vögelchen, das hüpfte, wenn man unten den klimpernden Leierkasten in Bewegung setzte, verschlangen das Kapital, das der fröhlichen Nacht geopfert werden wollte. Minchen schlug vor Freuden bei jedem eroberten Stück in die Hände, und die dicke Verkäuferin, so sehr sie dergleichen gewohnt sein mußte, konnte sich nicht enthalten, über den lebhaften Ausdruck des Kindes zu lachen. Die Sachen sollten eingepackt werden, und die Mutter suchte den Taler hervor, suchte wieder, und konnte nichts finden. Sie trat näher, erforschte ihre Taschen, ihr Tuch, aber durchaus war die Münze nicht zu treffen. »Liebe Frau«, stammelte sie endlich, »ich habe das Geld verloren oder es ist mir gestohlen worden.« Sie war bleich und zitterte, und aus dem ruhigen Angesicht des Kindes fielen zwei große Tränen nieder. »Ich muß die Sachen also hier lassen«, sagte die Mutter. »Komm, Minchen, du armes Kind.« – »So hätten Sie mir auch nicht so lange Zeit die Mühe machen sollen«, rief die Verkäuferin mit einem widerwärtigen Ton, »die anderen ehrbaren Kunden sind durch Ihr Mäkeln und Markten abgehalten worden. Wenn man einkaufen will, muß man auch Geld mitbringen. Verloren? Gestohlen? Das kann ich nicht so leicht glauben.« Der sonderbare Mann, vor dem das Kind sich gefürchtet hatte, war wieder sichtbar, und schien sich bei dem lauten Geschrei herandrängen zu wollen, aber die beschämte, traurige und ganz geknirschte Mutter benutzte geschickt eine Öffnung des Haufens, und zog sich sogleich in die finstere Einsamkeit hinter den Buden zurück. Hier nahm sie das Kind selbst auf ihren Arm und sagte der Magd, daß sie gehen könne. So ging sie trauernd nach Hause.

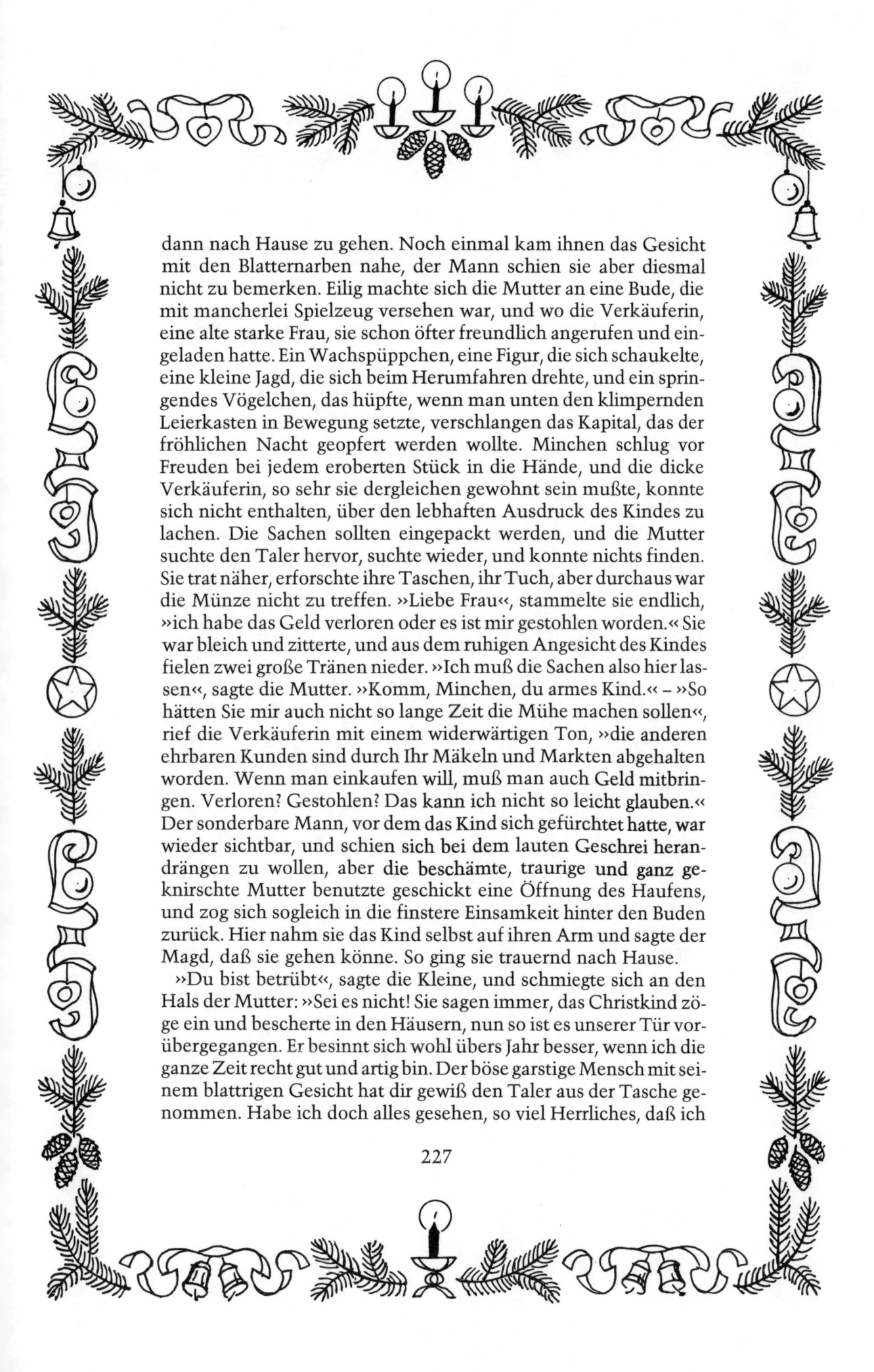

»Du bist betrübt«, sagte die Kleine, und schmiegte sich an den Hals der Mutter: »Sei es nicht! Sie sagen immer, das Christkind zöge ein und beschere in den Häusern, nun so ist es unserer Tür vorübergegangen. Er besinnt sich wohl übers Jahr besser, wenn ich die ganze Zeit recht gut und artig bin. Der böse garstige Mensch mit seinem blattrigen Gesicht hat dir gewiß den Taler aus der Tasche genommen. Habe ich doch alles gesehen, so viel Herrliches, daß ich es zeit meines Lebens nicht wieder vergessen werde, und habe ich doch auch zu morgen noch die süßen Pfefferkuchen. Vielleicht, daß manches Kind die nicht einmal hat. Nicht wahr, mein Mütterchen?«

Die Mutter drückte das Kind mit den schmerzlichsten Gefühlen näher an ihre Brust, und verschluckte ihre bitteren Tränen. So kamen sie vor ihre stille finstere Haustür. Das Kind stieg vom Arm gelassen, wohlgemut die vielen Stufen zum Dachstübchen hinauf und hielt der Mutter, als diese das Licht angezündet hatte, ein heiteres, fast lachendes Angesicht entgegen. »Ich bin nun recht müde«, sagte sie, »ich werde mich gleich zu Bett legen.« Die Mutter half ihr beim Auskleiden, indem sie mit Betrübnis wohl sah, wie das kluge Kind sie durch verstellten Frohsinn trösten und beruhigen wollte.

Sie ging dann, weil sie zu unruhig war, um schlafen zu können, in die Stube, und sagte zu sich selber: »Warum hat mich dieser Vorfall, der gegen alles, was ich schon gelitten, nur eine Kleinigkeit zu nennen ist, fast mehr erschüttert, als manches wahrhaft große Unglück? Ja, es kündigt sich als ein Unterpfand an, daß mir in diesem Leben nichts mehr gelingen soll, daß ich in Elend, Hunger, Frost und Krankheit kümmerlich und verächtlich verschmachten werde. Ich hätte mit dem aufgesparten Geldstück einen Teil meiner Schuld abtragen sollen, und nicht auf unnützes Spielzeug denken. Der Elende, der Bettler soll sich gar nicht mehr erheitern, an nichts zerstreuen wollen; diese Absicht schon ist Sünde, und so ist mir recht geschehen, daß ich für mein letztes Geld Beschimpfung eingekauft habe. Diese ist mein Weihnachten, Trostlosigkeit mein Fest.«

Bei diesen bittern Vorstellungen brach sie in Tränen aus, die ihren Busen wieder etwas erleichterten. Wie sie ihr Leben ordnen, was sie beginnen sollte, darüber wußte sie sich keinen Rat. Sie ging wieder in die Kammer und betrachtete beim Schein der Lampe das Angesicht des Kindes, das schon fest und ruhig schlief. »Gibt es wohl viel Erwachsene«, die mit der Ergebenheit sich in das Verschwinden einer lang erhofften Freude finden könnten? Ich weiß aber, es ist nur die Liebe des Kindes zu mir, welche ihm diese Stärke gibt.«

Sie kniete vor dem Bett ihres Lieblings nieder und wendete sich in einem innigen Gebet zu Gott: »O mein Schöpfer und Erhalter«, sprach sie, »laß nicht diesen Wurm im bittersten Elend, in den herbsten Qualen verschmachten. Aber, o Barmherziger, lieber das, lieber augenblicklichen Tod, als daß sie schlecht würde. O mein gütiger Vater, soll ich bald sterben, so schaffe es, daß sich gute, ehrbare Leute des armen Wurmes annehmen, die sie zur Tugend und Gottesfurcht erziehen. Ach, du unser liebender Vater, ist es Unrecht, ist es Sünde, daß ich mein Kind zu sehr liebe, daß sie mein alles, mein alles ist, daß ich nur sie mit meinen Gedanken denke, und mit meinem Herzen fühle, und dich, du Unsichtbarer, wohl oft darüber vergesse, scheinbar vergesse, so vergib mir diese Sünde, strafe mich nicht, daß mir dies Kind entrissen werde, daß der Tod mich dem Wesen raube, das meiner Liebe noch bedarf.«

Da richtete sich Wilhelmine in ihrem Bett hoch auf, sah die erschrockene Mutter mit der lieblichsten Freundlichkeit an, und sagte: »Nein, mein Mütterchen, glaube mir, das kann dir der hohe allmächtige Gott gewiß nicht zur Sünde anrechnen. Du nennst ihn den Unsichtbaren, und so habe ich es auch gelernt; aber ich glaube, wir können ihn auch sehen, wenn wir nur wollen. Weißt du nicht, unser Hündchen, das wir draußen auf dem Lande hatten, dem waren wir so gut, aber was konnte doch eigentlich das liebe Tierchen von uns begreifen? Und doch sah es uns alle Tage. Wir konnten ihm nur zu fressen geben; und dann war es außer sich vor Freude, wenn es mit uns spazierenging. Und was hatte es davon? Es wußte nichts von Berg und Wald und Bäumen, es lief nur, und bildete sich ein, es könnte mit den Pfoten Mäuse aus der Erde graben. – Sieh, ich habe viel heut abend gedacht. Ich war recht traurig. Da kamen mir denn Gedanken: Ja, ja, lache nicht, oder so Einfälle, wunderlich genug. Ich sah meine Hände an, die fünf Finger an jedem, damit kann ich nähen, stricken, schreiben. Wenn sie ein Buch hinlegen, kann ich mir von dem Papier eine hübsche Geschichte herablesen. Morgen gehen wir in die Kirche, da um die Ecke. Ei, die schöne Musik, das hohe Gewölbe, was man sich dabei alles denken kann. Als du mich heut nach Hause trugst, sah ich über mir die schönen, schönen, die wunderbaren Sterne. Die sollen so weit, weit von uns sein. Dann kommt auch Sommer wieder, mit Vögeln, Blumen und grünen Maien. Nun werde ich auch größer, und sie sagen mir, dann werde ich auch vernünftig denken lernen. Denke mal alles das nach, Mütterchen – und unser Hündchen war mit seinen Pfoten und furiosen Blaffen so fröhlich, und konnte sich von alledem nichts träumen lassen. Haben wir aber nicht so tausend und tausend Herrlichkeiten, Schätze, Wunder, auch wenn wir noch so arm sind? Wir könnten ja auch solche Hündchen sein, nicht wahr? Und der kleine Bengel ließ sich drum keine Sorgen ankommen. – Aber ja, ja, wie uns der Gott, zu dem du betest, mit seiner Gnade erhebt, so sind wir auch wieder dadurch mit Tränen bei der Hand, und haben deshalb Trübsal, weil er uns soviel Glück geschenkt hat. Und darum denke ich auch, ich kann ihn sehen, und ihm alles so recht treuherzig erzählen und vorklagen.«

»Ach, Kind! Kind!« sagte die Mutter mit dem herzinnigsten Ton, und verlor sich im Anschauen dieser himmelsklaren Augen, aus denen ihr fast zum Erschrecken ein zu frühreifer Geist entgegenblickte; »ja, Herzchen, ich will mich nicht darum ängstigen, daß ich dich zu sehr, wohl gar abgöttisch liebe. Der Herr und Gott, der Christus, den du persönlich kennst und siehst, wie du sagst, der wird uns beiden helfen.«

Da hörten sie noch so spät schwere Männertritte auf der Treppe und erschraken beide. »O Himmel!« rief die Mutter beängstigt: »Sollte mich der grobe Mann noch in später Nachtzeit mahnen wollen? Hat er vielleicht gehört, wie ich mein Geld zu verschwenden dachte?«

Es klopfte. Die Mutter hatte das Licht wieder angezündet und herein trat mit ungewissen Blicken zaudernd und fast zitternd, jener lange Mann, den Mutter und Kind auf dem Markt bemerkt hatten, dessen Angesicht so auffallend von Blatternarben zerrissen war. – Die Mutter leuchtete mit dem Licht, um den Fremden, der ihr unheimlich dünkte, zu beobachten, und jener wußte nicht, wie er sich benehmen, was er zuerst sagen sollte. Endlich, nach einigen ungewissen Reden, welche um Verzeihung bitten sollten, bemächtigte er sich selbst des Lichtes, leuchtete der kranken Frau ins Antlitz, betrachtete sie scharf und prüfend, setzte dann das Licht wieder auf den Tisch und sagte mit heller Stimme: »Heiliger Gott! So ist es dennoch wahr? Sie sind, ja Sie sind die Kommerzienrätin – Frau Berta Wendlig? Ja, ja, Sie sind es!«

Die Mutter war in einen Stuhl vor Schreck gesunken, den sie selber noch nicht verstand. Der Fremde verbarg weinend und schluchzend sein Gesicht in ihren Schoß, endlich erhob er sich wieder, und schaute sie an, und sie sagte, fast tonlos: »Lieber Himmel! Also wärst du wohl gar mein Heinrich? Und du lebst noch?«

»Freilich!« rief jener: »Mutter, Mutter, ich lebe noch! Ach Gott, wie soll ich es nur in Worte fassen, was ich in diesem Augenblick empfinde? Und daß ich Sie, Liebste, Beste, Leidende, noch antreffe. Daß ich Ihnen doch einigermaßen die Liebe vergüten oder vergelten, oder nur dafür danken kann, die Sie mir von frühster Jugend an erwiesen haben.«

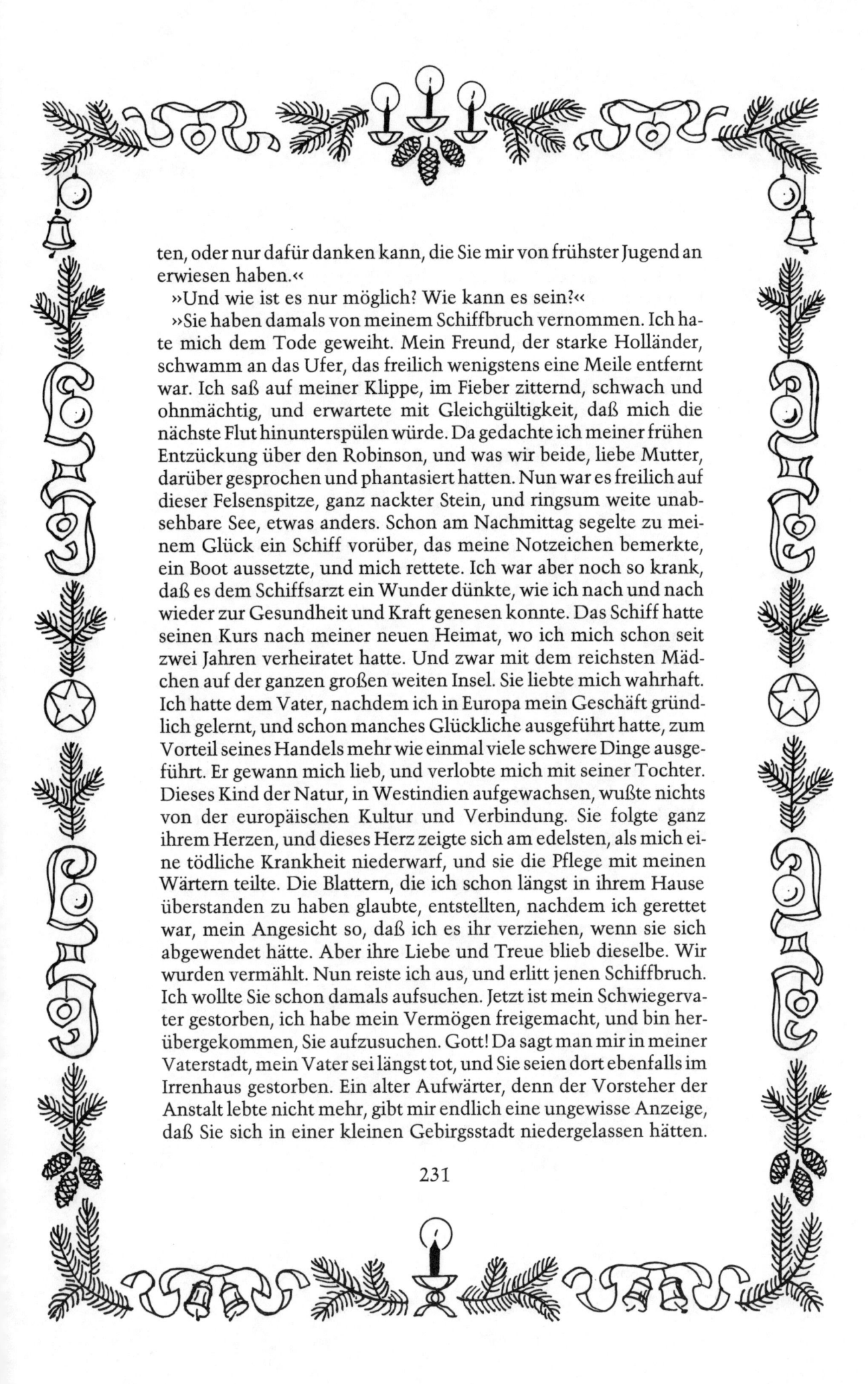

»Und wie ist es nur möglich? Wie kann es sein?«

»Sie haben damals von meinem Schiffbruch vernommen. Ich hatte mich dem Tode geweiht. Mein Freund, der starke Holländer, schwamm an das Ufer, das freilich wenigstens eine Meile entfernt war. Ich saß auf meiner Klippe, im Fieber zitternd, schwach und ohnmächtig, und erwartete mit Gleichgültigkeit, daß mich die nächste Flut hinunterspülen würde. Da gedachte ich meiner frühen Entzückung über den Robinson, und was wir beide, liebe Mutter, darüber gesprochen und phantasiert hatten. Nun war es freilich auf dieser Felsenspitze, ganz nackter Stein, und ringsum weite unabsehbare See, etwas anders. Schon am Nachmittag segelte zu meinem Glück ein Schiff vorüber, das meine Notzeichen bemerkte, ein Boot aussetzte, und mich rettete. Ich war aber noch so krank, daß es dem Schiffsarzt ein Wunder dünkte, wie ich nach und nach wieder zur Gesundheit und Kraft genesen konnte. Das Schiff hatte seinen Kurs nach meiner neuen Heimat, wo ich mich schon seit zwei Jahren verheiratet hatte. Und zwar mit dem reichsten Mädchen auf der ganzen großen weiten Insel. Sie liebte mich wahrhaft. Ich hatte dem Vater, nachdem ich in Europa mein Geschäft gründlich gelernt, und schon manches Glückliche ausgeführt hatte, zum Vorteil seines Handels mehr wie einmal viele schwere Dinge ausgeführt. Er gewann mich lieb, und verlobte mich mit seiner Tochter. Dieses Kind der Natur, in Westindien aufgewachsen, wußte nichts von der europäischen Kultur und Verbindung. Sie folgte ganz ihrem Herzen, und dieses Herz zeigte sich am edelsten, als mich eine tödliche Krankheit niederwarf, und sie die Pflege mit meinen Wärtern teilte. Die Blattern, die ich schon längst in ihrem Hause überstanden zu haben glaubte, entstellten, nachdem ich gerettet war, mein Angesicht so, daß ich es ihr verziehen, wenn sie sich abgewendet hätte. Aber ihre Liebe und Treue blieb dieselbe. Wir wurden vermählt. Nun reiste ich aus, und erlitt jenen Schiffbruch. Ich wollte Sie schon damals aufsuchen. Jetzt ist mein Schwiegervater gestorben, ich habe mein Vermögen freigemacht, und bin herübergekommen, Sie aufzusuchen. Gott! Da sagt man mir in meiner Vaterstadt, mein Vater sei längst tot, und Sie seien dort ebenfalls im Irrenhaus gestorben. Ein alter Aufwärter, denn der Vorsteher der Anstalt lebte nicht mehr, gibt mir endlich eine ungewisse Anzeige, daß Sie sich in einer kleinen Gebirgsstadt niedergelassen hätten.

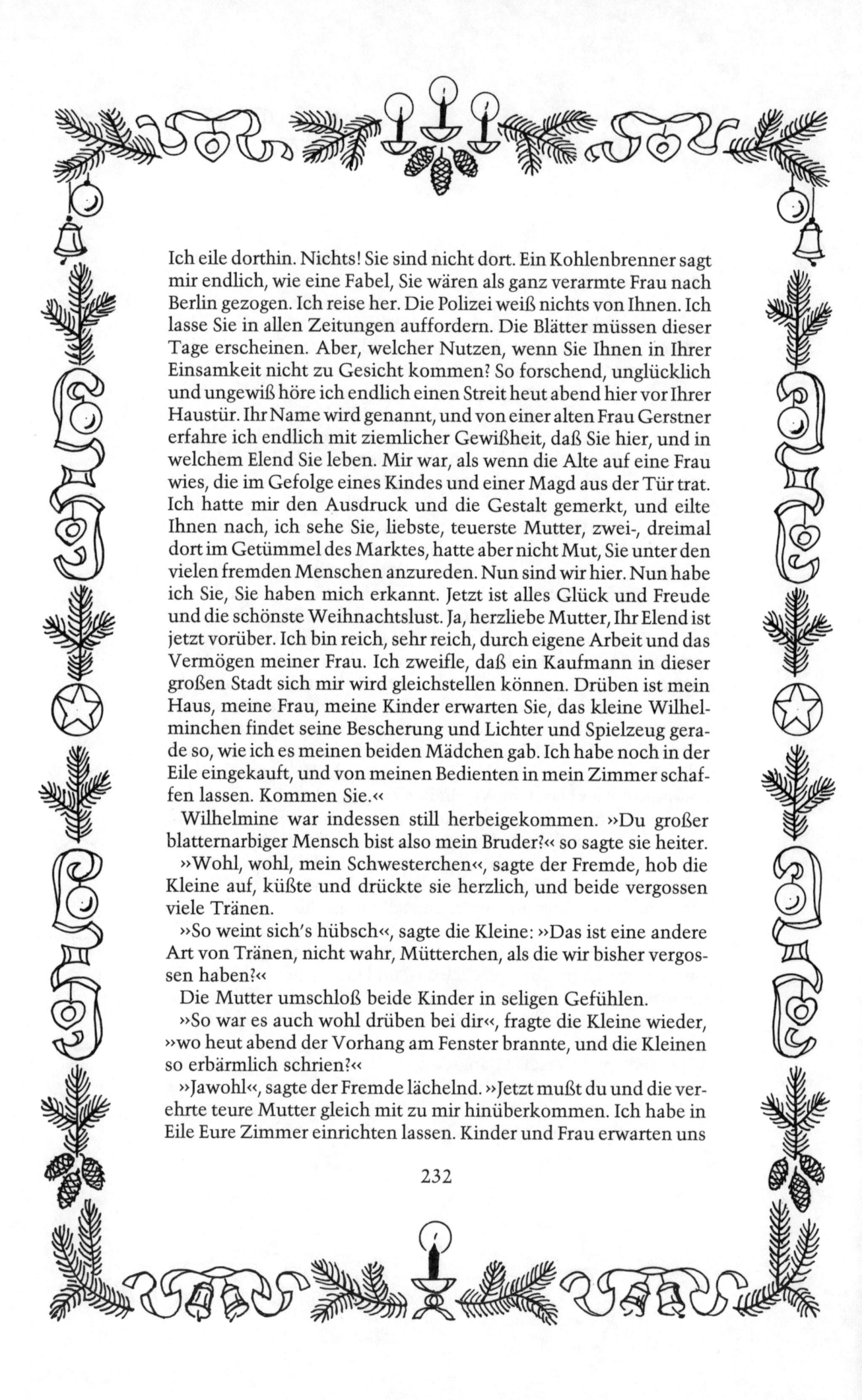

Ich eile dorthin. Nichts! Sie sind nicht dort. Ein Kohlenbrenner sagt mir endlich, wie eine Fabel, Sie wären als ganz verarmte Frau nach Berlin gezogen. Ich reise her. Die Polizei weiß nichts von Ihnen. Ich lasse Sie in allen Zeitungen auffordern. Die Blätter müssen dieser Tage erscheinen. Aber, welcher Nutzen, wenn Sie Ihnen in Ihrer Einsamkeit nicht zu Gesicht kommen? So forschend, unglücklich und ungewiß höre ich endlich einen Streit heut abend hier vor Ihrer Haustür. Ihr Name wird genannt, und von einer alten Frau Gerstner erfahre ich endlich mit ziemlicher Gewißheit, daß Sie hier, und in welchem Elend Sie leben. Mir war, als wenn die Alte auf eine Frau wies, die im Gefolge eines Kindes und einer Magd aus der Tür trat. Ich hatte mir den Ausdruck und die Gestalt gemerkt, und eilte Ihnen nach, ich sehe Sie, liebste, teuerste Mutter, zwei-, dreimal dort im Getümmel des Marktes, hatte aber nicht Mut, Sie unter den vielen fremden Menschen anzureden. Nun sind wir hier. Nun habe ich Sie, Sie haben mich erkannt. Jetzt ist alles Glück und Freude und die schönste Weihnachtslust. Ja, herzliebe Mutter, Ihr Elend ist jetzt vorüber. Ich bin reich, sehr reich, durch eigene Arbeit und das Vermögen meiner Frau. Ich zweifle, daß ein Kaufmann in dieser großen Stadt sich mir wird gleichstellen können. Drüben ist mein Haus, meine Frau, meine Kinder erwarten Sie, das kleine Wilhelminchen findet seine Bescherung und Lichter und Spielzeug gerade so, wie ich es meinen beiden Mädchen gab. Ich habe noch in der Eile eingekauft, und von meinen Bedienten in mein Zimmer schaffen lassen. Kommen Sie.«

Wilhelmine war indessen still herbeigekommen. »Du großer blatternarbiger Mensch bist also mein Bruder?« so sagte sie heiter.

»Wohl, wohl, mein Schwesterchen«, sagte der Fremde, hob die Kleine auf, küßte und drückte sie herzlich, und beide vergossen viele Tränen.

»So weint sich's hübsch«, sagte die Kleine: »Das ist eine andere Art von Tränen, nicht wahr, Mütterchen, als die wir bisher vergossen haben?«

Die Mutter umschloß beide Kinder in seligen Gefühlen.

»So war es auch wohl drüben bei dir«, fragte die Kleine wieder, »wo heut abend der Vorhang am Fenster brannte, und die Kleinen so erbärmlich schrien?«

»Jawohl«, sagte der Fremde lächelnd. »Jetzt mußt du und die verehrte teure Mutter gleich mit zu mir hinüberkommen. Ich habe in Eile Eure Zimmer einrichten lassen. Kinder und Frau erwarten uns drüben mit Ungeduld. Der Weihnachten ist aufgeputzt. Ihre kleinen Schulden sollen noch morgen bezahlt, und den Freunden, die Sie unterstützten, mit meinem Dank Geschenke gegeben werden, daß sie nicht bereuen dürfen, liebreich gegen Sie gewesen zu sein. Nachher sollen Sie die Wahl haben, geliebte Mutter, ob Sie hierbleiben, oder wo Sie in Deutschland wohnen wollen. Aber leben sollen Sie nun, Ihrem Stande gemäß, oder vielmehr, wie Sie es verdienen.«

»Ach, du großer, reicher Herr Bruder!« rief Wilhelmine: »Da hättest du uns auch auslösen können, als die alte Frau uns wegen des Talers so ausschalt.«

»Ich kam zu spät«, sagte Bruder Heinrich, »Ihr wart schon fort. Als ich nachfragte und Vorwürfe machte, fand die Alte den harten Taler wieder, er lag unter einem Husaren, den Sie liebste Mutter, gewiß in der Eile darübergestellt hatten, weil Sie gleich hatten bezahlen wollen. Nie habe ich eine Frau so zerknirscht gesehen, wie diese gute Alte. Sie wütete laut gegen sich selber, daß sie eine ehrbare Frau so hatte schelten, ein allerliebstes Kindchen so betrüben können. Morgen wird sie Ihnen mir ihrer Bitte um Verzeihung, in Ihrer neuen Wohnung den Taler wieder zustellen. – Aber sehen Sie, dort unten, Mutter, Kinder und Frau machen die Fenster auf, alles winkt und ruft. Kommen Sie, und komm du, Minchen.«

Sie gingen. Nun sagte die Kleine auf der Treppe leise zur Mutter: »War es nun doch ein Hecketaler? Hebe den ja gut auf. Und, ich hatte recht, der Unsichtbare, oder unser Heiland tritt doch manchmal persönlich in unsere kleine arme Stube herein.«

Ludwig Tieck

Weihnachten

Ein Bäumlein grünt im tiefen Tann,
Das kaum das Aug erspähen kann,
Dort wohnt es in der Wildnis Schoß
Und wird gar heimlich schmuck und groß.

Der Jäger achtet nicht darauf,
Das Reh springt ihm vorbei im Lauf;
Die Sterne nur, die alles sehn
Erschauen auch das Bäumlein schön.

Da mitten in des Winters Braus
Erglänzt es fromm im Elternhaus.
Wer hat es hin mit einemmal
Getragen über Berg und Tal?

Das hat der heil'ge Christ getan.
Sieh dir nur recht das Bäumlein an!
Der unsichtbar heut eingekehrt,
Hat manches Liebe dir beschert.

Martin Greif

Die Glocke von Innisfare

Weihnachtsabend, Fest der Kleinen,
Wie sie harren auf dein Erscheinen,
Wie mit freuderoten Wangen
Jubelnd laut sie dich empfangen!
Weihnachtsabend, bei arm und reich,
Überall grünt dein Tannenzweig;
Überall brennen deine Kerzen,
Überall schlagen kleine Herzen,
Strecken hastig kleine Hände
Sich entgegen deiner Spende;
Überall grüßt dich, wo es sei,
Weihnachtsabend, ein Freudenschrei!

Weihnachtsabend, Fest der Kleinen,
Dorther grüßt dich leises Weinen!
Dort, wo Schottlands klarer Tweed
Rauscht durch Cheviots Waldgebiet,
Wo sich zwischen Felsenengen
Coldstreams Hütten zusammendrängen,
Dort im Stübchen, arm und kahl,
In der Dämmerung mattem Strahl
Wacht ein Kind am Schmerzenslager,
Drauf die Mutter, blaß und hager,
Ächzt und stöhnt in Fieberqual.
Arme Mary, zehnmal kaum
Sah sie blühen den Apfelbaum,
Und schon gelben Sturm und Wetter
Ihr des Lebensbaumes Blätter;
Sorgend sitzt sie, horcht und lauscht,
Wie der Mutter Pulsschlag rauscht,
Blickt im Dunkeln scheu umher,
Und, das Herz von Kummer schwer,
Grüßt sie still mit leisem Weinen,
Weihnachtsabend, dein Erscheinen.

Durch die rauchgeschwärzten Scheiben
Irrt der Blick und starrt hinaus
In des Nachtgewölkes Treiben;
Sieh, da geht im Nachbarhaus
Licht an Licht auf, hell wie Sterne,
Weihnachtsjubel schallt von ferne,
Froher Spiele Saus und Braus,
Und vor Kummer und vor Sehnen
Heißer fließen Marys Tränen,
Und ihr Herz wird trüb' und trüber;
Horch, da schallt das Lied herüber,
Das zur Weihnachtsfeierstunde
Dorten geht von Mund zu Munde;
Also weht's von ferne her:

»Im Kloster von Innisfare,
Da tönt nicht Chor noch Orgel mehr;
Die schlimmen Sachsen warfen's nieder,

Seitdem erhob es sich nicht wieder;
In Trümmern liegt's, mich dauert's sehr,
Das Kloster von Innisfare.

Vom Kloster von Innisfare
Nur eine Kapelle ist übrig mehr;
Drin hängt ein Glöcklein von gutem Klange,
Zieht einer zur rechten Zeit am Strange,
Wirkt Wunder rings im Land umher
Das Glöcklein von Innisfare.

Das Glöcklein von Innisfare!
Liegt ein Kranker danieder schwer,
Daß er wieder euch gesunde,
In der Christnacht zwölfter Stunde
Zieht das Glöcklein, ich rat' euch's sehr,
Das Glöcklein von Innisfare.«

Leise war das Lied verklungen,
Und ein Seufzer, dumpf und schwer,
Tief vom Herzen losgerungen,
Tönt vom Schmerzenslager her,
Und der Worte mächtig kaum
Stammelt die Kranke im Fiebertraum:
    »Ja, die Glocke von Innisfare!
    Wenn noch dein Vater am Leben wär',
    Daß er das Glöcklein mir läuten ginge,
    So entkäm' ich des Todes Schlinge;
    Müßte nicht hier in Not verderben,
    Mary, mein Kind, da müßt' ich nicht sterben.
    Wenn noch dein Vater am Leben wär'!« –

Spricht's und sinkt zurücke wieder,
Und Erschöpfung, bleiern schwer,
Lähmt die Zunge, lähmt die Glieder.
Schweigend senkt die Nacht sich nieder;
Rings ersterben Sang und Tanz,
Festgejubel und Lichterglanz;
Stille wird's in allen Hütten,
Christnacht kommt herangeschritten.

Durch Coldstreams Schlucht weht Sturmgebraus,
Und löscht am Himmel die Sterne aus;
Schnee wirbelt nieder dicht und schwer,
Elf Schläge dröhnen vom Turme her.
Der Riegel klirrt, es knarrt die Tür;
Wer wagt ins Freie sich herfür?
Wer wagt in die wilde Nacht sich hinaus,
In Schneegestöber und Sturmgebraus?
Ein Mädchen ist's, zart, schmächtig, klein,
Wohl hüllt es in sein Tuch sich ein,
Doch gibt's die Füße nackt dem Eis,
Die blonden Locken dem Sturme preis;
Ein Stab bewehrt die eine Hand,
Die andre hält der Leuchte Brand,
So eilt sie hin, rasch wie der Wind,
Und riet' ihr einer: »Steh still, mein Kind!
Der Sturm verweht dich in deiner Flucht,
Der Schnee begräbt dich mit seiner Wucht,
Kehr' heim ins schützende Gemach,
Das Wetter will nicht – gib ihm nach!«
Drauf spräch' sie nur: »Habt schönen Dank!
Die Mutter liegt daheim schwerkrank;
Muß läuten das Glöcklein von Innisfare,
Mein Vater ist nicht am Leben mehr.«
Das spräche sie und eilte fort.
Nehm' Gott sie denn in seinen Hort!

Bergan, bergunter, hinab, hinauf,
So stürmt sie hin in raschem Lauf;
Schnee birgt die Kluft und deckt den Stein,
Hab' acht: glatt ist der Felsenrain!
Sie strauchelt, sie gleitet – weh, sie fällt!
Die Leuchte liegt am Stein zerschellt.
Sie aber rafft sich frisch empor
Und eilt dahin rasch wie zuvor,
Eilt mutig weiter, hinab, hinauf,
Bergan, bergunter, in flücht'gem Lauf.
Wohl trieft ihr Röcklein, wohl trieft ihr Haar,
Wohl steht auf der Stirne der Schweiß ihr klar,
Wohl wirbelt der Schnee rings schwer und dicht,

Sie achtet's nicht, sie weiß es nicht;
Nach Innisfare nur steht ihr Sinn –
Doch halt, wo trug ihr Fuß sie hin?
Weil ihr die Leuchte dort zerbrach,
ging irrend falschem Pfad sie nach;
Das Kloster liegt drüben auf der Höh',
und sie steht unten tief am See;
Wenn Eis auch die Flut in Fesseln legt,
Wer weiß, ob's hält, wer weiß, ob's trägt?
Und soll sie zurücke? – Nimmermehr!
Da dröhnen drei Schläge vom Dorfe her;
»Dreiviertel auf zwölf! So helf mir Gott;
Ich muß hinüber und wär's mein Tod!«
Da ist sie schon am Uferrand.
Halt ein, mein Kind, und bleib am Land!
Das Eis ist dünn – noch ist es Zeit
Schon kracht's und prasselt's weit und breit.
Da bricht's – ein Schrei – nehm' deine Huld
Sie gnädig auf, die rein von Schuld!
Doch nein – noch flimmert ihr weiß Gewand,
Von Scholle zu Scholle springt sie ans Land –
Nun ist sie drüben, und nun im Lauf
Stürmt sie den Klosterberg hinauf.
Nun ist sie oben, nun ist's erreicht,
Nun schlägt das Herz ihr frei und leicht,
Nun atmet sie auf, tief, frei und lang,
Es ist vollbracht, der schwere Gang!
Und vorwärts dringt in frommer Luft
Sie durch der Trümmer Schutt und Wust;
Nur eine Kapelle ist übrig mehr,
Dort ragt ihr spitzes Türmlein her,
Und aus dem Türmlein glänzt von fern
Die Glocke her, ein Rettungsstern.
Die Tür steht offen, sie tritt hinein;
Nun laß das Werk vollendet sein,
Zieh an das Glöcklein, daß es klingt
Und deiner Mutter Genesung bringt!
Was säumst du, Kind? Was suchst du lang?
Greif zu – Herr Gott, es fehlt der Strang!
Zu ihren Füßen liegt im Staub

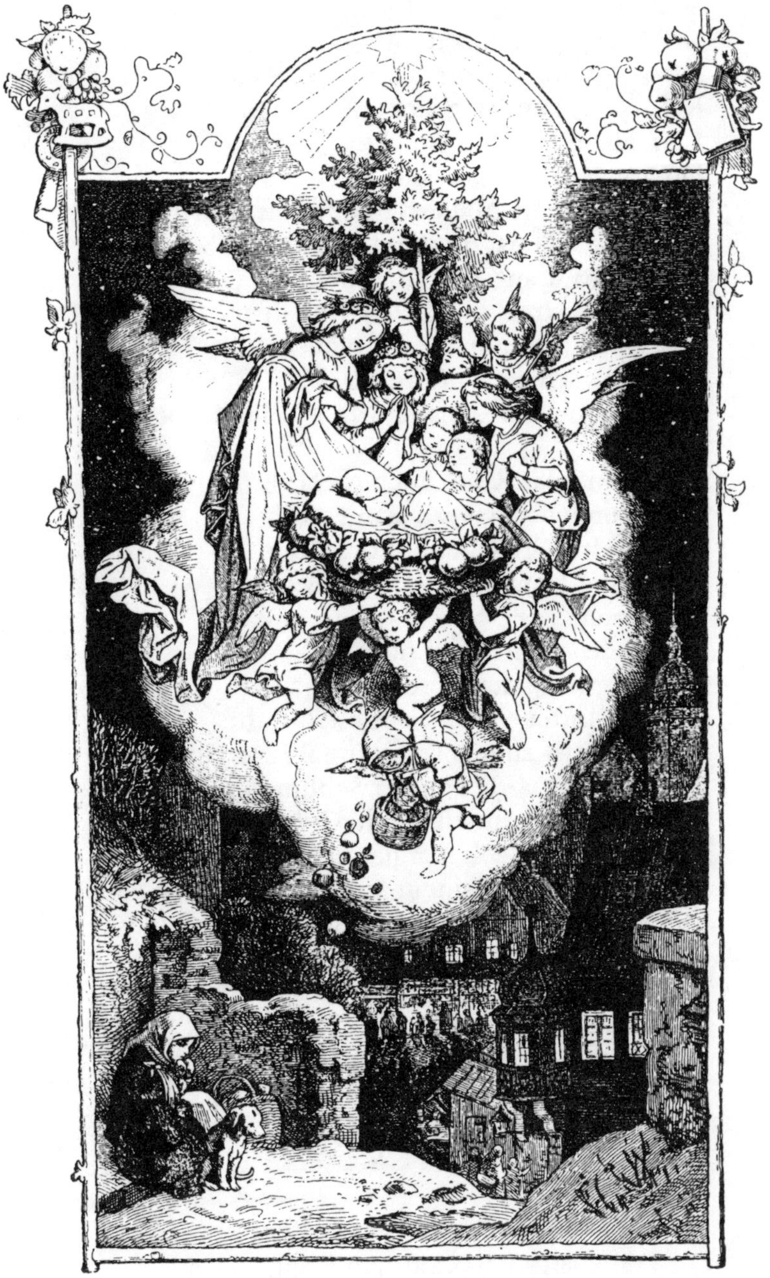

Sein karger Rest, des Moders Raub;
Die Treppe stürzte ein im Brand,
Die sonst empor zum Turm sich wand;
Kein Weg, kein Steg, der aufwärts führt,
Kein Hebel, der die Glocke rührt!
Du armes Kind! Des Sturms Gebraus
Pfeift durch die Mauern und höhnt dich aus.
Vergebens kamst du durch Wind und Schnee,
Vergebens drangst du über den See,
Vergebens streckst du die Arme dein
Zur Glocke empor! Es soll nicht sein!
Im Dorfe schlägt es Mitternacht,
Der Himmel will's nicht, sein ist die Macht!

Starr stand das Kind, doch wie's vernahm
Den Stundenschlag, zu sich es kam
Und wirft sich nieder auf den Stein
Und faltet fromm die Hände klein
Und betet:
   »Liebes Christkind du!
   Hör gnädig der armen Mary zu;
   Die Mutter sagt, so ist's auch wahr,
   Du kämst zu uns Kindern Jahr für Jahr;
   Du gingst vorbei an der Schlimmen Haus,
   Den Frommen teiltest du Gaben aus;
   So bitt' ich denn, vergiß nicht mein,
   Christkind in deinem Strahlenschein,
   Und weil dies Jahr ich nichts bekommen,
   Und war doch eines von den frommen,
   So bitt' ich dich, gewähre mir
   Nur ein paar Schläge der Glocke hier,
   Daß mir die Mutter am Leben bleib'
   Und neu sich stärk' ihr siecher Leib;
   Gewähr' der armen Mary dies,
   Ich heiß' ja, wie deine Mutter hieß!«

Und spricht's, und heiß vom Antlitz rinnt
Ein Tränenstrom dem armen Kind;
Und eh' im Dorf noch der zwölfte Schlag
Verkündet einen neuen Tag,

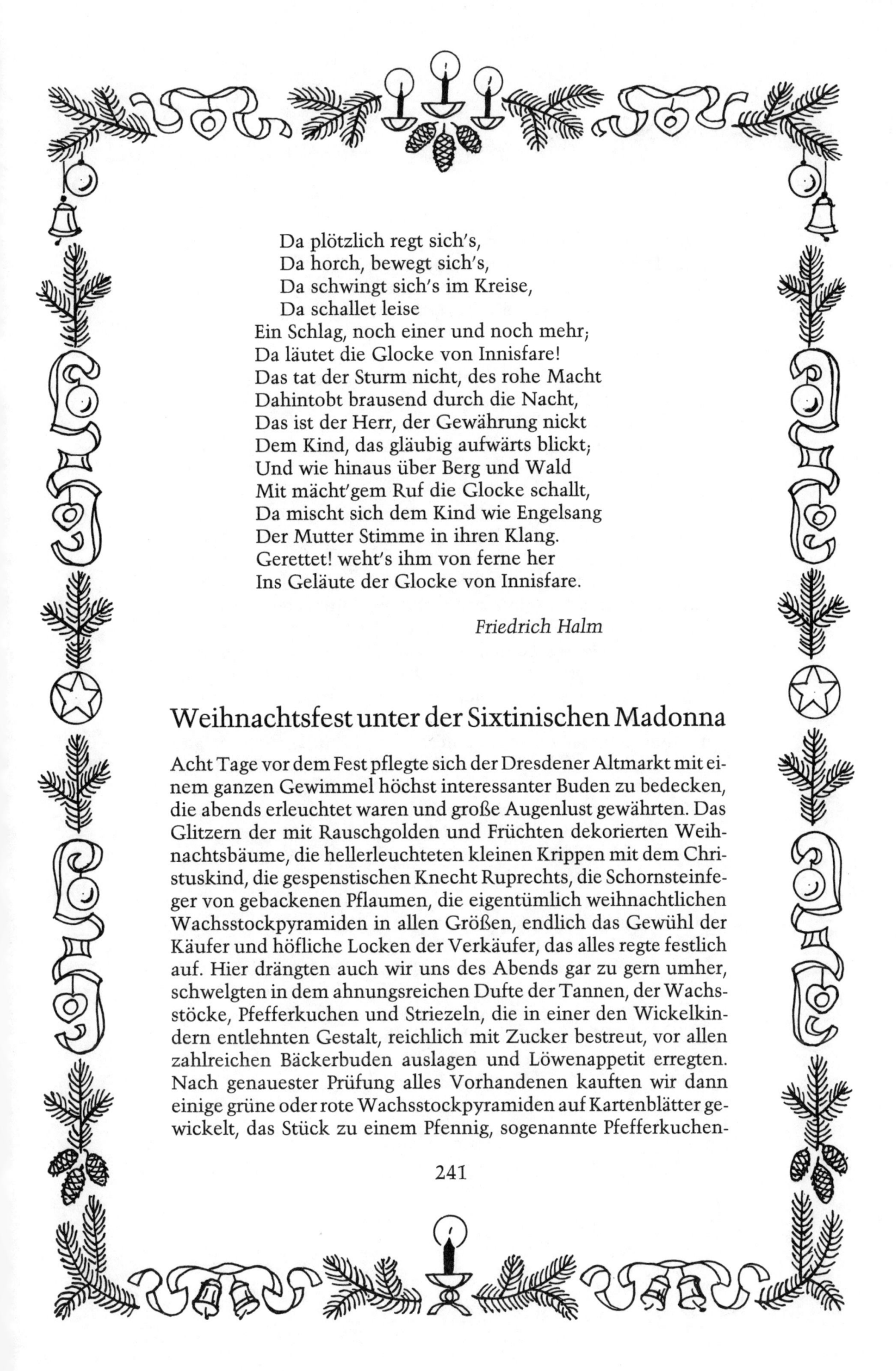

Da plötzlich regt sich's,
Da horch, bewegt sich's,
Da schwingt sich's im Kreise,
Da schallet leise
Ein Schlag, noch einer und noch mehr;
Da läutet die Glocke von Innisfare!
Das tat der Sturm nicht, des rohe Macht
Dahintobt brausend durch die Nacht,
Das ist der Herr, der Gewährung nickt
Dem Kind, das gläubig aufwärts blickt;
Und wie hinaus über Berg und Wald
Mit mächt'gem Ruf die Glocke schallt,
Da mischt sich dem Kind wie Engelsang
Der Mutter Stimme in ihren Klang.
Gerettet! weht's ihm von ferne her
Ins Geläute der Glocke von Innisfare.

Friedrich Halm

Weihnachtsfest unter der Sixtinischen Madonna

Acht Tage vor dem Fest pflegte sich der Dresdener Altmarkt mit einem ganzen Gewimmel höchst interessanter Buden zu bedecken, die abends erleuchtet waren und große Augenlust gewährten. Das Glitzern der mit Rauschgolden und Früchten dekorierten Weihnachtsbäume, die hellerleuchteten kleinen Krippen mit dem Christuskind, die gespenstischen Knecht Ruprechts, die Schornsteinfeger von gebackenen Pflaumen, die eigentümlich weihnachtlichen Wachsstockpyramiden in allen Größen, endlich das Gewühl der Käufer und höfliche Locken der Verkäufer, das alles regte festlich auf. Hier drängten auch wir uns des Abends gar zu gern umher, schwelgten in dem ahnungsreichen Dufte der Tannen, der Wachsstöcke, Pfefferkuchen und Striezeln, die in einer den Wickelkindern entlehnten Gestalt, reichlich mit Zucker bestreut, vor allen zahlreichen Bäckerbuden auslagen und Löwenappetit erregten. Nach genauester Prüfung alles Vorhandenen kauften wir dann einige grüne oder rote Wachsstockpyramiden auf Kartenblätter gewickelt, das Stück zu einem Pfennig, sogenannte Pfefferkuchenzangen zu demselben Preis oder ein paar Bogen bunten Papiers, um unsere Privatbescherung damit auszustatten.

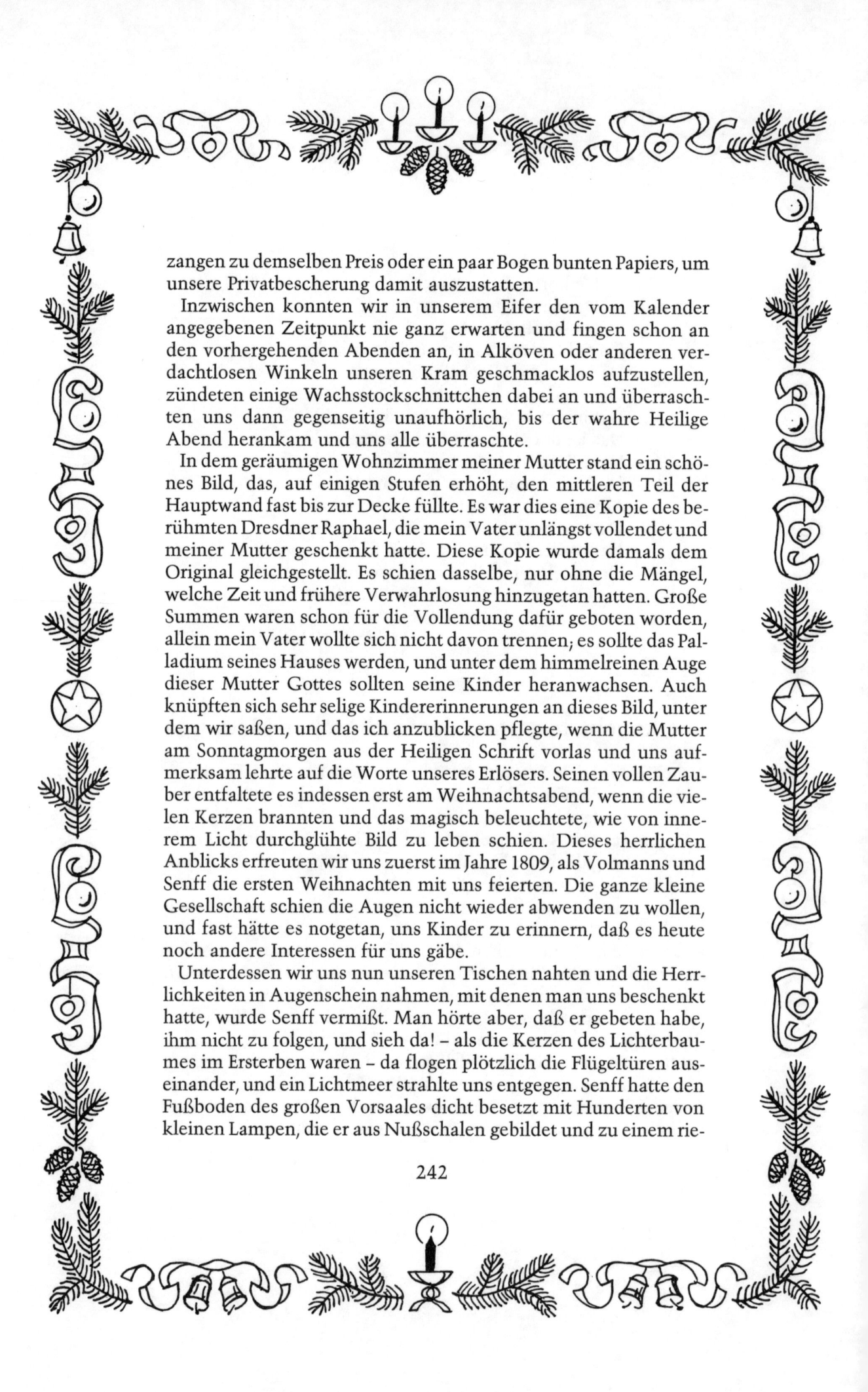

Inzwischen konnten wir in unserem Eifer den vom Kalender angegebenen Zeitpunkt nie ganz erwarten und fingen schon an den vorhergehenden Abenden an, in Alköven oder anderen verdachtlosen Winkeln unseren Kram geschmacklos aufzustellen, zündeten einige Wachsstockschnittchen dabei an und überraschten uns dann gegenseitig unaufhörlich, bis der wahre Heilige Abend herankam und uns alle überraschte.

In dem geräumigen Wohnzimmer meiner Mutter stand ein schönes Bild, das, auf einigen Stufen erhöht, den mittleren Teil der Hauptwand fast bis zur Decke füllte. Es war dies eine Kopie des berühmten Dresdner Raphael, die mein Vater unlängst vollendet und meiner Mutter geschenkt hatte. Diese Kopie wurde damals dem Original gleichgestellt. Es schien dasselbe, nur ohne die Mängel, welche Zeit und frühere Verwahrlosung hinzugetan hatten. Große Summen waren schon für die Vollendung dafür geboten worden, allein mein Vater wollte sich nicht davon trennen; es sollte das Palladium seines Hauses werden, und unter dem himmelreinen Auge dieser Mutter Gottes sollten seine Kinder heranwachsen. Auch knüpften sich sehr selige Kindererinnerungen an dieses Bild, unter dem wir saßen, und das ich anzublicken pflegte, wenn die Mutter am Sonntagmorgen aus der Heiligen Schrift vorlas und uns aufmerksam lehrte auf die Worte unseres Erlösers. Seinen vollen Zauber entfaltete es indessen erst am Weihnachtsabend, wenn die vielen Kerzen brannten und das magisch beleuchtete, wie von innerem Licht durchglühte Bild zu leben schien. Dieses herrlichen Anblicks erfreuten wir uns zuerst im Jahre 1809, als Volmanns und Senff die ersten Weihnachten mit uns feierten. Die ganze kleine Gesellschaft schien die Augen nicht wieder abwenden zu wollen, und fast hätte es notgetan, uns Kinder zu erinnern, daß es heute noch andere Interessen für uns gäbe.

Unterdessen wir uns nun unseren Tischen nahten und die Herrlichkeiten in Augenschein nahmen, mit denen man uns beschenkt hatte, wurde Senff vermißt. Man hörte aber, daß er gebeten habe, ihm nicht zu folgen, und sieh da! – als die Kerzen des Lichterbaumes im Ersterben waren – da flogen plötzlich die Flügeltüren auseinander, und ein Lichtmeer strahlte uns entgegen. Senff hatte den Fußboden des großen Vorsaales dicht besetzt mit Hunderten von kleinen Lampen, die er aus Nußschalen gebildet und zu einem rie-

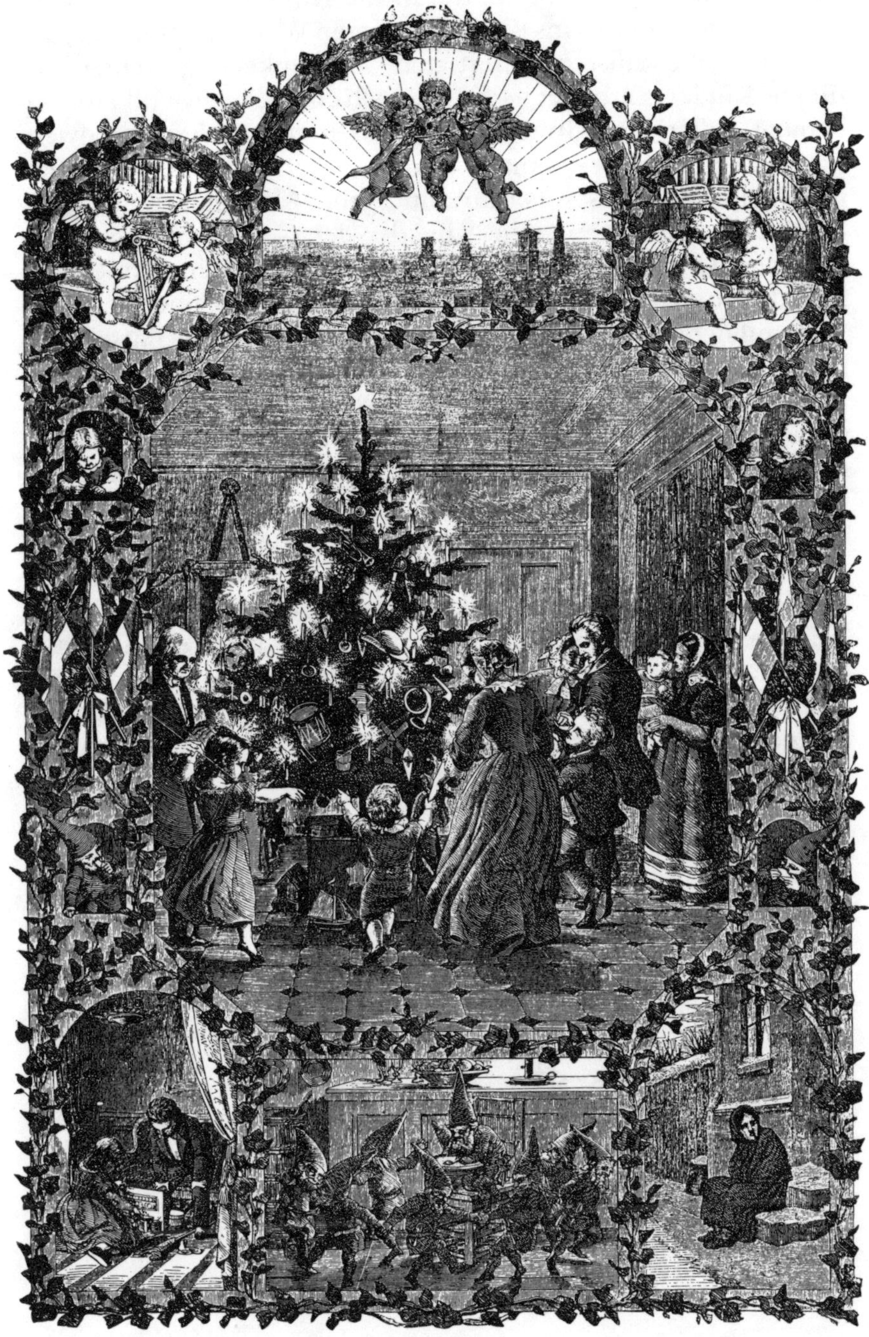

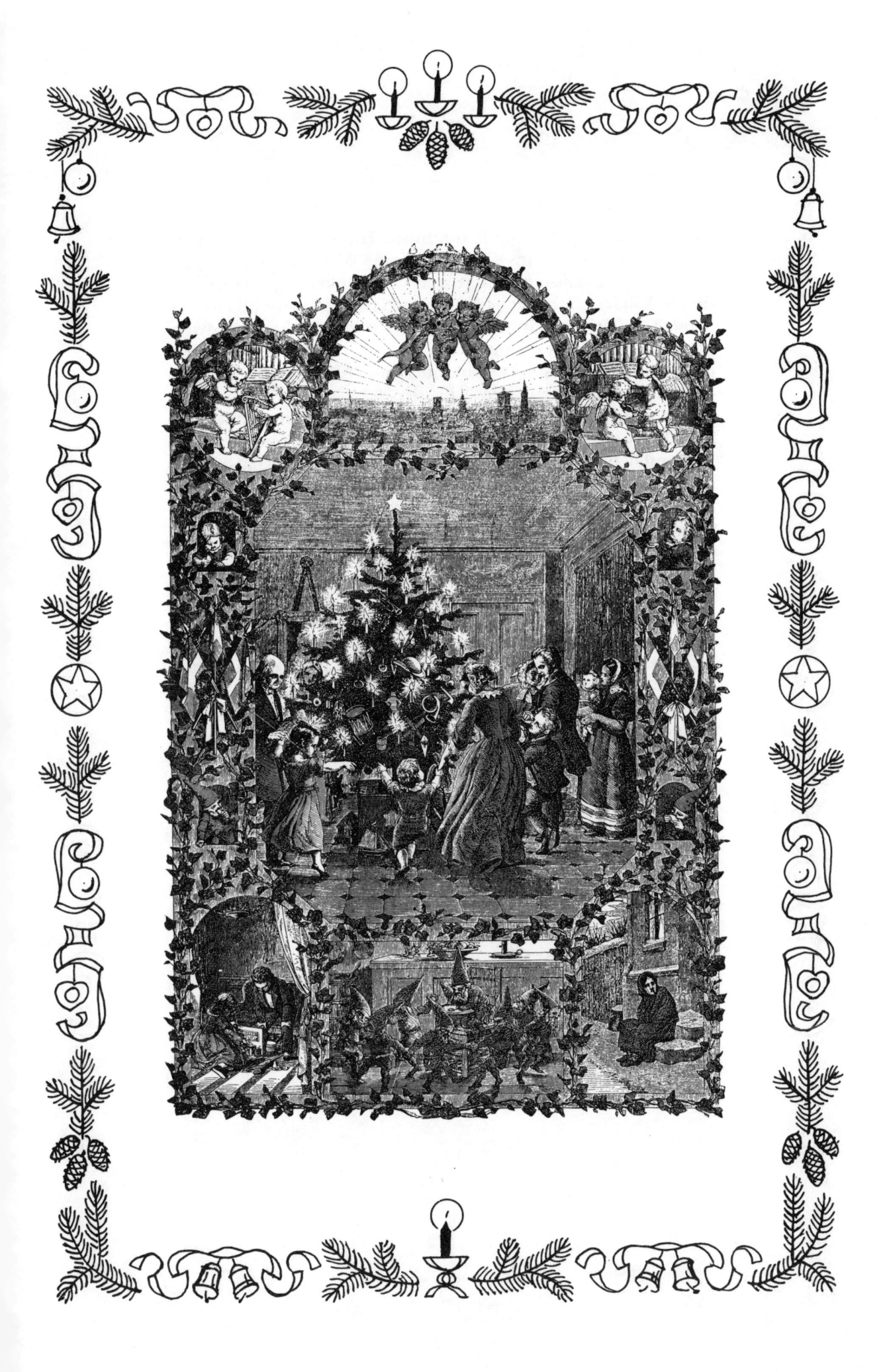

sigen Halbmond vereinigt hatte. In die Höhlung dieses Türkensterns, der wie Pontius ins Kredo in unseren Weihnachtsabend paßte, hatte er die kunstvoll gefertigten Geschenke aufgestellt, die er für uns Kinder gearbeitet hatte: für mich einen Prachtschild mit silbernem Adler, für Alfred einen nicht minder schönen Löwenschild. Der Effekt des Ganzen war sehr überraschend, doch noch nicht genügend für Senffs Erfindungsgabe. Als man sich satt gesehen, schlug der ideenreiche Künstler der Gesellschaft vor, ihm nach dem Hinterhaus zu folgen. Dort befand sich ein zweiter Vorsaal, der zu den Gemächern meines Vaters führte, und hier hatte Senff auf der Diele aus kleinen von Papier gemachten Häusern, Palästen und Moscheen die Stadt Konstantinopel aufgebaut. Man konnte nichts Saubereres sehen als diese Papierstadt. Dichtgestreuter weißer Sand bezeichnete das Land, blauer das Meer, das von kleinen Schiffen belebt war. – Nachdem nun Senff die skizzenhafte Erklärung der hervorragendsten Punkte gegeben hatte, bemerkte er, daß Konstantinopel häufig abzubrennen pflege, und damit legte er einen Zunder unter das erste Haus der Vorstadt Percha. Bald brach die Flamme aus, ergriff das nächste Gebäude und die ganze Straße, verzweigte sich nach anderen Straßen, sprang in die Brunnen, die mit Spiritus gefüllt waren, und verbreitete sich in der ganzen Stadt. Zuletzt wurde das Serail ergriffen, dessen zahlreiche Türmchen als Miniaturfeuerwerk aufsprühten, die Vorstellung mit Knalleffekt beschließend.

Wilhelm von Kügelgen

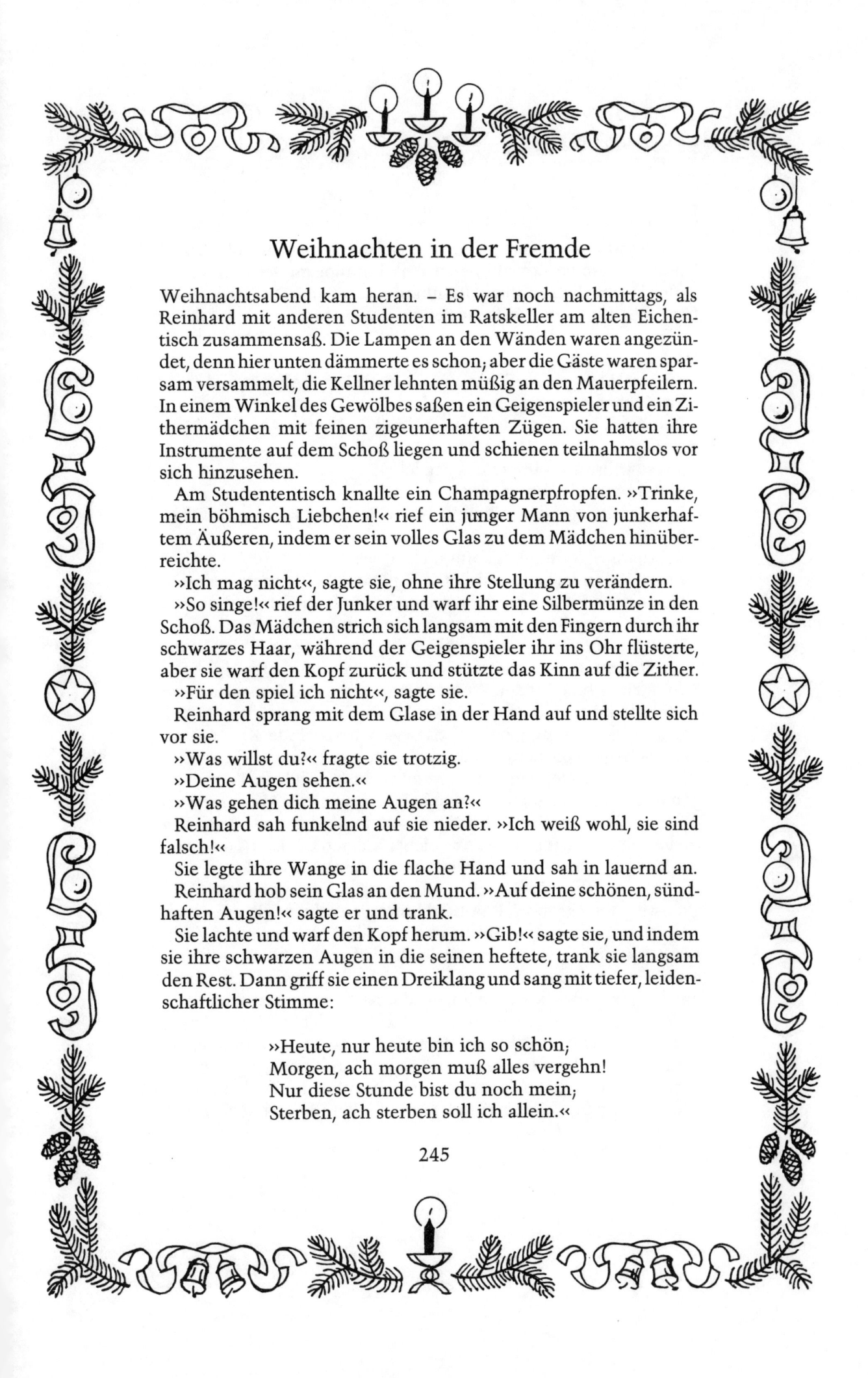

Weihnachten in der Fremde

Weihnachtsabend kam heran. – Es war noch nachmittags, als Reinhard mit anderen Studenten im Ratskeller am alten Eichentisch zusammensaß. Die Lampen an den Wänden waren angezündet, denn hier unten dämmerte es schon; aber die Gäste waren sparsam versammelt, die Kellner lehnten müßig an den Mauerpfeilern. In einem Winkel des Gewölbes saßen ein Geigenspieler und ein Zithermädchen mit feinen zigeunerhaften Zügen. Sie hatten ihre Instrumente auf dem Schoß liegen und schienen teilnahmslos vor sich hinzusehen.

Am Studententisch knallte ein Champagnerpfropfen. »Trinke, mein böhmisch Liebchen!« rief ein junger Mann von junkerhaftem Äußeren, indem er sein volles Glas zu dem Mädchen hinüberreichte.

»Ich mag nicht«, sagte sie, ohne ihre Stellung zu verändern.

»So singe!« rief der Junker und warf ihr eine Silbermünze in den Schoß. Das Mädchen strich sich langsam mit den Fingern durch ihr schwarzes Haar, während der Geigenspieler ihr ins Ohr flüsterte, aber sie warf den Kopf zurück und stützte das Kinn auf die Zither.

»Für den spiel ich nicht«, sagte sie.

Reinhard sprang mit dem Glase in der Hand auf und stellte sich vor sie.

»Was willst du?« fragte sie trotzig.

»Deine Augen sehen.«

»Was gehen dich meine Augen an?«

Reinhard sah funkelnd auf sie nieder. »Ich weiß wohl, sie sind falsch!«

Sie legte ihre Wange in die flache Hand und sah in lauernd an.

Reinhard hob sein Glas an den Mund. »Auf deine schönen, sündhaften Augen!« sagte er und trank.

Sie lachte und warf den Kopf herum. »Gib!« sagte sie, und indem sie ihre schwarzen Augen in die seinen heftete, trank sie langsam den Rest. Dann griff sie einen Dreiklang und sang mit tiefer, leidenschaftlicher Stimme:

> »Heute, nur heute bin ich so schön;
> Morgen, ach morgen muß alles vergehn!
> Nur diese Stunde bist du noch mein;
> Sterben, ach sterben soll ich allein.«

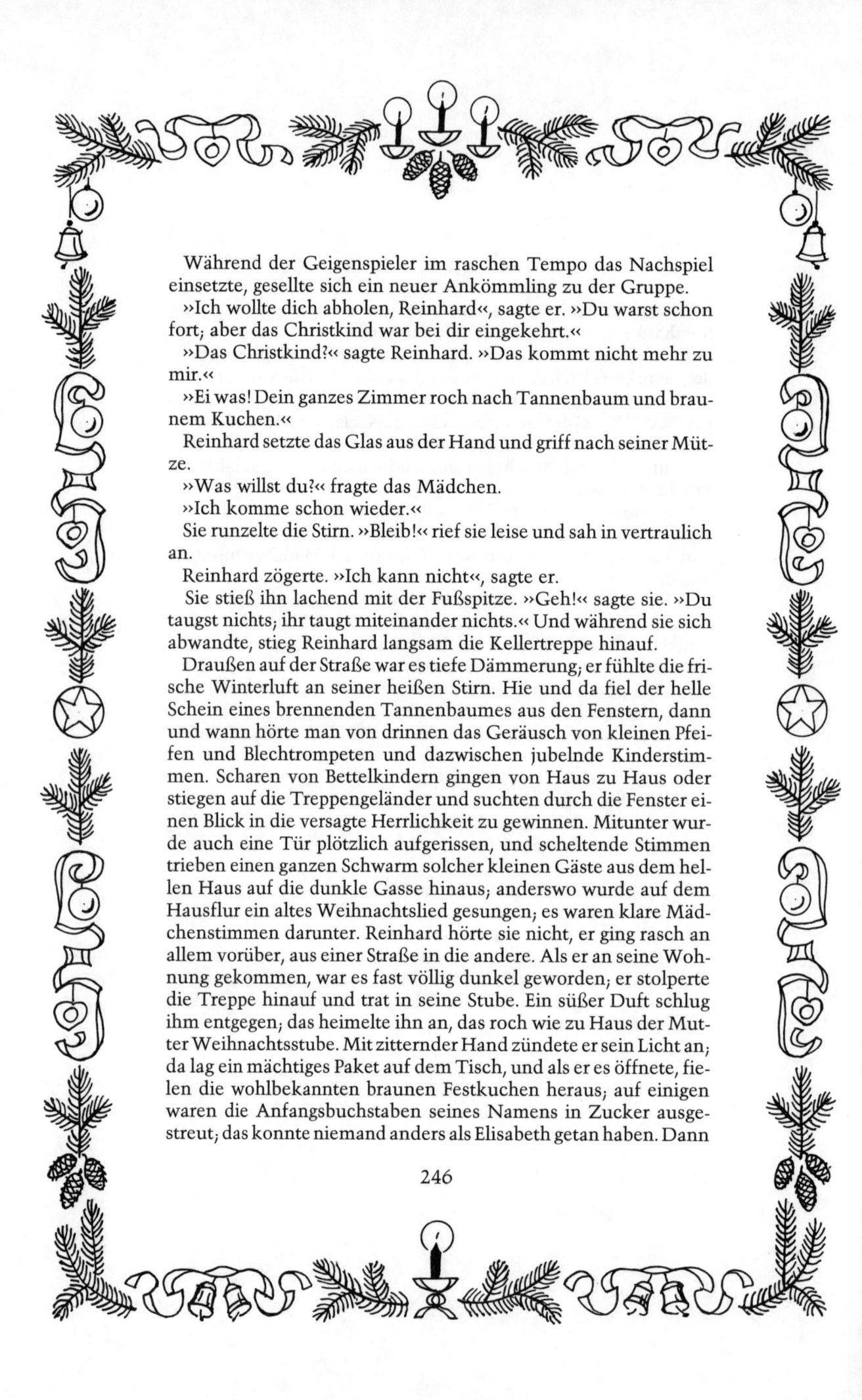

Während der Geigenspieler im raschen Tempo das Nachspiel einsetzte, gesellte sich ein neuer Ankömmling zu der Gruppe.

»Ich wollte dich abholen, Reinhard«, sagte er. »Du warst schon fort; aber das Christkind war bei dir eingekehrt.«

»Das Christkind?« sagte Reinhard. »Das kommt nicht mehr zu mir.«

»Ei was! Dein ganzes Zimmer roch nach Tannenbaum und braunem Kuchen.«

Reinhard setzte das Glas aus der Hand und griff nach seiner Mütze.

»Was willst du?« fragte das Mädchen.

»Ich komme schon wieder.«

Sie runzelte die Stirn. »Bleib!« rief sie leise und sah in vertraulich an.

Reinhard zögerte. »Ich kann nicht«, sagte er.

Sie stieß ihn lachend mit der Fußspitze. »Geh!« sagte sie. »Du taugst nichts; ihr taugt miteinander nichts.« Und während sie sich abwandte, stieg Reinhard langsam die Kellertreppe hinauf.

Draußen auf der Straße war es tiefe Dämmerung; er fühlte die frische Winterluft an seiner heißen Stirn. Hie und da fiel der helle Schein eines brennenden Tannenbaumes aus den Fenstern, dann und wann hörte man von drinnen das Geräusch von kleinen Pfeifen und Blechtrompeten und dazwischen jubelnde Kinderstimmen. Scharen von Bettelkindern gingen von Haus zu Haus oder stiegen auf die Treppengeländer und suchten durch die Fenster einen Blick in die versagte Herrlichkeit zu gewinnen. Mitunter wurde auch eine Tür plötzlich aufgerissen, und scheltende Stimmen trieben einen ganzen Schwarm solcher kleinen Gäste aus dem hellen Haus auf die dunkle Gasse hinaus; anderswo wurde auf dem Hausflur ein altes Weihnachtslied gesungen; es waren klare Mädchenstimmen darunter. Reinhard hörte sie nicht, er ging rasch an allem vorüber, aus einer Straße in die andere. Als er an seine Wohnung gekommen, war es fast völlig dunkel geworden; er stolperte die Treppe hinauf und trat in seine Stube. Ein süßer Duft schlug ihm entgegen; das heimelte ihn an, das roch wie zu Haus der Mutter Weihnachtsstube. Mit zitternder Hand zündete er sein Licht an; da lag ein mächtiges Paket auf dem Tisch, und als er es öffnete, fielen die wohlbekannten braunen Festkuchen heraus; auf einigen waren die Anfangsbuchstaben seines Namens in Zucker ausgestreut; das konnte niemand anders als Elisabeth getan haben. Dann kam ein Päckchen mit feiner gestrickter Wäsche zum Vorschein, Tücher und Manschetten, zuletzt Briefe von der Mutter und von Elisabeth.

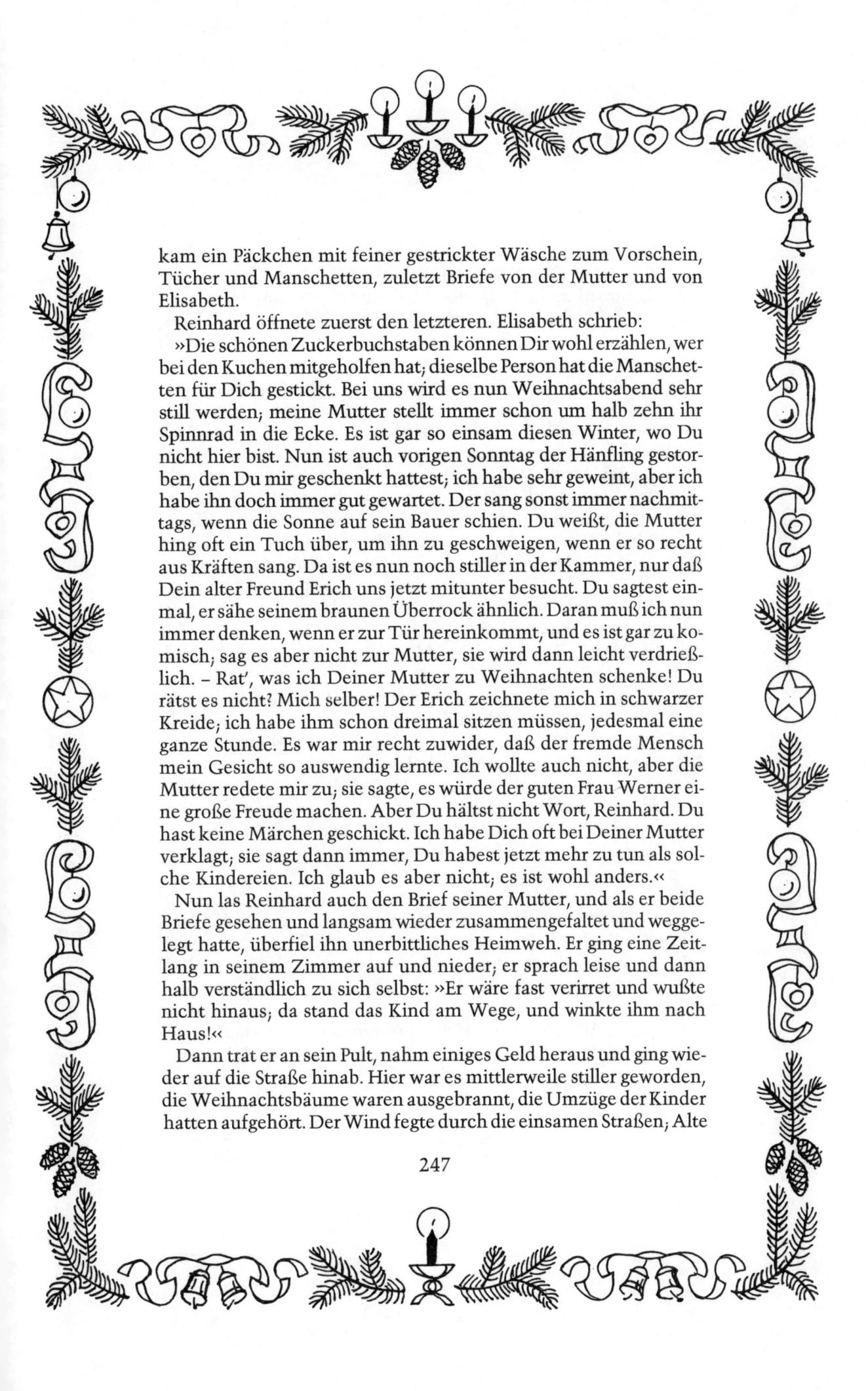

Reinhard öffnete zuerst den letzteren. Elisabeth schrieb:

»Die schönen Zuckerbuchstaben können Dir wohl erzählen, wer bei den Kuchen mitgeholfen hat; dieselbe Person hat die Manschetten für Dich gestickt. Bei uns wird es nun Weihnachtsabend sehr still werden; meine Mutter stellt immer schon um halb zehn ihr Spinnrad in die Ecke. Es ist gar so einsam diesen Winter, wo Du nicht hier bist. Nun ist auch vorigen Sonntag der Hänfling gestorben, den Du mir geschenkt hattest; ich habe sehr geweint, aber ich habe ihn doch immer gut gewartet. Der sang sonst immer nachmittags, wenn die Sonne auf sein Bauer schien. Du weißt, die Mutter hing oft ein Tuch über, um ihn zu geschweigen, wenn er so recht aus Kräften sang. Da ist es nun noch stiller in der Kammer, nur daß Dein alter Freund Erich uns jetzt mitunter besucht. Du sagtest einmal, er sähe seinem braunen Überrock ähnlich. Daran muß ich nun immer denken, wenn er zur Tür hereinkommt, und es ist gar zu komisch; sag es aber nicht zur Mutter, sie wird dann leicht verdrießlich. – Rat', was ich Deiner Mutter zu Weihnachten schenke! Du rätst es nicht? Mich selber! Der Erich zeichnete mich in schwarzer Kreide; ich habe ihm schon dreimal sitzen müssen, jedesmal eine ganze Stunde. Es war mir recht zuwider, daß der fremde Mensch mein Gesicht so auswendig lernte. Ich wollte auch nicht, aber die Mutter redete mir zu; sie sagte, es würde der guten Frau Werner eine große Freude machen. Aber Du hältst nicht Wort, Reinhard. Du hast keine Märchen geschickt. Ich habe Dich oft bei Deiner Mutter verklagt; sie sagt dann immer, Du habest jetzt mehr zu tun als solche Kindereien. Ich glaub es aber nicht; es ist wohl anders.«

Nun las Reinhard auch den Brief seiner Mutter, und als er beide Briefe gesehen und langsam wieder zusammengefaltet und weggelegt hatte, überfiel ihn unerbittliches Heimweh. Er ging eine Zeitlang in seinem Zimmer auf und nieder; er sprach leise und dann halb verständlich zu sich selbst: »Er wäre fast verirret und wußte nicht hinaus; da stand das Kind am Wege, und winkte ihm nach Haus!«

Dann trat er an sein Pult, nahm einiges Geld heraus und ging wieder auf die Straße hinab. Hier war es mittlerweile stiller geworden, die Weihnachtsbäume waren ausgebrannt, die Umzüge der Kinder hatten aufgehört. Der Wind fegte durch die einsamen Straßen; Alte und Junge saßen in ihren Häusern familienweise zusammen; der zweite Abschnitt des Weihnachtsabends hatte begonnen.

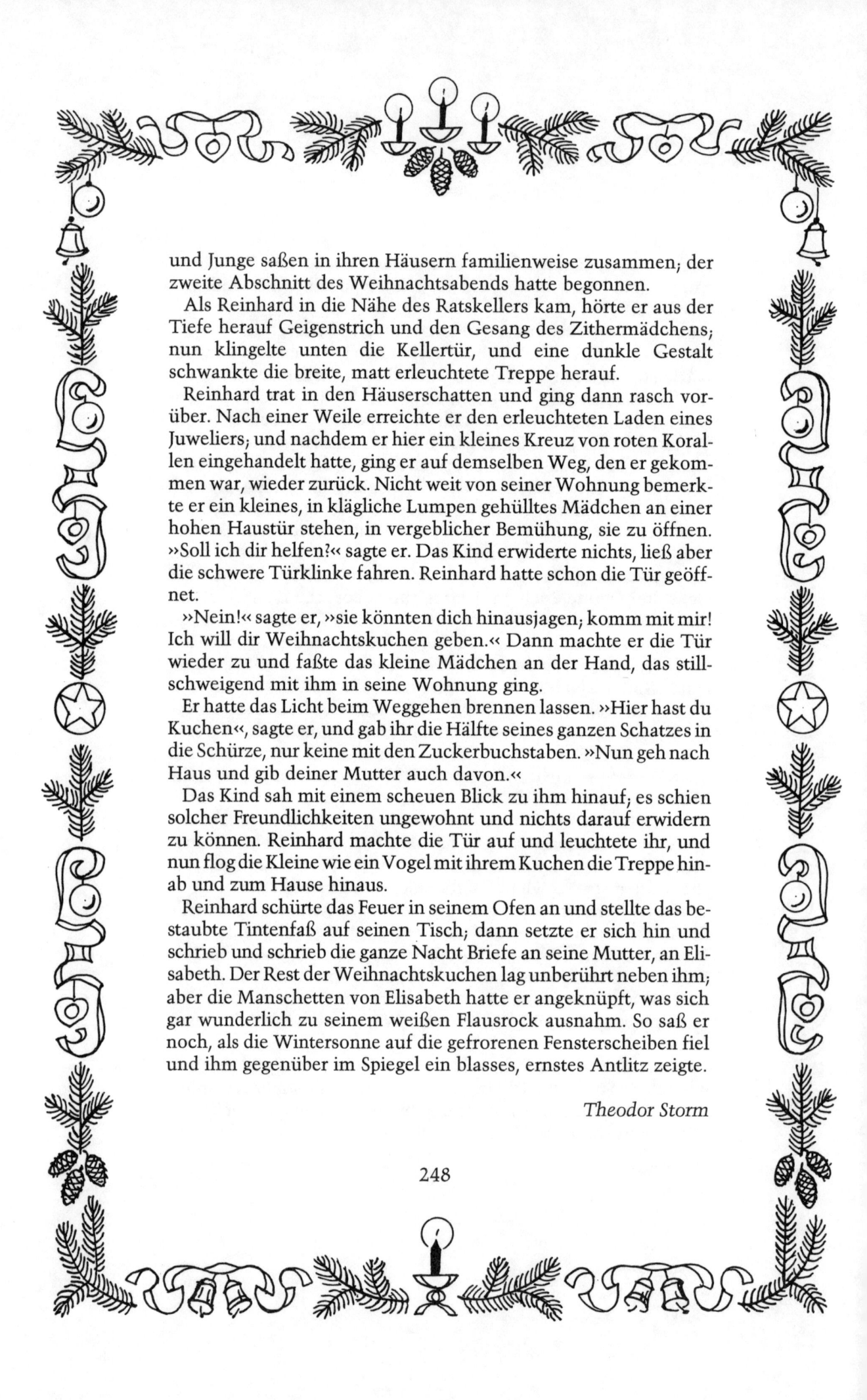

Als Reinhard in die Nähe des Ratskellers kam, hörte er aus der Tiefe herauf Geigenstrich und den Gesang des Zithermädchens; nun klingelte unten die Kellertür, und eine dunkle Gestalt schwankte die breite, matt erleuchtete Treppe herauf.

Reinhard trat in den Häuserschatten und ging dann rasch vorüber. Nach einer Weile erreichte er den erleuchteten Laden eines Juweliers; und nachdem er hier ein kleines Kreuz von roten Korallen eingehandelt hatte, ging er auf demselben Weg, den er gekommen war, wieder zurück. Nicht weit von seiner Wohnung bemerkte er ein kleines, in klägliche Lumpen gehülltes Mädchen an einer hohen Haustür stehen, in vergeblicher Bemühung, sie zu öffnen. »Soll ich dir helfen?« sagte er. Das Kind erwiderte nichts, ließ aber die schwere Türklinke fahren. Reinhard hatte schon die Tür geöffnet.

»Nein!« sagte er, »sie könnten dich hinausjagen; komm mit mir! Ich will dir Weihnachtskuchen geben.« Dann machte er die Tür wieder zu und faßte das kleine Mädchen an der Hand, das stillschweigend mit ihm in seine Wohnung ging.

Er hatte das Licht beim Weggehen brennen lassen. »Hier hast du Kuchen«, sagte er, und gab ihr die Hälfte seines ganzen Schatzes in die Schürze, nur keine mit den Zuckerbuchstaben. »Nun geh nach Haus und gib deiner Mutter auch davon.«

Das Kind sah mit einem scheuen Blick zu ihm hinauf; es schien solcher Freundlichkeiten ungewohnt und nichts darauf erwidern zu können. Reinhard machte die Tür auf und leuchtete ihr, und nun flog die Kleine wie ein Vogel mit ihrem Kuchen die Treppe hinab und zum Hause hinaus.

Reinhard schürte das Feuer in seinem Ofen an und stellte das bestaubte Tintenfaß auf seinen Tisch; dann setzte er sich hin und schrieb und schrieb die ganze Nacht Briefe an seine Mutter, an Elisabeth. Der Rest der Weihnachtskuchen lag unberührt neben ihm; aber die Manschetten von Elisabeth hatte er angeknüpft, was sich gar wunderlich zu seinem weißen Flausrock ausnahm. So saß er noch, als die Wintersonne auf die gefrorenen Fensterscheiben fiel und ihm gegenüber im Spiegel ein blasses, ernstes Antlitz zeigte.

Theodor Storm

Christbescherung

Der Nußbaum spricht:
Heut sieht man Büblein, Mägdlein warten.
Auf einen schönen Christkindgarten,
Da stellt man in die Mitt' hinein
Ein Tannenreis in Lichterschein.
Da hängt viel Naschwerk, Marzipan.
Auch sogar güldne Nüß daran.
Doch sind die Nüsse dürr und alt.
Die grünen Zweige welken bald,
Das Bäumlein kann halt nicht verhehlen.
Daß Leben ihm und Wurzel fehlen.
Ein kluges Kind hat das bald weg.
Und ist nur gessen erst der Schleck,
Dann ist ein solcher Baum veracht't.
Sein Glanz und Lust war über Nacht. –
Schaut her! da bin ich meiner Sex,
Doch ganz ein anderes Gewächs!

Mich lud der Freund in seinen Garten,
Dem blonden Kinde aufzuwarten:
Ich ginge gern hinein zum Liebchen
Und grüßte sie im warmen Stübchen,
Allein das schickt sich doch nicht ganz,
Ich bin ein gar zu langer Hans;
Drum bat ich sie zu mir heraus.
Zwar steh ich kahl und ohne Strauß,
Doch wart'! Es kommt die Sommerszeit,
Da ist's, wars unsereinen freut.
Da wickl' ich los mein würzig Blatt,
Es sieht kein Menschenaug sich satt.
Die Vögel singen in meinen Zweigen,
Und alles, Schätzchen, ist dein eigen!
Und hast du mir es heut verziehn,
Daß ich nun bloß von Früchten bin.
So bring ich dir gewiß und wahr
Ein Schürzlein Nüsse Jahr für Jahr.

Eduard Mörike

Es ist für uns eine Zeit ankommen

Es ist für uns eine Zeit ankommen,
Sie bringt für uns ein' große Gnad':
Unser Heiland Jesus Christ,
Der für uns uns, der für uns uns,
Der für uns Mensch worden ist.
Die Hirten of em Feld
Die laufen es schnell.
Sie laufen und springen
Und mänge hört singen:
Die Ehr' Gott in der Höh'
Und Friede sei auf Erd'.

Jesulein lag in der Krippe
Auf einem harten Felsenstein
Zwischen Ochs und Esulein.

O du armes, o du armes,
O du armes Jesulein.
Ach Gott, erbarm!
Wie ist die Mutter eso arm!
Sie hat ja kein Pfännelein,
Zu kochen dem Kindelein,
Kein Brot und kein Salz,
Kein' Butter und kein Schmalz.

Es kamen drei Könige her zu reisen.
Sie kamen her aus dem Morgenland.
Ein Stern tät sie begleiten
Und führte sie bis, führte sie bis,
Führte sie bis gen Bethlehem.
Im Morgenland,
Dort ist es eso kalt.
's mueß mänge verfriere
Und ds Läbe verliere.
Doch d' Mueter, au no so arm,
Sie haltet ds Khindli warm.

Über einem Stalle, da hielt der Stern stille.
Sie traten ein in den dunkeln Raum,
Kneuleten vor dem Kinde her;

Großes Opfer, großes Opfer,
Großes Opfer brachten sie dar.
»Wir kommen hier an,
Das wünschen wir euch an:
Ein guetes glücksäligs,
Gesund und auch fröhlichs,
Ein guetes neues Jahr,
Das wünschen wir euch an.«

Volkstümlich aus der Schweiz

Am Heiligen Abend

O Heiliger Abend,
Mit Sternen besät,
Wie lieblich und labend
Dein Hauch mich umweht!
Vom Kindergetümmel,
Vom Lichtergewimmel
Aufschau' ich zum Himmel
In leisem Gebet.

Da funkelt von Sternen
Ein himmlischer Baum,
Da jauchzt es im fernen,
Ätherischen Raum;
Da lassen die Sphären
In seligen Chören
Glückwünschend sich hören;
Mir klingt's wie im Traum.

Es führet mit Feuer
Orion den Chor,
Die himmlische Leier
Tönt golden hervor;
Dann folgen mit Schalle
Die Sternelein alle;
Dem lieblichen Halle
Lauscht selig mein Ohr:

»O Erde, du kleine,
Du dämmernder Stern,
Doch gleichet dir keine
Der Welten von fern!
So schmählich verloren,
So selig erkoren,
Auf dir ist geboren
Die Klarheit des Herrn!«

»Wir wandeln da oben
Im ewigen Licht,
Den Schöpfer zu loben
Ist selige Pflicht;
Wir wallen und wohnen
Seit vielen Äonen
Um himmlische Thronen
Und sündigen nicht.«

»Wir funkeln im alten
Urewigen Glanz,
Du hast nicht behalten
Den himmlischen Kranz;
Doch neu dich zu heben
Vom Tode zum Leben,
Hat dir sich ergeben
Der Ewige ganz!«

»Wir kennen nicht Tränen,
Nicht Tod und nicht Grab,
Doch ziehet ein Sehnen
Zu dir uns hinab,
Wo liebend gelitten,
Wo segnend geschritten
Durch niedrige Hütten
Dein göttlicher Knab'.«

»Du unter den Welten
Wie Bethlehem klein,
In himmlischen Zelten
Gedenket man dein.«
So klangen die Lieder
Der Sterne hernieder,
Da freut' ich mich wieder,
Von Erde zu sein.

Karl Gerok

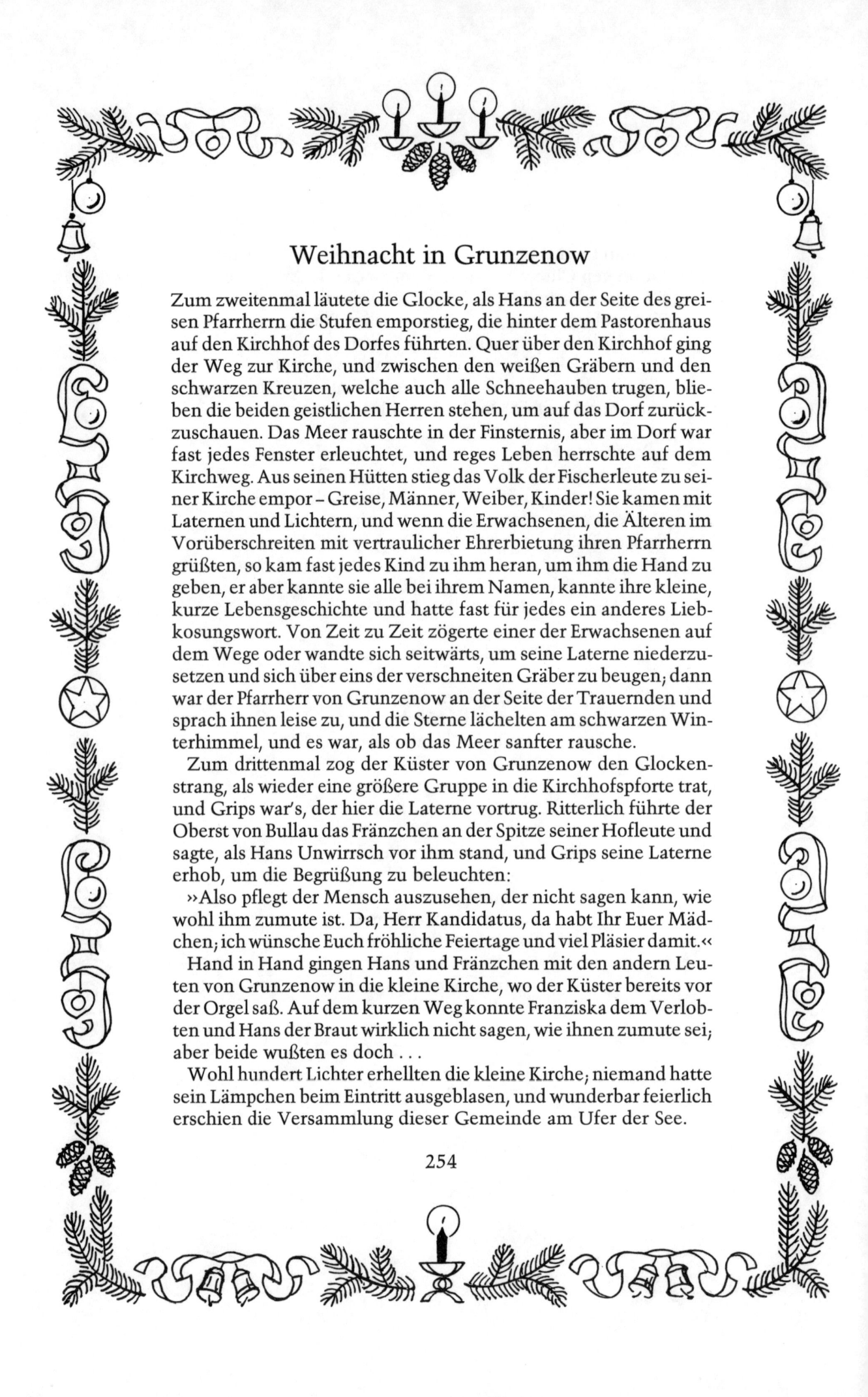

Weihnacht in Grunzenow

Zum zweitenmal läutete die Glocke, als Hans an der Seite des greisen Pfarrherrn die Stufen emporstieg, die hinter dem Pastorenhaus auf den Kirchhof des Dorfes führten. Quer über den Kirchhof ging der Weg zur Kirche, und zwischen den weißen Gräbern und den schwarzen Kreuzen, welche auch alle Schneehauben trugen, blieben die beiden geistlichen Herren stehen, um auf das Dorf zurückzuschauen. Das Meer rauschte in der Finsternis, aber im Dorf war fast jedes Fenster erleuchtet, und reges Leben herrschte auf dem Kirchweg. Aus seinen Hütten stieg das Volk der Fischerleute zu seiner Kirche empor – Greise, Männer, Weiber, Kinder! Sie kamen mit Laternen und Lichtern, und wenn die Erwachsenen, die Älteren im Vorüberschreiten mit vertraulicher Ehrerbietung ihren Pfarrherrn grüßten, so kam fast jedes Kind zu ihm heran, um ihm die Hand zu geben, er aber kannte sie alle bei ihrem Namen, kannte ihre kleine, kurze Lebensgeschichte und hatte fast für jedes ein anderes Liebkosungswort. Von Zeit zu Zeit zögerte einer der Erwachsenen auf dem Wege oder wandte sich seitwärts, um seine Laterne niederzusetzen und sich über eins der verschneiten Gräber zu beugen; dann war der Pfarrherr von Grunzenow an der Seite der Trauernden und sprach ihnen leise zu, und die Sterne lächelten am schwarzen Winterhimmel, und es war, als ob das Meer sanfter rausche.

Zum drittenmal zog der Küster von Grunzenow den Glockenstrang, als wieder eine größere Gruppe in die Kirchhofspforte trat, und Grips war's, der hier die Laterne vortrug. Ritterlich führte der Oberst von Bullau das Fränzchen an der Spitze seiner Hofleute und sagte, als Hans Unwirrsch vor ihm stand, und Grips seine Laterne erhob, um die Begrüßung zu beleuchten:

»Also pflegt der Mensch auszusehen, der nicht sagen kann, wie wohl ihm zumute ist. Da, Herr Kandidatus, da habt Ihr Euer Mädchen; ich wünsche Euch fröhliche Feiertage und viel Pläsier damit.«

Hand in Hand gingen Hans und Fränzchen mit den andern Leuten von Grunzenow in die kleine Kirche, wo der Küster bereits vor der Orgel saß. Auf dem kurzen Weg konnte Franziska dem Verlobten und Hans der Braut wirklich nicht sagen, wie ihnen zumute sei; aber beide wußten es doch...

Wohl hundert Lichter erhellten die kleine Kirche; niemand hatte sein Lämpchen beim Eintritt ausgeblasen, und wunderbar feierlich erschien die Versammlung dieser Gemeinde am Ufer der See.

Auf einer der vordersten Bänke, dicht vor dem Altar und der Kanzel, saß der Kandidat Unwirrsch neben seiner Braut und dem Obersten von Bullau nieder und sang im rauhen Chor der Fischer das alte Weihnachtslied mit bis zu Ende; bis unter den letzten Klängen der Orgel und des Gesanges Ehrn Josias Tillenius auf seine Kanzel trat, um seine Weihnachtspredigt zu halten; bis alle die von der Sonne gebräunten, vom Sturme und Wetter zerbissenen Gesichter der Männer, bis alle die ernsten Gesichter der Frauen, bis alle Kinderaugen sich zu dem alten, treuen Berater und Tröster emporhoben. Und keiner der berühmten und beliebten Redner, die Hans in der großen Stadt gehört hatte, keiner der berühmten Professoren, die ihm auf der Universität so viel gute Lehren gaben, hätte eine trefflichere Rede halten können als der Greis von der Hungerpfarre zu Grunzenow, der sich in der Bibliothek seiner Vorgänger nicht zurechtfinden konnte, und dem die moderne Wissenschaft der Theologie ein Buch mit sieben Siegeln geblieben war.

Mit jenem Gruß der Engel, über welchen kein anderer in der Welt geht, grüßte er seine Gemeinde: »Ehre sei Gott in der Höhe, und Friede auf Erden und den Menschen ein Wohlgefallen!« Dann wünschte er allen Glück zu dem hohen Fest, den Jungen wie den Alten, den Greisen wie den Kindern; und er hatte recht, als er einst zu Hans Unwirrsch sagte, daß es ein seltsam Ding sei, wenn einem

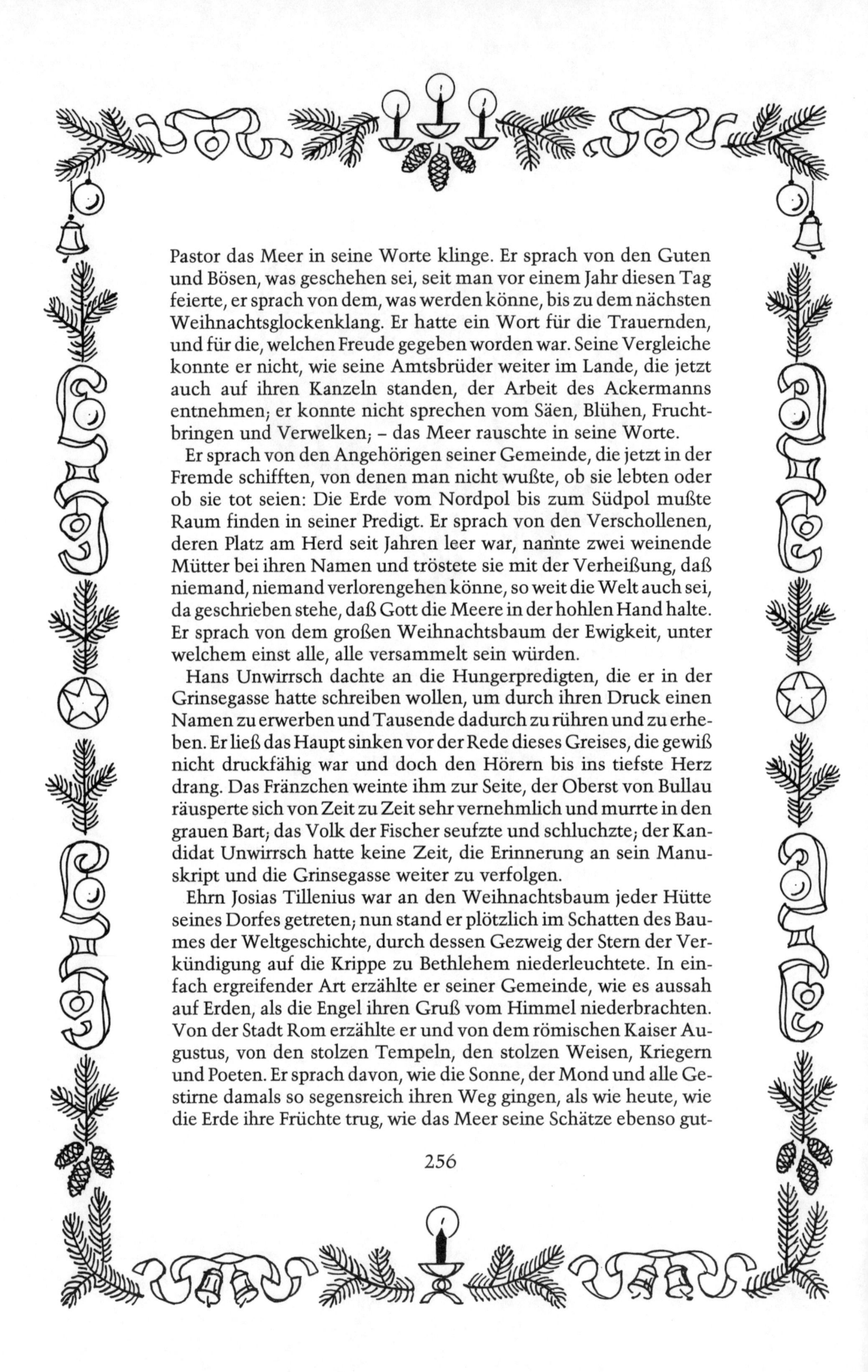

Pastor das Meer in seine Worte klinge. Er sprach von den Guten und Bösen, was geschehen sei, seit man vor einem Jahr diesen Tag feierte, er sprach von dem, was werden könne, bis zu dem nächsten Weihnachtsglockenklang. Er hatte ein Wort für die Trauernden, und für die, welchen Freude gegeben worden war. Seine Vergleiche konnte er nicht, wie seine Amtsbrüder weiter im Lande, die jetzt auch auf ihren Kanzeln standen, der Arbeit des Ackermanns entnehmen; er konnte nicht sprechen vom Säen, Blühen, Fruchtbringen und Verwelken; – das Meer rauschte in seine Worte.

Er sprach von den Angehörigen seiner Gemeinde, die jetzt in der Fremde schifften, von denen man nicht wußte, ob sie lebten oder ob sie tot seien: Die Erde vom Nordpol bis zum Südpol mußte Raum finden in seiner Predigt. Er sprach von den Verschollenen, deren Platz am Herd seit Jahren leer war, nannte zwei weinende Mütter bei ihren Namen und tröstete sie mit der Verheißung, daß niemand, niemand verlorengehen könne, so weit die Welt auch sei, da geschrieben stehe, daß Gott die Meere in der hohlen Hand halte. Er sprach von dem großen Weihnachtsbaum der Ewigkeit, unter welchem einst alle, alle versammelt sein würden.

Hans Unwirrsch dachte an die Hungerpredigten, die er in der Grinsegasse hatte schreiben wollen, um durch ihren Druck einen Namen zu erwerben und Tausende dadurch zu rühren und zu erheben. Er ließ das Haupt sinken vor der Rede dieses Greises, die gewiß nicht druckfähig war und doch den Hörern bis ins tiefste Herz drang. Das Fränzchen weinte ihm zur Seite, der Oberst von Bullau räusperte sich von Zeit zu Zeit sehr vernehmlich und murrte in den grauen Bart; das Volk der Fischer seufzte und schluchzte; der Kandidat Unwirrsch hatte keine Zeit, die Erinnerung an sein Manuskript und die Grinsegasse weiter zu verfolgen.

Ehrn Josias Tillenius war an den Weihnachtsbaum jeder Hütte seines Dorfes getreten; nun stand er plötzlich im Schatten des Baumes der Weltgeschichte, durch dessen Gezweig der Stern der Verkündigung auf die Krippe zu Bethlehem niederleuchtete. In einfach ergreifender Art erzählte er seiner Gemeinde, wie es aussah auf Erden, als die Engel ihren Gruß vom Himmel niederbrachten. Von der Stadt Rom erzählte er und von dem römischen Kaiser Augustus, von den stolzen Tempeln, den stolzen Weisen, Kriegern und Poeten. Er sprach davon, wie die Sonne, der Mond und alle Gestirne damals so segensreich ihren Weg gingen, als wie heute, wie die Erde ihre Früchte trug, wie das Meer seine Schätze ebenso gutwillig hergab als jetzt. Er erzählte, wie die Menschen sich damals in ihrer Zeit eingerichtet hatten: wie Zoll gefordert und gegeben wurde, wie die Seen und Flüsse und das Meer voll Schiffe, wie die Landstraßen voll Wanderer und die Märkte voll Kaufleute waren. Er berichtete, wie die Schätze der Nationen wie heute hin- und hergetragen wurden, und dann – dann sprach er von dem großen Hunger der Welt.

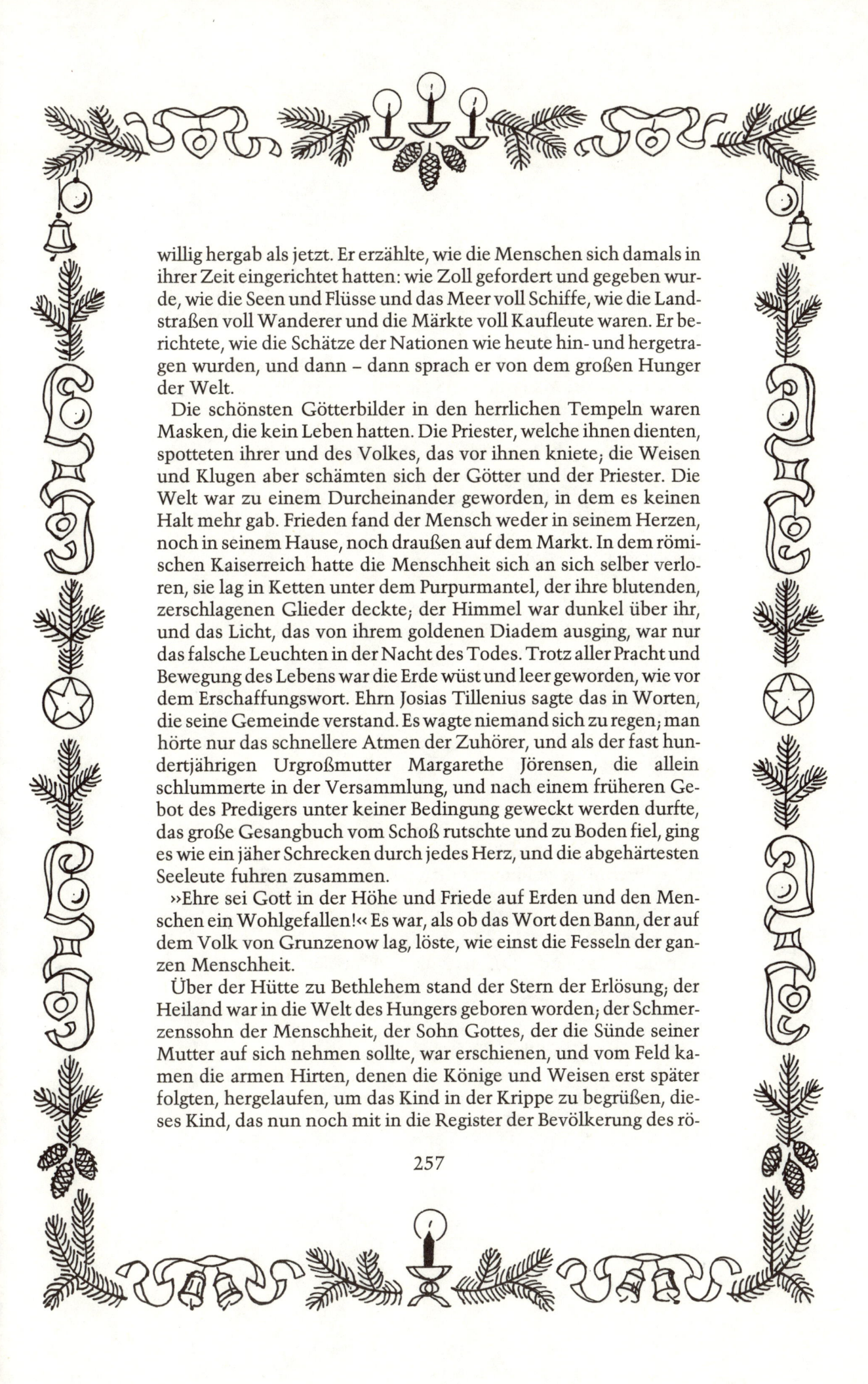

Die schönsten Götterbilder in den herrlichen Tempeln waren Masken, die kein Leben hatten. Die Priester, welche ihnen dienten, spotteten ihrer und des Volkes, das vor ihnen kniete; die Weisen und Klugen aber schämten sich der Götter und der Priester. Die Welt war zu einem Durcheinander geworden, in dem es keinen Halt mehr gab. Frieden fand der Mensch weder in seinem Herzen, noch in seinem Hause, noch draußen auf dem Markt. In dem römischen Kaiserreich hatte die Menschheit sich an sich selber verloren, sie lag in Ketten unter dem Purpurmantel, der ihre blutenden, zerschlagenen Glieder deckte; der Himmel war dunkel über ihr, und das Licht, das von ihrem goldenen Diadem ausging, war nur das falsche Leuchten in der Nacht des Todes. Trotz aller Pracht und Bewegung des Lebens war die Erde wüst und leer geworden, wie vor dem Erschaffungswort. Ehrn Josias Tillenius sagte das in Worten, die seine Gemeinde verstand. Es wagte niemand sich zu regen; man hörte nur das schnellere Atmen der Zuhörer, und als der fast hundertjährigen Urgroßmutter Margarethe Jörensen, die allein schlummerte in der Versammlung, und nach einem früheren Gebot des Predigers unter keiner Bedingung geweckt werden durfte, das große Gesangbuch vom Schoß rutschte und zu Boden fiel, ging es wie ein jäher Schrecken durch jedes Herz, und die abgehärtesten Seeleute fuhren zusammen.

»Ehre sei Gott in der Höhe und Friede auf Erden und den Menschen ein Wohlgefallen!« Es war, als ob das Wort den Bann, der auf dem Volk von Grunzenow lag, löste, wie einst die Fesseln der ganzen Menschheit.

Über der Hütte zu Bethlehem stand der Stern der Erlösung; der Heiland war in die Welt des Hungers geboren worden; der Schmerzenssohn der Menschheit, der Sohn Gottes, der die Sünde seiner Mutter auf sich nehmen sollte, war erschienen, und vom Feld kamen die armen Hirten, denen die Könige und Weisen erst später folgten, hergelaufen, um das Kind in der Krippe zu begrüßen, dieses Kind, das nun noch mit in die Register der Bevölkerung des römischen Reiches, die der Kaiser Augustus anfertigen ließ, aufgenommen werden konnte. Nun war die Zeit erfüllt und das Reich Gottes erschienen. Die hungrige Menschheit aber reckte die Hände auf nach dem »Brot, das vom Himmel kommt und der Welt das Leben gibt«. Der Himmel, der so finster und leer gewesen war, öffnete sich über den Kindern der Erde: Alle Völker sahen das große Licht – die Menschheit riß die Krone von dem gedemütigten Haupt und warf den Purpurmantel von den Schultern. Sie schämte sich ihrer blutenden Wunden, ihrer gefesselten, zerschlagenen Glieder nicht mehr – sie kniete und horchte. Wahrheit! jauchzte es vom Aufgang; Freiheit! jauchzte es vom Niedergang – Liebe! sangen die Engel um die Hütte, in welcher die Erbtochter des Stammes David und Joseph der Zimmermann von Nazareth den Hirten das Kind zeigten, das in der Nacht geboren worden war. Ehrn Josias Tillenius aber zeigte es jetzt den Kindern seines Dorfes; denn das Weihnachtsfest ist das Fest des Kindes, welchem die erhabenen Ostern fremd bleiben, bis es über den ersten wahren Schmerz nachdenken mußte. In die Weihnachtsworte aber, die der alte Prediger zu den Kindern sprach, dämmerte der neue Tag. Es wurde Dämmerung vor den Fenstern der kleinen Kirche, und das Licht der Lampen und Wachskerzen erbleichte vor dem rosigen Schimmer, der den Winterhimmel überzog. Wieder erklang die Orgel, die Gemeinde von Grunzenow sang den Schlußvers des Weihnachtsliedes, die Kirche war zu Ende.

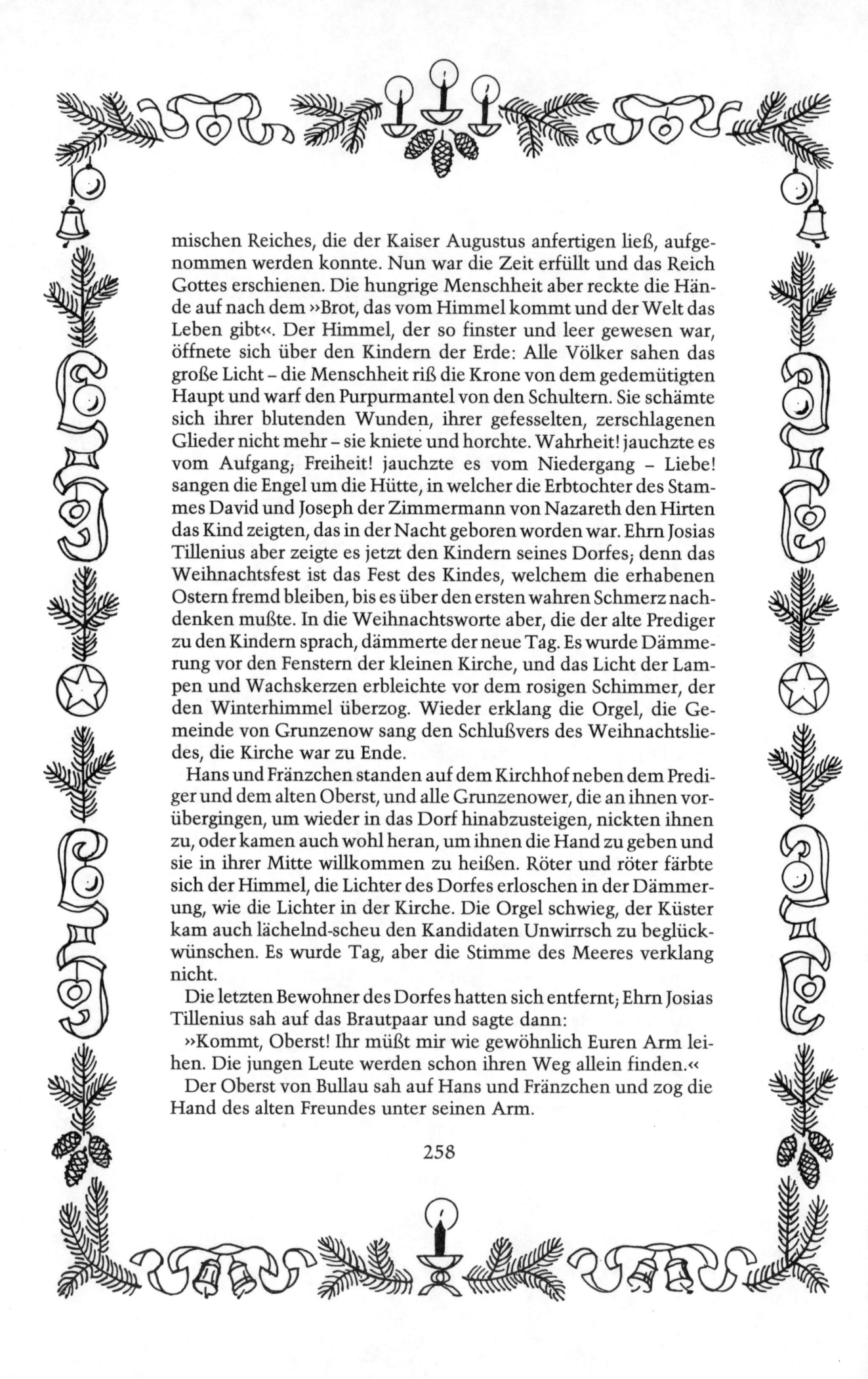

Hans und Fränzchen standen auf dem Kirchhof neben dem Prediger und dem alten Oberst, und alle Grunzenower, die an ihnen vorübergingen, um wieder in das Dorf hinabzusteigen, nickten ihnen zu, oder kamen auch wohl heran, um ihnen die Hand zu geben und sie in ihrer Mitte willkommen zu heißen. Röter und röter färbte sich der Himmel, die Lichter des Dorfes erloschen in der Dämmerung, wie die Lichter in der Kirche. Die Orgel schwieg, der Küster kam auch lächelnd-scheu den Kandidaten Unwirrsch zu beglückwünschen. Es wurde Tag, aber die Stimme des Meeres verklang nicht.

Die letzten Bewohner des Dorfes hatten sich entfernt; Ehrn Josias Tillenius sah auf das Brautpaar und sagte dann:

»Kommt, Oberst! Ihr müßt mir wie gewöhnlich Euren Arm leihen. Die jungen Leute werden schon ihren Weg allein finden.«

Der Oberst von Bullau sah auf Hans und Fränzchen und zog die Hand des alten Freundes unter seinen Arm.

Auch der Pastor und der Herr von Bullau stiegen herab von dem Kirchhof – Hans und seine Braut standen allein unter den schneebedeckten Gräbern. Sie standen und hielten einander fest umschlungen. Zu gleicher Zeit kam beiden derselbe Gedanke, daß sie dereinst auch auf diesem kleinen Kirchhof liegen und schlafen würden; aber sie lächelten und sehnten sich nicht fort ...

Wilhelm Raabe

Der gleitende Purpur

»Eia Weihnacht! Eia Weihnacht!«
Schallt im Münsterchor der Psalm der Knaben.
Kaiser Otto lauscht der Mette,
Diener hinter sich mit Spend und Gaben.

Eia Weihnacht! Eia Weihnacht!
Heute, da die Himmel niederschweben,
Wird dem Elend und der Blöße
Mäntel er und warme Röcke geben.

Hundert Bettler stehn erwartend –
Einer hält des Kaisers Knie umfangen
Mit den wundgeriebenen Armen,
Dran zerriss'ner Fesseln Enden hangen.

»Schalk! Was zerrst du mir den Purpur?
Harr und bete! Kennst du mich als Kargen?«
Doch der Bettler hält den Mantel
Fest und jammert: »Kennst du mich, den Argen?

Du Gesalbter und Erlauchter!
Kennst du mich? ... Du hast mit mir gelegen,
Mit dem Siechen, mit dem Wunden,
Unter eines Mutterherzens Schlägen.

Aus demselben Wollentuche
Schnitt man uns die Kappen und die Kleider!
Aus demselben Psalmenbuche
Sang das frische Jugendantlitz beider!

Heinz, wo bist du? Heinz, wo bleibst du?
Hast zum Spiele du mich oft gerufen
Durch die Säle, durch die Gänge,
Auf und ab der Wendeltreppe Stufen ...

Wehe mir! Da du dich kröntest,
Hat des Neides Natter mich gebissen!
Mit dem Lügengeist im Bunde
Hab ich dieses deutsche Reich zerrissen!

Als den ungetreuen Bruder
Und Verräter hast du mich erfunden!
Du ergrimmtest und du warfest
In die Kerkertiefe mich gebunden ...

In der Tiefe meines Kerkers
Hab ich ohne Mantel heut gefroren ...
Eia Weihnacht! Eia Weihnacht!
Heute wird der Welt das Heil geboren!«

»Eia Weihnacht! Eia Weihnacht!«
Hundert Bettler strecken jetzt die Hände:
»Gib uns Mäntel! Gib uns Röcke!
Sei barmherzig! Gib uns deine Spende!«

Eine Spange löst der Kaiser
Sacht. Sein Purpur gleitet, gleitet, gleitet
Über seinen sünd'gen Bruder,
Und der erste Bettler steht bekleidet ...

Eia Weihnacht! Eia Weihnacht!
Jubelt Erd' und Himmelreich mit Schallen.
Glorie! Glorie! Friede! Freude!
Und am Menschenkind ein Wohlgefallen!

Conrad Ferdinand Meyer

Weihnachten

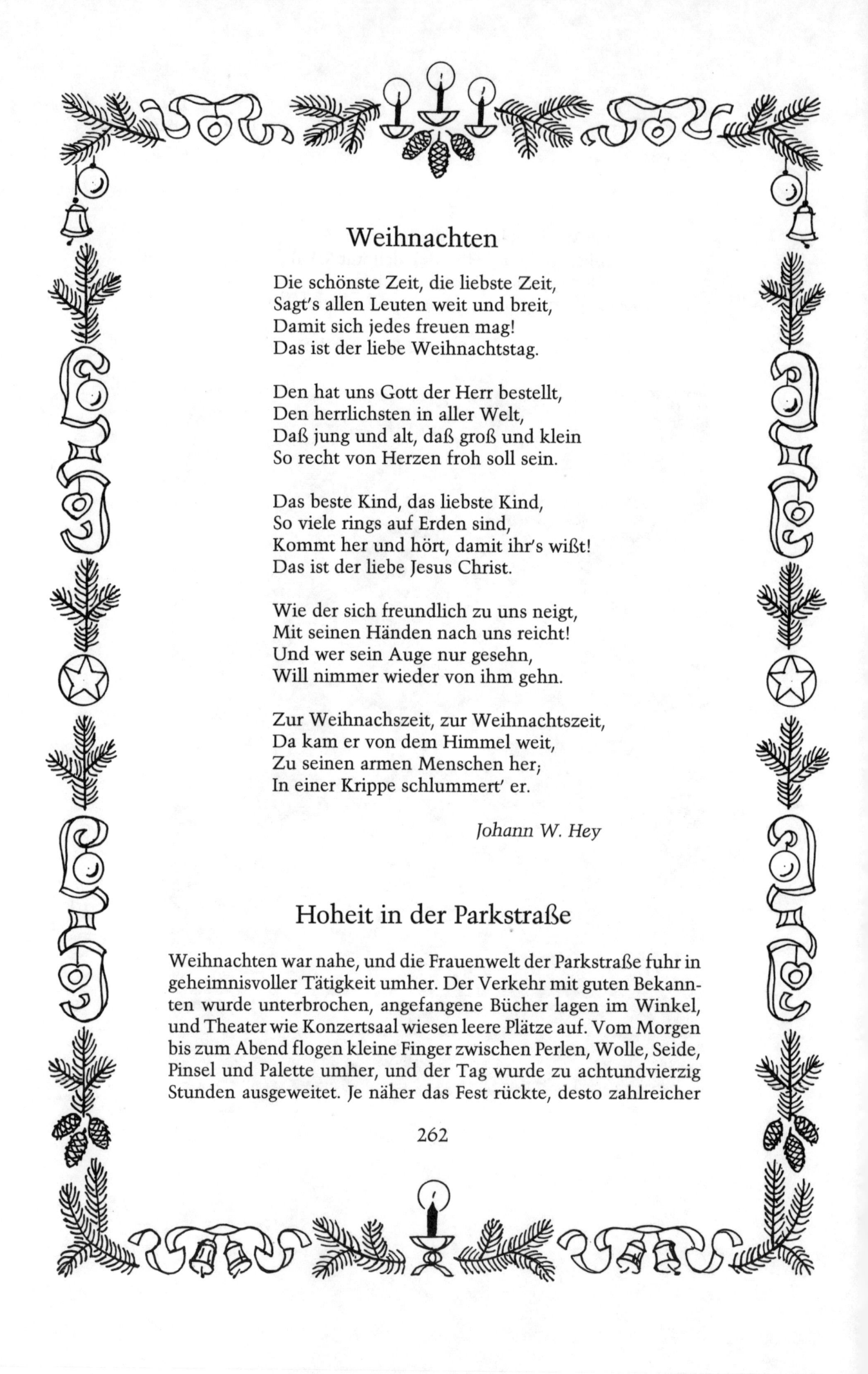

Die schönste Zeit, die liebste Zeit,
Sagt's allen Leuten weit und breit,
Damit sich jedes freuen mag!
Das ist der liebe Weihnachtstag.

Den hat uns Gott der Herr bestellt,
Den herrlichsten in aller Welt,
Daß jung und alt, daß groß und klein
So recht von Herzen froh soll sein.

Das beste Kind, das liebste Kind,
So viele rings auf Erden sind,
Kommt her und hört, damit ihr's wißt!
Das ist der liebe Jesus Christ.

Wie der sich freundlich zu uns neigt,
Mit seinen Händen nach uns reicht!
Und wer sein Auge nur gesehn,
Will nimmer wieder von ihm gehn.

Zur Weihnachszeit, zur Weihnachtszeit,
Da kam er von dem Himmel weit,
Zu seinen armen Menschen her;
In einer Krippe schlummert' er.

Johann W. Hey

Hoheit in der Parkstraße

Weihnachten war nahe, und die Frauenwelt der Parkstraße fuhr in geheimnisvoller Tätigkeit umher. Der Verkehr mit guten Bekannten wurde unterbrochen, angefangene Bücher lagen im Winkel, und Theater wie Konzertsaal wiesen leere Plätze auf. Vom Morgen bis zum Abend flogen kleine Finger zwischen Perlen, Wolle, Seide, Pinsel und Palette umher, und der Tag wurde zu achtundvierzig Stunden ausgeweitet. Je näher das Fest rückte, desto zahlreicher wurden die Geheimnisse; in jedem Schrank steckten Dinge, die niemand sehen sollte, und von allen Seiten wurden Pakete in das Haus getragen, deren Berührung verpönt war.

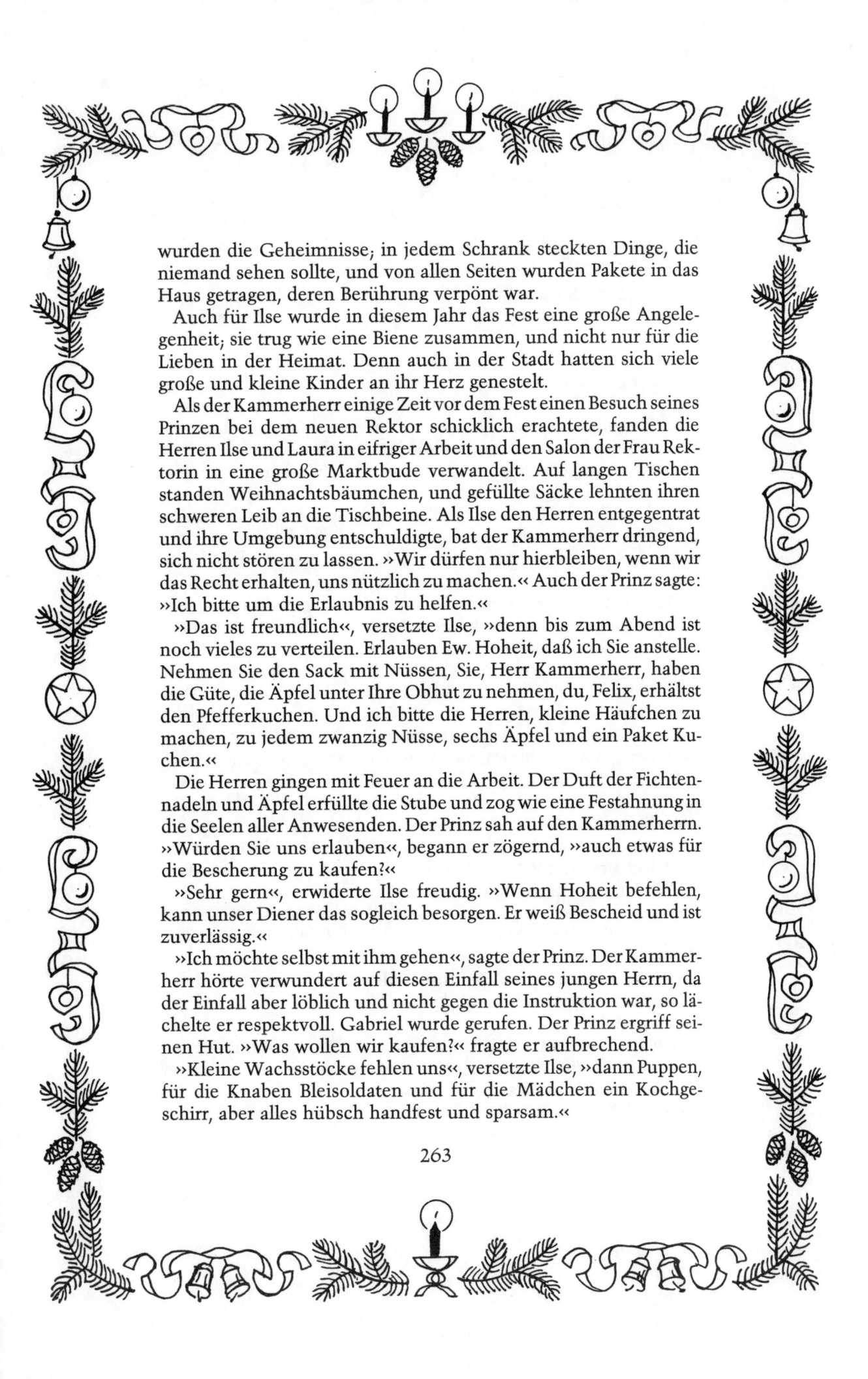

Auch für Ilse wurde in diesem Jahr das Fest eine große Angelegenheit; sie trug wie eine Biene zusammen, und nicht nur für die Lieben in der Heimat. Denn auch in der Stadt hatten sich viele große und kleine Kinder an ihr Herz genestelt.

Als der Kammerherr einige Zeit vor dem Fest einen Besuch seines Prinzen bei dem neuen Rektor schicklich erachtete, fanden die Herren Ilse und Laura in eifriger Arbeit und den Salon der Frau Rektorin in eine große Marktbude verwandelt. Auf langen Tischen standen Weihnachtsbäumchen, und gefüllte Säcke lehnten ihren schweren Leib an die Tischbeine. Als Ilse den Herren entgegentrat und ihre Umgebung entschuldigte, bat der Kammerherr dringend, sich nicht stören zu lassen. »Wir dürfen nur hierbleiben, wenn wir das Recht erhalten, uns nützlich zu machen.« Auch der Prinz sagte: »Ich bitte um die Erlaubnis zu helfen.«

»Das ist freundlich«, versetzte Ilse, »denn bis zum Abend ist noch vieles zu verteilen. Erlauben Ew. Hoheit, daß ich Sie anstelle. Nehmen Sie den Sack mit Nüssen, Sie, Herr Kammerherr, haben die Güte, die Äpfel unter Ihre Obhut zu nehmen, du, Felix, erhältst den Pfefferkuchen. Und ich bitte die Herren, kleine Häufchen zu machen, zu jedem zwanzig Nüsse, sechs Äpfel und ein Paket Kuchen.«

Die Herren gingen mit Feuer an die Arbeit. Der Duft der Fichtennadeln und Äpfel erfüllte die Stube und zog wie eine Festahnung in die Seelen aller Anwesenden. Der Prinz sah auf den Kammerherrn. »Würden Sie uns erlauben«, begann er zögernd, »auch etwas für die Bescherung zu kaufen?«

»Sehr gern«, erwiderte Ilse freudig. »Wenn Hoheit befehlen, kann unser Diener das sogleich besorgen. Er weiß Bescheid und ist zuverlässig.«

»Ich möchte selbst mit ihm gehen«, sagte der Prinz. Der Kammerherr hörte verwundert auf diesen Einfall seines jungen Herrn, da der Einfall aber löblich und nicht gegen die Instruktion war, so lächelte er respektvoll. Gabriel wurde gerufen. Der Prinz ergriff seinen Hut. »Was wollen wir kaufen?« fragte er aufbrechend.

»Kleine Wachsstöcke fehlen uns«, versetzte Ilse, »dann Puppen, für die Knaben Bleisoldaten und für die Mädchen ein Kochgeschirr, aber alles hübsch handfest und sparsam.«

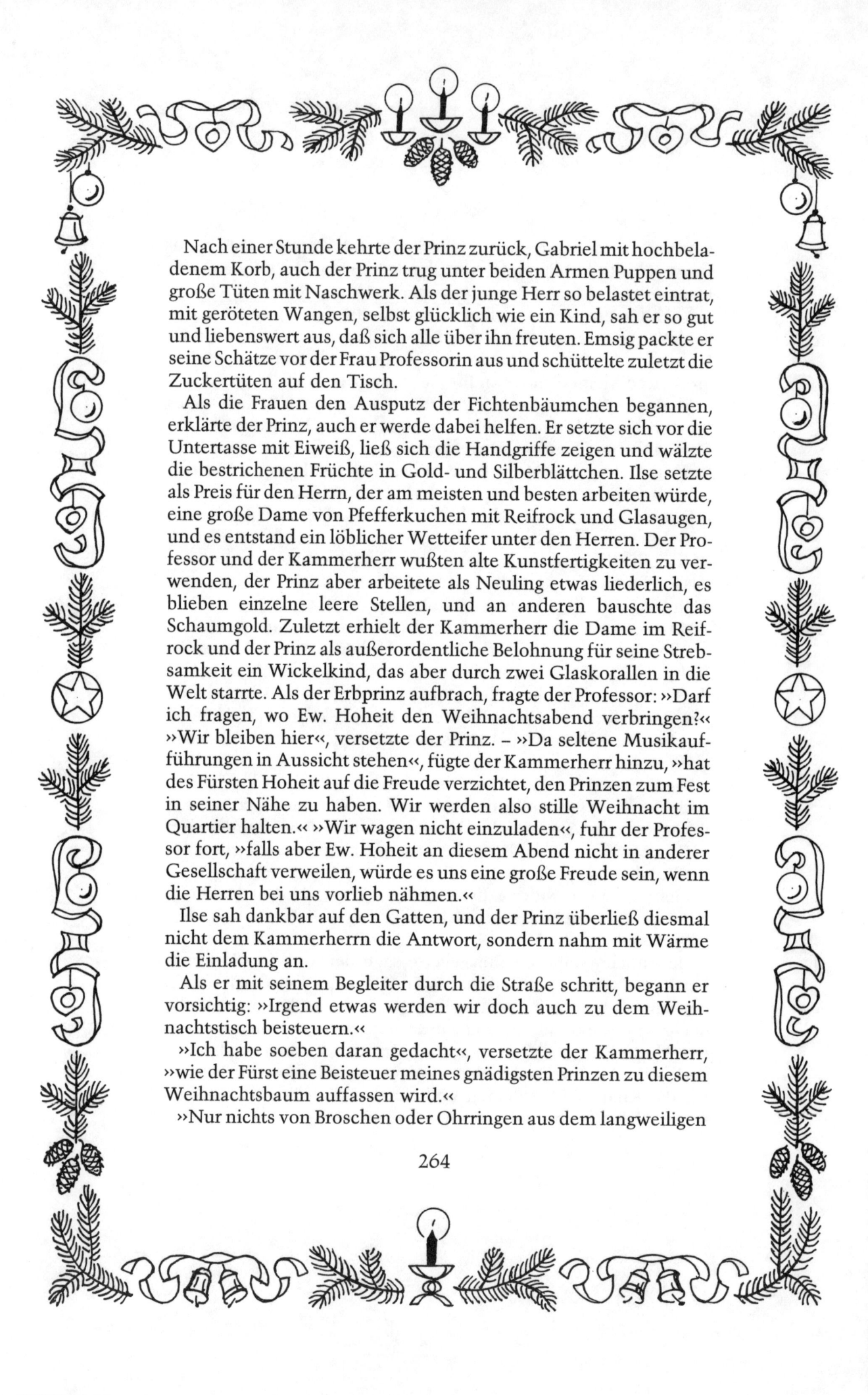

Nach einer Stunde kehrte der Prinz zurück, Gabriel mit hochbeladenem Korb, auch der Prinz trug unter beiden Armen Puppen und große Tüten mit Naschwerk. Als der junge Herr so belastet eintrat, mit geröteten Wangen, selbst glücklich wie ein Kind, sah er so gut und liebenswert aus, daß sich alle über ihn freuten. Emsig packte er seine Schätze vor der Frau Professorin aus und schüttelte zuletzt die Zuckertüten auf den Tisch.

Als die Frauen den Ausputz der Fichtenbäumchen begannen, erklärte der Prinz, auch er werde dabei helfen. Er setzte sich vor die Untertasse mit Eiweiß, ließ sich die Handgriffe zeigen und wälzte die bestrichenen Früchte in Gold- und Silberblättchen. Ilse setzte als Preis für den Herrn, der am meisten und besten arbeiten würde, eine große Dame von Pfefferkuchen mit Reifrock und Glasaugen, und es entstand ein löblicher Wetteifer unter den Herren. Der Professor und der Kammerherr wußten alte Kunstfertigkeiten zu verwenden, der Prinz aber arbeitete als Neuling etwas liederlich, es blieben einzelne leere Stellen, und an anderen bauschte das Schaumgold. Zuletzt erhielt der Kammerherr die Dame im Reifrock und der Prinz als außerordentliche Belohnung für seine Strebsamkeit ein Wickelkind, das aber durch zwei Glaskorallen in die Welt starrte. Als der Erbprinz aufbrach, fragte der Professor: »Darf ich fragen, wo Ew. Hoheit den Weihnachtsabend verbringen?« »Wir bleiben hier«, versetzte der Prinz. – »Da seltene Musikaufführungen in Aussicht stehen«, fügte der Kammerherr hinzu, »hat des Fürsten Hoheit auf die Freude verzichtet, den Prinzen zum Fest in seiner Nähe zu haben. Wir werden also stille Weihnacht im Quartier halten.« »Wir wagen nicht einzuladen«, fuhr der Professor fort, »falls aber Ew. Hoheit an diesem Abend nicht in anderer Gesellschaft verweilen, würde es uns eine große Freude sein, wenn die Herren bei uns vorlieb nähmen.«

Ilse sah dankbar auf den Gatten, und der Prinz überließ diesmal nicht dem Kammerherrn die Antwort, sondern nahm mit Wärme die Einladung an.

Als er mit seinem Begleiter durch die Straße schritt, begann er vorsichtig: »Irgend etwas werden wir doch auch zu dem Weihnachtstisch beisteuern.«

»Ich habe soeben daran gedacht«, versetzte der Kammerherr, »wie der Fürst eine Beisteuer meines gnädigsten Prinzen zu diesem Weihnachtsbaum auffassen wird.«

»Nur nichts von Broschen oder Ohrringen aus dem langweiligen

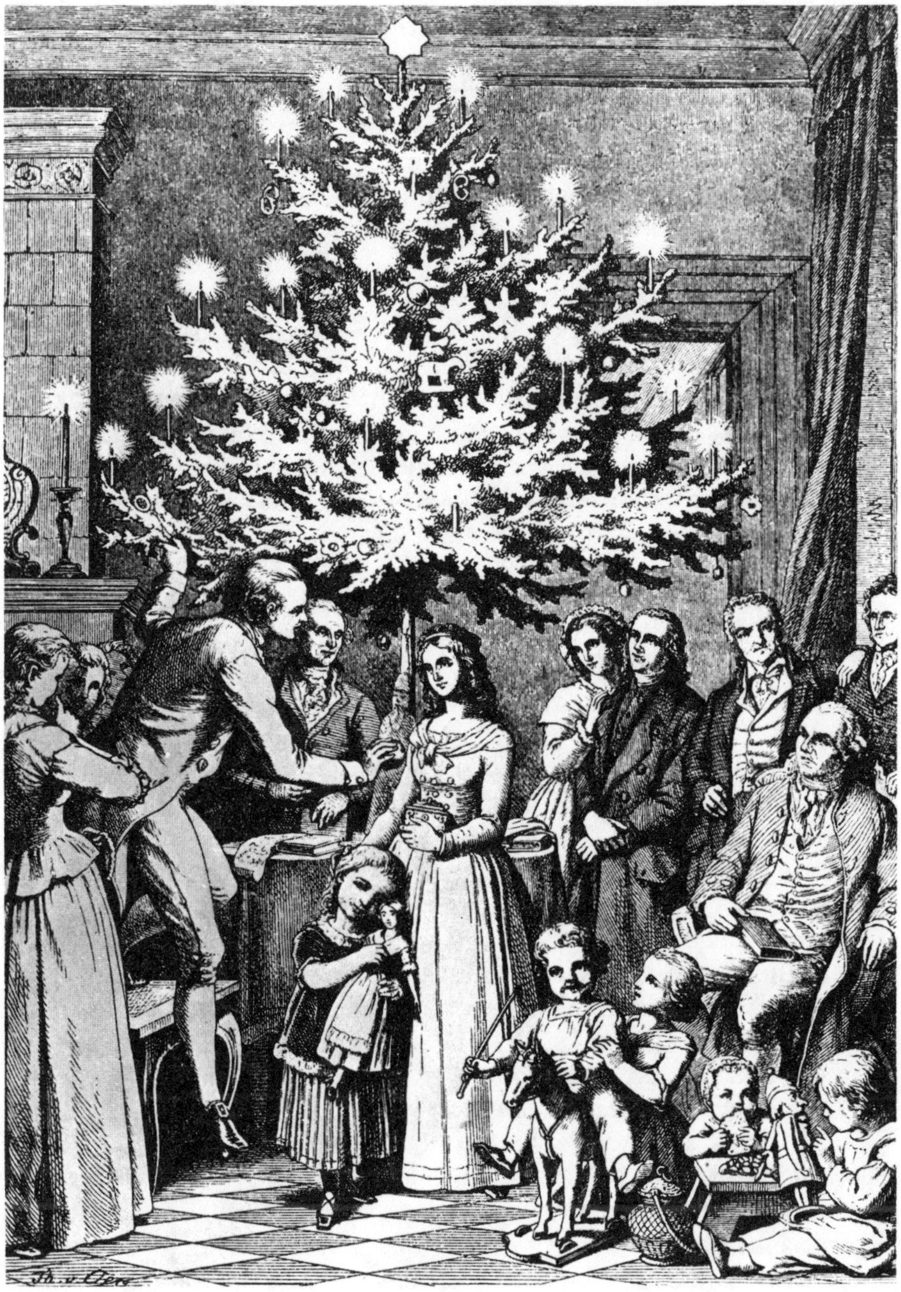

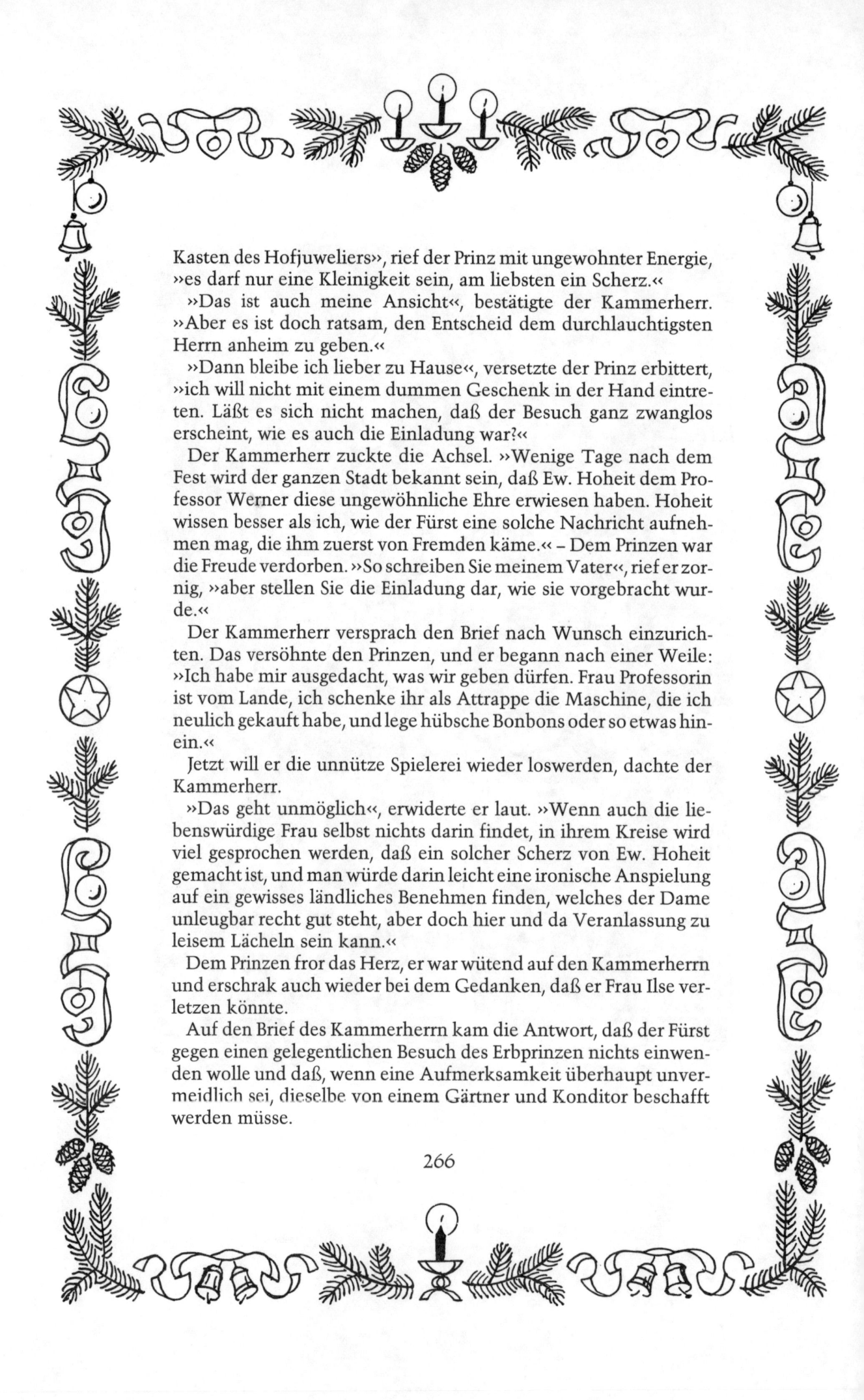

Kasten des Hofjuweliers«, rief der Prinz mit ungewohnter Energie, »es darf nur eine Kleinigkeit sein, am liebsten ein Scherz.«

»Das ist auch meine Ansicht«, bestätigte der Kammerherr. »Aber es ist doch ratsam, den Entscheid dem durchlauchtigsten Herrn anheim zu geben.«

»Dann bleibe ich lieber zu Hause«, versetzte der Prinz erbittert, »ich will nicht mit einem dummen Geschenk in der Hand eintreten. Läßt es sich nicht machen, daß der Besuch ganz zwanglos erscheint, wie es auch die Einladung war?«

Der Kammerherr zuckte die Achsel. »Wenige Tage nach dem Fest wird der ganzen Stadt bekannt sein, daß Ew. Hoheit dem Professor Werner diese ungewöhnliche Ehre erwiesen haben. Hoheit wissen besser als ich, wie der Fürst eine solche Nachricht aufnehmen mag, die ihm zuerst von Fremden käme.« – Dem Prinzen war die Freude verdorben. »So schreiben Sie meinem Vater«, rief er zornig, »aber stellen Sie die Einladung dar, wie sie vorgebracht wurde.«

Der Kammerherr versprach den Brief nach Wunsch einzurichten. Das versöhnte den Prinzen, und er begann nach einer Weile: »Ich habe mir ausgedacht, was wir geben dürfen. Frau Professorin ist vom Lande, ich schenke ihr als Attrappe die Maschine, die ich neulich gekauft habe, und lege hübsche Bonbons oder so etwas hinein.«

Jetzt will er die unnütze Spielerei wieder loswerden, dachte der Kammerherr.

»Das geht unmöglich«, erwiderte er laut. »Wenn auch die liebenswürdige Frau selbst nichts darin findet, in ihrem Kreise wird viel gesprochen werden, daß ein solcher Scherz von Ew. Hoheit gemacht ist, und man würde darin leicht eine ironische Anspielung auf ein gewisses ländliches Benehmen finden, welches der Dame unleugbar recht gut steht, aber doch hier und da Veranlassung zu leisem Lächeln sein kann.«

Dem Prinzen fror das Herz, er war wütend auf den Kammerherrn und erschrak auch wieder bei dem Gedanken, daß er Frau Ilse verletzen könnte.

Auf den Brief des Kammerherrn kam die Antwort, daß der Fürst gegen einen gelegentlichen Besuch des Erbprinzen nichts einwenden wolle und daß, wenn eine Aufmerksamkeit überhaupt unvermeidlich sei, dieselbe von einem Gärtner und Konditor beschafft werden müsse.

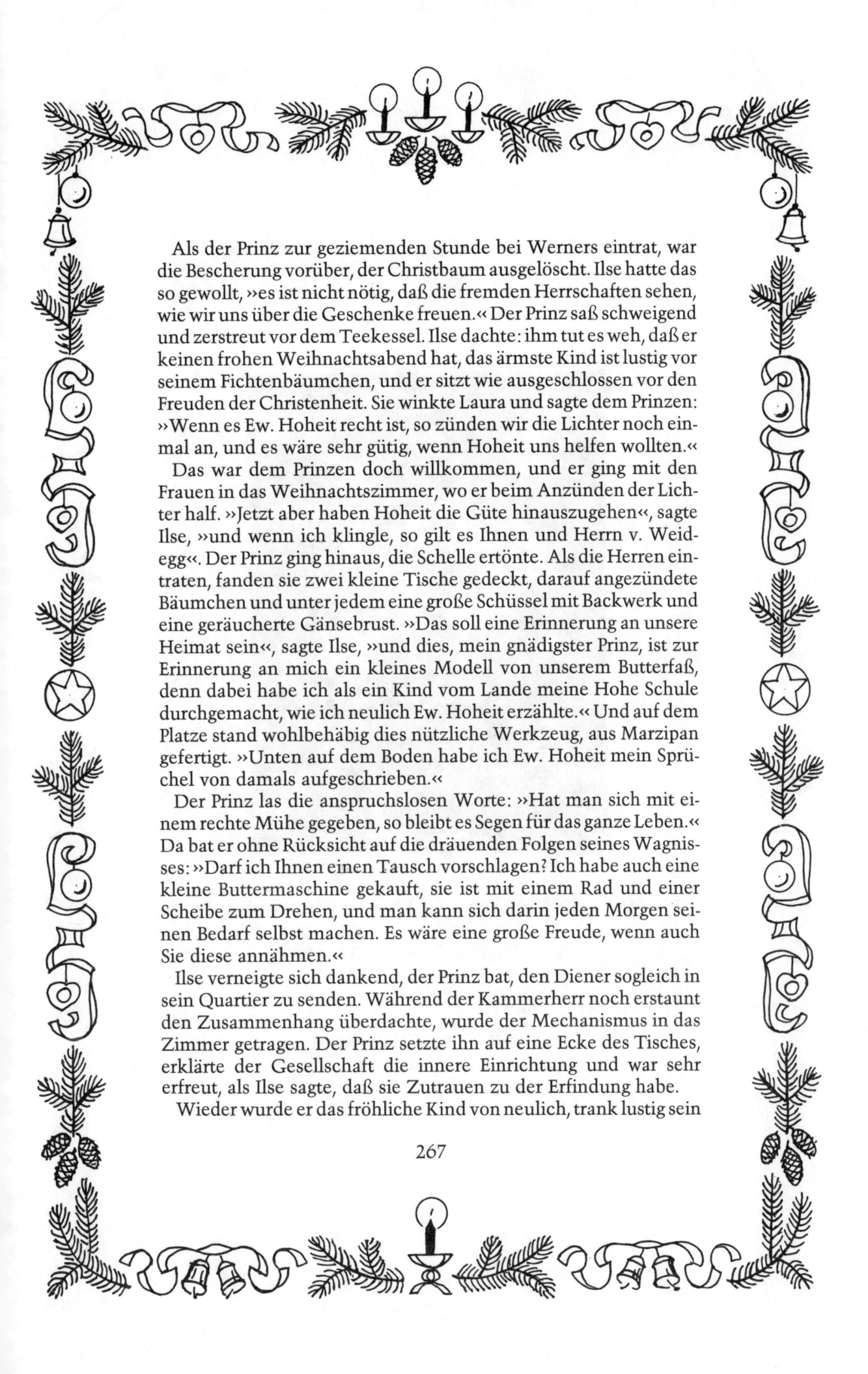

Als der Prinz zur geziemenden Stunde bei Werners eintrat, war die Bescherung vorüber, der Christbaum ausgelöscht. Ilse hatte das so gewollt, »es ist nicht nötig, daß die fremden Herrschaften sehen, wie wir uns über die Geschenke freuen.« Der Prinz saß schweigend und zerstreut vor dem Teekessel. Ilse dachte: ihm tut es weh, daß er keinen frohen Weihnachtsabend hat, das ärmste Kind ist lustig vor seinem Fichtenbäumchen, und er sitzt wie ausgeschlossen vor den Freuden der Christenheit. Sie winkte Laura und sagte dem Prinzen: »Wenn es Ew. Hoheit recht ist, so zünden wir die Lichter noch einmal an, und es wäre sehr gütig, wenn Hoheit uns helfen wollten.«

Das war dem Prinzen doch willkommen, und er ging mit den Frauen in das Weihnachtszimmer, wo er beim Anzünden der Lichter half. »Jetzt aber haben Hoheit die Güte hinauszugehen«, sagte Ilse, »und wenn ich klingle, so gilt es Ihnen und Herrn v. Weidegg«. Der Prinz ging hinaus, die Schelle ertönte. Als die Herren eintraten, fanden sie zwei kleine Tische gedeckt, darauf angezündete Bäumchen und unter jedem eine große Schüssel mit Backwerk und eine geräucherte Gänsebrust. »Das soll eine Erinnerung an unsere Heimat sein«, sagte Ilse, »und dies, mein gnädigster Prinz, ist zur Erinnerung an mich ein kleines Modell von unserem Butterfaß, denn dabei habe ich als ein Kind vom Lande meine Hohe Schule durchgemacht, wie ich neulich Ew. Hoheit erzählte.« Und auf dem Platze stand wohlbehäbig dies nützliche Werkzeug, aus Marzipan gefertigt. »Unten auf dem Boden habe ich Ew. Hoheit mein Sprüchel von damals aufgeschrieben.«

Der Prinz las die anspruchslosen Worte: »Hat man sich mit einem rechte Mühe gegeben, so bleibt es Segen für das ganze Leben.« Da bat er ohne Rücksicht auf die dräuenden Folgen seines Wagnisses: »Darf ich Ihnen einen Tausch vorschlagen? Ich habe auch eine kleine Buttermaschine gekauft, sie ist mit einem Rad und einer Scheibe zum Drehen, und man kann sich darin jeden Morgen seinen Bedarf selbst machen. Es wäre eine große Freude, wenn auch Sie diese annähmen.«

Ilse verneigte sich dankend, der Prinz bat, den Diener sogleich in sein Quartier zu senden. Während der Kammerherr noch erstaunt den Zusammenhang überdachte, wurde der Mechanismus in das Zimmer getragen. Der Prinz setzte ihn auf eine Ecke des Tisches, erklärte der Gesellschaft die innere Einrichtung und war sehr erfreut, als Ilse sagte, daß sie Zutrauen zu der Erfindung habe.

Wieder wurde er das fröhliche Kind von neulich, trank lustig sein

Glas Wein und brachte mit gefälligem Anstand die Gesundheit des Hausherrn und der Hausfrau aus. Und beim Abschied packte er sich selbst den Marzipan ein und trug ihn in der Tasche nach Hause.

Gustav Freytag

Bäume leuchtend, Bäume blendend

Bäume leuchtend, Bäume blendend,
Überall das Süße spendend,
In dem Glanze sich bewegend,
Alt und junges Herz erregend.
Solch ein Fest ist uns bescheret,
Mancher Gaben Schmuck verehret;
Staunend schaun wir auf und nieder,
Hin und her und immer wieder.

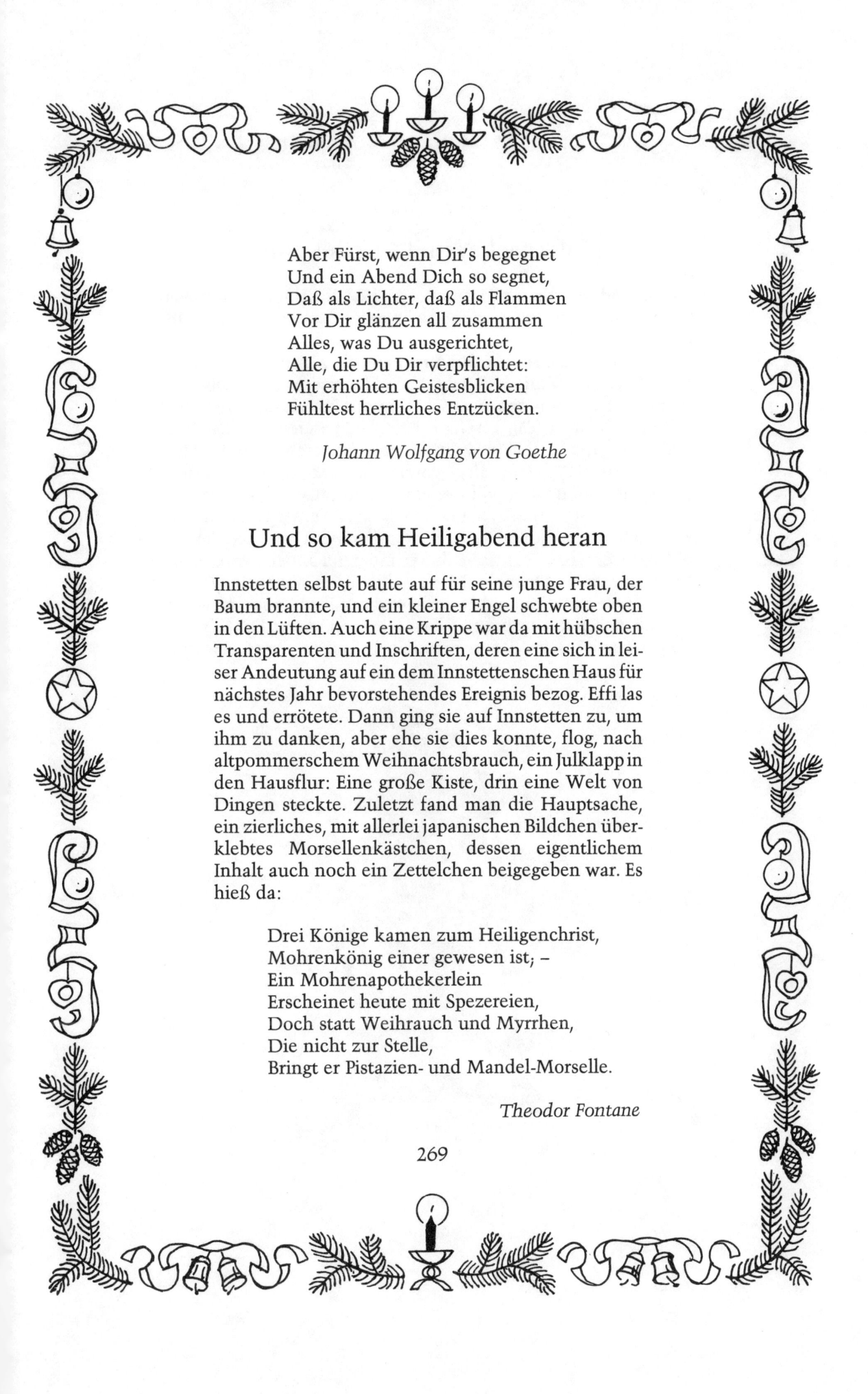

Aber Fürst, wenn Dir's begegnet
Und ein Abend Dich so segnet,
Daß als Lichter, daß als Flammen
Vor Dir glänzen all zusammen
Alles, was Du ausgerichtet,
Alle, die Du Dir verpflichtet:
Mit erhöhten Geistesblicken
Fühltest herrliches Entzücken.

Johann Wolfgang von Goethe

Und so kam Heiligabend heran

Innstetten selbst baute auf für seine junge Frau, der Baum brannte, und ein kleiner Engel schwebte oben in den Lüften. Auch eine Krippe war da mit hübschen Transparenten und Inschriften, deren eine sich in leiser Andeutung auf ein dem Innstettenschen Haus für nächstes Jahr bevorstehendes Ereignis bezog. Effi las es und errötete. Dann ging sie auf Innstetten zu, um ihm zu danken, aber ehe sie dies konnte, flog, nach altpommerschem Weihnachtsbrauch, ein Julklapp in den Hausflur: Eine große Kiste, drin eine Welt von Dingen steckte. Zuletzt fand man die Hauptsache, ein zierliches, mit allerlei japanischen Bildchen überklebtes Morsellenkästchen, dessen eigentlichem Inhalt auch noch ein Zettelchen beigegeben war. Es hieß da:

> Drei Könige kamen zum Heiligenchrist,
> Mohrenkönig einer gewesen ist; –
> Ein Mohrenapothekerlein
> Erscheinet heute mit Spezereien,
> Doch statt Weihrauch und Myrrhen,
> Die nicht zur Stelle,
> Bringt er Pistazien- und Mandel-Morselle.

Theodor Fontane

Nußknacker und Mäusekönig

Am vierundzwanzigsten Dezember durften die Kinder des Medizinalrats Stahlbaum den ganzen Tag über durchaus nicht in die Mittelstube hinein, viel weniger in das daranstoßende Prunkzimmer.

In einem Winkel des Hinterstübchens zusammengekauert, saßen Fritz und Marie, die tiefe Abenddämmerung war angebrochen und es wurde ihnen recht schaurig zumute, als man, wie es gewöhnlich an dem Tag geschah, kein Licht hereinbrachte. Fritz entdeckte ganz insgeheim wispernd der jüngeren Schwester (sie war eben erst sieben Jahre alt geworden), wie er schon seit frühmorgens es habe in den verschlossenen Stuben rauschen und rasseln und leise pochen hören. Auch sei nicht längst ein kleiner dunkler Mann mit einem großen Kasten unter dem Arm über den Flur geschlichen, er wisse aber wohl, daß es niemand anders gewesen als Pate Droßelmeier. Da schlug Marie die kleinen Händchen vor Freude zusammen und rief: »Ach, was wird nur Pate Droßelmeier für uns Schönes gemacht haben.« Der Obergerichtsrat Droßelmeier war gar kein hübscher Mann, nur klein und mager, hatte viele Run-

zeln im Gesicht, statt des rechten Auges ein großes schwarzes Pflaster und auch gar keine Haare, weshalb er eine sehr schöne weiße Perücke trug, die war aber von Glas und eine kunstvolle Arbeit. Überhaupt war der Pate selbst auch ein sehr künstlerischer Mann, der sich sogar auf Uhren verstand und selbst welche machen konnte. Wenn daher eine von den schönen Uhren in Stahlbaums Haus krank war und nicht singen konnte, dann kam Pate Droßelmeier, nahm die Glasperücke ab, zog sein gelbes Röckchen aus, band eine blaue Schürze um und stach mit spitzen Instrumenten in die Uhr hinein, so daß es der kleinen Marie ordentlich weh tat, aber es verursachte der Uhr gar keinen Schaden, sondern sie wurde vielmehr wieder lebendig und fing gleich an, recht lustig zu schnurren, zu schlagen und zu singen, worüber denn alles große Freude hatte. Immer trug er, wenn er kam, was Hübsches für die Kinder in der Tasche, bald ein Männlein, das die Augen verdrehte und Komplimente machte, welches komisch anzusehen war, bald eine Dose, aus der ein Vögelchen heraushüpfte, bald was anderes. Aber zu Weihnachten, da hatte er immer ein schönes kunstvolles Werk verfertigt, das ihm viel Mühe gekostet, weshalb es auch, nachdem es beschert worden war, sehr sorglich von den Eltern aufgewahrt wurde. – »Ach, was wird nur Pate Droßelmeier für uns Schönes gemacht haben«, rief nun Marie. Fritz meinte aber, es könne wohl diesmal nichts anders sein als eine Festung, in der allerlei sehr hübsche Soldaten auf und ab marschierten und exerzierten, und dann müßten andere Soldaten kommen, die in die Festung hineinwollten, aber nun schössen die Soldaten von innen heraus mit Kanonen, daß es tüchtig brauste und knallte. »Nein, nein«, unterbrach Marie den Fritz, »Pate Droßelmeier hat mir von einem schönen Garten erzählt, darin ist ein großer See, auf dem schwimmen sehr herrliche Schwäne mit goldenen Halsbändern herum und singen die hübschesten Lieder. Dann kommt ein kleines Mädchen aus dem Garten an den See und lockt die Schwäne heran und füttert sie mit süßem Marzipan.« – »Schwäne fressen keinen Marzipan«, fiel Fritz etwas rauh ein, »und einen ganzen Garten kann Pate Droßelmeier auch nicht machen. Eigentlich haben wir wenig von seinen Spielsachen; es wird uns ja alles gleich wieder weggenommen, da ist mir denn doch das viel lieber, was uns Pappa und Mama schenken, wir behalten es fein und können damit machen, was wir wollen.« Nun rieten die Kinder hin und her, was es wohl diesmal wieder geben könne. Marie meinte, daß Mamsell Trutchen (ihre große Puppe) sich sehr verändere, denn ungeschickter als jemals fiele sie jeden Augenblick auf den Fußboden, welches ohne garstige Zeichen im Gesicht nicht abging, und dann sei an Reinlichkeit in der Kleidung gar nicht mehr zu denken. Alles tüchtige Ausschelten helfe nicht. Auch habe Mama gelächelt, als sie sich über Gretchens kleinen Sonnenschirm so freute. Fritz versicherte dagegen, ein tüchtiger Fuchs fehle seinem Marstall durchaus, so wie seinen Truppen die Kavallerie, das sei dem Papa recht gut bekannt. – So wußten die Kinder wohl, daß die Eltern ihnen allerlei schöne Gaben eingekauft hatten, die sie nun aufstellten, es war ihnen aber auch gewiß, daß dabei der liebe Heilige Christ mit gar freundlichen, frommen Kindesaugen hineinleuchte und daß, wie von segensreicher Hand berührt, jede Weihnachtsgabe herrliche Lust bereite wie keine andere. Daran erinnerte die Kinder, die immerfort von den zu erwartenden Geschenken wisperten, ihre ältere Schwester Luise, hinzufügend, daß es nun aber auch der Heilige Christ sei, der durch die Hand der lieben Eltern den Kindern immer das beschere, was ihnen wahre Freude und Lust bereiten könne, das wisse er viel besser als die Kinder selbst, die müßten daher nicht allerlei wünschen und hoffen, sondern still und fromm erwarten, was ihnen beschert worden. Die kleine Marie wurde ganz nachdenklich, aber Fritz murmelte vor sich hin: »Einen Fuchs und Husaren hätt' ich nun einmal gern.«

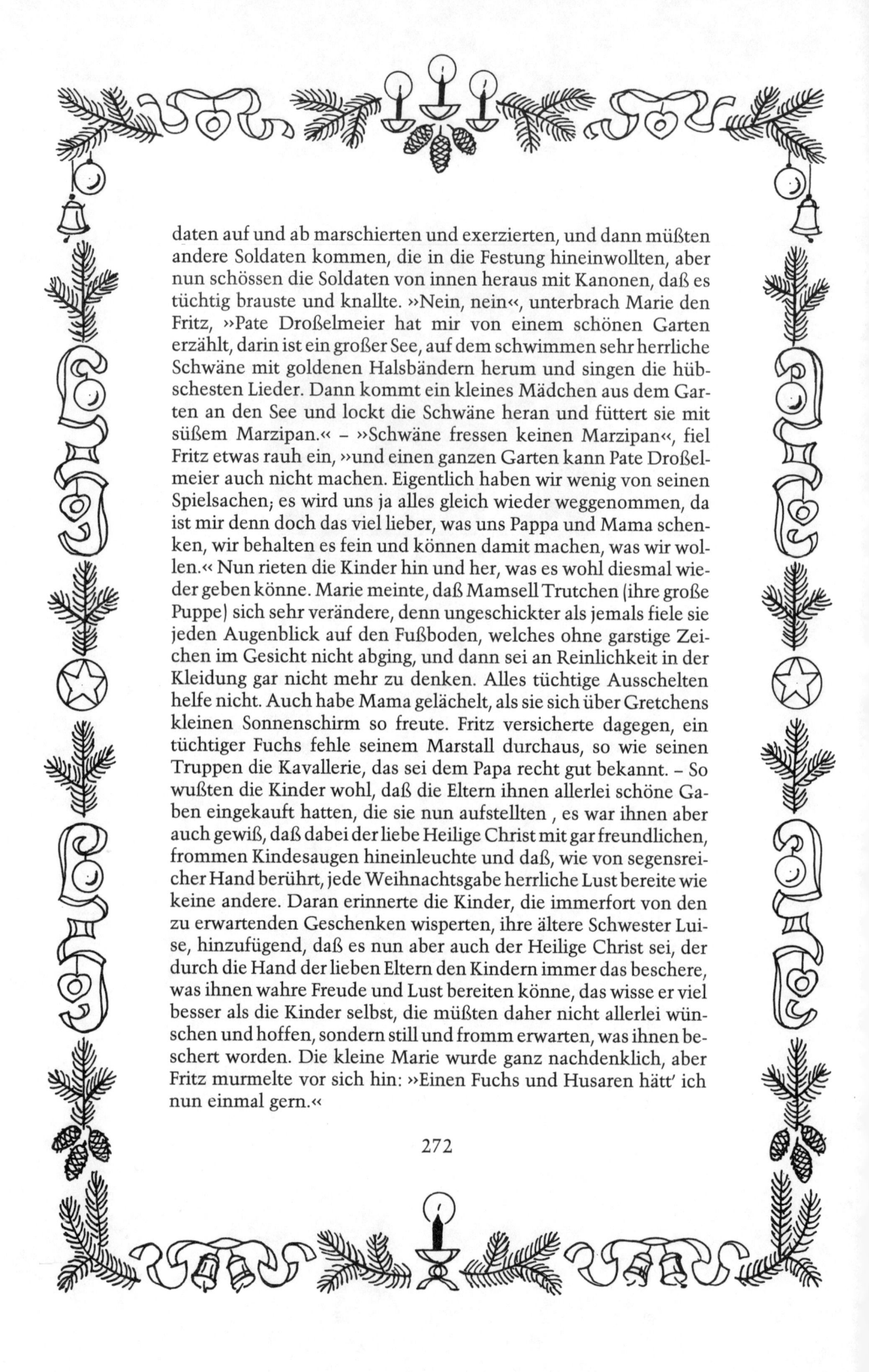

Es war ganz finster geworden. Fritz und Marie, fest aneinandergerückt, wagten kein Wort mehr zu reden, es war ihnen, als rausche es mit linden Flügeln um sie her und als ließ sich eine ganz ferne, aber sehr herrliche Musik vernehmen. Ein heller Schein streifte an der Wand hin, da wußten die Kinder, daß nun das Christkind auf glänzenden Wolken fortgeflogen war, zu anderen glücklichen Kindern. In dem Augenblick ging es mit silberhellem Ton: Klingling, klingling, die Türen sprangen auf, und solch ein Glanz strahlte aus dem großen Zimmer hinein, daß die Kinder mit lautem Ausruf: »Ach! – Ach!« wie erstarrt auf der Schwelle stehenblieben. Aber Papa und Mama traten in die Tür, faßten die Kinder bei der Hand und sprachen: »Kommt doch nur, kommt doch nur, ihr lieben Kinder und seht, was euch der Heilige Christ beschert hat.«

Die Gaben

Ich wende mich an Dich selbst, sehr geneigter Leser oder Zuhörer Fritz – Theodor – Ernst – oder wie Du sonst heißen magst, und bitte Dich, daß Du Dir Deinen letzten mit Schönen bunten Gaben recht geschmückten Weihnachtstisch recht lebhaft vor Augen bringen mögest, dann wirst Du es Dir wohl auch denken können, wie die Kinder mit glänzenden Augen ganz verstummt stehenblieben, wie erst nach einer Weile Marie mit einem tiefen Seufzer rief: »Ach, wie schön – ach wie schön«, und Fritz einige Luftsprünge versuch-

te, die ihm überaus wohl gerieten. Aber die Kinder mußten auch das ganze Jahr über besonders artig und fromm gewesen sein, denn nie war ihnen so viel Schönes, Herrliches beschert worden. Der große Tannenbaum in der Mitte trug viel goldene und silberne Äpfel, und wie Knospen und Blüten keimten Zuckermandeln und bunte Bonbons und was es sonst noch für schönes Naschwerk gibt aus allen Ästen. Als das schönste an dem Wunderbaum mußte aber wohl gerühmt werden, daß in seinen Zweigen hundert kleine Lichter wie Sternlein funkelten und er selbst in sich hinein- und herausleuchtend die Kinder freundlich einlud, seine Blüten und Früchte zu pflücken. Um den Baum umher glänzte alles sehr bunt und herrlich – was es da alles für schöne Sachen gab – ja, wer das zu beschreiben vermöchte! Marie erblickte die zierlichsten Puppen, allerlei saubere kleine Gerätschaften und, was vor allem schön anzusehen war, ein seidenes Kleidchen mit bunten Bändern zierlich geschmückt, hing an einem Gestell so der kleinen Marie vor Augen, daß sie es von allen Seiten betrachten konnte; und das tat sie denn auch, indem sie einmal über das andere ausrief: »Ach, das schöne, ach, das liebe – liebe Kleidchen – das werde ich – ganz gewiß – das werde ich wirklich anziehen dürfen!« – Fritz hatte indessen schon drei- oder viermal um den Tisch herum galoppierend und trabend den neuen Fuchs versucht, den er in der Tat am Tisch angezäumt gefunden. Wieder absteigend, meinte er: es sei eine wilde Bestie, das täte aber nichts, er wolle ihn schon kriegen, und musterte die neue Schwadron Husaren, die sehr prächtig in Rot und Gold gekleidet waren, lauter silberne Waffen trugen und auf solchen weißglänzenden Pferden ritten, daß man beinahe hätte glauben sollen, auch diese seien aus purem Silber. Eben wollten die Kin-

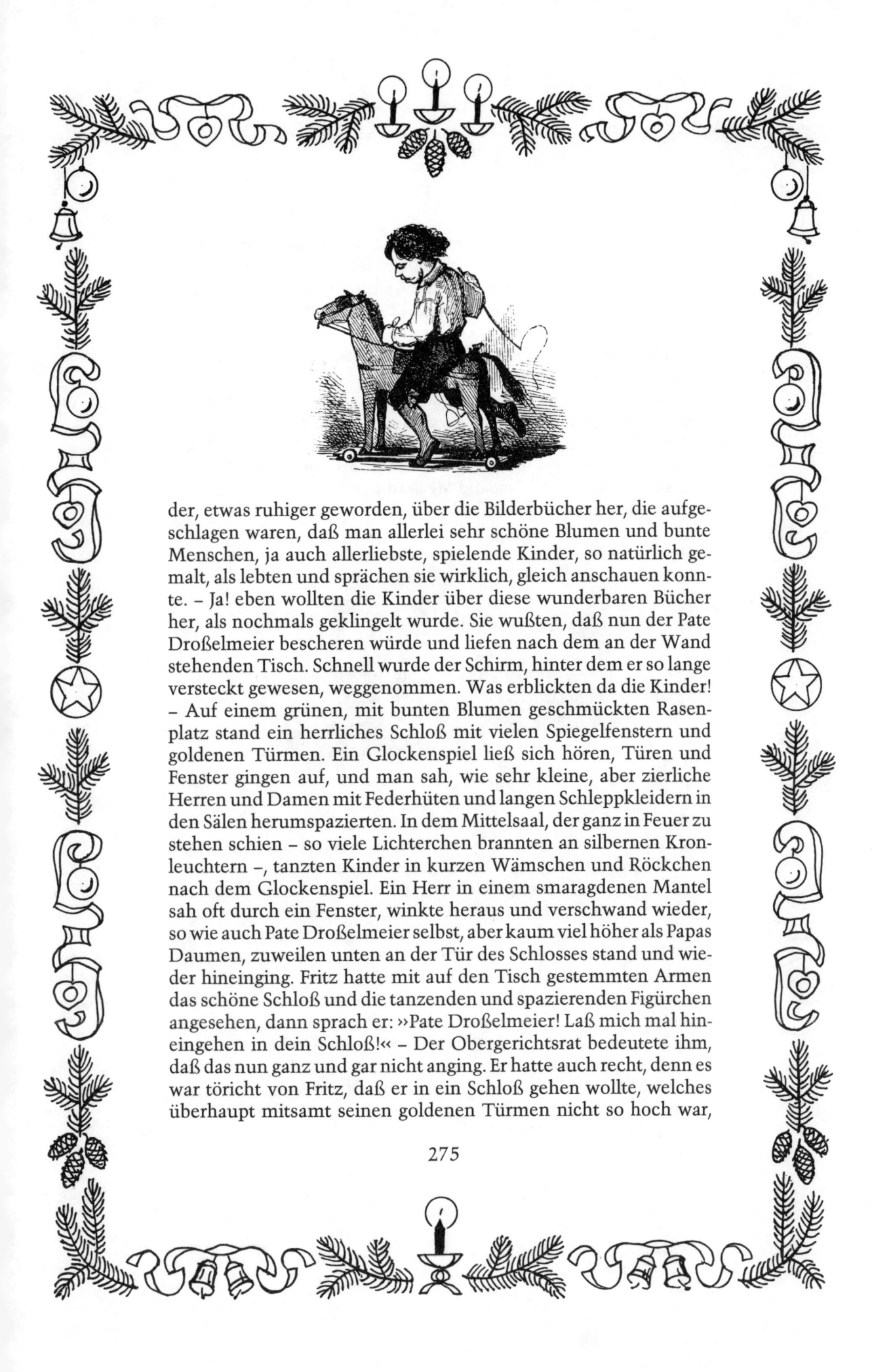

der, etwas ruhiger geworden, über die Bilderbücher her, die aufgeschlagen waren, daß man allerlei sehr schöne Blumen und bunte Menschen, ja auch allerliebste, spielende Kinder, so natürlich gemalt, als lebten und sprächen sie wirklich, gleich anschauen konnte. – Ja! eben wollten die Kinder über diese wunderbaren Bücher her, als nochmals geklingelt wurde. Sie wußten, daß nun der Pate Droßelmeier bescheren würde und liefen nach dem an der Wand stehenden Tisch. Schnell wurde der Schirm, hinter dem er so lange versteckt gewesen, weggenommen. Was erblickten da die Kinder! – Auf einem grünen, mit bunten Blumen geschmückten Rasenplatz stand ein herrliches Schloß mit vielen Spiegelfenstern und goldenen Türmen. Ein Glockenspiel ließ sich hören, Türen und Fenster gingen auf, und man sah, wie sehr kleine, aber zierliche Herren und Damen mit Federhüten und langen Schleppkleidern in den Sälen herumspazierten. In dem Mittelsaal, der ganz in Feuer zu stehen schien – so viele Lichterchen brannten an silbernen Kronleuchtern –, tanzten Kinder in kurzen Wämschen und Röckchen nach dem Glockenspiel. Ein Herr in einem smaragdenen Mantel sah oft durch ein Fenster, winkte heraus und verschwand wieder, so wie auch Pate Droßelmeier selbst, aber kaum viel höher als Papas Daumen, zuweilen unten an der Tür des Schlosses stand und wieder hineinging. Fritz hatte mit auf den Tisch gestemmten Armen das schöne Schloß und die tanzenden und spazierenden Figürchen angesehen, dann sprach er: »Pate Droßelmeier! Laß mich mal hineingehen in dein Schloß!« – Der Obergerichtsrat bedeutete ihm, daß das nun ganz und gar nicht anging. Er hatte auch recht, denn es war töricht von Fritz, daß er in ein Schloß gehen wollte, welches überhaupt mitsamt seinen goldenen Türmen nicht so hoch war, wie er selbst. Fritz sah das auch ein. Nach einer Weile, als immerfort auf dieselbe Weise die Herren und Damen hin und her spazierten, die Kinder tanzten, der smaragdene Mann zu demselben Fenster heraussah, Pate Droßelmeier vor die Tür trat, da rief Fritz ungeduldig: »Pate Droßelmeier, nun komm mal zu der anderen Tür da drüben heraus.« – »Das geht nicht, liebes Fritzchen«, erwiderte der Obergerichtsrat. »Nun so laß' mal«, sprach Fritz weiter, »laß mal den grünen Mann, der so oft herausguckt, mit den anderen herumspazieren.« »Das geht auch nicht«, erwiderte der Obergerichtsrat aufs neue. »So sollen die Kinder herunterkommen«, rief Fritz, »ich will sie näher besehen.« – »Ei, das geht alles nicht«, sprach der Obergerichtsrat verdrießlich, »wie die Mechanik nun einmal gemacht ist, muß sie bleiben.«

»So – so?« fragte Fritz mit gedehntem Ton, »das geht alles nicht? Hör mal, Pate Droßelmeier, wenn deine kleinen geputzten Dinger in dem Schloß nichts mehr können als immer dasselbe, da taugen sie nicht viel, und ich frage nicht sonderlich nach ihnen. – Nein, da lob ich mir meine Husaren, die müssen manövrieren vorwärts, rückwärts, wie ich's haben will, und sind in kein Haus gesperrt.« Und damit sprang er fort an den Weihnachtstisch und ließ seine Eskadron auf den silbernen Pferden hin und her trottieren und schwenken und einhauen und feuern nach Herzenslust. Auch Marie hatte sich sachte fortgeschlichen, denn auch sie wurde des Herumgehens und Tanzens der Püppchen im Schloß bald überdrüssig und mochte es, da sie sehr artig und gut war, nur nicht so merken lassen wie Bruder Fritz. Der Obergerichtsrat Droßelmeier sprach ziemlich verdrießlich zu den Eltern: »Für unverständige Kinder ist solch ein kunstvolles Werk nicht, ich will nur mein Schloß wieder einpacken.« Doch die Mutter trat hinzu und ließ sich den inneren Bau und das wunderbare, sehr kunstvolle künstliche Räderwerk zeigen, wodurch die kleinen Püppchen in Bewegung gesetzt wurden. Der Rat nahm alles auseinander und setzte es wieder zusammen. Dabei war er wieder ganz heiter geworden und schenkte den Kindern noch einige schöne braune Männer und Frauen mit goldenen Gesichtern, Händen und Beinen. Sie waren sämtlich aus Thorn und rochen so süß und angenehm wie Pfefferkurchen, worüber Fritz und Marie sich sehr erfreuten. Schwester Luise hatte, wie es die Mutter gewollt, das schöne Kleid angezogen, das ihr geschenkt worden war, und sah wunderhübsch aus, aber Marie meinte, als sie auch ihr Kleid anziehen sollte, sie möchte es lieber noch ein bißchen so ansehen. Man erlaubte ihr das gern.

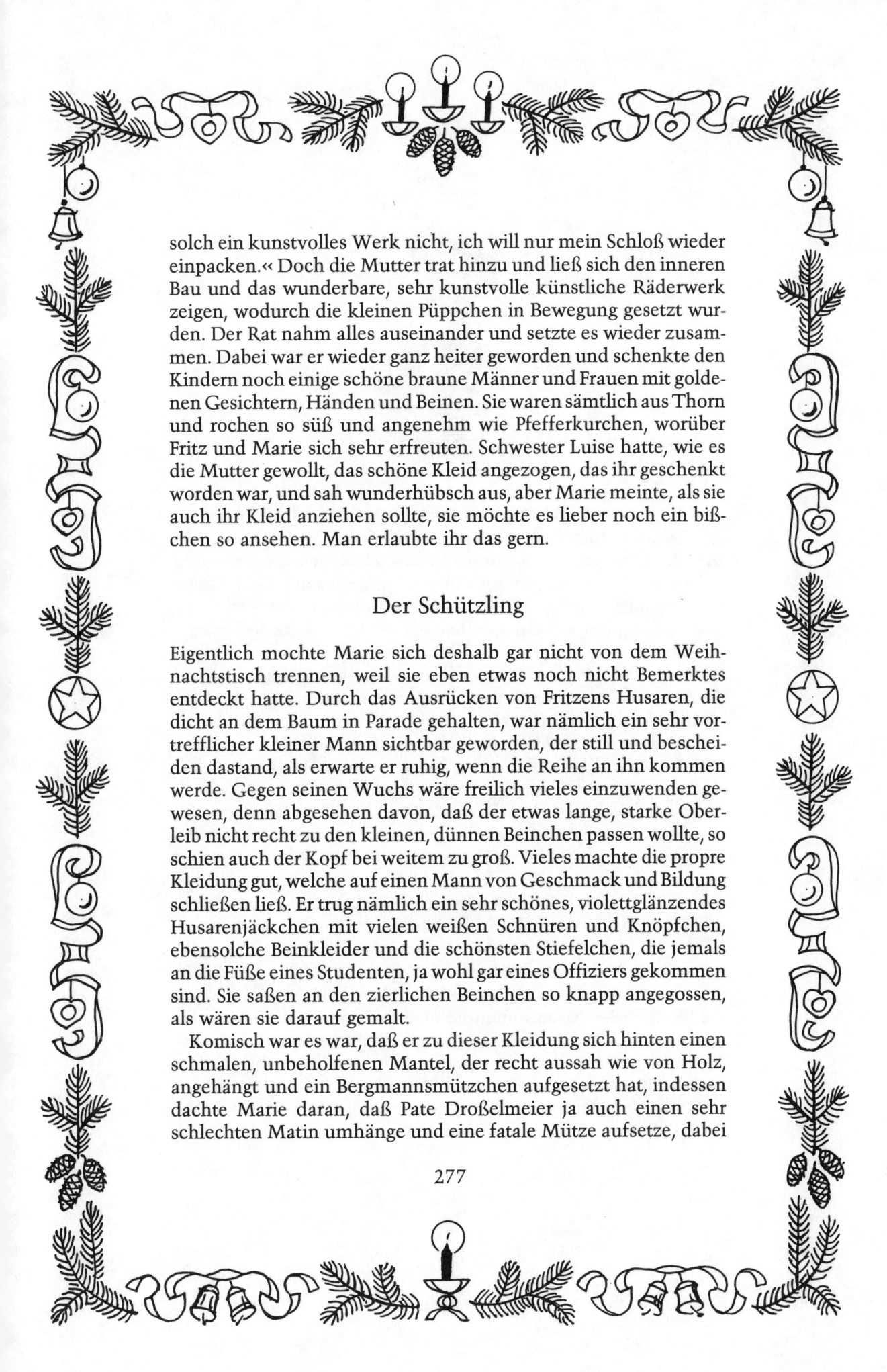

Der Schützling

Eigentlich mochte Marie sich deshalb gar nicht von dem Weihnachtstisch trennen, weil sie eben etwas noch nicht Bemerktes entdeckt hatte. Durch das Ausrücken von Fritzens Husaren, die dicht an dem Baum in Parade gehalten, war nämlich ein sehr vortrefflicher kleiner Mann sichtbar geworden, der still und bescheiden dastand, als erwarte er ruhig, wenn die Reihe an ihn kommen werde. Gegen seinen Wuchs wäre freilich vieles einzuwenden gewesen, denn abgesehen davon, daß der etwas lange, starke Oberleib nicht recht zu den kleinen, dünnen Beinchen passen wollte, so schien auch der Kopf bei weitem zu groß. Vieles machte die propre Kleidung gut, welche auf einen Mann von Geschmack und Bildung schließen ließ. Er trug nämlich ein sehr schönes, violettglänzendes Husarenjäckchen mit vielen weißen Schnüren und Knöpfchen, ebensolche Beinkleider und die schönsten Stiefelchen, die jemals an die Füße eines Studenten, ja wohl gar eines Offiziers gekommen sind. Sie saßen an den zierlichen Beinchen so knapp angegossen, als wären sie darauf gemalt.

Komisch war es war, daß er zu dieser Kleidung sich hinten einen schmalen, unbeholfenen Mantel, der recht aussah wie von Holz, angehängt und ein Bergmannsmützchen aufgesetzt hat, indessen dachte Marie daran, daß Pate Droßelmeier ja auch einen sehr schlechten Matin umhänge und eine fatale Mütze aufsetze, dabei aber doch ein gar lieber Pate sei. Auch stellte Marie die Betrachtung an, daß Pate Droßelmeier, trüge er sich auch übrigens so zierlich wie der Kleine, doch nicht einmal so hübsch als er aussehen werde. Indem Marie den netpMann, den sie auf den ersten Blick liebgewonnen, immer mehr und mehr ansah, da wurde sie erst recht inne, welche Gutmütigkeit auf seinem Gesicht lag. Aus den hellgrünen, etwas zu großen hervorstehenden Augen sprach nichts als Freundschaft und Wohlwollen. Es stand dem Mann gut, daß sich um sein Kinn ein wohlfrisierter Bart von weißer Baumwolle legte, denn um so mehr konnte man das süße Lächeln de hochroten Mundes bemerken. »Ach!« rief Marie endlich aus, »ach, lieber Vater, wem gehört denn der allerliebste kleine Mann dort am Baum?«

»Der«, antwortete der Vater, »der, liebes Kind! soll für euch alle tüchtig arbeiten, er soll euch fein die harten Nüsse aufbeißen, und er gehört Luise ebensogut als dir und dem Fritz«. Damit nahm ihn der Vater behutsam vom Tisch, und indem er den hölzernen Mantel in die Höhe hob, sperrte das Männlein den Mund weit, weit auf und zeigte zwei Reihen sehr weißer, spitzer Zähnchen. Marie schob auf des Vaters Geheiß eine Nuß hinein, und – knack – hatte sie der Mann zerbissen, daß die Schalen abfielen und Marie den süßen Kern in die Hand bekam. Nun mußte wohl jeder und auch Marie wissen, daß der zierliche kleine Mann aus dem Geschlecht der Nußknacker abstammte und die Profession seiner Vorfahren trieb. Sie jauchzte auf vor Freude, da sprach der Vater: »Da dir, liebe Marie, Freund Nußknacker so sehr gefällt, so sollst du ihn auch besonders hüten und schützen, ungeachtet, wie ich gesagt, Luise und Fritz ihn mit ebenso vielem Recht brauchen können als du!« – Marie nahm ihn sogleich in den Arm und ließ ihn Nüsse aufknacken, doch suchte sie die Kleinsten aus, damit das Männlein nicht so weit den Mund aufsperren durfte, welches ihm doch im Grunde nicht gut stand. Luise gesellte sich zu ihr, und auch für sie mußte Freund Nußknacker seine Dienste verrichten, welches er gern zu tun schien, da er immerfort sehr freundlich lächelte. Fritz war unterdessen vom vielen Exerzieren und Reiten müde geworden, und da er so lustig Nüsse knacken hörte, sprang er hin zu den Schwestern und lachte recht von Herzen über den kleinen, drolligen Mann, der nun, da Fritz auch Nüsse essen wollte, von Hand zu Hand ging und gar nicht aufhören konnte mit Auf- und Zuschnappen. Fritz schob immer die größten und härtesten Nüsse hinein, aber mit einem Male ging es – knack – knack und drei Zähnchen fielen aus des Nußknackers Mund und sein ganzes Unterkinn war lose und wacklig. – »Ach, mein armer, lieber Nußknacker!« schrie Marie laut und nahm ihn dem Fritz aus den Händen. »Das ist ein einfältiger, dummer Bursche«, sprach Fritz. »Will Nußknacker sein und hat kein ordentliches Gebiß – mag wohl auch sein Handwerk gar nicht verstehen. – Gib ihn nur her, Marie! Er soll mir Nüsse zerbeißen, verliert er auch noch die übrigen Zähne, ja das Kinn obendrein, was ist an dem Taugenichts gelegen.« – »Nein, nein«, rief Marie weinend, »du bekommst ihn nicht, meinen lieben Nußknacker, sieh nur her, wie er mich so wehmütig anschaut und mir sein wundes Mündchen zeigt! – Aber du bist ein hartherziger Mensch – du schlägst deine Pferde und läßt wohl gar einen Soldaten totschießen.« – »Das muß so sein, das verstehst du nicht«, rief Fritz, »aber der Nußknacker gehört ebensogut mir als dir, gib ihn nur her.« – Marie fing an heftig zu weinen und wickelte den kranken Nußknacker schnell in ihr kleines Taschentuch ein. Die Eltern kamen mit dem

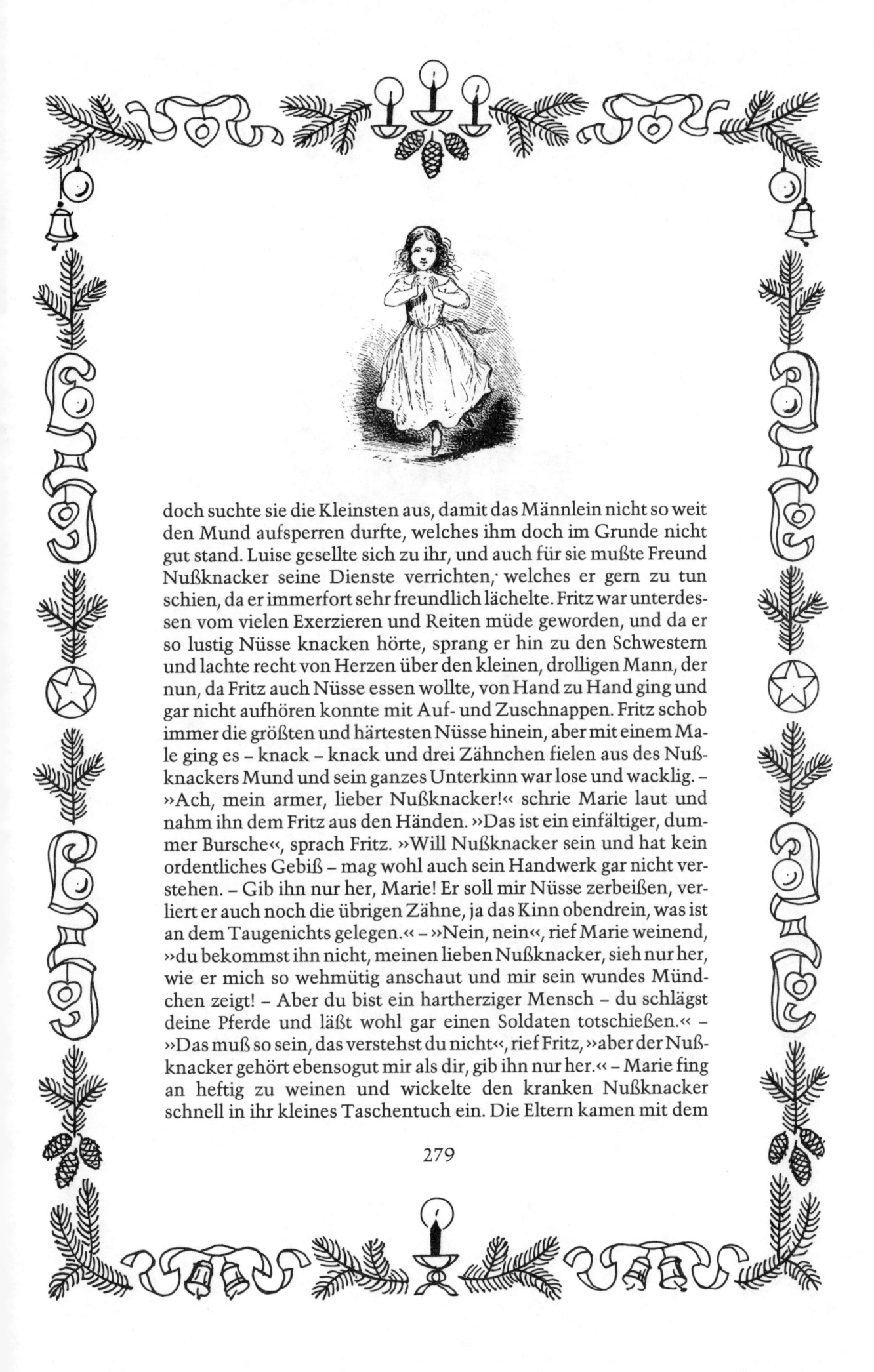

Paten Droßelmeier herbei. Dieser nahm zu Mariens Leidwesen Fritzens Partei. Der Vater sagte aber: »Ich habe den Nußknacker ausdrücklich unter Mariens Schutz gestellt und da, wie ich sehe, er dessen eben jetzt bedarf, so hat sie volle Macht über ihn, ohne das jemand dreinzureden hat. Übrigens wundert es mich sehr von Fritz, daß er von einem im Dienst Erkrankten noch fernere Dienste verlangt. Als guter Militär sollte er doch wohl wissen, daß man Verwundete niemals in Reihe und Glied stellt?« – Fritz war sehr beschämt und schlich, ohne sich weiter um Nüsse und Nußknacker zu kümmern, fort an die andere Seite des Tisches, wo seine Husaren, nachdem sie gehörige Vorposten ausgestellt hatten, ins Nachtquatier gezogen waren. Marie suchte Nußknackers verlorene Zähnchen zusammen, um das kranke Kinn hatte sie ein hübsches weißes Band, das sie von ihrem Kleidchen abgelöst, gebunden und dann den armen Kleinen, der sehr blaß und erschrocken aussah, noch sorgfältiger als vorher in ihr Tuch eingewickelt. So hielt sie ihn wie ein kleines Kind wiegend in den Armen und besah die schönen Bilder des neuen Bilderbuchs, das heute unter den andern vielen Gaben lag. Sie wurde, wie es sonst gar nicht ihre Art war, recht böse als Pate Droßelmeier so sehr lachte und immerfort fragte: »Wie sie denn mit solch einem grundhäßlichen, kleinen Kerl so schön tun könne?« – Jener sonderbare Vergleich mit Droßelmeier, den sie anstellte, als der Kleine ihr zuerst in die Augen fiel, kam ihr wieder in den Sinn, und sie sprach sehr ernst: »Wer weiß, lieber Pate, ob du denn, putztest du dich auch so heraus wie mein lieber Nußknacker und hättest du auch solche schöne, blanke Stiefelchen an, wer weiß, ob du denn doch so hübsch aussehen würdest als er!« – Marie wußte gar nicht, warum denn die Eltern so laut auflachten, und warum der Obergerichtsrat solch ein rote Nase bekam, und gar nicht so hell mitlachte wie zuvor. Es mochte wohl seine besondere Ursache haben.

Ernst Theodor A. Hoffmann

Ein Säcklein voll Rätselnüsse

(vor der Bescherung zu knacken)

Nußknacker, du machst ein grimmig Gesicht –
Ich aber, ich fürchte vor dir mich nicht:
Ich weiß, du meinst es gut mit mir,
Drum bring' ich meine Nüsse dir.
Ich weiß, du bist ein Meister im Knacken:
Du kannst mit deinen dicken Backen
Gar hübsch die harten Nüsse packen
Und weißt sie vortrefflich aufzuknacken.
Nußknacker, drum bitt' ich dich, bitt' ich dich,
Hast bessere Zähn als ich, Zähn als ich.

O knacke nur, knacke nur immerzu!
Ich will dir zu Ehren
Die Kerne verzehren.
O knacke nur, knack, knack, knack! Immerzu!
Ei, welch ein braver Kerl bist du!

Hoffmann von Fallersleben

Der armen Kinder Weihnachtslied

Hört, schöne Herrn und Frauen,
Die ihr im Lichte seid:
Wir kommen aus dem Grauen,
Dem Lande Not und Leid;
Weh tun uns unsre Füße
Und unsre Herzen weh,
Doch kam uns eine süße
Botschaft aus Eis und Schnee:
Es ist ein Licht erglommen,
Und uns auch gilt sein Schein.
Wir haben's wohl vernommen:
Das Christkind ist gekommen
Und soll auch uns gekommen sein.

Drum gehn wir zu den Orten,
Die hell erleuchtet sind,
Und klopfen an die Pforten:
Ist hier das Christuskind?
Es hat wohl nicht gefunden
Den Weg in unsre Nacht,
Drum haben wir mit wunden
Füßen uns aufgemacht,
Daß wir ihm unsre frommen
Herzen und Bitten weihen.
Wir haben's wohl vernommen:
Das Christkind ist gekommen
Und soll auch uns gekommen sein.

So laßt es uns erschauen,
Die ihr im Lichte seid!
Wir kommen aus dem Grauen,
Dem Lande Not und Leid;
Wir kommen mit wunden Füßen,
Doch sind wir trostgemut:
Wenn wir das Christkind grüßen,
Wird alles, alles gut.
Der Stern, der heut erglommen,
Gibt allen seinen Schein:
Das Christkind ist gekommen! –
Die ihr es aufgenommen
Oh, laßt auch uns zu Gaste sein!

Otto Julius Bierbaum

Zu Bethlehem geboren

Zu Bethlehem geboren
Ist uns ein Kindelein.
Das hab ich auserkoren:
Sein eigen will ich sein,
Eia, eia, sein eigen will ich sein.

In seine Lieb versenken
Will ich mich ganz hinab;
Mein Herz will ich ihm schenken
Und alles, was ich hab,
Eia, eia, und alles, was ich hab.

O Kindelein, von Herzen
Will ich dich lieben sehr
In Freuden und in Schmerzen

Je länger und je mehr,
Eia, eia, je länger und je mehr.

Dazu dein Gnad wollst geben,
Bitt ich aus Herzensgrund,
Daß ich nur dir mög leben
Jetzt und zu aller Stund,
Eia, eia, jetzt und zu aller Stund.

Laß mich von dir nicht scheiden,
Knüpf zu, knüpf zu das Band
Der Liebe zwischen beiden;
Nimm hin mein Herz zum Pfand,
Eia, eia, nimm hin mein Herz zum Pfand.

(Kölner Psalter)

Dies ist der Tag

Dies ist der Tag, den Gott gemacht;
Sein werd' in aller Welt gedacht!
Ihn preise, was durch Jesum Christ
Im Himmel und auf Erden ist!

Die Völker haben dein geharrt;
Bis daß die Zeit erfüllet ward;
Da sandte Gott von seinem Thron
Das Heil der Welt, dich, seinen Sohn.

Wenn ich dies Wunder fassen will,
So steht mein Geist vor Ehrfurcht still,
Er betet an und er ermißt,
Daß Gottes Lieb unendlich ist.

Jauchzt, Himmel, die ihr ihn erfuhrt,
Den Tag der heiligsten Geburt;
Und Erde, die ihn heute sieht,
Sing ihm, dem Herrn, ein neues Lied.

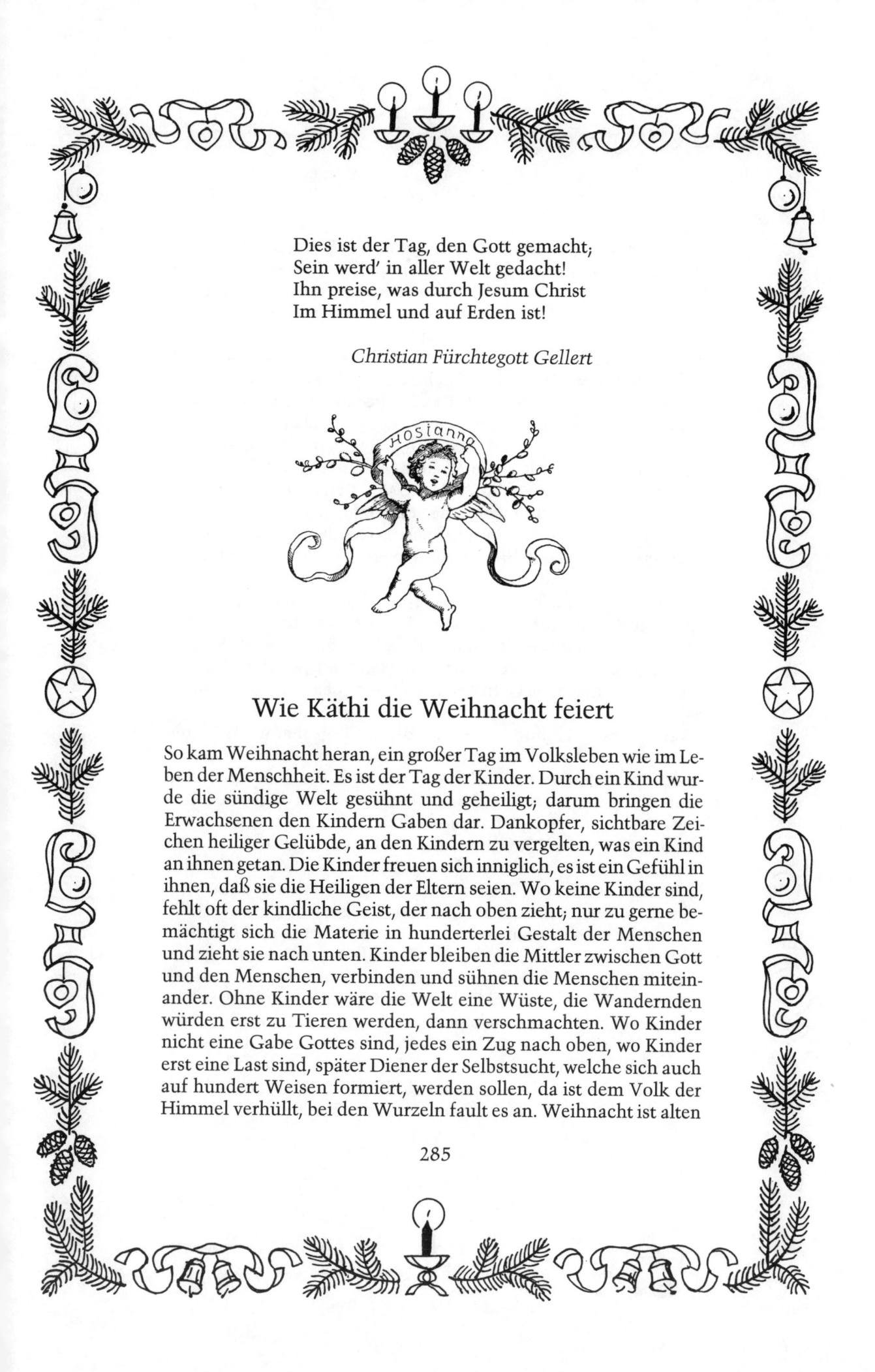

Dies ist der Tag, den Gott gemacht;
Sein werd' in aller Welt gedacht!
Ihn preise, was durch Jesum Christ
Im Himmel und auf Erden ist!

Christian Fürchtegott Gellert

Wie Käthi die Weihnacht feiert

So kam Weihnacht heran, ein großer Tag im Volksleben wie im Leben der Menschheit. Es ist der Tag der Kinder. Durch ein Kind wurde die sündige Welt gesühnt und geheiligt; darum bringen die Erwachsenen den Kindern Gaben dar. Dankopfer, sichtbare Zeichen heiliger Gelübde, an den Kindern zu vergelten, was ein Kind an ihnen getan. Die Kinder freuen sich inniglich, es ist ein Gefühl in ihnen, daß sie die Heiligen der Eltern seien. Wo keine Kinder sind, fehlt oft der kindliche Geist, der nach oben zieht; nur zu gerne bemächtigt sich die Materie in hunderterlei Gestalt der Menschen und zieht sie nach unten. Kinder bleiben die Mittler zwischen Gott und den Menschen, verbinden und sühnen die Menschen miteinander. Ohne Kinder wäre die Welt eine Wüste, die Wandernden würden erst zu Tieren werden, dann verschmachten. Wo Kinder nicht eine Gabe Gottes sind, jedes ein Zug nach oben, wo Kinder erst eine Last sind, später Diener der Selbstsucht, welche sich auch auf hundert Weisen formiert, werden sollen, da ist dem Volk der Himmel verhüllt, bei den Wurzeln fault es an. Weihnacht ist alten

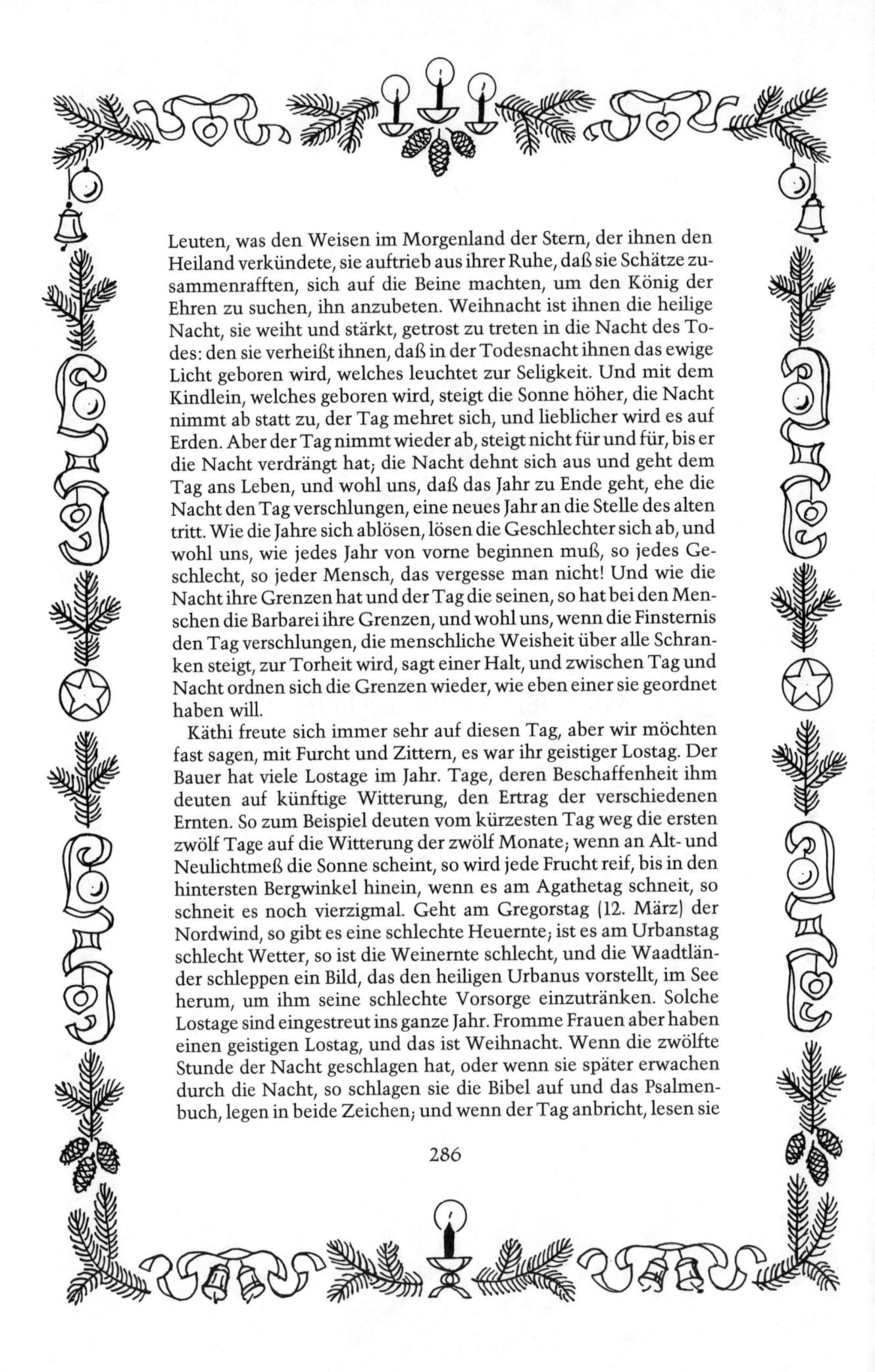

Leuten, was den Weisen im Morgenland der Stern, der ihnen den Heiland verkündete, sie auftrieb aus ihrer Ruhe, daß sie Schätze zusammenrafften, sich auf die Beine machten, um den König der Ehren zu suchen, ihn anzubeten. Weihnacht ist ihnen die heilige Nacht, sie weiht und stärkt, getrost zu treten in die Nacht des Todes: den sie verheißt ihnen, daß in der Todesnacht ihnen das ewige Licht geboren wird, welches leuchtet zur Seligkeit. Und mit dem Kindlein, welches geboren wird, steigt die Sonne höher, die Nacht nimmt ab statt zu, der Tag mehret sich, und lieblicher wird es auf Erden. Aber der Tag nimmt wieder ab, steigt nicht für und für, bis er die Nacht verdrängt hat; die Nacht dehnt sich aus und geht dem Tag ans Leben, und wohl uns, daß das Jahr zu Ende geht, ehe die Nacht den Tag verschlungen, eine neues Jahr an die Stelle des alten tritt. Wie die Jahre sich ablösen, lösen die Geschlechter sich ab, und wohl uns, wie jedes Jahr von vorne beginnen muß, so jedes Geschlecht, so jeder Mensch, das vergesse man nicht! Und wie die Nacht ihre Grenzen hat und der Tag die seinen, so hat bei den Menschen die Barbarei ihre Grenzen, und wohl uns, wenn die Finsternis den Tag verschlungen, die menschliche Weisheit über alle Schranken steigt, zur Torheit wird, sagt einer Halt, und zwischen Tag und Nacht ordnen sich die Grenzen wieder, wie eben einer sie geordnet haben will.

Käthi freute sich immer sehr auf diesen Tag, aber wir möchten fast sagen, mit Furcht und Zittern, es war ihr geistiger Lostag. Der Bauer hat viele Lostage im Jahr. Tage, deren Beschaffenheit ihm deuten auf künftige Witterung, den Ertrag der verschiedenen Ernten. So zum Beispiel deuten vom kürzesten Tag weg die ersten zwölf Tage auf die Witterung der zwölf Monate; wenn an Alt- und Neulichtmeß die Sonne scheint, so wird jede Frucht reif, bis in den hintersten Bergwinkel hinein, wenn es am Agathetag schneit, so schneit es noch vierzigmal. Geht am Gregorstag (12. März) der Nordwind, so gibt es eine schlechte Heuernte; ist es am Urbanstag schlecht Wetter, so ist die Weinernte schlecht, und die Waadtländer schleppen ein Bild, das den heiligen Urbanus vorstellt, im See herum, um ihm seine schlechte Vorsorge einzutränken. Solche Lostage sind eingestreut ins ganze Jahr. Fromme Frauen aber haben einen geistigen Lostag, und das ist Weihnacht. Wenn die zwölfte Stunde der Nacht geschlagen hat, oder wenn sie später erwachen durch die Nacht, so schlagen sie die Bibel auf und das Psalmenbuch, legen in beide Zeichen; und wenn der Tag anbricht, lesen sie

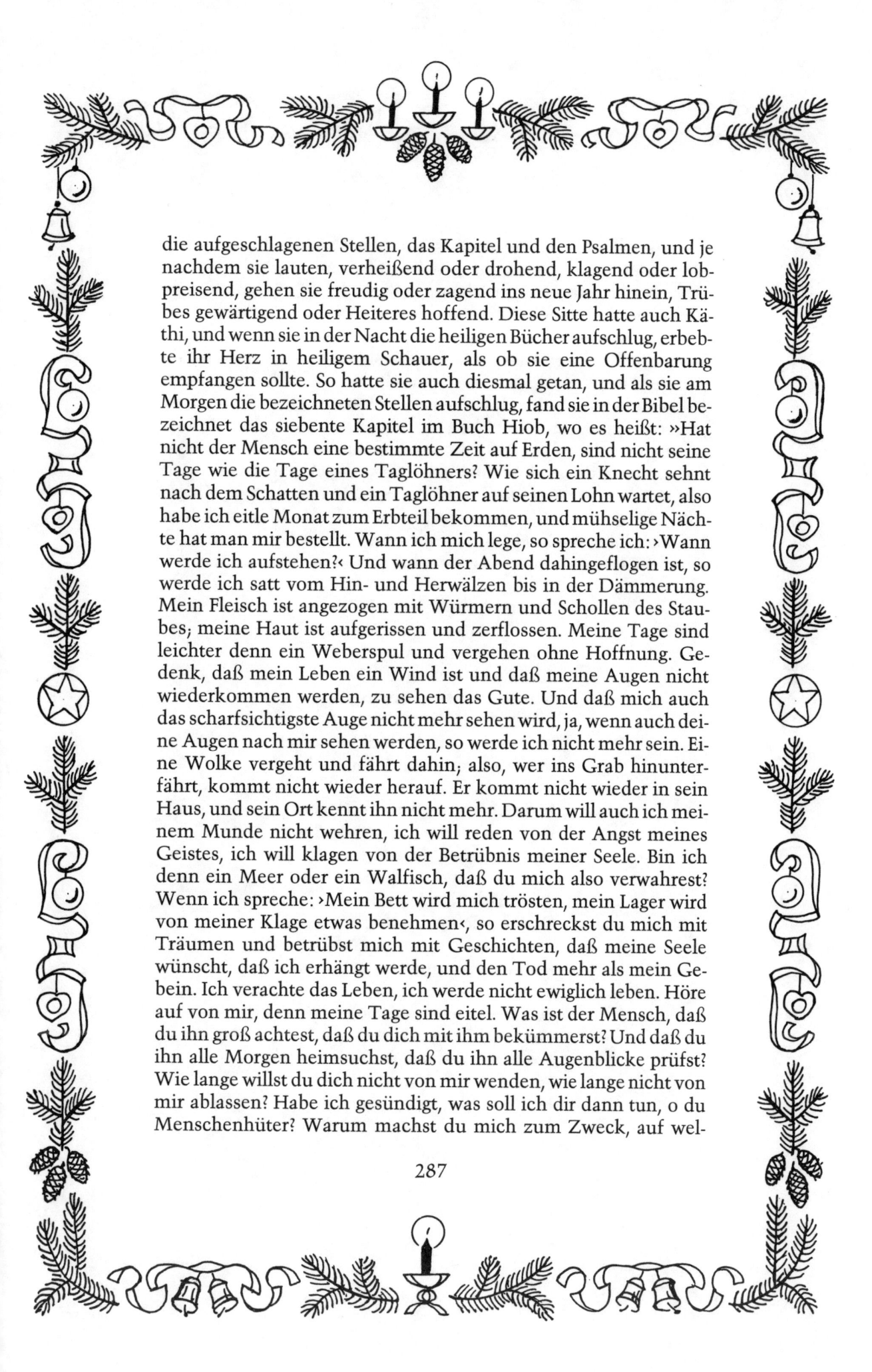

die aufgeschlagenen Stellen, das Kapitel und den Psalmen, und je nachdem sie lauten, verheißend oder drohend, klagend oder lobpreisend, gehen sie freudig oder zagend ins neue Jahr hinein, Trübes gewärtigend oder Heiteres hoffend. Diese Sitte hatte auch Käthi, und wenn sie in der Nacht die heiligen Bücher aufschlug, erbebte ihr Herz in heiligem Schauer, als ob sie eine Offenbarung empfangen sollte. So hatte sie auch diesmal getan, und als sie am Morgen die bezeichneten Stellen aufschlug, fand sie in der Bibel bezeichnet das siebente Kapitel im Buch Hiob, wo es heißt: »Hat nicht der Mensch eine bestimmte Zeit auf Erden, sind nicht seine Tage wie die Tage eines Taglöhners? Wie sich ein Knecht sehnt nach dem Schatten und ein Taglöhner auf seinen Lohn wartet, also habe ich eitle Monat zum Erbteil bekommen, und mühselige Nächte hat man mir bestellt. Wann ich mich lege, so spreche ich: ›Wann werde ich aufstehen?‹ Und wann der Abend dahingeflogen ist, so werde ich satt vom Hin- und Herwälzen bis in der Dämmerung. Mein Fleisch ist angezogen mit Würmern und Schollen des Staubes; meine Haut ist aufgerissen und zerflossen. Meine Tage sind leichter denn ein Weberspul und vergehen ohne Hoffnung. Gedenk, daß mein Leben ein Wind ist und daß meine Augen nicht wiederkommen werden, zu sehen das Gute. Und daß mich auch das scharfsichtigste Auge nicht mehr sehen wird, ja, wenn auch deine Augen nach mir sehen werden, so werde ich nicht mehr sein. Eine Wolke vergeht und fährt dahin; also, wer ins Grab hinunterfährt, kommt nicht wieder herauf. Er kommt nicht wieder in sein Haus, und sein Ort kennt ihn nicht mehr. Darum will auch ich meinem Munde nicht wehren, ich will reden von der Angst meines Geistes, ich will klagen von der Betrübnis meiner Seele. Bin ich denn ein Meer oder ein Walfisch, daß du mich also verwahrest? Wenn ich spreche: ›Mein Bett wird mich trösten, mein Lager wird von meiner Klage etwas benehmen‹, so erschreckst du mich mit Träumen und betrübst mich mit Geschichten, daß meine Seele wünscht, daß ich erhängt werde, und den Tod mehr als mein Gebein. Ich verachte das Leben, ich werde nicht ewiglich leben. Höre auf von mir, denn meine Tage sind eitel. Was ist der Mensch, daß du ihn groß achtest, daß du dich mit ihm bekümmerst? Und daß du ihn alle Morgen heimsuchst, daß du ihn alle Augenblicke prüfst? Wie lange willst du dich nicht von mir wenden, wie lange nicht von mir ablassen? Habe ich gesündigt, was soll ich dir dann tun, o du Menschenhüter? Warum machst du mich zum Zweck, auf welchen du anlaufest, und bin mir selbst eine Last? Und warum vergibst du mir meine Übertretung nicht und nimmst nicht weg meine Missetat? Denn also würde ich nun in der Erde liegen, und wenn du mich schon früh suchtest, so würde ich doch nicht da sein.«

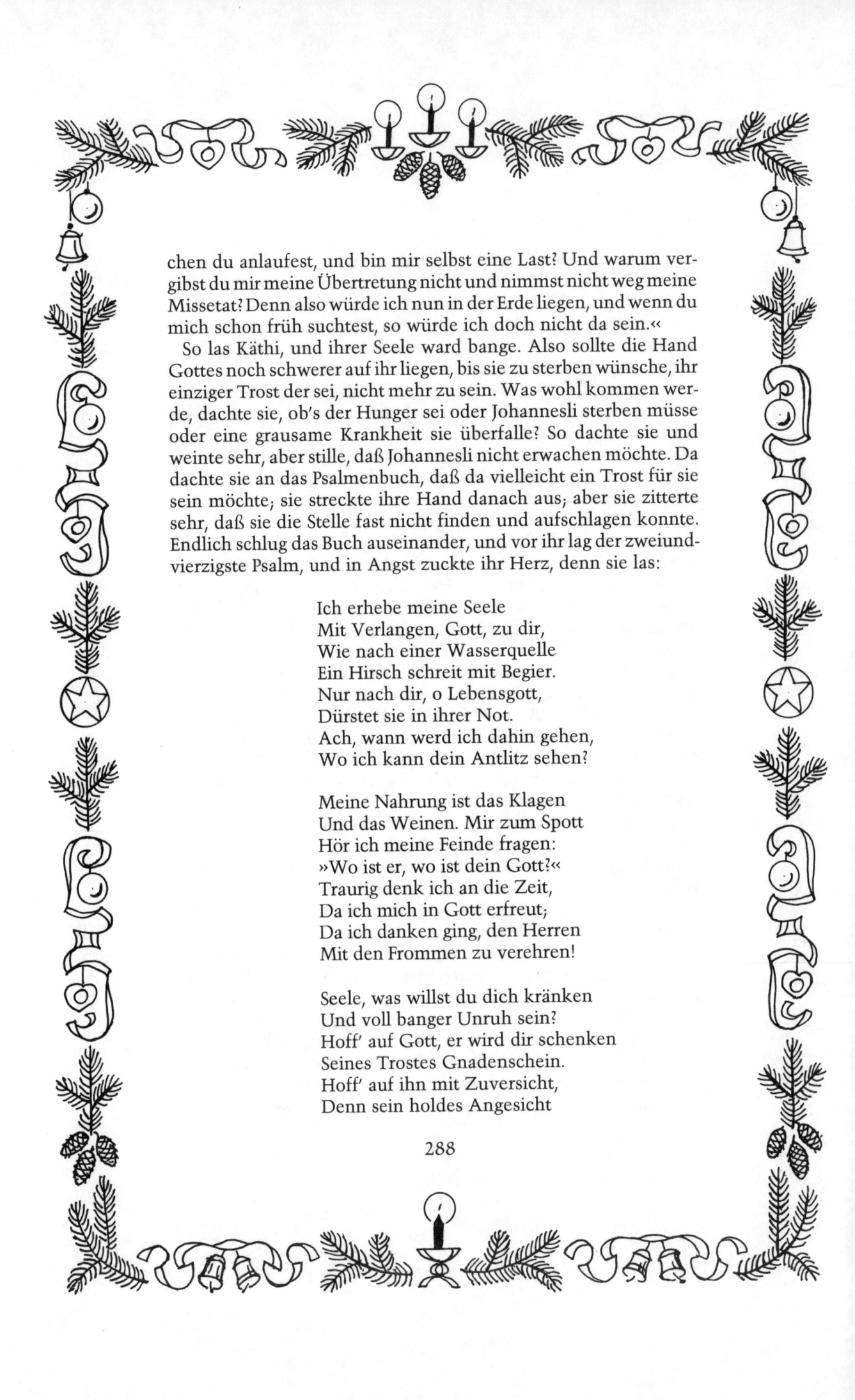

So las Käthi, und ihrer Seele ward bange. Also sollte die Hand Gottes noch schwerer auf ihr liegen, bis sie zu sterben wünsche, ihr einziger Trost der sei, nicht mehr zu sein. Was wohl kommen werde, dachte sie, ob's der Hunger sei oder Johannesli sterben müsse oder eine grausame Krankheit sie überfalle? So dachte sie und weinte sehr, aber stille, daß Johannesli nicht erwachen möchte. Da dachte sie an das Psalmenbuch, daß da vielleicht ein Trost für sie sein möchte; sie streckte ihre Hand danach aus; aber sie zitterte sehr, daß sie die Stelle fast nicht finden und aufschlagen konnte. Endlich schlug das Buch auseinander, und vor ihr lag der zweiundvierzigste Psalm, und in Angst zuckte ihr Herz, denn sie las:

> Ich erhebe meine Seele
> Mit Verlangen, Gott, zu dir,
> Wie nach einer Wasserquelle
> Ein Hirsch schreit mit Begier.
> Nur nach dir, o Lebensgott,
> Dürstet sie in ihrer Not.
> Ach, wann werd ich dahin gehen,
> Wo ich kann dein Antlitz sehen?
>
> Meine Nahrung ist das Klagen
> Und das Weinen. Mir zum Spott
> Hör ich meine Feinde fragen:
> »Wo ist er, wo ist dein Gott?«
> Traurig denk ich an die Zeit,
> Da ich mich in Gott erfreut;
> Da ich danken ging, den Herren
> Mit den Frommen zu verehren!
>
> Seele, was willst du dich kränken
> Und voll banger Unruh sein?
> Hoff' auf Gott, er wird dir schenken
> Seines Trostes Gnadenschein.
> Hoff' auf ihn mit Zuversicht,
> Denn sein holdes Angesicht

Gibt dir Freude, Heil und Leben!
Du wirst ihn mit Lob erheben.

Mein Seele ist betrübet,
Doch ich denke stets an dich,
Gott, den meine Seele liebet,
Siehe doch mit Gnad auf mich!
Wenn das Elend mich umringt,
Wenn das Unglück auf mich dringt,
Will ich gläubig zu dir beten,
Du, o Gott, wirst mich erretten.

Zu dir ruf ich nie vergebens;
Deine Güte, deine Macht
Will ich rühmen, Gott des Lebens,
Und dich preisen Tag und Nacht.
Wie, vergissest du mich gar?
Soll ich trauern immerdar,
Wenn die Feinde spottend sagen:
»Ist dein Gott auch zu erfragen?«

Meine Seele, sei nur stille,
Bleib getrost und zage nicht!
Hoff auf Gottes Gnadenfülle
Und sein liebreich Angesicht!
Du wirst in der Ewigkeit
Gott und seine Freundlichkeit,
Seine Hilf- und Liebesproben
Einst mit frohem Danke loben.

So las sie, und ihr Herz bebte fort; doch rieselte durch die bittere Angst ein süßer Trost, daß, was kommen möge, Gott bei ihr bleiben und alles zum Besten lenken werde, so daß ihre Seele wieder froh werden und Gott loben und preisen könne, daß er sie so geführt und nicht anders. Und sie betete innig zu Gott und dankte ihm für alles Gute, so er ihr bis dahin erwiesen, und bat, daß der Kelch nicht zu bitter sein oder an ihr vorübergehen möge, »doch nicht mein Wille geschehe, sondern dein Wille!«, daß, komme was da wolle, keine Kreatur, keine Drangsal, keine Not sie von seiner Liebe scheiden möge, sondern daß sie ihrem Heiland eigen bleibe.

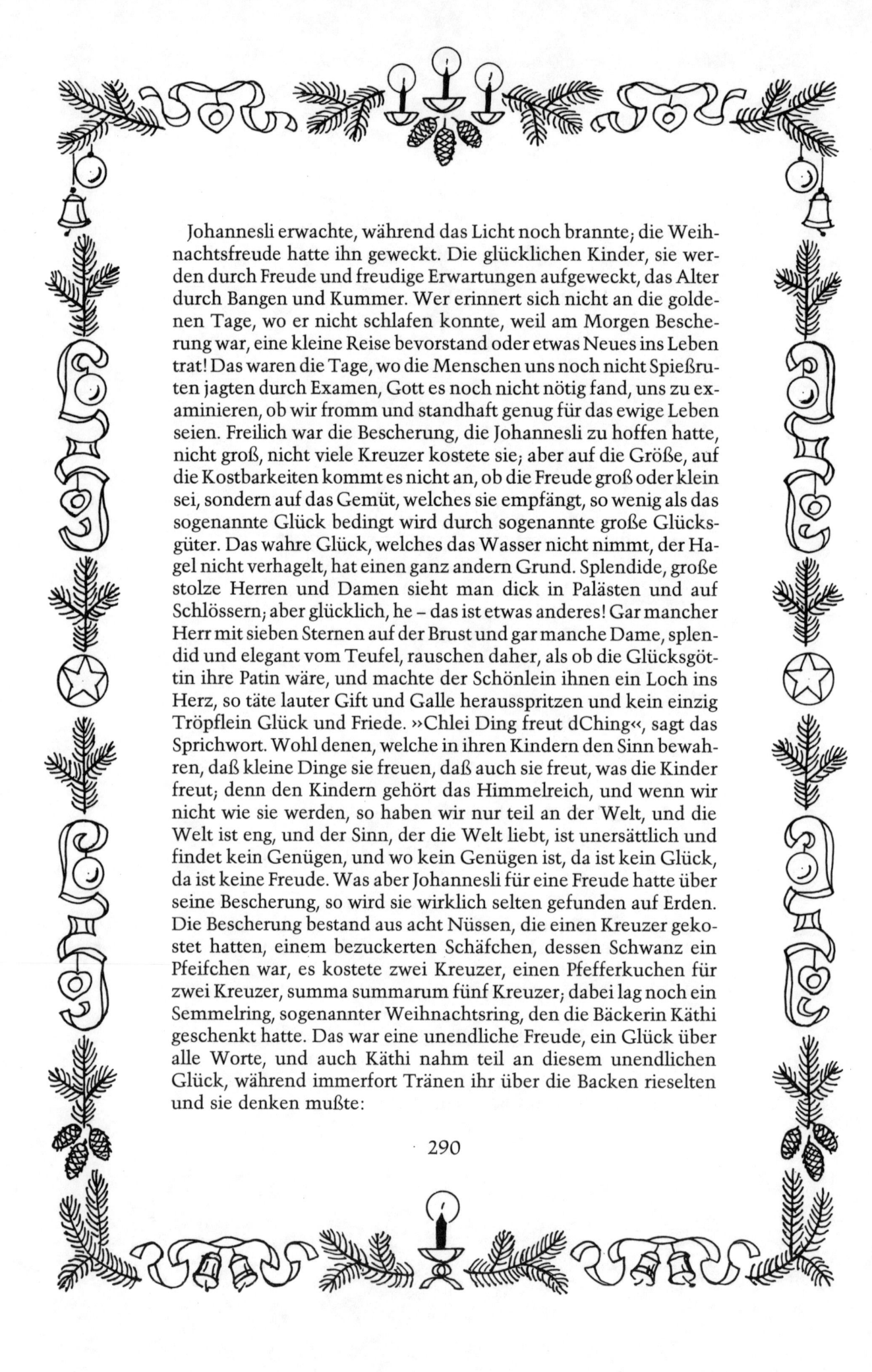

Johannesli erwachte, während das Licht noch brannte; die Weihnachtsfreude hatte ihn geweckt. Die glücklichen Kinder, sie werden durch Freude und freudige Erwartungen aufgeweckt, das Alter durch Bangen und Kummer. Wer erinnert sich nicht an die goldenen Tage, wo er nicht schlafen konnte, weil am Morgen Bescherung war, eine kleine Reise bevorstand oder etwas Neues ins Leben trat! Das waren die Tage, wo die Menschen uns noch nicht Spießruten jagten durch Examen, Gott es noch nicht nötig fand, uns zu examinieren, ob wir fromm und standhaft genug für das ewige Leben seien. Freilich war die Bescherung, die Johannesli zu hoffen hatte, nicht groß, nicht viele Kreuzer kostete sie; aber auf die Größe, auf die Kostbarkeiten kommt es nicht an, ob die Freude groß oder klein sei, sondern auf das Gemüt, welches sie empfängt, so wenig als das sogenannte Glück bedingt wird durch sogenannte große Glücksgüter. Das wahre Glück, welches das Wasser nicht nimmt, der Hagel nicht verhagelt, hat einen ganz andern Grund. Splendide, große stolze Herren und Damen sieht man dick in Palästen und auf Schlössern; aber glücklich, he – das ist etwas anderes! Gar mancher Herr mit sieben Sternen auf der Brust und gar manche Dame, splendid und elegant vom Teufel, rauschen daher, als ob die Glücksgöttin ihre Patin wäre, und machte der Schönlein ihnen ein Loch ins Herz, so täte lauter Gift und Galle herausspritzen und kein einzig Tröpflein Glück und Friede. »Chlei Ding freut dChing«, sagt das Sprichwort. Wohl denen, welche in ihren Kindern den Sinn bewahren, daß kleine Dinge sie freuen, daß auch sie freut, was die Kinder freut; denn den Kindern gehört das Himmelreich, und wenn wir nicht wie sie werden, so haben wir nur teil an der Welt, und die Welt ist eng, und der Sinn, der die Welt liebt, ist unersättlich und findet kein Genügen, und wo kein Genügen ist, da ist kein Glück, da ist keine Freude. Was aber Johannesli für eine Freude hatte über seine Bescherung, so wird sie wirklich selten gefunden auf Erden. Die Bescherung bestand aus acht Nüssen, die einen Kreuzer gekostet hatten, einem bezuckerten Schäfchen, dessen Schwanz ein Pfeifchen war, es kostete zwei Kreuzer, einen Pfefferkuchen für zwei Kreuzer, summa summarum fünf Kreuzer; dabei lag noch ein Semmelring, sogenannter Weihnachtsring, den die Bäckerin Käthi geschenkt hatte. Das war eine unendliche Freude, ein Glück über alle Worte, und auch Käthi nahm teil an diesem unendlichen Glück, während immerfort Tränen ihr über die Backen rieselten und sie denken mußte:

»Ach Gott, du armes Bubi, wenn du wüßtest, was ich, und wo bist du wohl übers Jahr?«

Als der erste Rausch des Kleinen vorüber war, der graue Tag durch die Fenster guckte, rief der Kleine: »Großmüetti, habe dir auch was, rate mal!« Aber die Großmutter konnte nicht raten, da holte der Kleine in großem Triumph zwei Eier, die in der Großmutter Abwesenheit gelegt worden waren und welche er versteckt hatte, um ihr auch eine Freude zu bereiten. »Sieh, Großmüetti, sieh, zwei Eier, und wie schöne und wie große! Daraus machst du heute Eierbrot zum Kaffee, und dann kannst den Leuten sagen, daß ich dir auch das Weihnachtskindlein habe kommen heißen.«

Ach, wie manches Kind bittet so innig: »Vater, laß mir doch das Weihnachtskindlein kommen!«, und wie manches Kind danket innig, daß ihm dieser Wunsch erfüllt worden, und die Eltern freuen sich der Freude der Kinder, und ihr Gewissen rühmet sie, daß sie den Kindern gute Eltern sind, so viele Freuden ihnen bescheren. Aber Leute, klebt nicht am Zeichen, treibt nicht Kindisches, gedenkt an das, was das Zeichen bedeutet, und an das Himmelreich, das vom wahren Weihnachtskindlein den Kindern beschert wurde und welches Vater und Mutter ihren Kindern öffnen sollen, das wahre Weihnachtsgärtlein, in dessen Mitte der Tannenbaum voll Lichter und ohne Schlange. Das Weihnachtskindlein kommen heißen in Zuckergebäcken und buntem Spielzeug und das wahre Weihnachtskindlein, das vom Himmel kam und zum Himmel führt, verleugnen, den Kindern es verbergen, goldene Schäfchen bescheren und um das Lamm, welches der Welt Sünden trug, sie betrügen, heißt das nicht den Kindern Steine, Schlangen bieten, Brot und Fische ihnen vorenthalten, mit Kindischem sie kindisch machen, die Augen blenden für das Ewige, den Stamm verstümmeln, der zum Himmel wachsen soll, zum Zwergbaume, der nicht von der Erde will? Das Weihnachtskindlein kommen lassen und die Kindlein nicht weihen in der heiligen Nacht dem ewigen Heiland, der um ihretwillen ein Kind geworden, das heißt, geblendet und kindisch geworden zu sein, die Augen versengt zu haben an der Afterweisheit des Tages, wie die Mücken die Flügel am Licht versengen, dasselbe für die Sonne haltend, die sie geboren.

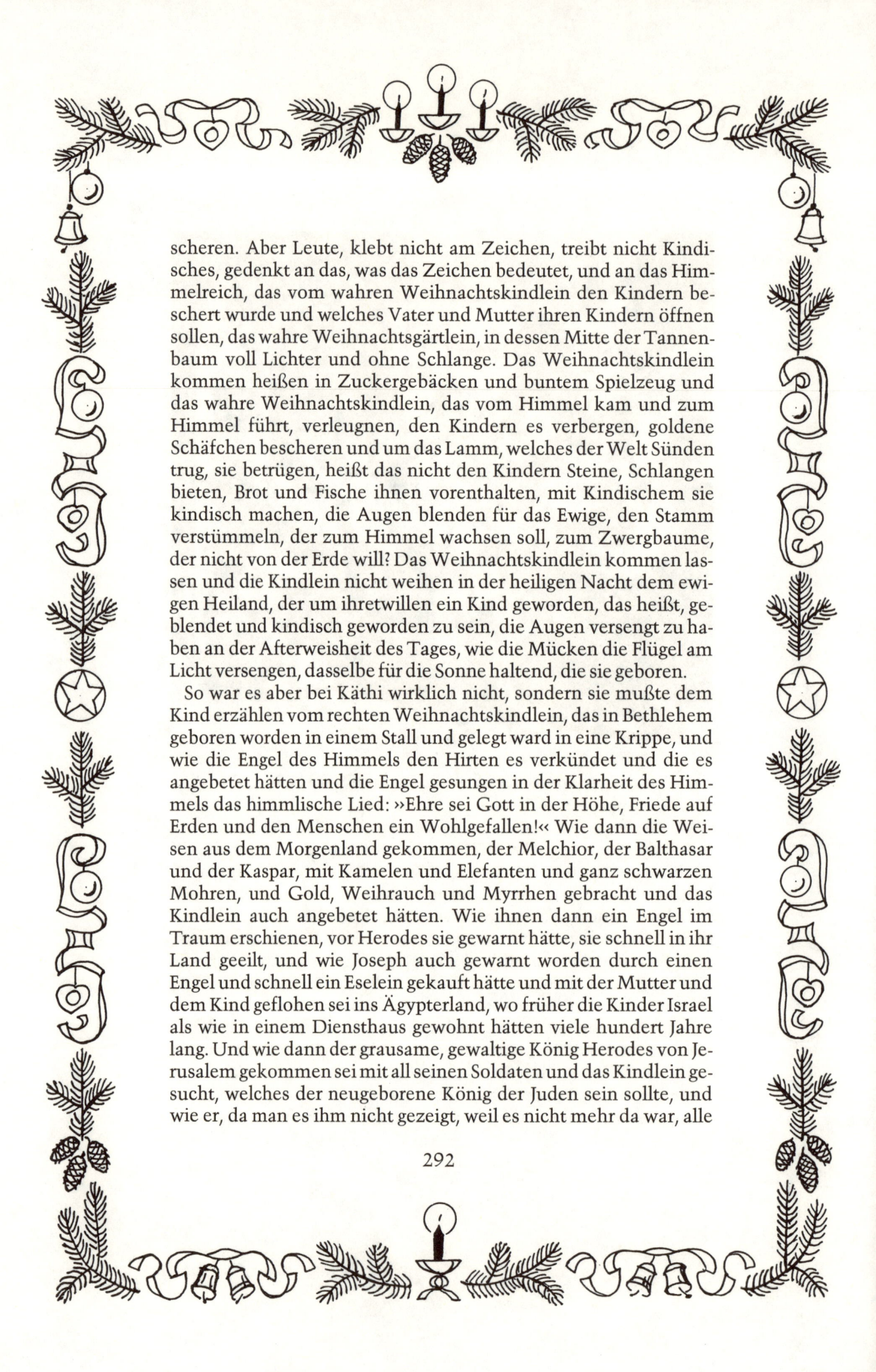

So war es aber bei Käthi wirklich nicht, sondern sie mußte dem Kind erzählen vom rechten Weihnachtskindlein, das in Bethlehem geboren worden in einem Stall und gelegt ward in eine Krippe, und wie die Engel des Himmels den Hirten es verkündet und die es angebetet hätten und die Engel gesungen in der Klarheit des Himmels das himmlische Lied: »Ehre sei Gott in der Höhe, Friede auf Erden und den Menschen ein Wohlgefallen!« Wie dann die Weisen aus dem Morgenland gekommen, der Melchior, der Balthasar und der Kaspar, mit Kamelen und Elefanten und ganz schwarzen Mohren, und Gold, Weihrauch und Myrrhen gebracht und das Kindlein auch angebetet hätten. Wie ihnen dann ein Engel im Traum erschienen, vor Herodes sie gewarnt hätte, sie schnell in ihr Land geeilt, und wie Joseph auch gewarnt worden durch einen Engel und schnell ein Eselein gekauft hätte und mit der Mutter und dem Kind geflohen sei ins Ägypterland, wo früher die Kinder Israel als wie in einem Diensthaus gewohnt hätten viele hundert Jahre lang. Und wie dann der grausame, gewaltige König Herodes von Jerusalem gekommen sei mit all seinen Soldaten und das Kindlein gesucht, welches der neugeborene König der Juden sein sollte, und wie er, da man es ihm nicht gezeigt, weil es nicht mehr da war, alle

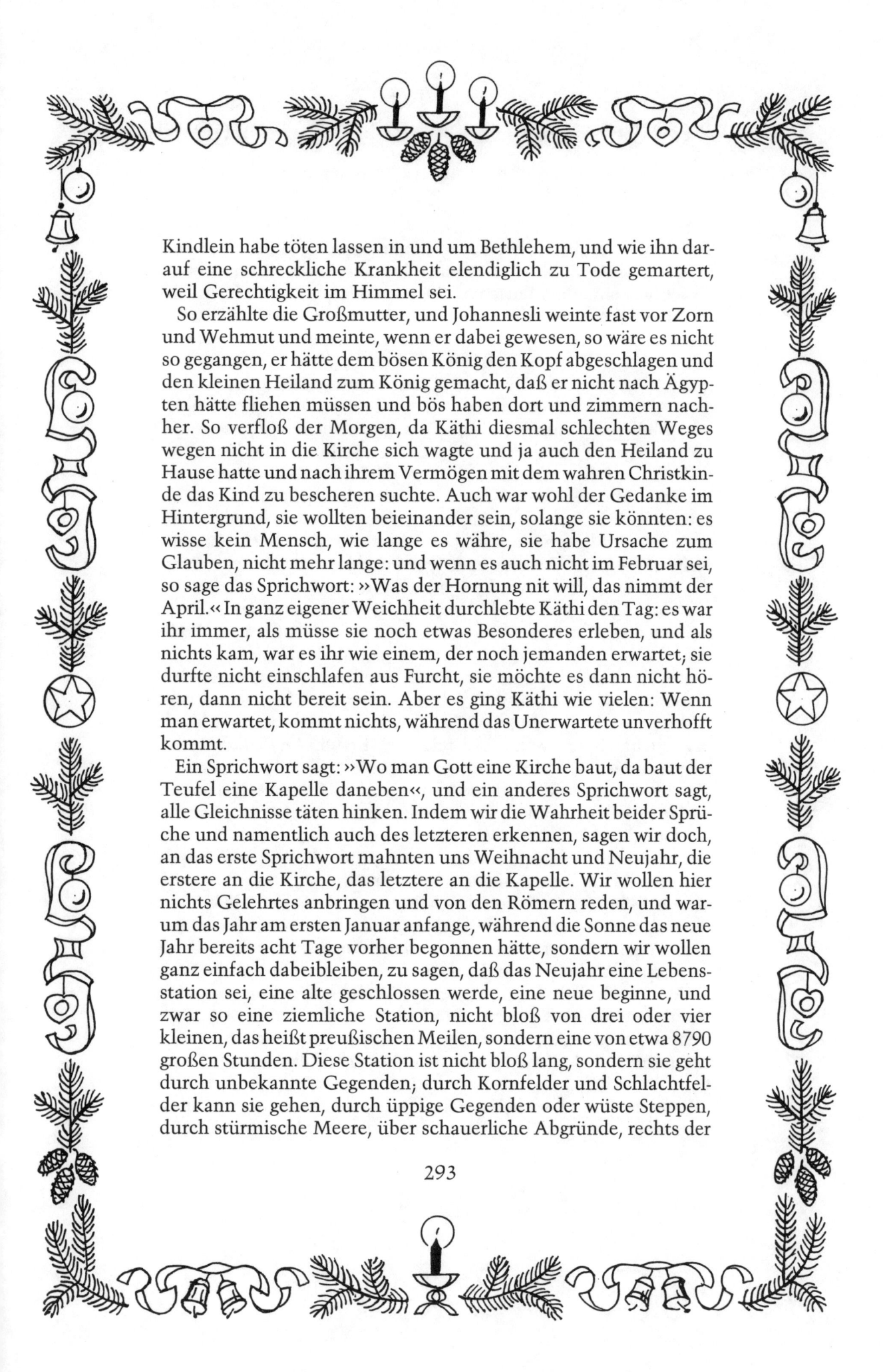

Kindlein habe töten lassen in und um Bethlehem, und wie ihn darauf eine schreckliche Krankheit elendiglich zu Tode gemartet, weil Gerechtigkeit im Himmel sei.

So erzählte die Großmutter, und Johannesli weinte fast vor Zorn und Wehmut und meinte, wenn er dabei gewesen, so wäre es nicht so gegangen, er hätte dem bösen König den Kopf abgeschlagen und den kleinen Heiland zum König gemacht, daß er nicht nach Ägypten hätte fliehen müssen und bös haben dort und zimmern nachher. So verfloß der Morgen, da Käthi diesmal schlechten Weges wegen nicht in die Kirche sich wagte und ja auch den Heiland zu Hause hatte und nach ihrem Vermögen mit dem wahren Christkinde das Kind zu bescheren suchte. Auch war wohl der Gedanke im Hintergrund, sie wollten beieinander sein, solange sie könnten: es wisse kein Mensch, wie lange es währe, sie habe Ursache zum Glauben, nicht mehr lange: und wenn es auch nicht im Februar sei, so sage das Sprichwort: »Was der Hornung nit will, das nimmt der April.« In ganz eigener Weichheit durchlebte Käthi den Tag: es war ihr immer, als müsse sie noch etwas Besonderes erleben, und als nichts kam, war es ihr wie einem, der noch jemanden erwartet; sie durfte nicht einschlafen aus Furcht, sie möchte es dann nicht hören, dann nicht bereit sein. Aber es ging Käthi wie vielen: Wenn man erwartet, kommt nichts, während das Unerwartete unverhofft kommt.

Ein Sprichwort sagt: »Wo man Gott eine Kirche baut, da baut der Teufel eine Kapelle daneben«, und ein anderes Sprichwort sagt, alle Gleichnisse täten hinken. Indem wir die Wahrheit beider Sprüche und namentlich auch des letzteren erkennen, sagen wir doch, an das erste Sprichwort mahnten uns Weihnacht und Neujahr, die erstere an die Kirche, das letztere an die Kapelle. Wir wollen hier nichts Gelehrtes anbringen und von den Römern reden, und warum das Jahr am ersten Januar anfange, während die Sonne das neue Jahr bereits acht Tage vorher begonnen hätte, sondern wir wollen ganz einfach dabeibleiben, zu sagen, daß das Neujahr eine Lebensstation sei, eine alte geschlossen werde, eine neue beginne, und zwar so eine ziemliche Station, nicht bloß von drei oder vier kleinen, das heißt preußischen Meilen, sondern eine von etwa 8790 großen Stunden. Diese Station ist nicht bloß lang, sondern sie geht durch unbekannte Gegenden; durch Kornfelder und Schlachtfelder kann sie gehen, durch üppige Gegenden oder wüste Steppen, durch stürmische Meere, über schauerliche Abgründe, rechts der

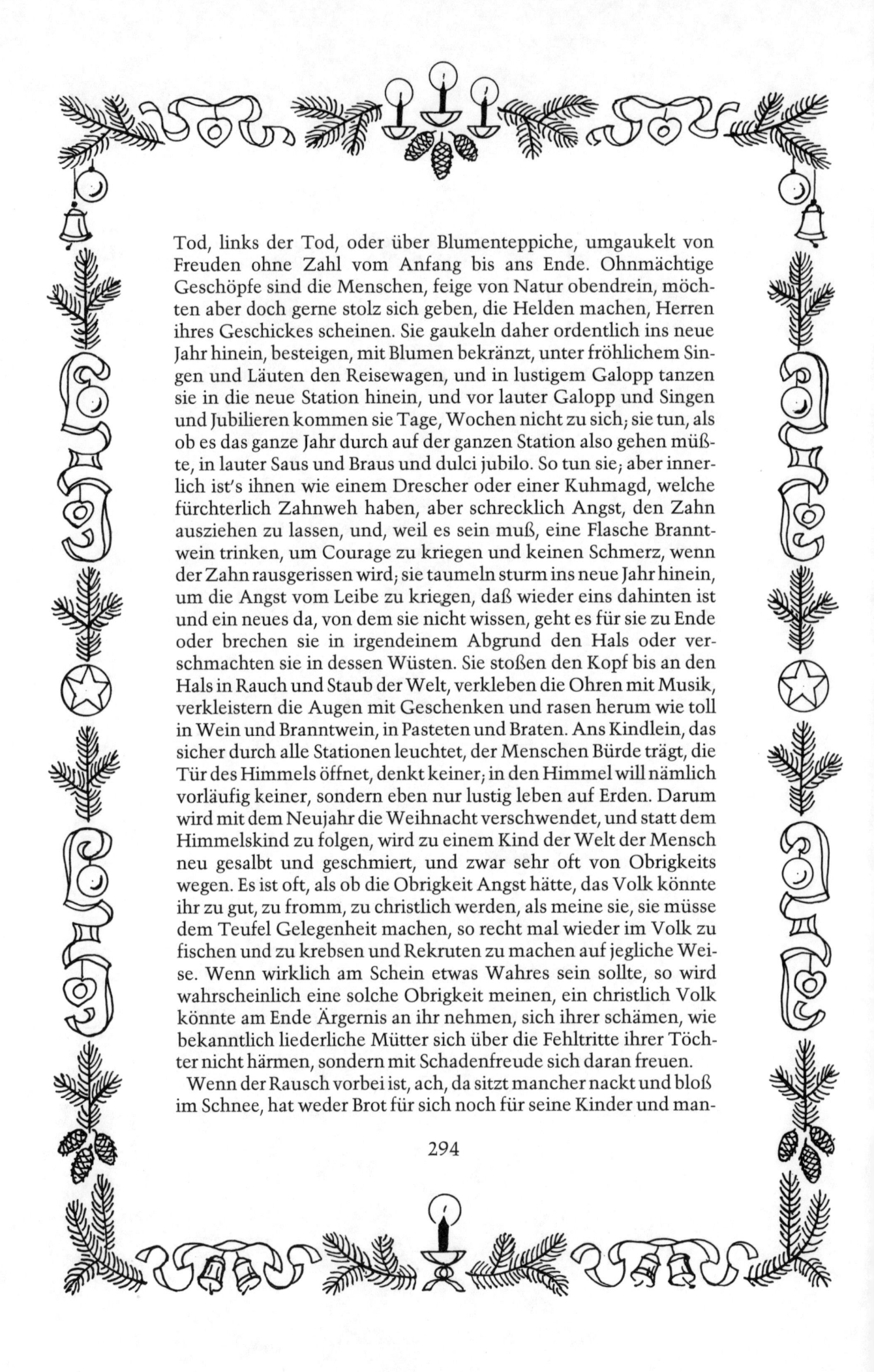

Tod, links der Tod, oder über Blumenteppiche, umgaukelt von Freuden ohne Zahl vom Anfang bis ans Ende. Ohnmächtige Geschöpfe sind die Menschen, feige von Natur obendrein, möchten aber doch gerne stolz sich geben, die Helden machen, Herren ihres Geschickes scheinen. Sie gaukeln daher ordentlich ins neue Jahr hinein, besteigen, mit Blumen bekränzt, unter fröhlichem Singen und Läuten den Reisewagen, und in lustigem Galopp tanzen sie in die neue Station hinein, und vor lauter Galopp und Singen und Jubilieren kommen sie Tage, Wochen nicht zu sich; sie tun, als ob es das ganze Jahr durch auf der ganzen Station also gehen müßte, in lauter Saus und Braus und dulci jubilo. So tun sie; aber innerlich ist's ihnen wie einem Drescher oder einer Kuhmagd, welche fürchterlich Zahnweh haben, aber schrecklich Angst, den Zahn ausziehen zu lassen, und, weil es sein muß, eine Flasche Branntwein trinken, um Courage zu kriegen und keinen Schmerz, wenn der Zahn rausgerissen wird; sie taumeln sturm ins neue Jahr hinein, um die Angst vom Leibe zu kriegen, daß wieder eins dahinten ist und ein neues da, von dem sie nicht wissen, geht es für sie zu Ende oder brechen sie in irgendeinem Abgrund den Hals oder verschmachten sie in dessen Wüsten. Sie stoßen den Kopf bis an den Hals in Rauch und Staub der Welt, verkleben die Ohren mit Musik, verkleistern die Augen mit Geschenken und rasen herum wie toll in Wein und Branntwein, in Pasteten und Braten. Ans Kindlein, das sicher durch alle Stationen leuchtet, der Menschen Bürde trägt, die Tür des Himmels öffnet, denkt keiner; in den Himmel will nämlich vorläufig keiner, sondern eben nur lustig leben auf Erden. Darum wird mit dem Neujahr die Weihnacht verschwendet, und statt dem Himmelskind zu folgen, wird zu einem Kind der Welt der Mensch neu gesalbt und geschmiert, und zwar sehr oft von Obrigkeits wegen. Es ist oft, als ob die Obrigkeit Angst hätte, das Volk könnte ihr zu gut, zu fromm, zu christlich werden, als meine sie, sie müsse dem Teufel Gelegenheit machen, so recht mal wieder im Volk zu fischen und zu krebsen und Rekruten zu machen auf jegliche Weise. Wenn wirklich am Schein etwas Wahres sein sollte, so wird wahrscheinlich eine solche Obrigkeit meinen, ein christlich Volk könnte am Ende Ärgernis an ihr nehmen, sich ihrer schämen, wie bekanntlich liederliche Mütter sich über die Fehltritte ihrer Töchter nicht härmen, sondern mit Schadenfreude sich daran freuen.

Wenn der Rausch vorbei ist, ach, da sitzt mancher nackt und bloß im Schnee, hat weder Brot für sich noch für seine Kinder und mancher keinen Mut mehr fürs ganze Jahr, mancher keine Kraft mehr fürs Leben und mancher alle Freude verhudelt fürs ganze Leben. Da ist vor dem Neujahr keine Polizei mehr, und nach demselben ist keine, und jeder Wirt stellt das möglichste an, die Leute anzulokken und auszubeuten. Meint man endlich, der letzte Atemzug sollte vertanzt, der letzte Kreuzer ausgepumpt sein, so geht's von vorne los, es kommt das sogenannte alte Neujahr, das heißt das Neujahr nach dem alten Kalender, und noch einmal muß es angesetzt sein und versucht, was noch möglich sei. So wird die Weihnacht durchs Neujahr verschwendet und alles versucht, den Menschen nicht bloß nicht zu sich selbst kommen zu lassen, sondern ihn so recht planmäßig zu berauschen, um ihn glücklich über die Stelle, wo er sich vielleicht bekehren könnte, unbekehrt hinüberzubugsieren.

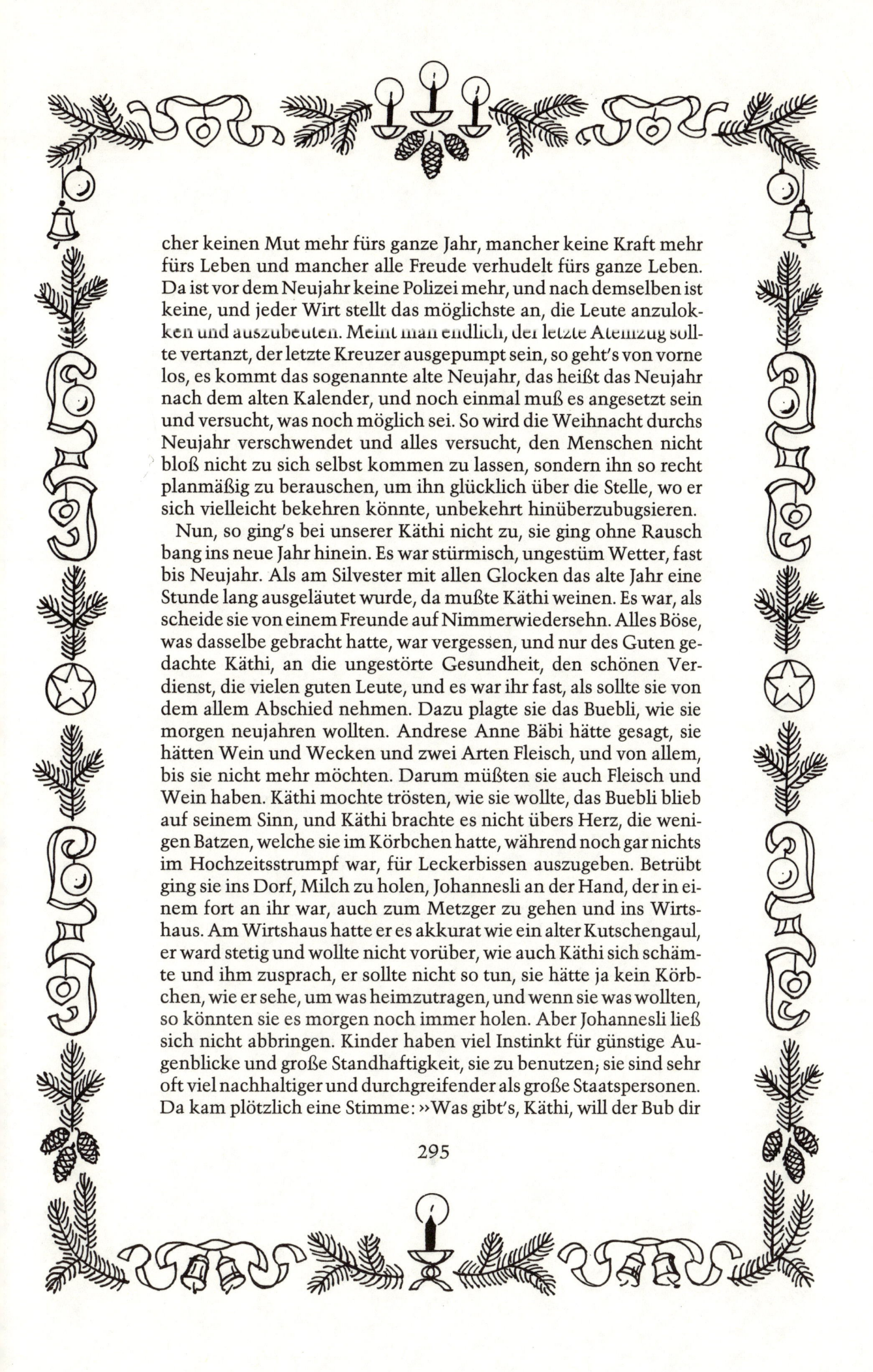

Nun, so ging's bei unserer Käthi nicht zu, sie ging ohne Rausch bang ins neue Jahr hinein. Es war stürmisch, ungestüm Wetter, fast bis Neujahr. Als am Silvester mit allen Glocken das alte Jahr eine Stunde lang ausgeläutet wurde, da mußte Käthi weinen. Es war, als scheide sie von einem Freunde auf Nimmerwiedersehn. Alles Böse, was dasselbe gebracht hatte, war vergessen, und nur des Guten gedachte Käthi, an die ungestörte Gesundheit, den schönen Verdienst, die vielen guten Leute, und es war ihr fast, als sollte sie von dem allem Abschied nehmen. Dazu plagte sie das Buebli, wie sie morgen neujahren wollten. Andrese Anne Bäbi hätte gesagt, sie hätten Wein und Wecken und zwei Arten Fleisch, und von allem, bis sie nicht mehr möchten. Darum müßten sie auch Fleisch und Wein haben. Käthi mochte trösten, wie sie wollte, das Buebli blieb auf seinem Sinn, und Käthi brachte es nicht übers Herz, die wenigen Batzen, welche sie im Körbchen hatte, während noch gar nichts im Hochzeitsstrumpf war, für Leckerbissen auszugeben. Betrübt ging sie ins Dorf, Milch zu holen, Johannesli an der Hand, der in einem fort an ihr war, auch zum Metzger zu gehen und ins Wirtshaus. Am Wirtshaus hatte er es akkurat wie ein alter Kutschengaul, er ward stetig und wollte nicht vorüber, wie auch Käthi sich schämte und ihm zusprach, er sollte nicht so tun, sie hätte ja kein Körbchen, wie er sehe, um was heimzutragen, und wenn sie was wollten, so könnten sie es morgen noch immer holen. Aber Johannesli ließ sich nicht abbringen. Kinder haben viel Instinkt für günstige Augenblicke und große Standhaftigkeit, sie zu benutzen; sie sind sehr oft viel nachhaltiger und durchgreifender als große Staatspersonen. Da kam plötzlich eine Stimme: »Was gibt's, Käthi, will der Bub dir einen Schoppen zahlen?« Käthi weinte fast und erzählte. Die dicke Wirtin lachte und sagte: »Der Bub hat recht, er wird wissen, was Zwängen ist, und meinen, wenn alle Leute neujahrten, so hätte er auch das Recht dazu.« Sie hieß sie hineinkommen, und Käthi trug ein Stück Braten heim und einen Schoppen Wein, hatte es aber sehr ungern, sowohl weil der Bub so wüst getan, als auch die Wirtin glauben konnte, das sei ein abgekartet Spiel gewesen, um was zu erhaschen auf eine unschuldige Manier.

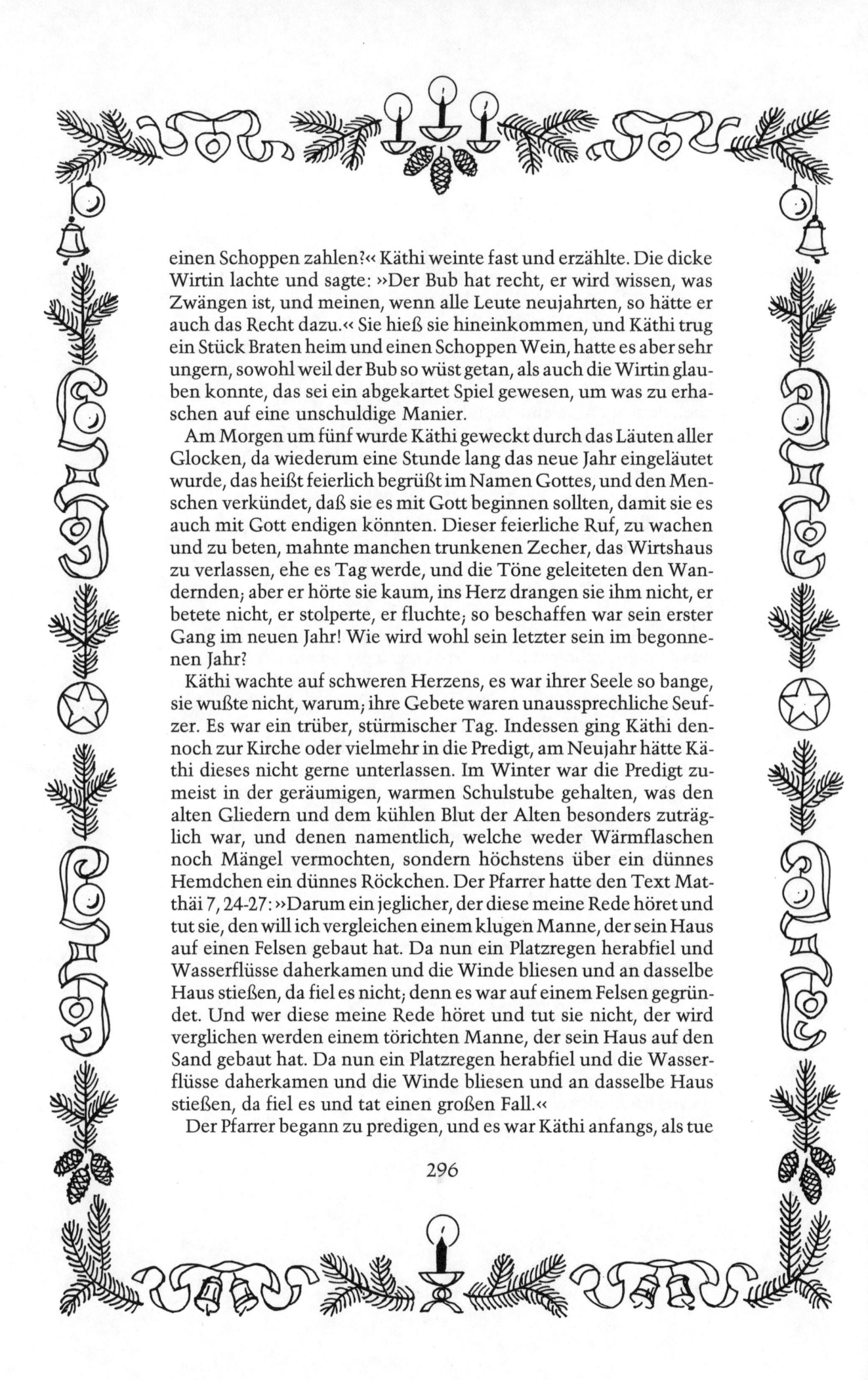

Am Morgen um fünf wurde Käthi geweckt durch das Läuten aller Glocken, da wiederum eine Stunde lang das neue Jahr eingeläutet wurde, das heißt feierlich begrüßt im Namen Gottes, und den Menschen verkündet, daß sie es mit Gott beginnen sollten, damit sie es auch mit Gott endigen könnten. Dieser feierliche Ruf, zu wachen und zu beten, mahnte manchen trunkenen Zecher, das Wirtshaus zu verlassen, ehe es Tag werde, und die Töne geleiteten den Wandernden; aber er hörte sie kaum, ins Herz drangen sie ihm nicht, er betete nicht, er stolperte, er fluchte; so beschaffen war sein erster Gang im neuen Jahr! Wie wird wohl sein letzter sein im begonnenen Jahr?

Käthi wachte auf schweren Herzens, es war ihrer Seele so bange, sie wußte nicht, warum; ihre Gebete waren unaussprechliche Seufzer. Es war ein trüber, stürmischer Tag. Indessen ging Käthi dennoch zur Kirche oder vielmehr in die Predigt, am Neujahr hätte Käthi dieses nicht gerne unterlassen. Im Winter war die Predigt zumeist in der geräumigen, warmen Schulstube gehalten, was den alten Gliedern und dem kühlen Blut der Alten besonders zuträglich war, und denen namentlich, welche weder Wärmflaschen noch Mängel vermochten, sondern höchstens über ein dünnes Hemdchen ein dünnes Röckchen. Der Pfarrer hatte den Text Matthäi 7, 24-27: »Darum ein jeglicher, der diese meine Rede höret und tut sie, den will ich vergleichen einem klugen Manne, der sein Haus auf einen Felsen gebaut hat. Da nun ein Platzregen herabfiel und Wasserflüsse daherkamen und die Winde bliesen und an dasselbe Haus stießen, da fiel es nicht; denn es war auf einem Felsen gegründet. Und wer diese meine Rede höret und tut sie nicht, der wird verglichen werden einem törichten Manne, der sein Haus auf den Sand gebaut hat. Da nun ein Platzregen herabfiel und die Wasserflüsse daherkamen und die Winde bliesen und an dasselbe Haus stießen, da fiel es und tat einen großen Fall.«

Der Pfarrer begann zu predigen, und es war Käthi anfangs, als tue er ihr Herz auf und predige aus demselben; es war ihr ganz wunderlich, und oft wußte sie lange nicht, rede sie laut oder predige der Pfarrer. Er sprach, wie er erwacht sei vom Glockengeläute, welches rufe, zu wachen und zu beten. Wie ihm da bange geworden sei, sprach er, wie die leibliche Not und die geistige Not sich vor seinen Geist gestellt, wie er habe fragen müssen: »Wie soll das enden?«, daß er habe ausrufen müssen: »Ach Herr, wie ist meiner Seele so bange!« Er nannte alles, was ihm bange gemacht, und wie leibliche Augen da keinen Ausgang erblickten, und wie der Mensch in seiner Ohnmacht sich nicht zu helfen wüßte, nichts könnte als beben und zittern, des geistigen und leiblichen Unterganges gewärtig.

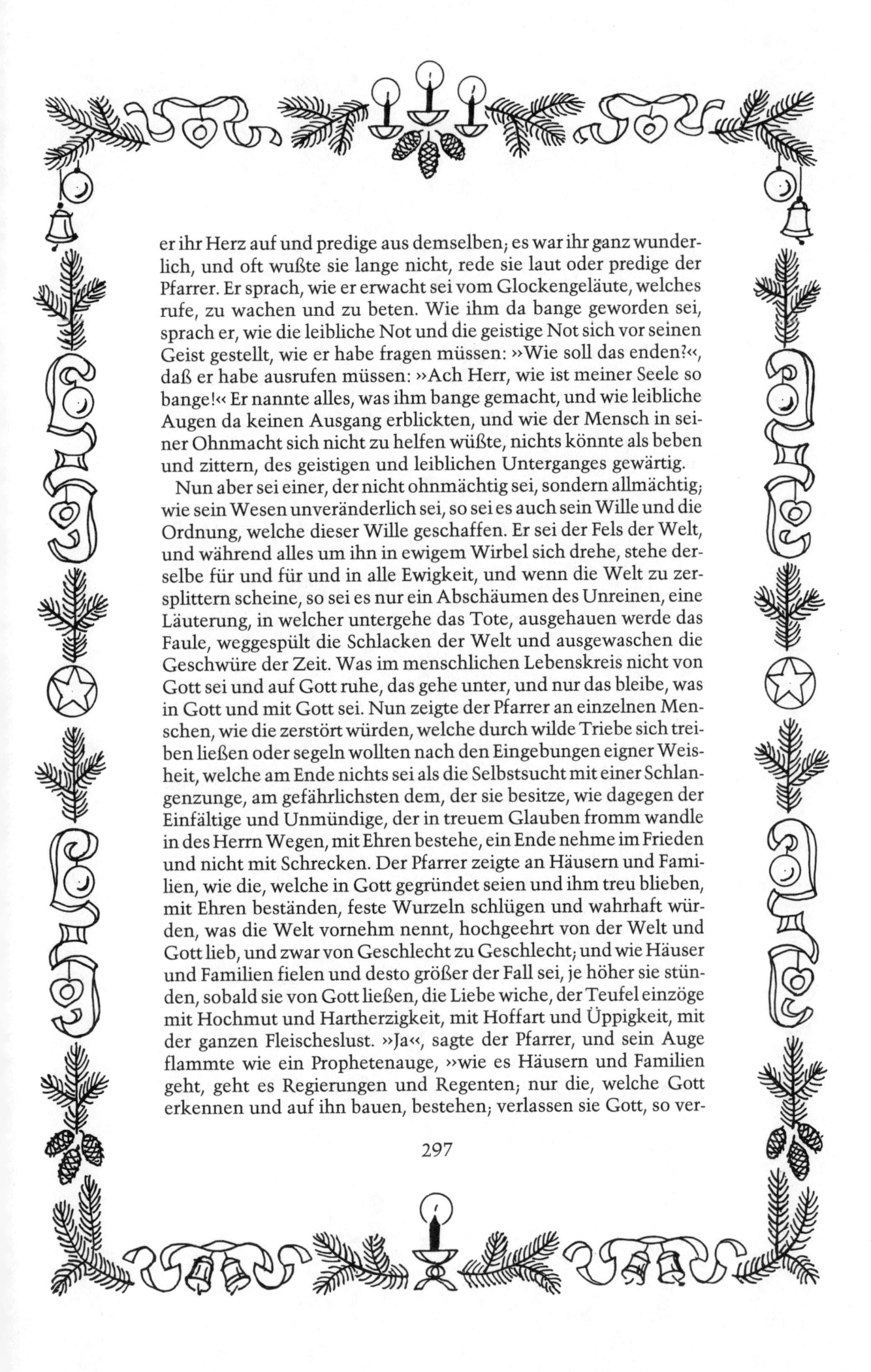

Nun aber sei einer, der nicht ohnmächtig sei, sondern allmächtig; wie sein Wesen unveränderlich sei, so sei es auch sein Wille und die Ordnung, welche dieser Wille geschaffen. Er sei der Fels der Welt, und während alles um ihn in ewigem Wirbel sich drehe, stehe derselbe für und für und in alle Ewigkeit, und wenn die Welt zu zersplittern scheine, so sei es nur ein Abschäumen des Unreinen, eine Läuterung, in welcher untergehe das Tote, ausgehauen werde das Faule, weggespült die Schlacken der Welt und ausgewaschen die Geschwüre der Zeit. Was im menschlichen Lebenskreis nicht von Gott sei und auf Gott ruhe, das gehe unter, und nur das bleibe, was in Gott und mit Gott sei. Nun zeigte der Pfarrer an einzelnen Menschen, wie die zerstört würden, welche durch wilde Triebe sich treiben ließen oder segeln wollten nach den Eingebungen eigner Weisheit, welche am Ende nichts sei als die Selbstsucht mit einer Schlangenzunge, am gefährlichsten dem, der sie besitze, wie dagegen der Einfältige und Unmündige, der in treuem Glauben fromm wandle in des Herrn Wegen, mit Ehren bestehe, ein Ende nehme im Frieden und nicht mit Schrecken. Der Pfarrer zeigte an Häusern und Familien, wie die, welche in Gott gegründet seien und ihm treu blieben, mit Ehren beständen, feste Wurzeln schlügen und wahrhaft würden, was die Welt vornehm nennt, hochgeehrt von der Welt und Gott lieb, und zwar von Geschlecht zu Geschlecht; und wie Häuser und Familien fielen und desto größer der Fall sei, je höher sie stünden, sobald sie von Gott ließen, die Liebe wiche, der Teufel einzöge mit Hochmut und Hartherzigkeit, mit Hoffart und Üppigkeit, mit der ganzen Fleischeslust. »Ja«, sagte der Pfarrer, und sein Auge flammte wie ein Prophetenauge, »wie es Häusern und Familien geht, geht es Regierungen und Regenten; nur die, welche Gott erkennen und auf ihn bauen, bestehen; verlassen sie Gott, so verläßt sie Gott, und sie tun einen großen Fall. Und warum bangt uns?« fuhr er fort. »Eben, weil wir so viele Menschen, Familien, ja Regierungen und Regenten nicht stehen sehen auf dem Felsen, der nicht fällt, sondern wirbeln im Wirbel der Welt, dieser Wirbel immer wilder aufkocht, je mehr in denselben sich stürzen, je größer Gewühl und Gedränge von Unglücklichen in diesem grausen Wirbel ist. Es wird uns, als ob alles zugrunde gehen müßte, alles verschlungen werden würde von der Finsternis und den Schatten des Todes. Und es werden viele zugrunde gehen, Menschen, Familien, Regierungen voran; vielleicht bricht die Zeit einer großen Läuterung an, vielleicht will Gott mit Wasserwogen und Meeresfluten ausspülen die Geschwüre der Welt. Aber bangen wollen wir nicht; weinen dürfen wir über Jerusalem, daß es nicht erkennt zu rechter Zeit, was zu seinem Frieden dient; aber zagen wollen wir nicht, und wenn die Flut unsere Leiber verschlingt, so vergessen wir nicht, daß, wer dem Herrn lebt, auch dem Herrn stirbt und daß er in die Hölle führt und wieder heraus. Vielleicht, daß er auch nur drohend den Finger aufhebt, damit man umkehre und sich bekehre, wie er es den Kindern Kains tat, daß unsere Lage eine Bußpredigt ist, wie Jonas den Niniviten eine hielt? Vielleicht, wir wissen es nicht! Aber das wissen wir, daß das, was Gott tut, wohlgetan ist und daß er die Niniviten nur deswegen schonte, weil sie Buße taten im Sack und in der Asche. Nun, wem das Herz klopft in Sündenangst, wer sich bewußt wird, sein Fuß stehe nicht auf dem ewigen Fels, der tue Buße im Sack und in der Asche, er suche den, der sich finden läßt, von allen, die ihn ehrlich suchen! Und wer sich bewußt ist, ergriffen zu haben den ewigen Fels, der traue Gott und zage nicht! Der Herr der Ewigkeit ist auch der Herr des betretenen Jahres; was er verhängt, wird zur Seligkeit dienen denen, die ihn lieb haben und seine Gebote halten, und wer in diesem Jahr sterben sollte, wird des Herrn bleiben, wenn er dem Herrn gelebt hat. Darum, was kommen mag, laßt uns des Herrn harren unverzagt; sei in seiner Hand die Rute der Züchtigung oder der Zweig des Friedens, so laßt diese Hand uns verehren in tiefer Demut; es ist die Hand, die segnet und selig macht die, welche Treue halten und die Liebe bewahren!«

So sprach der Pfarrer, und wenn auch Käthi die Beine zitterten, so ward ihr doch wohl; im Herzen blühte ihr die Ergebung auf, welche das Größte trägt und vollbringt, die Ergebung, welche mit ganzem Herzen sagen kann: »Der Herr hat es gegeben, der Herr hat es genommen, der Name des Herrn sei gelobt!«

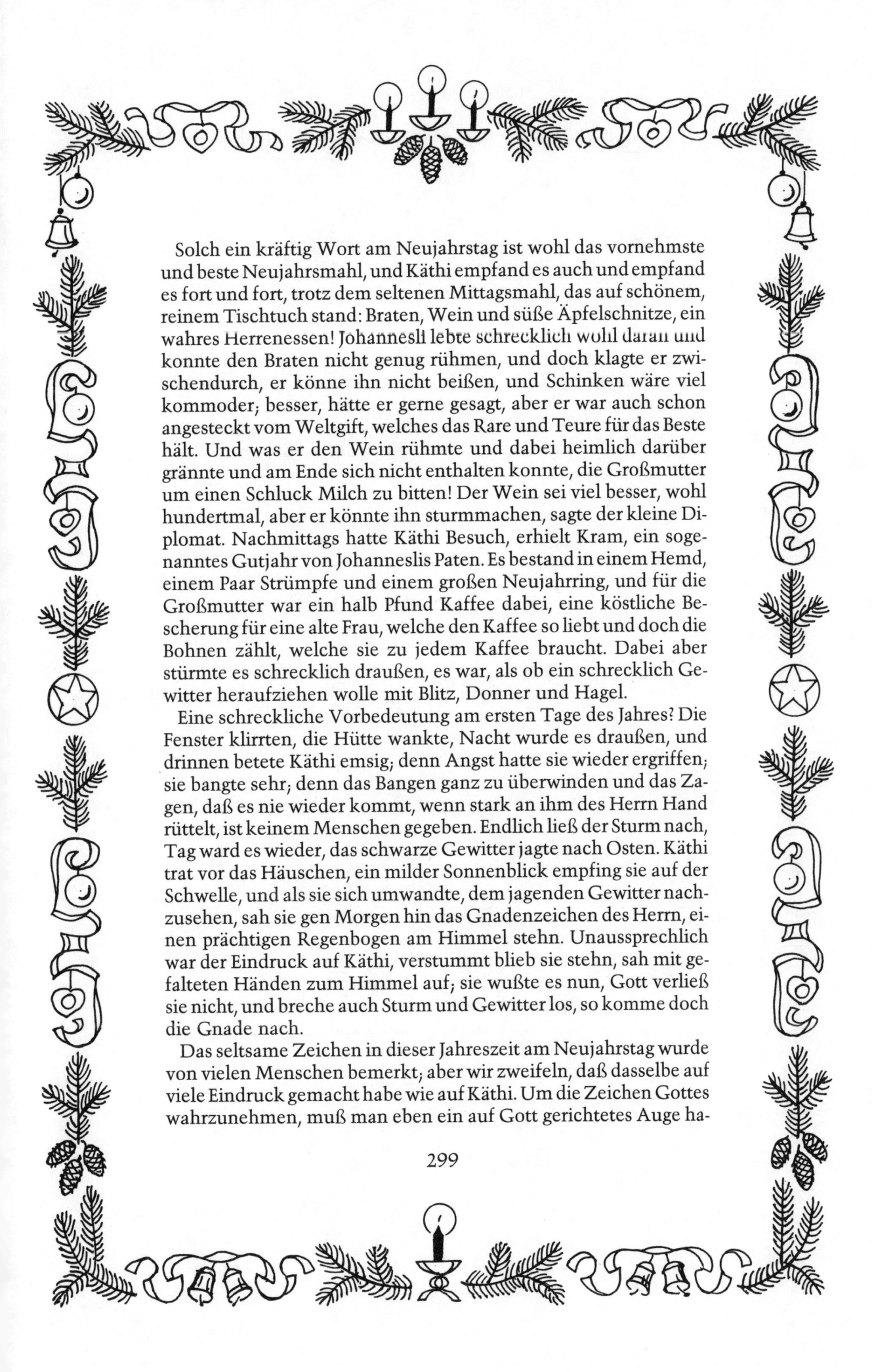

Solch ein kräftig Wort am Neujahrstag ist wohl das vornehmste und beste Neujahrsmahl, und Käthi empfand es auch und empfand es fort und fort, trotz dem seltenen Mittagsmahl, das auf schönem, reinem Tischtuch stand: Braten, Wein und süße Äpfelschnitze, ein wahres Herrenessen! Johannesli lebte schrecklich wohl daran und konnte den Braten nicht genug rühmen, und doch klagte er zwischendurch, er könne ihn nicht beißen, und Schinken wäre viel kommoder; besser, hätte er gerne gesagt, aber er war auch schon angesteckt vom Weltgift, welches das Rare und Teure für das Beste hält. Und was er den Wein rühmte und dabei heimlich darüber grännte und am Ende sich nicht enthalten konnte, die Großmutter um einen Schluck Milch zu bitten! Der Wein sei viel besser, wohl hundertmal, aber er könnte ihn sturmmachen, sagte der kleine Diplomat. Nachmittags hatte Käthi Besuch, erhielt Kram, ein sogenanntes Gutjahr von Johanneslis Paten. Es bestand in einem Hemd, einem Paar Strümpfe und einem großen Neujahrring, und für die Großmutter war ein halb Pfund Kaffee dabei, eine köstliche Bescherung für eine alte Frau, welche den Kaffee so liebt und doch die Bohnen zählt, welche sie zu jedem Kaffee braucht. Dabei aber stürmte es schrecklich draußen, es war, als ob ein schrecklich Gewitter heraufziehen wolle mit Blitz, Donner und Hagel.

Eine schreckliche Vorbedeutung am ersten Tage des Jahres? Die Fenster klirrten, die Hütte wankte, Nacht wurde es draußen, und drinnen betete Käthi emsig; denn Angst hatte sie wieder ergriffen; sie bangte sehr; denn das Bangen ganz zu überwinden und das Zagen, daß es nie wieder kommt, wenn stark an ihm des Herrn Hand rüttelt, ist keinem Menschen gegeben. Endlich ließ der Sturm nach, Tag ward es wieder, das schwarze Gewitter jagte nach Osten. Käthi trat vor das Häuschen, ein milder Sonnenblick empfing sie auf der Schwelle, und als sie sich umwandte, dem jagenden Gewitter nachzusehen, sah sie gen Morgen hin das Gnadenzeichen des Herrn, einen prächtigen Regenbogen am Himmel stehn. Unaussprechlich war der Eindruck auf Käthi, verstummt blieb sie stehn, sah mit gefalteten Händen zum Himmel auf; sie wußte es nun, Gott verließ sie nicht, und breche auch Sturm und Gewitter los, so komme doch die Gnade nach.

Das seltsame Zeichen in dieser Jahreszeit am Neujahrstag wurde von vielen Menschen bemerkt; aber wir zweifeln, daß dasselbe auf viele Eindruck gemacht habe wie auf Käthi. Um die Zeichen Gottes wahrzunehmen, muß man eben ein auf Gott gerichtetes Auge haben, und um sie zu empfinden, muß man haben ein gottergebenes Herz. Ganz hell war es Käthi im Gemüt, und sie erzählte eben Johannesli eine schöne Geschichte von einem Knaben, der in der Jugend gestohlen worden, endlich aber wieder ein großer Herr geworden sei, als Andrese Anne Bäbi kam und sie einlud, diesen Abend mit ihnen zu neujahren, wie man zu sagen pflegt. Es ging Käthi wieder wie gestern vor dem Wirtshaus: wie sie sich auch sträuben mochte, Johannesli war Meister. Kurzweilig verging der Abend, und es war Zeit, auseinanderzugehen, ehe man daran dachte. Die Zeit recht kurz zu machen, ist eine Kunst, und recht kurze Zeit zu haben ein Glück.

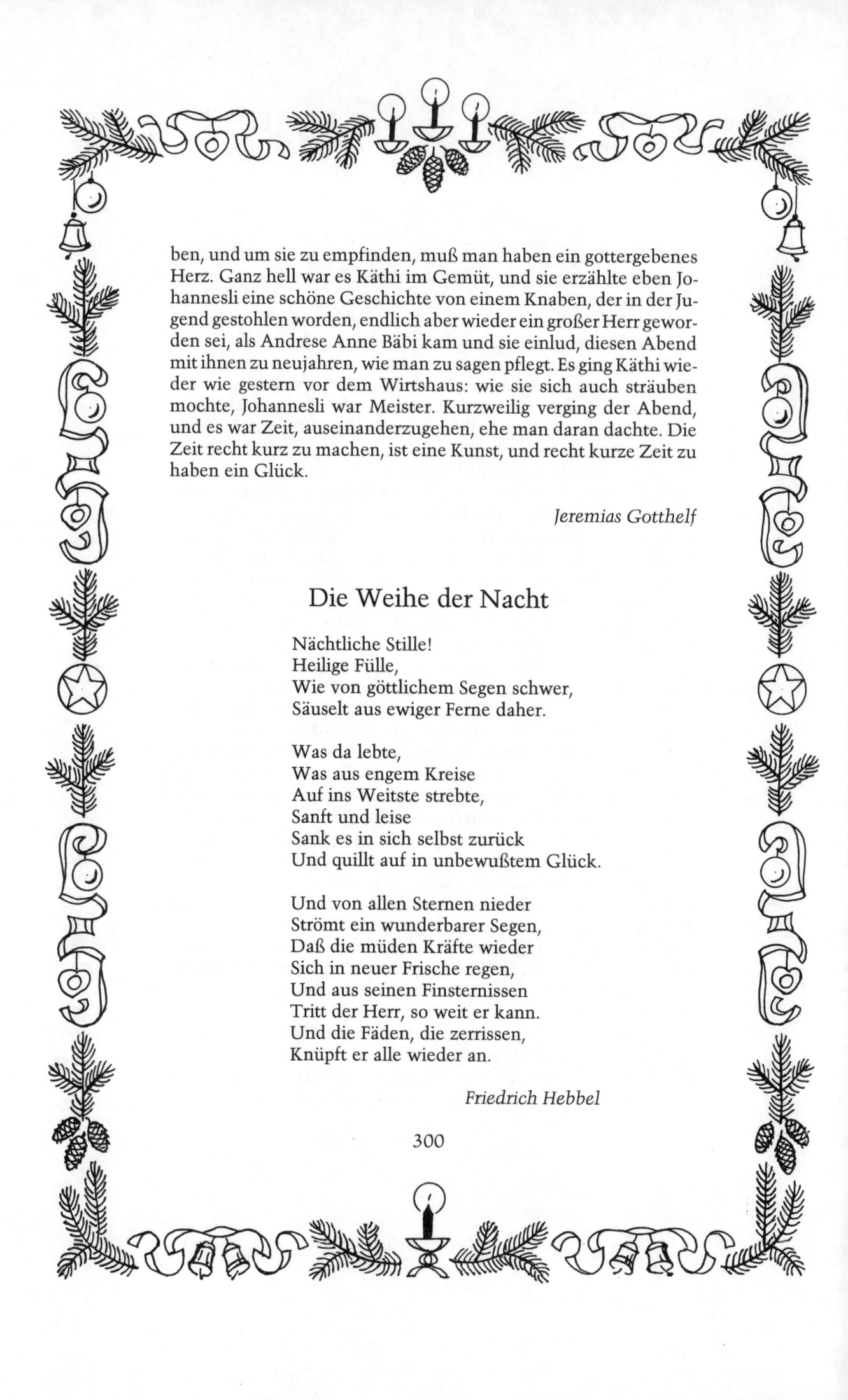

Jeremias Gotthelf

Die Weihe der Nacht

Nächtliche Stille!
Heilige Fülle,
Wie von göttlichem Segen schwer,
Säuselt aus ewiger Ferne daher.

Was da lebte,
Was aus engem Kreise
Auf ins Weitste strebte,
Sanft und leise
Sank es in sich selbst zurück
Und quillt auf in unbewußtem Glück.

Und von allen Sternen nieder
Strömt ein wunderbarer Segen,
Daß die müden Kräfte wieder
Sich in neuer Frische regen,
Und aus seinen Finsternissen
Tritt der Herr, so weit er kann.
Und die Fäden, die zerrissen,
Knüpft er alle wieder an.

Friedrich Hebbel

Joseph, lieber Joseph mein

Joseph, lieber Joseph mein,
Hilf mir wiegen mein Kindelein,
Gott, der will dein Lohner sein
Im Himmelreich,
Der Jungfrau Sohn Maria.
Er ist erschienen am heutigen Tag,
Am heutigen Tag
In Israel,
Der Marien verkündigt durch Gabriel,
Eia, eia.
Jesum Christi hat uns geboren Maria!
Er ist erschienen am heutigen Tag,
Am heutigen Tag
In Israel.
Von Maria ist Heil entsprossen in alle Welt.

*Johannes von Salzburg,
15. Jahrhundert*

Christnacht

Heil'ge Nacht, mit tausend Kerzen
Nahst du leise dich der Welt,
Und die Glocken hör ich klingen,
Und die Fenster sind erhellt.
Selbst die Hütte trieft von Segen,
Und der Kindlein froher Dank
Jauchzt dem Himmelskind entgegen,
Und ihr Stammeln wird Gesang.

Mit der Fülle süßer Lieder,
Mit dem Glanz um Tal und Höh'n,
Heil'ge Nacht, so kehrst du wieder,
Wie die Welt dich einst gesehn,
Da die Palmen lauter rauschten,
Und, versenkt in Dämmerung,
Erd' und Himmel Worte tauschten,
Worte der Verkündigung;

Da, der Jungfrau Sohn zu dienen,
Fürsten aus dem Morgenland
In der Hirten Kreis erschienen,
Gold und Myrrhen in der Hand!
Da mit seligem Entzücken
Sich die Mutter niederbog,
Sinnend aus des Kindes Blicken
Nie gefühlte Freude sog.

Heil'ge Nacht, mit tausend Kerzen
Steigst du feierlich herauf,
Oh, so geh in unserm Herzen,
Stern des Lebens, geh uns auf!
Schau, im Himmel und auf Erden
Glänzt der Liebe Rosenschein:
Friede soll's noch einmal werden
Und die Liebe König sein!

Robert Prutz

Weihnachtslied

Brich an, du schönes Morgenlicht!
Das ist der alte Morgen nicht,
Der täglich wiederkehret.
Es ist ein Leuchten aus der Fern',
Es ist ein Schimmer, ist ein Stern,
Von dem ich längst gehöret.

Nun wird ein König aller Welt,
Von Ewigkeit zum Heil bestellt,
Ein zartes Kind geboren.
Der Teufel hat sein altes Recht
Am ganzen menschlichen Geschlecht
Verspielt schon und verloren.

Der Himmel ist jetzt nimmer weit,
Es naht die sel'ge Gotteszeit
Der Freiheit und der Liebe.
Wohlauf, du frohe Christenheit!
Daß jeder sich nach langem Streit
In Friedenswerken übe.

Ein ewig festes Liebesband
Hält jedes Haus und jedes Land
Und alle Welt umfangen,
Wir alle sind ein heil'ger Stamm,
Der Löwe spielet mit dem Lamm,
Das Kind am Nest der Schlangen.

Wer ist noch, welcher sorgt und sinnt?
Hier in der Krippe liegt ein Kind
Mit lächelnder Gebärde.
Wir grüßen dich, du Sternenheld!
Willkommen, Heiland aller Welt!
Willkommen auf der Erde!

Maximilian von Schenkendorf

Friede auf Erden

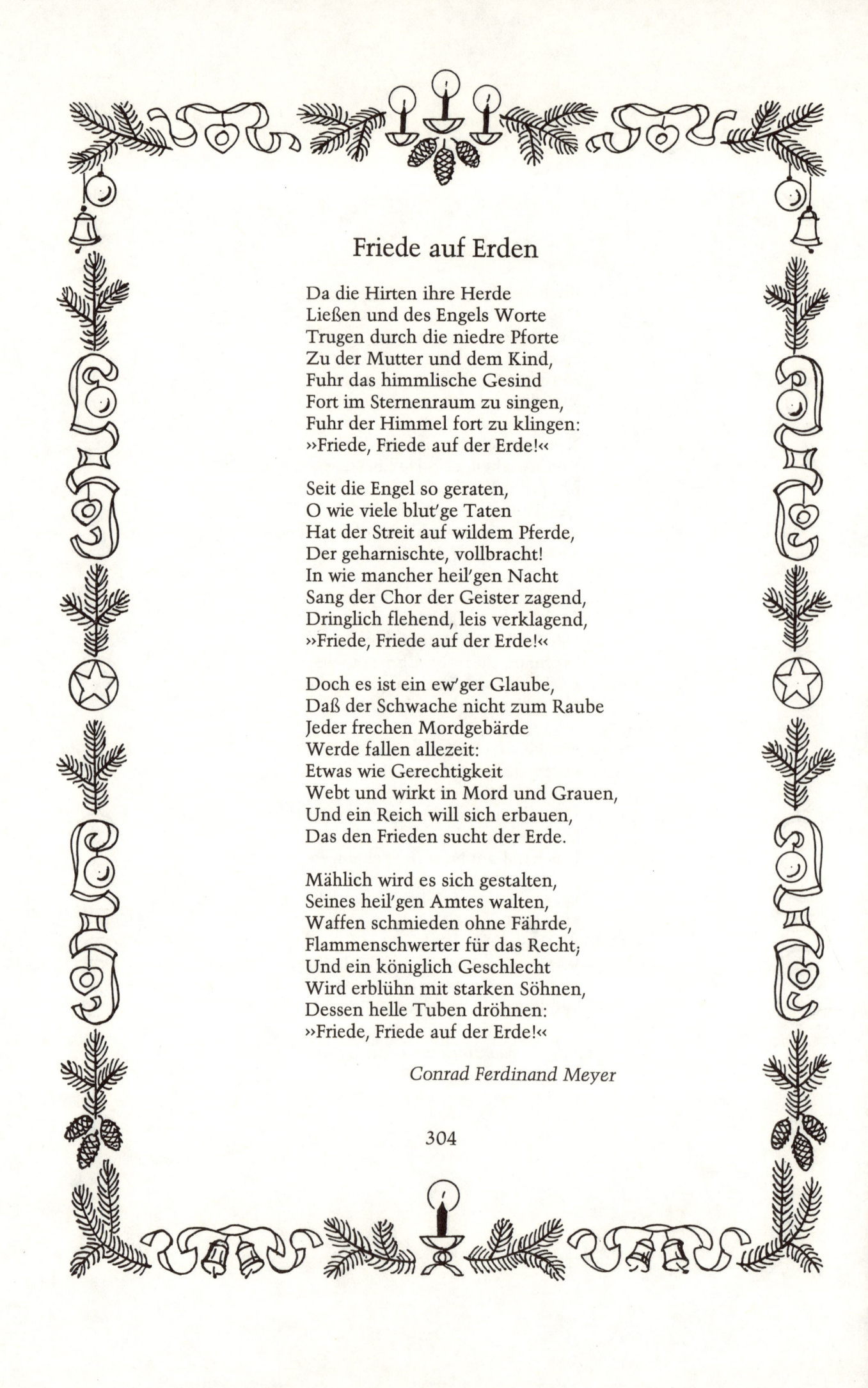

Da die Hirten ihre Herde
Ließen und des Engels Worte
Trugen durch die niedre Pforte
Zu der Mutter und dem Kind,
Fuhr das himmlische Gesind
Fort im Sternenraum zu singen,
Fuhr der Himmel fort zu klingen:
»Friede, Friede auf der Erde!«

Seit die Engel so geraten,
O wie viele blut'ge Taten
Hat der Streit auf wildem Pferde,
Der geharnischte, vollbracht!
In wie mancher heil'gen Nacht
Sang der Chor der Geister zagend,
Dringlich flehend, leis verklagend,
»Friede, Friede auf der Erde!«

Doch es ist ein ew'ger Glaube,
Daß der Schwache nicht zum Raube
Jeder frechen Mordgebärde
Werde fallen allezeit:
Etwas wie Gerechtigkeit
Webt und wirkt in Mord und Grauen,
Und ein Reich will sich erbauen,
Das den Frieden sucht der Erde.

Mählich wird es sich gestalten,
Seines heil'gen Amtes walten,
Waffen schmieden ohne Fährde,
Flammenschwerter für das Recht;
Und ein königlich Geschlecht
Wird erblühn mit starken Söhnen,
Dessen helle Tuben dröhnen:
»Friede, Friede auf der Erde!«

Conrad Ferdinand Meyer

Verkündigung auf dem Felde

Gabriel:

Ehre sei Gott in der Höhe!
Auf, auf, ihr Hirten frei!
Erschrecket nicht vor mir alle drei.
Ich komm vom Himmel hoch herab,

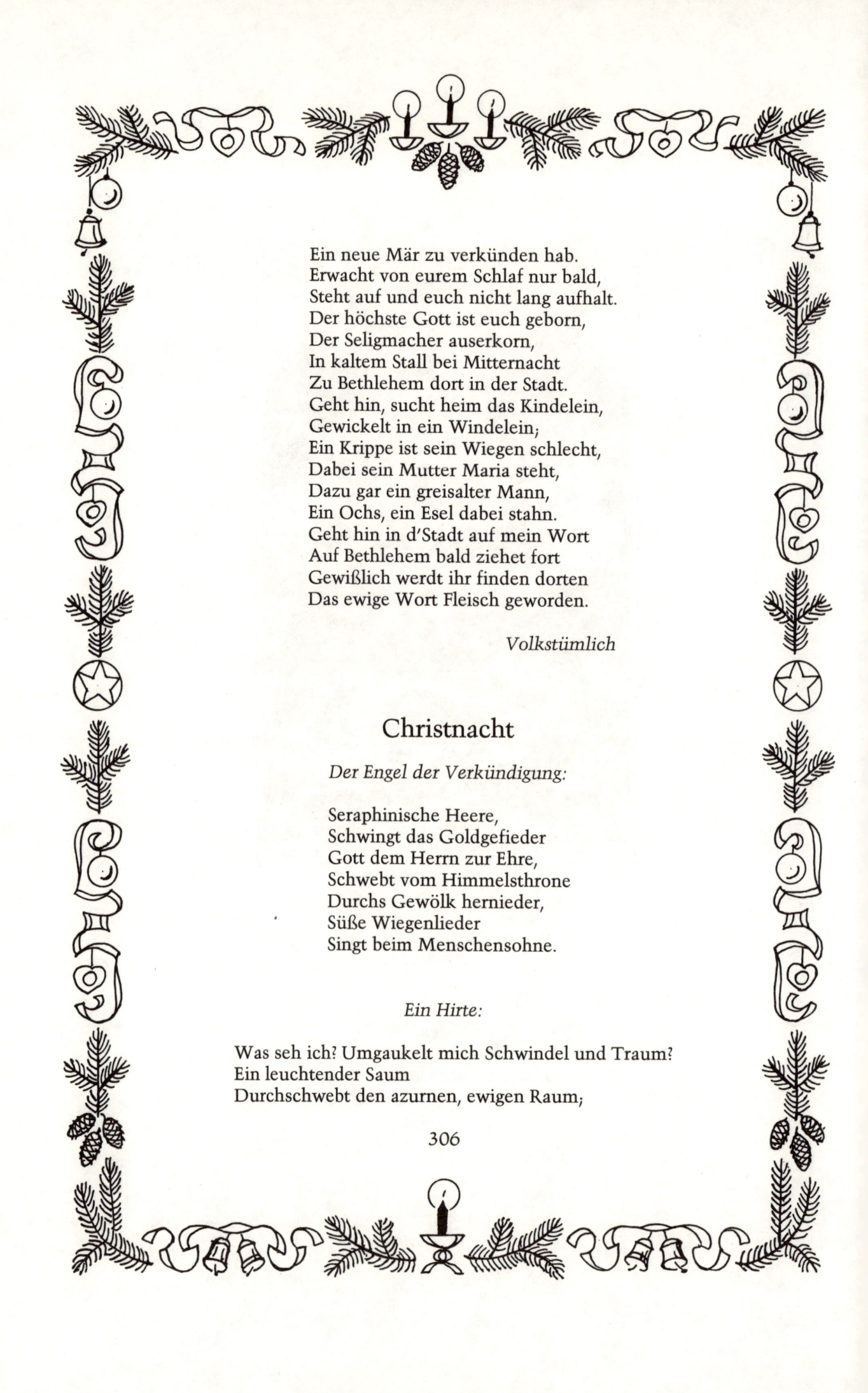

Ein neue Mär zu verkünden hab.
Erwacht von eurem Schlaf nur bald,
Steht auf und euch nicht lang aufhalt.
Der höchste Gott ist euch geborn,
Der Seligmacher auserkorn,
In kaltem Stall bei Mitternacht
Zu Bethlehem dort in der Stadt.
Geht hin, sucht heim das Kindelein,
Gewickelt in ein Windelein;
Ein Krippe ist sein Wiegen schlecht,
Dabei sein Mutter Maria steht,
Dazu gar ein greisalter Mann,
Ein Ochs, ein Esel dabei stahn.
Geht hin in d'Stadt auf mein Wort
Auf Bethlehem bald ziehet fort
Gewißlich werdt ihr finden dorten
Das ewige Wort Fleisch geworden.

Volkstümlich

Christnacht

Der Engel der Verkündigung:

Seraphinische Heere,
Schwingt das Goldgefieder
Gott dem Herrn zur Ehre,
Schwebt vom Himmelsthrone
Durchs Gewölk hernieder,
Süße Wiegenlieder
Singt beim Menschensohne.

Ein Hirte:

Was seh ich? Umgaukelt mich Schwindel und Traum?
Ein leuchtender Saum
Durchschwebt den azurnen, ewigen Raum;

Es schreitet die Sterne des Himmels entlang
Mit leisem Gesang
Der seligen Scharen musischer Gang.

Chor der Hirten:

Die Engel schweben singend
Und spielend durch die Lüfte,
Und spenden süße Düfte,
Die Lilienstäbe schwingend.

Chor der Seraphine:

Wohlauf, ihr Hirtenknaben,
Es gilt dem Herrn zu dienen,
Es ist ein Stern erschienen,
Ob aller Welt erhaben.

Chor der Hirten:

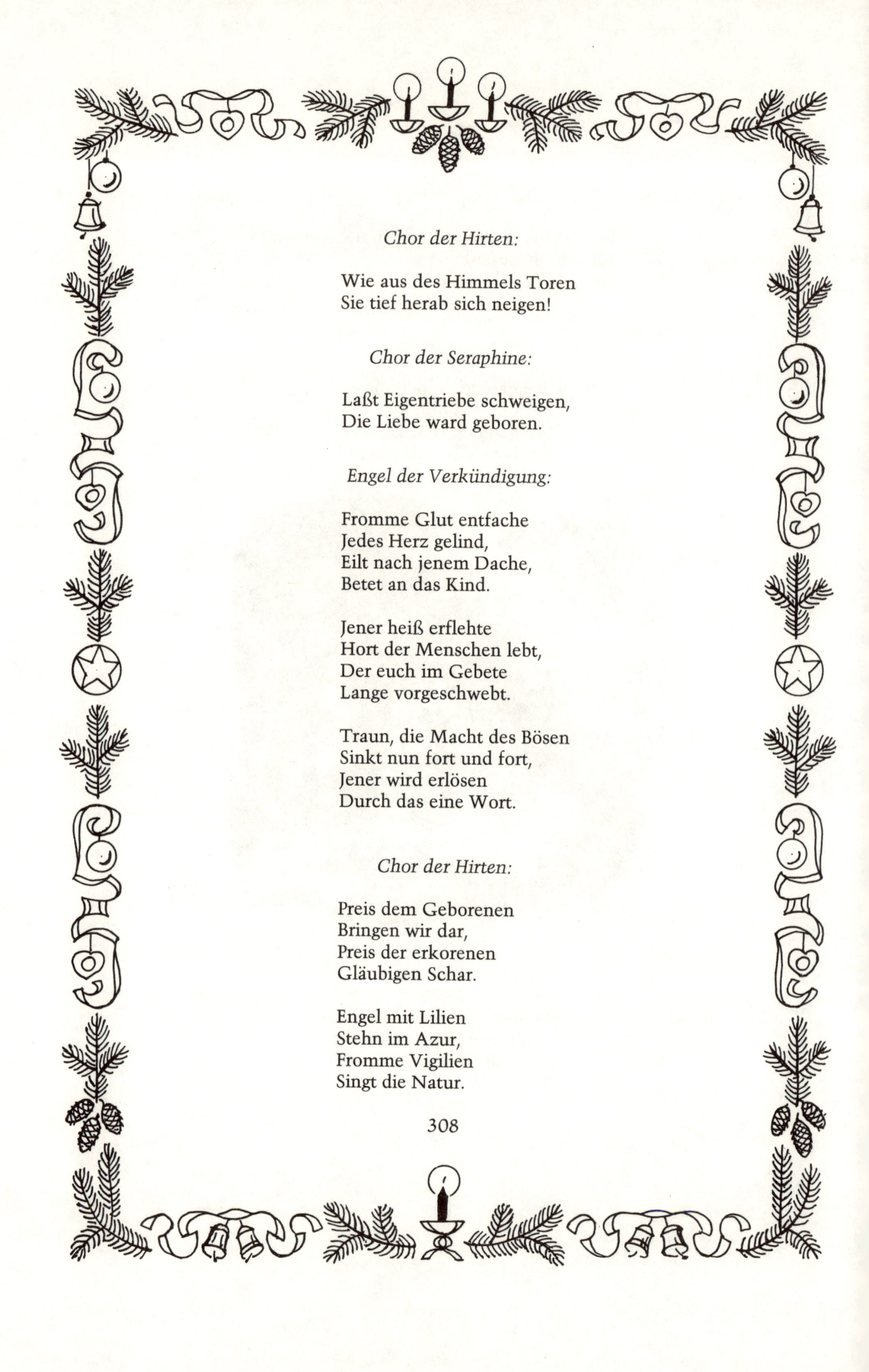

Wie aus des Himmels Toren
Sie tief herab sich neigen!

Chor der Seraphine:

Laßt Eigentriebe schweigen,
Die Liebe ward geboren.

Engel der Verkündigung:

Fromme Glut entfache
Jedes Herz gelind,
Eilt nach jenem Dache,
Betet an das Kind.

Jener heiß erflehte
Hort der Menschen lebt,
Der euch im Gebete
Lange vorgeschwebt.

Traun, die Macht des Bösen
Sinkt nun fort und fort,
Jener wird erlösen
Durch das eine Wort.

Chor der Hirten:

Preis dem Geborenen
Bringen wir dar,
Preis der erkorenen
Gläubigen Schar.

Engel mit Lilien
Stehn im Azur,
Fromme Vigilien
Singt die Natur.

Der den kristallenen
Himmel vergaß,
Bringt zu Gefallenen
Ewiges Maß.

Engel der Verkündigung:

Schon les' ich in den Weiten
Des künft'gen Tages bang',
Ich höre Völker schreiten,
Sie atmen Untergang.
Es naht der müden Erde
Ein frischer Morgen sich,
Auf dieses Kindes »Werde!«
Erblüht sie jugendlich.

Chor der Seraphine:

Vergeßt der Schmerzen jeden,
Vergeßt den tiefen Fall
Und lebt mit uns in Eden,
Und lebt mit uns im All!

August Graf von Platen

Zu Bethlehem ein öd Haus war,
Darin gebar die Jungfrau zart,
Auf dürres Gras
Legt sie den allerhöchsten Hort,
Des ewig Wort in der Menschheit.
Die Engel hört man singen schon
Zu Lob dem Kindlein auf der Fahrt
Im höchsten Thron
Gloria in excelsis dar,
Pax in terra
Der Welt zu gut.

14. Jahrhundert

Martin Schongauer

Hans Baldung Grien

Die zwei Hirten in der Christnacht

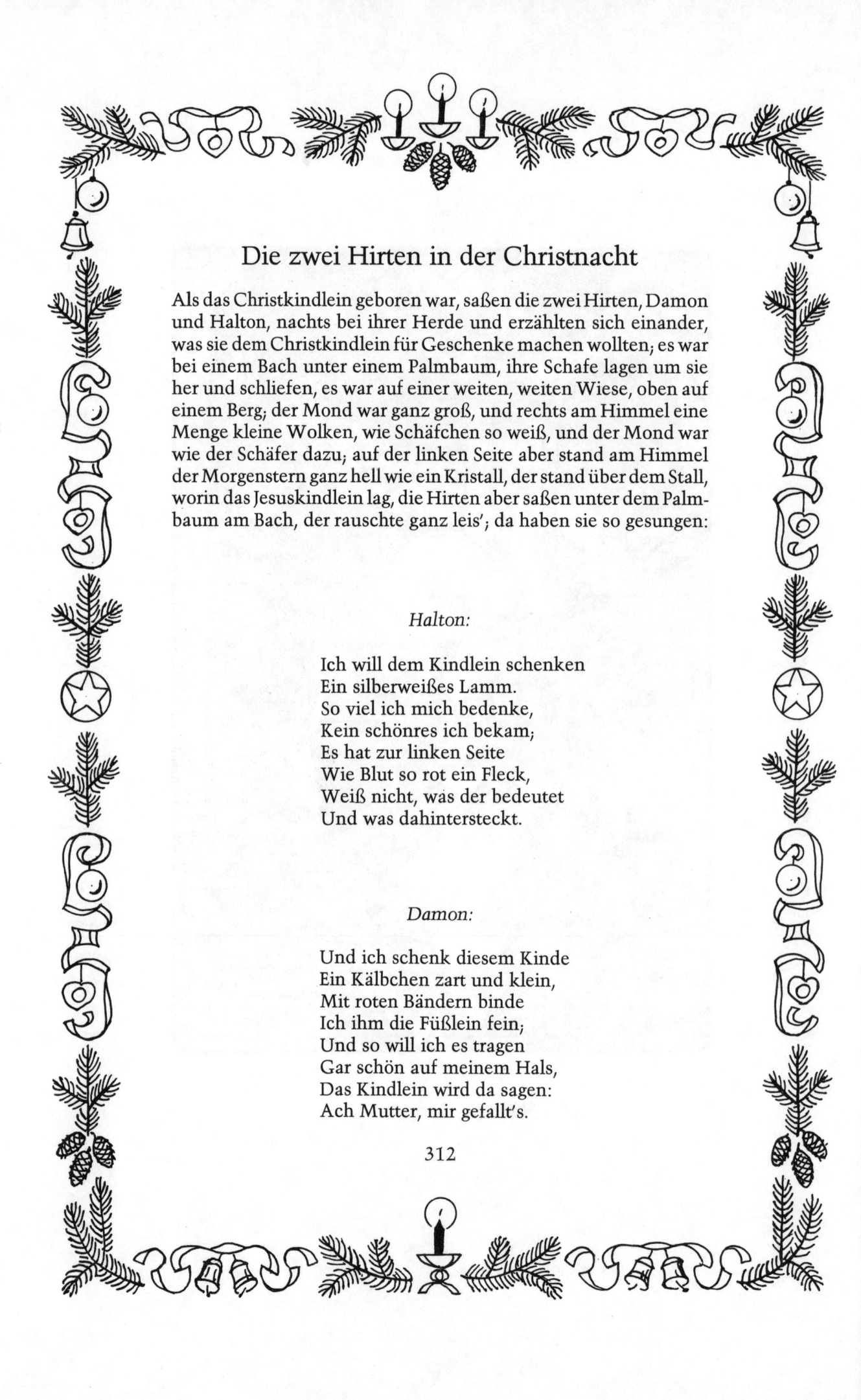

Als das Christkindlein geboren war, saßen die zwei Hirten, Damon und Halton, nachts bei ihrer Herde und erzählten sich einander, was sie dem Christkindlein für Geschenke machen wollten; es war bei einem Bach unter einem Palmbaum, ihre Schafe lagen um sie her und schliefen, es war auf einer weiten, weiten Wiese, oben auf einem Berg; der Mond war ganz groß, und rechts am Himmel eine Menge kleine Wolken, wie Schäfchen so weiß, und der Mond war wie der Schäfer dazu; auf der linken Seite aber stand am Himmel der Morgenstern ganz hell wie ein Kristall, der stand über dem Stall, worin das Jesuskindlein lag, die Hirten aber saßen unter dem Palmbaum am Bach, der rauschte ganz leis'; da haben sie so gesungen:

Halton:

Ich will dem Kindlein schenken
Ein silberweißes Lamm.
So viel ich mich bedenke,
Kein schönres ich bekam;
Es hat zur linken Seite
Wie Blut so rot ein Fleck,
Weiß nicht, was der bedeutet
Und was dahintersteckt.

Damon:

Und ich schenk diesem Kinde
Ein Kälbchen zart und klein,
Mit roten Bändern binde
Ich ihm die Füßlein fein;
Und so will ich es tragen
Gar schön auf meinem Hals,
Das Kindlein wird da sagen:
Ach Mutter, mir gefallt's.

Halton:

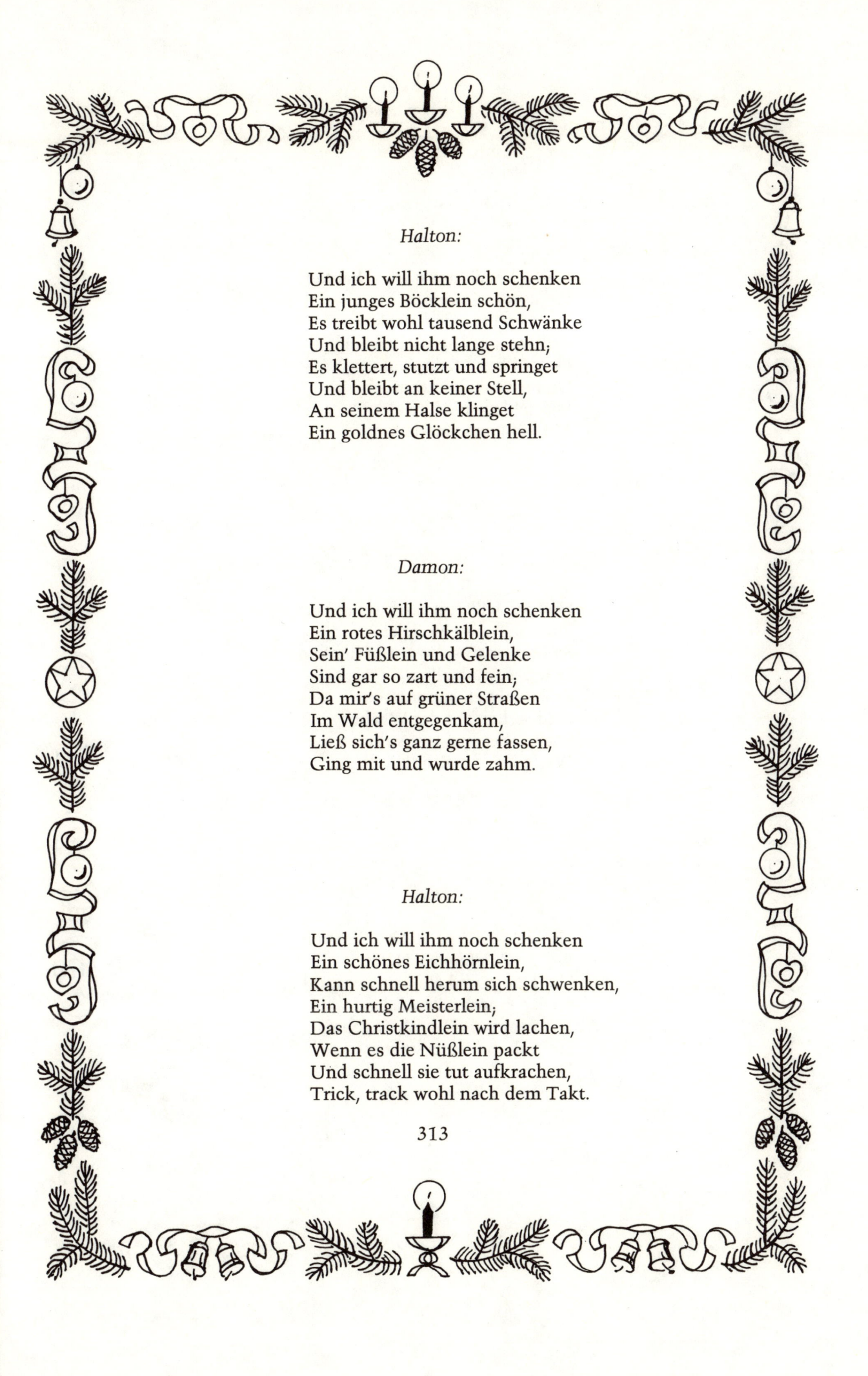

Und ich will ihm noch schenken
Ein junges Böcklein schön,
Es treibt wohl tausend Schwänke
Und bleibt nicht lange stehn;
Es klettert, stutzt und springet
Und bleibt an keiner Stell,
An seinem Halse klinget
Ein goldnes Glöckchen hell.

Damon:

Und ich will ihm noch schenken
Ein rotes Hirschkälblein,
Sein' Füßlein und Gelenke
Sind gar so zart und fein;
Da mir's auf grüner Straßen
Im Wald entgegenkam,
Ließ sich's ganz gerne fassen,
Ging mit und wurde zahm.

Halton:

Und ich will ihm noch schenken
Ein schönes Eichhörnlein,
Kann schnell herum sich schwenken,
Ein hurtig Meisterlein;
Das Christkindlein wird lachen,
Wenn es die Nüßlein packt
Und schnell sie tut aufkrachen,
Trick, track wohl nach dem Takt.

Damon:

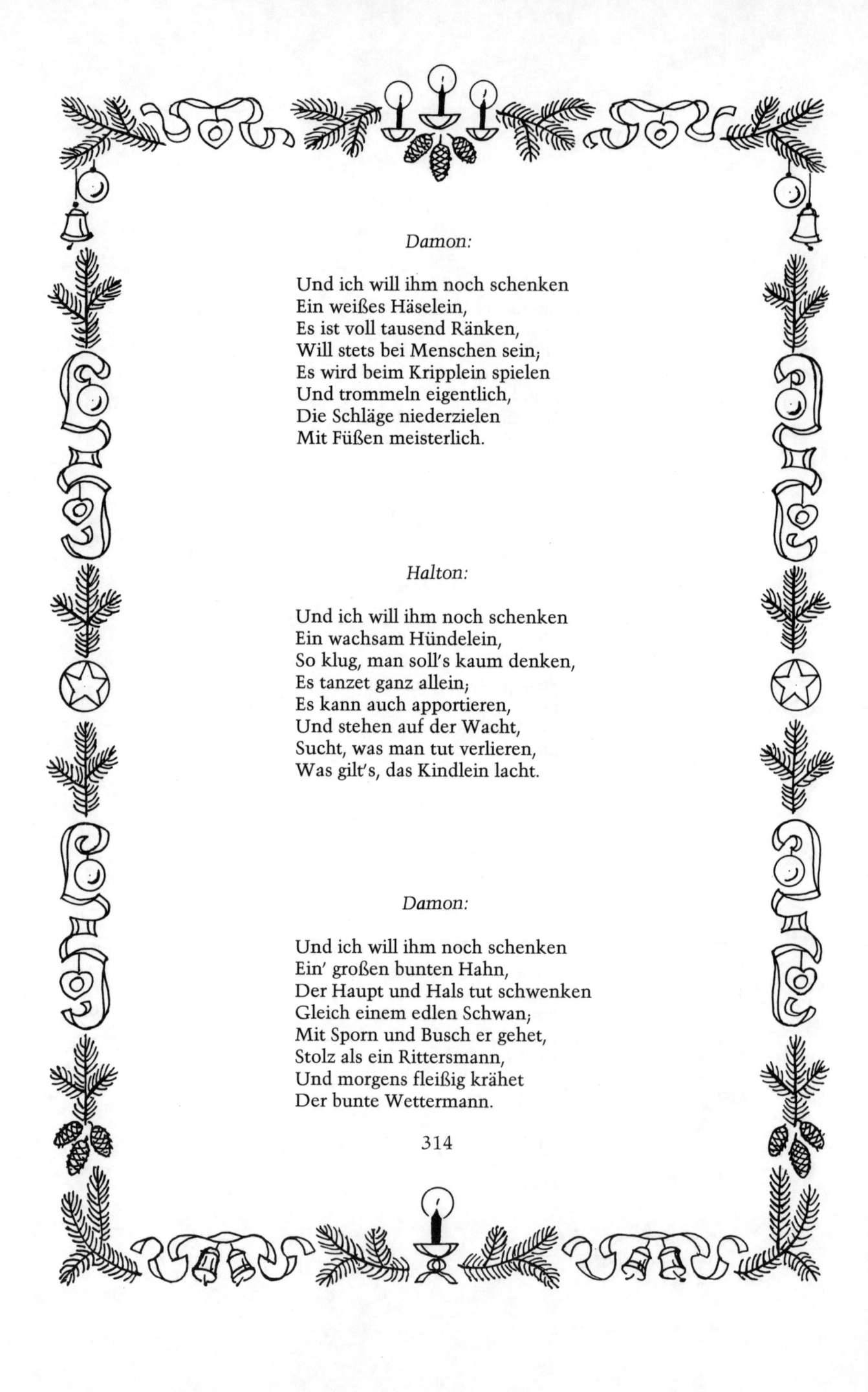

Und ich will ihm noch schenken
Ein weißes Häselein,
Es ist voll tausend Ränken,
Will stets bei Menschen sein;
Es wird beim Kripplein spielen
Und trommeln eigentlich,
Die Schläge niederzielen
Mit Füßen meisterlich.

Halton:

Und ich will ihm noch schenken
Ein wachsam Hündelein,
So klug, man soll's kaum denken,
Es tanzet ganz allein;
Es kann auch apportieren,
Und stehen auf der Wacht,
Sucht, was man tut verlieren,
Was gilt's, das Kindlein lacht.

Damon:

Und ich will ihm noch schenken
Ein' großen bunten Hahn,
Der Haupt und Hals tut schwenken
Gleich einem edlen Schwan;
Mit Sporn und Busch er gehet,
Stolz als ein Rittersmann,
Und morgens fleißig krähet
Der bunte Wettermann.

Halton:

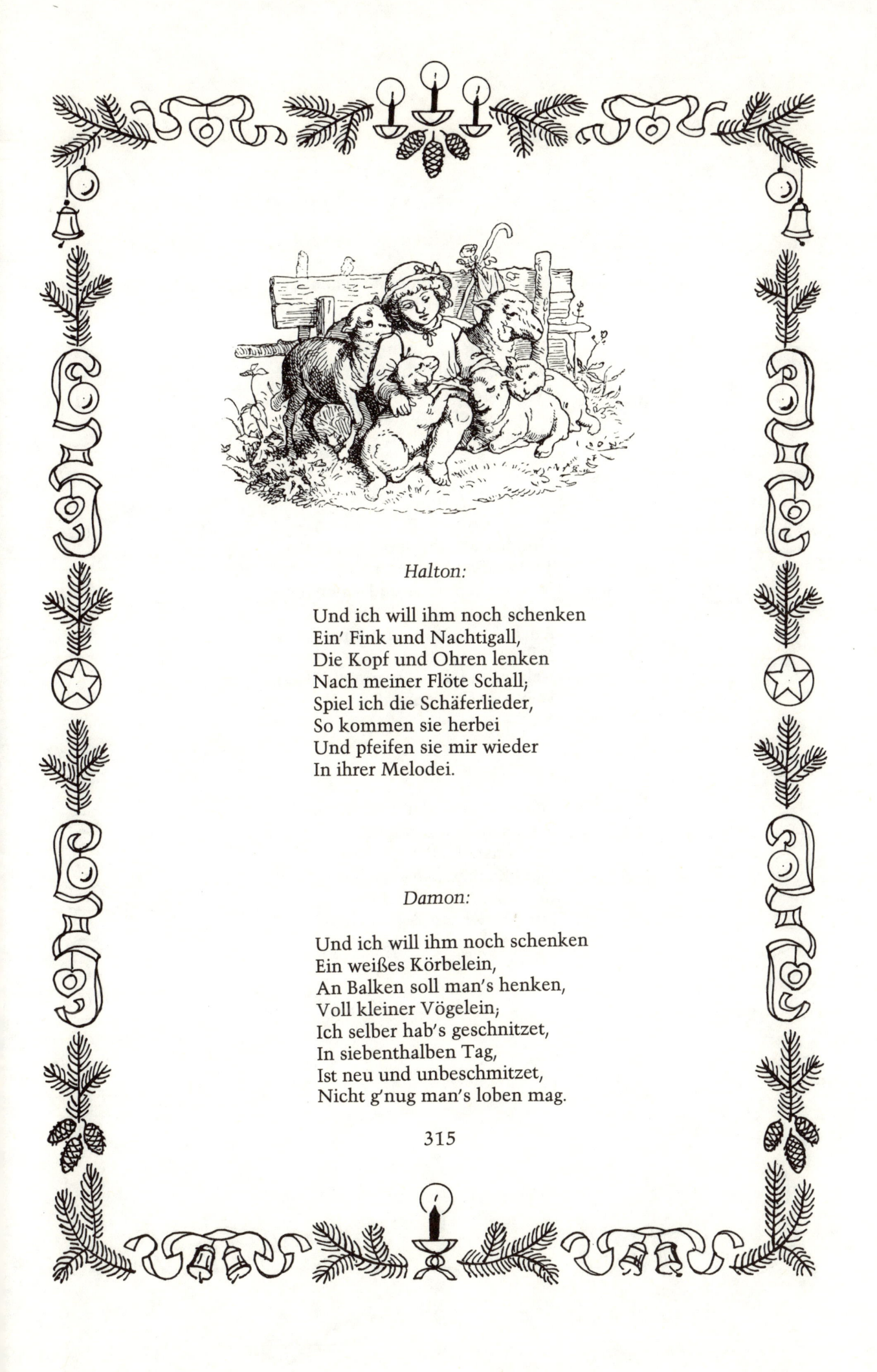

Und ich will ihm noch schenken
Ein' Fink und Nachtigall,
Die Kopf und Ohren lenken
Nach meiner Flöte Schall;
Spiel ich die Schäferlieder,
So kommen sie herbei
Und pfeifen sie mir wieder
In ihrer Melodei.

Damon:

Und ich will ihm noch schenken
Ein weißes Körbelein,
An Balken soll man's henken,
Voll kleiner Vögelein;
Ich selber hab's geschnitzet,
In siebenthalben Tag,
Ist neu und unbeschmitzet,
Nicht g'nug man's loben mag.

Halton:

Und ich will ihm noch schenken
Ein' schönen Hirtenstab,
Mit Farben ihn besprengen,
Wie es noch keinen gab;
Die Kunst hab ich gelernet,
Wie man es machen soll,
Daß ganz er wird gesternet
Und bunter Flecken voll.

Damon:

Und ich will ihm noch schenken
Viel schöne Sachen mehr,
Ja schenken noch und schenken
Je mehr und je noch mehr;
Auch Äpfel, Birn' und Nüsse,
Milch, Honig, Butter, Käs',
Ach wenn ich doch könnt wissen,
Was es recht gerne äß.

Halton:

Wohl dann, so laß uns reisen
Zum schönen Kindelein
Und unsre Gaben preisen
Dem kleinen Schäferlein;
Ihm alles auf soll heben
Die Mutter mit Bescheid,
Daß es ihm wird gegeben
Hernach zu seiner Zeit.

aus »Des Knaben Wunderhorn«

Unter dem Tannenbaum
Eine Dämmerstunde

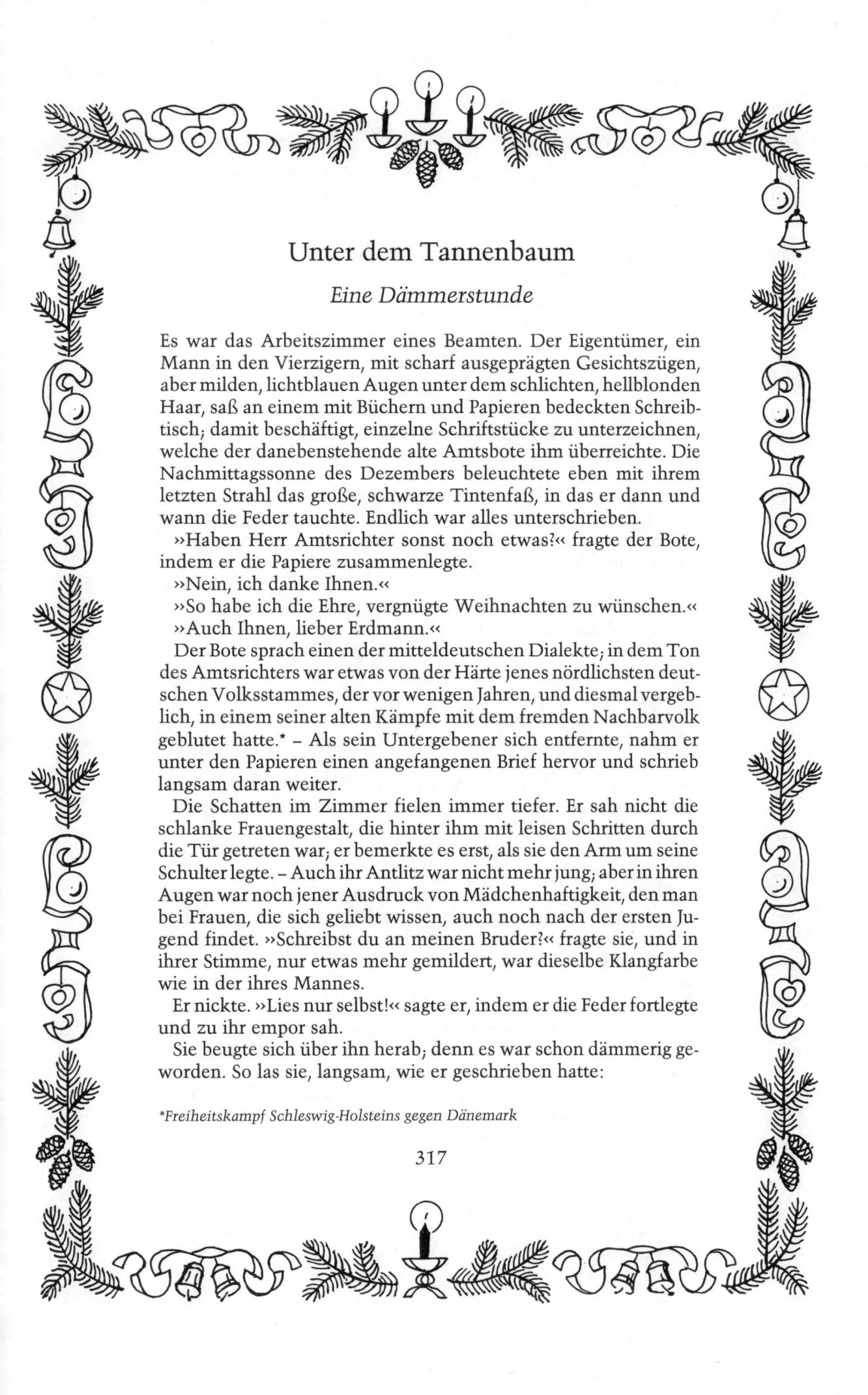

Es war das Arbeitszimmer eines Beamten. Der Eigentümer, ein Mann in den Vierzigern, mit scharf ausgeprägten Gesichtszügen, aber milden, lichtblauen Augen unter dem schlichten, hellblonden Haar, saß an einem mit Büchern und Papieren bedeckten Schreibtisch; damit beschäftigt, einzelne Schriftstücke zu unterzeichnen, welche der danebenstehende alte Amtsbote ihm überreichte. Die Nachmittagssonne des Dezembers beleuchtete eben mit ihrem letzten Strahl das große, schwarze Tintenfaß, in das er dann und wann die Feder tauchte. Endlich war alles unterschrieben.

»Haben Herr Amtsrichter sonst noch etwas?« fragte der Bote, indem er die Papiere zusammenlegte.

»Nein, ich danke Ihnen.«

»So habe ich die Ehre, vergnügte Weihnachten zu wünschen.«

»Auch Ihnen, lieber Erdmann.«

Der Bote sprach einen der mitteldeutschen Dialekte; in dem Ton des Amtsrichters war etwas von der Härte jenes nördlichsten deutschen Volksstammes, der vor wenigen Jahren, und diesmal vergeblich, in einem seiner alten Kämpfe mit dem fremden Nachbarvolk geblutet hatte.* – Als sein Untergebener sich entfernte, nahm er unter den Papieren einen angefangenen Brief hervor und schrieb langsam daran weiter.

Die Schatten im Zimmer fielen immer tiefer. Er sah nicht die schlanke Frauengestalt, die hinter ihm mit leisen Schritten durch die Tür getreten war; er bemerkte es erst, als sie den Arm um seine Schulter legte. – Auch ihr Antlitz war nicht mehr jung; aber in ihren Augen war noch jener Ausdruck von Mädchenhaftigkeit, den man bei Frauen, die sich geliebt wissen, auch noch nach der ersten Jugend findet. »Schreibst du an meinen Bruder?« fragte sie, und in ihrer Stimme, nur etwas mehr gemildert, war dieselbe Klangfarbe wie in der ihres Mannes.

Er nickte. »Lies nur selbst!« sagte er, indem er die Feder fortlegte und zu ihr empor sah.

Sie beugte sich über ihn herab; denn es war schon dämmerig geworden. So las sie, langsam, wie er geschrieben hatte:

*Freiheitskampf Schleswig-Holsteins gegen Dänemark

»Ich bin wieder gesund und arbeitsfähig – glücklicherweise; denn das ist die Not der Fremde, daß man den Boden, worauf man steht, sich in jeder Stunde neu erschaffen muß. So schlecht es immer sein mag, darin habt Ihr es doch gut daheim; und wer wäre nicht gern geblieben, wenn er nur ein Stück Brot und jenes unentbehrliche ›sanfte Ruhekissen‹ des alten Sprichworts sich hätte erhalten können.«

Sie legte schweigend die Hand auf seine Stirn, während er, der ihren Augen gefolgt war, das Blatt umwandte. Dann las sie weiter:

»Der guten und klugen Frau, die Du vorige Weihnachten bei uns hast kennenlernen, bin ich so glücklich gewesen, durch die Vermittlung eines Vergleichs mit ihrem Gutsnachbarn einen wirklichen Dienst zu leisten; der schöne, so sehr von ihr begehrte Wald ist seit kurzem endlich in ihren Besitz gelangt. Hätten wir morgen für Deinen Freund Harro nur eine Tanne aus diesem Walde! Denn hier ist viele Meilen in die Runde kein Nadelholz zu finden. Was aber ist ein Weihnachtsabend ohne jenen Baum mit seinem Duft voll Wunder und Geheimnis?«

»Aber du«, sagte der Amtsrichter, als seine Frau gelesen hatte, »du bringst in deinen Kleidern den Duft des echten Weihnachtsabends!« Sie langte lächelnd in den Schlitz ihres Kleides und legte ein großes Stück braunen Weihnachtskuchen vor ihn auf den Tisch. »Sie sind eben vom Bäcker gekommen«, sagte sie, »probier nur; deine Mutter backt sie dir nicht besser!«

Er brach einen Brocken ab und prüfte ihn genau; aber er fand alles, was ihn als Knaben daran entzückt hatte; die Masse war glashart, die eingerollten Stückchen Zucker wohl zergangen und kandiert. »Was für gute Geister aus diesem Kuchen steigen«, sagte er, sich in seinen Arbeitsstuhl zurücklehnend; »ich sehe plötzlich, wie es daheim in dem alten, steinernen Haus Weihnacht wird. – Die Messingtürklinken sind womöglich noch blanker als sonst; die große gläserne Flurlampe leuchtet heute noch heller auf die Stuckschnörkel an den sauber geweißten Wänden; ein Kinderstrom um den anderen, singend und bettelnd, drängt durch die Haustür; vom Keller herauf aus der geräumigen Küche zieht der Duft des Gebäkkes in ihre Nasen, das dort in dem großen kupfernen Kessel über dem Feuer prasselt. – Ich sehe alles; ich sehe Vater und Mutter –

Gott sei gedankt, sie leben beide! – aber die Zeit, in die ich hinabblicke, liegt in so tiefer Ferne der Vergangenheit! – Ich bin ein Knabe noch! – Die Zimmer zu beiden Seiten des Flurs sind erleuchtet; rechts ist die Weihnachtsstube. Während ich vor der Tür stehe, horchend, wie es drinnen in dem Knittergold und in den Tannenzweigen rauscht, kommt von der Hoftreppe herauf der Kutscher, eine Stange mit einem Wachslichtendchen in der Hand. – ›Schon anzünden, Thoms?‹ Er schüttelt schmunzelnd den Kopf und verschwindet in die Weihnachtsstube. – Aber wo bleibt denn Onkel Erich? – Da kommt es draußen die Treppe hinauf; die Haustür wird aufgerissen. Nein, es ist nur sein Lehrling, der die lange Pfeife des ›Herrn Ratsverwandters‹ bringt; ihm nach quillt ein neuer Strom von Kindern; zehn kleine Kehlen auf einmal stimmen an ›Vom Himmel hoch, da komm ich her!‹. Und schon ist meine Großmutter mitten zwischen ihnen, die alte, geschäftige Frau, den Speisekammerschlüssel am kleinen Finger, einen Teller voll Gebäckes in der Hand. Auch ich erwische mein Teil davon, und eben kommt auch meine Schwester mit dem Kindermädchen, festlich gekleidet, die langen Zöpfe frisch geflochten. Ich aber halte mich nicht auf; ich springe drei Stufen auf einmal die Treppe hinab.«

Es war allmählich dunkel geworden; die Frau des Amtsrichters hatte leise einen Aktenstoß von einem Stuhl entfernt und sich an die Seite ihres Mannes gesetzt.

»Drüben in dem Seitengebäude ist das Arbeitszimmer meines Vaters. Auf die Vordiele dort fällt heute kein Lichtschein aus dem Türfenster der Schreiberstube; der alte Tausendkünstler ist von meiner Mutter drinnen bei den Weihnachtsgeheimnissen angestellt. Aber ich tappe mich im Dunkeln vorwärts: denn gegenüber in seinem Zimmer höre ich die Schritte meines Vaters. Er arbeitet schon nicht mehr. Ich öffne leise die Tür; wie deutlich sehe ich ihn vor mir, ihn selbst und das große, verräucherte Gemach, in dem der harte Schlag der alten Wanduhr tickt! Mit einer feierlichen Unruhe geht er zwischen den mit Papieren bedeckten Tischen umher, in der einen Hand den Messingleuchter mit der brennenden Kerze, die andere vorgestreckt, als solle jetzt alles Störende ferngehalten werden. Er öffnet die Schublade seines kleinen Stehpults und nimmt die große goldene Tabatière aus der Fischhautkapsel, einst ein Geschenk der Urgroßmutter an ihren Bräutigam, dann nach des Urgroßvaters Tode eine Ehren- und Vertrauensgabe an ihn. Aber er ist noch nicht fertig; aus dem Geldkörbchen werden blanke

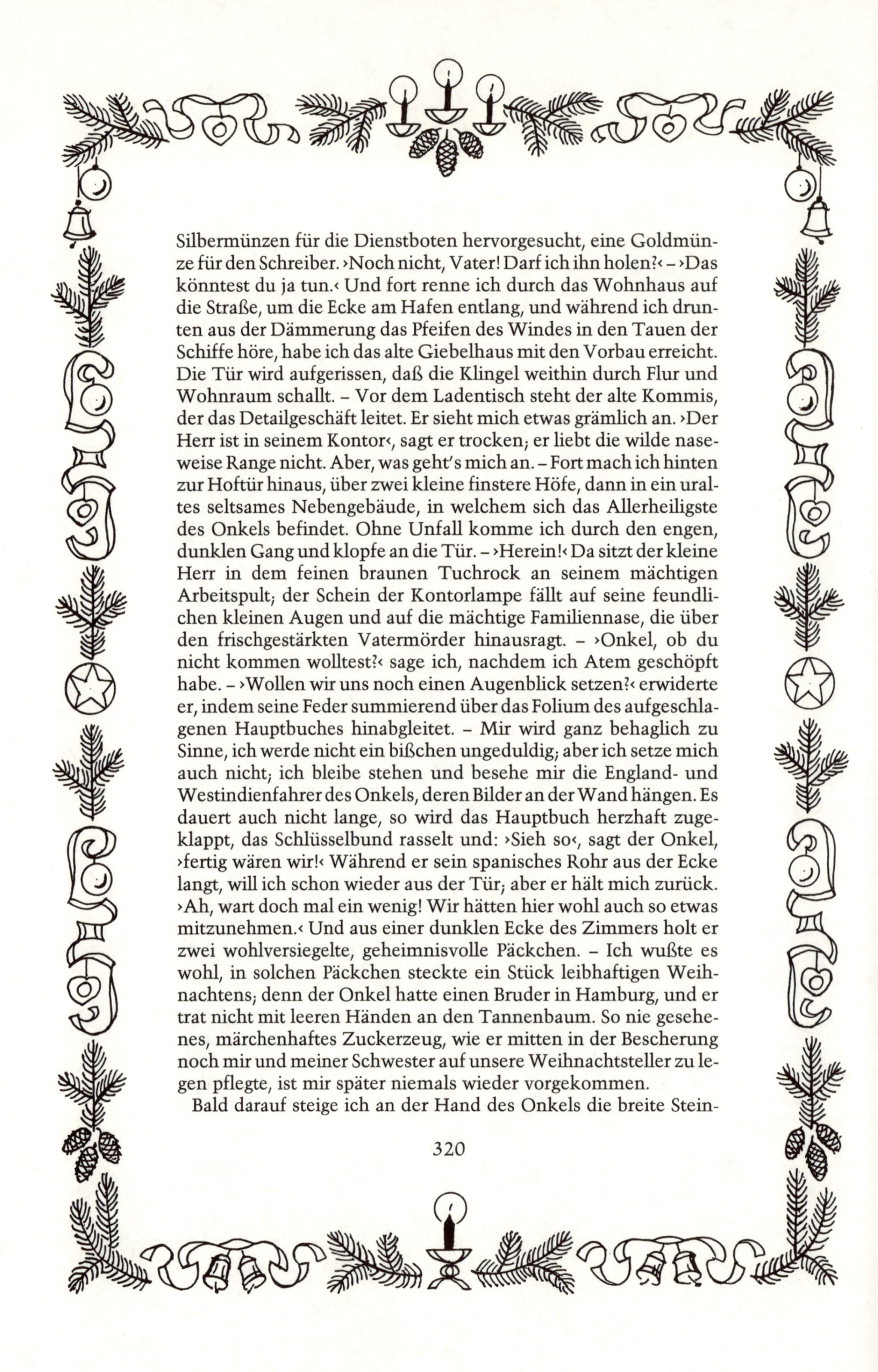

Silbermünzen für die Dienstboten hervorgesucht, eine Goldmünze für den Schreiber. ›Noch nicht, Vater! Darf ich ihn holen?‹ – ›Das könntest du ja tun.‹ Und fort renne ich durch das Wohnhaus auf die Straße, um die Ecke am Hafen entlang, und während ich drunten aus der Dämmerung das Pfeifen des Windes in den Tauen der Schiffe höre, habe ich das alte Giebelhaus mit den Vorbau erreicht. Die Tür wird aufgerissen, daß die Klingel weithin durch Flur und Wohnraum schallt. – Vor dem Ladentisch steht der alte Kommis, der das Detailgeschäft leitet. Er sieht mich etwas grämlich an. ›Der Herr ist in seinem Kontor‹, sagt er trocken; er liebt die wilde naseweise Range nicht. Aber, was geht's mich an. – Fort mach ich hinten zur Hoftür hinaus, über zwei kleine finstere Höfe, dann in ein uraltes seltsames Nebengebäude, in welchem sich das Allerheiligste des Onkels befindet. Ohne Unfall komme ich durch den engen, dunklen Gang und klopfe an die Tür. – ›Herein!‹ Da sitzt der kleine Herr in dem feinen braunen Tuchrock an seinem mächtigen Arbeitspult; der Schein der Kontorlampe fällt auf seine feundlichen kleinen Augen und auf die mächtige Familiennase, die über den frischgestärkten Vatermörder hinausragt. – ›Onkel, ob du nicht kommen wolltest?‹ sage ich, nachdem ich Atem geschöpft habe. – ›Wollen wir uns noch einen Augenblick setzen?‹ erwiderte er, indem seine Feder summierend über das Folium des aufgeschlagenen Hauptbuches hinabgleitet. – Mir wird ganz behaglich zu Sinne, ich werde nicht ein bißchen ungeduldig; aber ich setze mich auch nicht; ich bleibe stehen und besehe mir die England- und Westindienfahrer des Onkels, deren Bilder an der Wand hängen. Es dauert auch nicht lange, so wird das Hauptbuch herzhaft zugeklappt, das Schlüsselbund rasselt und: ›Sieh so‹, sagt der Onkel, ›fertig wären wir!‹ Während er sein spanisches Rohr aus der Ecke langt, will ich schon wieder aus der Tür; aber er hält mich zurück. ›Ah, wart doch mal ein wenig! Wir hätten hier wohl auch so etwas mitzunehmen.‹ Und aus einer dunklen Ecke des Zimmers holt er zwei wohlversiegelte, geheimnisvolle Päckchen. – Ich wußte es wohl, in solchen Päckchen steckte ein Stück leibhaftigen Weihnachtens; denn der Onkel hatte einen Bruder in Hamburg, und er trat nicht mit leeren Händen an den Tannenbaum. So nie gesehenes, märchenhaftes Zuckerzeug, wie er mitten in der Bescherung noch mir und meiner Schwester auf unsere Weihnachtsteller zu legen pflegte, ist mir später niemals wieder vorgekommen.

Bald darauf steige ich an der Hand des Onkels die breite Steintreppe zu unserem Haus hinauf. Ein paar Augenblicke verschwindet er mit seinen Päckchen in die Weihnachtsstube; es ist noch nicht angezündet, aber durch die halbgeöffnete und rasch wieder geschlossene Tür glitzert es mir entgegen aus der doch drinnen herrschenden ahnungsvollen Dämmerung. Ich schließe die Augen, denn ich will nichts sehen, und trete in das gegenüberliegende, festlich erleuchtete Zimmer, das ganz von dem Duft der braunen Kuchen und des heute besonders fein gemischten Tees erfüllt ist. Die Hände auf dem Rücken, mit langsamen Schritten, geht mein Vater auf und nieder. ›Nun, seid ihr da?‹ fragt er stehenbleibend. – Und schon ist auch Onkel Erich bei uns; mir scheint, die Stube wird noch einmal so hell, da er eintritt. Er grüßt die Großmutter, den Vater; er nimmt meiner Schwester die Tasse ab, die sie ihm auf dem gelblackierten Brettchen präsentiert. ›Was meinst du‹, sagt er, indem er seinen Augen einen bedenklichen Ausdruck zu geben sucht, ›es wird wohl heute nicht viel für uns abfallen!‹ Aber er lacht dabei so tröstlich, daß diese Worte wie eine goldene Verheißung klingen. Dann, während in dem blanken Messingkomfort der Teekessel saust, beginnt er eine seiner kleinen Erzählungen von den Begebenheiten der letzten Tage, seit man sich nicht gesehen. War es nun der Ankauf eines Spazierstocks oder das unglückliche Zerbrechen einer Mundtasse, es floß alles so sanft dahin, daß man ganz davon erquickt wurde. Und wenn er gar eine Pause machte, um das bisher Erzählte im behaglichsten Gelächter nachzugenießen, wer hätte da nicht mitgelacht! Mein Vater nimmt vergeblich seine kritische Prise; er muß endlich doch mit einstimmen. Dies harmlose Geplauder – es ist mir das erst später klar geworden – war die Art, wie der tätige Geschäftsmann von der Tagesarbeit ausruhte. Es klingt mir noch lieb in der Erinnerung und mir ist, als verstände das jetzt niemand mehr. – Aber während der Onkel so erzählt, steckt plötzlich meine Mutter, die seit mittag unsichtbar gewesen ist, den Kopf ins Zimmer. Der Onkel macht ein Kompliment und bricht seine Geschichte ab; die Tür und die gegenüberliegende Tür werden weit geöffnet. Wir treten zögernd ein; und vor uns, zurückgestrahlt von dem großen Wandspiegel, steht der brennende Baum mit seinen Flittergoldfähnchen, seinen weißen Netzen und goldenen Eiern, die wie Kinderträume in den dunklen Zweigen hängen.«

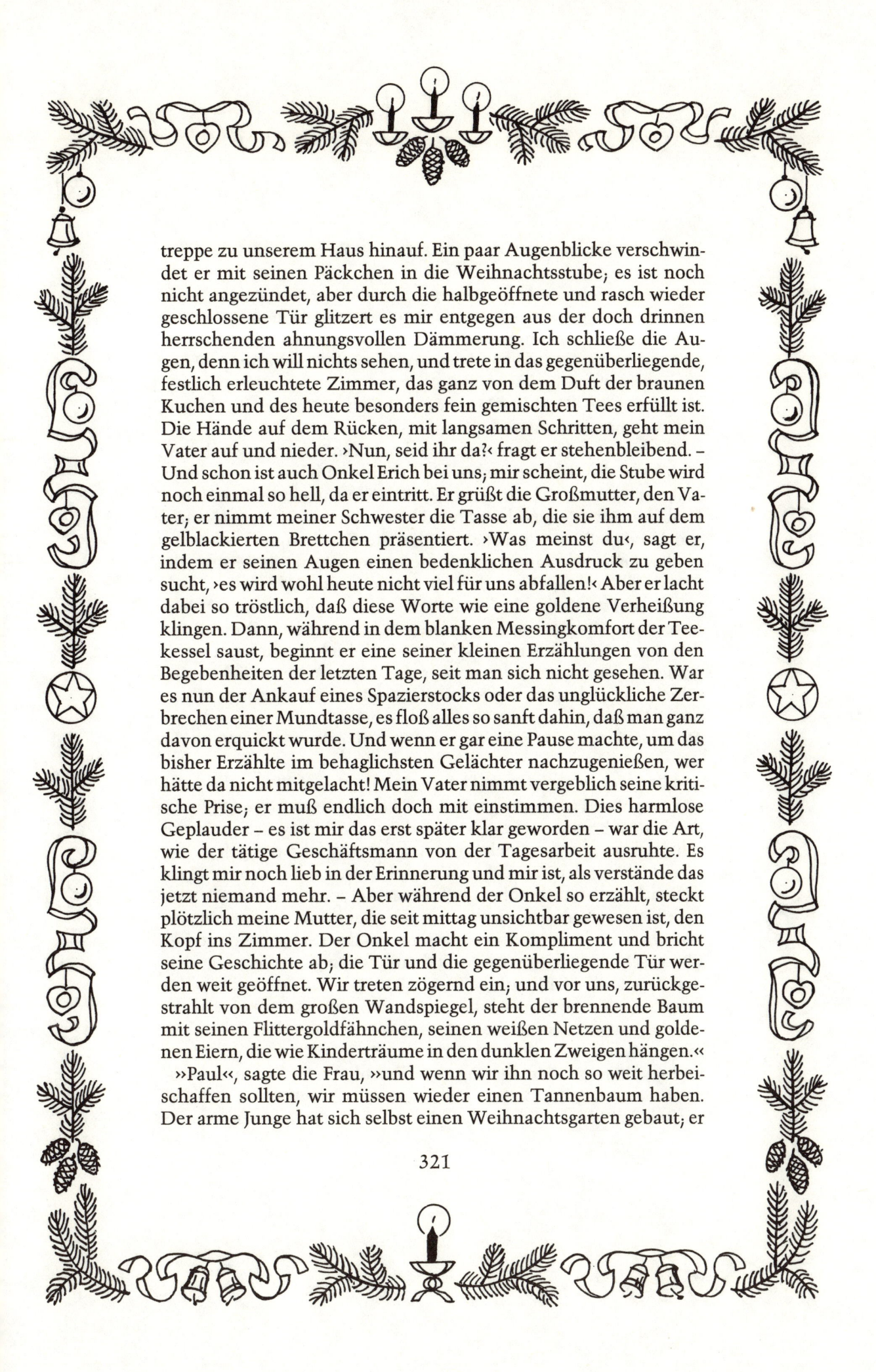

»Paul«, sagte die Frau, »und wenn wir ihn noch so weit herbeischaffen sollten, wir müssen wieder einen Tannenbaum haben. Der arme Junge hat sich selbst einen Weihnachtsgarten gebaut; er ist nur eben wieder fort, um Moos aus dem Eichenwäldchen zu holen.«

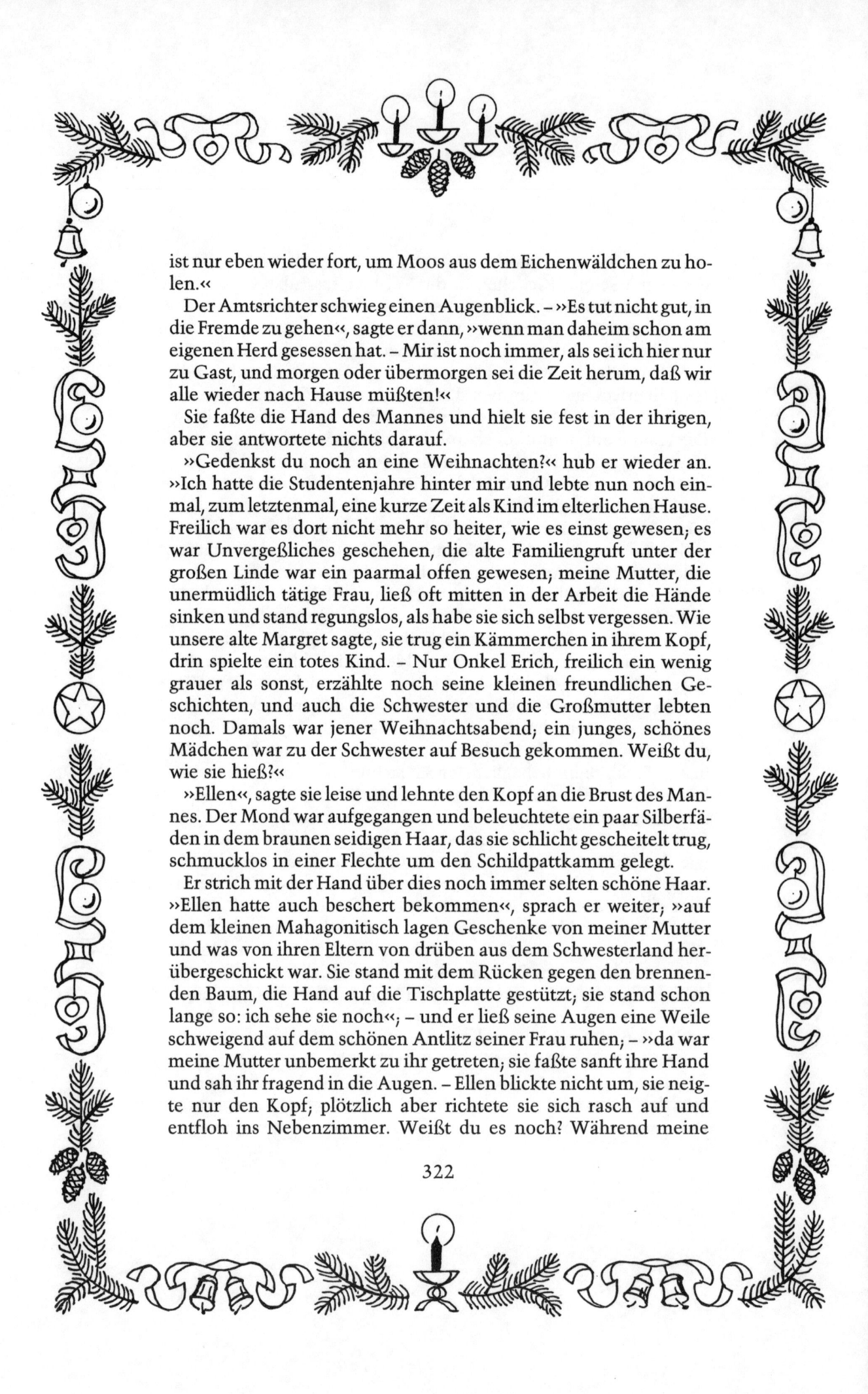

Der Amtsrichter schwieg einen Augenblick. – »Es tut nicht gut, in die Fremde zu gehen«, sagte er dann, »wenn man daheim schon am eigenen Herd gesessen hat. – Mir ist noch immer, als sei ich hier nur zu Gast, und morgen oder übermorgen sei die Zeit herum, daß wir alle wieder nach Hause müßten!«

Sie faßte die Hand des Mannes und hielt sie fest in der ihrigen, aber sie antwortete nichts darauf.

»Gedenkst du noch an eine Weihnachten?« hub er wieder an. »Ich hatte die Studentenjahre hinter mir und lebte nun noch einmal, zum letztenmal, eine kurze Zeit als Kind im elterlichen Hause. Freilich war es dort nicht mehr so heiter, wie es einst gewesen; es war Unvergeßliches geschehen, die alte Familiengruft unter der großen Linde war ein paarmal offen gewesen; meine Mutter, die unermüdlich tätige Frau, ließ oft mitten in der Arbeit die Hände sinken und stand regungslos, als habe sie sich selbst vergessen. Wie unsere alte Margret sagte, sie trug ein Kämmerchen in ihrem Kopf, drin spielte ein totes Kind. – Nur Onkel Erich, freilich ein wenig grauer als sonst, erzählte noch seine kleinen freundlichen Geschichten, und auch die Schwester und die Großmutter lebten noch. Damals war jener Weihnachtsabend; ein junges, schönes Mädchen war zu der Schwester auf Besuch gekommen. Weißt du, wie sie hieß?«

»Ellen«, sagte sie leise und lehnte den Kopf an die Brust des Mannes. Der Mond war aufgegangen und beleuchtete ein paar Silberfäden in dem braunen seidenen Haar, das sie schlicht gescheitelt trug, schmucklos in einer Flechte um den Schildpattkamm gelegt.

Er strich mit der Hand über dies noch immer selten schöne Haar. »Ellen hatte auch beschert bekommen«, sprach er weiter; »auf dem kleinen Mahagonitisch lagen Geschenke von meiner Mutter und was von ihren Eltern von drüben aus dem Schwesterland herübergeschickt war. Sie stand mit dem Rücken gegen den brennenden Baum, die Hand auf die Tischplatte gestützt; sie stand schon lange so: ich sehe sie noch«; – und er ließ seine Augen eine Weile schweigend auf dem schönen Antlitz seiner Frau ruhen; – »da war meine Mutter unbemerkt zu ihr getreten; sie faßte sanft ihre Hand und sah ihr fragend in die Augen. – Ellen blickte nicht um, sie neigte nur den Kopf; plötzlich aber richtete sie sich rasch auf und entfloh ins Nebenzimmer. Weißt du es noch? Während meine

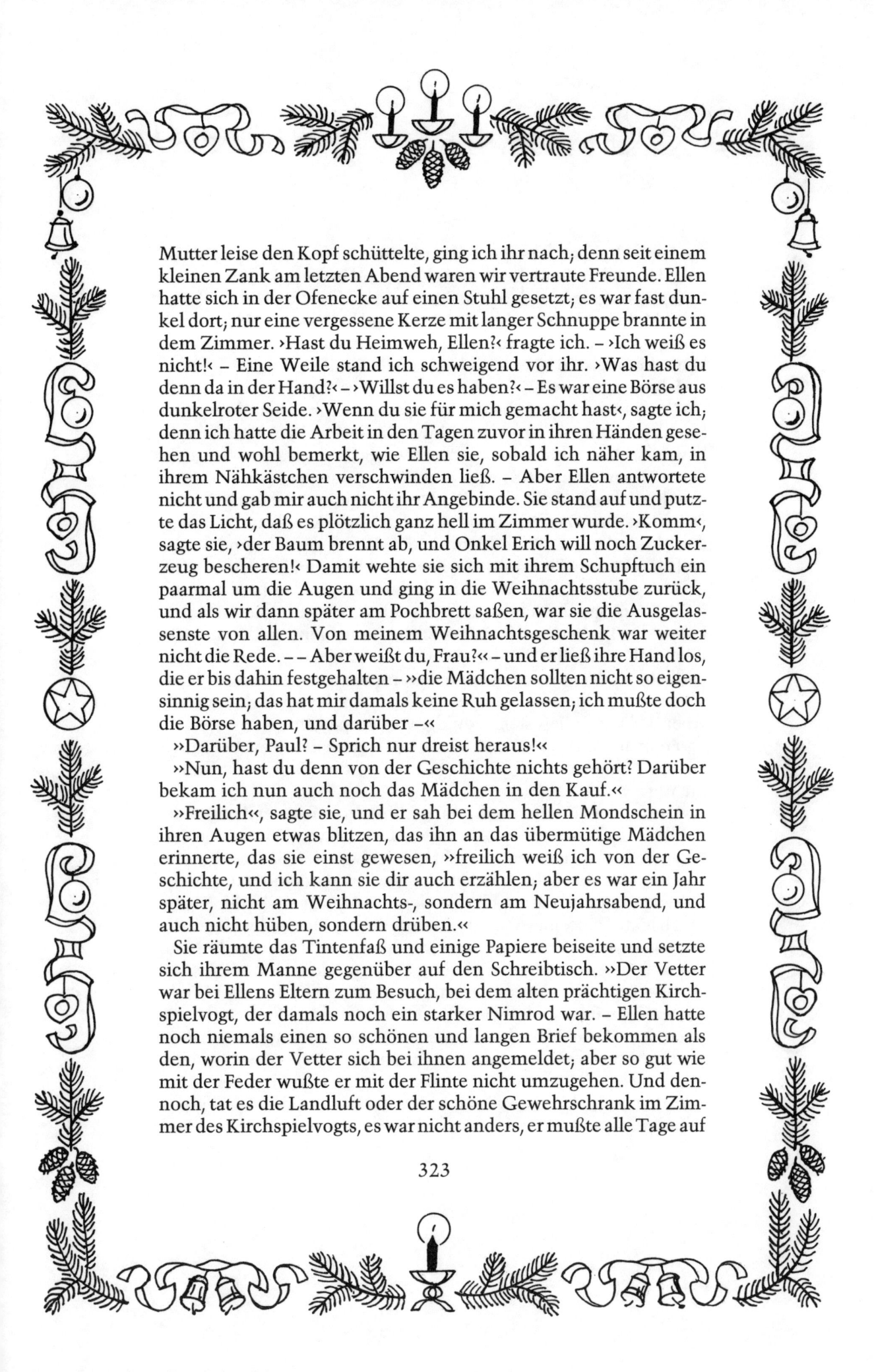

Mutter leise den Kopf schüttelte, ging ich ihr nach; denn seit einem kleinen Zank am letzten Abend waren wir vertraute Freunde. Ellen hatte sich in der Ofenecke auf einen Stuhl gesetzt; es war fast dunkel dort; nur eine vergessene Kerze mit langer Schnuppe brannte in dem Zimmer. ›Hast du Heimweh, Ellen?‹ fragte ich. – ›Ich weiß es nicht!‹ – Eine Weile stand ich schweigend vor ihr. ›Was hast du denn da in der Hand?‹ – ›Willst du es haben?‹ – Es war eine Börse aus dunkelroter Seide. ›Wenn du sie für mich gemacht hast‹, sagte ich; denn ich hatte die Arbeit in den Tagen zuvor in ihren Händen gesehen und wohl bemerkt, wie Ellen sie, sobald ich näher kam, in ihrem Nähkästchen verschwinden ließ. – Aber Ellen antwortete nicht und gab mir auch nicht ihr Angebinde. Sie stand auf und putzte das Licht, daß es plötzlich ganz hell im Zimmer wurde. ›Komm‹, sagte sie, ›der Baum brennt ab, und Onkel Erich will noch Zuckerzeug bescheren!‹ Damit wehte sie sich mit ihrem Schupftuch ein paarmal um die Augen und ging in die Weihnachtsstube zurück, und als wir dann später am Pochbrett saßen, war sie die Ausgelassenste von allen. Von meinem Weihnachtsgeschenk war weiter nicht die Rede. – – Aber weißt du, Frau?« – und er ließ ihre Hand los, die er bis dahin festgehalten – »die Mädchen sollten nicht so eigensinnig sein; das hat mir damals keine Ruh gelassen; ich mußte doch die Börse haben, und darüber –«

»Darüber, Paul? – Sprich nur dreist heraus!«

»Nun, hast du denn von der Geschichte nichts gehört? Darüber bekam ich nun auch noch das Mädchen in den Kauf.«

»Freilich«, sagte sie, und er sah bei dem hellen Mondschein in ihren Augen etwas blitzen, das ihn an das übermütige Mädchen erinnerte, das sie einst gewesen, »freilich weiß ich von der Geschichte, und ich kann sie dir auch erzählen; aber es war ein Jahr später, nicht am Weihnachts-, sondern am Neujahrsabend, und auch nicht hüben, sondern drüben.«

Sie räumte das Tintenfaß und einige Papiere beiseite und setzte sich ihrem Manne gegenüber auf den Schreibtisch. »Der Vetter war bei Ellens Eltern zum Besuch, bei dem alten prächtigen Kirchspielvogt, der damals noch ein starker Nimrod war. – Ellen hatte noch niemals einen so schönen und langen Brief bekommen als den, worin der Vetter sich bei ihnen angemeldet; aber so gut wie mit der Feder wußte er mit der Flinte nicht umzugehen. Und dennoch, tat es die Landluft oder der schöne Gewehrschrank im Zimmer des Kirchspielvogts, es war nicht anders, er mußte alle Tage auf die Jagd. Und wenn er dann abends durchnäßt mit leerer Tasche nach Hause kam und die Flinte schweigend in die Ecke setzte – wie behaglich ergingen sich da die Stichelreden des alten Herrn. – ›Das heißt Malheur, Vetter; aber die Hasen sind heuer alle wild geraten!‹ – oder: ›Mein Herzensjunge, was soll die Diana einmal von dir denken!‹ Am meisten aber – du hörst doch, Paul?«

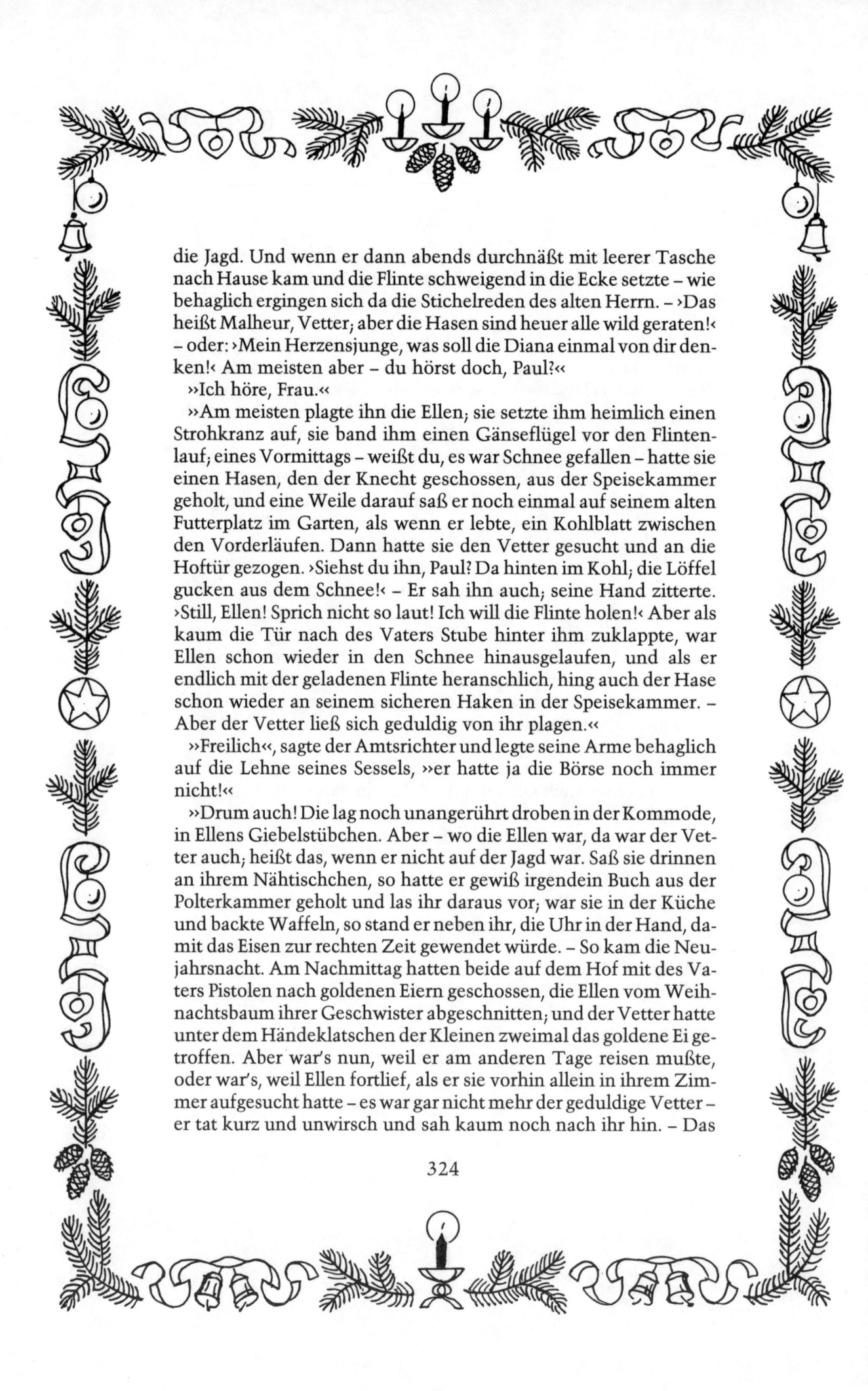

»Ich höre, Frau.«

»Am meisten plagte ihn die Ellen; sie setzte ihm heimlich einen Strohkranz auf, sie band ihm einen Gänseflügel vor den Flintenlauf; eines Vormittags – weißt du, es war Schnee gefallen – hatte sie einen Hasen, den der Knecht geschossen, aus der Speisekammer geholt, und eine Weile darauf saß er noch einmal auf seinem alten Futterplatz im Garten, als wenn er lebte, ein Kohlblatt zwischen den Vorderläufen. Dann hatte sie den Vetter gesucht und an die Hoftür gezogen. ›Siehst du ihn, Paul? Da hinten im Kohl; die Löffel gucken aus dem Schnee!‹ – Er sah ihn auch; seine Hand zitterte. ›Still, Ellen! Sprich nicht so laut! Ich will die Flinte holen!‹ Aber als kaum die Tür nach des Vaters Stube hinter ihm zuklappte, war Ellen schon wieder in den Schnee hinausgelaufen, und als er endlich mit der geladenen Flinte heranschlich, hing auch der Hase schon wieder an seinem sicheren Haken in der Speisekammer. – Aber der Vetter ließ sich geduldig von ihr plagen.«

»Freilich«, sagte der Amtsrichter und legte seine Arme behaglich auf die Lehne seines Sessels, »er hatte ja die Börse noch immer nicht!«

»Drum auch! Die lag noch unangerührt droben in der Kommode, in Ellens Giebelstübchen. Aber – wo die Ellen war, da war der Vetter auch; heißt das, wenn er nicht auf der Jagd war. Saß sie drinnen an ihrem Nähtischchen, so hatte er gewiß irgendein Buch aus der Polterkammer geholt und las ihr daraus vor; war sie in der Küche und backte Waffeln, so stand er neben ihr, die Uhr in der Hand, damit das Eisen zur rechten Zeit gewendet würde. – So kam die Neujahrsnacht. Am Nachmittag hatten beide auf dem Hof mit des Vaters Pistolen nach goldenen Eiern geschossen, die Ellen vom Weihnachtsbaum ihrer Geschwister abgeschnitten; und der Vetter hatte unter dem Händeklatschen der Kleinen zweimal das goldene Ei getroffen. Aber war's nun, weil er am anderen Tage reisen mußte, oder war's, weil Ellen fortlief, als er sie vorhin allein in ihrem Zimmer aufgesucht hatte – es war gar nicht mehr der geduldige Vetter – er tat kurz und unwirsch und sah kaum noch nach ihr hin. – Das blieb den ganzen Abend so; auch als man später sich zu Tische setzte. Ellens Mutter warf wohl einmal einen fragenden Blick auf die beiden, aber sie sagte nichts darüber. Der Kirchspielvogt hatte auf andere Dinge zu achten, er schenkte den Punsch, den er eigenhändig gebraut hatte; und als es drunten im Dorf zwölf schlug, stimmte er das alte Neujahrslied von Johann Heinrich Voß* an, das nun getreulich durch alle Verse abgesungen wurde. Dann rief man ›Prost Neujahr!‹ und schüttelte sich die Hände, und auch Ellen reichte dem Vetter ihre Hand; aber er berührte kaum ihre Fingerspitzen. – So war's auch, da man sich bald darauf gute Nacht sagte. – Als das Mädchen droben allein in ihrem Giebelstübchen war – und nun merk auf, Paul, wie ehrlich ich erzähle! –, da hatte sie keine Ruh zum Schlafen; sie setzte sich still auf die Kante ihres Bettes, ohne sich auszukleiden und ohne der klingenden Kälte in der ungeheizten Kammer zu achten. Denn es kränkte sie doch; sie hatte dem Menschen ja nichts zuleide getan. Freilich, er hatte sie gestern noch gefragt, ob sie den Hasen nicht wieder im Kohl gesehen; und sie hatte dazu den Kopf geschüttelt. – War es etwa das, und wußte er denn, daß er den Hasen schon vor drei Tagen selbst hatte mit verzehren helfen? – – Sie wollte den schönen Brief des Vetters einmal wieder lesen. Aber als sie in die Tasche langte, vermißte sie den Kommodenschlüssel. Sie ging mit dem Licht hinab in die Wohnstube und von dort, als sie ihn nicht gefunden, in die Küche, wo sie vorhin gewirtschaftet hatte.

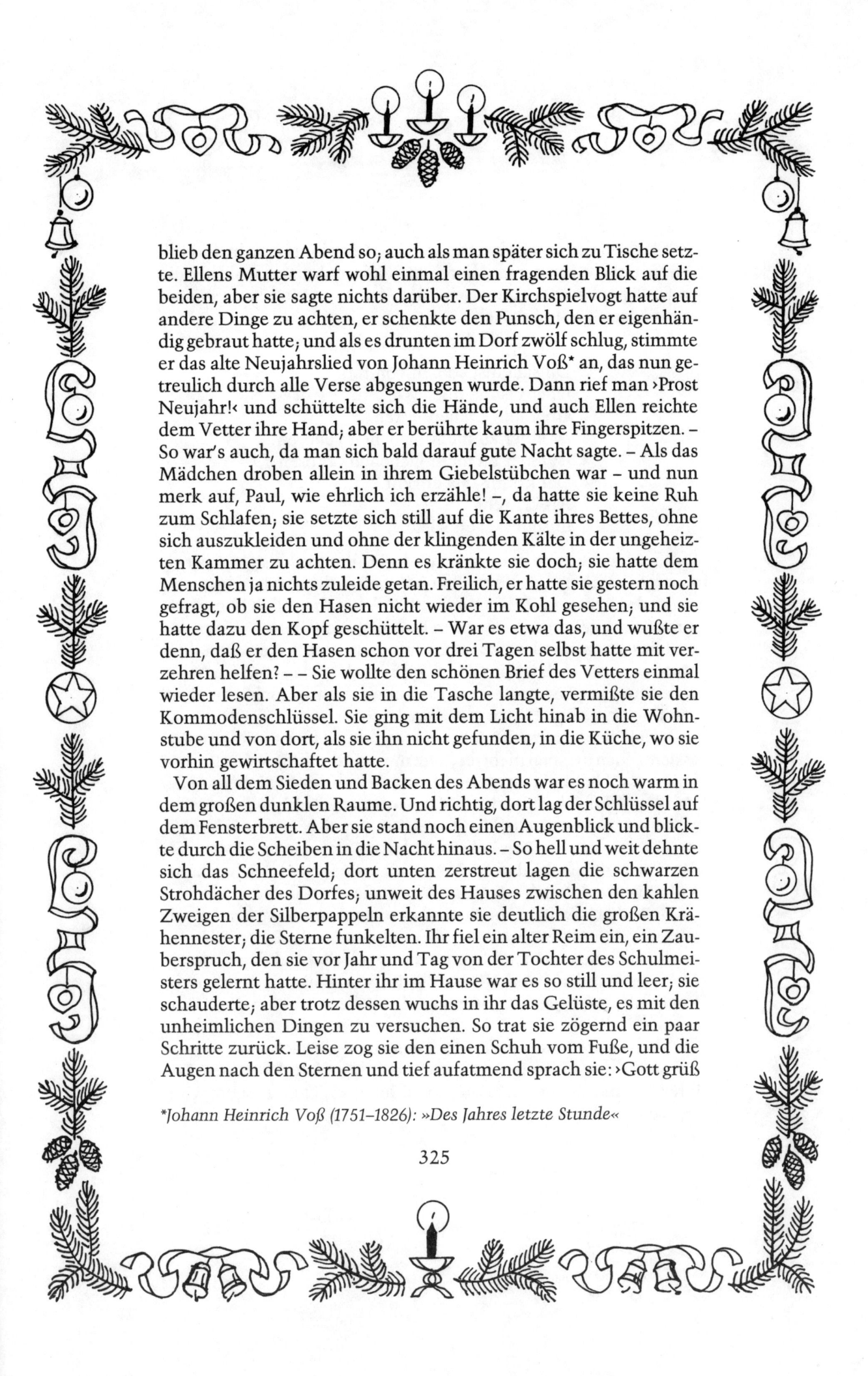

Von all dem Sieden und Backen des Abends war es noch warm in dem großen dunklen Raume. Und richtig, dort lag der Schlüssel auf dem Fensterbrett. Aber sie stand noch einen Augenblick und blickte durch die Scheiben in die Nacht hinaus. – So hell und weit dehnte sich das Schneefeld; dort unten zerstreut lagen die schwarzen Strohdächer des Dorfes; unweit des Hauses zwischen den kahlen Zweigen der Silberpappeln erkannte sie deutlich die großen Krähennester; die Sterne funkelten. Ihr fiel ein alter Reim ein, ein Zauberspruch, den sie vor Jahr und Tag von der Tochter des Schulmeisters gelernt hatte. Hinter ihr im Hause war es so still und leer; sie schauderte; aber trotz dessen wuchs in ihr das Gelüste, es mit den unheimlichen Dingen zu versuchen. So trat sie zögernd ein paar Schritte zurück. Leise zog sie den einen Schuh vom Fuße, und die Augen nach den Sternen und tief aufatmend sprach sie: ›Gott grüß

*Johann Heinrich Voß (1751–1826): »Des Jahres letzte Stunde«

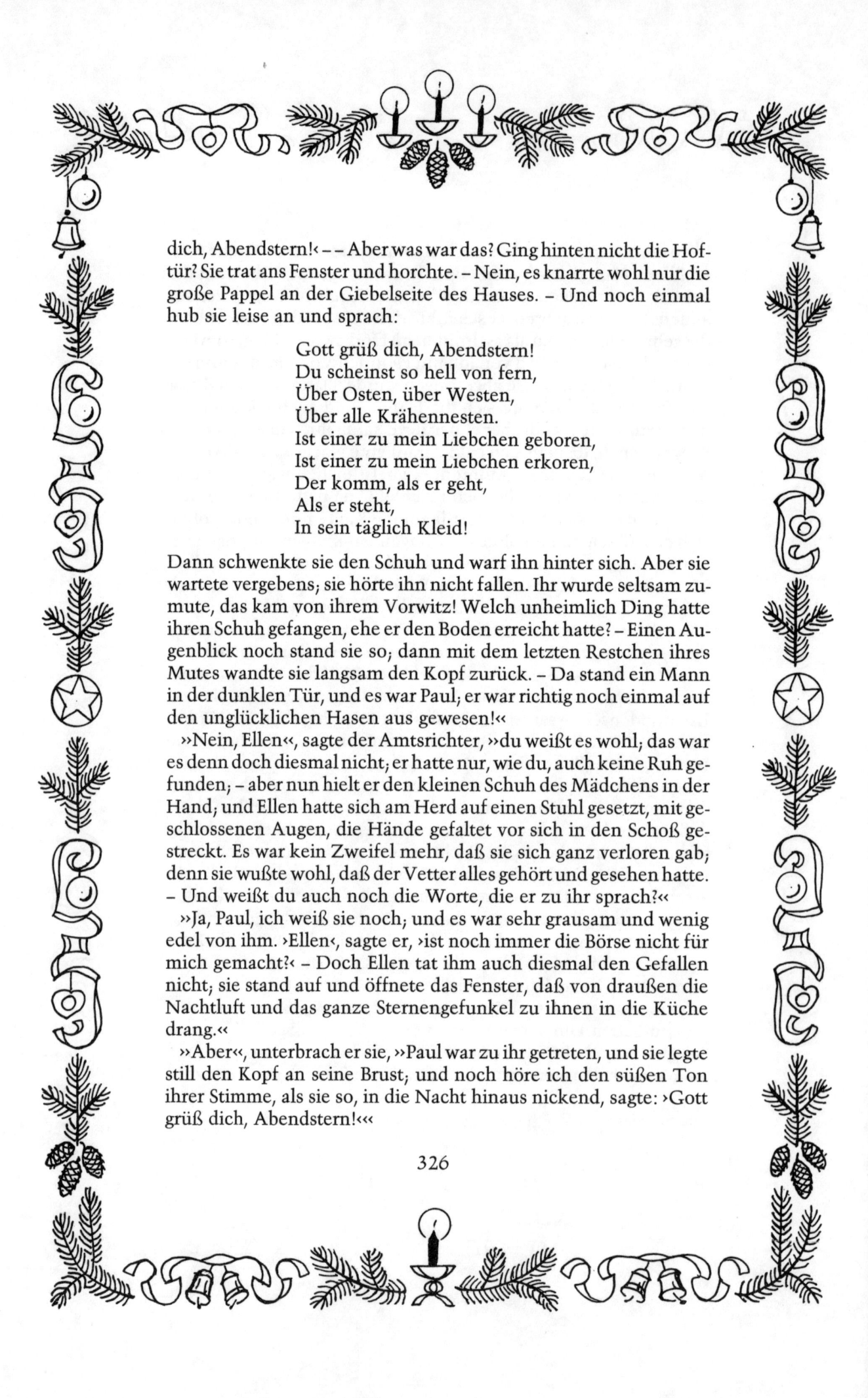

dich, Abendstern!‹ – – Aber was war das? Ging hinten nicht die Hoftür? Sie trat ans Fenster und horchte. – Nein, es knarrte wohl nur die große Pappel an der Giebelseite des Hauses. – Und noch einmal hub sie leise an und sprach:

> Gott grüß dich, Abendstern!
> Du scheinst so hell von fern,
> Über Osten, über Westen,
> Über alle Krähennesten.
> Ist einer zu mein Liebchen geboren,
> Ist einer zu mein Liebchen erkoren,
> Der komm, als er geht,
> Als er steht,
> In sein täglich Kleid!

Dann schwenkte sie den Schuh und warf ihn hinter sich. Aber sie wartete vergebens; sie hörte ihn nicht fallen. Ihr wurde seltsam zumute, das kam von ihrem Vorwitz! Welch unheimlich Ding hatte ihren Schuh gefangen, ehe er den Boden erreicht hatte? – Einen Augenblick noch stand sie so; dann mit dem letzten Restchen ihres Mutes wandte sie langsam den Kopf zurück. – Da stand ein Mann in der dunklen Tür, und es war Paul; er war richtig noch einmal auf den unglücklichen Hasen aus gewesen!«

»Nein, Ellen«, sagte der Amtsrichter, »du weißt es wohl; das war es denn doch diesmal nicht; er hatte nur, wie du, auch keine Ruh gefunden; – aber nun hielt er den kleinen Schuh des Mädchens in der Hand; und Ellen hatte sich am Herd auf einen Stuhl gesetzt, mit geschlossenen Augen, die Hände gefaltet vor sich in den Schoß gestreckt. Es war kein Zweifel mehr, daß sie sich ganz verloren gab; denn sie wußte wohl, daß der Vetter alles gehört und gesehen hatte. – Und weißt du auch noch die Worte, die er zu ihr sprach?«

»Ja, Paul, ich weiß sie noch; und es war sehr grausam und wenig edel von ihm. ›Ellen‹, sagte er, ›ist noch immer die Börse nicht für mich gemacht?‹ – Doch Ellen tat ihm auch diesmal den Gefallen nicht; sie stand auf und öffnete das Fenster, daß von draußen die Nachtluft und das ganze Sternengefunkel zu ihnen in die Küche drang.«

»Aber«, unterbrach er sie, »Paul war zu ihr getreten, und sie legte still den Kopf an seine Brust; und noch höre ich den süßen Ton ihrer Stimme, als sie so, in die Nacht hinaus nickend, sagte: ›Gott grüß dich, Abendstern!‹«

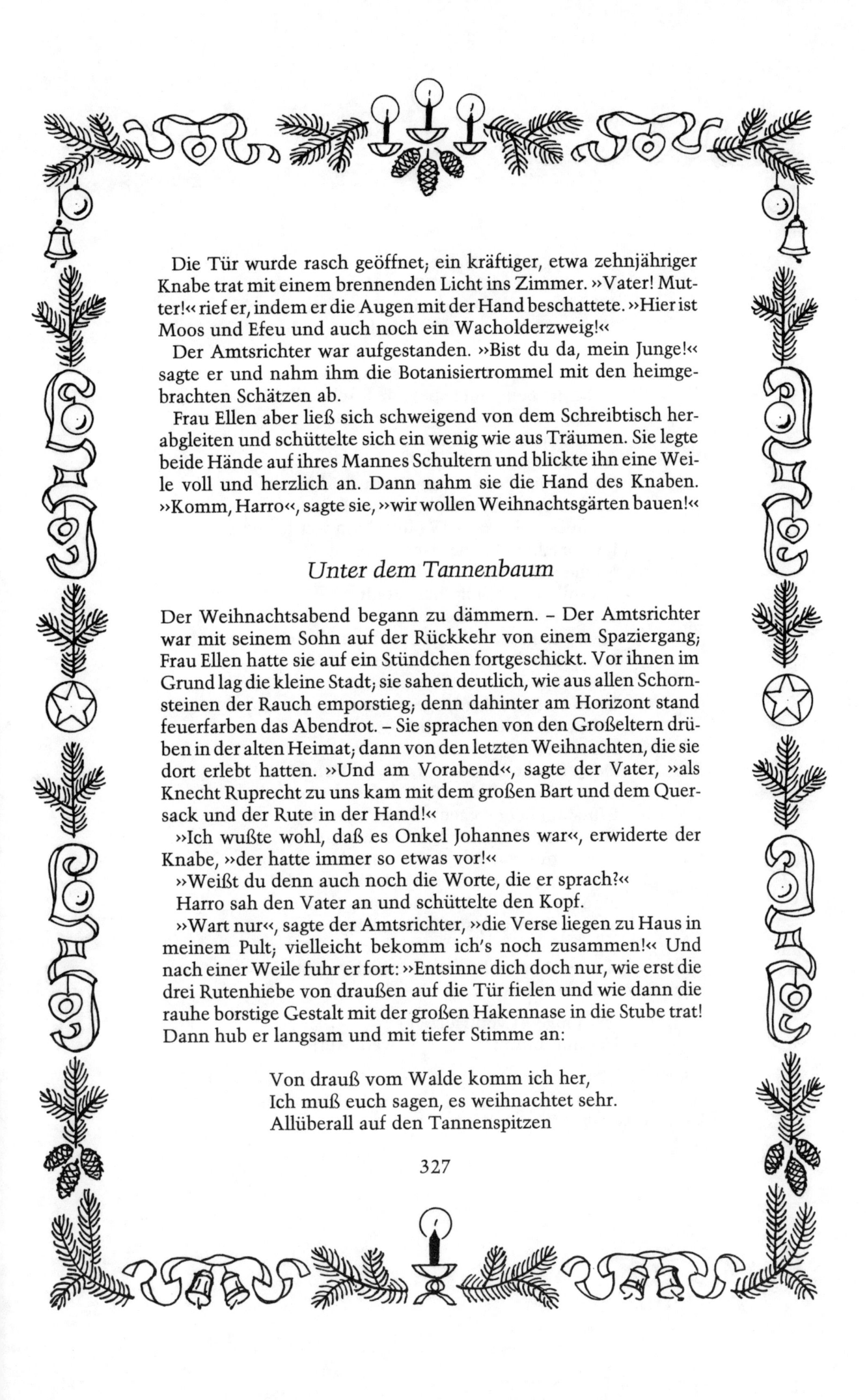

Die Tür wurde rasch geöffnet; ein kräftiger, etwa zehnjähriger Knabe trat mit einem brennenden Licht ins Zimmer. »Vater! Mutter!« rief er, indem er die Augen mit der Hand beschattete. »Hier ist Moos und Efeu und auch noch ein Wacholderzweig!«

Der Amtsrichter war aufgestanden. »Bist du da, mein Junge!« sagte er und nahm ihm die Botanisiertrommel mit den heimgebrachten Schätzen ab.

Frau Ellen aber ließ sich schweigend von dem Schreibtisch herabgleiten und schüttelte sich ein wenig wie aus Träumen. Sie legte beide Hände auf ihres Mannes Schultern und blickte ihn eine Weile voll und herzlich an. Dann nahm sie die Hand des Knaben. »Komm, Harro«, sagte sie, »wir wollen Weihnachtsgärten bauen!«

Unter dem Tannenbaum

Der Weihnachtsabend begann zu dämmern. – Der Amtsrichter war mit seinem Sohn auf der Rückkehr von einem Spaziergang; Frau Ellen hatte sie auf ein Stündchen fortgeschickt. Vor ihnen im Grund lag die kleine Stadt; sie sahen deutlich, wie aus allen Schornsteinen der Rauch emporstieg; denn dahinter am Horizont stand feuerfarben das Abendrot. – Sie sprachen von den Großeltern drüben in der alten Heimat; dann von den letzten Weihnachten, die sie dort erlebt hatten. »Und am Vorabend«, sagte der Vater, »als Knecht Ruprecht zu uns kam mit dem großen Bart und dem Quersack und der Rute in der Hand!«

»Ich wußte wohl, daß es Onkel Johannes war«, erwiderte der Knabe, »der hatte immer so etwas vor!«

»Weißt du denn auch noch die Worte, die er sprach?«

Harro sah den Vater an und schüttelte den Kopf.

»Wart nur«, sagte der Amtsrichter, »die Verse liegen zu Haus in meinem Pult; vielleicht bekomm ich's noch zusammen!« Und nach einer Weile fuhr er fort: »Entsinne dich doch nur, wie erst die drei Rutenhiebe von draußen auf die Tür fielen und wie dann die rauhe borstige Gestalt mit der großen Hakennase in die Stube trat! Dann hub er langsam und mit tiefer Stimme an:

Von drauß vom Walde komm ich her,
Ich muß euch sagen, es weihnachtet sehr.
Allüberall auf den Tannenspitzen

Sah ich goldene Lichter sitzen.
Und droben aus dem Himmelstor
Sah mit großen Augen das Christkind hervor.
Und wie ich so strolcht' durch den dichten Tann,
Da rief's mich mit heller Stimme an:
»Knecht Ruprecht«, rief es, »alter Gesell,
Hebe die Beine und spute dich schnell!
Die Kerzen fangen zu brennen an,
Das Himmelstor ist aufgetan,
Alt' und Junge sollen nun
Von der Jagd des Lebens einmal ruhn;
Und morgen flieg ich hinab zur Erden,
Denn es soll wieder Weihnachten werden!«
Ich sprach: »O lieber Herre Christ,
Meine Reise fast zu Ende ist;
Ich soll nur noch in diese Stadt,
Wo's eitel brave Kinder hat.«
»Hast denn das Säcklein auch bei dir?«
Ich sprach: »Das Säcklein, das ist hier;
Denn Apfel, Nuß und Mandelkern
Essen fromme Kinder gern!«
»Hast denn die Rute auch bei dir?«
Ich sprach: »Die Rute, die ist hier!
Doch für die Kinder nur, die schlechten,
Die trifft sie auf den Teil, den rechten!«
Christkindlein sprach: »So ist es recht,
So geh mit Gott, mein treuer Knecht!«
Von drauß vom Walde komm ich her;
Ich muß euch sagen, es weihnachtet sehr!
Nun sprecht, wie ich's hierinnen find?
Sind's gute Kind, sind's böse Kind?

»Aber«, fuhr der Amtsrichter mit veränderter Stimme fort, »ich sagte dem Knecht Ruprecht:

Der Junge ist von Herzen gut,
Hat nur mitunter was trotzigen Mut!«

»Ich weiß, ich weiß!« rief Harro triumphierend; und den Finger emporhebend und mit listigem Ausdruck setzte er hinzu: »Dann kam so etwas!«

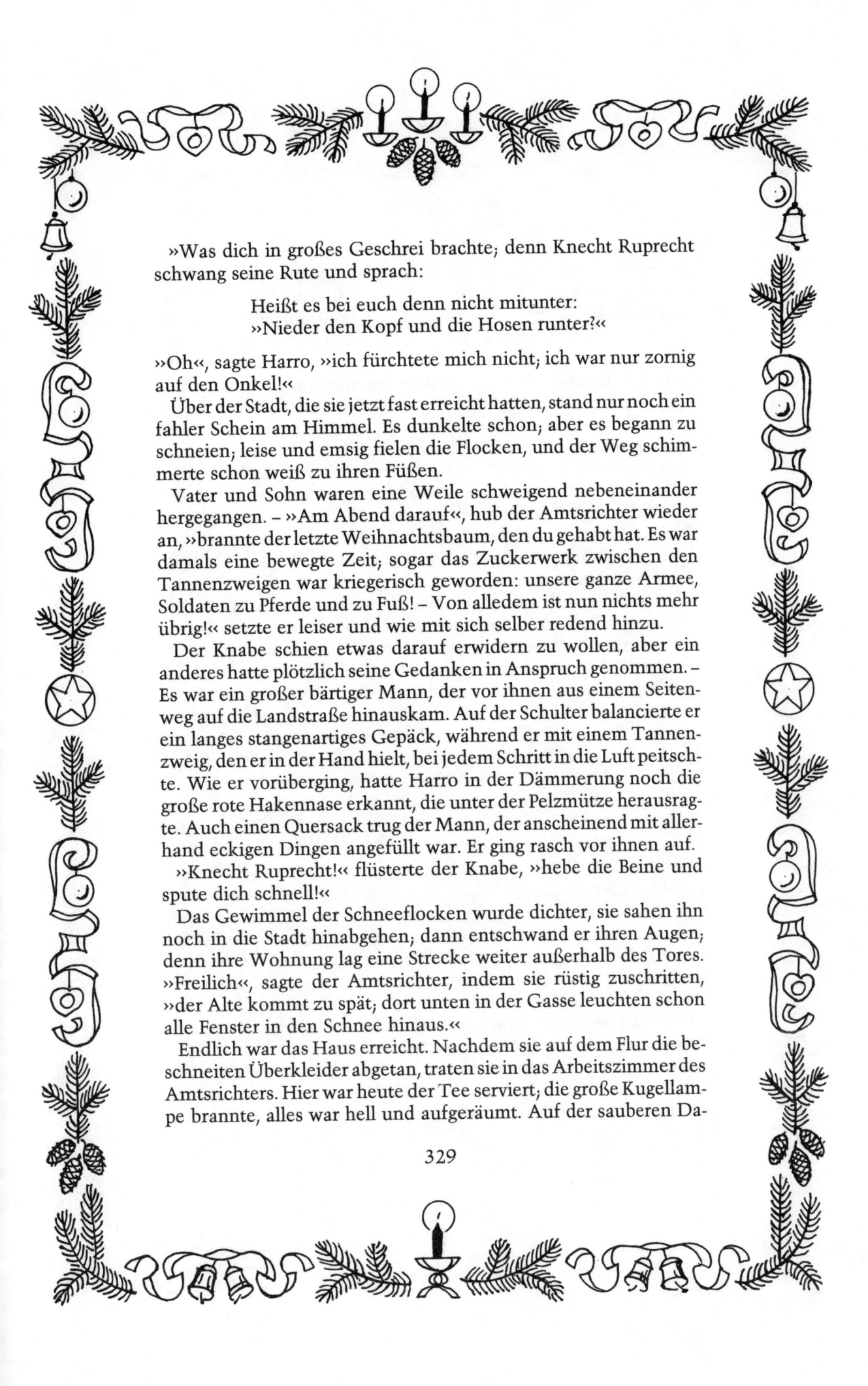

»Was dich in großes Geschrei brachte; denn Knecht Ruprecht schwang seine Rute und sprach:

> Heißt es bei euch denn nicht mitunter:
> »Nieder den Kopf und die Hosen runter?«

»Oh«, sagte Harro, »ich fürchtete mich nicht; ich war nur zornig auf den Onkel!«

Über der Stadt, die sie jetzt fast erreicht hatten, stand nur noch ein fahler Schein am Himmel. Es dunkelte schon; aber es begann zu schneien; leise und emsig fielen die Flocken, und der Weg schimmerte schon weiß zu ihren Füßen.

Vater und Sohn waren eine Weile schweigend nebeneinander hergegangen. – »Am Abend darauf«, hub der Amtsrichter wieder an, »brannte der letzte Weihnachtsbaum, den du gehabt hat. Es war damals eine bewegte Zeit; sogar das Zuckerwerk zwischen den Tannenzweigen war kriegerisch geworden: unsere ganze Armee, Soldaten zu Pferde und zu Fuß! – Von alledem ist nun nichts mehr übrig!« setzte er leiser und wie mit sich selber redend hinzu.

Der Knabe schien etwas darauf erwidern zu wollen, aber ein anderes hatte plötzlich seine Gedanken in Anspruch genommen. – Es war ein großer bärtiger Mann, der vor ihnen aus einem Seitenweg auf die Landstraße hinauskam. Auf der Schulter balancierte er ein langes stangenartiges Gepäck, während er mit einem Tannenzweig, den er in der Hand hielt, bei jedem Schritt in die Luft peitschte. Wie er vorüberging, hatte Harro in der Dämmerung noch die große rote Hakennase erkannt, die unter der Pelzmütze herausragte. Auch einen Quersack trug der Mann, der anscheinend mit allerhand eckigen Dingen angefüllt war. Er ging rasch vor ihnen auf.

»Knecht Ruprecht!« flüsterte der Knabe, »hebe die Beine und spute dich schnell!«

Das Gewimmel der Schneeflocken wurde dichter, sie sahen ihn noch in die Stadt hinabgehen; dann entschwand er ihren Augen; denn ihre Wohnung lag eine Strecke weiter außerhalb des Tores. »Freilich«, sagte der Amtsrichter, indem sie rüstig zuschritten, »der Alte kommt zu spät; dort unten in der Gasse leuchten schon alle Fenster in den Schnee hinaus.«

Endlich war das Haus erreicht. Nachdem sie auf dem Flur die beschneiten Überkleider abgetan, traten sie in das Arbeitszimmer des Amtsrichters. Hier war heute der Tee serviert; die große Kugellampe brannte, alles war hell und aufgeräumt. Auf der sauberen Damastserviette stand das feinlackierte Teebrett mit den Geburtstagstassen und dem rubinroten Zuckerglas; daneben auf dem Fußboden in dem Komfort von Mahagonistäbchen mit blankem Messingeinsatz kochte der Kessel, wie es sein muß, auf gehörig durchgeglühten Torfkohlen; wie daheim einst in der großen Stube des alten Familienhauses, so dufteten auch hier in dem kleinen Stübchen die braunen Weihnachtskuchen nach dem Rezept der Urgroßmutter. – Aber während die Mutter nebenan im Wohnzimmer noch das Fest bereitete, blieben Vater und Sohn allein; kein Onkel Erich kam, ihnen feiern zu helfen.

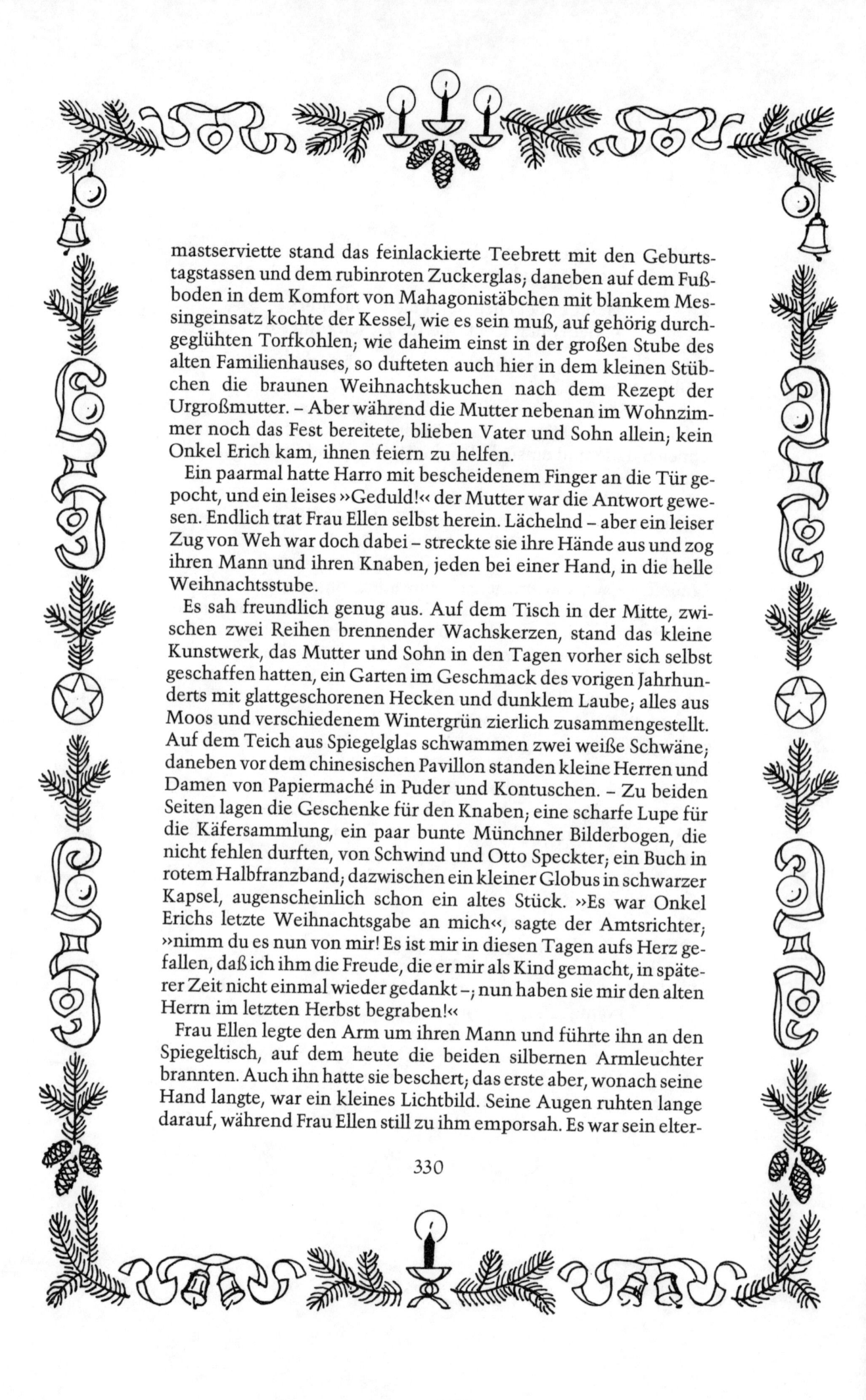

Ein paarmal hatte Harro mit bescheidenem Finger an die Tür gepocht, und ein leises »Geduld!« der Mutter war die Antwort gewesen. Endlich trat Frau Ellen selbst herein. Lächelnd – aber ein leiser Zug von Weh war doch dabei – streckte sie ihre Hände aus und zog ihren Mann und ihren Knaben, jeden bei einer Hand, in die helle Weihnachtsstube.

Es sah freundlich genug aus. Auf dem Tisch in der Mitte, zwischen zwei Reihen brennender Wachskerzen, stand das kleine Kunstwerk, das Mutter und Sohn in den Tagen vorher sich selbst geschaffen hatten, ein Garten im Geschmack des vorigen Jahrhunderts mit glattgeschorenen Hecken und dunklem Laube; alles aus Moos und verschiedenem Wintergrün zierlich zusammengestellt. Auf dem Teich aus Spiegelglas schwammen zwei weiße Schwäne; daneben vor dem chinesischen Pavillon standen kleine Herren und Damen von Papiermaché in Puder und Kontuschen. – Zu beiden Seiten lagen die Geschenke für den Knaben; eine scharfe Lupe für die Käfersammlung, ein paar bunte Münchner Bilderbogen, die nicht fehlen durften, von Schwind und Otto Speckter; ein Buch in rotem Halbfranzband; dazwischen ein kleiner Globus in schwarzer Kapsel, augenscheinlich schon ein altes Stück. »Es war Onkel Erichs letzte Weihnachtsgabe an mich«, sagte der Amtsrichter; »nimm du es nun von mir! Es ist mir in diesen Tagen aufs Herz gefallen, daß ich ihm die Freude, die er mir als Kind gemacht, in späterer Zeit nicht einmal wieder gedankt –; nun haben sie mir den alten Herrn im letzten Herbst begraben!«

Frau Ellen legte den Arm um ihren Mann und führte ihn an den Spiegeltisch, auf dem heute die beiden silbernen Armleuchter brannten. Auch ihn hatte sie beschert; das erste aber, wonach seine Hand langte, war ein kleines Lichtbild. Seine Augen ruhten lange darauf, während Frau Ellen still zu ihm emporsah. Es war sein elterlicher Garten; dort unter dem Ahorn vor dem Lusthaus standen die beiden Alten selbst, das noch dunkle, volle Haar seines Vaters war deutlich zu erkennen.

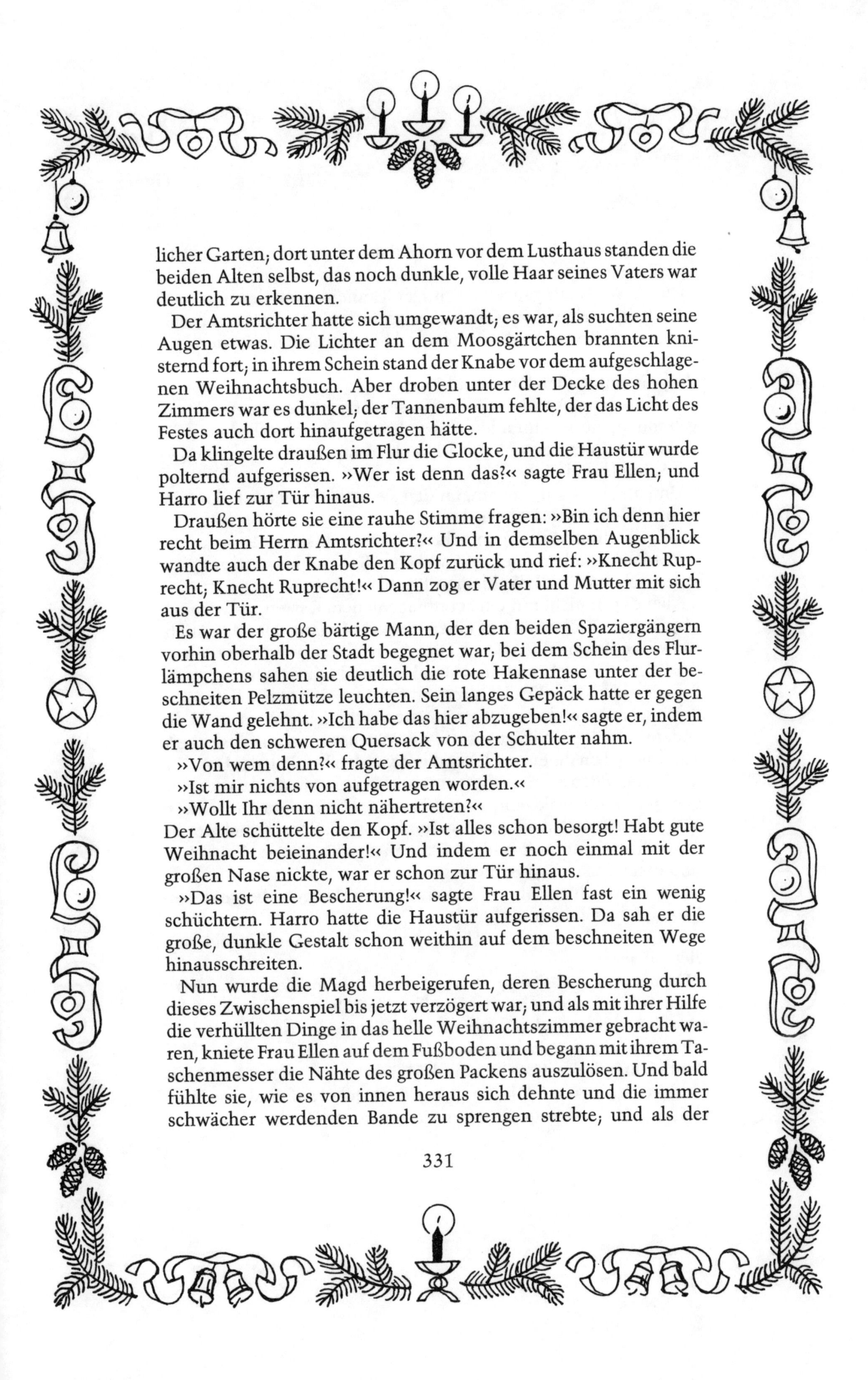

Der Amtsrichter hatte sich umgewandt; es war, als suchten seine Augen etwas. Die Lichter an dem Moosgärtchen brannten knisternd fort; in ihrem Schein stand der Knabe vor dem aufgeschlagenen Weihnachtsbuch. Aber droben unter der Decke des hohen Zimmers war es dunkel; der Tannenbaum fehlte, der das Licht des Festes auch dort hinaufgetragen hätte.

Da klingelte draußen im Flur die Glocke, und die Haustür wurde polternd aufgerissen. »Wer ist denn das?« sagte Frau Ellen; und Harro lief zur Tür hinaus.

Draußen hörte sie eine rauhe Stimme fragen: »Bin ich denn hier recht beim Herrn Amtsrichter?« Und in demselben Augenblick wandte auch der Knabe den Kopf zurück und rief: »Knecht Ruprecht; Knecht Ruprecht!« Dann zog er Vater und Mutter mit sich aus der Tür.

Es war der große bärtige Mann, der den beiden Spaziergängern vorhin oberhalb der Stadt begegnet war; bei dem Schein des Flurlämpchens sahen sie deutlich die rote Hakennase unter der beschneiten Pelzmütze leuchten. Sein langes Gepäck hatte er gegen die Wand gelehnt. »Ich habe das hier abzugeben!« sagte er, indem er auch den schweren Quersack von der Schulter nahm.

»Von wem denn?« fragte der Amtsrichter.

»Ist mir nichts von aufgetragen worden.«

»Wollt Ihr denn nicht nähertreten?«

Der Alte schüttelte den Kopf. »Ist alles schon besorgt! Habt gute Weihnacht beieinander!« Und indem er noch einmal mit der großen Nase nickte, war er schon zur Tür hinaus.

»Das ist eine Bescherung!« sagte Frau Ellen fast ein wenig schüchtern. Harro hatte die Haustür aufgerissen. Da sah er die große, dunkle Gestalt schon weithin auf dem beschneiten Wege hinausschreiten.

Nun wurde die Magd herbeigerufen, deren Bescherung durch dieses Zwischenspiel bis jetzt verzögert war; und als mit ihrer Hilfe die verhüllten Dinge in das helle Weihnachtszimmer gebracht waren, kniete Frau Ellen auf dem Fußboden und begann mit ihrem Taschenmesser die Nähte des großen Packens auszulösen. Und bald fühlte sie, wie es von innen heraus sich dehnte und die immer schwächer werdenden Bande zu sprengen strebte; und als der

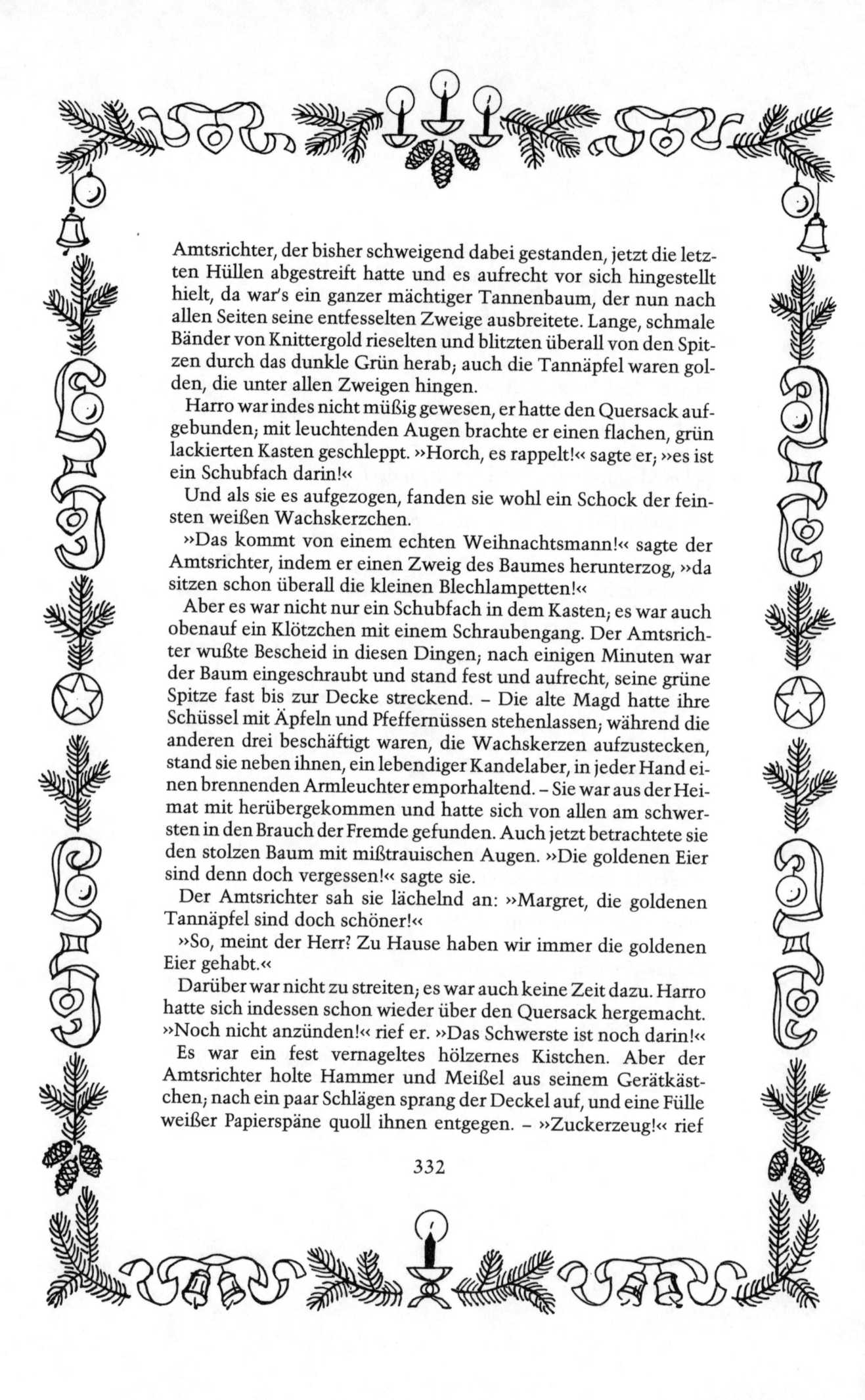

Amtsrichter, der bisher schweigend dabei gestanden, jetzt die letzten Hüllen abgestreift hatte und es aufrecht vor sich hingestellt hielt, da war's ein ganzer mächtiger Tannenbaum, der nun nach allen Seiten seine entfesselten Zweige ausbreitete. Lange, schmale Bänder von Knittergold rieselten und blitzten überall von den Spitzen durch das dunkle Grün herab; auch die Tannäpfel waren golden, die unter allen Zweigen hingen.

Harro war indes nicht müßig gewesen, er hatte den Quersack aufgebunden; mit leuchtenden Augen brachte er einen flachen, grün lackierten Kasten geschleppt. »Horch, es rappelt!« sagte er; »es ist ein Schubfach darin!«

Und als sie es aufgezogen, fanden sie wohl ein Schock der feinsten weißen Wachskerzchen.

»Das kommt von einem echten Weihnachtsmann!« sagte der Amtsrichter, indem er einen Zweig des Baumes herunterzog, »da sitzen schon überall die kleinen Blechlampetten!«

Aber es war nicht nur ein Schubfach in dem Kasten; es war auch obenauf ein Klötzchen mit einem Schraubengang. Der Amtsrichter wußte Bescheid in diesen Dingen; nach einigen Minuten war der Baum eingeschraubt und stand fest und aufrecht, seine grüne Spitze fast bis zur Decke streckend. – Die alte Magd hatte ihre Schüssel mit Äpfeln und Pfeffernüssen stehenlassen; während die anderen drei beschäftigt waren, die Wachskerzen aufzustecken, stand sie neben ihnen, ein lebendiger Kandelaber, in jeder Hand einen brennenden Armleuchter emporhaltend. – Sie war aus der Heimat mit herübergekommen und hatte sich von allen am schwersten in den Brauch der Fremde gefunden. Auch jetzt betrachtete sie den stolzen Baum mit mißtrauischen Augen. »Die goldenen Eier sind denn doch vergessen!« sagte sie.

Der Amtsrichter sah sie lächelnd an: »Margret, die goldenen Tannäpfel sind doch schöner!«

»So, meint der Herr? Zu Hause haben wir immer die goldenen Eier gehabt.«

Darüber war nicht zu streiten; es war auch keine Zeit dazu. Harro hatte sich indessen schon wieder über den Quersack hergemacht. »Noch nicht anzünden!« rief er. »Das Schwerste ist noch darin!«

Es war ein fest vernageltes hölzernes Kistchen. Aber der Amtsrichter holte Hammer und Meißel aus seinem Gerätkästchen; nach ein paar Schlägen sprang der Deckel auf, und eine Fülle weißer Papierspäne quoll ihnen entgegen. – »Zuckerzeug!« rief

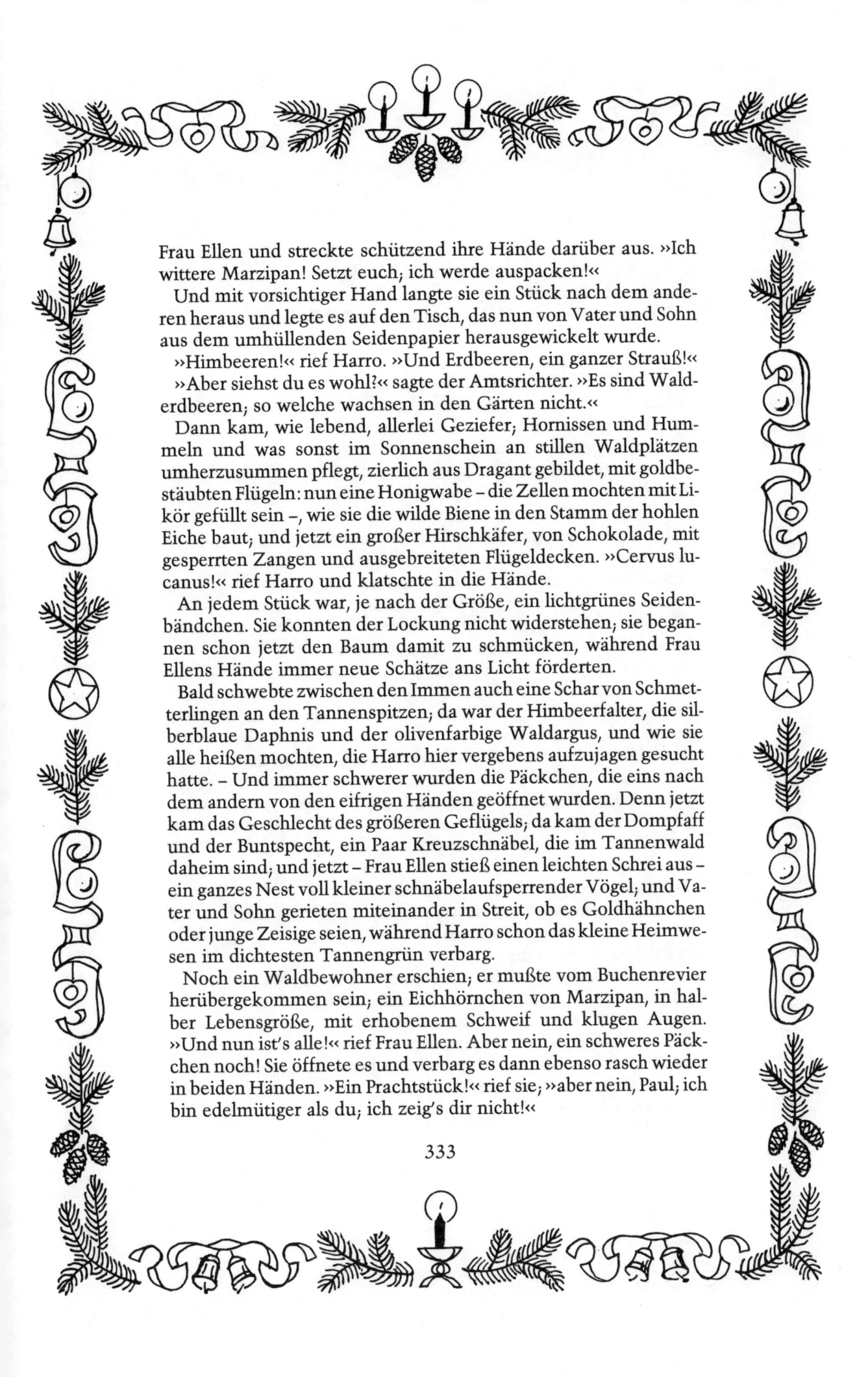

Frau Ellen und streckte schützend ihre Hände darüber aus. »Ich wittere Marzipan! Setzt euch; ich werde auspacken!«

Und mit vorsichtiger Hand langte sie ein Stück nach dem anderen heraus und legte es auf den Tisch, das nun von Vater und Sohn aus dem umhüllenden Seidenpapier herausgewickelt wurde.

»Himbeeren!« rief Harro. »Und Erdbeeren, ein ganzer Strauß!«

»Aber siehst du es wohl?« sagte der Amtsrichter. »Es sind Walderdbeeren; so welche wachsen in den Gärten nicht.«

Dann kam, wie lebend, allerlei Geziefer; Hornissen und Hummeln und was sonst im Sonnenschein an stillen Waldplätzen umherzusummen pflegt, zierlich aus Dragant gebildet, mit goldbestäubten Flügeln: nun eine Honigwabe – die Zellen mochten mit Likör gefüllt sein –, wie sie die wilde Biene in den Stamm der hohlen Eiche baut; und jetzt ein großer Hirschkäfer, von Schokolade, mit gesperrten Zangen und ausgebreiteten Flügeldecken. »Cervus lucanus!« rief Harro und klatschte in die Hände.

An jedem Stück war, je nach der Größe, ein lichtgrünes Seidenbändchen. Sie konnten der Lockung nicht widerstehen; sie begannen schon jetzt den Baum damit zu schmücken, während Frau Ellens Hände immer neue Schätze ans Licht förderten.

Bald schwebte zwischen den Immen auch eine Schar von Schmetterlingen an den Tannenspitzen; da war der Himbeerfalter, die silberblaue Daphnis und der olivenfarbige Waldargus, und wie sie alle heißen mochten, die Harro hier vergebens aufzujagen gesucht hatte. – Und immer schwerer wurden die Päckchen, die eins nach dem andern von den eifrigen Händen geöffnet wurden. Denn jetzt kam das Geschlecht des größeren Geflügels; da kam der Dompfaff und der Buntspecht, ein Paar Kreuzschnäbel, die im Tannenwald daheim sind; und jetzt – Frau Ellen stieß einen leichten Schrei aus – ein ganzes Nest voll kleiner schnäbelaufsperrender Vögel; und Vater und Sohn gerieten miteinander in Streit, ob es Goldhähnchen oder junge Zeisige seien, während Harro schon das kleine Heimwesen im dichtesten Tannengrün verbarg.

Noch ein Waldbewohner erschien; er mußte vom Buchenrevier herübergekommen sein; ein Eichhörnchen von Marzipan, in halber Lebensgröße, mit erhobenem Schweif und klugen Augen. »Und nun ist's alle!« rief Frau Ellen. Aber nein, ein schweres Päckchen noch! Sie öffnete es und verbarg es dann ebenso rasch wieder in beiden Händen. »Ein Prachtstück!« rief sie; »aber nein, Paul; ich bin edelmütiger als du; ich zeig's dir nicht!«

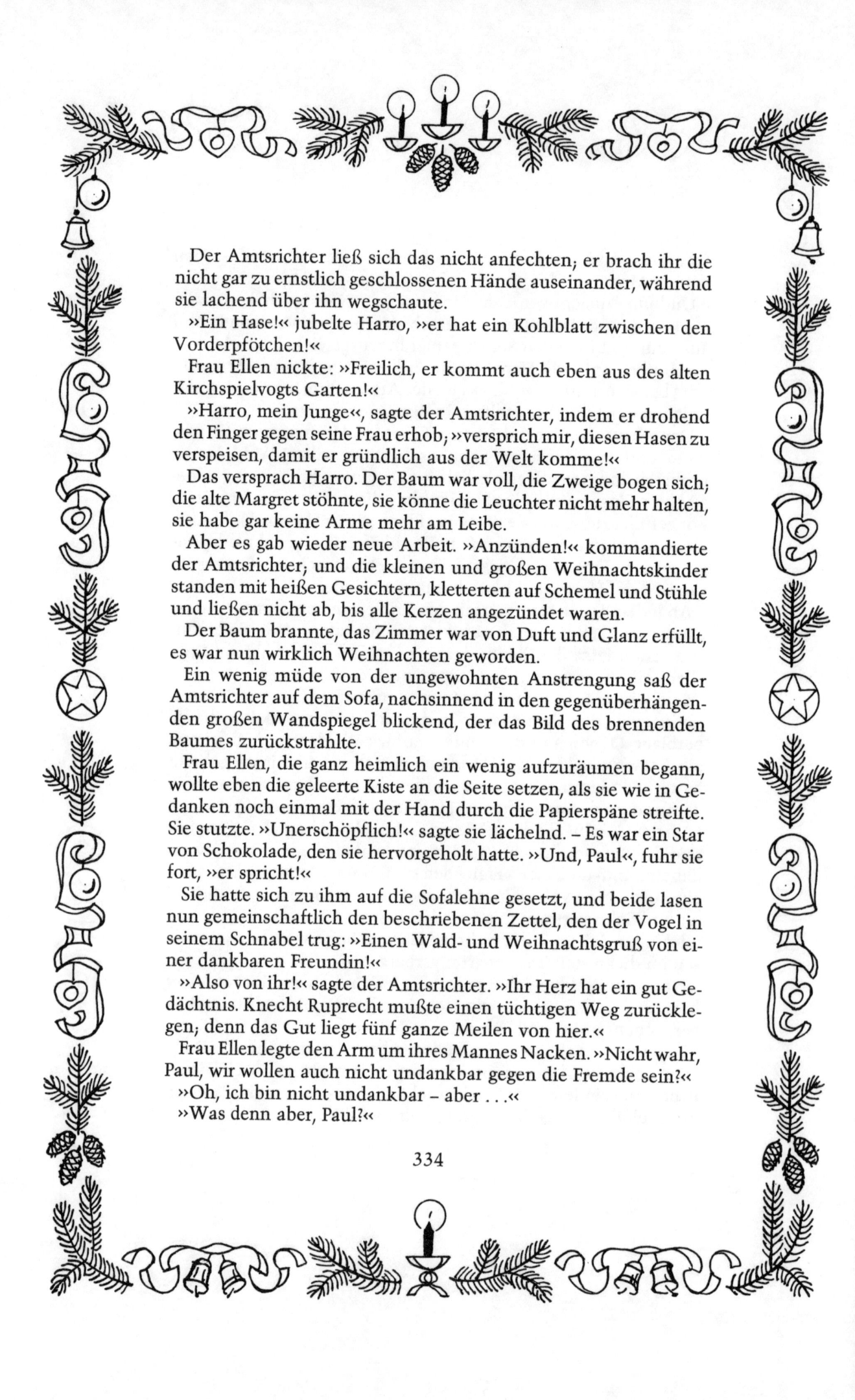

Der Amtsrichter ließ sich das nicht anfechten; er brach ihr die nicht gar zu ernstlich geschlossenen Hände auseinander, während sie lachend über ihn wegschaute.

»Ein Hase!« jubelte Harro, »er hat ein Kohlblatt zwischen den Vorderpfötchen!«

Frau Ellen nickte: »Freilich, er kommt auch eben aus des alten Kirchspielvogts Garten!«

»Harro, mein Junge«, sagte der Amtsrichter, indem er drohend den Finger gegen seine Frau erhob; »versprich mir, diesen Hasen zu verspeisen, damit er gründlich aus der Welt komme!«

Das versprach Harro. Der Baum war voll, die Zweige bogen sich; die alte Margret stöhnte, sie könne die Leuchter nicht mehr halten, sie habe gar keine Arme mehr am Leibe.

Aber es gab wieder neue Arbeit. »Anzünden!« kommandierte der Amtsrichter; und die kleinen und großen Weihnachtskinder standen mit heißen Gesichtern, kletterten auf Schemel und Stühle und ließen nicht ab, bis alle Kerzen angezündet waren.

Der Baum brannte, das Zimmer war von Duft und Glanz erfüllt, es war nun wirklich Weihnachten geworden.

Ein wenig müde von der ungewohnten Anstrengung saß der Amtsrichter auf dem Sofa, nachsinnend in den gegenüberhängenden großen Wandspiegel blickend, der das Bild des brennenden Baumes zurückstrahlte.

Frau Ellen, die ganz heimlich ein wenig aufzuräumen begann, wollte eben die geleerte Kiste an die Seite setzen, als sie wie in Gedanken noch einmal mit der Hand durch die Papierspäne streifte. Sie stutzte. »Unerschöpflich!« sagte sie lächelnd. – Es war ein Star von Schokolade, den sie hervorgeholt hatte. »Und, Paul«, fuhr sie fort, »er spricht!«

Sie hatte sich zu ihm auf die Sofalehne gesetzt, und beide lasen nun gemeinschaftlich den beschriebenen Zettel, den der Vogel in seinem Schnabel trug: »Einen Wald- und Weihnachtsgruß von einer dankbaren Freundin!«

»Also von ihr!« sagte der Amtsrichter. »Ihr Herz hat ein gut Gedächtnis. Knecht Ruprecht mußte einen tüchtigen Weg zurücklegen; denn das Gut liegt fünf ganze Meilen von hier.«

Frau Ellen legte den Arm um ihres Mannes Nacken. »Nicht wahr, Paul, wir wollen auch nicht undankbar gegen die Fremde sein?«

»Oh, ich bin nicht undankbar – aber...«

»Was denn aber, Paul?«

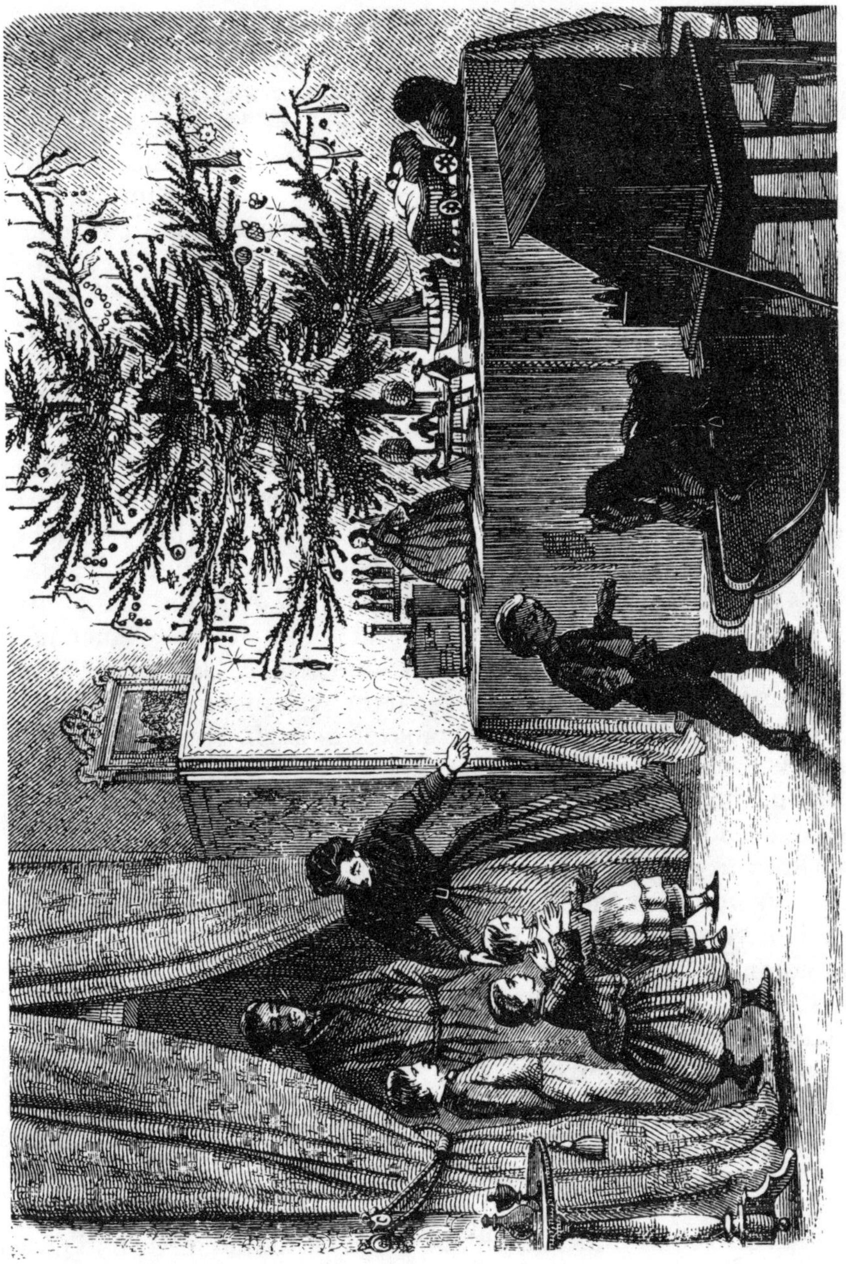

»Was mögen drüben jetzt die Alten machen!«

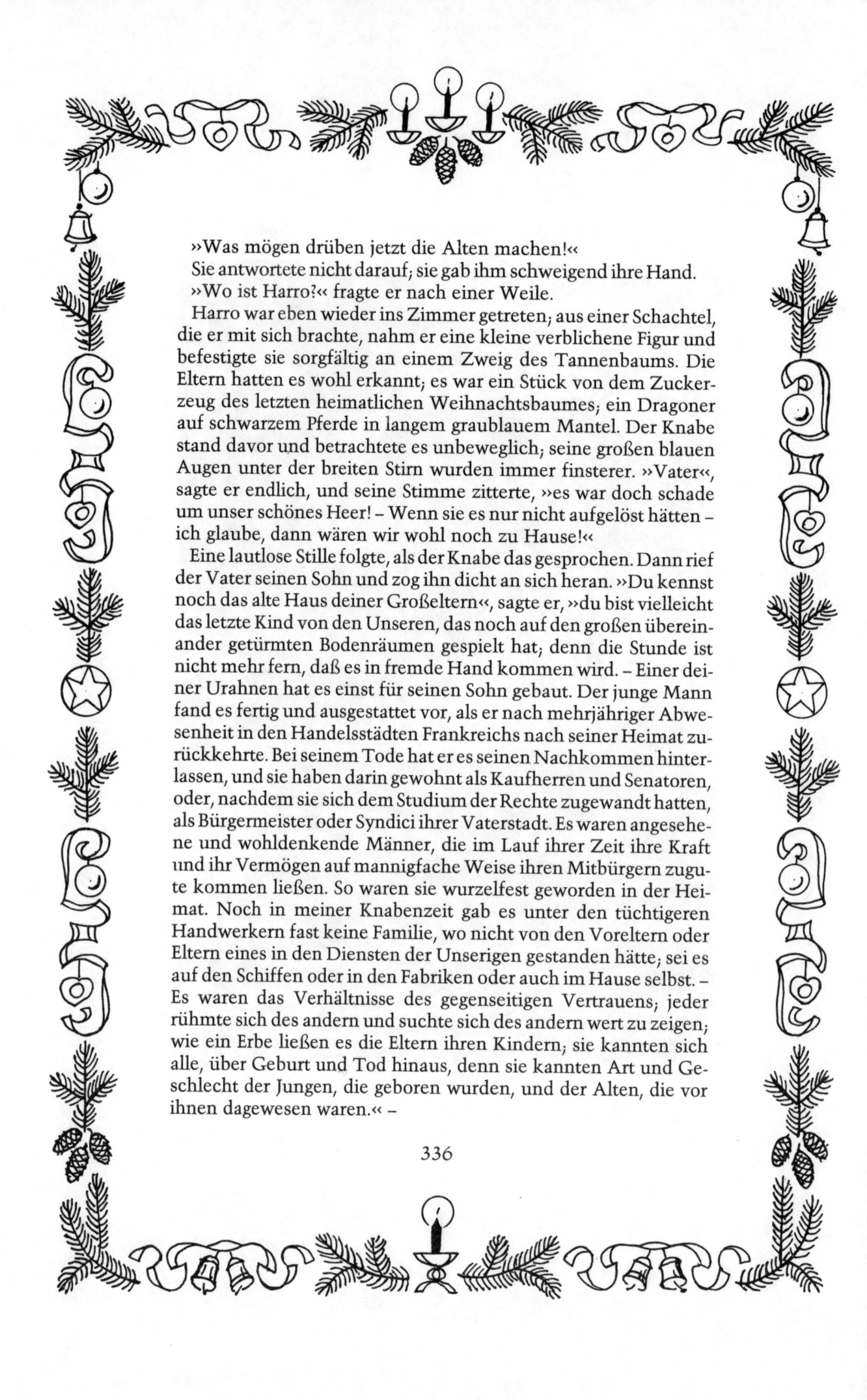

Sie antwortete nicht darauf; sie gab ihm schweigend ihre Hand.

»Wo ist Harro?« fragte er nach einer Weile.

Harro war eben wieder ins Zimmer getreten; aus einer Schachtel, die er mit sich brachte, nahm er eine kleine verblichene Figur und befestigte sie sorgfältig an einem Zweig des Tannenbaums. Die Eltern hatten es wohl erkannt; es war ein Stück von dem Zuckerzeug des letzten heimatlichen Weihnachtsbaumes; ein Dragoner auf schwarzem Pferde in langem graublauem Mantel. Der Knabe stand davor und betrachtete es unbeweglich; seine großen blauen Augen unter der breiten Stirn wurden immer finsterer. »Vater«, sagte er endlich, und seine Stimme zitterte, »es war doch schade um unser schönes Heer! – Wenn sie es nur nicht aufgelöst hätten – ich glaube, dann wären wir wohl noch zu Hause!«

Eine lautlose Stille folgte, als der Knabe das gesprochen. Dann rief der Vater seinen Sohn und zog ihn dicht an sich heran. »Du kennst noch das alte Haus deiner Großeltern«, sagte er, »du bist vielleicht das letzte Kind von den Unseren, das noch auf den großen übereinander getürmten Bodenräumen gespielt hat; denn die Stunde ist nicht mehr fern, daß es in fremde Hand kommen wird. – Einer deiner Urahnen hat es einst für seinen Sohn gebaut. Der junge Mann fand es fertig und ausgestattet vor, als er nach mehrjähriger Abwesenheit in den Handelsstädten Frankreichs nach seiner Heimat zurückkehrte. Bei seinem Tode hat er es seinen Nachkommen hinterlassen, und sie haben darin gewohnt als Kaufherren und Senatoren, oder, nachdem sie sich dem Studium der Rechte zugewandt hatten, als Bürgermeister oder Syndici ihrer Vaterstadt. Es waren angesehene und wohldenkende Männer, die im Lauf ihrer Zeit ihre Kraft und ihr Vermögen auf mannigfache Weise ihren Mitbürgern zugute kommen ließen. So waren sie wurzelfest geworden in der Heimat. Noch in meiner Knabenzeit gab es unter den tüchtigeren Handwerkern fast keine Familie, wo nicht von den Voreltern oder Eltern eines in den Diensten der Unserigen gestanden hätte; sei es auf den Schiffen oder in den Fabriken oder auch im Hause selbst. – Es waren das Verhältnisse des gegenseitigen Vertrauens; jeder rühmte sich des andern und suchte sich des andern wert zu zeigen; wie ein Erbe ließen es die Eltern ihren Kindern; sie kannten sich alle, über Geburt und Tod hinaus, denn sie kannten Art und Geschlecht der Jungen, die geboren wurden, und der Alten, die vor ihnen dagewesen waren.« –

Der Amtsrichter schwieg einen Augenblick, während der Knabe unbeweglich zu ihm emporsah. »Aber nicht allein in die Höhe«, fuhr er fort, »auch in die Tiefe haben deine Voreltern gebaut; zu dem steinernen Haus in der Stadt gehörte die Gruft draußen auf dem Kirchhof; denn auch die Toten sollten noch beisammen sein. – Und seltsam, da ich des inne ward, daß ich fort mußte, mein erster Gedanke war, ich könnte dort den Platz verfehlen. – Ich habe sie mehr als einmal offen gesehen; das letztemal, als deine Urgroßmutter starb, eine Frau in hohen Jahren, wie sie den Unsrigen vergönnt zu sein pflegen. – Ich vergesse den Tag nicht. Ich war hinabgestiegen und stand unten in der Dunkelheit zwischen den Särgen, die neben und über mir auf den eisernen Stangen ruhten; die ganze alte Zeit, eine ernste schweigsame Gesellschaft. Neben mir war der Totengräber, ein eisgrauer Mann. Aber einst war er jung gewesen und hatte als Kutscher, den schwarzen Pudel zwischen den Knien, die Rappen meines Großvaters gefahren. – Er stand an einen hohen Sarg gelehnt und ließ wie liebkosend seine Hand über das schwarze Tuch des Deckels gleiten. ›Dat is min ole Herr!‹ sagte er in seinem Plattdeutsch, ›dat weer en gude Mann!‹ – Mein Kind, nur dort zu Hause konnte ich solche Worte hören. Ich neigte unwillkürlich das Haupt; denn mir war, als fühlte ich den Segen der Heimat sich leibhaftig auf mich niedersenken. Ich war der Erbe dieser Toten; sie selbst waren zwar dahingegangen; aber ihre Güte und Tüchtigkeit lebte noch und war für mich da und half mir, wo ich selber irrte, wo meine Kräfte mich verließen. – Und auch jetzt noch, wenn ich – mir und den Meinen nicht zur Freude, aber getrieben von jenem geheimnisvollen Weh – auf kurze Zeit zurückkehrte, ich weiß es wohl, dem sich dann alle Hände dort entgegenstreckten, das war nicht ich allein.«

Er war aufgestanden und hatte einen Fensterflügel aufgestoßen. Weithin dehnte sich das Schneefeld; der Wind sauste; unter den Sternen vorüber jagten die Wolken; dorthin, wo in unsichtbarer Ferne ihre Heimat lag. – Er legte fest den Arm um seine Frau, die ihm schweigend gefolgt war; seine lichtblauen Augen lugten scharf in die Nacht hinaus. »Dort!« sprach er leise; »ich will den Namen nicht nennen; er wird nicht gern gehört in deutschen Landen; wir wollen ihn still in unserem Herzen sprechen, wie die Juden das Wort für den Allerheiligsten.«

Und er ergriff die Hand seines Kindes und preßte sie so fest, daß der Junge die Zähne zusammenbiß.

Noch lange standen sie und blickten dem dunklen Zug der Wolken nach. – Hinter ihnen im Zimmer ging lautlos die alte Magd umher und hütete sorgsamen Auges die allmählich niederbrennenden Weihnachtskerzen.

Theodor Storm

Weihnacht in Ajaccio

Reife Goldorangen fallen sahn wir heute, Myrre blühte,
Eidechs glitt entlang der Mauer, die von Sonne glühte.

Uns zu Häupten neben einem morschen Laube flog ein Falter –
Keine herbe Grenze scheidet Jugend hier und Alter.

Eh das welke Blatt verweht ist, wird die Knospe neu geboren –
Eine liebliche Verwirrung, schwebt der Zug der Horen.

Sprich, was träumen deine Blicke? Fehlt ein Winter dir ein bleicher?
Teures Weib, du bist um einen lichten Frühling reicher!

Liebst du doch die langen Sonnen und die Kraft und Glut der Farben!
Und sehnst dich nach der Heimat, wo sie längst erstarben?

Horch! Durch paradieseswarme Lüfte tönen Weihnachtsglocken!
Sprich, was träumen deine Blicke? Von den weißen Flocken?

Conrad Ferdinand Meyer

Ein neues Jahr hat angefangen

Am letzten Tage des Jahres (Silvester)

Das Jahr geht um,
Der Faden rollt sich sausend ab.
Ein Stündchen noch, das letzte heut,
Und stäubend rieselt in sein Grab
Was einstens war lebend'ge Zeit.
Ich harre stumm.

's ist tiefe Nacht!
Ob wohl ein Auge offen noch?
In diesen Mauern rüttelt dein
Verrinnen, Zeit! Mir schaudert, doch
Es will die letzte Stunde sein
Einsam durchwacht.

Gesehen all,
Was ich begangen und gedacht,
Was mir aus Haupt und Herzen stieg:
Das steht nun eine ernste Wacht
Am Himmelstor. O halber Sieg,
O schwerer Fall!

Wie reißt der Wind
Am Fensterkreuze, ja es will
Auf Sturmesfittigen das Jahr
Zerstäuben, nicht ein Schatten still

Verhauchen unterm Sternenklar.
Du Sündenkind!

War nicht ein hohl
Und heimlich Sausen jeder Tag
In deiner wüsten Brust Verlies,
Wo langsam Stein an Stein zerbrach,
Wenn es den kalten Odem stieß
Vom starren Pol?

Mein Lämpchen will
Verlöschen, und begierig saugt
Der Docht den letzten Tropfen Öl.
Ist so mein Leben auch verraucht,
Eröffnet sich des Grabes Höhl'
Mir schwarz und still?

Wohl in dem Kreis,
Den dieses Jahres Lauf umzieht,
Mein Leben bricht: Ich wußt' es lang!
Und dennoch hat dies Herz geglüht
In eitler Leidenschaften Drang.
Mir brüht der Schweiß

Der tiefsten Angst
Auf Stirn und Hand! – Wie, dämmert feucht
Ein Stern dort durch die Wolken nicht?
Wär's es der Liebe Stern vielleicht,
Dir zürnend mit dem trüben Licht,
Daß du so bangst?

Horch, welch Gesumm?
Und wieder? Sterbemelodie!
Die Glocke regt den ehrnen Mund.
O Herr! Ich falle auf das Knie:
Sei gnädig meiner letzten Stund!
Das Jahr ist um!

Annette von Droste-Hülshoff

Neujahrsgruß aus dem Jahre 1754

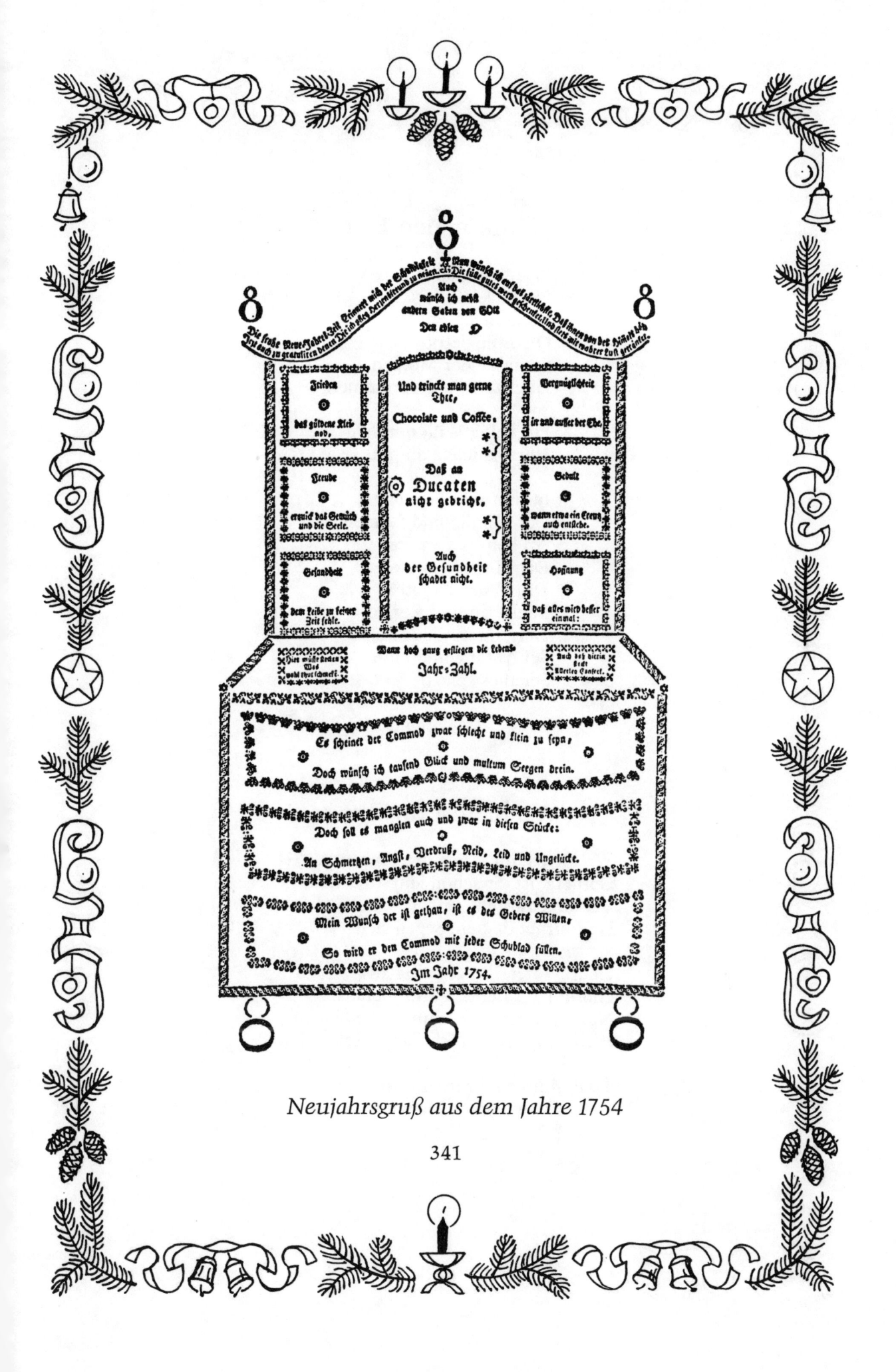

Zum neuen Jahr

Wie heimlicher Weise
Ein Engelein leise
Mit rosigen Füßen
Die Erde betritt,
So nahte der Morgen.
Jauchzt ihm, ihr Frommen,

Ein heilig Willkommen!
Herz, jauchze du mit!

In Ihm sei's begonnen,
Der Monde und Sonnen
An blauen Gezelten
Des Himmels bewegt.
Du, Vater, du rate!
Lenke du und wende!
Herr, dir in die Hände
Sei Anfang und Ende,
Sei alles gelegt!

Eduard Mörike

Wo bleibst du, Trost

Wo bleibst du, Trost der ganzen Welt?
Herberg' ist dir schon längst bestellt.
Verlangend sieht ein jedes dich
Und öffnet deinem Segen sich.

Geuß, Vater, ihn gewaltig aus,
Gib Ihn aus deinem Arm heraus.
Nur Unschuld, Lieb' und süße Scham
Hielt Ihn, daß Er nicht längst schon kam.

Treib Ihn von dir in unsern Arm,
Daß er von deinem Hauch noch warm;

In schweren Wolken sammle Ihn
Und laß Ihn so hernieder ziehn.

In kühlen Strömen send Ihn her,
In Feuerflammen lod'r Er,
In Luft und Öl, in Klang und Tau
Durchdring Er unsrer Erde Bau.

So wird der heil'ge Kampf gekämpft,
So wird der Hölle Grimm gedämpft,
Und ewig blühend geht allhier
Das alte Paradies herfür.

Die Erde regt sich, grünt und lebt,
Des Geistes voll ein jedes strebt
Den Heiland lieblich zu empfahn
Und beut die volle Brüst' Ihm an.

Der Winter weicht, ein neues Jahr
Steht an der Krippe Hochaltar.
Es ist das erste Jahr der Welt,
Die sich dies Kind erst selbst bestellt.

Die Augen sehn den Heiland wohl,
Und doch sind sie des Heilands voll,
Von Blumen wird sein Haupt geschmückt,
Aus denen Er selbst holdselig blickt.

Er ist der Stern, Er ist die Sonn',
Er ist des ew'gen Lebens Bronn,
Aus Kraut und Stein und Meer und Licht
Schimmert sein kindlich Angesicht.

In allen Dingen sein kindlich Tun.
Seine heiße Liebe wird nimmer ruhn,
Er schmiegt sich seiner unbewußt
Unendlich fest an jede Brust.

Ein Gott für uns, ein Kind für sich,
Liebt Er uns all herzinniglich,

Wird unser Speis und unser Trank,
Treusinn ist ihm der liebste Dank.

Das Elend wächst je mehr und mehr,
Ein düstrer Gram bedrückt uns sehr,
Laß, Vater den Geliebten gehn,
Mit uns wirst du Ihn wieder sehn.

Novalis

Neujahrslied

Des Jahres letzte Stunde
Ertönt mit ernstem Schlag;
Trinkt, Brüder, in die Runde
Und wünscht ihm Segen nach.
Zu jenen grauen Jahren
Entfliegt es, welche waren;
Es brachte Freud' und Kummer viel
Und führt' uns näher an das Ziel.
Ja, Freud' und Kummer bracht' es viel
Und führt' uns näher an das Ziel.

In stetem Wechsel kreiset
Die flügelschnelle Zeit;
Sie blühet, altert, greiset
Und wird Vergessenheit;
Kaum stammeln dunkle Schriften
Auf ihren morschen Grüften,
Und Schönheit, Reichtum, Ehr' und Macht
Sinkt mit der Zeit in öde Nacht.
Und Schönheit, Reichtum, Ehr' und Macht
Sinkt mit der Zeit in öde Nacht.

Sind wir noch alle lebend,
Wer heute vor dem Jahr,
In Lebensfülle strebend
Mit Freunden fröhlich war?

Ach, mancher ist geschieden
Und liegt und schläft in Frieden!
Klingt an und wünschet Ruh' hinab
In unsrer Freunde stilles Grab.
Klingt an und wünschet Ruh' hinab
In unsrer Freunde stilles Grab.

Wer weiß, wie mancher modert
Ums Jahr, versenkt ins Grab!
Unangemeldet fordert
Der Tod die Menschen ab.
Trotz lauem Frühlingswetter
Wehn oft verwelkte Blätter.
Wer von uns nachbleibt, wünscht dem Freund
Im stillen Grabe Ruh' und weint.
Wer nachbleibt, wünscht dem lieben Freund
Im stillen Grabe Ruh' und weint.

Der gute Mann nur schließet
Die Augen ruhig zu;
Mit frohem Traum versüßet
Ihm Gott des Grabes Ruh'.
Er schlummert kurzen Schlummer
Nach dieses Lebens Kummer;
Dann weckt ihn Gott, von Glanz erhellt,
Zur Wonne seiner bessern Welt.
Dann weckt uns Gott, von Glanz erhellt,
Zur Wonne seiner bessern Welt.

Auf, Brüder, frohen Mutes,
Auch wenn uns Trennung droht!
Wer gut ist, findet Gutes
Im Leben und im Tod!
Dort sammeln wir uns wieder
Und singen Wonnelieder!
Klingt an, und: Gut sein immerdar!
Sei unser Wunsch zum neuen Jahr!
Gut sein, ja gut sein immerdar!
Zum lieben, frohen neuen Jahr!

Johann Heinrich Voß

Neujahrswünsche

Herr! Schicke, was du willst,
Ein Liebes oder Leides;
Ich bin vergnügt, daß beides
Aus deinen Händen quillt.

Wollest mit Freuden
Und wollest mit Leiden
Mich nicht überschütten!
Doch in der Mitten
Liegt holdes Bescheiden.

Eduard Mörike

Ein guot selig ior!
Kupferstich, 15. Jahrhundert

Zu Neujahr

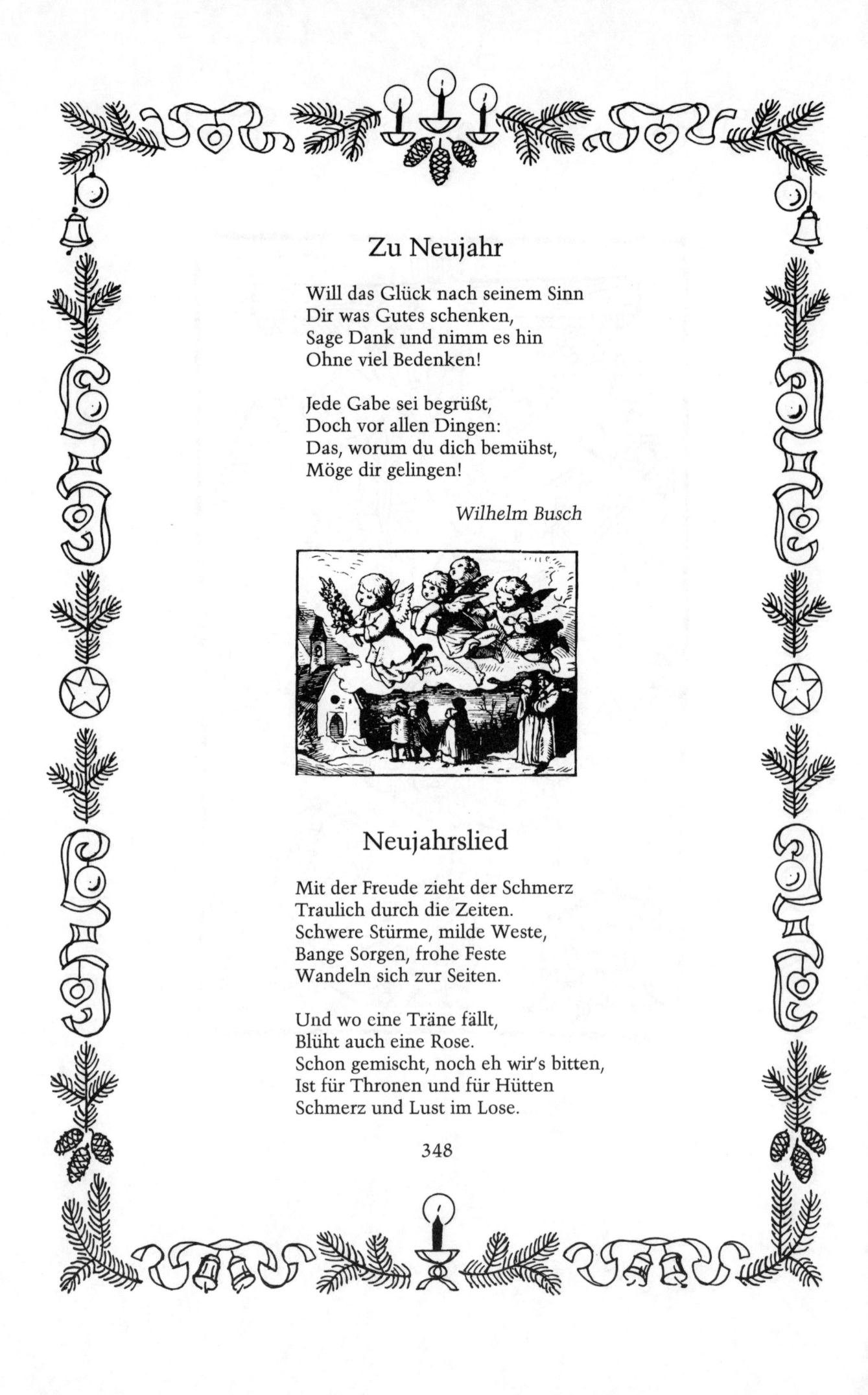

Will das Glück nach seinem Sinn
Dir was Gutes schenken,
Sage Dank und nimm es hin
Ohne viel Bedenken!

Jede Gabe sei begrüßt,
Doch vor allen Dingen:
Das, worum du dich bemühst,
Möge dir gelingen!

Wilhelm Busch

Neujahrslied

Mit der Freude zieht der Schmerz
Traulich durch die Zeiten.
Schwere Stürme, milde Weste,
Bange Sorgen, frohe Feste
Wandeln sich zur Seiten.

Und wo eine Träne fällt,
Blüht auch eine Rose.
Schon gemischt, noch eh wir's bitten,
Ist für Thronen und für Hütten
Schmerz und Lust im Lose.

War's nicht so im alten Jahr?
Wirds im neuen enden?
Sonnen wallen auf und nieder,
Wolken gehn und kommen wieder,
Und kein Wunsch wirds wenden.

Gebe denn, der über uns
Wägt mit rechter Waage,
Jedem Sinn für seine Freuden,
Jedem Mut für seine Leiden
In die neuen Tage,

Jedem auf des Lebens Pfad
Einen Freund zur Seite,
Ein zufriedenes Gemüte
Und zu stiller Herzensgüte
Hoffnung ins Geleite!

Johann Peter Hebel

Neujahr

1.

Ein neues Jahr hat angefangen;
Der liebe Gott hat's uns geschenkt.
Viel hundert Jahr' sind hingegangen,
Seit er an seine Menschen denkt,
Und hört nicht auf, für uns zu sorgen,
Und wird nicht müde, was er tut,
Und weckt und stärkt uns alle Morgen
Und gibt so viel und ist so gut.

Und sieht auch heut vom Himmel nieder
Auf mich und jedes kleine Kind
Und hilft auch dieses Jahr uns wieder,
Solang wir gut und folgsam sind.
Du, lieber Gott, kannst alles machen;

Willst du mich machen treu und gut,
Willst du mich dieses Jahr bewachen,
Daß nie dein Kind was Böses tut?

2.

Zeit vergeht und Jahr um Jahr;
Gottes Huld bleibt immerdar;
Sein getreues Auge wacht
Über mir in jeder Nacht;
Seine Liebe gehet auf
Neu mit jedes Morgens Lauf;

Seine Vaterhand erhält
Sonn' und Mond und alle Welt;
Sieht, bewahrt, erhält auch mich,
Liebet mich so väterlich.

Johann W. Hey

Zum neuen Jahr

Ein kleines Büblein bin ich;
Drum wünsch' ich kurz, doch innig,
Ein glückliches Neujahr.
Und was euch freut, das weiß ich:
Wenn brav ich bin und fleißig,

Mehr, als ich sonst es war.
Gesundheit, Freude, Frieden
Sei euch von Gott beschieden,
Wie heut, so immerdar!

Friedrich W. Güll

Neujahrgesang

Nun laßt uns gehn und treten
Mit Singen und mit Beten
Zum Herrn, der unserm Leben
Bis hierher Kraft gegeben.

Wir gehn dahin und wandern
Von einem Jahr zum andern,
Wir leben und gedeihen
Vom alten bis zum neuen.

Durch so viel Angst und Plagen,
Durch Zittern und durch Zagen,

Durch Krieg und große Schrecken,
Die alle Welt bedecken.

Ach Hüter unsers Lebens,
fürwahr, es ist vergebens
Mit unserm Tun und Machen,
Wo nicht dein' Augen wachen.

Schleuß zu die Jammerpforten
Und laß an allen Orten,
Wo Krieg und Blutvergießen,
Die Freudenströme fließen.

Hilf gnädig allen Kranken,
Gib fröhliche Gedanken
Den hochbetrübten Seelen,
Die sich mit Schwermut quälen!

Und endlich, was das meiste,
Füll uns mit deinem Geiste,
Der uns hier herrlich ziere
Und dort zum Himmel führe.

Das alles wollst du geben,
O meines Lebens Leben
Mir und der Christenschare
Zum sel'gen neuen Jahre!

Paul Gerhardt

Die Heiligen Drei Könige mit ihrem Stern

Albrecht Dürer
»Die Anbetung der Könige«

Da nun JHESUS geboren
ward zu Bethleem Jude in den
tagen des Kuenigs Herodis, sihe
da kamen die Weysen von dem Auffgang
gen Hierusalem, sprechende: wo ist der, der geborn ist ain Kunig der Juden? Dann wir
haben gesehen sein stern im auffgang unnd
seind kummen jhn anzubetten.
Da aber das hoeret der Kunig Herodes,
war er betrübt, unnd mit jhm das gantz
Hierusalem: unnd versamlet alle hohe Priester unnd schrifftgelerten under dem volck,
unnd erforscht von jhn, wo Christus sollt geborn werden. Unnd sie sageten jhm, zu Bethleem Jude, dann also ist geschriben durch
den Prophete: unnd du Bethleem, du land Juda, bist mir nicht die wenigst under den fur-
sten Juda: dann von dir wirdt auszeen
der Hertzog, der regiere mein volck Jsrael.
Da forderte Herodes die Weysen
haimlich unnd erkundet fleissig von jhn die

Zeit des sterns/der ihn erschienen waer/
unnd weiset sie gen Bethleem/unnd sprach
Ziehet hin/unnd forschet fleissig nach dem
kindlen/unnd so ihr das findet/so saget mir
das wider/auff das ich auch kumme unnd
es anebette.

Als sie nun den Kuenig gehoert/zo-
gen sie hin: unnd sihe/der sterne/den sie
im morgenland gesehen heten/gieng vor
ihn/bitz das er kam unnd stund oben ü-
ber/da das kind war. Da sie den stern sah-
en/wurden sie hoch erfrewt/unnd gieng-
en in das hauß unnd funden das kind
mit Maria sein muetter: fielen nider/
unnd betten das an: unnd theten ihr
schaetz auff/unnd gaben ihm Geschenk
fuer gold/weyrach unnd myrrhen.
Unnd nach dem sie antwurt im schlaff
empfangen hetten/das sie nicht solten wider zu Herodes kommen, zogen sie durch ain
andern weg wider haim in ihr land.

Matth. 2, 1-13.

Am Feste der Heiligen Drei Könige

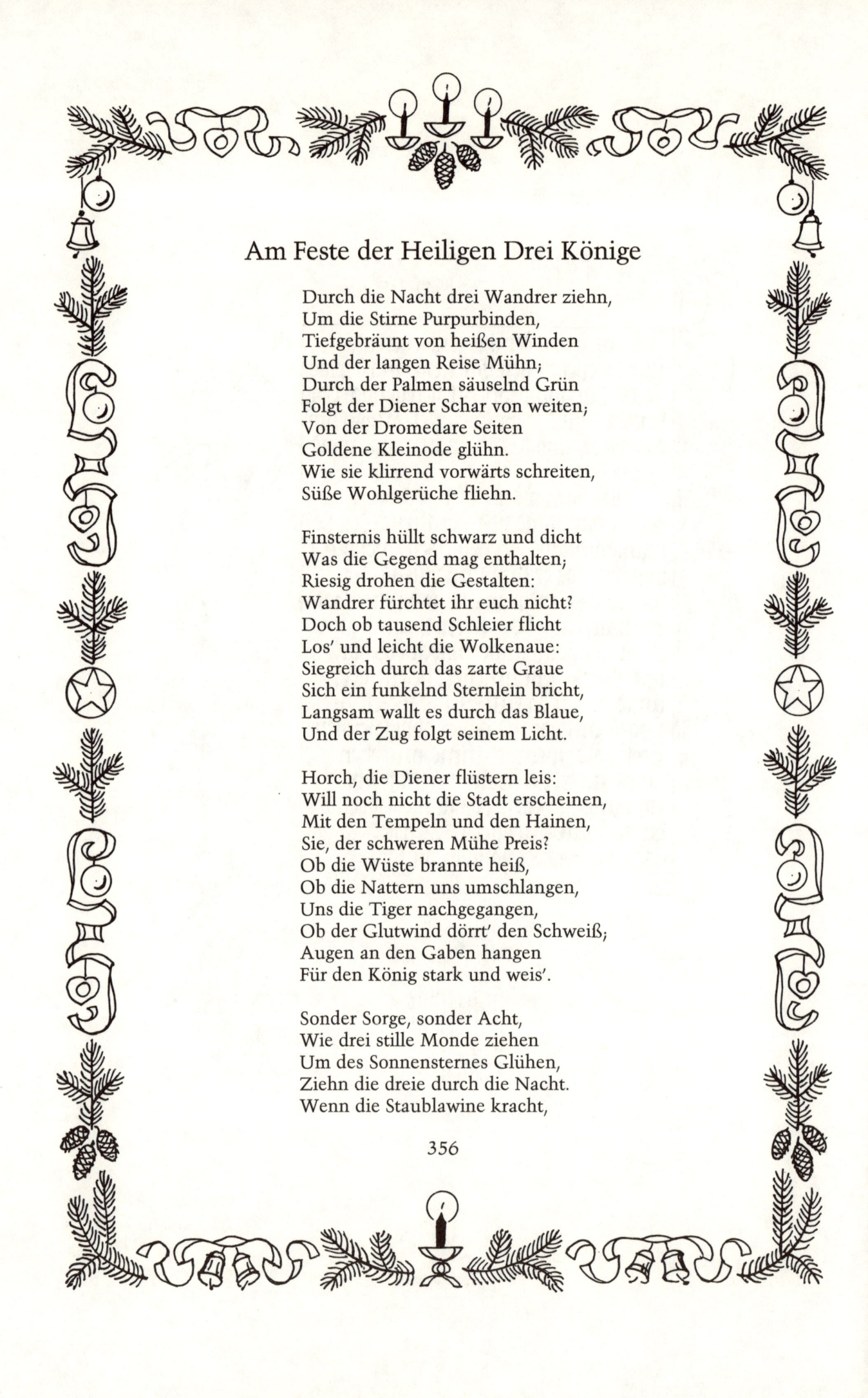

Durch die Nacht drei Wandrer ziehn,
Um die Stirne Purpurbinden,
Tiefgebräunt von heißen Winden
Und der langen Reise Mühn;
Durch der Palmen säuselnd Grün
Folgt der Diener Schar von weiten;
Von der Dromedare Seiten
Goldene Kleinode glühn.
Wie sie klirrend vorwärts schreiten,
Süße Wohlgerüche fliehn.

Finsternis hüllt schwarz und dicht
Was die Gegend mag enthalten;
Riesig drohen die Gestalten:
Wandrer fürchtet ihr euch nicht?
Doch ob tausend Schleier flicht
Los' und leicht die Wolkenaue:
Siegreich durch das zarte Graue
Sich ein funkelnd Sternlein bricht,
Langsam wallt es durch das Blaue,
Und der Zug folgt seinem Licht.

Horch, die Diener flüstern leis:
Will noch nicht die Stadt erscheinen,
Mit den Tempeln und den Hainen,
Sie, der schweren Mühe Preis?
Ob die Wüste brannte heiß,
Ob die Nattern uns umschlangen,
Uns die Tiger nachgegangen,
Ob der Glutwind dörrt' den Schweiß;
Augen an den Gaben hangen
Für den König stark und weis'.

Sonder Sorge, sonder Acht,
Wie drei stille Monde ziehen
Um des Sonnensternes Glühen,
Ziehn die dreie durch die Nacht.
Wenn die Staublawine kracht,

Wenn mit grausig schönen Flecken
Sich der Wüste Blumen strecken:
Schaun sie still auf jene Macht,
Die sie sicher wird bedecken,
Die den Stern hat angefacht.

O ihr hohen heil'gen Drei!
In der Finsternis geboren,
Hat euch kaum ein Strahl erkoren,
Und ihr folgt so fromm und treu!
Und du meine Seele, frei
Schwelgend in der Gnade Wogen,
Mit Gewalt ans Licht gezogen,
Suchst du Finsternis aufs neu!
O' wie hast du dich betrogen;
Tränen blieben dir und Reu.

Dennoch, Seele, fasse Mut!
Magst du nimmer gleich ergründen,
Wie du kannst Vergebung finden;
Gott ist über alles gut!
Hast du in der Reue Flut
Dich gerettet aus der Menge,
Ob sie dir das Mark versenge
Siedend in geheimer Glut:
Läßt dich nimmer dem Gedränge
Der dich warb mit seinem Blut.

Einen Strahl bin ich nicht wert,
Nicht den kleinsten Schein von oben.
Herr, ich will dich freudig loben,
Was dein Wille mir beschert.
Sei es Gram, der mich verzehrt,
Soll mein Liebstes ich verlieren,
Soll ich keine Tröstung spüren,
Sei mir kein Gebet erhört:
Kann es nur zu dir mich führen,
Dann willkommen Flamm' und Schwert!

Annette von Droste-Hülshoff

Die Heiligen Drei Könige

Wir kommen daher ohn' allen Spott,
Ein schön' guten Abend geb' euch Gott.

Ein' schön' guten Abend, eine fröhliche Zeit,
Die uns der Herr Christus hat bereit'.

Wir kommen hierher von Gott gesandt
Mit diesem Stern aus Morgenland.

Wir zogen daher in schneller Eil',
In dreißig Tagen vierhundert Meil'.

Wir kamen vor Herodes' Haus,
Herodes schaut zum Fenster heraus:

»Ihr lieben drei Weisen, wo wollt ihr hin?«
»Nach Bethlehem steht unser Sinn;

Nach Bethlehem, in Davids Stadt,
Allwo der Herr Christ geboren ward.«

»Ihr lieben Weisen, bleibt heute bei mir,
Ich will euch geben gut Quartier;

Ich will euch geben Heu und Streu,
Und will euch halten in Zehrung frei.«

»Ach lieber Herodes, das kann nicht geschehn,
Wir müssen den Tag noch weiter gehn.«

Wir zogen miteinander den Berg hinaus,
Wir sahen, der Stern stand über dem Haus.

Wir zogen miteinander das Tal hinein
Und fanden das Kind im Krippelein.

Wir fanden das Kind, war nackend und bloß,
Maria nahm's auf ihren Schoß.

Und Joseph zog sein Hemdlein aus,
Gab's Maria, die macht Windeln d'raus.

Wir taten unsre Schätze auf
Und schenkten dem Kinde Gold, Weiherauch.

Gold, Weiherauch und Myrrhen fein:
Das soll unser König sein!

(Nach empfangener Gabe:)

Ihr habt uns eine Verehrung geb'n,
Der liebe Gott laß euch in Frieden leb'n!

Wir können hier nicht länger bleiben,
Der Stern soll uns noch weiter leuchten.

Volkstümlich

Die Könige

Drei Könige wandern aus Morgenland,
Ein Sternlein führte sie zum Jordanstrand,
In Juda fragen und forschen die drei,
Wo der neugeborene König sei.
Sie wollen Weihrauch, Myrrhen und Gold
Zum Opfer weihen dem Kindlein hold.

Und hell erglänzt des Sternes Schein,
Zum Stalle gehen die Könige ein,
Das Knäblein schauen sie wonniglich,
Anbetend neigen die Könige sich,
Sie bringen Weihrauch, Myrrhen und Gold
Zum Opfer dar dem Knäblein hold.

O Menschenkind, halt treulich Schritt,
Die Könige wandern, o wandre mit!
Der Stern des Friedens, der Gnade Stern

Erhelle dein Ziel, wenn du suchest den Herrn.
Und fehlen dir Weihrauch, Myrrhen und Gold,
Schenke dein Herz dem Knäblein hold.

Peter Cornelius

Die Heil'gen Drei Könige

Die Heil'gen Drei Könige aus Morgenland,
Sie frugen in jedem Städtchen:
»Wo geht der Weg nach Bethlehem,
Ihr lieben Buben und Mädchen?«

Die Jungen und Alten, sie wußten es nicht,
Die Könige zogen weiter;
Sie folgten einem goldenen Stern,
Der leuchtete lieblich und heiter.

Der Stern blieb stehn über Josephs Haus,
Da sind sie hineingegangen;
Das Öchslein brüllte; das Kindlein schrie,
Die Heil'gen Drei Könige sangen.

Heinrich Heine

Dreikönigslied

Gott so wollen wir loben und ehren,
Die Heiligen Drei König' mit ihrem Stern.
Sie reiten daher in aller Eil'.
In dreißig Tagen vierhundert Meil',
Sie kamen in Herodis Haus,
Herodes sah zum Fenster 'raus:
Ihr meine lieben Herrn, wo wollt ihr hin?
Nach Bethlehem steht unser Sinn.
Da ist geboren ohn alles Leid
Ein Kindlein von einer reinen Maid.
Ei warum ist der hinten so schwarz?
O lieber Herr, er ist uns wohlbekannt,
Er ist ein König im Mohrenland,
Und wöllend Ihr uns recht erkennen,
Wir dörffend uns gar wohl nennen.
Wir seind die König' vom finstern Stern
Und brächten dem Kindlein ein Opfer gern,

Myrrhen, Weihrauch und rotes Gold,
Wir seind dem Kindlein ins Herz 'nein hold.
Herodes sprach aus Übermut:
Bleibend bei mir, und nehmt für gut,
Ich will euch geben Heu und Streu.
Ich will euch halten Zehrung frei.
Die Heiligen Drei König' täten sich besinnen:
Fürwahr, wir wollen jetzt von hinnen.
Herodes sprach aus trutzigem Sinn:
Wollt ihr nicht bleiben, so fahret hin.
Sie zogen über den Berg hinaus,
Sie funden den Stern ob dem Haus,
Sie traten in das Haus hinein,
Sie funden Jesum in dem Krippelein.
Sie gaben ihm ein reichen Sold,
Myrrhen, Weihrauch und rotes Gold.
Joseph bei dem Kripplein saß,
Bis daß er schier erfroren was.
Joseph nahm ein Pfännelein
Und macht dem Kind ein Müselein.
Joseph, der zog seine Höslein aus
Und macht' dem Kindlein zwei Windelein draus.
Joseph, lieber Joseph mein,
Hilf mir wiegen mein Kindelein.
Es waren da zwei unvernünftige Tier'.
Sie fielen nieder auf ihre Knie.
Das Öchslein und das Eselein.
Die kannten Gott den Herren rein.
Amen.

aus: »Des Knaben Wunderhorn«

Epiphanias

Die heil'gen drei König' mit ihrem Stern,
Sie essen, sie trinken, und bezahlen nicht gern;
Sie essen gern, sie trinken gern,
Sie essen, trinken, und bezahlen nicht gern.

Die heil'gen drei König' sind kommen allhier,
Es sind ihrer drei und sind nicht ihrer vier;
Und wenn zu dreien der vierte wär',
So wär' ein heil'ger drei König mehr.

Ich erster bin der weiß' und auch der schön',
Bei Tage solltet ihr erst mich sehn!
Doch ach, mit allen Spezerein
Werd' ich sein Tag kein Mädchen mir erfrein.

Ich aber bin der braun' und bin der lang',
Bekannt bei Weibern wohl und bei Gesang.
Ich bringe Gold statt Spezerein,
Da werd' ich überall willkommen sein.

Ich endlich bin der schwarz' und bin der klein'
Und mag auch wohl einmal recht lustig sein.
Ich esse gern, ich trinke gern,
Ich esse, trinke und bedanke mich gern.

Die heil'gen drei König' sind wohlgesinnt,
Sie suchen die Mutter und das Kind;
Der Joseph fromm sitzt auch dabei,
Der Ochs und Esel liegen auf der Streu.

Wir bringen Myrrhen, wir bringen Gold,
Dem Weihrauch sind die Damen hold;
Und haben wir Wein von gutem Gewächs,
So trinken wir drei so gut als ihrer sechs.

Da wir nun hier schöne Herrn und Fraun,
Aber keine Ochsen und Esel schaun,
So sind wir nicht am rechten Ort
Und ziehen unser Weges weiter fort.

Johann Wolfgang von Goethe

Die heilgen 3 König' mit ihrem Stern,
Sie essen, sie trinken, u. bezahlen nicht gern.

Albrecht Dürer
»Ruhe auf der Flucht nach Ägypten«

Wie Josef mit der Jungfrau und dem Kinde floh

Es ging der Kön'ge Zug hinaus,
Und manche Nacht kam ohne Stern,
Und öde war's im dunklen Haus:
Da trat der Engel ein des Herrn.
Sein Auge, schauend in der Nacht,
Ruht auf der Jungfrau, auf dem Sohn,
Den selig schlummernden, und sacht
Berührt des Vaters Ohr sein Ton:

»Fleuch nach Ägypten, Mann, geschwind;
Harr aus bis ich dich rufe dort:
Herodes Mordstahl sucht das Kind;
Mit ihm und mit der Mutter fort!«
In Josefs Traume spiegelt sich
Des Boten selige Gestalt,
Der Schlaf entfloh, der Engel wich,
Auf steht er mit Marien bald.

Das Eslein aus dem Stall er führt,
Er löst es mit dem Opfergold.

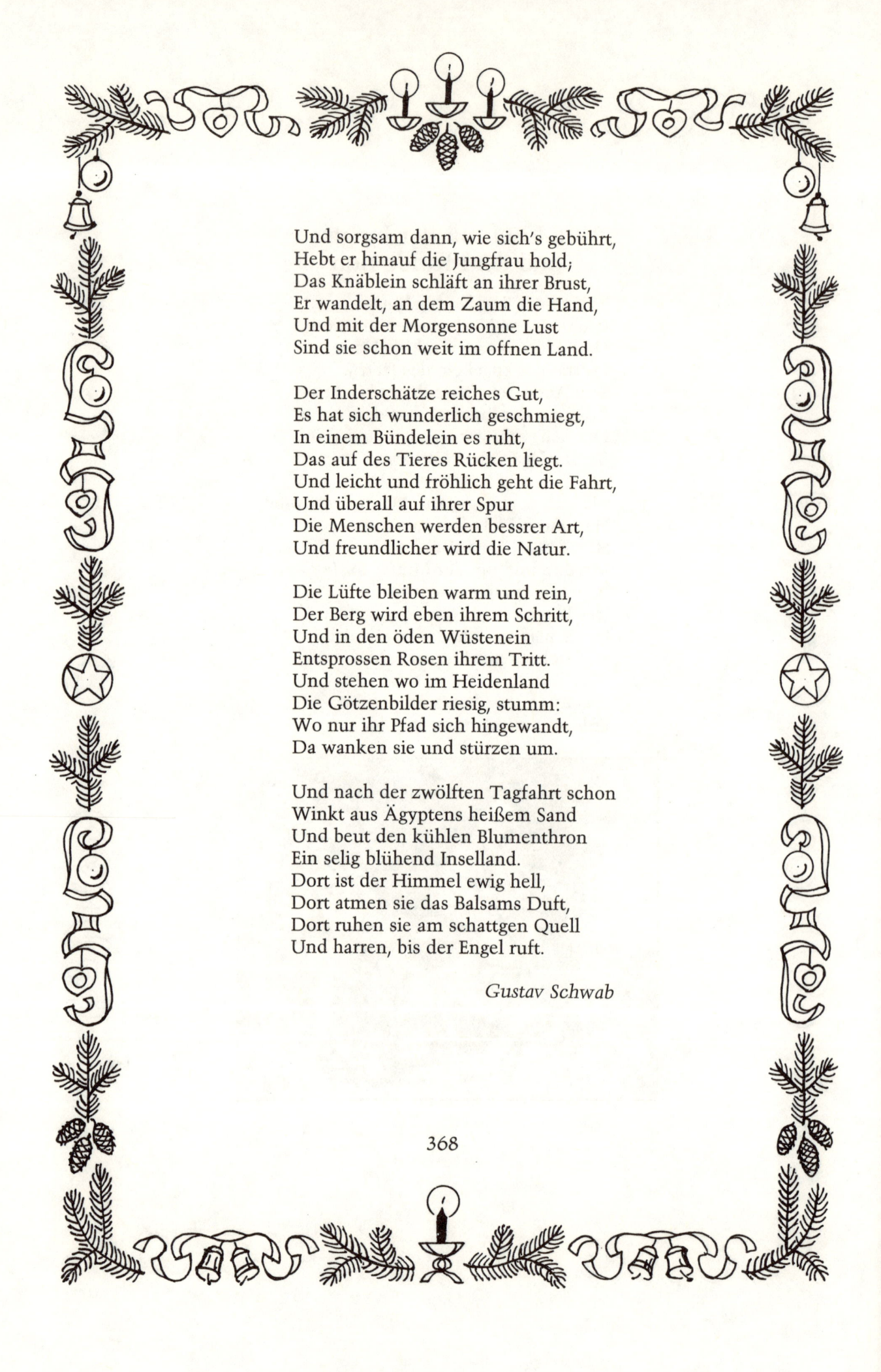

Und sorgsam dann, wie sich's gebührt,
Hebt er hinauf die Jungfrau hold;
Das Knäblein schläft an ihrer Brust,
Er wandelt, an dem Zaum die Hand,
Und mit der Morgensonne Lust
Sind sie schon weit im offnen Land.

Der Inderschätze reiches Gut,
Es hat sich wunderlich geschmiegt,
In einem Bündelein es ruht,
Das auf des Tieres Rücken liegt.
Und leicht und fröhlich geht die Fahrt,
Und überall auf ihrer Spur
Die Menschen werden bessrer Art,
Und freundlicher wird die Natur.

Die Lüfte bleiben warm und rein,
Der Berg wird eben ihrem Schritt,
Und in den öden Wüstenein
Entsprossen Rosen ihrem Tritt.
Und stehen wo im Heidenland
Die Götzenbilder riesig, stumm:
Wo nur ihr Pfad sich hingewandt,
Da wanken sie und stürzen um.

Und nach der zwölften Tagfahrt schon
Winkt aus Ägyptens heißem Sand
Und beut den kühlen Blumenthron
Ein selig blühend Inselland.
Dort ist der Himmel ewig hell,
Dort atmen sie das Balsams Duft,
Dort ruhen sie am schattgen Quell
Und harren, bis der Engel ruft.

Gustav Schwab

Weihnachtslieder

Laßt uns froh und munter sein

1. Laßt uns froh und munter sein und uns in dem Herrn erfreun. Lustig, lustig, traleralera, bald ist Nikolaus-abend da, bald ist Nikolaus-abend da.

2. Dann stell' ich den Teller auf,
   Niklaus legt gewiß was drauf.

3. Wenn ich schlaf', dann träume ich:
   Jetzt bringt Niklaus was für mich.

4. Wenn ich aufgestanden bin,
   Lauf' ich schnell zum Teller hin.

5. Niklaus ist ein guter Mann,
   Dem man nicht g'nug danken kann.

(M und T: Volksgut, schon vor 1870 bekannt)

Es ist für uns eine Zeit angekommen

1. Es ist für uns eine Zeit angekommen, die bringt uns eine große Freud'. Übers schneebeglänzte Feld wandern wir, wandern wir durch die weite, weiße Welt.

2. Es schlafen Bächlein und See unterm Eise, es träumt
   Der Wald einen tiefen Traum:
   Durch den Schnee, der leise fällt, wandern wir, wandern
   Wir durch die weite, weiße Welt.

3. Vom hohen Himmel ein leuchtendes Schweigen erfüllt
   Die Herzen mit Seligkeit:
   Unterm sternbeglänzten Zelt wandern wir, wandern wir
   Durch die weite, weiße Welt.

(M: Volksweise, T: P. Hermann)

Auf dem Berge, da geht der Wind

(M und T: Volksgut)

1. Auf dem Berge, da geht der Wind, da wiegt die Maria ihr Kind mit ihrer schloh-en-gel-weißen Hand, sie hat dazu kein Wiegenband. „Ach Joseph, lieber Joseph mein, ach hilf mir wiegen mein Kindelein!" „Wie kann ich dir denn dein Kindlein wieg'n? Ich kann ja kaum selber die Finger bieg'n." Schum, schei, schum, schei.

Leise rieselt der Schnee

1. Lei-se rie-selt der Schnee, still und starr ruht der See, weihnacht-lich glän-zet der Wald, freu - e dich, Christkind kommt bald!

    2. In den Herzen wird's warm,
       Still schweigt Kummer und Harm,
       Sorge des Lebens verhallt,
       Freue dich, Christkind kommt bald!

    3. Bald ist Heilige Nacht,
       Chor der Engel erwacht,
       Hört nur, wie lieblich es schallt:
       Freue dich, Christkind kommt bald.

(M: Volksweise, T: Eduard Ebel)

Maria durch ein' Dornwald ging

1. Maria durch ein' Dornwald ging; Kyrie eleison. Maria durch ein' Dornwald ging, der hat in sieben Jahr'n kein Laub getrag'n. Jesus und Maria.

2. Was trug Maria unterm Herzen?
   Kyrie eleison.
   Ein kleines Kindlein ohne Schmerzen,
   Das trug Maria unter ihrem Herzen.
   Jesus und Maria.

3. Da haben die Dornen Rosen getrag'n;
   Kyrie eleison.
   Als das Kindlein durch den Wald getragen,
   Da haben die Dornen Rosen getrag'n;
   Jesus und Maria.

(M und T: aufgezeichnet von A. von Haxthausen, Paderborn 1856)

Wach Nachtigall, wach auf

(M und T: Volksgut aus Franken)

1. Wach Nachtigall, wach auf! Wach auf, du schönes Vögelein auf jenem grünen Zweigelein, wach hurtig auf, wach auf! Dem Kindelein auserkoren, heut geboren, fast erfroren, sing, sing, sing dem zarten Jesulein!

2. Flieg her zum Krippelein,
   Flieg her, gefiedert Schwesterlein,
   Blas an den feinen Psalterlein,
   Sing, Nachtigall, gar fein!
   Dem Kindelein
   Musiziere, koloriere, jubiliere,
   Sing, sing, sing dem süßen Jesulein!

3. Stimm, Nachtigall, stimm an!
   Den Takt gib mit dem Federlein,
   Auch freudig schwing die Flügelein,
   Erstreck dein Hälselein!
   Der Schöpfer dein
   Mensch will werden mit Gebärden heut auf Erden:
   Sing, sing, sing dem werten Jesulein!

Es ist ein Ros entsprungen
(Das Reis aus der Wurzel Jesse)

1. Es ist ein Ros entsprungen aus einer
Wurzel zart,
wie uns die Alten sungen, von Jesse
kam die Art
und hat ein Blümlein bracht mitten im kalten Winter wohl zu der halben Nacht.

2. Das Röslein, das ich meine,
Davon Jesaja sagt,
Hat uns gebracht alleine
Marie, die reine Magd;
Aus Gottes ew'gem Rat
Hat sie ein Kind geboren
Wohl zu der halben Nacht.

3. Das Blümelein so kleine,
Das duftet uns so süß;
Mit seinem hellen Scheine
Vertreibt's die Finsternis.
Wahr'r Mensch und wahrer Gott,
Hilft uns aus allem Leide,
Rettet von Sünd' und Tod.

4. O Jesu, bis zum Scheiden
Aus diesem Jammertal
Laß dein Hilf' uns geleiten
Hin in den Freudensaal,
In deines Vaters Reich,
Da wir dich ewig loben;
O Gott, uns das verleih'!

(M: nach Michael Praetorius, T: Volksgut aus dem 15. Jahrhundert, 3. Strophe 1853)

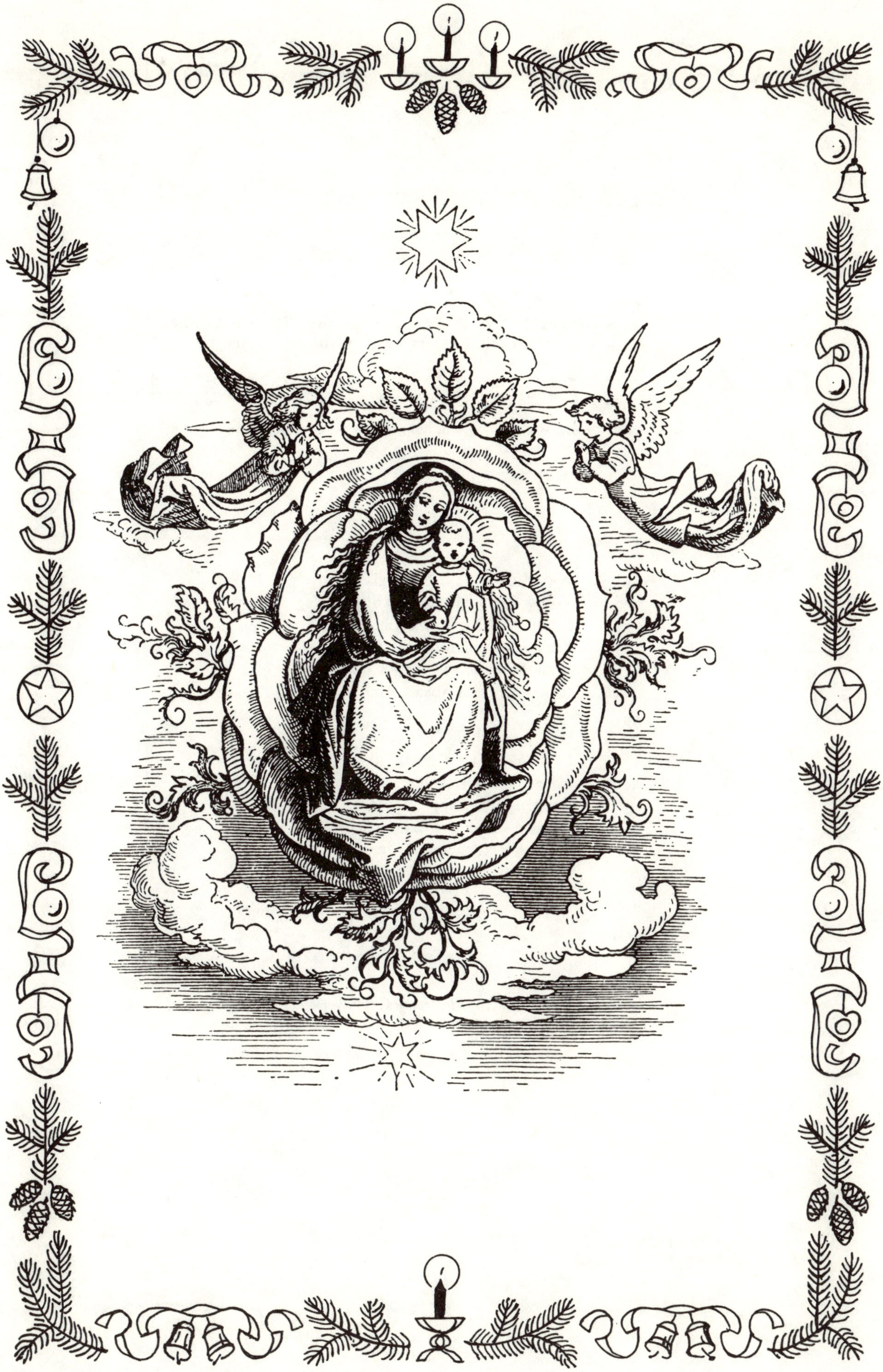

Morgen, Kinder, wird's was geben

1. Morgen, Kinder, wird's was geben, morgen werden wir uns freun!
Welch ein Jubel, welch ein Leben wird in unserm Hause sein!
Einmal werden wir noch wach, heißa, dann ist Weihnachtstag!

2. Wie wird dann die Stube glänzen
Von der großen Lichterzahl!
Schöner als bei frohen Tänzen
Ein geputzter Kronensaal.
Wißt ihr noch, wie vor'ges Jahr
Es am Heil'gen Abend war?

3. Wißt ihr noch die Spiele, Bücher
Und das schöne Hottepferd,
Schöne Kleider, wollne Tücher,
Puppenstube, Puppenherd?
Morgen strahlt der Kerzen Schein,
Morgen werden wir uns freun!

(M: C. G. Hering, T: Hoffmann von Fallersleben)

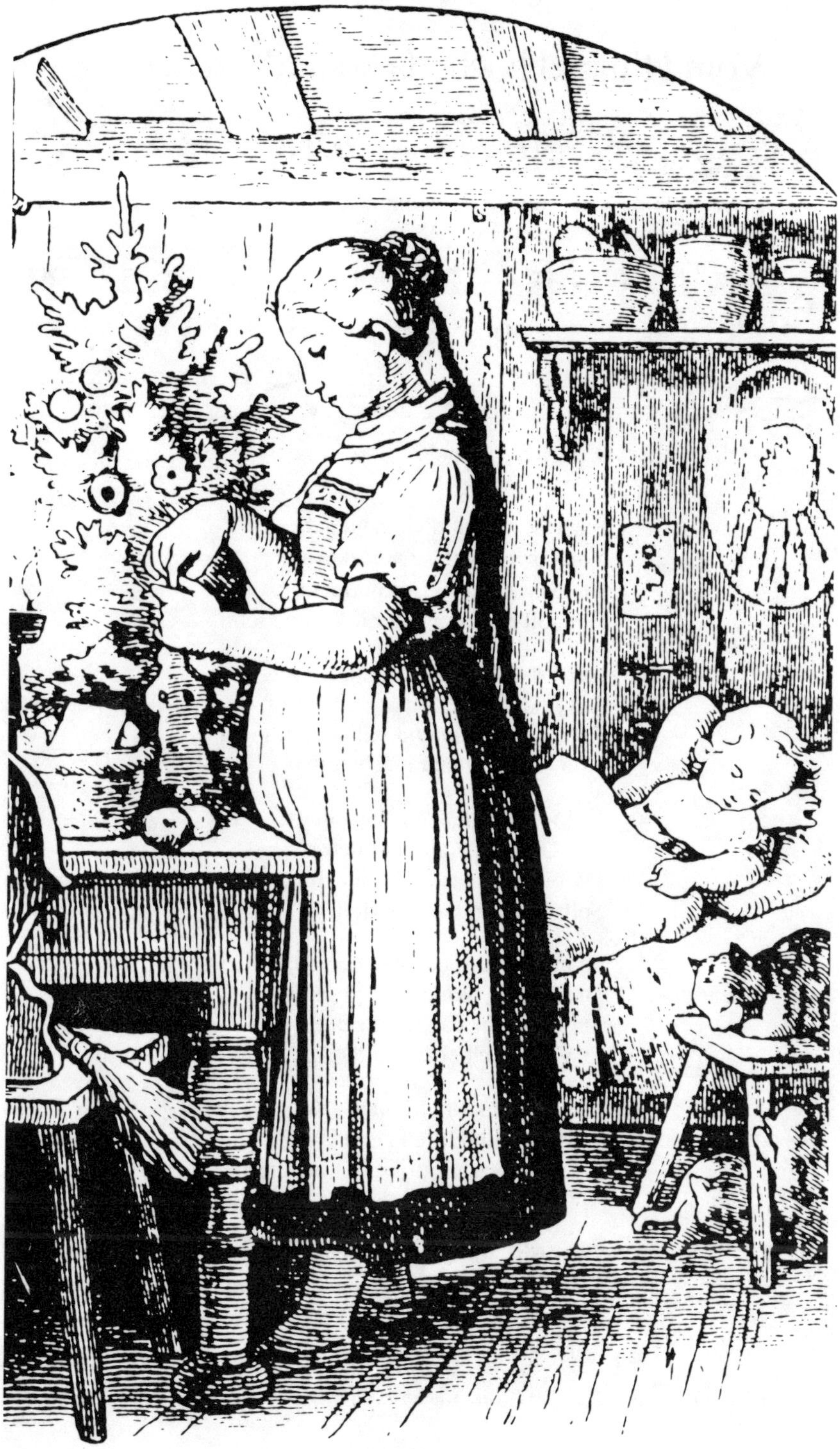

Vom Himmel hoch, da komm' ich her

1. Vom Himmel hoch, da komm' ich her, ich bring' euch gute, neue Mär; der guten Mär bring' ich so viel, davon ich sing'n und sagen will.

2. Euch ist ein Kindlein heut geborn
   Von einer Jungfrau auserkorn,
   Ein Kindelein so zart und fein,
   Das soll euer Freud' und Wonne sein.

3. Es ist der Herr Christ, unser Gott,
   Der will euch führn aus aller Not,
   Er will euer Heiland selber sein,
   Von allen Sünden machen rein.

4. Er bringt euch alle Seligkeit,
   Die Gott der Vater hat bereit',
   Daß ihr mit uns im Himmelreich
   Sollt leben nun und ewiglich.

5. So merket nun das Zeichen recht:
   Die Krippe, Windelein so schlecht,
   Da findet ihr das Kind gelegt,
   Das alle Welt erhält und trägt.

6. Des laßt uns alle fröhlich sein
   Und mit den Hirten gehn hinein,
   Zu sehn, was Gott uns hat beschert,
   Mit seinem lieben Sohn verehrt.

7. Lob, Ehr' sei Gott im höchsten Thron,
   Der uns schenkt seinen ein'gen Sohn.
   Des freuen sich der Engel Schar'
   Und singen uns solch neues Jahr.

(M: nach einem alten Volkslied, von Martin Luther übernommen; T: Martin Luther)

Alle Jahre wieder

(M: E. Anschütz, T: W. Hey)

1. Alle Jahre wieder kommt das Christuskind auf die Erde nieder, wo wir Menschen sind.

2. Kehrt mit seinem Segen
Ein in jedes Haus,
Geht auf allen Wegen
Mit uns ein und aus.

3. Ist auch mir zur Seite
Still und unerkannt,
Daß es treu mich leite
An der lieben Hand.

Joseph, lieber Joseph mein

1. Joseph, lieber Joseph mein, hilf mir wieg'n mein Kindelein, Gott, der wird dein Lohner sein im Himmelreich, der Jungfrau Kind Maria.

2. Gerne, liebe Maria mein,
   Helf' ich wieg'n dein Kindelein,
   Gott, der wird mein Lohner sein
   Im Himmelreich, der Jungfrau Sohn Maria.

3. Heut soll alle Welt fürwahr
   Voller Freude kommen dar
   Zu dem, der vor Abrah'm war,
   Den uns gebar die reine Magd Maria.

*(M und T: Volksgut,
schon im 14. Jahrhundert bekannt)*

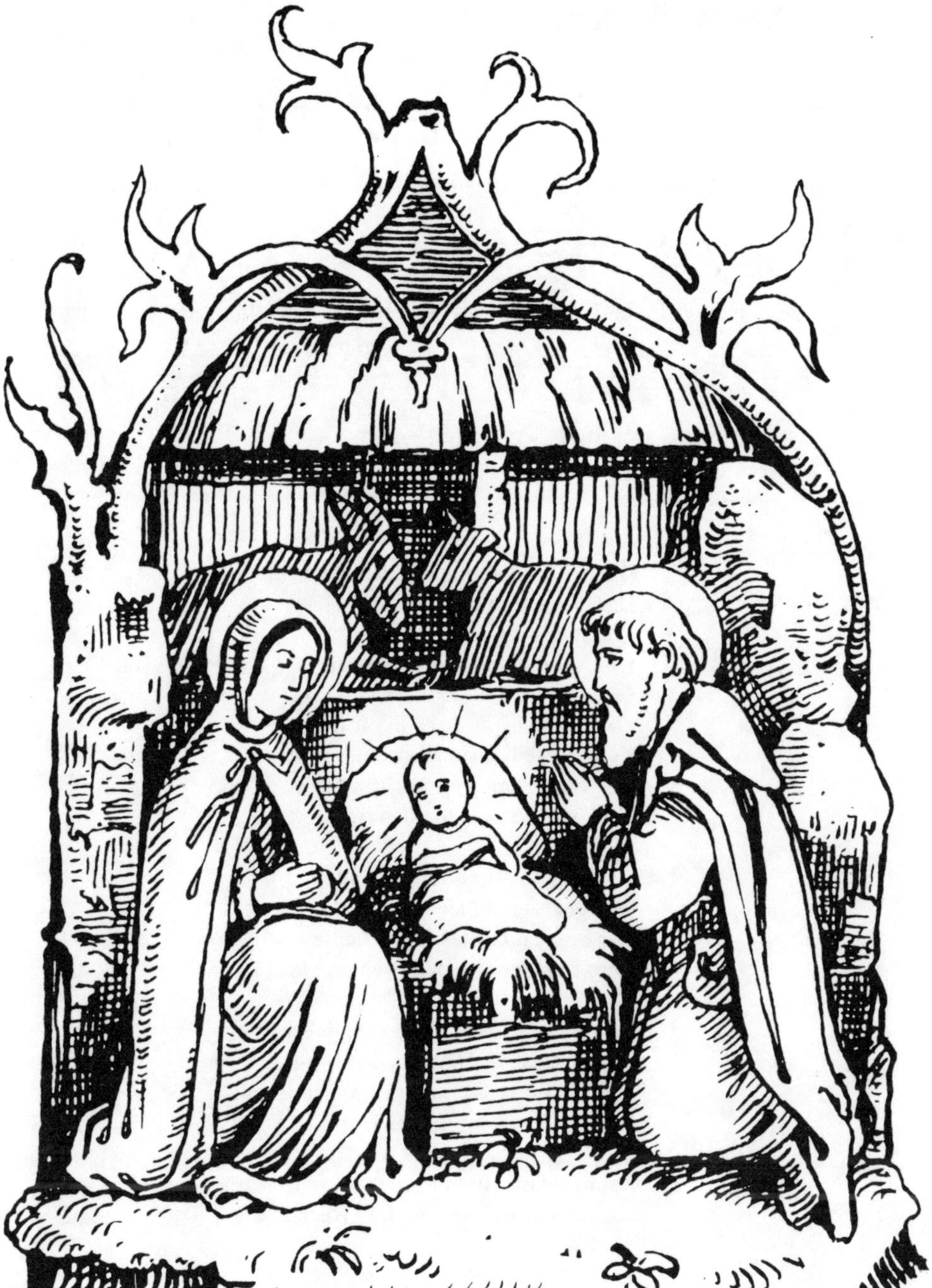

Am Weihnachtsbaum

1. Am Weihnachtsbaum die Lichter brennen, wie glänzt er festlich, lieb und mild, als spräch' er: „Wollt in mir erkennen getreuer Hoffnung stilles Bild!"

2. Die Kinder stehn mit hellen Blicken,
   Das Auge lacht, es lacht das Herz;
   O fröhlich seliges Entzücken!
   Die Alten schauen himmelwärts.

3. Zwei Engel sind hereingetreten,
   Kein Auge hat sie kommen sehn;
   Sie gehn zum Weihnachtstisch und beten
   Und wenden wieder sich und gehn.

4. „Gesegnet seid, ihr alten Leute,
   Gesegnet sei, du kleine Schar!
   Wir bringen Gottes Segen heute
   Dem braunen wie dem weißen Haar.

5. Zu guten Menschen, die sich lieben,
   Schickt uns der Herr als Boten aus,
   Und seid ihr treu und fromm geblieben,
   Wir treten wieder in dies Haus."

6. Kein Ohr hat ihren Spruch vernommen;
   Unsichtbar jedes Menschen Blick
   Sind sie gegangen wie gekommen;
   Doch Gottes Segen blieb zurück!

(M: Volksweise, T: Hermann Kletke)

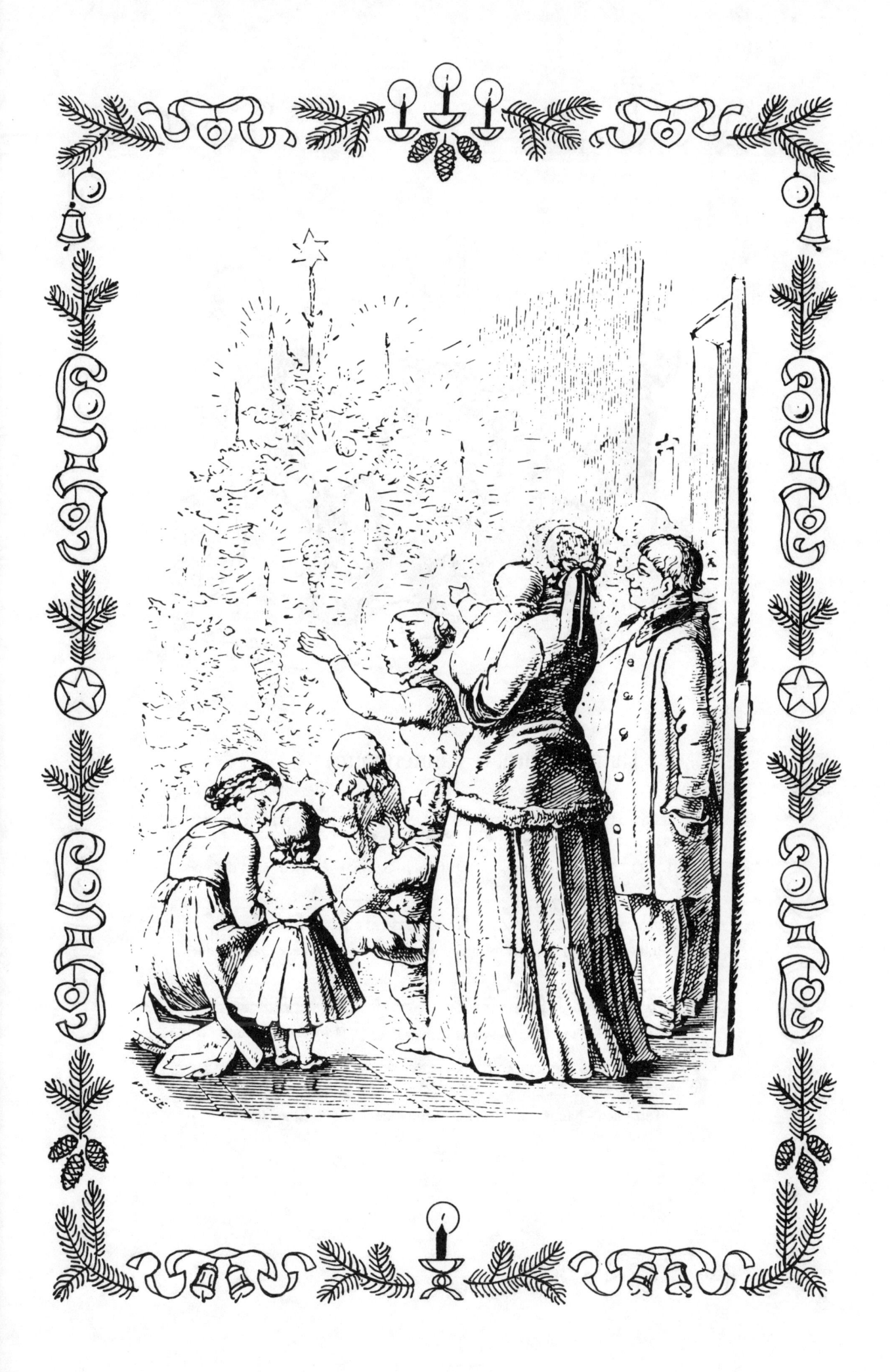

O Tannenbaum, o Tannenbaum

1. O Tan-nen-baum, o Tan-nen-baum, wie treu sind dei-ne Blät-ter! Du grünst nicht nur zur Som-mers-zeit, nein, auch im Win-ter, wenn es schneit. O Tan-nen-baum, o Tan-nen-baum, wie treu sind dei-ne Blät-ter!

2. O Mägdelein, o Mägdelein,
   Wie falsch ist dein Gemüte!
   Du schwurst mir Treu' in meinem Glück,
   Nun arm ich bin, gehst du zurück.
   O Mägdelein, o Mägdelein,
   Wie falsch ist dein Gemüte!

3. Die Nachtigall, die Nachtigall
   Nahmst du dir zum Exempel!
   Sie bleibt, so lang der Sommer lacht,
   Im Herbst sie sich von dannen macht:
   Die Nachtigall, die Nachtigall
   Nahmst du dir zum Exempel!

4. Der Bach im Tal, der Bach im Tal
   Ist deiner Falschheit Spiegel!
   Er strömt allein, wenn Regen fließt,
   Bei Dürr' er bald den Quell verschließt;
   Der Bach im Tal, der Bach im Tal
   Ist deiner Falschheit Spiegel!

(M: Ernst Anschütz, T: J. August Chr. Zarnack)

Süßer die Glocken nie klingen

1. Süßer die Glocken nie klingen, als zu der Weihnachtszeit. 's ist als ob Engelein singen wieder von Frieden und Freud', wie sie gesungen in seliger Nacht, wie sie gesungen in seliger Nacht. Glocken mit heiligem Klang, klinget die Erde entlang.

2. Und wenn die Glocken dann klingen,
   Gleich sie das Christkindlein hört,
   Tut sich vom Himmel dann schwingen,
   Eilet hernieder zur Erd',
   Segnet den Vater, die Mutter, das Kind!
   Glocken mit heiligem Klang,
   Klinget die Erde entlang!

3. Klinget mit lieblichem Schalle
   Über die Meere noch weit,
   Daß sich erfreuen doch alle
   Seliger Weihnachtszeit!
   Alle dann jauchzen mit frohem Gesang:
   Glocken mit heiligem Klang,
   Klinget die Erde entlang!

(M: Volksweise aus Thüringen, T: Friedrich Wilhelm Kritzinger)

Kommet, ihr Hirten

1. Kom - met, ihr Hir - ten, ihr Män - ner und Fraun!
Kom - met, das lieb - li - che Kind - lein zu schaun!
Christus, der Herr ist heu - te ge - bo - ren, Fürch - tet euch nicht!
den Gott zum Heiland euch hat er - ko - ren.

2. Lasset uns sehen in Bethlehems Stall,
   Was uns verheißen der himmlische Schall!
   Was wir dort finden, lasset uns künden,
   Lasset uns preisen in frommen Weisen!
   Halleluja!

3. Wahrlich, die Engel verkündigen heut
   Bethlehems Hirtenvolk gar große Freud'.
   Nun soll es werden Friede auf Erden,
   Den Menschen allen ein Wohlgefallen.
   Ehre sei Gott!

(M und T: Volksgut aus Böhmen)

O du fröhliche, o du selige

1.–3. O du fröh-li-che, o du se-li-ge, gna-den-brin-gen-de Weihnachts-zeit!

1. Welt ging ver-lo-ren, Christ ist ge-bo-ren.
2. Christ ist er-schie-nen, uns zu ver-süh-nen.
3. Himm-li-sche Hee-re jauch-zen dir Eh-re.

1.–3. Freu-e, freu-e dich, o Chri-sten-heit!

(M: Volksgut – nach einem alten sizilianischen Volkslied, T: Johannes Daniel Falk)

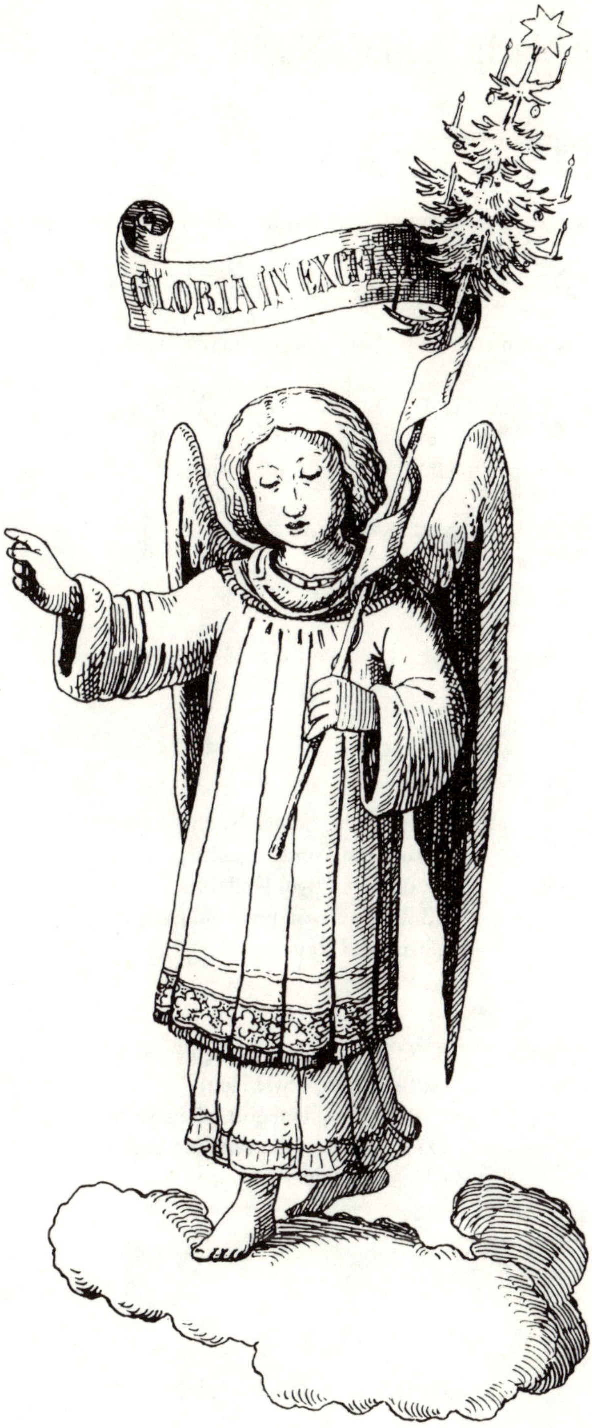
GLORIA IN EXCELS

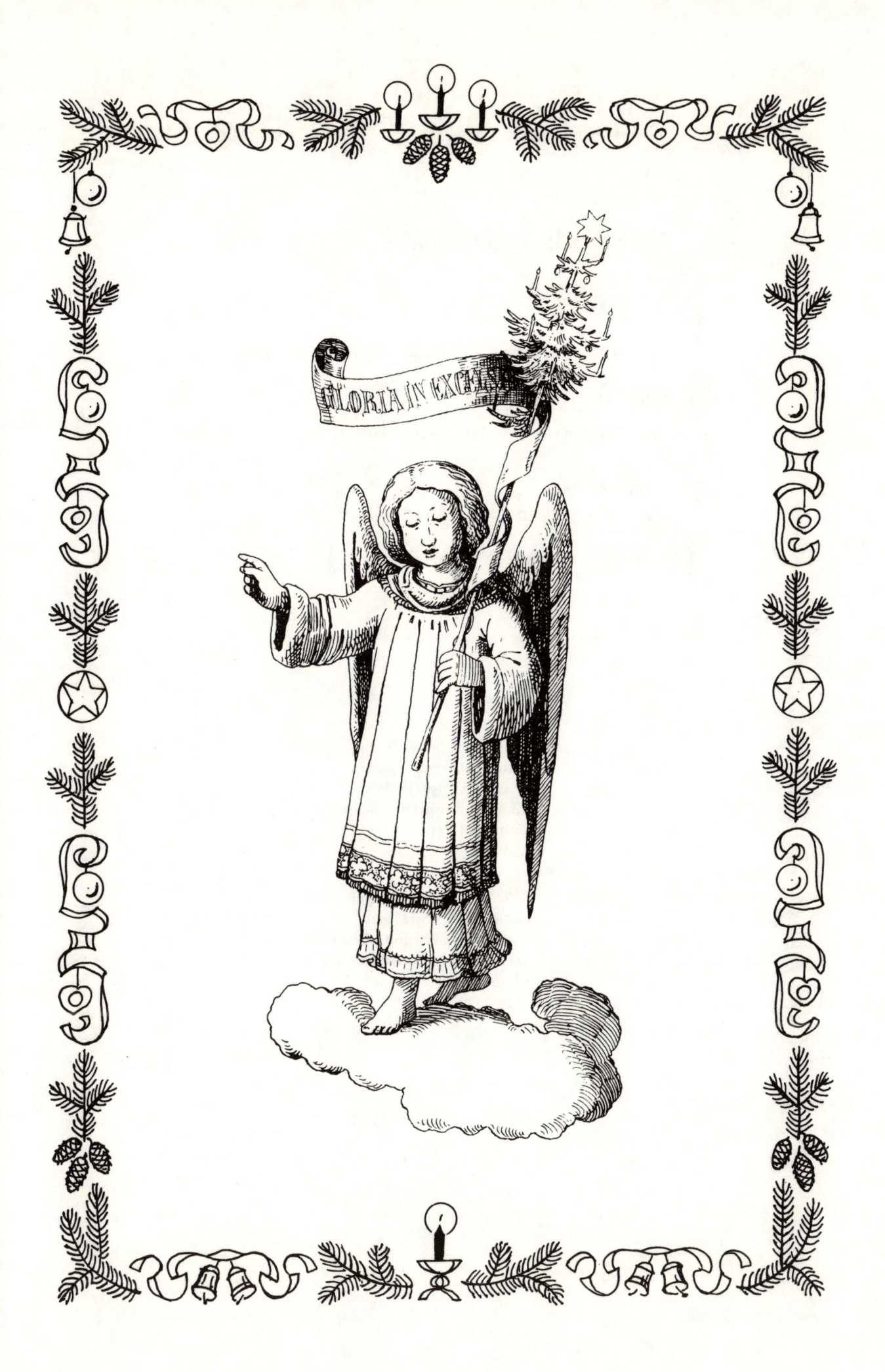

Stille Nacht, heilige Nacht

1. Stille Nacht, heilige Nacht! Alles schläft, einsam wacht nur das traute, hochheilige Paar. Holder Knabe im lockigen Haar, schlaf in himmlischer Ruh'! Schlaf in himmlischer Ruh'!

2. Stille Nacht, heilige Nacht,
   Hirten erst kundgemacht!
   Durch der Engel Halleluja
   Tönt es laut von fern und nah:
   Christ, der Retter ist da!

3. Stille Nacht, heilige Nacht!
   Gottes Sohn, o wie lacht
   Lieb' aus deinem göttlichen Mund,
   Da uns schlägt die rettende Stund',
   Christ, in deiner Geburt!

(M: Franz Gruber, T: Joseph Mohr)

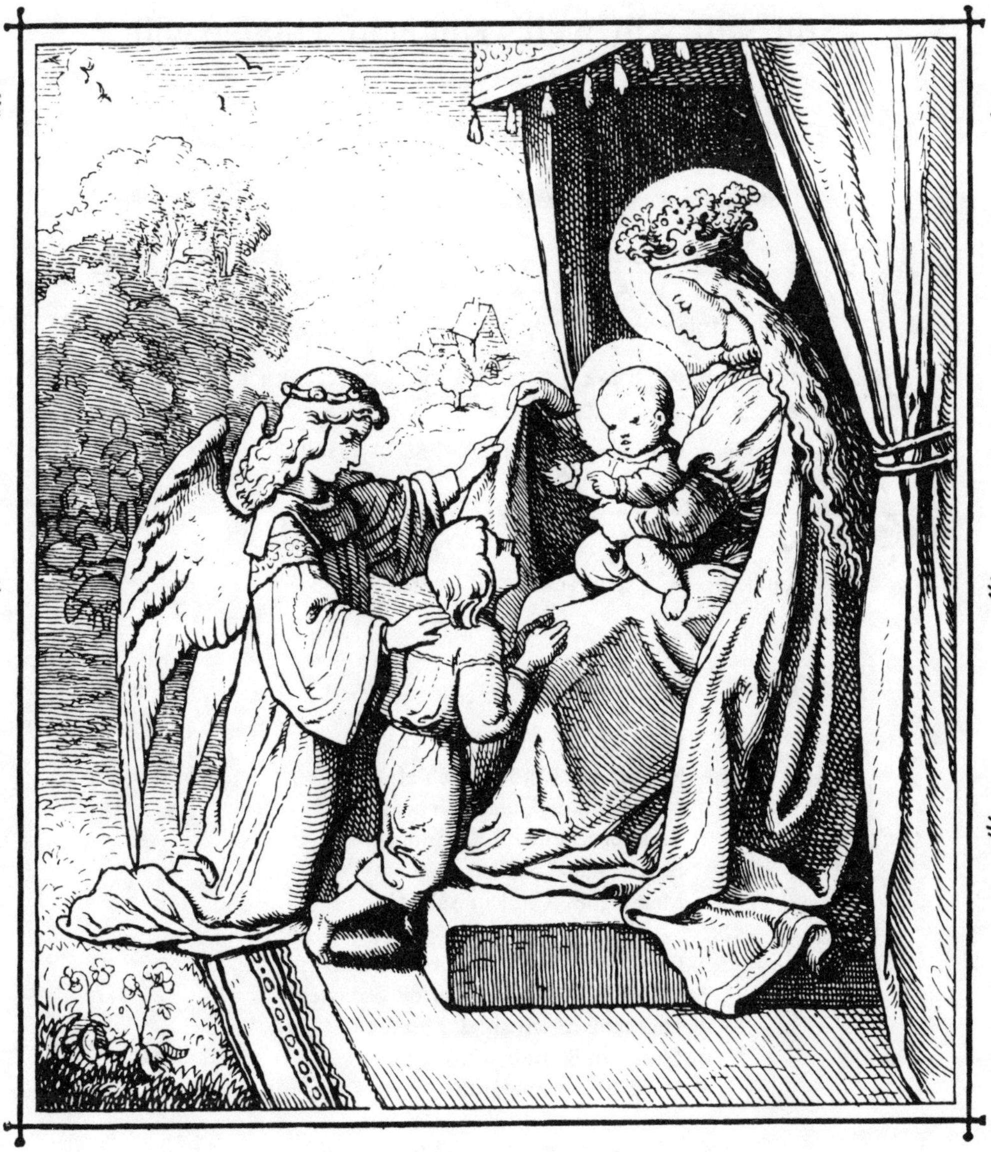

Still, still, still, weil's Kindlein schlafen will

1. Still, still, still, weil's Kindlein schlafen will.
Die Englein tun schön jubilieren, bei dem Kripplein musizieren.
Still, still, still, weil's Kindlein schlafen will.

2. Schlaf, schlaf, schlaf,
   Mein liebes Kindlein, schlaf!
   Maria will dich niedersingen,
   Ihre keusche Brust darbringen.
   Schlaf, schlaf, schlaf,
   Mein liebes Kindlein, schlaf!

3. Groß, groß, groß, die Lieb' ist übergroß.
   Gott hat den Himmelsthron verlassen
   Und muß reisen auf der Straßen.
   Groß, groß, groß,
   Die Lieb' ist übergroß.

(M und T: Volksgut, wohl aus Salzburg)

Ihr Kinderlein, kommet

1. Ihr Kinderlein, kommet, o kommet doch all'!
Zur Krippe her kommet in Bethlehems Stall.
Und seht, was in dieser hochheiligen Nacht
der Vater im Himmel für Freude uns macht.

2. Da liegt es, das Kindlein, auf Heu und auf Stroh,
Maria und Joseph betrachten es froh.
Die redlichen Hirten knien betend davor;
Hoch oben schwebt jubelnd der Engelein Chor.

3. O beugt wie die Hirten anbetend die Knie,
Erhebet die Hände und danket wie sie!
Stimmt freudig, ihr Kinder, wer wollt sich nicht freun?
Stimmt freudig zum Jubel der Engel mit ein!

(M: Johann Abraham Peter Schulz, T: Christoph von Schmid)

Der Christbaum ist der schönste Baum

1. Der Christbaum ist der schönste Baum, den wir auf Erden kennen. Im Garten klein, im engsten Raum, wie lieblich blüht der Wunderbaum, wenn seine Lichter brennen, wenn seine Lichter brennen, ja brennen.

2. Denn sieh, in dieser Wundernacht
   Ist einst der Herr geboren,
   Der Heiland, der uns selig macht.
   Hätt' er den Himmel nicht gebracht,
   Wär' alle Welt verloren.

3. Doch nun ist Freud' und Seligkeit,
   Ist jede Nacht voll Kerzen,
   Auch dir, mein Kind, ist das bereit't,
   Dein Jesus schenkt dir alles heut,
   Gern wohnt er dir im Herzen.

4. O laß ihn ein! Es ist kein Traum.
   Er wählt dein Herz zum Garten,
   Will pflanzen in den engen Raum
   Den allerschönsten Wunderbaum
   Und seiner treulich warten.

(M: Georg Eisenbach, 1812, T: Joh. Karl)

Der Weihnachtsbaum

Kling Glöckchen, klingelingeling

1. Kling, Glöckchen, klin-ge-lin-ge-ling, kling, Glöckchen, kling!
Laßt mich ein, ihr Kin-der, ist so kalt der Win-ter,
öff-net mir die Tü-ren, laßt mich nicht er-frie-ren.
Kling, Glöckchen, klin-ge-lin-ge-ling, kling, Glöckchen, kling!

2. Kling, Glöckchen, klingelingeling,
Kling, Glöckchen, kling!
Mädchen, hört, und Bübchen,
Macht mir auf das Stübchen,
Bring' euch viele Gaben,
Sollt euch dran erlaben.
Kling, Glöckchen, klingelingeling,
Kling, Glöckchen, kling!

3. Kling, Glöckchen, klingelingeling,
Kling, Glöckchen, kling!
Hell erglühn die Kerzen,
Öffnet mir die Herzen,
Will drin wohnen fröhlich,
Frommes Kind, wie selig.
Kling, Glöckchen, klingelingeling,
Kling, Glöckchen, kling!

(M: Volksweise, T: Theodor Enslin)

In dulci jubilo

1. In dulci jubilo, nun singet und seid froh! Unsers Herzens Wonne liegt in praesepio, leucht't heller als die Sonne, matris in gremio. Alpha est et O, Alpha est et O.

2. O Jesu parvule,
   Nach dir ist mir so weh.
   Tröst mir mein Gemüte,
   O puer optime,
   Durch alle deine Güte,
   O princeps gloriae.
   Trahe me post te.

3. Ubi sunt gaudia?
   Nirgend mehr denn da,
   Da die Engel singen
   Nova cantica,
   Und die Schellen klingen
   In regis curia.
   Eia, wär'n wir da!

(M und T: Volksgut, schon im 14. Jahrhundert bekannt)

Die Heiligen Drei Könige
(Sternsingen)

1. Die Heil'gen Drei König' mit ihrigem Stern, die kommen gegangen, ihr Frauen und Herrn! Der Stern gab ihnen den Schein. Ein neues Reich geht uns herein.

2. Die Heil'gen Drei König' mit ihrigem Stern,
   Sie bringen dem Kindlein das Opfer so gern.
   Sie reisen in schneller Eil',
   In dreizehn Tag vierhundert Meil'.

3. Die Heil'gen Drei König' mit ihrigem Stern
   Knien nieder und ehren das Kindlein, den Herrn.
   Ein selige, fröhliche Zeit
   Verleih uns Gott im Himmelreich!

(M und T: Volksgut aus Oberbayern)

Die heiligen drei Könige mit ihrem Stern,
sie essen, sie trinken und zahlen nicht gern.

Albrecht Dürer
»Die Flucht nach Ägypten«

Nachwort

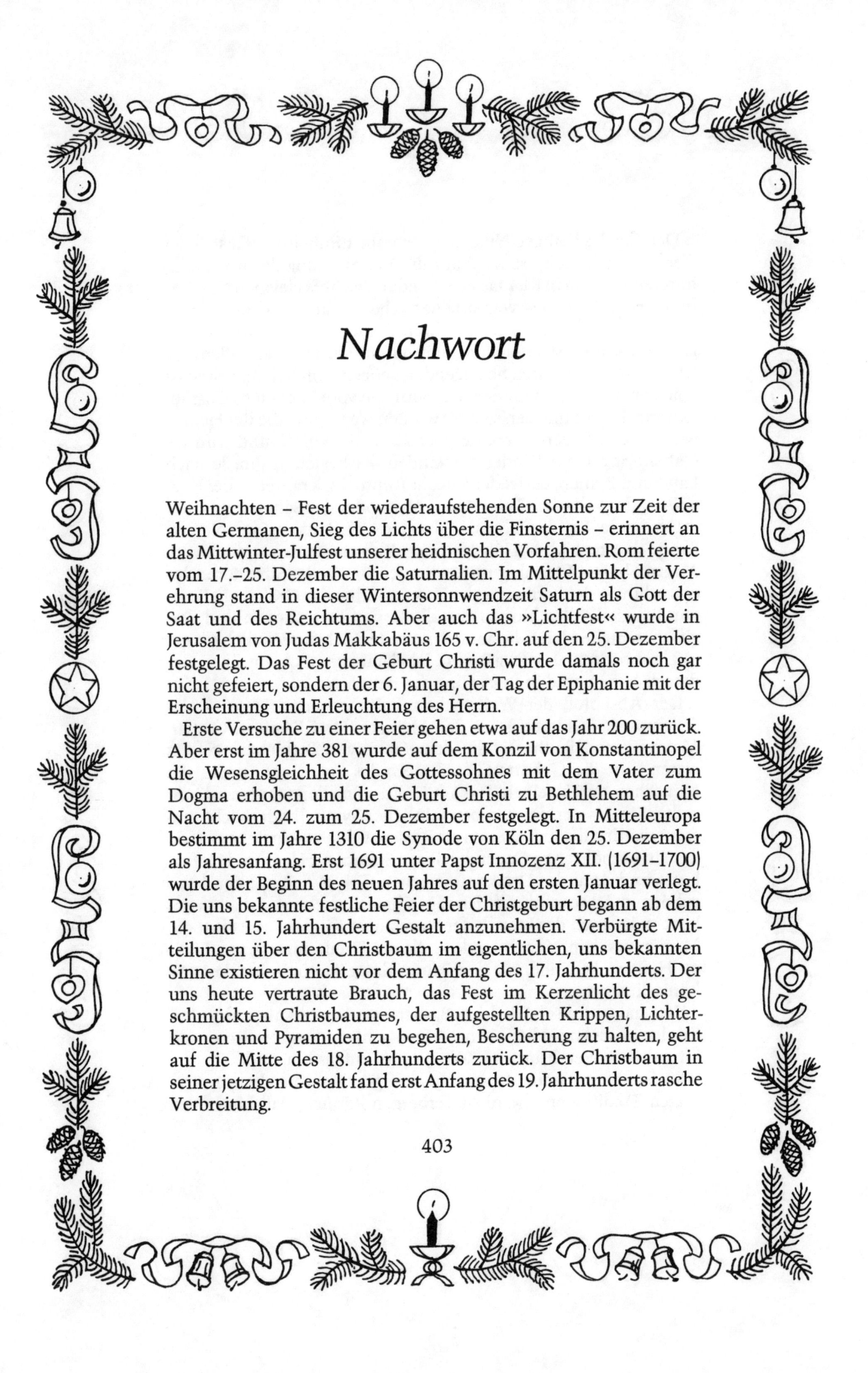

Weihnachten – Fest der wiederaufstehenden Sonne zur Zeit der alten Germanen, Sieg des Lichts über die Finsternis – erinnert an das Mittwinter-Julfest unserer heidnischen Vorfahren. Rom feierte vom 17.–25. Dezember die Saturnalien. Im Mittelpunkt der Verehrung stand in dieser Wintersonnwendzeit Saturn als Gott der Saat und des Reichtums. Aber auch das »Lichtfest« wurde in Jerusalem von Judas Makkabäus 165 v. Chr. auf den 25. Dezember festgelegt. Das Fest der Geburt Christi wurde damals noch gar nicht gefeiert, sondern der 6. Januar, der Tag der Epiphanie mit der Erscheinung und Erleuchtung des Herrn.

Erste Versuche zu einer Feier gehen etwa auf das Jahr 200 zurück. Aber erst im Jahre 381 wurde auf dem Konzil von Konstantinopel die Wesensgleichheit des Gottessohnes mit dem Vater zum Dogma erhoben und die Geburt Christi zu Bethlehem auf die Nacht vom 24. zum 25. Dezember festgelegt. In Mitteleuropa bestimmt im Jahre 1310 die Synode von Köln den 25. Dezember als Jahresanfang. Erst 1691 unter Papst Innozenz XII. (1691–1700) wurde der Beginn des neuen Jahres auf den ersten Januar verlegt. Die uns bekannte festliche Feier der Christgeburt begann ab dem 14. und 15. Jahrhundert Gestalt anzunehmen. Verbürgte Mitteilungen über den Christbaum im eigentlichen, uns bekannten Sinne existieren nicht vor dem Anfang des 17. Jahrhunderts. Der uns heute vertraute Brauch, das Fest im Kerzenlicht des geschmückten Christbaumes, der aufgestellten Krippen, Lichterkronen und Pyramiden zu begehen, Bescherung zu halten, geht auf die Mitte des 18. Jahrhunderts zurück. Der Christbaum in seiner jetzigen Gestalt fand erst Anfang des 19. Jahrhunderts rasche Verbreitung.

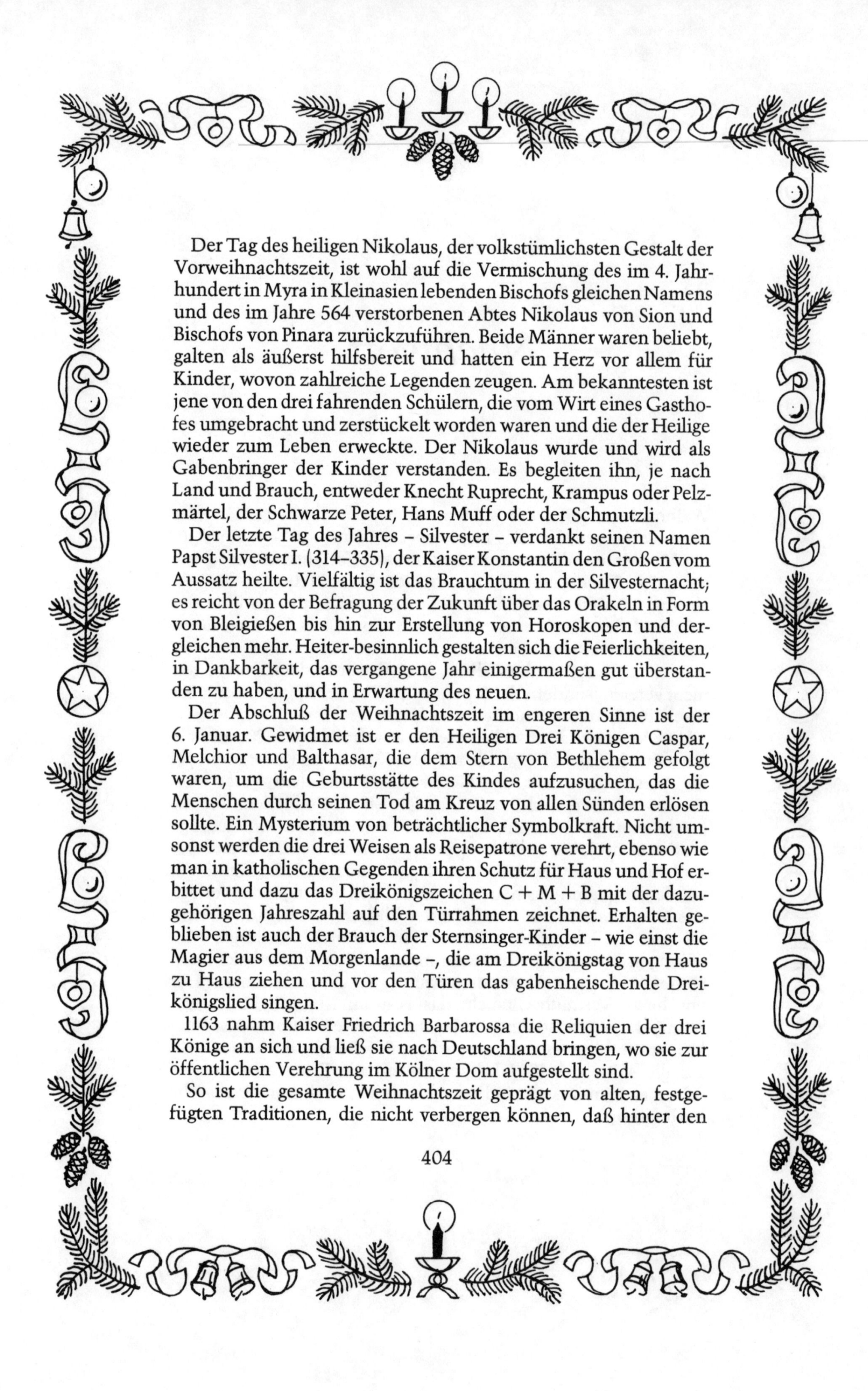

Der Tag des heiligen Nikolaus, der volkstümlichsten Gestalt der Vorweihnachtszeit, ist wohl auf die Vermischung des im 4. Jahrhundert in Myra in Kleinasien lebenden Bischofs gleichen Namens und des im Jahre 564 verstorbenen Abtes Nikolaus von Sion und Bischofs von Pinara zurückzuführen. Beide Männer waren beliebt, galten als äußerst hilfsbereit und hatten ein Herz vor allem für Kinder, wovon zahlreiche Legenden zeugen. Am bekanntesten ist jene von den drei fahrenden Schülern, die vom Wirt eines Gasthofes umgebracht und zerstückelt worden waren und die der Heilige wieder zum Leben erweckte. Der Nikolaus wurde und wird als Gabenbringer der Kinder verstanden. Es begleiten ihn, je nach Land und Brauch, entweder Knecht Ruprecht, Krampus oder Pelzmärtel, der Schwarze Peter, Hans Muff oder der Schmutzli.

Der letzte Tag des Jahres – Silvester – verdankt seinen Namen Papst Silvester I. (314–335), der Kaiser Konstantin den Großen vom Aussatz heilte. Vielfältig ist das Brauchtum in der Silvesternacht; es reicht von der Befragung der Zukunft über das Orakeln in Form von Bleigießen bis hin zur Erstellung von Horoskopen und dergleichen mehr. Heiter-besinnlich gestalten sich die Feierlichkeiten, in Dankbarkeit, das vergangene Jahr einigermaßen gut überstanden zu haben, und in Erwartung des neuen.

Der Abschluß der Weihnachtszeit im engeren Sinne ist der 6. Januar. Gewidmet ist er den Heiligen Drei Königen Caspar, Melchior und Balthasar, die dem Stern von Bethlehem gefolgt waren, um die Geburtsstätte des Kindes aufzusuchen, das die Menschen durch seinen Tod am Kreuz von allen Sünden erlösen sollte. Ein Mysterium von beträchtlicher Symbolkraft. Nicht umsonst werden die drei Weisen als Reisepatrone verehrt, ebenso wie man in katholischen Gegenden ihren Schutz für Haus und Hof erbittet und dazu das Dreikönigszeichen C + M + B mit der dazugehörigen Jahreszahl auf den Türrahmen zeichnet. Erhalten geblieben ist auch der Brauch der Sternsinger-Kinder – wie einst die Magier aus dem Morgenlande –, die am Dreikönigstag von Haus zu Haus ziehen und vor den Türen das gabenheischende Dreikönigslied singen.

1163 nahm Kaiser Friedrich Barbarossa die Reliquien der drei Könige an sich und ließ sie nach Deutschland bringen, wo sie zur öffentlichen Verehrung im Kölner Dom aufgestellt sind.

So ist die gesamte Weihnachtszeit geprägt von alten, festgefügten Traditionen, die nicht verbergen können, daß hinter den verschiedensten Bräuchen und Arten des Feierns des Festes geheime Sehnsüchte der Menschen mitschwingen, das Wollen und Bemühen um das Gute, das Licht, die Hoffnung und die Liebe, die Zuversicht, daß ein besseres Leben kommen – es ein besseres geben wird.

Roland W. Pinson

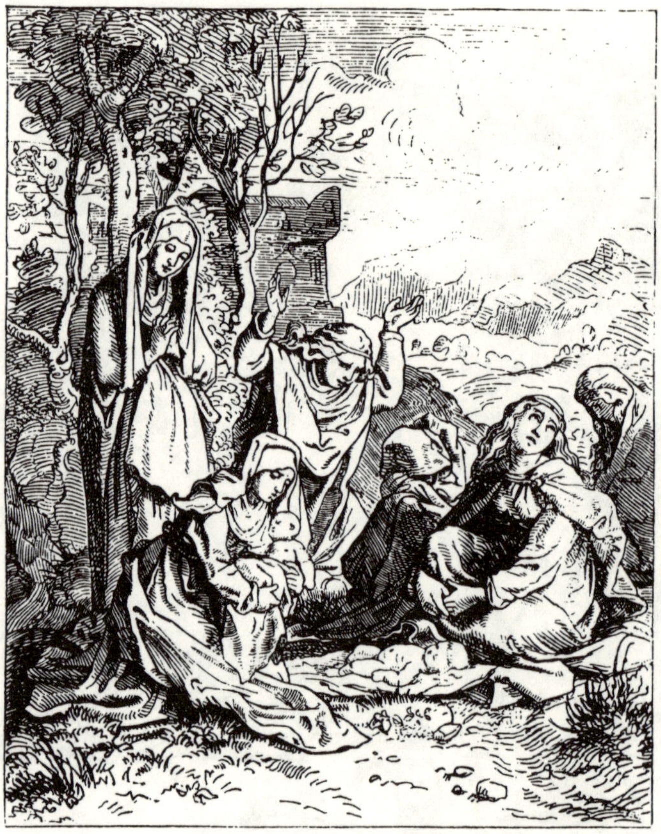

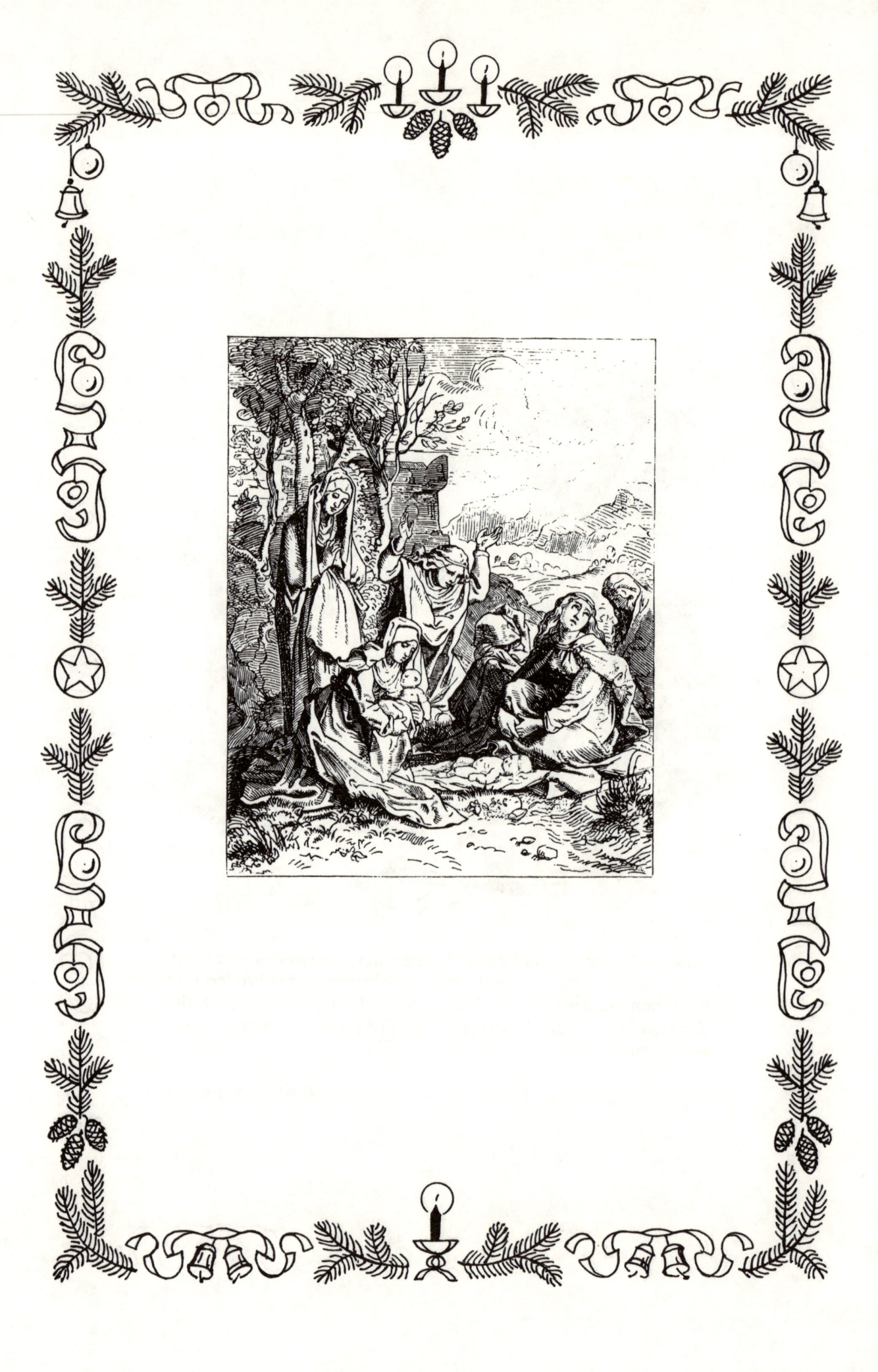

Alphabetisches Inhaltsverzeichnis

Arndt, Ernst Moritz:
Du lieber heil'ger, frommer Christ 159

Bierbaum, Otto Julius:
Der armen Kinder Weihnachtslied 282

Brachvogel, Wolfgang:
Das Heiratsorakel 117

Busch, Wilhelm:
Zu Neujahr 348

Cornelius, Peter:
Die Könige 360

Da nun Jesus geboren ward
(Matth. 2, 1–13) 354

Der Engel Gabriel ward gesandt
(Luk. 1, 26–39) 24

Des Bruders Felix Fabri Reise nach Bethlehem 1438,
von ihm selbst berichtet 137

Die Heiligen Drei Könige 358

Die zwei Hirten in der Christnacht 312

Dreikönigslied 362

Droste-Hülshoff, Annette von:
Am Feste der Heiligen Drei Könige 356
Am letzten Tage des Jahres (Silvester) 339

Dürer, Albrecht:
Die Anbetung der Könige 353
Die Geburt Christi 139
Die Verkündigung 23
Ruhe auf der Flucht nach Ägypten 366

Ebner-Eschenbach, Marie von:
Das Weihnachtsfest war nahe 115

Ei du lieber, heil'ger Christ 159

Eichendorff, Joseph von:
Weihnachten 172

Es ist für uns eine Zeit ankommen 250

Falke, Gustav:
Weihnachtssperlinge 74

Fontane, Theodor:
Und so kam Heiligabend heran 269

Freytag, Gustav:
Hoheit in der Parkstraße 262

Gandersheim, Roswitha von:
Als weit ins Land der Ruf ergangen 147

Gellert, Christian Fürchtegott:
Dies ist der Tag 284

Gerhardt, Paul:
Neujahrgesang 351

Gerok, Karl:
Am Heiligen Abend 252

Glaßbrenner, Adolf:
Der Weihnachtsmarkt 90

Goethe, Johann Wolfgang von:
An demselben Tag 114
Bäume leuchtend, Bäume blendend 268
Epiphanias 363
Ich hab' diese Zeit des Jahres gar lieb 173

Goltz, Bogumil:
Eine Weihnachtsreise ins altpreußische Land 166

Goos, Berend:
Erinnerungen aus meiner Jugend 181

Gotthelf, Jeremias (d. i. Albert Bitzius):
Benz am Weihnachtsdonnstag 1825 41
Wie Käthi die Weihnacht feiert 285

Greif, Martin:
Weihnachten 234

Gryphius, Andreas:
Des Herrn Geburt 180

Güll, Friedrich:
Ein Brief vom Christkindlein 112
Hans Hexelmann 86
Nun höret einmal, doch fürchtet euch nicht,
vom Pelzemärtel die ganze Geschicht' 66
Vor dem Christbaum 165
Vor Weihnachten 134
Zum neuen Jahr 350

Günther, Johann Christian:
Weihnachtslied 179

Halm, Friedrich:
Die Glocke von Innisfare 234

Hebbel, Friedrich:
Die Weihe der Nacht 300

Hebel, Johann Peter:
Die Mutter am Christabend 192
Eine Frage 34
Neujahrslied 348

Heine, Heinrich:
Die Heil'gen Drei Könige 362

Hey, Johann W.:
Neujahr 349
Weihnachten 262

Hoffmann, Ernst Theodor Amadeus:
Nußknacker und Mäusekönig 270

Hoffmann, Heinrich:
Wenn die Kinder artig sind 197

Hoffmann von Fallersleben:
Der Traum 160
Ein Säcklein voll Rätselnüsse 281
O schöne, herrliche Weihnachtszeit 131

Holler, boller, Rumpelsack
(Kinderlied aus dem Hunsrück) 71

Johannes von Salzburg:
Joseph, lieber Joseph mein 301

Jung-Stilling, Heinrich:
Mir war's bei diesen Worten 174

Keller, Gottfried:
Welch lustiger Wald um das graue Schloß 88

Kinderlieder und -verse:
Christkindchen komm 155
Christkindele, Christkindele 156
Da steht ein Baum 155
Jesuskindlein klein 156

Kletke, Gustav Hermann:
Weihnachten 190

Kügelgen, Wilhelm von:
Weihnachtsfest unter der Sixtinischen Madonna 241

Kurz, Hermann:
Der Weihnachtsfund 91

Liliencron, Detlev von:
Weihnachtsgesang 161

Meyer, Conrad Ferdinand:
Der gleitende Purpur 259
Friede auf Erden 304
Weihnacht in Ajaccio 338

Mörike, Eduard:
Christbescherung 249
Neujahrswünsche 346
Zum neuen Jahr 342

Novalis (d. i. Friedrich von Hardenberg):
Fern im Osten 36
Wo bleibst du, Trost der ganzen Welt? 342

Platen, August Graf von:
Christnacht 306

Pocci, Franz Graf von:
Das fremde Kind 132
Die Zeit, die unsern Herrn gebracht 192
Hansl heiß ich 35
Ihr Kinder groß 158

O Freudenzeit, o Gnadenzeit 196

Prutz, Robert:
Christnacht 302

Raabe, Wilhelm:
Ein Gang über den Weihnachtsmarkt 77
Weihnacht in Grunzenow 254

Reinick, Robert:
Der Weihnachtsaufzug 71
Die Nacht vor dem Heiligen Abend 130
Im Winter 32

Rietschel, Ernst:
Jugenderinnerungen 170

Rückert, Friedrich:
Adventlied 39
Aus der Kinderstube 29
Des fremden Kindes heiliger Christ 136

Ruprecht, Ruprecht, guter Gast
(Volkstümlich) 63

Sagt Ihr Töchter Zion mir
(Volkslied aus dem Salzkammergut) 38

Sankt Niklas 62

Schenkendorf, Maximilian von:
Weihnachtslied 303

Schmid, Hermann von:
Das Vöglein auf dem Weihnachtsbaum 156

Schmidt von Werneuchen, Friedrich W.A.:
Hinein stürmt Bub und Mägdlein 152

Schwab, Gustav:
Wie Josef mit der Jungfrau und dem Kinde floh 367

Schwind, Moritz von:
Herr Winter 26

Seidel, Heinrich:
Die Weihnachtswünsche des kleinen Nimmersatt 128

Stieler, Karl:
Weihnachtsglocken 31

Stinde, Julius:
Weihnachtsmarkt 84

Stolberg, Friedrich Leopold Graf zu:
Das Heil ist unser aller 153

Storm, Theodor:
Knecht Ruprecht 61
Marthes Uhr 175
Weihnachten in der Fremde 245
Weihnachtsabend 188
Weihnachtslied 195
Unter dem Tannenbaum 317

Tieck, Ludwig:
Weihnachtsabend 198

Unnd sie gebar ihren erstgebornen Sune
(Luk. 2, 7–17) 150

Verkündigung auf dem Felde 305

Voß, Johann Heinrich:
Neujahrslied 344

Wangart, S.:
Die Weihnachtszeit im deutschen Volksleben 7

Was das Christkindlein sagt 158

Weihnachtslieder (nach Liedanfängen):
Alle Jahre wieder 381
Am Weihnachtsbaum 384
Auf dem Berge, da geht der Wind 372
Der Christbaum ist der schönste Baum 396
Die Heiligen Drei Könige 400
Es ist ein Ros entsprungen 376
Es ist für uns eine Zeit angekommen 371
Ihr Kinderlein kommet 395
In dulci jubilo 399
Joseph, lieber Joseph mein 382
Kling, Glöckchen, klingelingeling 398
Kommet, ihr Hirten 389
Laßt uns froh und munter sein 370
Leise rieselt der Schnee 373
Maria durch ein' Dornwald ging 374
Morgen, Kinder, wird's was geben 378
O du fröhliche, o du selige 390
O Tannenbaum, o Tannenbaum 386
Still, still, still, weil's Kindlein schlafen will 394
Stille Nacht, heilige Nacht 392
Süßer die Glocken nie klingen 388
Vom Himmel hoch, da komm' ich her 380
Wach Nachtigall, wach auf 375

Wildenbruch, Ernst von:
Weihnacht 178
Weihnachtslegende 189

Zu Bethlehem ein öd Haus war (14. Jahrhundert) 310

Zu Bethlehem geboren (Kölner Psalter) 283

Martin Schongauer

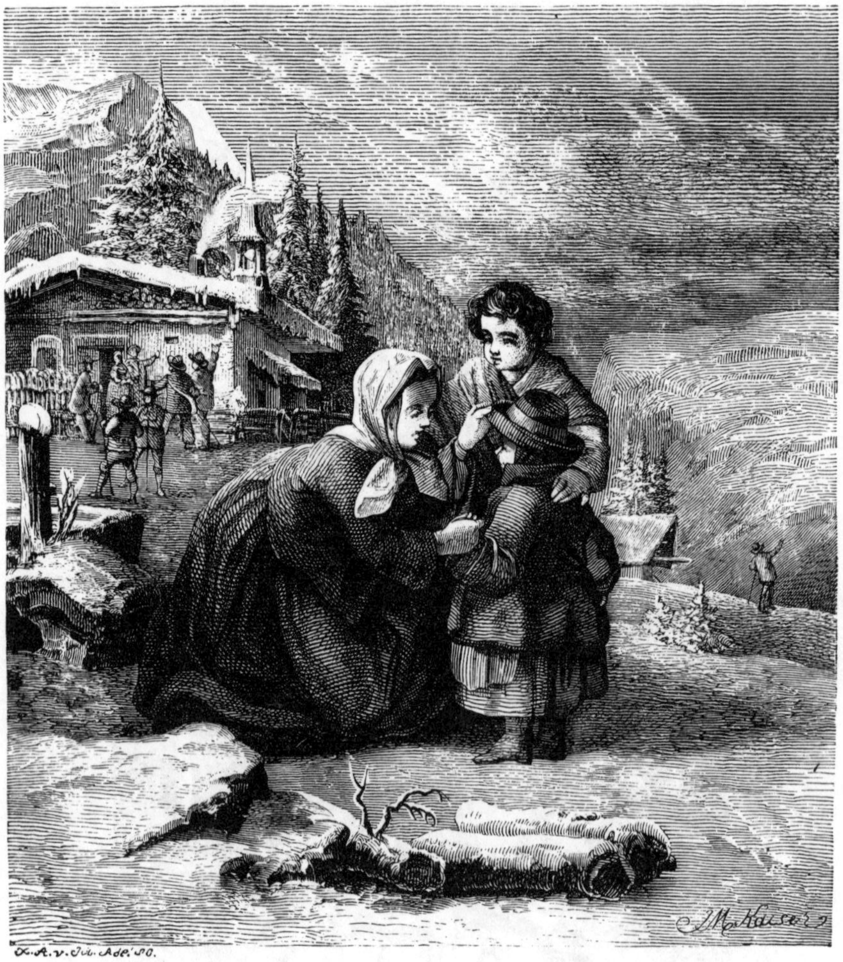